Baedeker

Allianz Reiseführer



# Japan

www.baedeker.com

Verlag Karl Baedeker

# TOP-REISEZIELE ★ ★

**Japan ist ein fernes, Europäern rätselhaft anmutendes Land, reich an alten Tempeln, Schreinen und kulturellen Schätzen. Dazu kommen historische Städtchen und eine landschaftliche Vielfalt von bizarren Vulkanmassiven über weite Ebenen voller Kirschbäume bis zu Inselketten mit stillen Buchten.**

**Heiligtümer**
*Nara ist bis in die heutige Zeit eine der bedeutendsten Kulturstätten des Landes und Standort zahlreicher Tempel. Am imposantesten: der Todaji-Tempel.*

**1 ✶✶ Akan-Nationalpark**
Um drei einzigartige Seen erstrecken sich subarktische Urwälder, die besonders zur Herbstzeit in allen Farben leuchten. ► Seite 191

**2 ✶✶ Daisetsuzan-Nationalpark**
Zum größten Nationalpark Japans gehören 2000 m hohe Bergriesen, die ihm den Namen »Dach von Hokkaido« eingetragen haben. ► Seite 231

**3 ✶✶ Towada-Hachimantai-Nationalpark**
Ein glasklarer, riesiger Kratersee, umringt von dichten Wäldern, heißen Quellen und Vulkankegeln. ► Seite 309

**Wolkenkratzer**
*Mit dem Tokyoter Rathauskomplex hat der japanische Stararchitekt Tange Kenzo der Stadt ein modernes Wahrzeichen gegeben.*

**Festlichkeiten**
*Beim jährlichen Fest der Stadtgründung kleiden sich die Einwohner von Kyoto in historische Kostüme aus allen Epochen.*

**4 ✶✶ Hiraizumi**
Das einstige »Kyoto des Nordens« ist heute ein verträumtes Dorf mit einem berühmten Tempel. ► Seite 266

**5 ✶✶ Matsushima**
Die märchenhafte Bucht mit Hunderten von Kiefern bewachsenen Felsinseln zählt zu den drei berühmtesten Landschaften Japans. ► Seite 381

**6 ✶✶ Chubu-Sangaku-Nationalpark · Japanische Alpen**
Im Sommer ist die Bergwelt ein viel besuchtes Wanderparadies, im Winter garantiert reicher Schneefall ungetrübten Pistenspaß. ► Seite 188

**7 ✶✶ Nikko**
Nikko lockt mit prachtvollen Mausoleen in einem Meer von Zedern, der Nationalpark westlich der Stadt mit landschaftlicher Schönheit. ► Seite 439

**8 ✶✶ Takayama**
Die reizvolle Kleinstadt in den Japanischen Alpen ist ein traditionsreiches Kunsthandwerkszentrum. ► Seite 502

**9 ✶✶ Fuji-san**
Der höchste Berg des Landes ist ein Heiligtum und das Ehrfurcht gebietende Wahrzeichen Japans. ► Seite 235

**Heiße Quellen**
*Der berühmte Thermalbadeort Beppu – genau richtig für ein stilechtes japanisches Bad.*

# DIE BESTEN BAEDEKER-TIPPS

**Von allen Baedeker-Tipps in diesem Buch haben wir hier die interessantesten für Sie zusammengestellt! Erleben und genießen Sie Japan von seiner schönsten Seite.**

**! Mit dem Eisbrecher durchs Packeis**
Im Winter bricht die »Aurora« täglich zu einer Fahrt durch das Treibeis vor der Küste von Abashiri auf. ► **Seite 189**

**! Unterwasserwelt**
Vom Glasbodenboot aus entdeckt man die Pracht des Ashizuri-Meeresparks. ► **Seite 201**

**! Baden unter freiem Himmel**
In dem für seine Freiluftbäder bekannten Ort Kurokawa Onsen kann man ein Bad nehmen oder am besten gleich übernachten. ► **Seite 204**

**»Traum in Weiß«**
*Vor der Küste von Abashiri zieht der Treibeis-Zauber jeden Winter zahlreiche Besucher an – auch per Eisbrecher.*

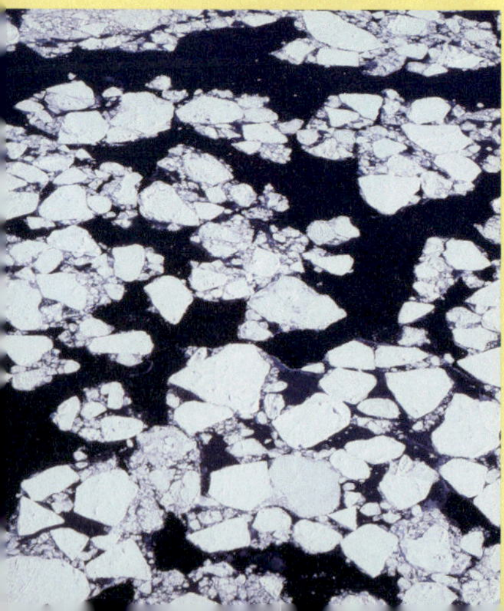

**! Goshiki-Numa-Naturpfad**
Ein schöner Naturlehrpfad durch den Bandai-Asahi-Nationalpark bietet gute Fotogelegenheiten mit dem Bandai im Hintergrund. ► **Seite 208**

**! Japanpapier**
In der Papierstadt Ogawa darf man sich selbst an der Papierherstellung versuchen. ► **Seite 221**

**! Zen erleben**
Wer tiefer in den Zen-Buddhismus eintauchen möchte, kann im Eiheiji-Tempel übernachten und den Alltag der Mönche miterleben. ► **Seite 244**

**! Durstlöscher**
Nach dem Besichtigungsprogramm in Hakodate empfiehlt sich ein hausgebrautes Bier bei »Hakodate Beer«. ► **Seite 255**

**! Zum Tee im Garten**
Westlich der Burg von Himeji kann man in einer Gartenanlage auch die Teezeremonie erleben. ► **Seite 263**

**! Eine Taxifahrt auf dem Wasser**
Hiroshima ist eine Wasserstadt – warum also nicht die Stadt vom Wasser aus erkunden? Gangitaxi macht es möglich! ► **Seite 272**

**! Kartoffeln mal anders**
Kagoshima ist bekannt für seinen aus der Süßkartoffel gewonnenen Schnaps. Über hundert Sorten und viele andere Produkte auf Kartoffelbasis findet man im Einkaufsviertel. ► **Seite 295**

**Das Auge isst mit**
*In Spezialitätenrestaurants kann man sich an kunstvoll arrangierten Häppchen gütlich tun.*
▸ Seite 118

# HINTERGRUND



# PRAKTISCHE INFORMATIONEN VON A bis Z



**Preiskategorien**

▸ **Hotels**
Luxus: über 20 000 ¥
Komfortabel: bis 20 000 ¥
Günstig: bis 8000 ¥

Für eine Übernachtung im Doppelzimmer

▸ **Restaurants**
Fein & Teuer: über 3000 ¥
Erschwinglich: bis 3000 ¥
Preiswert: bis 1500 ¥

Für ein Hauptgericht ohne Getränke

**Wellness auf japanisch**
*Am Strand von Ibusuki lässt man sich im heißen Sand eingraben.*
▸ **Seite 276**



## TOUREN



## REISEZIELE VON A bis Z

**Gartenkunst**

*Den sehenswerten Goldenen Pavillon in Kyoto umgibt ein weitläufiger, schön gestalteter Teichgarten.*

► **Seite 370**

**Rushhour**
*Zu morgendlicher Stunde strömen tausende Angestellte in das Bankviertel von Tokyo.*
► **Seite 507**

nachdenken • klimabewusst reisen atmosfair

# Hintergrund

ALLES WICHTIGE ÜBER GEOGRAFIE UND BEVÖLKERUNG, ÜBER KAISER, SHOGUNE UND DEN WEG DER SAMURAI, WAS SHINTO UND ZEN-BUDDHISMUS AUSMACHT UND WELCHE MENSCHEN DIE GESCHICKE DES LANDES PRÄGTEN.

# RÄTSELHAFTES REICH

**Was haben andere Länder, was Japan nicht hätte? Alte Tempel, Volksfeste, imposante Burgen, reizvolle Landschaften, Gärten, elegante Geschäfte, Spitzenrestaurants ... alles da! Und noch viel mehr, was es so nur in Japan gibt, wie die shintoistischen Schreine, die vielen Thermalquellen, das klassische No-Drama oder die ausgefeilte Teezeremonie. Doch nur Wenige wissen um diese Schätze.**

Japanische Autos und Hifigeräte, Kameras, Handys und Computerspiele haben längst den Weg in die entlegensten Winkel der Erde gefunden. Kinder begeistern sich – je nachdem, was die japanische Spielzeugindustrie gerade wieder ausgeheckt hat – für Tamagotchi, Pokémon oder Yu-Gi-Oh, Jugendliche lesen Manga; Erwachsene schwören auf Shiatsu und Reiki, schlemmen Sushi oder halten sich mit japanischen Kampfsportarten fit. Aber wer war schon in Japan? Im Vergleich zu anderen Fernreisezielen ist die Zahl westlicher Touristen in Japan nämlich eher gering. Auch deshalb umgibt bis heute eine Aura des Rätselhaften und Exotischen das Inselreich..

**Wahrzeichen** *Kirschblüte vor dem Fuji – ganz Japan auf einem Bild*

## Einsame Insel

Vermutlich hat dieses Gefühl von Fremdartigkeit auch mit der japanischen Geschichte zu tun, war das Land doch über 250 Jahre von der übrigen Welt isoliert. In dieser Zeit der Abschließung hatten die Militärherrscher ein wachsames Auge darauf, dass ihre Untertanen das Land nicht verließen, und beschränkten Kontakte zum Ausland auf das chinesische Viertel in Nagasaki und einen Handelsposten der Holländer vor der Küste dieser Stadt. Nach langen Bürgerkriegswirren herrschte dauerhafter Frieden im Land, sodass sich in den Städten eine bürgerliche Kultur entwickeln konnte, die typisch japanische Künste wie das Kabuki-Theater, den Holzschnitt und die Geisha-Unterhaltung zur Blüte brachte. Mit der erzwungenen Öffnung des Landes und der anschließenden Restauration der kaiserlichen Herrschaft 1868 begann eine neue Ära, die von Wissensdurst und großer Neugier geprägt war. Westliches Knowhow wurde eingeführt, ausländische Moden kopiert, und die Industrialisierung schritt rasant voran. Dadurch nahm Japan äußerlich viele euro-

← *Beim Fest Gion Matsuri in Kyoto*

**Bollwerke**
*Zahllose Burgen und Festungen überzogen einst das Land. Die erhalten blieben oder rekonstruiert wurden wie die Burg von Nagoya, zeugen bis heute von mächtigen Herrschern, großen Kriegen und der Kunst japanischen Festungsbaus.*

**Wunderland der Technik**
*Ob Handy, Spielekonsole, Hybridmotor oder Roboter – die neuesten Erfindungen werden schnell zum selbstverständlichen Bestandteil des Alltags.*

**Gärten der Einkehr**
*Japanische Gärten sind ästhetische Kunstwerke, die auf kleiner Fläche die Gesamtheit der Natur abbilden und oft sogar die umgebende Landschaft in das Bild mit einbeziehen. Als Orte voller Harmonie und Ruhe dienen sie auch der inneren Einkehr.*

**Typisch japanisch**

*Zum besonderen Erlebnis einer Japanreise gehört – neben dem Bad in einem Onsen – der Besuch eines Ryokan. In diesen japanischen Gasthäusern wohnt und schläft man in traditionell eingerichteten Zimmern mit papierbespannten Schiebetüren, niedrigen Tischen und Tatamimatten.*

**Rauschende Volksfeste**

*Überall im Land wird Brauchtum sorgsam gepflegt: Ob man nun religiöse Feste begeht, Ereignissen aus der Geschichte einer Stadt gedenkt oder einfach nur die Kirschblüte feiert, es gibt zahlreiche Anlässe für prunkvolle Prozessionen, Feuerwerk, Tanz und andere Vergnügen.*

**Kontakt zu den Göttern**

*Die meisten Japaner befolgen ganz selbstverständlich religiöse Riten, ohne sich als religiös zu bezeichnen. Tempel und Schreine prägen das Bild jeden Ortes und der Glaube durchdringt den Alltag auf kaum merkbare Weise.*

päisch-amerikanische Züge an, aber hinter der Fassade besteht das durch jahrhundertelange Tradition geprägte Selbstverständnis der Japaner fast ungebrochen fort.

## Gegensätze ziehen an

Der Kontrast zwischen uralten Traditionen und modernem Lebensstil ist es, der auf einer Reise durch Japan besonders fasziniert. In Tokyo ist man überwältigt von dem Hochhausmeer, den riesigen Kaufhäusern und dem Puls der Metropole. Auf dem Lande sieht man Reisbauern, kleine Fischerboote und hölzerne Schreine. Pilger besteigen wie eh und je heilige Berge, während Autofahrer ihren Neuwagen beim Schrein einer rituellen Reinigung unterziehen, um ihn vor Unfällen zu schützen. Der komfortable Hochgeschwindigkeitszug Shinkansen eilt von Großstadt zu Großstadt, während Bummelbahnen mit uniformierten Schulkindern, dösenden Angestellten und schwatzenden Rentnern gemütlich von einem kleinen Ort zum nächsten zuckeln. Bräuche wie das Bad im Onsen, die Kirschblütenschau oder ausgelassene Volksfeste um tragbare Schreine haben bis heute überlebt, während Japan Haushaltsrobotor und Hybridmotoren entwickelt. Mag das Land geografisch auch noch so vielseitig sein – immerhin reicht es vom gemäßigten Hokkaido im Norden bis zum subtropischen Okinawa im Süden –, das starke Traditionsbewusstsein bei gleichzeitiger Begeisterung für alles Neue ist für das gesamte Land charakteristisch.

**Für das Auge**
*Beim Anrichten einer Mahlzeit sind Schönheit und Harmonie wichtig.*

## Probieren geht über Studieren

Um die japanische Lebens- und Wesensart zu verstehen, muss man sich schon in den Flieger setzen und das Land mit eigenen Augen sehen. Wer genau hinschaut, entdeckt zwischen viel Kitsch und Kommerz den japanischen Schönheitssinn: Er offenbart sich beispielsweise in der ansprechenden Verpackung eines Gegenstandes oder dem kunstvollen Arrangement einer traditionellen Mahlzeit. Wer den Kontakt zu Japanern sucht, wird ihre Unaufdringlichkeit, Anpassungsfähigkeit und Höflichkeit schätzen lernen und vielleicht hinter das Geheimnis der Kommunikation ohne viele Worte kommen. Auf der Reise wird sich vermutlich nicht jedes Rätsel lösen, aber das ein oder andere Klischee gerät mit Sicherheit ins Wanken.

# Fakten

**Wie viele Vulkane gibt es im Land? Welche Minderheiten leben in Japan? Was hat der Nachwuchs im japanischen Kaiserhaus mit der Verfassung zu tun? Und welche Strukturen bestimmen die Wirtschaft?**

# Natur und Umwelt

**Inselland**

Das der östlichen Festlandküste des eurasischen Kontinents bogenförmig vorgelagerte Inselland Japan erstreckt sich von Nordosten nach Südwesten über eine Entfernung von 2790 km bei einer Breite von maximal 400 km (im Durchschnitt 230 km). Die Hauptlandmasse (97%) bilden die Inseln Hokkaido, Honshu, Shikoku und Kyushu, das bereits der Korea-Halbinsel gegenüberliegt. Den Rest der Landfläche machen 3918 kleinere und kleinste, oft unbewohnte Inseln, Eilande und Klippen aus.

**Meer**

Durch die starke Strukturierung dieser Landmasse ergibt sich die außerordentliche Küstenlänge von 29 700 km und damit eine enge Wechselbeziehung zum umgebenden Meer: Im Norden dehnt sich zwischen der zu Russland gehörenden Insel Sachalin und der Kurilenkette (russisch; im Südteil von Japan beansprucht) das Ochotskische Meer bis zur Nordostküste von Hokkaido aus; zwischen Honshu und dem asiatischen Festland (Russland, China, Korea) erstreckt sich das Japanische Meer; die japanischen Inseln Kyushu und Shikoku sind durch die Inlandsee von Honshu getrennt. Im Osten und Süden umschließt der Pazifische Ozean den Inselbogen. In ihn reichen zwei aus kleineren Eilanden gebildete Inselketten hinein: südlich von Tokyo die Nanpo-Inseln, südwestlich von Kyushu die Ryukyu-Inseln (Nansei-Inseln) mit der bis 1972 von den USA besetzten Insel Okinawa. Dieser Bogen zieht sich bis vor die chinesische Insel Taiwan und grenzt das Ostchinesische Meer gegen den Pazifik ab.

## Naturräumliche Gliederung

**Geologie**

Die japanische Inselkette ist die Gipfelflur eines vom Japangraben (8412 m u. d. M.) bzw. vom Boningraben (10 340 m u. d. M.) aus dem Pazifischen Ozean steil aufsteigenden, mehrfach gefalteten und Höhen von über 3000 m ü. d. M. erreichenden Gebirges, das durch die 3000 m tiefe Senke des Japanischen Meeres vom asiatischen Festland getrennt ist. Den nördlichen, der Insel Sachalin vorgelagerten Bogen quert die von Vulkanen erfüllte Fossa Magna, die mit ihren Randgebieten das Landschaftsbild Mitteljapans prägt. Die Inselkette war ursprünglich mit dem Festland verbunden; ihre Loslösung erfolgte im Untermiozän (Aquitan, vor 20 – 23 Mio. Jahren) durch allmähliches Absinken des Japanischen Meeres. Die einstige Verbindung Japans mit dem Festland, welches seine Entwicklung vielfältig beeinflusst hat, ist noch heute zu erkennen: Hokkaido liegt nur 45 km von Sachalin entfernt, und von Kyushu zur Korea-Halbinsel sind es nicht mehr als 200 km Luftlinie.

← *Da Japan in vulkanisch aktivem Gebiet liegt, sprudeln überall im Land heiße Quellen, so auch diese Mineralquelle in Beppu.*

**Berge (-yama, -sen, -san, -zan, -dake, -take, -mine)**

Japan zeigt sich topografisch als ausgesprochenes Gebirgsland, dessen Gesamtfläche zu rund 70% von waldreichen Bergmassiven eingenommen wird. Etwa 7% des Landes gelten überhaupt als unzugängliche Gebiete. Trotz einiger verhältnismäßig weitläufiger Niederungen sind nur rund 18% der Landfläche dauernd kultivierbar, 11% Wiesen und Weideland, und nur etwa 3% bilden den eigentlichen Siedlungsraum. Im Zentralgebiet von Honshu, das vom Grabenbruch der Fossa Magna durchteilt wird, sind die höchsten und steilsten Gipfel (darunter der 3776 m hohe Fuji-san, höchster Berg und Wahrzeichen des Landes) aufgefaltet; sanftere Kuppen und Hänge finden sich vornehmlich auf Hokkaido, das von den Bewegungen der Erdkruste in geringerem Maße betroffen wurde.

Vulkane ▶

Japan liegt in der **zirkumpazifischen Erdbebenzone** und zeigt als relativ junge Landformation anhaltende Aktivität. Von den insgesamt 245 Vulkanen Japans sind seit 1900 immerhin 48 ausgebrochen. Neue Vulkanbildungen konnten ebenfalls beobachtet werden, wie u. a. das Beispiel des 1944–1945 entstandenen Vulkans Showa-Shinzan auf Hokkaido zeigt. Größter und bekanntester Vulkan ist der 3776 m hohe erloschene Fuji, der zuletzt im Jahre 1707 ausbrach. Als besonders aktiv gelten die Vulkane Asama (Zentral-Honshu), Aso (Zentral-Kyushu), Sakurajima (Süd-Kyushu) und Mihara auf Oshima. Von besonderer Schönheit sind der Fuji mit seiner klassischen

*Gestaltete Landschaft: Teeplantage in der Präfektur Kochi auf Shikoku*

Kegelform (viele kegelförmige Vulkane in anderen Landesteilen sind nach ihm benannt, z. B. Satsuma-Fuji) und der als größter Vulkan der Welt angesehene Aso mit den in seinem alten Kraterrand gelegenen reizvollen Ebenen und Dörfern. Dichte Wälder, Kraterseen und unzählige heiße Quellen (onsen), in deren Umkreis zauberhafte Orte liegen, prägen das Bild der ausgedehnten Bergwelt.

**Ebenen (heiya), Becken (bonchi), Hochebenen (daichi)**

Die enormen Bergketten Japans lassen dem Flachland wie der Kanto- und der Nobi-Ebene (Honshu), der Tsukushi-Ebene (Kyushu) sowie der Ishikari- und Konsen-Ebene (Hokkaido) wenig Raum; das Flachland der Küstenregionen zieht sich **meist nur als schmaler Streifen** zwischen den Ausläufern des zentralen Berglands und dem Meer hin. An den Unterläufen der Flüsse sind fruchtbare Ebenen anzutreffen, die landwirtschaftlich genutzt werden (Reisanbau). Größte Becken des Landes sind das Yamagata-Becken (Nord-Honshu) mit der gleichnamigen Stadt, das Kofu-Becken (Zentral-Honshu) mit der Stadt Kofu sowie das die Stadt Kyoto umgebende Kyoto-Becken.
Der Weite des sich über alle Inseln erstreckenden Berglandes entspricht die Zahl der Hochebenen, die vom Frühsommer bis zum Herbst zu den attraktivsten Erholungsgebieten Japans gehören.

**Flüsse (-kawa, -gawa)**

Gemäß der geringen Breitenausdehnung (durchschnittlich 230 km) und dem Gebirgscharakter des Landes ist der Lauf der Flüsse **verhältnismäßig kurz und von starkem Gefälle**. Höhenunterschiede, massive Geröllablagerungen und jahreszeitlich bedingte Schwankungen in der Wasserführung (Schneeschmelze im Frühjahr, Taifune im Herbst), besonders der vom Hauptgebirge der Insel Honshu (»Japanische Alpen«) dem Pazifik zufließenden Flüsse, machen diese auf weiten Strecken unschiffbar. Andererseits bieten sich dadurch zahlreiche Gelegenheiten zu Bootsfahrten durch Stromschnellen sowie herrliche, tiefe Wälder und bizarre Felslandschaften durchziehende Schluchten. Am bekanntesten sind die Stromschnellen der Flüsse Kiso (bei Nagoya), Hozu (Kyoto), Tenryu (Präfektur Shizuoka) und Kuma (Präfektur Kumamoto); zu den schönsten Schluchten (-kyo) gehören die Kurobe-kyo, Tenryu-kyo (Zentral-Honshu), die Soun-kyo (Hokkaido) und die Takachiho-kyo (Kyushu). Von den drei größten Flüssen, Shinano, Tone (beide Zentral-Honshu) und Ishikari (Hokkaido), bildet der Letztere die weiteste Ebene.

**Seen (-ko, -numa, -ike)**

Viele der meist in Nationalparks gelegenen, vorwiegend in der Folge vulkanischer Tätigkeit gebildeten Seen zeichnen sich durch besondere Schönheit aus. Die natürlichen Stauseen Inawashiro (Nord-Honshu), Chuzenji (Nikko) sowie die fünf Fuji-Seen entstanden wie viele andere durch Lavaströme, welche die Flussläufe blockiert haben. Dank der Hochgebirgslage haben die meisten Seen, einige von **ungewöhnlicher Farbintensität**, kaum etwas von ihrer Ursprünglichkeit eingebüßt, so z. B. die Seen von Hokkaido, der Mashu-See, als klarster See der Welt gerühmt, der Akan-See und der Shikotsu-See. Neben den nördlichen Kraterseen Tazawa, **dem tiefsten See Japans** (425 m), und Towada sowie den zuvor genannten Stauseen zählen der unweit von Tokyo gelegene Ashi-See (Hakone), eines der schönsten Feriengebiete, und der Biwa-See (bei Kyoto), der größte See Japans, zu den bemerkenswertesten Binnengewässern des Landes, die sich auch durch reiche Fischbestände auszeichnen.

**Küste** Eine Unzahl kleiner Inseln, manche mit Raum für mehrere Städte, andere nur aus einigen baumbestandenen Felsen bestehend, umlagert die vier Hauptinseln oder schiebt sich als Inselkette über Hunderte von Kilometern in pazifische Gewässer vor.

Große Nebeninseln ► Zu den größten Nebeninseln zählen die Insel Sado im Japanischen Meer, die Inseln Awaji und Shodo-jima in der Inlandsee, die zwischen Südjapan und Korea gelegenen Tsushima-Inseln, die westlich von Kyushu gelegenen Amakusa-Inseln, die Inseln Tanegashima und Yakushima sowie die Insel Okinawa. Ferner gehören zu Japan mehrere bezaubernde Archipele wie etwa die Goto-Inseln westlich von Kyushu. Als eine der drei schönsten Landschaften Japans gelten die **Inseln in der Bucht von Matsushima** (Honshu). Die meisten dieser Inseln haben schöne weiße Badestrände, hier und dort von schroffen Felsformationen und steilen Brandungsklippen abgelöst.

Küstenregionen ► In der **Inlandsee** (Setonaikai), dem schmalen Meeresarm zwischen den Hauptinseln Honshu, Shikoku und Kyushu, liegen rund tausend Inseln und Inselchen verstreut. Zu den schönsten Küstenstrichen des japanischen Hauptlandes, mit ebenso eindrucksvollem Landschaftswechsel zwischen halbmondförmigen Buchten und bizarren Rias, zählen die um Sanriku (Präfektur Iwate), Kumano (Kii-Halbinsel) sowie um die Kaps Muroto und Ashizuri (Shikoku), ferner die Küsten der Shima-Halbinsel (Präfektur Mie). Im Gegensatz dazu stehen die weitläufigen weißen Strände der Uchiura-Bucht (Hokkaido), Miho-no-Matsubara (Präfektur Shizuoka) und viele andere. Besonders schöne Küstenpartien besitzen außerdem die Halbinseln Oga (Präfektur Akita), Noto (Präfektur Ishikawa) und Sotomo (Präfektur Fukui) im Westen von Honshu am Japanischen Meer, die Inselgruppe Oki (Daisen-Oki-Nationalpark, Japanisches Meer) und die Kujukushima-Inseln (Saikai-Nationalpark, Kyushu).

## Klima

**Klimafaktoren** Die klimatischen Unterschiede innerhalb Japans ergeben sich aus der großen Nord-Süd-Ausdehnung des Landes (20 bis fast 46° nördlicher Breite) sowie durch lang gestreckte Gebirgsketten in seiner Längsachse. Zum Japanischen Meer bzw. zum Kontinent gewandt liegt Ura-Japan (Hinterjapan), zum Pazifik hin Omote-Japan (Vorderjapan).

Es gibt vier klar differenzierte, jenen Zentraleuropas vergleichbare Jahreszeiten mit recht konstanten Wetterverhältnissen während der Sommer- und Wintermonate sowie mit stärkeren Wetterschwankungen während der Übergangszeiten Frühjahr und Herbst.

*Raues Japan an der Felsenküste bei Jodogahama auf Honshu*

**Winter**

Der Winter beginnt etwa Mitte Dezember fast gleichzeitig im ganzen Land, wenn kalte sibirische Luftmassen von Nordwesten her übergreifen. Dauer und Intensität nehmen von Norden nach Süden ab. Zwischen Nordjapan (Hokkaido) mit strenger Kälte und Südwestjapan (Okinawa), wo die Temperaturen ganzjährig über dem Gefrierpunkt bleiben, besteht eine beträchtliche Temperaturdifferenz.

**Frühling**

Ab Mitte Februar steigen die Temperaturen allgemein. Im März beginnt im südlichen Kyushu und Shikoku mit der Kirschblüte schon der Frühling, während in Hokkaido und Ura-Japan noch kalte und unbeständige Witterung herrscht. Bis Ende April hat die Kirschblüte den Norden der japanischen Hauptinsel Honshu erreicht. Die weitere Erwärmung macht den Mai zu einem angenehmen Monat mit Temperaturen, wie sie im Sommer in Mitteleuropa herrschen.

**Sommer**

Ab Ende Mai beginnt die sommerliche Hauptregenzeit (tsuyu). Sie ist an die Front maritim-tropischer Luftmassen geknüpft, die von Süden her kommend die polaren Luftmassen nach Norden und Westen zurückdrängen. Dementsprechend setzen diese Regen im Süden früher ein, dauern dort länger und sind auch ergiebiger (Okinawa: zweite Maihälfte; südliches Kyushu: erste Junihälfte; Tokyo: 10 Tage später; Hokkaido: Juli). Während der Regenzeit ist es drückend schwül, fast windstill, der Himmel bewölkt, die Luftfeuchtigkeit hoch, der Regen fein und durchdringend; Leder, Papier und andere organische Stoffe beginnen leicht zu schimmeln.

Etwa Mitte Juli hört der Regen auf, stabile tropische Luftmassen beherrschen ganz Japan. Es überwiegt schönes, heißes Wetter, das nur gelegentlich von Gewittern und Taifunregen unterbrochen wird. Auch der Norden ist jetzt warm, sodass selbst in Hokkaido Reis angebaut werden kann. Die zweite Julihälfte bis in den August hinein wird vielfach als drückend heiß empfunden. Es sind die Hundstage mit hohen Temperaturen (max. ca. 35 °C) bei relativ hoher Luftfeuchtigkeit, vor denen, wer kann, gerne in die kühleren Sommerfrischen und Badeorte der Bergregionen Mitteljapans flieht. Mitte September geht der Sommer zu Ende. Kältere, vom Kontinent kommende Luftmassen drängen die maritim-tropischen Luftmassen nach Süden zurück. Trotzdem gibt es in Japan bis Ende November oft warme Tage, an denen tagsüber ein T-Shirt ausreichend ist.

Taifune ► Von Ende August bis Mitte September ist die Wahrscheinlichkeit am größten, dass Taifune, die Okinawa aus südöstlicher Richtung erreichen und dort in nordöstliche Richtung umschwenken, über Japan hinwegziehen. Die meisten der etwa 30 Wirbelstürme, die jedes Jahr im Nordwestpazifik entstehen, treffen allerdings Japan nicht direkt. Doch bringt in Südwestjapan ein Taifun etwa 300 mm Niederschlag, in Zentraljapan 150 mm und weiter im Norden noch weniger; das sind beträchtliche Anteile am Gesamtjahresniederschlag. Sturmfluten, Deichbrüche und Überschwemmungen im Gefolge von Taifunen sind angesichts vieler tief liegender, dicht besiedelter Flächen (z. B. in Tokyo) eine reale Gefahr.

**Herbst** Der Oktober ist der Herbstmonat mit häufig klarem Wetter, bunter Laubfärbung und gelegentlichen Nachtfrösten. Im Bergland Mitteljapans fällt der erste Schnee. Mitte Dezember beginnt der Winter.

## Pflanzen und Tiere

**Artenreichtum** Die Ausdehnung über fünfundzwanzig Breitengrade und damit über mehrere Klimazonen, regenreiches ozeanisches Klima und die unterschiedlichen Höhenlagen der Bergketten bescheren Japan einen außergewöhnlichen Artenreichtum der Pflanzen- und Tierwelt. Freilich hat auch hier der Mensch durch intensive Kulturmaßnahmen stark verändernd gewirkt, sodass heute die endemische Flora nur noch in unzugänglichen Gebieten oder wirtschaftlich wenig entwickelten Randlagen erkennbar ist.

**Flora** Etwa **zwei Drittel der Landesfläche sind bewaldet**. Größte Verbreitung in den Küstenregionen haben immergrüne Laubwälder der ge-

Küstenregionen ► mäßigten Zone mit Lorbeerbäumen (japanisch teriha-boku), verschiedenen Eichenarten (kashi), Eichenkastanien (shii) und Kamelien, nach Süden hin mehr und mehr durchsetzt von Palmen, Baumfarnen, Kampferbäumen (kusunoki, yabunikkei) und in Flussniederungen lichtgrünen Bambushainen (u. a. auf Honshu, Shikoku und Teilen von Kyushu). Auf den südlichen Ryukyu-Inseln bis Okinawa herrscht immergrüner Scheinkastanien-Wald (shii) vor. Die Küsten säumen Mangrovensümpfe, denen sich landeinwärts ein Dickicht aus Pandanus (adan), wilder Feige (gajumaru) und Farnpalmen (sotetsu) anschließt.

◂ Übergangszonen

In den klimatischen Übergangszonen von Nord-Honshu, zwischen warm-gemäßigter und subtropischer Zone, dominieren sommergrüne Laub- und Mischwälder, die sich nach Süden in immer höheren Lagen fortsetzen und auch noch auf Kyushu in Höhen zwischen 1000 und 1500 m anzutreffen sind. Sie bestehen vor allem aus Eichen, Eichenkastanien und Kiefern (matsu), die wegen ihrer Genügsamkeit unabhängig von der Klimazone in allen Landesregionen zu finden sind. In den Wäldern der gemäßigten Zone ist durch künstliche Aufforstung die Sicheltanne (sugi), das bedeutendste Nutzholz in Japan, überreichlich vertreten, ferner der zur Herbstzeit wunderschön gefärbte Ahorn (akagi), die Japanische Zypresse (hinoki), Birken, Buchen und Paulownien (kiri). Im Norden, auf Hokkaido, breiten sich Wälder aus subarktischen Koniferen, insbesondere Latschen (haimatsu) und anderen Nadelbaumarten aus.

◂ Alpenflora

Oberhalb 2500 m findet sich in Zentral-Honshu im Wechsel mit dichten Wäldern aus Zwergkiefern eine ebenfalls artenreiche Alpenflora. Eine alpine Grasformation hingegen, wie man sie in Europa kennt, fehlt. Gegen Norden sinkt die Vegetationsgrenze und erreicht auf Hokkaido eine Höhe von nur noch 1500 m.

*In den kälteren Regionen haben die Rotgesichtsmakaken gelernt, in den heißen Quellen zu baden.*

Unter den übrigen häufig vertretenen Wild- und Kulturpflanzen gelten rund 50% als vom asiatischen Festland eingeführt. Sie tragen dennoch sehr häufig den Beinamen »japanisch«, »japonica« oder »nipponica« (z. B. Japanische Mandel, Quitte, Kirsche u. a.).

**Fauna** Großer Artenreichtum zeichnet auch die Fauna aus, die sich ähnlich der Flora nach Region und Höhenlage unterscheiden lässt und deren Entfaltung durch die Vielfalt der Lebensräume, die immensen Waldflächen und das Zusammentreffen warmer und kalter Meeresströmungen begünstigt wird. Von grundlegender Bedeutung für den Artenreichtum war weiterhin die sich in Japan nur in geringem Maße auswirkende Eiszeit und die daraus resultierende Erhaltung einiger altertümlicher Tierformen. Gleichzeitig konnte auch anhand von Knochenfunden und den zutage getretenen Ähnlichkeiten mit Knochenfunden des Festlands die in der Vorzeit existierende Landverbindung zwischen Japan und dem Kontinent belegt werden. **Trennungslinien** zwischen den Lebensräumen einzelner Tiergattungen wurden von den Zoologen Watase und Blakiston erkannt.

Watase-Linie ► Die so genannte Watase-Linie verläuft zwischen den südlich von Kyushu liegenden Inseln Yakushima und Amami-Oshima (30° nördlicher Breite) und stellt die **Abgrenzung zur Tierwelt der südpazifischen Tropeninseln** dar; unter den südlich dieser Linie lebenden Tieren sind besonders erwähnenswert das unter Naturschutz stehende Ryukyu-Kaninchen und die Amami-Stachelmaus.

Blakiston-Linie ► Die **nördliche Verbreitungsgrenze** für verschiedene Tierarten ist die Blakiston-Linie in der Tsugaru-Meeresstraße zwischen Honshu und Hokkaido. Zur Tierwelt Hokkaidos, die mit jener Sibiriens eine deutliche Verwandtschaft zeigt, gehören Braunbär, Rotwild, Zobel, Erdhörnchen, Maus- und Hasenarten sowie eine Reihe nordischer Vogelarten (Kamtschatka-Rabe, Blakiston-Uhu u. a.).

Zwischen den Linien ► Zwischen diesen beiden tiergeografischen Trennungslinien leben vorwiegend mit der Fauna des nordostchinesischen Festlands verwandte Gattungen, deren Vorläufer über die später abgesunkene Landverbindung zwischen Japan und dem Kontinent hierher gelangten. Dazu gehören Fuchs, Rotgesichtsmakake, Gämse, Wildschwein, Kragenbär, Siebenschläfer, bei den Vogelarten Japanischer Grünspecht, Grüner Jagdfasan und Japanischer Kupferfasan, Drossel und andere. Besonderem Schutz unterstehen der Japanische Ibis (Toki), der nur noch auf der Insel Sado in wenigen Exemplaren zu finden ist, ferner der Schwarzschnabelstorch, ebenfalls nur noch äußerst selten in der Präfektur Hyogo vorkommend, sowie die auf das Tertiär zurückgehenden Riesensalamander in den Gebirgsbächen West-Honshus und Nord-Kyushus.

Meerestiere ► Von großer Vielfalt und überraschender Schönheit ist auch die maritime Tierwelt, die besonders in den südjapanischen Gewässern mit ihren korallenumlagerten Inseln einen überwältigenden Formen- und Farbenreichtum entwickelt hat; ausdrücklich erwähnt seien hier die Seeschlangen (Hydrophiidae), relativ kleine Giftnattern, die aus-

schließlich an den Küsten des Pazifischen und Indischen Ozeans mit den dort herrschenden hohen Wassertemperaturen vorkommen.
Als Zierfisch in Gartenteichen erfreut sich der japanische Karpfen (Koi), der bis zu 60 Jahre alt werden kann, großer Beliebtheit.

# Bevölkerung · Politik · Wirtschaft

## Bevölkerung

**Bevölkerungsverteilung**

Nach Angaben von 2007 betrug die durchschnittliche Bevölkerungsdichte in Japan 338 Einwohner pro Quadratkilometer. Dies ist freilich eine rein statistische Größe, die nichts über die tatsächlichen, regional höchst unterschiedlichen Siedlungsdichten aussagt. Während im Gebirge nur die Täler bewohnt und bewirtschaftet sind, drängen sich die Menschen in den industriellen Ballungsräumen der wenigen Ebenen und Beckenlandschaften. Hokkaido ist mit nur 72 Einwohnern pro Quadratkilometer am wenigsten dicht besiedelt, während die Bevölkerungsdichte in Tokyo heute sogar 5748 Einwohner pro Quadratkilometer erreicht. Landflucht und Verstädterung der bäuerlichen Kreise, bedingt durch ein krasses Lohngefälle, verschärfen dieses Ungleichgewicht. Über 66% aller Japaner leben heute in den

*Viele japanische Jugendliche haben ein Faible für Verkleidungen nach Manga- und Computerspiel-Vorbildern.*

# *Zahlen und Fakten* Japan

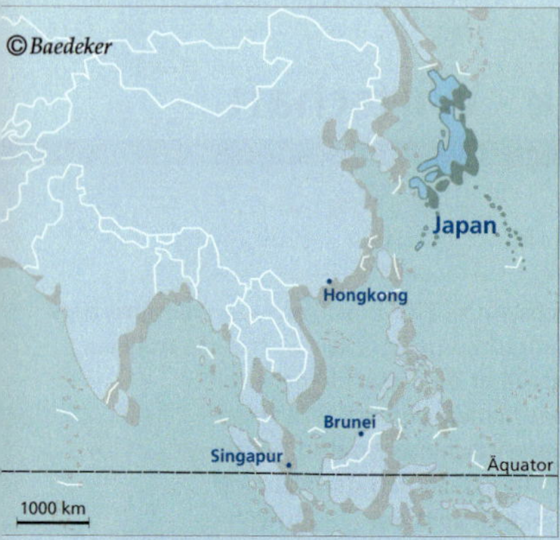


## Lage und Fläche

- viertgrößter Inselstaat der Welt
- von 45°33' bis 20°25' nördlicher Breite
- von 123° bis 149° (umstritten) östlicher Länge
- Nordost-Südwest-Ausdehnung 2790 km
- Breite max. 400 km
- Landfläche: 377 682 km²
- Hauptlandmasse (97%): Hokkaido (77 900 km²), Honshu (230 832 km²), Shikoku (18 799 km²) und Kyushu (44 380 km²)
- weitere 3918 kleine Inseln

## Bevölkerung

- rund 127,1 Mio. Einwohner
- Bevölkerungsdichte: 338 Einw./km²
- Größte Städte: Tokyo-Stadtbezirk (8,41 Mio. Einw.), Yokohama (3,58 Mio.), Osaka (2,51 Mio.), Nagoya (2,16 Mio.), Sapporo (1,88 Mio.), Kobe (1,5 Mio.), Kyoto (1,39 Mio.)

## Religion

- rund 70,2% Buddhisten ►(S. 58)
- über 84,1% Shintoisten (►S. 58)
- 2% Christen
- 7,7% andere

## Staat

- Name: »Nihon« (»ni« = Tag, Sonne, »hon« = Wurzel)
- Parlamentarische Monarchie
- Staatsoberhaupt: Kaiser (Tenno) Akihito (seit 1989)
- Ministerpräsident: Hatoyama Yukio (seit 2009)
- Parlament: gesetzgebendes Unterhaus (Shugi-in, 480 Sitze) und beratendes Oberhaus (Sangi-in, 242 Sitze)
- Verwaltungsstruktur: 47 Präfekturen

## Wirtschaft

- Bruttosozialprodukt: 5049 Mrd. US-$ (Schätzung 2009)
- Jährliches Pro-Kopf-Einkommen: 32 600 US-$ (Schätzung 2009)
- Arbeitslosenquote: 5,6% (Schätzung 2009)
- Wirtschaftswachstum: 5,7% (Schätzung 2009)

Städten. Dabei hat sich allerdings in den städtischen Randgebieten, wo das Heer der Neben- und Zuerwerbslandwirte lebt, die bäuerliche Lebensweise weitgehend erhalten.

**Demografischer Wandel**

Japan gehört zu denjenigen Ländern, die den (auch in Europa bevorstehenden) demografischen Wandel besonders früh und besonders heftig erfahren. Die Kombination aus einer sehr hohen Lebenserwartung (im Durchschnitt 82 Jahre; Frauen fast 86 Jahre!) und einer niedrigen Geburtenrate (1,2 Kinder pro Frau) führt zu einer Überalterung der Gesellschaft, die wegen der im Vergleich zu Europa schnellen Veränderung der Lebensumstände v.a. seit der Nachkriegszeit, besonders plötzlich auftritt. Schon sind weit über 20% der Bevölkerung über 65 Jahre alt, Tendenz steigend.

**Minderheiten**

Auf Hokkaido leben schätzungsweise 25 000 meist voll assimilierte **Ainu**. Es sind dies wahrscheinlich die Nachkommen der Ureinwohner des Inselreiches, die im Körperbau von den Japanern abweichende Züge (Hochwüchsigkeit, helle Haut, starker Bartwuchs) aufweisen und bis zum Beginn des 19. Jahrhunderts als Jäger und Fischer den Hauptanteil der Bevölkerung im Norden Japans stellten. Heute bekennen sich nur noch einige Tausend von ihnen ganz zu ihrem archaischen kulturellen Erbe. Unter den rund 1,31 Mio. **Ausländern** in Japan stellen die Koreaner mit 529 000 die größte Minderheit, gefolgt von Chinesen (253 000), Brasilianern (188 000) – darunter viele ethnische Japaner, deren Vorfahren nach Brasilien ausgewandert waren – und Filipinos (202 000). Diese Gruppen konzentrieren sich vor allem in Tokyo und Osaka.
Eine nicht ethnische, sondern soziale Minderheit sind die rund 2 Millionen **Burakumin**. Bis ins 19. Jh. wurden sie als Angehörige bestimmter Berufsstände (z. B. Schlachter und Kürschner) wegen ihrer nach buddhistischer Auffassung »unreinen« Tätigkeiten diskriminiert. Ihre Nachkommen leiden z.T. noch heute unter Vorurteilen.

## Staat und Verfassung

**Parlamentarisch-demokratische Monarchie**

In Ablösung der Meiji-Verfassung des Jahres 1889 trat am 3. Mai 1947 in dem ostasiatischen Kaiserreich Japan (Nippon oder Nihon = »Ursprung der Sonne«) die heutige Verfassung (Nihon Koku Kempo; verkündet am 3.11.1946) in Kraft, welche die Grundlage für die Bildung einer demokratischen Gesellschaft wurde. Danach ist der **Kaiser** (Tenno; seit 1989 Akihito, geb. 1933), früher unumschränktes Oberhaupt des Reiches, nur noch Symbol des Staates sowie der Einheit der Nation. Staatlicher Souverän ist das japanische Volk. Weitere wichtige Verfassungsinhalte sind die Gewaltenteilung, die Garantie der Menschenrechte und der Verzicht auf Angriffskriege.

◂ Parlament

Höchstes Organ des Staates ist das Parlament (Kokkai), das in allgemeinen und geheimen Wahlen gewählt wird und den Ministerpräsidenten bestimmt. Es besteht aus zur Gesetzgebung berufenem Unter-

# *Japan* Politische Gliederung

**Nippon • Nihon**

日本

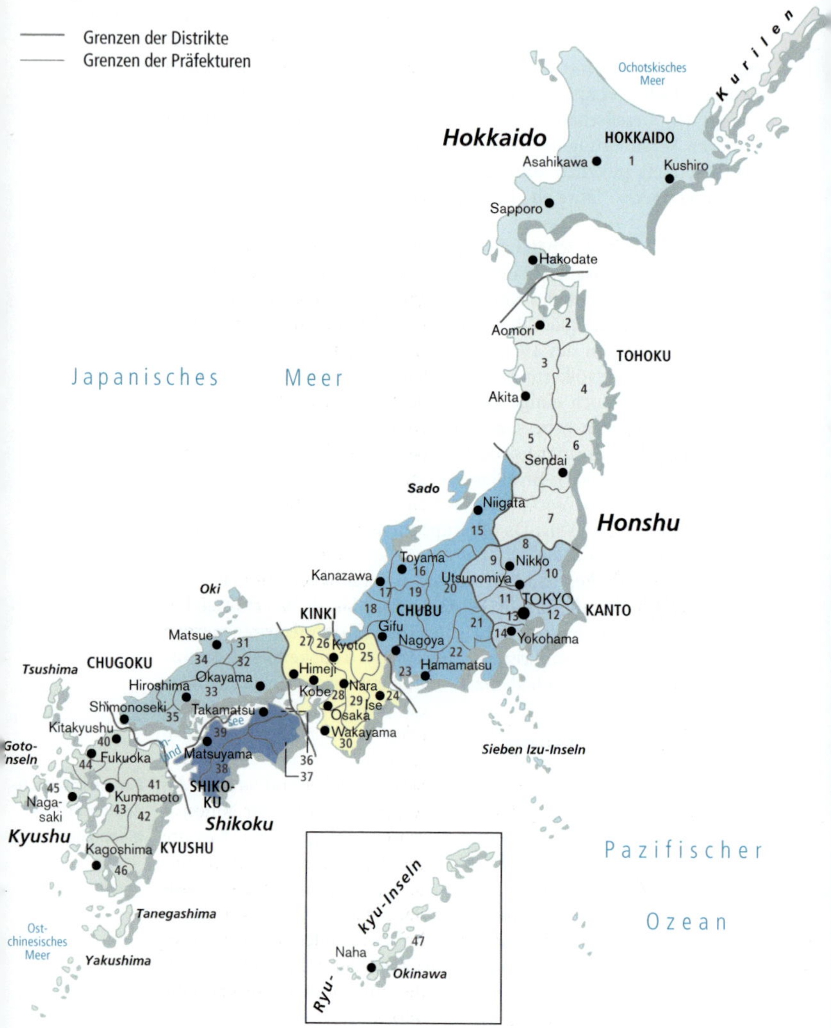

DISTRIKT
Präfektur

HOKKAIDO
1 Hokkaido

TOHOKU
2 Aomori
3 Akita
4 Iwate
5 Yamagata
6 Miyagi
7 Fukushima

KANTO
8 Tochigi
9 Gumma
10 Ibaraki
11 Saitama
12 Chiba
13 Tokyo
14 Kanagawa

CHUBU
15 Niigata
16 Toyama
17 Ishikawa
18 Fukui
19 Gifu
20 Nagano
21 Yamanashi
22 Shizuoka
23 Aichi

KINKI
24 Mie
25 Shiga
26 Kyoto
27 Hyogo
28 Osaka
29 Nara
30 Wakayama

CHUGOKU
31 Tottori
32 Okayama
33 Hiroshima
34 Shimane
35 Yamaguchi

SHIKOKU
36 Kagawa
37 Tokushima
38 Kochi
39 Ehime

KYUSHU
40 Fukuoka
41 Oita
42 Myazaki
43 Kumamoto
44 Saga
45 Nagasaki
46 Kagoshima
47 Okinawa

haus (Shugi-in) und dem beratend fungierenden Oberhaus (Sangi-in). Der Ministerpräsident beruft die Minister in sein die Regierungsgewalt ausübendes Kabinett; dieses ist dem Parlament (nicht dem Kaiser) verantwortlich und kann durch Misstrauensvotum zum Rücktritt gezwungen werden.

**Verfassungsdebatten**

◄ Thronfolge

Obwohl der Tenno, der auch oberster Priester des Shintoismus ist, lediglich offizielle Repräsentationspflichten erfüllt, genießt er höchsten Respekt. Die Bevölkerung nimmt regen Anteil an Freud und Leid der kaiserlichen Familie, besonders am Thronfolgerpaar Naruhito und Masako. Als die beiden nach acht Jahren Ehe im Dezember 2001 eine Tochter bekamen, entbrannte eine Diskussion über die Thronfolge, denn diese sieht vor, dass der Kaiserthron nur von einem Mann in männlicher Erblinie bestiegen werden kann. Da laut Meinungsumfragen eine große Mehrheit der Bevölkerung für die Anerkennung einer weiblichen Kaiserin war, schien eine Verfassungsänderung nicht unwahrscheinlich; es gab sogar schon eine entsprechende Empfehlung eines eigens gebildeten Expertenrats – bis der Bruder des Thronfolgers, Prinz Akishino, im September 2006 Vater eines Jungen wurde, mit dessen Geburt eine Verfassungsreform wieder vom Tisch ist.

◄ Verteidigungspolitik

Ein weiterer Verfassungsinhalt, der in letzter Zeit viel

diskutiert wird, ist der **Verzicht Japans auf Kriegführung** und die Androhung militärischer Gewalt. Die Entsendung japanischer Truppen in den Irak 2004 bis 2006 – der erste Auslandseinsatz der Armee seit dem Zweiten Weltkrieg überhaupt – war deshalb sehr umstritten, auch wenn die Soldaten nur humanitäre Hilfe leisten durften. Streng genommen ist Japan laut Verfassung sogar der Unterhalt einer Armee untersagt, weshalb das mit einem Haushalt von ca. 40 Mrd. US-$ durchaus schlagkräftige japanische Militär – eine Berufsarmee mit dem viertgrößten Militärhaushalt der Welt (!) – offiziell »Selbstverteidigungsstreitkräfte« (Jieitai) heißt. Der **pazifistische Artikel 9** der japanischen Verfassung ist für einen nicht unerheblichen Teil der Bevölkerung unantastbar. Bereits unter der Regierung Abe wurde 2007 die bisherige »Agentur für Verteidigung« zu einem vollwertigen Ministerium aufgewertet, und auch die seit 2009 amtierende Regierung verfolgt eine Politik größerer militärischer Unabhängigkeit vom US-Verteidigungsbündnis. Begründet wird diese Tendenz u. a. mit den nordkoreanischen Atomtests und der Aufrüstung Chinas.

**Politische Parteien**

Nach Auflösung aller politischen Parteien im Zweiten Weltkrieg und ihrer erneuten Zulassung nach 1945 vereinigten sich 1955 die beiden größten Parteien des Landes, Liberale und Demokraten, zur konservativ orientierten Liberal-Demokratischen Partei (Jiyu Minshuto), die seitdem mit nur einer kurzen Unterbrechung bis 2009 ununterbrochen regierte, zuletzt in Koalitionsregierungen. Die letzten Unterhauswahlen im September 2009 gewann die langjährige Oppositionspartei, die Demokratische Partei Japans (Nihon Minshuto); sie ging, mit Hatoyama Yukio als Ministerpräsident, eine Koalition mit zwei kleineren Parteien ein, der Neuen Volkspartei (Kokumin Shinto) und der Sozialdemokratischen Partei (Nihon Shakai Minshuto). Hatoyama trat im Juni 2010 allerdings nach innerparteilichem Druck schon wieder zurück und wurde durch Naoto Kan abgelöst. Auch die Kommunistische Partei (Nihon Kyosanto) sowie die Neue Partei für Saubere Politik (Shin Komeito) spielen weiterhin eine Rolle.

**Verwaltung**

Japan ist ein zentral regierter Einheitsstaat, der sich verwaltungstechnisch in 47 Präfekturen gliedert. Es sind dies 43 Landpräfekturen (ken), zwei Stadtpräfekturen (fu; Kyoto und Osaka), die Landesmetropole Tokyo (to) und das Inselterritorium Hokkaido (do). Die Präfekturen sind ihrerseits in Stadtkreise (shi), Kleinstadtkreise (cho) und Landkreise (son) unterteilt. An der Spitze jeder Präfektur steht ein direkt gewählter Präfekt, der die Interessen seiner Präfektur auch bei der zentralen Landesregierung vertritt.

## Wirtschaft

**Moderner Industriestaat**

Im Jahr 2009 lag Japan mit einem Bruttosozialprodukt von 5049 Mrd. US-Dollar an dritter Stelle weltweit hinter den Vereinigten Staaten von Amerika und der Volksrepublik China. Die Leistung, für

*Moderne Motorenfabrik von Toyota in der Präfektur Fukuoka*

die diese Zahl steht, wird deutlich, wenn man bedenkt, dass erst nach der Thronbesteigung des Meiji-Kaisers (1868) die Entwicklung Japans zu einem modernen Industriestaat begann. Durch den Zweiten Weltkrieg verlor Japan nicht nur seine überseeischen Besitzungen, sondern erlitt auch schwerste Zerstörungen an den Industrieanlagen im Mutterland. Erst im Gefolge des Koreakrieges gelang es der japanischen Wirtschaft 1951 wieder, den Produktionsstand der Vorkriegszeit zu erreichen und ohne Wirtschaftshilfe der USA auszukommen. Mitte der 1950er-Jahre setzte eine rege Investitionstätigkeit ein, die durch staatliche Maßnahmen wirksam gefördert wurde.

**Wachstum**

Das Hauptgewicht lag dabei auf der Eisen- und Stahlindustrie und der Kohleförderung. Bald kamen neue Industriezweige hinzu, insbesondere die Herstellung von Konsumgütern wie Pkw und Fernseher. Das rasante Wirtschaftswachstum im zweistelligen Bereich wurde erst Anfang der 1970er-Jahre durch die Aufwertung des Yen und die Ölkrise gebremst. Zwar blieb das Wachstum in der Folge gemäßigt, doch stieg Japan allmählich zu einer **führenden Wirtschaftsmacht** und zum größten Nettogläubiger der Welt auf. Ende der 1980er-Jahre kam es durch Spekulationsgeschäfte zu einem Anstieg der Aktien- und Bodenpreise in schwindelerregende Höhen. Als Regierung und Nationalbank Gegenmaßnahmen ergriffen, platzte die »Seifenblase« und Japan schlitterte in eine Rezession, die u. a. die Arbeitslosigkeit markant ansteigen ließ – seit 2000 ist sie selten unter 4% gefallen. Die alten Strukturen des Beschäftigungssystems begannen zu wanken. In der Nachkriegszeit hatte sich das Prinzip der sogenannten lebenslangen Beschäftigung etabliert: Zumindest die großen Firmen stellten Schul- oder Universitätsabgänger mit der Aussicht ein, bis zu ihrer Pensionierung in einer fast beamtenähnlichen Position im Betrieb bleiben zu können. Durch ein auf dem **Senioritätsprinzip** beruhendes Lohn- und Beförderungssystem kam es zu einem engen Loyalitätsverhältnis der Arbeitnehmer zu ihren Arbeitgebern. Diese starke Identifikation mit dem Unternehmen dürfte letztendlich der Grund für die außergewöhnlich effektive Qualitätskontrolle und die sehr geringen Fehlzeiten gewesen sein. Durch die seit den 1990ern aufeinanderfolgenden Wirtschaftskrisen in Kombination mit Globalisierung und demografischen Umwälzungen ist das traditionelle Beschäftigungssystem (das im Übrigen für Beschäftigte kleinerer Betriebe niemals die gleichen Sicherheiten bot) nicht mehr haltbar. Heute arbeiten etwa 30 % aller Arbeitnehmer in unregelmäßigen Beschäftigungsverhältnissen, oft mit signifikant niedrigeren Stundenlöhnen als reguläre Angestellte.

**Landwirtschaft** Nur 13,3% der Landfläche Japans werden landwirtschaftlich genutzt, wobei sich große regionale Unterschiede zeigen; ganz überwiegend agrarisch ausgerichtet ist die Insel Hokkaido. Vor dem Zweiten Weltkrieg waren noch rund 50% aller Erwerbstätigen im primären Sektor beschäftigt. Die stürmische industrielle Entwicklung der vergangenen Jahrzehnte hat allerdings zu einem Absinken dieses Anteils auf nur noch 4% geführt. Wichtigstes Anbauprodukt ist der **Reis**, der auf einer Anbaufläche von 1,6 Mio ha (halb so viel wie 1970) einen Jahresertrag von 8,5 Mio Tonnen einbringt: Statistisch gesehen isst jeder Japaner trotz veränderter Essgewohnheiten immer noch 59 kg Reis pro Jahr. Im Übrigen werden Weizen, Gerste, Zuckerrüben, Rettich, Kohl, Zitrusfrüchte, Hülsenfrüchte, Kartoffeln und nicht zuletzt **Tee** in erheblichem Umfang angebaut. Von geringerer Bedeutung ist die Viehzucht; während der Bestand an Schafen und Ziegen zurückgeht, befindet sich die Geflügelhaltung in stetiger Ausweitung. Nicht zu unterschätzen ist die **Seidenraupenzucht**, gebunden an Maulbeerbaumkulturen mit Schwerpunkt in Mittel-Honshu.

**Fischerei** Die Fischerei spielt in Japan von jeher eine herausragende Rolle. Auf ihr Konto gehen ca. 15% der Weltfischfangerträge. Das seit 1986 geltende Verbot des kommerziellen Walfangs versucht Japan immer wieder zu unterlaufen, indem es Walfang »zu Forschungszwecken« betreibt. Die einst berühmte Perlenzucht ist rückläufig.

**Bodenschätze** Japan besitzt vielfältige, doch wenig ergiebige Vorkommen an Bodenschätzen. Mit diesen ist das Land nur zu 1% an der Weltrohstoffförderung beteiligt und fast gänzlich auf die Einfuhr aus anderen Ländern angewiesen. Eine nahezu vollkommene Importabhängigkeit besteht für Bauxit, Eisenerz und Rohöl; Kupfererz muss zu 92% und Kokskohle zu 85% eingeführt werden. Für diese Rohstoffe ist Japan auf dem Weltmarkt zum Hauptabnehmer geworden.

**Industrie**

Wirtschaftlicher Schwerpunkt des Landes ist die Herstellung von Industriegütern. Nachdem Japan in einigen Bereichen wie Automobil- und Pharmaindustrie vorübergehend die Weltspitze erreicht hatte, liegen die Exporte heute noch für viele Konsumgüter im Spitzenbereich; v.a. in der Robotik-Industrie ist Japan weltweit führend. Hauptexportartikel sind nach wie vor Maschinen einschließlich elektronischer Geräte (2005: 253 Mrd. US-$) und Transportmittel (2005: 138 Mrd. US-$), v.a. PKW. Weiterhin bedeutend sind auch die Halbleiter- und die Pharmaindustrie. Die Industrie konzentriert sich in den Küstengebieten, vor allem in den alten Pazifikhafenstädten und ihrer Umgebung. Diese Standorte weisen wesentliche Vorteile im Hinblick auf eine Minimierung der Transportkosten auf. Die wichtigsten Handelspartner Japans sind die USA und China.

**Energiewirtschaft**

Auf dem Gebiet der Energieversorgung – und hier speziell beim Erdöl – ist die Importabhängigkeit besonders deutlich. Fast 97,4% des benötigten Erdöls muss Japan importieren. Um die große Abhängigkeit vom Erdöl abzubauen, hat das Land verstärkt auf die Entwicklung der **Kernenergie** gesetzt. Schon um 1980 waren über 20 Kernkraftwerke in Betrieb; ihre Zahl stieg bis auf ein bisheriges Maximum von 56 im Jahr 2007, als wegen des großen Niigata-Erdbebens mehrere Reaktoren vom Netz genommen wurden. Dennoch sind weitere Atomreaktoren in Planung und eine Abkehr von der Atomenergie nicht in Sicht.

*Spielerei mit Zukunft: Japan ist führend bei der Entwicklung von Robotern. Dieser hier namens »Seisaku Murata« fährt unfallfrei Rad auf einem 3 m langen Balken.*

# Geschichte

**Was ist das Besondere der Hügelgräber der Kofun-Zeit? In welcher Epoche kamen die Shogune an die Macht? Warum schottete sich das Land über Jahrhunderte völlig gegen das Ausland ab?**

# Frühgeschichte

| | |
|---|---|
| **ca. 7000 bis 250 v. Chr.** | Jomon-Zeit: Töpfer-Kultur mit typischem Schnurmuster |
| **250 v. Chr.** | Yayoi-Kultur. Erste Kontakte zu China und Korea |

**Steinzeit**

Wann Japan besiedelt wurde, ist nicht bekannt, doch setzt die Forschung (z.B. John W. Hall) den Beginn der präkeramischen Kulturphase um 150 000 v. Chr. an. Obwohl zahlreiche primitive **Steinwerkzeuge**, hauptsächlich aus Achat, Schiefer und Obsidian, gefunden wurden, zögert die Wissenschaft wegen der unsicheren Datierung, den Begriff »paläolithisch« auf sie anzuwenden.
Die Funde aus dem Neolithikum (Jungsteinzeit) sind dagegen besser einzuordnen. Vor 8000 v. Chr. wird ein durch geologische Schichten ausreichend sicher datierter Fund in der Kanto-Ebene (Iwajuku, Präfektur Gumma) angenommen. Er besteht aus Äxten und Steinmessern; die Form der Äxte ähnelt denen vergleichbarer Perioden auf dem südasiatischen Festland, die der Messer denen in Sibirien und Nordchina. Ein Verschmelzen der Einflusssphären nördlicher und südlicher Kulturen in Japan um diese Zeit liegt also nahe, jedoch ist eine dauernde Besiedlung seit der frühen präkeramischen Phase noch keineswegs erwiesen.

**Jomon-Kultur**

Von etwa 7000 bis um 250 v. Chr. entwickelt sich die **Schnurkeramik-Kultur** (Jomon-Kultur). Wichtige Funde dieser Kultur, deren Träger noch Jäger und Sammler waren, stammen aus Nord-Honshu und der Kanto-Ebene. Zunächst bewohnten diese Menschen Wohngruben mit zeltartigen Dächern. In der mittleren Jomon-Zeit entstanden bereits Häuser ohne Mittelpfosten. Der Hund tritt als Gefährte der Jägersippen in Erscheinung. Bald entstehen Tongefäße von kolossalen Ausmaßen; krugartige Keramikherde ersetzen zuweilen die Feuergrube. Wie man aus Waffen (Holzschwerter, Bogen, Pfeilspitzen) und Werkzeugen (Angelhaken, Harpunen, Äxte, Hämmer) schließen kann, ist diese Epoche als eine Art verspätetes Neolithikum zu betrachten, das jedoch bald von einer Bronzekultur überlagert wurde.

**Yayoi-Kultur**

Von etwa 250 v. Chr. bis zum dritten nachchristlichen Jahrhundert dringt die Yayoi-Kultur von Süden her auf die japanischen Inseln vor. Die **Töpferscheibe** und **Ackerbautechniken**, insbesondere der bewässerte Reisbau, werden eingeführt. Bronzegegenstände japanischen Ursprungs tauchen auf. Da aber in Gräbern der mittleren Yayoi-Periode (Nord-Kyushu) auch Bronzespiegel und Waffen aus China ge-

← *Fragment einer Schriftrolle aus dem frühen 14. Jahrhundert mit einer Darstellung der Schlacht von Rokuhara*

funden wurden, das zuvor die Blüte der Han-Zeit (202 v. Chr. bis 220 n. Chr.) erlebte, ist es unwahrscheinlich, dass die neuen Kulturtechniken, die auf dem Festland wesentlich früher auftreten, einer selbstständigen Entwicklung in Japan entstammen. Zudem berichten koreanische und chinesische Geschichtsschreiber übereinstimmend, dass etwa zur Zeit der Eroberung Koreas durch die Han-Dynastie Japaner in Mimana an der Südküste Koreas siedelten. Die Yayoi-Keramik aus dünnem rötlichem Ton zeigt geringere Vielfalt der Formen als diejenige aus der späten Jomon-Zeit; statt des Schnurabdrucks werden Muster gemalt, eingeritzt oder mit dem Kamm in die feuchte Oberfläche gestrichen.

Koreanische Einflüsse ► Man hat fast identische Töpferwaren in der Nähe von Seoul (Karakuri am Han-Fluss, Südkorea) entdeckt; auch linguistische Vergleiche der Ausdrücke für einfache Kulturtechniken auf Koreanisch und Japanisch, wie sie etwa Ohno Susumu durchführte, bestätigen die Theorie eines koreanischen Einflusses. Die Pferde der Yayoi-Zeit, von mittlerer Größe, ähneln denen der koreanischen Steinzeit; die Jomon-Pferde, von denen nur wenige Spuren vorliegen, waren kleiner.

Grabfunde ► Charakteristisch für Grabfunde sind **importierte Bronzespiegel**, die in Japan später als Symbole der Sonnenscheibe und der göttlichen Herkunft betrachtet wurden, Bronzewaffen sowie ihre Nachbildungen in Stein und glockenförmige Ritualobjekte (Dotaku), die viel-

*Rekonstruiertes Gebäude einer Siedlung aus der späten Yayoi-Zeit in Toro, Shizuoka*

leicht als Opfergaben vergraben wurden, in der Spätphase mit schönen figürlichen Verzierungen. Krugbestattungen und Steinkistengräber herrschten vor; es wurden auch Dolmen aufgerichtet.

# Japanisches Altertum

| | |
|---|---|
| **ab 3. Jh.** | Reichseinigung unter den Yamato-Herrschern |
| **594** | Der Buddhismus wird zur Staatsreligion erklärt. |
| **604** | Erste japanische »Verfassung«; Konzentration der Macht auf das Kaiserhaus |
| **645** | Taika-Reform nach chinesischem Vorbild |
| **710** | Gründung von Nara als erste permanente Hauptstadt; Entstehung des Annalenwerks »Kojiki« |
| **720** | Entstehung der ersten Chronik des Landes »Nihon-shoki« |
| **794** | Verlegung des Regierungssitzes nach Heiankyo (Kyoto). |
| **1156–1185** | Kämpfe zwischen den Taira und den Minamoto |

**Kofun-Zeit (3.–6. Jh.)**

Während der **Epoche der Hügelgräber** (Kofun-Zeit) vom ausgehenden 3. bis zum 6. nachchristlichen Jahrhundert wurde die durch die neuen Agrartechniken stark angewachsene Bevölkerung in immer größeren Herrschaftsbereichen organisiert und schließlich unter den Yamato-Herrschern in einem großen Reich vereinigt. Dabei verwandelten sich die friedlichen Dorfgemeinden, die einem religiösen Oberhaupt unterstanden, in militärisch straff geführte kleine Königreiche, deren Zentren befestigt waren oder die doch schlagkräftige Truppen besaßen. Solche Reiche werden in der »Wajin-den« genannten chinesischen Chronik beschrieben, wobei Namen und Daten ins Reich der Sage gehören.

Die in Japan im 8. Jahrhundert verfassten Annalen, insbesondere das »Kojiki« und das »Nihon-shoki«, die in vielen Aspekten mehr der Literatur als der Geschichtsschreibung zuzurechnen sind, werfen durch anekdotische Schilderungen Licht auf diese Periode. Darin wird die **Kaiserin Jingo** (Jingu) erwähnt, deren Regierungszeit von 201 bis 269 n. Chr. überliefert ist. Sie wird als schamanistische Prophetin beschrieben, die nach einem erfolgreichen Eroberungszug gegen Korea den späteren Kaiser Ojin gebar. Was Japan und Korea betrifft, waren die Machtverhältnisse damals eher umgekehrt; erst in der zweiten Hälfte des vierten Jahrhunderts sind militärische Expeditionen der Japaner in Korea gut belegt. Die Legende rührt wohl daher, dass die japanischen Chronisten aus Patriotismus eine als geschichtlich anzusehende militärische Unternehmung der Kaiserin Saimei (Mitte 7. Jh.) in die Kofun-Zeit zurückversetzt haben. Fest steht aber, dass bald nach diesen legendären Geschehnissen – Ojin wird vielfach als Gründer der Yamato-Dynastie angesehen – die Einigung des größten Teils der japanischen Inselwelt erreicht wurde.

Kofun-Hügelgräber ► Die archäologischen Zeugnisse für dieses Entwicklungsstadium sind die berühmten Kofun-Hügelgräber. Die ersten wurden Ende des 3. oder zu Beginn des 4. Jahrhunderts im Kansai-Gebiet errichtet. Sie gehen mit großer Wahrscheinlichkeit auf koreanische Vorbilder zurück und wurden von den Yamato-Herrschern, welche die nötigen Arbeitskräfte aufbringen konnten, schon in größerem Maßstab als Symbol ihrer Machtfülle aufgeführt. Die Zeit der Giganten unter den Hügelgräbern ist das 5. Jahrhundert; ihm gehören die Mausoleen der Kaiser Nintoku und Richu an, deren Existenz als geschichtliche Persönlichkeiten schon eine große Wahrscheinlichkeit aufweist. Die späten Stufen der Hügelgrabentwicklung reichen bis in das 6. und 7. Jahrhundert hinein, überschneiden sich also mit der Einführung des Buddhismus.

## *Kofun-Grabhügel*

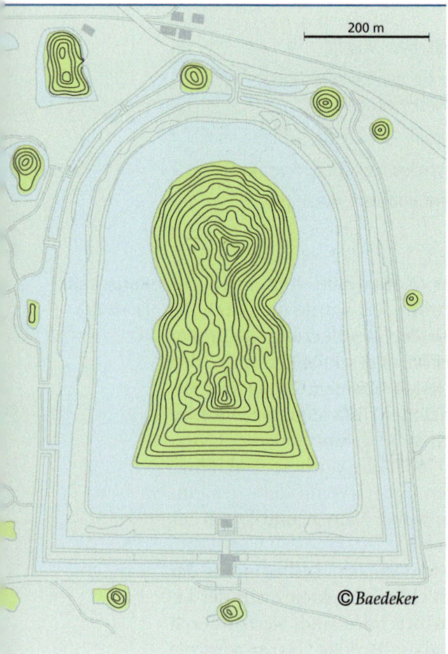


Die **Grundrisse** der Kofun-Hügelgräber zeigen unterschiedliche Formen: Es gibt runde und quadratische Hügelgräber; der charakteristische Umriss ist in Japan jedoch ein runder Hügel mit rechteckigem oder trapezförmigem Vorbau, der aus der Vogelperspektive an ein Schlüsselloch erinnert. Viele Gräber sind von Wassergräben umgeben. Die Toten wurden in der Frühzeit in ausgehöhlten Baumstämmen beigesetzt, später in Steinsärgen, deren runde Form noch an die Stämme erinnert, schließlich in kubischen oder hausförmigen Sarkophagen aus Steinplatten.

Grabbeigaben ► An Grabbeigaben finden sich anfänglich einfache metallene Werkzeuge und Pfeilspitzen. Merkwürdig ist die Sitte, Gegenstände aus Eisen, Bronze oder Holz durch vorbildgetreue steinerne Kopien zu ersetzen, deren Herstellung gewiss mehr Aufwand erforderte als diejenige der Originale. An die kriegerische Zeit der Einigung des Reiches unter den Yamato-Herrschern erinnern Waffen, insbesondere Rüstungen, Schilde und Schwerter. Die häufigsten und für die Geschichtsforschung aufschlussreichsten Grabbeigaben sind die unter der Bezeichnung **»Haniwa«** berühmt gewordenen Tonfiguren, nach denen in der Kunstgeschichte oft die ganze Periode benannt wird. Ihr Stil ist schlicht und realistisch; es finden sich Hausmodelle vom bäuerlichen Lagerhaus bis zur herrschaftlichen Empfangshalle, Repliken von Alltags- und Gebrauchsgegenständen, Tierfiguren und zahlreiche Darstellungen von Menschen, aus deren Kleidung sich auf Beruf und Klassenzugehörigkeit schließen lässt. Zusammen mit gelegentlich auftretenden Wandmalereien und mit Reliefs auf Metallgegenständen, insbesondere auf Spiegeln, zeichnen die Haniwa-Figuren ein gutes Bild vom Lebenm jener Zeit, über die es sonst nur nachträglich aufgezeichnete, legendenhafte Nachrichten gibt.

**Asuka-Zeit (552–710)**

Der Buddhismus wie auch der Konfuzianismus gelangen, zunächst über Korea, nach Japan und lösen hier eine bedeutende geistige und kulturelle Entwicklung aus, bilden aber auch mehrmals Anlass zu Konflikten zwischen weltlichen und priesterlichen Machtinteressen. Die mit der Übernahme des Buddhismus verbundenen Machtkämpfe zwischen den Mononobe, die am nationalen Shinto festhalten, und den Soga, die den Buddhismus verteidigen, enden 587 mit dem Sieg der Letzteren und mit der Machtübernahme durch Prinz Shotoku-taishi, dem stärksten Befürworter des neuen Glaubens. Er veranlasst den Bau des Shitennoji-Tempels (in Osaka) und erklärt 594 den **Buddhismus zur Staatsreligion**. Shotoku-taishi übernimmt auch das chinesische System des zentralisierten Beamtenstaats sowie den chinesischen Kalender und fördert in der Folgezeit den kulturellen Einfluss des festländischen Nachbarstaats auf Japan.

◄ Taika-Reform

Die Taika-Reform durch Prinz Nakano-oe (626–671, postum Kaiser Tenchi) und seines Vertrauten Nakatomi no Kamatari (614–669, Ahnherr der Fujiwara) vollendet das Reformwerk von Shotoku-taishi. Der gleichfalls chinesischem Vorbild folgende Kodex umfasst u. a. eine Landreform, die Einführung eines Schulsystems und die Festschreibung der kaiserlichen Zentralgewalt.

**Nara-Zeit (710–784)**

Die Stadt Nara, die einer ganzen Epoche den Namen gibt, entwickelt sich zum Zentrum einer kulturellen Blüte. Mit ihrer Gründung nach dem Vorbild chinesischer Städteplanung entsteht erstmals eine permanente Hauptstadt. Dies war erst durch das Erstarken des Buddhismus möglich, da zuvor nach dem Tod eines Herrschers, wegen der damit verbundenen kultischen Unreinheit, der Regierungssitz verlegt werden musste.

◄ Enstehung der Literatur

Im 8. Jahrhundert entstehen die ersten bedeutenden Werke der japanischen Literatur: Im »Kojiki« sind Legenden und historische Ereignisse Japans zusammengetragen; das »Nihon-shoki« (auch »Nihongi«) bildet die wichtigste Quelle der frühen Landesgeschichte; die Historie freilich ist mit Mythen und Legenden vermengt. Das »Manyoshu« (»Zehntausend-Blätter-Sammlung«), die im 5. Jahrhundert begonnene erste Anthologie Japans, wird 759 vollendet.

◄ Hochblüte des Buddhismus

In der Regierungszeit des Shomu-tenno (reg. 724–749) gelangt der Buddhismus zu hoher Blüte, den Ganjin und andere chinesische

Priester in Japan lehren. Mit der Errichtung von Provinztempeln erstarkt der Klerus. Besonders die »Sieben großen Tempel von Nara« bedrohen das Kaiserhaus. Die Kaiserin Shotoku-tenno (in einer früheren Amtszeit Kaiserin Koken) steht unter dem Einfluss des 765 zum Großkanzler ernannten Priesters Dokyo, der als »Mönchskaiser« (seit 762) Exponent des buddhistisch-klerikalen Machtstrebens ist, jedoch 770, nach dem Tod der Kaiserin, verbannt wird.

**Heian-Zeit (794–1192)**

Um die Macht des Klerus in Nara zu brechen, wird im Jahr 794 die **permanente Hauptstadt Heiankyo** (Kyoto) gegründet. Es folgt eine Phase nationaler Besinnung mit Entwicklung eigenständiger Kulturformen und einer eigenen Silbenschrift (Katakana und Hiragana). Nach dem Sturz der T'ang-Dynastie schwächen sich die Kontakte Japans zu China ab.

Schattenkaiser ►

Das Streben des Kaisers nach Unabhängigkeit wird von der Sippe der **Fujiwara** unterlaufen, die das Kaiserhaus durch Verschwägerung an sich binden und seine politische Bedeutungslosigkeit herbeiführen; ab 859 regieren sie als »Schattenkaiser« (Regenten für unmündige Kaiser oder solche, die sich von den Regierungsaufgaben zurückgezogen hatten). Die 645 begonnene Taika-Reform scheitert endgültig; Gouverneure, Beamte und Klöster eignen sich Lehensgüter an; der zu ihrem Schutz bestellte Schwertadel gewinnt an Einfluss.

Anfang des 9. Jahrhunderts gelangen die Schulen des esoterischen Buddhismus nach Japan. Im Jahr 805 kehrt der Priester Saicho vom Studium in China zurück und gründet die **Tendai-Schule.** Ein Jahr später wird durch den gleichfalls aus China zurückgekommenen Priester Kukai (Kobo-daishi, 774–835) die **Shingon-Schule** gegründet.

## ? WUSSTEN SIE SCHON …?

- Die Heian-Zeit gilt als die klassische Periode der japanischen Literatur, die besonders von Hofdamen gepflegt wurde. Die Hofdame Sei Shonagon verfasst das »Kopfkissenbuch« (►Literatur); Murasaki Shikibu, ebenfalls eine Hofdame, schreibt das »Genji-monogatari« (»Geschichte vom Prinzen Genji«), das bedeutendste Werk der klassischen japanischen Prosa.

Krieg zwischen den Taira und den Minamoto ►

Die Dezentralisierung der Macht führt zu Unruhen; das Militär erstarkt, besonders die im Osten des Landes ansässige Familie Minamoto (auch Genji) und die Familie Taira (auch Heike) im Westen. Die Macht der Fujiwara geht allmählich auf die Taira über. In der Folgezeit befehden die beiden Familien einander heftig; nach Kämpfen in der Tohoku-Region (1083–1087) obsiegen die Minamoto. Knapp siebzig Jahre später wendet sich das Blatt: Im **Heiji-Krieg** trägt Taira no Kiyomori den Sieg über die Minamoto davon und leitet nach seiner Ernennung zum Kanzler (»Dajo-daijin«) die Blütezeit des Hauses Taira ein. Kurz darauf wendet sich das Kriegsglück abermals im **Genpei-Krieg**. Die wiedererstarkten Minamoto unter Minamoto Yoritomo (1147–1199) vernichten die Taira in der entscheidenden Seeschlacht von Dannoura, wobei auch der Kindkaiser Antoku den Tod findet. Die Auseinandersetzungen zwischen den Minamoto und den Taira finden ihren literarischen Niederschlag um 1250 im »Heike-Monogatari«.

# Japanisches Mittelalter

| | |
|---|---|
| **1192** | Tenno Go-Shirakawa ernennt Minamoto Yoritomo zum ersten Shogun in der Geschichte Japans. Yoritomo begründet das Kamakura-Shogunat |
| **1274/1281** | Missglückte Mongoleneinfälle auf Kyushu |
| **1401** | Aufnahme diplomatischer Kontakte zum China der Ming-Dynastie |
| **1534** | Portugiesen landen in Tanegashima. |
| **1568** | Oda Nobunaga befriedet das Reich nach einer langen Zeit der Bürgerkriege. |
| **1592/1593** | Eroberungsfeldzüge gegen Korea |

**Kamakura-Zeit und Nanboku-Zeit (Zeit der zwei Kaiserhöfe)**

Diese Epoche ist geprägt durch die völlige Entmachtung des Kaisers und die **Übernahme der Staatsgewalt durch die Shogune** (Militärregenten), die das Land nach den strengen Prinzipien ihres Standes lenken. Im Jahr 1192 wird Minamoto Yoritomo vom Kaiser zum Shogun ernannt. Um dem höfischen Luxusleben auszuweichen, verlegt er den Regierungssitz nach Kamakura und begründet das nach diesem Ort benannte Shogunat. Er schafft eine straffe Regierung und sichert durch Truppenstationierungen die Landesgrenzen. Seine später von den Hojo fortgeführte Politik gründet sich auf die **Ethik des »Bushido«** (»Weg des Ritters«; ► Special S. 54), die auch auf die Gesellschaft allgemein Einfluss gewinnt. Nach seinem Tod übernehmen seine Witwe Hojo Masako und deren Vater Hojo Tokimasa die Macht. 1205 wird Tokimasas Sohn Hojo Yoshitoki erster Reichsverweser (shikken); dieses Amt bleibt weiterhin in der Familie der Hojo. Die Priester Honen und Shinran, deren Sekten Jodo und Jodo-shinshu im Volk starke Verbreitung gefunden haben, werden 1207 in die Verbannung geschickt. Mit der Ermordung von Minamoto Sanetomo, dem Sohn des Yoritomo, geht das Geschlecht der Minamoto unter; in der Folge kommt es zu Bürgerkriegen; allerdings misslingt der Versuch des Kaiserhauses, die Macht zurückzugewinnen.

◄ Mongoleneinfälle

In den Jahren 1274 und 1281 kommt es an der Nordküste Kyushus zu Mongoleneinfällen unter Kublai Khan. Beide Male zerstört der plötzlich einsetzende Taifun (»Kamikaze« = »Götterwind«) die mongolische Flotte. Der nationale Zusammenhalt wird gestärkt, aber die Samurai zeigen wachsende Unzufriedenheit, nicht zuletzt wegen der ausbleibenden finanziellen Entlohnung für ihren Einsatz.

Godaigo-tenno nutzt 1333 die Schwäche des Kamakura-Shogunats zum Sturz der Hojo. Er schickt seinen Feldherrn Ashikaga Takauji in den Kampf gegen das Kamakura-Shogunat, das nach zehnjährigen Kämpfen fällt. Zunächst übernimmt wieder der Kaiser die Regierungsgewalt, aber er wird von Takauji vertrieben, der 1336 Komyotenno als Gegenkaiser einsetzt. Dieser begründet die Nord-Dynastie und ernennt Takauji zum Shogun. Godaigo flieht mit den Reichsinsignien nach Yoshino, wo er die Süd-Dynastie errichtet. Nach dieser Konstellation erhält die Nanboku-cho-Ära (»Zeit der zwei Kaiserhöfe«) ihren Namen.

**Muromachi-Zeit und Azuchi-Momoyama-Zeit (1338–1600)**

In dieser Zeit geht die Macht der Shogune zurück. Das Land wird in jahrzehntelange Bürgerkriege verwickelt, die im Machtstreben regionaler Fürsten und Klöster sowie in den Auseinandersetzungen zwischen Anhängern der beiden Kaiserdynastien ihre Ursache haben. Gleichwohl entwickeln sich in diesen Jahren **bedeutende neue Künste** (etwa die Theaterform »No«, die Teezeremonie u. a.). Mit der Abdankung von Gokameyama, dem dritten Nachfahren des Godaigo, geht das ganze Reich samt den Reichsinsignien an den Nordkaiser über, doch bleibt der so gewonnene Friede nur von kurzer Dauer. Yoshimitsu, der dritte Ashikaga-Shogun, verlegt seinen Amtssitz nach Muromachi (Kyoto) und leitet eine kulturelle Blütezeit ein.

*Rüstung des Tokugawa Ieyasu in der Burg von Okazaki*

Der Nachfolgestreit unter den Ashikaga führt zum Ausbruch der **Onin-Kriege**. Durch die wachsende Dezentralisierung der Macht erstarken die Daimiate (die regionalen Fürstentümer), die ihre Unabhängigkeit als Teilstaaten anstreben. Künstler und Gelehrte fliehen in entlegene Provinzen, wo sich neue Kulturzentren bilden. Mit seinem Einzug in Kyoto gelingt es Oda Nobunaga 1568, die Macht der Klöster und Daimiate zu brechen und weite Teile des Reiches zu befrieden. Schon fünfundzwanzig Jahre zuvor hat es mit der Landung von Portugiesen in Tanegashima erste Kontakte mit Europa gegeben, was sich u. a. in der Einfuhr und weiten Verbreitung von Feuerwaffen äußert. Daneben hat der Missionar **Francisco de Javier** (Franz Xaver) das Christentum ins Land gebracht. Er wird von

mehreren Daimyo unterstützt, die in der neuen Religion ein Mittel ihrer Machtentfaltung sehen. Auch Oda Nobunaga gestattet die Tätigkeit der christlichen Missionare als Gegengewicht zu den buddhistischen Klöstern. Ab 1571 ist Nagasaki für den Handel mit dem Ausland geöffnet. Europäische Wissenschaften, allen voran Medizin und Naturwissenschaften, beginnen sich auszubreiten.
1573 wird der letzte Ashikaga abgesetzt und damit das Ashikaga-Shogunat beendet. Nobunaga festigt seine Macht und verlegt 1576 seinen Amtssitz auf die Azuchi-Burg in Omi. Rund zehn Jahre später wird er durch seinen Lehnsmann Akechi Mitsuhide ermordet; **Toyotomi Hideyoshi** setzt das von ihm begonnene Werk der Reichseinigung fort. Er lässt die Verwaltung reorganisieren und bereitet die Grundlage für das Feudalzeitalter. Als Großkanzler weist er die christlichen Missionare aus. Nach seinem Sieg über die Hojo in Odawara (1590) ist die Einigung des Landes vollendet.
Nun setzen Eroberungsfeldzüge nach Korea ein; sowohl 1593 als auch 1598 enden sie mit einem Waffenstillstand. Etwa gleichzeitig kommt es zu ersten Christenverfolgungen.

# Frühmoderne

| | |
|---|---|
| **1600** | Schlacht von Sekigahara<br>Beginn des Tokugawa-Shogunats |
| **1603** | Verlegung des Regierungssitzes nach Edo (Tokyo) |
| **ab 1616** | Abschottung gegen das Ausland und Verbot von Auslandsreisen |
| **1853/1854** | Der US-amerikanische Admiral Perry erzwingt durch Flottenpräsenz die Öffnung Japans. |

**Edo-Zeit (1600–1867)**

In der Schlacht von Sekigahara besiegt **Tokugawa Ieyasu** 1600 den Sohn des Hideyoshi, Hideyori, und legt den Grundstein für das Shogunat der Tokugawa, welche die Geschicke des Landes bis 1867 lenken sollen.
In der Edo-Zeit schließt sich Japan nach einer vorübergehenden Öffnung gegen den Westen völlig von der Außenwelt ab. In der **über 250 Jahre dauernden Friedensperiode** wird durch das Shogunat ein sich praktisch über alle Lebensbereiche erstreckendes Kontrollnetz errichtet, das eine stärkere Konzentration politischer und wirtschaftlicher Macht verhindert. Ieyasu, vom Tenno zum Shogun ernannt, verlegt seinen Regierungssitz nach Edo (Tokyo) und fördert Buddhismus und Konfuzianismus. Nach Abdankung zugunsten seines Sohnes Hidetada werden Handel und Wirtschaft ausgebaut. Vor Nagasaki entsteht ein holländisches Handelskontor (Hirado, später Dejima). Gleichwohl kommt es wieder zu Christenverfolgungen.

Schlacht von Osaka ►

In der Schlacht von Osaka (1614 / 1615) obsiegt Ieyasu über Hideyori, den Letzten aus der Toyotomi-Dynastie; dieser begeht Selbstmord. In der Folgezeit schottet sich Japan völlig vom Ausland ab; die Beziehungen zu England und Spanien werden abgebrochen und Auslandsreisen untersagt. Der Aufstand von Shimabara, in dem sich die Untertanen der christlichen Daimyo gegen die drückende Besteuerung zur Wehr setzen, zieht das endgültige Verbot des Christentums nach sich. Als einzige Ausländer bleiben die Holländer geduldet, dürfen aber ihren Stützpunkt nicht verlassen. Innenpolitisch sind die folgenden zweihundert Jahre durch Frieden und eine hohe Blüte der bürgerlichen Kultur gekennzeichnet.

**Erzwungene Öffnung**

Erst 1853 kommt es wieder zu einer – wenngleich erzwungenen – Öffnung Japans nach außen: Der US-Admiral **Matthew Perry** ankert mit den »Schwarzen Schiffen« in der Uraga-Bucht, um die Einrichtung von Handelsbeziehungen zu erwirken. 1854 wird in Kanagawa der Vertrag zwischen Japan und den USA geschlossen, der die Häfen Shimoda und Hakodate für den Außenhandel öffnet. Verträge mit Russland und England folgen; im Vertrag von Shimoda mit dem Zarenreich wird die japanisch-russische Staatsgrenze im Bereich der Kurilen zwischen den Inseln Uruppu und Etoforu festgelegt. Sachalin (jap. Karafuto) gilt als gemeinsames Eigentum beider Staaten. Mit der Abdankung des Shoguns und der Übergabe der Macht an Kaiser Meiji endet die Shogunatszeit.

# Neuzeit

| | |
|---|---|
| **1867** | Die Meiji-Zeit bringt tief greifende Reformen und eine weitere Öffnung Japans gegen den Westen. |
| **1894/1895** | Chinesisch-Japanischer Krieg |
| **1904/1905** | Russisch-Japanischer Krieg |
| **1914–1918** | Erster Weltkrieg: Japan auf Seiten der Alliierten |
| **ab 1931** | Militärische Expansion in Asien |
| **1941–1945** | Pazifischer Krieg (Zweiter Weltkrieg): Japan kämpft auf Seiten der Achsenmächte gegen die Alliierten. |
| **14. 8. 1945** | Kapitulation Japans nach Atombombenabwürfen auf Hiroshima (6. August) und Nagasaki (9. August) |
| **1952** | Ende der Besetzung Japans |
| **1956** | Japan tritt den Vereinten Nationen bei. |
| **1995** | Katastrophales Erdbeben im Großraum Kobe; Giftgasanschlag auf die Tokyoter U-Bahn durch die Aum-Sekte |
| **2005** | Expo in Aichi (bei Nagoya) |

**Meiji-Zeit (1867–1912)**

Die Meiji-Ära ist geprägt von umfangreichen Reformen und einer konsequenten Öffnung Japans gegenüber dem Ausland. Das Land unternimmt große Anstrengungen, um in der Industrialisierung Anschluss an den Weltstandard zu finden. Das Staatssystem wird durch eine Verfassung neu gegliedert. Der Meiji-tenno verlegt den Regierungssitz nach Edo und nennt es Tokyo (»Östliche Hauptstadt«).

◄ Aufhebung des Klassensystems

Ab 1870 werden das bisherige Klassensystem aufgehoben, bürgerliche Familiennamen eingeführt und öffentliche Grundschulen eingerichtet; auch wird der traditionelle Mondkalender durch den Sonnenkalender abgelöst. Im Austausch gegen Sachalin erhält Japan von Russland die gesamte Kurilenkette. 1889 wird eine staatspolitische Verfassung nach preußischem Muster mit Zweikammersystem eingeführt; Japan wird zur konstitutionellen Monarchie. Mit seinem Sieg im Chinesisch-Japanischen Krieg behauptet es sich als ernst zu nehmende Großmacht im Osten.

◄ Russisch-Japanischer Krieg

Auch den Russisch-Japanischen Krieg (1904/1905) gewinnt Japan. Im Frieden von Portsmouth (USA) wird Japan die südliche Hälfte der Insel Sachalin und die Schutzherrschaft über Korea zugesprochen. Fünf Jahre später wird Korea von Japan annektiert. Kaiser Meiji stirbt 1912; sein Sohn Yoshihito tritt seine Nachfolge unter dem Regierungsmotto »Taisho« (große Gerechtigkeit) an.

**Taisho-Zeit (1912–1926)**

Seit 1912 verfolgt Japan in Ostasien zunehmend eine Expansionspolitik und stellt sich im Ersten Weltkrieg auf die Seite der Alliierten; die Aufrüstung fördert die Entwicklung der Schwerindustrie. Japan erobert die deutschen Besitzungen in China (Tsingtau) und im Pazifik. Die Zeit nach dem Ersten Weltkrieg bringt wachsende soziale Spannungen und eine ernste Wirtschaftskrise. 1923 verwüstet das **Kanto-Erdbeben** den Großraum Tokyo–Yokohama. Die Taisho-Ära endet 1926 mit dem Tod des Tennos.

**Showa-Zeit (1926–1989)**

Sein Nachfolger wird **Kaiser Hirohito** mit dem Regierungsmotto »Showa« (Erleuchteter Frieden) sein. Die Weltwirtschaftskrise verschafft Japan vorübergehend einen Exportboom mit Billigwaren. 1931 wird die Mandschurei besetzt und als Mandschukuo zum japanischen Protektorat. Wegen der internationalen Kritik an diesem Vorgehen tritt Japan aus dem Völkerbund aus, dem es seit 1920 angehört hat. Im zweiten Chinesisch-Japanischen Krieg (1937) stößt Japan in das Innere Chinas vor und blockiert zudem die gesamte chinesische Küste. Im Dezember 1937 besetzen japanische Soldaten die chinesische Stadt Nanking und verüben ein Massaker an der Bevölkerung, dem bis zu 300 000 Menschen zum Opfer fallen.

◄ Zweiter Weltkrieg

Am Zweiten Weltkrieg nimmt Japan an der Seite der Achsenmächte teil und dehnt seinen Herrschaftsbereich über ganz Südostasien aus. Der japanische Überfall auf den US-Flottenstützpunkt **Pearl Harbor** (1941) löst den Krieg im Pazifik aus. Mit der Absicht, durch die Pax Japonica eine »großostasiatische Wohlstandssphäre« zu schaffen, stoßen die Japaner an der Küste des asiatischen Festlandes vor und nehmen Hongkong, Singapur und Rangun ein; gleichzeitig greifen sie die Philippinen sowie Niederländisch-Indien an, ferner besetzen sie die Insel Guam. Mit Luftangriffen auf Nordaustralien und der Landung auf den Aleuten sowie Neuguinea erreicht die japanische Expansion über ein Gebiet mit mehr als 450 Millionen Bewohnern ihren Höhepunkt.

Hiroshima und Nagasaki ►

Nach erbitterten und verlustreichen Rückzugsschlachten an allen Fronten wird Japan zuletzt durch die Atombombenabwürfe auf Hiroshima und Nagasaki 1945, den ersten in der Geschichte der Menschheit, zur **bedingungslosen Kapitulation** gezwungen, die der Kaiser am 14. August 1945 im Radio verkündet; es muss alle eroberten Gebiete zurückgeben und wird erstmals in seiner Geschichte besetzt. Im Gefolge dieser Ereignisse gibt Hirohito die traditionelle »Göttlichkeit« des Tenno auf; gemäß der neuen Verfassung bleibt er lediglich in repräsentativer Funktion Symbol des Staates und der Einheit der Nation. Im **Frieden von San Francisco** 1951 verzichtet Japan auf Korea, Taiwan, die Pescadores-Inseln, die Kurilen und Süd-Sachalin; die Beziehungen zur UdSSR und zu China bleiben ungeklärt.

Demokratisierung und Aufstieg zur Weltwirtschaftsmacht ►

Nach Kriegsende bestehen die Siegermächte auf einer Demokratisierung des Landes, das sich von der vernichtenden Niederlage nicht nur verhältnismäßig rasch erholt, sondern sogar binnen weniger Jahrzehnte zu einer führenden Weltwirtschaftsmacht aufsteigt, wobei die Bindungen an die westliche Welt stark ausgebaut werden. 1956 tritt Japan den Vereinten Nationen bei.

Um 1965 wird infolge des enormen Wirtschaftswachstums der Yen zur voll konvertierbaren Währung. Okinawa, das den Amerikanern im Vietnamkrieg als Versorgungsbasis gedient hat, gelangt 1972 wieder unter japanische Oberhoheit. In den 1970er Jahren bringt die weltweite Energiekrise auch das nahezu vollständig von Erdölimporten abhängige Japan in ernste wirtschaftliche Schwierigkeiten. Verhandlungen mit der Sowjetunion über einen Friedensvertrag mit Rückgabe der Kurilen enden ohne Ergebnis.

Die gewachsene Bedeutung Japans für das weltweite ökonomische Gefüge manifestiert sich u. a. im Weltwirtschaftsgipfel, der 1986 in Tokyo abgehalten wird.

**Heisei-Zeit (seit 1989)**

Am 7. Januar 1989 stirbt Kaiser Hirohito; neuer Tenno wird sein Sohn Akihito, der seine Amtszeit unter das Motto »Heisei« (»Frieden schaffen«) stellt. Im Januar 1995 wird der industriereiche Ballungsraum Kobe von einem katastrophalen Erdbeben verwüstet, dem mehr als 5000 Menschen zum Opfer fallen; Hunderttausende werden obdachlos. Die Wirtschaft erleidet schwerste Schäden.

Im 21. Jahrhundert ►

Unter Koizumi Junichiro, einem der beliebtesten Premierminister im Nachkriegsjapan, gibt sich das Land selbstbewusster: Es entsendet im Januar 2004 erstmals seit dem Zweiten Weltkrieg Soldaten in ein Krisengebiet, den Irak. Koizumi bewirkt außerdem die Ausreise mehrerer Japaner, die in den 1970er- und 80er-Jahren von Nordkorea entführt worden waren, um Spione im Japanischen zu unterrichten. In-

*An den Ereignissen im japanischen Kaiserhaus nimmt die Bevölkerung lebhaften Anteil.*

nenpolitisch stehen auch für Koizumis Nachfolger Abe Shinzo Reformen auf der Agenda, darunter die Privatisierung der Post, die Bekämpfung der Korruption und Maßnahmen zur Eindämmung der enormen Staatsverschuldung. Er setzt auch die Schaffung eines Verteidigungsministeriums durch. Bei den Unterhauswahlen 2009 verliert die konservative Liberaldemokratische Partei LDP (die seit 1955 fast ununterbrochen den Premierminister stellte) die Mehrheit. Neuer Premierminister wird Hatoyama Yukio von der Demokratischen Partei Japans – der im Juni 2010 schon wieder zurücktritt.

# Religion

**Was macht den japanischen Buddhismus aus und welche Ausprägungen hat er? Was ist mit »Bushido« gemeint? Wie entwickelte sich der Shinto? Und welche Rolle spielt die Religion im Alltag der Japaner?**

**Frühe Religionen**

◄ Animismus

Die religiösen Vorstellungen während der japanischen Frühgeschichte, eigentlich sogar bis zum Beginn des Altertums (Zeit der Hügelgräber), standen auf der Stufe des Animismus. Schamanen beschworen die »Kami« genannten Verkörperungen der **Naturkräfte**, um Erfolg bei Jagd und Fischfang oder später gute Ernten zu erflehen.

◄ Chinesischer Einfluss

Erst unter dem Einfluss der chinesischen Hochkultur bekam der japanische Naturglaube einen geistigen Hintergrund, ein Ritual sowie religiöse Architektur im eigentlichen Sinne und bildliche Darstellungen der nun personifizierten Naturgeister, die vorher (heute z. T. wieder) in Form von Fetischen verehrt wurden. Zunächst übernahm der später als Shintoismus (Shinto = »Weg der Götter«) bezeichnete Kult aus der Gesellschafts- und Staatsphilosophie des Konfuzius (latinisiert aus chinesisch Kung fu-tse = Meister Kung, eigentl. Kung Chin; um 550 bis um 479 v. Chr.) die Lehre von der Anbetung der Ahnen und die während der Chou-Dynastie in China entwickelte Idee vom Himmelssohn, d. h. der göttlichen Abstammung des jeweiligen Herrscherhauses. Beide Vorstellungen kamen den Yamato-Kaisern sehr entgegen, denen es darum ging, ihren Herrschaftsanspruch über ganz Japan weltanschaulich zu begründen.

**Taoismus**

Das aus der späten Naturlehre des Taoismus (nach den ursprünglichen mystischen Spruchweisheiten »Tao-te-ching« des Lao-tse; 4.–3. Jh. v. Chr.), insbesondere aus dem »Buch der Wandlungen« stammende, dualistische Prinzip des **Yin und Yang**, d. h. eines weiblich-passiven und eines männlich-aktiven Grundfaktors, wurde mit den archaischen Naturriten und der Wahrsagekunst kombiniert. Schließlich wurde die aus früheren Kulten übernommene Sonnengottheit Amaterasu zur Ahnherrin des kaiserlichen Geschlechts erklärt und an die Spitze einer äußerst vielfältigen Hierarchie von Natur- und Ahnengöttern gestellt.

# Buddhismus

**Leben des Gautama**

Buddha (altind. »der Erwachte« oder »der Erleuchtete«) ist der Ehrentitel des Religionsgründers; er wird nach einem Sehergeschlecht seiner Heimat in Nordindien auch Gautama (Gotama) oder nach seiner eigenen Familie (Shakya) Shakyamuni, d. h. der Asket aus dem Hause Shakya, genannt. Aus einer alten Fürstenfamilie stammend, wurde er um 560 v. Chr. im Vorland des nepalesischen Himalaya geboren. Mit 29 Jahren entsagte er Reichtum, Macht und Adelsstand, um als Pilger die Lehren der Entsagung zu studieren. Enttäuscht von seinen Lehrern, sammelte er eigene Schüler um sich und widmete sich der Askese fern von aller Buchweisheit. Bei der Meditation unter

← *Ein Mönch ruft zum Gebet.*

einem Feigenbaum (Bodhi) kam ihm die Erleuchtung, die er von da an als »vier Wahrheiten« lehrte: Alles Dasein ist unaufhörliches Leiden, seine Ursache ist das Verlangen, die Abtötung des Verlangens erlöst vom Leiden, zu dieser Entsagung führt der »achtfältige Pfad«. Die acht Wege zur Entsagung sind: rechte Erkenntnis und rechtes Denken; rechtes Reden, Handeln und Leben; rechtes Streben, Wachsamkeit und innere Sammlung.

Lehre des Buddha ► Nach anfänglichem Widerstand der Befürworter traditionellen Naturglaubens wurde der Buddhismus von der japanischen Oberschicht akzeptiert, im Jahre 594 vom Kronprinzen Shotoku zur **Staatsreligion** erklärt und in der Folge für mehrere Jahrhunderte für das kulturelle Leben Japans bestimmend. Was nach Japan kam, war aber schon nicht mehr die reine Lehre des Gautama. Diese erwähnt weder Gott noch das Jenseits, und ihr Heilsweg erfordert von jedem Gläubigen absolute Selbstdisziplin und Selbstverleugnung. Da solche Eigenschaften nur von einer kleinen Elite zu erwarten waren, hatte sich neben dem anspruchsvollen **»Kleinen Fahrzeug«** (Hinayana), dessen Anhänger keine Abstriche von den Forderungen des Shakyamuni zuließen, die Lehre vom **»Großen Fahrzeug«** (Mahayana) unter Laien verbreitet. Da ihnen wegen ihrer Verstrickung in die Fesseln des täglichen Lebens die strenge Einhaltung des »achtfältigen Pfades« unmöglich erschien, schuf man als Hilfskonstruktion, vergleichbar christlichen Nothelfern, die Bodhisattwas (sanskrit. »die, deren Wesen Erleuchtung ist«; japan. »Bosa-tsu«). Es handelt sich um Asketen, die den Grad der Vollkommenheit, der ihnen Erlösung und Eingang ins Nirwana ermöglicht, erreicht haben, aus Mitleid mit unvollkommenen Gläubigen aber in einer Art Zwischenwelt verharren und eine Mittlerrolle einnehmen.

Herausbildung von Schulen ► Obwohl der Buddhismus seinem Ursprung und Wesen nach völlig undogmatisch ist und allen anderen Religionen und Weltanschauungen mit gelassener Toleranz begegnet, hatten sich schon in Indien und China Schulen (japan. »Shu«; im Deutschen etwas unglücklich auch als Sekten bezeichnet) gebildet, die den weltverneinenden Anspruch des Gründers mildern oder umgehen wollten, um die Lehre auch dem Volk zugänglich zu machen. Sie wurden um einige japanische Schulen vermehrt. Von den sechs Schulen der Nara-Zeit haben heute noch Hosso, Ritsu und Kegon eine – allerdings geringe – Anhängerschaft.

**Tendai und Shingon**

Die Tendai-Schule, 805 gegründet von Saicho (767–822; postum Dengyo-daishi), machte später aus den inneren Qualen der Verstrickung in die Wirrnis der Welt leibhaftige Dämonen, deren üblen Einfluss man mit Beschwörungen und rituellen Opfern bannen musste. Eine ähnliche, ebenfalls esoterische und ritualbetonte Schule, die Shingon-Schule, gründete der Mönch Kukai (774-835, postum Kobo-daishi). Beide hatten mehrere Jahre zum religiösen Studium in China verbracht und die dort gerade vorherrschende Strömung des Buddhismus mit nach Hause gebracht.

**Jodo**

Der Tendai-Priester Genshin (942–1017) verdinglichte die abstrakten buddhistischen Begriffe weiter, indem er der dämonischen Unterwelt ein paradiesisches Jenseits hinzufügte. Damit war er Vorläufer der Jodo-Schule, gegründet von Shinran (1173–1262), die bald viele Anhänger hatte, weil sie die Hölle negiert. Dabei stützt sie sich auf die »Lehre vom Reinen Land«, die im 1. Jahrhundert n. Chr. in Indien entstand und später, wohl auch unter dem Einfluss eines Missverständnisses über die Idee der Erlösung im Christentum, wegen ihrer Einfachheit viel Zulauf bekam. In der Jodo-Schule wird der Buddha Amida angerufen, der über das »Reine Land im Westen« herrscht und Gläubigen aus Gnade dorthin Einlass gewähren kann. Dort fällt die Einhaltung der strengen buddhistischen Regeln zur Erlangung der Erleuchtung nicht schwer.

**Nichiren**

Noch volkstümlicher ist die Lehre des Nichiren (1222–1282). Err reduzierte den religiösen Anspruch so weit, dass er von den zahllosen buddhistischen Schriften lediglich einen Satz aus dem Lotos-Sutra (japan. »Hokke-kyo«, weshalb die Schule auch Hokke-shu genannt wird) für ausreichend hielt, das Heil zu erlangen. Wenn der Gläubige also gebetet hat: »Verehrt sei das Sutra vom Lotos des wundervollen Gesetzes«, hat seine Seele von selbst den Stand der Vollkommenheit erreicht! Trotz oder vielmehr wegen dieser ungeheuren Simplifizierung ist die Sekte bis heute unter einfachen Japanern sehr beliebt.

◄ weiter auf S. 56

*Prozession am Shinshoji-Tempel in Narita*

*Bogenschießen ist eine der klassischen meditativen Disziplinen des Zen.*

# ZEN UND DER WEG DER SAMURAI

**Die Einführung des Zen-Buddhismus in Japan fiel in die kriegerische Kamakura-Zeit (1185–1333). In dieser Epoche, die auch als Beginn der japanischen Feudalzeit bezeichnet wird, festigte sich nach den Wirren des Gempei-Krieges die Macht der Shogune. Diese stützten sich auf eine aufstrebende Kriegerkaste, deren Mitglieder sich als Samurai bezeichneten.**

Diesen rauen Kriegern mangelte es an der literarischen Bildung des höfischen Adels, dessen verweichlichte Lebensweise sie verachteten. Hieraus erklärt sich das große Interesse der Samurai an der neuen Lehre, die alle Buchweisheit nur als Hindernis auf dem Weg zur letzten Wahrheit ansah. Besonders die Rinzai-Sekte mit ihrer asketischen Lebensweise und dem spontanen, plötzlichen Moment der Erleuchtung zog viele Angehörige des neuen Ritterstandes an.

Nachdem beim ersten **Invasionsversuch der Mongolen** im Jahre 1274 die Niederlage nur durch einen plötzlich hereinbrechenden Sturm verhindert wurde, da die Verteidigung sich als unzureichend erwies, legten die Hojo-Regenten die Ausbildung ihrer Kämpfer in die Hände von Zen-Mönchen. Erfolge zeigten sich beim zweiten Landungsversuch der Mongolen 1281. Sieben Wochen lang widerstanden die Samurai der mongolischen Übermacht, bis auch diesmal ein später »Kamikaze« (Götterwind) genannter Taifun die feindliche Flotte zerstreute. Die Zen-Schulung erstreckte sich neben der allgemeinen Übung in geistiger Disziplin besonders auf Schwertkampf und Bogenschießen.

## Schwertkampf

Der Schwertkämpfer, der durch Zazen-Meditation und Koan-Praxis (► S. 56f.) das Stadium des »Mushin«, was mit »Nicht-Denken« oder »kein Bewusstsein« übersetzt werden könnte, erreicht hat, handelt **intuitiv**. Sein Geist ist frei von allen Gefühlen, von Furcht und selbst vom Verlangen nach dem Sieg. Der Körper des Kämpfenden und das Schwert verschmelzen zu einem einzigen Instrument des Unbewussten. Damit ist er einem Gegner überlegen, der seine Handlungen rational planen muss, um den Plan dann erst in Bewegung umzusetzen.

Das Schwert ist für den Samurai jedoch nicht nur Waffe, sondern gilt als Symbol für den **»Bushido«** (Weg des Kriegers) genannten Ehrenkodex. Seine Forderungen sind Furchtlosigkeit angesichts des Todes, Lebenstreue, Verachtung von Geld und Gut

*Bushido: Der »Weg des Ritters« bestimmte das Ethos einer Nation.*

sowie bedingungslose Verteidigung der eigenen Ehre und jener der Familie. Wird diese Ehre angetastet, muss der Samurai jederzeit bereit sein, sie durch den »Seppuku« genannten rituellen Selbstmord (der Begriff »Harakiri« ist in Japan wenig gebräuchlich) wiederherzustellen, wozu er stets ein zweites, kürzeres Schwert im Gürtel trägt.

Die **Schwerter** werden nach einem durch Jahrhunderte unverändert überlieferten Verfahren hergestellt. Der Schmied unterzieht sich und seine Werkstatt vor Beginn der Arbeit einer rituellen Reinigung. Aus einem Stück Stahl mit Schichten verschiedener Härtegrade wird durch ständig neues Erhitzen und Falten eine Klinge aus zahllosen Lagen gehämmert, deren Kern weich und zäh bleibt, während nach außen die Härte der Schichten bis zur Schneide zunimmt.

## Bogenschießen

Der japanische Bogen, hergestellt aus mehreren Bambusleisten und dem Holz des Wachsbaumes, ist asymmetrisch; er hat seinen Griff im unteren Drittel. Die Zen-Technik des Bogenschießens stützt sich wie die Zazen-Meditation vor allem auf **richtiges Atmen**. Begleitet von genau bemessenen rhythmischen Atemzügen wird der Bogen gespannt. Das Abschnellen der Sehne vom Daumen erfolgt wie der Angriff des Schwertkämpfers intuitiv, unabhängig vom Willen. Beherrscht der Schütze den Handlungsablauf richtig, so muss er sich nicht mehr bewusst um Treffsicherheit bemühen – sie stellt sich von selbst ein. Scheinbar unabsichtlich lässt die Hand den Pfeil in genau dem Moment fliegen, in dem seine Spitze auf das Ziel gerichtet ist.

**! *Baedeker* TIPP**

**Buchempfehlung**

Den Geist der Kampfkunst erläutert der berühmte Samurai Miyamoto Musashi in seinem »Buch der Fünf Ringe«.

## Mittel zur Selbsterkenntnis

Die martialischen Künste des mittelalterlichen Zen haben sich bis auf den heutigen Tag erhalten. Kyudo, das Bogenschießen, wird noch in der gleichen Form ausgeübt wie zur Glanzzeit der Zen-Samurai.

Dabei dienen die ehemaligen Kampftechniken nicht nur der körperlichen Ertüchtigung, sondern werden als Mittel zur Selbsterkenntnis und Bewusstseinsänderung aufgefasst. Im Geiste des Zen ausgeübt, führen sie zum »Kensho«, was »Erschauen des Selbst-Wesens«, also Einsicht in die eigene Wesensnatur, bedeutet.

**Soka Gakkai**

Nichiren war der Vorläufer der so genannten »Werteschaffenden Gesellschaft« von heute. Dank großzügiger Spenden aus industriellen Kreisen kann die nicht unumstrittene Soka Gakkai riesige Tempel errichten, deren schwülstiger Stil von den sonst so schlichten ästhetischen Prinzipien der japanischen Architektur abweicht. Der politische Arm dieser Sekte ist die 1964 gegründete rechtskonservative **Komeito-Partei**, die als Koalitionspartner der LDP jahrelang an der Regierung beteiligt war.

## Zen-Buddhismus

**Eigenständig japanisch**

Der Zen-Buddhismus entwickelte sich als eigenständiger japanischer Beitrag zum meditativen Buddhismus, der nicht nur das gesamte Geistesleben des Landes durchdrungen hat, sondern auch westliche Denker nachhaltig beeinflusste.

Das japanische Wort Zen ist eine Kurzform von Zenna (später Zazen) und bedeutet **Meditationsübung**, insbesondere eine Versenkungsübung in sitzender Haltung (sanskrit. »Dhyana«), die mit dem Buddhismus in seiner ursprünglichen Form aus Indien zuerst nach China kam. Dort wurde sie »Tschanna« genannt, wegen des starken Einflusses der eklektischen Mahayana-Schulen und der rationalen chinesischen Grundhaltung von den offiziellen Verwaltern des neuen Glaubens aber zunächst in den Hintergrund gedrängt.

Wie der Taoismus ist Tschan und später Zen **keine Religion im eigentlichen Sinne**. Es kennt keinen theologischen Gottesbegriff, keine Riten, keine Dogmen und keine heiligen Texte. Es erfordert nicht Analyse und rationales Begreifen, sondern eine direkte intuitive Wahrnehmungsweise. Die Welt der Dinge wird behandelt, wie westliche Menschen oft die Glaubens- und Geisteswelt behandeln: als eine konventionelle Betrachtungsweise, die für etwas Irreales steht.

### ? WUSSTEN SIE SCHON ...?

- Die Wurzeln des Zen liegen im Buddhismus, doch fühlen sich viele Zen-Meister nicht an eine bestimmte Religion gebunden. Der Kern des Zen liegt nicht in philosophischen Systemen, sondern in der mystischen Erfahrung.

Transzendentale Weisheit ►

Der Novize muss sich durch strenge Selbstdisziplin von allen rational begründeten Unterscheidungen des logischen, diskursiven Denkens befreien. Sein Ziel ist es, die transzendentale Weisheit zu erreichen, die alle Gegensätze zwischen dem individuellen Ich und dem All aufhebt. Dieser zentrale Begriff des Buddhismus, das **Einswerden mit allem Geschaffenen**, wurde in Indien »Prajnag« genannt. Er bezeichnet den gleichen Zustand der Erleuchtung, der dem Gautama einst unter dem Bodhi-Baum zuteil wurde, ist also dem Erlangen der Buddhaschaft, die zutiefst in uns allen ruhe, gleichzusetzen.

Satori ►

Die Japaner prägten später dafür den Ausdruck »Satori«. Dieser Bewusstseinszustand und der Weg dorthin sind durch Worte und logische Begriffe nicht zu beschreiben, da sie jenseits der Grenzen des Rationalen liegen. Für einen Zen-Meister, der das Satori bereits erreicht hat, erhebt sich daher das Problem, wie er seinen Schüler außer durch Anleitung in der Technik des »Sitzens in Versenkung« (Zazen) der Erleuchtung näher bringen kann. Die Lösung waren alogische Rätselsprüche, in Japan »Koan« genannt. Bei einem der bekanntesten klatscht der Meister in die Hände und sagt: »Das ist der Klang zweier Hände. Was ist der Klang nur einer Hand?« Der Schüler ist nun aufgerufen, eine Antwort zu finden, die spontan und intuitiv dem Unlogischen des Rätsels entspricht, ohne sich in rationalen Erklärungen zu verlieren. Zuweilen entspinnen sich zwischen Schüler und Lehrer längere **Frage-und-Antwort-Spiele**, die der Japaner »Mondo« nennt. Diese Techniken erschüttern das Vertrauen des Novizen in diskursive Denkschemata und sollen ihn von den Fesseln der eher simplen Logik des Syllogismus befreien. Ursprünglich, als die Anzahl der Mönche noch kleiner war, hatten die Tschan-Meister jedem Schüler ein individuell auf ihn zugeschnittenes Koan aufgegeben. Später, als die Klöster mehr Zulauf hatten, bediente man sich der bewährten Rätselsprüche aus der T'ang-Zeit, die schon damals schriftlich festgehalten worden waren. Man wählte aus diesen Sammlungen klassischer Koan einen geeigneten aus und gab ihn einer ganzen Schar von Adepten auf. Die sehr umfangreichen Spruchsammlungen gelten jedoch nicht als dogmenhafte heilige Texte, da das einzige Dogma des Zen darin besteht, dass es keine Dogmen gibt.

◄ Rinzai

Die berühmten chinesischen Tschan-Meister gründeten Schulen, deren Lehren später auch nach Japan gelangten. Die des Lin-chi († 867) heißt japanisch Rinzai; sie bevorzugt den »plötzlichen« Weg zum Satori durch die Koan-Technik. Die Schule des Tung-shan (807–869) und des Tsao-shan (840 – 901), deren japanischer Name, zusammengezogen aus Tsao und Tung, Soto lautet, verlässt sich eher auf den »allmählichen« Weg durch die Übung des Sitzens in Versenkung.

Der erste Zen-Meister in Japan war der ehemalige **Tendai-Mönch Eisai** (1141–1215), der auf zwei Reisen nach China die Tschan-Techniken studiert hatte und nach seiner Rückkehr 1191 auf Kyushu ein Rinzai-Kloster gründete. Als Begründer der Soto-Sekte in Japan gilt Dogen (1200–1253), der ebenfalls aus einem Tendai-Kloster hervorging und nach China reiste, um die neue Lehre kennen zu lernen. Nach Japan zurückgekehrt, verbrachte er mehrere Jahre als Wandermönch, bis er 1236 ein eigenes Kloster stiften konnte.

*Großer Buddha von Kamakura*

# Shinto

Der Shinto, auf dessen synkretistische Entstehung aus archaischem Naturglauben und chinesischem Ritus bereits hingewiesen wurde, ist den ihrem Wesen nach undogmatischen Japanern eigentlich erst im 18. Jahrhundert als besonders »japanisch« präsentiert worden.

**Geschichte** Archäologische Relikte der Jomon-Kultur (etwa ab dem 5. Jahrtausend v. Chr.) deuten auf Totemismus, Naturverehrung und den Kult einer Fruchtbarkeits- und Muttergöttin hin; Elemente einer matriarchalischen Gesellschaft haben sich in der Rolle der Schamaninnen und Schreintänzerinnen des späteren Shinto erhalten. Für die Yayoi-Periode (bis 300 n. Chr.) ist **Sonnenverehrung** nachweisbar. Chinesische Annalen des 4. Jahrhunderts berichten von Sippen und deren Gottheiten (Clangötter Ujigami), Natur- und Totenseelenkult, Schamanismus und der Verehrung Nahrung spendender göttlicher Kräfte. In den Jahrhunderten bis zum Einsetzen historisch aussagekräftiger schriftlicher Überlieferung (»Kojiki« 712, »Nihon-Shoki« 720) entwickelte sich der **Ahnengottkult**, wahrscheinlich schon früh vom konfuzianischen Schrifttum beeinflusst; der Kult der Clangottheiten wurde von dem der Sonnengöttin Amaterasu im Nationalheiligtum, dem **Großschrein von Ise**, überhöht. Erst als der Buddhismus eingeführt wurde, erhielt der einheimische Kult der »8 Millionen (also unzählige) Kami« den unterscheidenden Namen Shinto (= **»Weg der Götter«**).

In den folgenden Jahrhunderten war der Shinto-Kult im Kaiserpalast eng mit staatlicher Repräsentation und den Regierungsgeschäften verbunden. Eine Art Symbiose mit dem Buddhismus wurde im Ryobu-Shinto (= »Weg der Götter Beider Bereiche«) erzielt: Die Kami wurden als Reinkarnationen von Buddha und Bodhisattwa angesehen, die Sonnengottheit dem Dainichi Nyorai (Licht-Buddha) gleichgesetzt. Seit dem 14. Jahrhundert versuchte man, den archaischen Yuiitsu-Shinto wieder herzustellen und ihn auch von konfuzianischen Zutaten zu reinigen.

> **? WUSSTEN SIE SCHON ...?**
>
> - Offizielle religiöse Statistiken Japans muten auf den ersten Blick oft seltsam an: Wer in Japan die Dienste eines buddhistischen Mönchs in Anspruch nimmt, gilt statistisch als Buddhist, wer Geld an den lokalen Schrein spendet, gilt als Shintoist. Daher sind offiziell rund 85% Prozent der Bevölkerung Shintoisten und 70% Buddhisten.

Staatsreligion ► Im Zuge der Meiji-Restauration machten sich nationalbewusste Intellektuelle daran, die von **Motoori Norinaga** (1730–1801) aufgestellte These einer »Nationalen Lehre« (»Kokugaku«), die auf den mythologischen Stellen des »Kojiki« basiert, zur offiziellen Denkungsart »Yamato gokoro« (= »japanischer Geist«) und später zur Staatsreligion zu erklären. Dabei wurden aus chauvinistischem Eifer die selbstverständlich auch im Shinto-Glauben allenthalben enthaltenen

*Eine Frau in der Kleidung der Heian-Zeit (8. – 12. Jh.) durchquert den Shinto-Schrein Kumano Hongu Taisha in der Präfektur Wakayama auf Honshu.*

chinesischen Elemente entweder negiert oder als »oberflächliche chinesische Denkungsart« abgetan. Wenn solche Wesenszüge auch durch apokryphe Geschichtsklitterung, die nicht selten vorgenommen wurde, nicht mehr vertuscht werden konnten, hat man sie als unjapanisch ignoriert. Nach der vernichtenden Niederlage Japans im Zweiten Weltkrieg musste der Tenno seiner Göttlichkeit entsagen, und der Staats-Shinto wurde abgeschafft; die Schreine und Priester sind heute auf die Unterstützung der Gläubigen angewiesen. Gleichwohl versäumen auch heute viele Politiker nicht, selbst wenn sie im Privatleben ganz andere geistige Vorstellungen haben, an hohen Feiertagen einem Shinto-Schrein ihre Aufwartung zu machen; denn wenn auch nach 1945 der Shinto offiziell anderen Bekenntnissen gleichgestellt wurde, so gilt die einstige Staatsreligion doch als besonders »patriotisch«.

**Kultische Handlungen**

Der Shinto-Kult ist für den Gläubigen einfach: Reinigung der Hände und des Mundes, Anschlagen der Glocke und Händeklatschen, das die Aufmerksamkeit der Gottheit erregen soll, Gebet, Verneigung, Geldspende, Kauf eines Amuletts. Bei den **Festen** (Matsuri) sind die Handlungen von Schreinpriester (Kannushi) und Gemeinde umfangreicher: Auf die Beschwörung des Gottes folgt die exorzistische Reinigung (Harai) oder das volkstümlichere Abwaschen (Misogi) moralischer und ritueller Unreinheit; zur Unterhaltung der Götter werden – nach Opferung von Speisen und Sake – ein ursprünglich schamanistischer Trancetanz (Kagura) und Hoftänze (Bugaku) getanzt. Zu den halbsakralen Handlungen können Darbietungen mit ausgeprägt lokalem Kolorit gehören, deren spektakulärste die Prozession mit dem tragbaren Schrein (Mikoshi) ist. In diesem sowie in der Haupthalle des eigentlichen Schreins befindet sich, dem Blick des Gläubigen entzogen, ein den Gott vertretendes Symbol (Shintai = Götterleib). Markantes Kennzeichen des Schreins ist das in der Regel rote Tor (Torii) aus senkrechten und (meist zwei) waagerechten Balken.

# Andere Religionen

**Christentum** Das katholische Christentum hatte im Jahre 1549 der spanische Jesuitenmissionar **Francisco de Javier** (Franz Xaver) nach Kyushu gebracht. Damit begann das »christliche Jahrhundert«, in dessen Verlauf Süd- und Westjapan christliche Glaubensinhalte und Liturgien, aber auch Kultur, Lebensart und Technik des Westens kennen lernten; es entwickelten sich eine christliche Literatur und Malerei, und westliche Musikinstrumente wurden für kurze Zeit beliebt. Die Feudalherren im Südwesten Japans förderten das Christentum allerdings hauptsächlich aus wirtschafts- und machtpolitischen Gründen, was die Shogunatsbehörden im Jahre 1614 zu seinem Verbot bewog; blutige Verfolgungen führten bis 1638 praktisch zur Ausrottung des Christentums. Lediglich an abgelegenen Orten konnten Laien in der Verborgenheit, die so genannten Kryptochristen (Kakure-kirishitan), Glaubensregeln und Bräuche mündlich tradieren. Erst im Jahre 1873 wurde das Verbot aufgehoben; doch auch nach der Verankerung der **Religionsfreiheit** in der japanischen Verfassung von 1889 konnte sich die christliche Mission nur schwer gegen die einheimischen Religionen und traditionelle Vorurteile durchsetzen. Erst im Zuge der nach dem Zweiten Weltkrieg verordneten Demokratisierung des Landes wurde der christliche Einfluss wieder spürbar.

**Neue Religionen** Seit Mitte des 19. Jh.s sind in Japan zum Teil außerhalb der traditionellen Glaubenslehren Hunderte neue Religionen entstanden, die auf den Lehrsätzen meist charismatischer Gründer fußen und häufig synkretistische, zuweilen auch monotheistische Glaubensinhalte vertreten. Zu diesen über dreihundert (shinshukyo) gehören u. a.:

Tenrikyo ► »Lehre der Himmlischen Vernunft«; Gründerin: Nakayama Miki, 1798–1887, aus dem Shintoismus hervorgegangen, messianisch, monotheistisch.

Mukyokai ► »Ohne Kirche«, Gründer Uchimura Kanzo (1861–1930), protestantisch; vertritt ein nicht institutionalisiertes, allein auf die Bibel gegründetes, rein japanisches Christentum.

Auf Nichiren beruft sich u. a. die 1913 gegründete Nichiren Shoshu (»Wahre Schule des Nichiren«), die den Glauben an Nichiren als den Buddha der gegenwärtigen Endzeit (»Mappo«) pflegt. Aus ihr haben sich mehrere Gruppierungen abgespaltet, darunter die Laienbewegung **Soka Gakkai**, die als Soka Gakkai International mit 12 Mio. Mitgliedern mittlerweile weltweit agiert.

◄ Nichiren Shoshu

Im Unterschied zu diesen bereits etablierten Neuen Religionen (shinshukyo) werden noch neuere religiöse Gruppierungen als »Neue Neue Religionen« (shinshinshukyo) bezeichnet. Der Begriff umfasst ein breites Spektrum von Splittergruppen der etablierten Religionen über spirituelle und Selbsthilfegruppen bis zu sektenhaften Organisationen wie der 1995 durch Giftgasanschläge bekannt gewordenen Aum Shinrikyo (heute Aleph).

◄ »Neue Neue Religionen«

## Synkretismus und Religiosität

Die zuvor genannten Bekenntnisse – ausgenommen das christliche – schließen einander in Japan nicht aus. Freilich kam es im Mittelalter und in der frühen Neuzeit oft zu Kämpfen um Prestige und Privilegien, um wirtschaftliche und politische Macht mit und unter den großen buddhistischen Tempeln, die sich riesige Heere von so genannten Mönchskriegern hielten. Diese Kämpfe erwuchsen jedoch nicht aus doktrinären Streitigkeiten und wurden in der Regel mit allgemein moralischen Gründen gerechtfertigt. Auch die grausame Christenverfolgung zu Beginn der Edo-Zeit hatte politische Ursachen; für die Tokugawa waren die Christen den Reichsfrieden und die Macht des Shogunats gefährdende subversive Elemente.

Japanisches Denken und Fühlen war – und ist es bis zu einem gewissen Grad heute noch – **harmonisierend, nicht diskriminierend**. Diese Grundhaltung führt im Religiösen zu einem Synkretismus, der es dem Einzelnen erlaubt, sich mehreren Glaubensgruppen zuzurechnen. Japan verdankt dem Shinto die Einbindung des Menschen in Familie und Staat, dogmatisiert und ins Politische erhoben durch den Konfuzianismus. Die Dimension des Geistigen und Spekulativen, einen Hauch Transzendenz und individueller Bewusstwerdung fügte der Buddhismus hinzu. Den Anstoß zur Entwicklung eines die traditionellen Grenzen überschreitenden sozialen Bewusstseins endlich gab das Christentum.

◄ Harmonisierung als Glaubensgrundsatz

Aus dem vielgestaltigen Lehr- und Glaubensgebäude des »Buddhismus des Großen Fahrzeugs« haben die Japaner jene Elemente ausgewählt, die sich in ihre religiösen Grundhaltungen gut einfügten. Hierzu gehören der Kult der Helfergottheiten, die Idee der Erlöserbuddha und Bodhisattwa, magisch-esoterische Praktiken (Bauplatzweihe, Exorzismus), das Devotionalienwesen und die Bestattungs- und Totenfestrituale. Buddhistische Philosophie oder Konzeptionen wie die durch Meditation erreichbare »Entselbstung« (»Muga«) haben, so groß ihre Bedeutung für Kunst und Geistesleben auch gewesen sein mag, das Alltagsleben aller Schichten des Volkes nie so nachhaltig bestimmt, wie das System von Beschwörungen, Bestattungsriten, Amuletten, Tabus und Wahrsagerei (Handlesekunst) es tat.

◄ Pragmatischer Umgang mit der Religion

# Kunst und Kultur

**Wie entstehen die typischen Lackwaren? Was ist ein Netsuke? Welche Besonderheiten zeichnen die japanischen Gärten aus? Wie läuft die klassische Teezeremonie ab? Und welche traditionellen Theaterformen haben sich in Japan erhalten?**

Das japanische Verständnis von Kunst umfasst ein breites Spektrum von schönen Dingen bis hin zu Kunstfertigkeiten und Geschick, oft (aber nicht immer) mit einer Geisteshaltung verbunden. So gehören dazu Kalligrafien und bunte Holzschnitte, religiöse Statuen ebenso wie Keramikschalen für die Teezeremonie, Gartenanlagen oder die Kunst des Blumensteckens. Historische Einflüsse auf die japanische Kunst kamen aus China und Korea, über die Seidenstraße aber auch aus Indien und Persien.

# Kunsthistorischer Überblick

**Jomon**

Bis zur historischen Gründung des japanischen Reiches im ersten nachchristlichen Jahrhundert reicht das Archaische Zeitalter. In der Jomon-Periode (7. Jahrtausend bis 3. Jahrhundert v. Chr.) entsteht Keramik, deren Formenreichtum den hohen Entwicklungsstand handwerklicher Fähigkeiten zeigt. Die über 70 000 Fundstellen dieser wegen ihrer **Schnurabdruckmuster** »Jomon-Keramik« benannten Kunst geben Aufschluss über deren weite Verbreitung; nur bei Niigata wurden Vorratsgefäße mit einem markanten Flammenmuster gefunden. Die Gefäße entstehen noch ohne den Gebrauch der Töpferscheibe; ferner gibt es teils geschlechtsspezifisch betonte Terrakotten und Masken in Tierkopfform.

**Yayoi**

Wegen der geografischen Isolierung Japans gelangt die Kenntnis der Bronzeherstellung erst relativ spät, etwa im 3. Jahrhundert v. Chr. (vermutlich über China), in das Land. Die Träger dieser Kultur, die Yayoi, drängen die Jomon-Leute in den Norden Japans ab. Die Technik der Keramikherstellung verfeinert sich, die **Töpferscheibe** kommt in Gebrauch. Die Yayoi-Keramik ist rot gebrannt, teilweise auch bemalt oder mit Schnur- bzw. Kammustern versehen. Aus Bronze werden u. a. Spiegel und Waffen angefertigt, ferner zylindrische, von einem Metallband eingefasste Glocken (»Dotaku«). Die Toten werden in Steinplattengräbern oder Tonkrugsärgen beigesetzt.

**Kofun**

Um 300 n. Chr. setzt die Kofun-Kultur ein. Ihre augenfälligsten Zeugnisse sind die **riesigen Hügelgräber** auf schlüssellochförmigem Grundriss (vor allem im westlichen Honshu um Osaka, Kyoto und Nagoya). In ihnen zeigt sich eine zunehmende soziale Differenzierung; die reichen Grabbeigaben umfassen in der späteren Zeit neben Waffen und Rüstungen auch chinesischen Jadeschmuck. Zum Schutz gegen Erosion wird der Sarg mit **»Haniwa«** umgeben, ursprünglich einfachen Tonzylindern, aus denen sich später Darstellungen von

← *Das Torii ist ein Charakteristikum jeder Schrein-Anlage, auch derjenigen von Shiga.*

Häusern, Tieren und schließlich Menschen entwickeln. Den Höhepunkt dieser Kultur bilden die Gräber der Kaiser Ojin und Nintoku. Stilistische Untersuchungen der Grabbeigaben lassen vermuten, dass ein über Korea gekommenes Reitervolk diese Zeugnisse hinterlassen hat. In der Mitte des 4. Jahrhunderts verstärken sich die Kontakte zu Korea, von wo neue Techniken kommen (Eisenguss, Webtechnik, hart gebrannte Sue-Keramik).

**Asuka** Das Vordringen des Buddhismus leitet die Asuka-Periode (552–645) ein, in welcher neben die shintoistische Naturverehrung der Kult anthropomorpher Gottheiten tritt. Über die Seidenstraße gelangen Elemente der griechischen, persischen und indischen Hochkulturen nach Japan, die die japanischen Meister aufgreifen und weiterentwickeln. Die Tempelarchitektur beginnt sich zu verselbständigen und es entsteht eine große Zahl von Kultbildern. Wahrscheinlich waren auch koreanische Bildhauer an japanischen Tempeln tätig. Besonders erwähnenswert ist die **bronzene Shaka-Trias** (623) von Tori-busshi (im Horyuji bei Nara), dem ersten namentlich bekannten bildenden Künstler Japans. Sie zeigt noch deutlich chinesischen Einfluss, während die vergoldete Holzstatue der Guze-Kannon, stärker individualisiert, bereits den Beginn eines spezifisch japanischen Stils andeutet. Die Miroku-Statuen des Chuguji-Klosters und des Koryuji-Tempels, Darstellungen des in Meditation versunkenen Buddha, überwinden die materialgegebene Gesetzmäßigkeit des Holzes und zeigen eine scheinbar zum Leben erwachte Körperlichkeit. Ein neues Verfahren ist die Trockenlacktechnik auf Holzkern.

*»Haniwa« genannte Tonfiguren – die Grabbeigaben der Kofun-Zeit*

Um die Mitte des 7. Jahrhunderts entsteht auch der Hausaltar Tamamushi-no-zushi, das früheste Beispiel kunstvoller japanischer Malerei. Die **Lacktechnik** kommt auf.

**Hakuho**

Auch die Hakuho-Periode steht unter dem Einfluss des Buddhismus. Die japanischen Gesandtschaften am chinesischen Hof (Sui- und T'ang-Dynastie), dem kulturellen Zentrum des damaligen Ostasien, werden zu Übermittlern künstlerischer Stilelemente. Die Skulpturen zeigen starke Lebendigkeit; in den fließenden, geschmeidigen Körperformen manifestiert sich auch indischer Einfluss. Ein Beispiel ist der bronzene Buddha-Kopf (685) im Kofukuji-Tempel von Nara. Ein ebenbürtiges Maß an Vollkommenheit erreicht die Kunst in den **Wandmalereien** der Halle des Horyuji-Tempels (1949 durch Feuer zerstört). Auch hier treten Ähnlichkeiten mit indischen Vorbildern zutage, doch bleibt der japanische Stil dominant.
In dieser Zeit breitet sich das Kunstschaffen erstmals auch in entferntere Landesteile aus und führt, namentlich im kultischen Bereich, zu lokaltypischen Ausformungen.

**Nara**

In der Nara-Zeit (710–794) entsteht die Bronzestatue des Daibutsu, des **Großen Buddha**. Beste Beispiele für die ausgewogene Ästhetik und Naturtreue der damaligen Kunstwerke, die zunehmend individuelle Züge tragen, sind die Statuen des Nikko- und Gakko-bosatsu (Bodhisattwa) im Todaiji-Tempel (Nara), ferner die Darstellung der sechs Jünger Buddhas und die Wächtergottheit im Kofukuji-Tempel (Nara), die wie die Fukukensaku-Kannon im Todaiji-Tempel in Trockenlacktechnik ausgeführt sind. Die Sitzstatue des blinden Priesters Ganjin, der nach 753 den Toshodaiji-Tempel gründete, steht in ihrer Verinnerlichung in deutlichem Gegensatz zu den Werken der Hakuho-Periode. Die Gigaku-Masken, wohl schon für szenische Darstellungen verwendet, zeigen karikierende Übertreibung der physiognomischen Eigenheiten. Im Zuge der Individualisierung der Menschendarstellung tritt auch die Porträtmalerei hervor.
Aus der Nara-Zeit stammt die angeblich 100 000 Stücke umfassende **Sammlung des Kaisers Shomu** im Schatzhaus des Todaiji-Tempels, die Kunstgegenstände aus dem ganzen östlichen Kulturraum der damaligen Ära beinhaltet und von der ein wechselnder kleiner Teil im Nationalmuseum in Nara ausgestellt wird.

**Heian**

Kultur und Kunst der frühen Heian-Periode (794 bis um 900) werden wesentlich von zwei sich zusehends ausbreitenden neuen Schulen des esoterischen Buddhismus bestimmt, nämlich von Tendai und Shingon. Die religiöse Mystifizierung zieht gänzlich neue Formen der bildenden Künste nach sich, die sich vom Realismus der vorangegangenen Epoche lösen und die künstlerische Kreativität zugunsten einer nahezu schematischen Symbolik in den Hintergrund drängen. So gewinnt die **»Mandara«** (= Mandala, mystisches Diagramm) weite Verbreitung, eine Darstellung des esoterisch-buddhistischen Weltbildes, die sich in zahlreichen Abteilungen und Unterabteilungen um einen Buddha (Erleuchteten) oder Bodhisattwa (der Erleuchtung Harrenden) gruppiert, um so im Bild die komplizierten Glaubensgrundsätze entschlüsseln zu helfen.

Holzbildhauerei ► Bevorzugtes Material der Bildhauerei ist das Holz. Zunächst werden die Plastiken aus einem Block geschnitzt. Die von der Symbolsprache gesetzten Grenzen überwindet man beispielsweise durch die Ausdrucksstärke der Furcht erregenden Gesichter der Lichtgötter. Allgemein umgibt die Statuen eine Aura der Vergeistigung, die sich nur meditativ erschließen lässt. Gute Beispiele sind der Yakushi-nyorai des Jingoji-Tempels in Kyoto und die Nyoirin-Kannon im Kanshinji-Tempel von Osaka.

Auch der Shintoismus wendet sich jetzt der anthropomorphen Darstellung der Gottheiten zu. Weniger als im Buddhismus von strengen ikonografischen Regeln eingeschränkt, zeigen die Bildwerke noch die an der naturgetreuen Wiedergabe orientierte Realistik der Nara-Zeit.

In der späten Heian-Periode (um 900 bis 1184) wird, bedingt durch die Verlegung des Kaiserhofes, die neu erbaute Hauptstadt Heiankyo (Kyoto) zum Kulturmittelpunkt des Reiches. Seit dem Bruch mit China (Ende 9. Jh.) gelangen spezifisch japanische Aspekte der Künste zu hoher Blüte. Aus den bisher benutzten ideografischen chinesischen Schriftzeichen entwickelt sich eine zunächst hauptsächlich von Frauen verwendete **Silbenschrift, die »kana«**, in der am Kaiserhof bedeutende literarische Werke entstehen. Die Kaiser, durch die Fujiwara-Sippe der politischen Macht beraubt, widmen sich dem verfeinerten kulturellen und künstlerischen Leben am Hof. Der Palastbaustil (Shinden-zukuri) gewinnt an Großzügigkeit und wird zur neuen symbolhaften Darstellungsform der in den Mandala-Bildern vorgegebenen buddhistischen Glaubenswelt. Grundlage dieser Wandlung ist die Ablösung des diesseitig-esoterischen Buddhismus durch die Lehre vom Reinen Land (»Jodo«), eine allseits erfassbare jenseitige Heilsverkündung, die auf dem Glauben an Amida und der Anrufung seines Namens beruht. Vom hohen Entwicklungsstand der Bildhauerkunst zeugt die **Amida-Statue des Jocho** († 1057). Durch das neue Verfahren, die Holzplastiken aus mehreren Teilen zusammenzufügen, erhalten diese eine erhöhte Dynamik. Im gleichen Maße lösen sich die Furcht einflößenden Mienen früherer Skulpturen im friedvollen Ausdruck der Amida-Darstellungen. Die Künstler entziehen sich der klösterlichen Abgeschiedenheit und gründen Werkstätten und Schulen. Die religiöse Symbolik wird durch den ästhetischen Realismus überlagert, der sich in weicheren, fast weiblichen Formen zeigt. Beispiele für den feinsinnigen Ausdruck dieser Plastiken sind die **Kannon-Statuen**, besonders die der Kichijo-ten im Joruri-Tempel von Nara, ferner die Darstellung des siebenjährigen Shotoku-taishi im Horyuji-Tempel im Nara-Becken.

Silbenschrift ►

Entwicklung der Holzbildhauerei ►

Malerei ► Das in der Plastik reich verwendete Blattgold und die überaus detailreiche Bemalung finden ihr Pendant in der von der chinesischen stark unterschiedenen nationalen Malerei **Yamato-e**, die ihren Höhe-

*Ausschnitt aus einer Bildrolle der Kamakura-Zeit mit Szenen aus dem Heiji-Aufstand*

punkt in den Emaki, meist literarischen Vorlagen nachgestalteten Bildrollen religiösen und vor allem historischen Inhalts, finden. Eine der bekanntesten Rollen, das »Genji-monogatari«, schildert das höfische Leben im 12. Jahrhundert; charakteristisch sind die parallelperspektivische Raumordnung, in der das Fehlen der Dächer den Blick in den Innenraum freigibt, und die stilisierte Menschendarstellung.
In der religiösen Malerei dominieren, beeinflusst durch die Jodo-Lehre, Szenen von der Aufnahme Gläubiger ins Paradies oder von der Wiederkehr des Amida-Buddha. Auch die zu beträchtlicher Selbstständigkeit gelangte Lackkunst erreicht einen Höhepunkt. Mit Hilfe der **Makie-Technik** (das Dekor entsteht durch auf den frischen Lack gestreuten Gold- oder Silberstaub) kommen hervorragende Werke zustande.

**Kamakura**

Die Kamakura-Periode (1192–1333), politisch geprägt durch das Erstarken des Militärs in den Provinzen, lehnt sich in Einfachheit und kraftvollem Ausdruck an die Kunst der Nara-Zeit an und führt die Plastik zu einem Höhepunkt, wie er später nicht mehr erreicht wird. Träger des neuen Stils sind Unkei († 1223), Kukei (spätes 12. Jh.) und Jokei (um 1200). Schon in den frühen Werken des Unkei, so dem Dainichi-nyorai des Enjoji-Tempels (1178) in Nara, zeigt sich die Abwendung von der Heian-Periode. Auf der Grundlage des Naturalismus entstehen individuelle, weltliche Porträts. Den neuen Stil repräsentieren in Nara Nio-Statuen des Nandaimon-Tors vom Todaiji-Tempel sowie die zu den bedeutendsten Werken zählenden Statuen der Priester Muchaku und Seshin (beide im Kofukuji-Tempel).

Einfluss des Zen-Buddhismus ▸ Die Wiederaufnahme der Kontakte zu China (Sung-Dynastie) lässt den Zen-Buddhismus nach Japan gelangen, der dem Geist der Kamakura-Periode weitgehend entspricht. Er verzichtet auf alle äußeren Mittel zur Heilsfindung und verkündet die Erlösung durch den Blick nach innen. In der Kunst führt diese Einstellung zu einer drastischen Einschränkung der Ausdrucksmittel, was einerseits eine Stagnation mit sich bringt, andererseits aber die Ausdruckskraft der **Kalligrafie und Tuschmalerei** zu höchster Vollendung führt. Bildrollen und Porträts erfreuen sich wachsender Beliebtheit; die feudale Gesellschaft entdeckt sozusagen sich selbst. Künstlerisches Ziel wird die Ebenbildlichkeit; zu nennen ist das Bildnis des Minamoto Yoritomo von Fujiwara Takanobu (1142–1205). Populär sind die **bis zu 25 m langen Bildrollen**, die in weiten Kreisen Verbreitung finden und ihre Thematik auf Biografien, Entstehungsgeschichten von Tempeln und Schreinen, heroische Selbstdarstellungen der herrschenden Militärklasse u. a. ausdehnen (»Heiji-monogatari«) und auch satirische Werke wie die Tierskizzenrolle »Choju-giga« (im Kozanji-Tempel bei Kyoto) hervorbringen, in der höfisches Leben persifliert wird.

Kunsthandwerk ▸ Besonders reich entwickelt sich das Kunsthandwerk. Es entstehen Damaszenerklingen von hervorragender Qualität; die Tradition von Lackarbeit und Textilkunst wird weitergeführt; der aus China zurückgekehrte Kato Shirozaemon Kagemasa (Toshiro) fertigt um 1230 bedeutende Keramiken und legt in Seto die Grundlage für die Entstehung von rund 200 Brennereien.

## ? WUSSTEN SIE SCHON ...?

- Damaszener Stahl ist ein Stahl-Eisen-Verbund, der zu einem Barren geschmiedet und dann bis zu zwanzig Mal über Kreuz gefaltet, verschweißt und wieder ausgehämmert wird. Die japanischen Schmiede brachten es in dieser Technik zu höchster Vollendung.

**Muromachi**

In der Muromachi-Periode (1338 bis 1600) verbindet sich die wiederentdeckte höfische Eleganz der Heian-Zeit mit Einflüssen des Zen-Buddhismus. Der Zen wirkt sich auf die Gestaltungsmittel stark reduzierend aus und verdrängt das farbenfreudige Yamato-e zugunsten der **monochromen Tuschzeichnung**, in der die genial hingeworfene Andeutung über die detaillierte Durchgestaltung triumphiert: Gegenstand ist nicht mehr die Darstellung des gegebenen Motivs, sondern dessen Quintessenz, die sich dem Künstler in spontaner Erleuchtung offenbart. Das Tuschbild beschränkt sich auf wenige emphatische Pinselstriche, deren Dynamik durch Schattierungen unterstrichen wird. Bedeutende Maler sind Mokuan und Kao (14. Jh.), beliebtes Motiv die imaginären Porträts der chinesischen Mönche Kanzan und Jittoku (T'ang-Zeit, 618–907), die, in ihrer Erleuchtung ruhend, im Gegensatz zum intellektuellen Anspruch anderer Sekten stehen.

Landschaftsmalerei ▸ Auch die Landschaftsmalerei gelangt im 14. und 15. Jahrhundert zu hoher Blüte und Perfektion. Zu nennen sind Künstler wie Josetsu (14. Jh.), einer der größten Lehrer seiner Zeit, Mincho (1352–1431) und Shubun (frühes 15. Jh.). Vorbilder sind die Malereien der chinesischen Sung- und frühen Ming-Dynastie (10.–15. Jh.), die größten Einfluss auf die Werke von Noami (1397–1471), seinem Sohn Geiami (1431–1495) und seinem Enkel Soami (1472–1525) ausüben. Unbestritten der bedeutendste Landschaftsmaler seiner Zeit ist **Sesshu Toyo** (1420–1506), der während seines China-Aufenthaltes 1468/1469 aus ungleich reicheren Quellen schöpfen konnte. Er verbindet wie kein anderer die chinesische Technik mit einer betont japanischen Motivwahl und hält die Zeitlosigkeit der japanischen Landschaft fest, z. B. »Ama-no-hashidate«, die heute im Nationalmuseum von Tokyo befindliche Landschaft »Haboku« und nicht zuletzt die »Große Landschaftsbildrolle«, die in Anlehnung an Vorbilder der Sung-Dynastie, aber im Gegensatz zu den Bildrollen der Heian- und Kamakura-Periode entstand.

◄ Teezeremonie und Gartenkunst

Immer beliebter wird die Teezeremonie (► S. 95), deren komplexe Verfeinerung auch auf Keramik, Malerei und Gartenkunst befruchtend wirkt. Die Naturverbundenheit des Zen lässt eine Reihe von Priestern zu den besten Gartenarchitekten der Zeit werden.

◄ Gegenbewegung zum Zen

In der späten Muromachi-Periode setzt eine Gegenströmung zu der vom Zen-Buddhismus geprägten Kunst ein, die das dekorative Moment bevorzugt. Ihr Mittelpunkt ist die **Kano-Schule**, begründet von Kano Masanobu (1435–1530), in ihrer Tradition bestärkt durch Kano Motonobu (1476–1559). Die Kunst hat sich ihrer religiösen Bindungen entledigt und ist ganz von Weltlichem durchdrungen. In den mehr als dreihundert Jahren ihrer Existenz wird die Schule mit der Innendekoration der meisten neu entstehenden Paläste und Tempel betraut, deren Landschafts- und Tierbilder noch heute an vielen Orten (u. a. in Kyoto) zu sehen sind. Im 15. Jahrhundert tritt außerhalb von Kyoto auch eine neuerliche Belebung des Yamato-e ein.

**Momoyama**

In der zweiten Hälfte des 16. Jahrhunderts wird das Land durch die Shogune Nobunaga, Hideyoshi und Ieyasu befriedet, und die politische Erneuerung zieht auch eine Umorientierung der Kultur nach sich, die in der Momoyama-Periode (1573–1603) ihren höfischen Akzent verliert und sich dem Bürgertum zuwendet. Die Kano-Schule widmet sich der Innendekoration der jetzt entstehenden gewaltigen Burgen. Sie vereint die in der Tuschmalerei vorherrschende Linearität mit der Farbenfreude des Yamato-e zu einer geradezu überschwänglich-prachtvollen neuen Form, welche die Figuren aus dem Blattgoldhintergrund hervortreten lässt. Gegen Ende des 16. Jahrhunderts wird die stilistische Verschmelzung der Kano-Schule mit der in der Tradition des Yamato-e stehenden **Tosa-Schule** erreicht. Von Kano Eitoku (1543–1590) stammt die künstlerische Ausstattung der Azuchi-Burg auf Faltschirmen und Schiebetüren.

◄ Namban-Kunst

Die Namban-Kunst schildert die Ankunft der Europäer in Japan. Mit der Genredarstellung stellt sich eine größere Hinwendung zum Individuellen ein; Menschenansammlungen werden zu kleinen Gruppen reduziert und gehen in der folgenden Periode in Einzeldarstellungen über – ein absolutes Novum dieser Kunstgattung.

Das Kunsthandwerk erfährt im 16. Jh. neue Impulse: Lack- und Metallarbeiten schmücken die Räume und werden zu Wohlstandssymbolen des aufkommenden Bürgertums, besonders der Kaufleute. Kontakte mit dem Ausland durchbrechen die Isolation und bringen die Technik der Ölmalerei und neue Aspekte der Kunst und Kunstbetrachtung ins Land. Die Keramik erhält durch koreanische Meister, die während Hideyoshis Korea-Feldzügen nach Japan verschleppt werden, neue Anregungen. In Kyoto formt **Chojiro** (1515–1592) die ersten Raku-Teeschalen in den bevorzugten Tönen schwarz und rot; neue Manufakturen entstehen (Seto-, Oribe- und Shino-yaki).

**Edo** In der Edo-Zeit (Tokugawa-Periode; 1603–1868) setzt sich die bürgerliche Kultur vollends durch. Von allen Kontakten zum Ausland weitgehend abgeschnitten und allenthalben von den Zwängen der strengen sozialen Schichtung eingeengt, wendet sich das Bürgertum dem Kunstgenuss und einem aufwändig-eleganten Lebensstil zu.

Malerei ▸ Während die Kano-Schule schon seit dem Ende der Momoyama-Periode Anzeichen einer routinebedingten Stagnation, ja einer Ermüdung der schöpferischen Kräfte zeigt, wird sie durch das Aufkommen neuer Stile und Kunstmittel unterlaufen. Es entstehen Gruppierungen wie die Korin-(Rimpa-)Schule, von Honami Koetsu (1558–1637) gegründet. Ihr gehört **Ogata Korin** (1658–1716) an, der einen anspruchsvollen dekorativen Malereistil mit typisch japanischen Motiven zum Höhepunkt führt. Seine bekanntesten Werke sind u. a. die Faltwand »Rote und weiße Pflaumenblüte« und »Schwertlilien«. Ein anderes Mitglied dieser Gruppe, die nördlich von Kyoto wirkt, ist der ebenfalls an das Yamato-e und die Tosa-Schule anschließende Maler Tawaraya Sotatsu (um 1600 bis 1640), von dem u. a. Faltwände zur Geschichte des Genji und eine Bugaku-Szene überliefert sind. Honami Koetsu schafft bedeutende Lackarbeiten und Keramiken; ein anderer Keramikmeister der Gruppe ist Ogata Kenzan (1663–1743).

*Brücke Nihon-bashi und Fuji-san. Farbholzschnitt von Ando Hiroshige (1830)*

Die Vielseitigkeit dieser Künstler gibt der gesamten Kunstwelt Japans neue Anregungen. Neben chinesischen Einflüsse treten auch europäische Elemente; es ist eine Wendung von der bisher üblichen Parallelperspektive zur Zentralperspektive zu beobachten.

◄ Bunjinga

Mit dem Beginn des 17. Jahrhunderts entwickelt sich die Kunstrichtung des Bunjinga, in welcher Gelehrte und Kalligrafen Illustrationen zu literarischen Vorlagen schaffen, die in ihrer an keine künstlerische Tradition gebundenen Genialität Höchstleistungen darstellen.

◄ Holzschnitt

Auch die Holzschnitt-Technik, bisher nur für Illustrationen in Büchern verwendet, verselbständigt sich. Ab 1765 können aufwändige Farbdrucke mit mehreren Druckstöcken gefertigt werden: (billige) Massen-Druckerzeugnisse, oft mit erotischen Motiven oder Darstellungen populärer Schauspieler. Da die strenge Zensur solche Themen aber immer wieder verbietet, entstehen in der Spätphase zahlreiche Landschaftsbilder von höchster Qualität, u.a. von **Hokusai** (1760 bis 1849) und **Hiroshige** (1797 – 1858). Diese Künstler signierten ihre Bilder zwar, waren aber gering bezahlte Handwerker. Bilderserien (z.B. »36 Ansichten des Fuji«) dienten zur Kundenbindung.

◄ Porzellan

Die Entdeckung von Kaolinvorkommen lässt um 1600 die Porzellanerzeugung rasch anwachsen. Die Nabeshima-Porzellane bleiben dem herrschaftlichen Gebrauch vorbehalten; gröbere Exportware (u. a. für Europa) wird in Imari verfertigt.

◄ Meiji bis Showa

Die rasche Öffnung nach Westen ab der Meiji-Zeit wirkt sich auch auf das Kunstgeschehen aus. Die Malerei spaltet sich in zwei Richtungen. Nippon-ga repräsentiert die traditionelle japanische Malerei, während Yoga westliche Techniken verwendet, insbesondere Ölmalerei. Zur letzteren Gruppe, die sich besonders an Pariser Vorbildern orientiert, gehören Kuroda Kiyoteru (1866–1924), Ishida Ayusai (1891–1926) und Yasui Sotaro (1880–1935).

◄ Zeitgenössische Kunst

In den letzten Jahrzehnten sind zahlreiche japanische Künstler v.a. mit Pop-Art und Konzeptkunst, aber auch Performance-Kunst, bekannt geworden. Zu den international renommiertesten gehören neben Ono Yoko auch Kusama Yayoi, On Kawara und Hiroshi Sugimoto. Ausdrucksweisen von Manga und Anime spielen bei vielen eine auffällige Rolle (Murakami Takashi, Nara Yoshitomo, Mori Mariko).

# Künste und Kunstfertigkeiten

**Keramik**

Die neolithische Jomon-Periode (7. Jahrtausend bis 3. Jahrhundert v. Chr.) hinterließ in Japan die ältesten, frei geformten Keramiken, die sich durch vielfältige Schnurabdruckmuster (Jomon) auszeichneten und im Ton dunkel waren. Zwischen 300 v. Chr. und 300 n. Chr. entstanden die hellen, schon auf der Töpferscheibe gedrehten Yayoi-Keramiken schlichten Dekors, denen die von Korea übernommene

Sue-Keramik folgte. Die dünnwandigen, bei hohen Temperaturen gebrannten, im Ton dunklen Gefäße von karg linearem Dekor blieben bis zur Heian-Zeit (8.–12. Jh.) in Produktion. In die Zeit der Sue-Keramik fallen auch die »Haniwa« genannten Tonzylinder, als Grabbeigaben in späterer Zeit figürlich gestaltet. Schon in der Nara-Zeit (8. Jh.) schätzte man chinesische Keramiken, importierte diese oder ahmte sie in Form von glasierten Stücken (z. B. Tempeldachziegel) nach. Dieser Einfluss verstärkte sich in der Kamakura-Zeit (12. bis 14. Jh.). Die Öfen von Seto bei Nagoya fanden mit ihren glasierten Waren in gelblichen bis dunklen Tönen besonders bei Teemeistern Anklang; daneben wurden Töpfe und Vasen in olivfarbenen und braunen Glasuren hergestellt (Seladon). Am bekanntesten wurden die so genannten **Sechs Alten Öfen**: Echizen (Präfektur Fukui), Shigaraki (Präfektur Shiga), Tamba (Präfektur Hyogo), Bizen (Präfektur Okayama), Ko Seto und Tokoname (beide Präfektur Aichi), wo vorwiegend unglasierte, robuste Gebrauchsgegenstände hergestellt wurden, die bei Teemeistern späterer Zeit großen Anklang fanden. Allein die hell- bis dunkelbraunen sowie grüngelblichen Ko-Seto-Waren (»ko« = alt, zur Unterscheidung von neueren Seto-Waren gebraucht) wurden glasiert und erhielten u. a. auch transparente Aschglasuren. Der sich bereits hier abzeichnende Einfluss koreanischer Meister war seit Ende des 16. Jahrhunderts bestimmend. Kyushu wurde das erste große Zentrum ihres Wirkens; typisch die von Einfachheit und ruhigen Farben geprägten Waren Karatsu-yaki und Satsuma-yaki. Auch Hagi (Präfektur Yamaguchi) gewann zunehmend an Bedeutung. Die Teemeister sahen in den aus rauem Ton frei gestalteten Teeschalen zenbuddhistisch geprägte Ästhetikmerkmale ausgeformt. Das Unwillkürliche von Farbe und Form, der Zufall, selbst Brennfehler galten als höchstes Maß künstlerischer Gestaltung, weil Natürlichkeit dargestellt wurde. Besonders die auf Chojiro (1515–1592) zurückgehenden **Raku-Teeschalen** – so genannt nach einem Siegel mit der Aufschrift »Raku« (= Freude), das Toyotomi Hideyoshi dem Sohn des Chojiro, Jokei, verlieh – wurden mit ihren dicken Glasuren von Schwarz, Braun und Rotbraun bis Rot mit helleren Flecken hoch ge-

*Die japanische Keramik ist ein Handwerk mit langer Tradition.*

schätzt. Bekannte Raku-Meister waren u.a. Ninsei († 1678 oder 1695) und Kenzan (1664–1743), letzterer Mitglied eines von Koetsu (1558–1637) gegründeten Künstlerkreises, der in Takagamine nördlich von Kyoto wirkte. Koetsu selbst schuf hervorragende Teeschalen; Ninsei, der Lehrer Kenzans, erreichte schöpferische Höhepunkte in Arbeiten mit der im 17. Jahrhundert bekannt werdenden Schmelzfarbenmalerei auf glasierter Scherbe. Primär stand die Keramik zu jener Zeit im Dienst der Teezeremonie. Die Verbindung unterschiedlicher Keramik-Traditionen, auch aus Korea und China, mit der Ästhetik des Zen-Buddhismus hat der japanischen Keramik dauerhafte Bedeutung sowohl in der Kunst als auch im Alltagsleben gesichert. Im 20. Jh. entwickelten so namhafte Künstler wie Kawai Kanjiro (1890-1966) und Hamada Shoji (1884-1978) die künstlerische Keramikproduktion weiter. Und bis heute macht Keramik einen Großteil des Alltagsgeschirrs in japanischen Haushalten aus.

**Klassische Keramiköfen**

Einige der wichtigsten japanischen Keramik-Öfen (in alphabetischer Ordnung) sind:

**Bizen** (Präfektur Okayama): Unglasierte Waren in dunkelgrauen bis rötlichen Tönen, die durch niederfallende Asche natürliche Glasuren erhielten; durch Umwicklung mit Reisstroh wurden unregelmäßige Glasurstreifen erzeugt. Anfänglich als Gebrauchsware hergestellt, wurde Bizen-yaki später für die Teezeremonie entdeckt. Einer der Sechs Alten Öfen (12.–16. Jahrhundert).

**Echizen** (Präfektur Fukui): Große, dickwandige Steingefäße in graubraunen bis rötlichbraunen Tönen mit grünlichen Aschglasuren. Einer der Sechs Alten Öfen (12.–17. Jahrhundert).

**Hagi** (Präfektur Yamaguchi): Seit dem 17. Jahrhundert bis heute in ungebrochener Tradition hergestellte Waren mit dicken Craquelé-Glasuren in milchigen bis graugelben Tönen, begonnen von dem Koreaner Li Kyong.

**Mino** (Präfektur Aichi): In den Öfen von Mino wurden seit dem Ende der Muromachi-Zeit (16. Jh.) weiße Shino-Waren, Seto-yaki und grüne Oribe-Waren gebrannt.

**Seto** (Präfektur Aichi): Ältestes Keramikzentrum Japans, das seit der Kamakura-Zeit (12.–14. Jh.) glasierte Waren produzierte. Dunkelbraune bis schwarze Glasuren entstanden seit dem 16. Jahrhundert, craquelierte gelbliche Glasuren (Ki Seto) und eine Reihe anderer Scherben kamen später hinzu. Heute ist Seto das größte Keramikzentrum Japans, der Name Seto-mono (= Seto-Ware) wurde zum Synonym für keramische Waren. Einer der Sechs Alten Öfen.

**Shigaraki** (Präfektur Shiga): Transparente gelblichgraue bis graugrüne Aschglasur auf graubraunen bis dunkelbraunen Tönen mit heller Körnung, seit der Kamakura-Zeit (12.–14. Jh.) einer der Sechs Alten Öfen, im 16. Jahrhundert bevorzugte Keramik der Teemeister.

**Shino** (Präfektur Aichi): Seit dem 16. Jahrhundert für die Teezeremonie produzierte Keramiken in gelblichen bis hellroten Tönen mit grauweißer Glasur; bis heute in fortgesetzter Tradition hergestellt. Der Name geht auf den großen Teemeister Shino Soshui (16./17. Jh.) zurück.
**Takatori** (Präfektur Fukuoka): Graubraune Scherbe mit gesprenkelter Glasur in braunen bis rotbraunen Tönen. Diese Keramik wurde weitgehend von dem Teemeister Kobori Enshu (1579–1647) beeinflusst.
**Tamba** (Präfektur Hyogo): Durch langes Brennen erreichte dunkelbraune bis rotbraune Farben mit dicker Aschglasur. Seit dem 16. Jahrhundert einer der Sechs Alten Öfen; heute in Tachikui bei Sasayama hergestellt.
**Tokoname** (Präfektur Aichi): Braune Scherbe mit grünen Naturglasuren. Nach dem Ende des 16. Jh.s nur noch geringe Produktion, ab dem 19. Jh. Baukeramik. Ebenfalls einer der Sechs Alten Öfen.

**Metallkunst**

Bronzeguss und Metallhandwerk ►

Früheste Belege der Metallbearbeitung in Japan stammen aus der Yayoi-Zeit (um 300 v. Chr. bis 300 n. Chr.). Es sind dies längliche Glocken (Dotaku), Schmuck und Kultgeräte aus Bronze oder Eisen. Mit dem Buddhismus gelangten im 8. Jahrhundert vom Festland her neue und feinere Techniken nach Japan und führten insbesondere den Bronzeguss zu hoher Vollendung. Stets noch unter dem Einfluss chinesischer und koreanischer Lehrmeister entstanden Schmuck, Kultgeräte, Beschläge, Gefäße und Plastiken in unterschiedlichsten Verfahren. Als hervorragendstes Beispiel des Bronzegusses jener Epoche gilt die Shaka-Trias des Tori-busshi im Horyu-ji (von 623). Die Nara-Zeit (8. Jh.) brachte unter dem Einfluss der chinesischen T'ang-Ära realistische Monumentalplastiken in Bronzeguss hervor, darunter insbesondere den Großen Buddha im Todai-ji (von 752). Erst nach 800 konnte sich die Metallkunst vom festländischen Vorbild lösen und zu eigenständigen Formen finden. Mit dem Aufblühen der Holzplastik trat die Technik des Bronzegusses in den Hintergrund. Das Metallhandwerk konzentrierte sich mehr und mehr auf die Herstellung von Gebrauchsgegenständen, Schmuck und Zierrat aus edleren Metallen, die bereits das typische Naturdekor japanischer Prägung tragen.

Schwerter ►

In der kriegerischen Kamakura-Zeit (12. bis 14. Jh.) gewann das Schwert- und Waffenschmiedehandwerk überragende Bedeutung. Seine vollkommensten Leistungen entstammen dem beginnenden 14. Jahrhundert. Während bis zum 9. Jahrhundert noch das auf dem Festland verwendete ein- oder zweischneidige Schwert mit gerader Klinge (Tsurugi) allgemein in Gebrauch war, kam mit dem beginnenden 10. Jahrhundert ein nur in Japan gebräuchliches einschneidiges Schwert mit leicht gebogener Klinge (Nihonto) auf. Die Herstellung erfolgte nach dem Verfahren des Damaszierens, d. h. verschiedene Metallschichten werden übereinander geschweißt, gefaltet oder verwunden und gehämmert. Ebenso wie in anderen Kulturen genossen die Waffenschmiede auch in Japan höchstes Ansehen; ihre Arbeit war von kultischen Handlungen begleitet. Neben einigen historischen Museen im Land zeigt das **Schwertermuseum in Tokyo** die wohl beste Sammlung japanischer Schwerter weltweit.

**Textilkunst**

Schon in der Yayoi-Zeit (3. Jh. v. Chr. bis 3. Jh. n. Chr.) ist der Gebrauch des Webstuhls in Japan belegt. In dieselbe Zeit fällt wohl auch der Beginn der **Seidenraupenzucht**. Verwoben wurden damals neben Seide auch Hanf, Nessel und verschiedene Baste. Bereits in der Nara-Zeit (8. Jh.) findet man eine große Zahl ausgereifter Webtechniken, die alle aus China und Korea übernommen worden waren: Verbreitete Gewebe waren Köper, Damast, einfache Brokate und Gaze. Mit dem materiellen Aufschwung des Shogunats im 13. Jahrhundert kamen vom Festland her weitere verfeinerte Webverfahren nach Japan, darunter Silber- und Goldbrokate sowie Satin. Baumwolle wurde erst seit dem 15. Jahrhundert verarbeitet.

◄ Färberei

Neben der Webtechnik kommt der Färberei von jeher große Bedeutung zu. Da sich der Schnitt der traditionellen Gewänder über Jahrhunderte hinweg kaum veränderte, zeigten sich modische und stilistische Entwicklungen hauptsächlich in Farbe und Dekor. Schon im 8. Jahrhundert waren die drei Grundverfahren des Färbens ausgereift, die noch heute im textilen Kunstgewerbe Anwendung finden. Es sind dies die Batik, das Färben gefalteter Stoffe mit Schablonen sowie das Abbindeverfahren, bei dem durch nur stellenweises Einfärben schöne zufällige Muster entstehen. Seit dem 13. Jahrhundert erzielt man durch die Kombination verschiedener Färbetechniken und durch Besticken insbesondere mit Gold- und Silberfäden oder durch Aufreiben von Blattgold und -silber prächtige Wirkungen. Mit der Öffnung Japans in der Meiji-Zeit (19. Jh.) gelangten industrielle Verfahren ins Land und verdrängten rasch die alten Techniken. Sie haben heute ihren Platz aber noch im Kunstgewerbe und finden darüber hinaus Anwendung bei der Anfertigung besonders kostbarer Tuche für die sehr teuren Seidenkimonos, die zu festlichen Anlässen noch immer gern getragen werden.

◄ Textilzentren

Zentrum der Weberei ist das traditionsreiche **Weberviertel Nishijin in Kyoto**. Hier werden Natur- und Kunstfasern verwoben, neue Techniken entwickelt und alte, verloren gegangene Verfahren neu belebt. Führende Färbereizentren sind Kyoto und Kanazawa, ferner die Präfekturen Miyagi und Yamagata sowie Tokyo. Nordjapan, besonders Aomori, ist bekannt für geometrische Stickereien auf dunklem Untergrund. Auf Hokkaido, besonders um Sapporo und in den Ainu-Dörfern Chikabumi und Shiraoi, findet man noch Tuche mit Applikationen, wie sie früher bei den Ainu gebräuchlich waren. Einen guten Überblick über das Tuchmacherhandwerk vermitteln das **Seidenmuseum in Yokohama** und das **Nishijin-Textilzentrum in Kyoto**. Die Seidenraupenzucht ist in Shirakawago anschaulich dargestellt.

**Lackkunst** Bereits in vorgeschichtlicher Zeit gelangte die Lackkunst, die ihren Ursprung auf dem asiatischen Festland nahm, in ihrer einfachsten Form auf die japanischen Inseln. Mit dem Saft des **Lacksumach** (Rhus verniciflua), der getrocknet gegen Säuren, Hitze und Feuchtigkeit beständig ist, überzog man Gebrauchsgegenstände zu deren Schutz und erkannte dabei schon früh, dass durch Hinzufügen von natürlichen Farbpigmenten ein einfaches Dekor zu erzielen war.

Mit dem Buddhismus kamen im 6. Jahrhundert n. Chr. aus China bereits hoch entwickelte Lacktechniken nach Japan, die dort in der Folge weiter verfeinert wurden. Schon bald schufen japanische Lackmeister erlesene Werke, welche die chinesischen Arbeiten handwerklich wie auch künstlerisch übertrafen. Dosen, Schachteln, kleine Möbelstücke, Essgeschirr, Kultgerät, Schmuck, Plastiken und andere Dinge aus Holz, Bambus, Leder, Metall, Keramik, Tuch und sogar Papier wurden mit feinsten Lackdekors gleichermaßen geschützt wie verziert. Ihre höchste Blüte erreichte die Lackkunst zu Ende des 15. Jahrhunderts. Mit der Öffnung Japans in der Mitte des 19. Jahrhunderts wurden japanische Lackarbeiten weltweit berühmt; junge Lackkünstler arbeiteten bald auch in Europa und Amerika und vermittelten dort ihre Kenntnisse. Heute lehren und wirken die hervorragendsten Meister mit dem Ehrentitel »Träger unantastbarer Kulturgüter« an Kunsthochschulen und Spezialwerkstätten.

Bearbeitungsmethoden ► Die japanische Lackkunst kennt drei verschiedene, jeweils in mehreren Varianten gebrauchte Bearbeitungsmethoden: die so genannten flächigen Verfahren, eingelegte Lacke und geschnittene Lacke. Die zu den flächigen Verfahren zählenden **Makie-Goldlacktechniken** (»Makie« = »Streubild«) sind die bedeutendsten eigenständig in Japan entwickelten Verfahren. Sie reiften bereits in der Heian-Zeit (8.–12. Jh.) zu höchster handwerklicher und künstlerischer Vollkommenheit. Das Dekor des **Togidashi** entsteht durch Aufstreuen von Gold- oder Silberstaub auf einen feuchten Lackgrund, der nach dem Trocknen mit mehreren Schwarzlackschichten überdeckt wird. Durch anschließendes Schleifen der Oberfläche mit Holzkohle erscheint allmählich das Goldstaubdekor in unübertroffener Zartheit. Bei der **Hiramakie** wird das Dekor direkt in die Lackoberfläche gestreut. **Takamakie** ist eine erhaben gearbeitete Streubildtechnik, das **Okibirame** ersetzt den Metallstaub durch Metallplättchen.

Lackmalerei ► Die Lackmalerei war besonders im 7. Jahrhundert verbreitet. Negoro-nuri ist ein flächiges Verfahren, bei dem eine rote Oberschicht so weit abgetragen wird, bis der schwarze Lackgrund stellenweise hervortritt. Es wurde bereits seit der Muromachi-Zeit angewendet und ist auch heute noch sehr beliebt.

In der Nara-Zeit (8. Jh.) erschienen erstmals nachweisbar eingelegte Lacke. Sie werden in Japan vielfach mit Makie-Techniken verbunden. Bevorzugt waren zunächst Perlmutteinlagen, später auch Gold- und Silberfolien, Korallen, Elfenbein und verschiedene Halbedelsteine. ◄ Einlagetechnik

Schnitzlackarbeiten (Tsui-shu) wurden erst seit dem 15. Jahrhundert in Nachahmung chinesischer Waren hergestellt und waren von diesen kaum zu unterscheiden. Ein eigenständiger japanischer Schnitzlackstil bildete sich erst seit dem 17. Jahrhundert aus. Neben den sehr aufwändig gearbeiteten echten Schnitzlacken, bei denen in die dicke Lackschicht eingeschnitten ist, entwickelte sich schon früh das einfachere Kamakura-bori, bei dem bereits geschnitztes Holz mit Lack überzogen wurde. ◄ Schnitzlack

Alle Lackarbeiten erhalten ihren Glanz erst durch Polieren der Oberfläche – ein mühevoller und zeitraubender Vorgang. Wegen dieser umständlichen waren Lackarbeiten zu allen Zeiten kostbar und übertrafen selbst Porzellan an Wertschätzung.

Heute pflegt man die Lackkunst in den alten Produktionszentren Tokyo, Kyoto und Kanazawa; weitere traditionelle Werkstätten befinden sich in Takamatsu und Nagoya. Einfachere Waren für den häuslichen Gebrauch werden vorwiegend in den Präfekturen Fukushima, Ishikawa, Toyama und Wakayama hergestellt. ◄ Zentren der Lackkunst

**Netsuke**

Die im 15. Jahrhundert aufgekommenen und seit dem 17. Jahrhundert äußerst populär gewordenen Netsuke (Ne = Wurzelholz; Tsuke = Aufhänger) sind kunstvoll in Form von Figuren, Tieren, Pflanzen und verschiedenen Gegenständen gestaltete **Halteknäufe** für Utensilienbeutel und Taschen, in denen man allerlei Dinge des täglichen Gebrauches wie Schreibzeug, Geld, Medizin oder Tabak mit sich führte. Die Knäufe besitzen eine oder zwei Lochführungen für die Schnüre des Täschchens und verhindern dessen Hinabgleiten, indem man die Schnur mit Netsuke von unten hinter dem Gürtel (Obi) durchsteckt. Die Gestalt eines guten Netsuke soll zum einen dieser Aufgabe gerecht werden, zum anderen aber auch griffig sein und keine Spitzen oder scharfen Kanten haben. Ursprünglich waren diese Kleinplastiken aus Wurzelholz geschnitzt, später verwendete man zunehmend auch Elfenbein, Horn, Bambus, Nussschalen, Lack, Keramik, Porzellan, Halbedelsteine oder Metall. Die Wahl der Motive war völlig frei und bezog sich auf praktisch alle Bereiche des Lebens, des Mythos, der Religion, der Sage und Dichtung oder entsprang der Fantasie des Künstlers. Netsuke sind heute als Sammlerobjekte begehrt.

*Netsuke aus der Edo-Zeit in Form eines Wespennests*

**Papier** Das Papier und seine diversen Herstellungstechniken gelangten vermutlich zuerst im 7. Jahrhundert n. Chr. von China über Korea nach Japan. Hier wurde Papier in großer Vielfalt erzeugt und fand die unterschiedlichsten Verwendungen, die von zarten Papierpuppen über bunte Schachteln, bedruckte Brieftaschen, papierbespannte Trennwände und Schiebetüren und kunstvolle Kalligrafien bis hin zu Origami reichten, den kleinen Wunderwerken der Papierfaltkunst. Anfänglich höfischen Kreisen vorbehalten, haben Papier und Papierkunst seit der Edo-Zeit (ab Mitte des 17. Jh.) schließlich auch im Bürgertum weite Verbreitung gefunden.

Japanpapier ► Japanpapier ist ein festes, langfaseriges Papier aus dem Bast der Papiermaulbeerpflanze (Broussonetia papyrifera); Reispapier, ein sehr zartes, jedoch erstaunlich festes und dauerhaftes Material, wird aus dem weißen Mark des Araliengewächses Tetrapanax papyrifera hergestellt, das feine Mitsumatapapier hingegen aus der Rinde des Seidelbastgewächses Edgeworthia chrysantha.

Das besuchenswerte **Papiermuseum in Tokyo** zeigt nicht nur die verschiedensten Papiere und Drucke, sondern auch die Werkzeuge und Gerätschaften zur Herstellung.

**Verpackung** Eine beachtenswerte Form des japanischen Handwerks ist die traditionsreiche Kunst des Verpackens (**Tsutsumi**), mit der dem Harmoniebedürfnis Rechnung getragen wird. Der Idee liegt die Auffassung zugrunde, dass man »reine« Dinge nicht offen vorzeigt, sondern möglichst ansprechend verhüllt. Ursprünglich wurden hauptsächlich Lebensmittel für den Transport und zur Aufbewahrung verpackt. Zu diesem praktischen Aspekt des Nutzwertes gesellte sich der Schönheitssinn als ästhetischer Anspruch, und im Laufe der Zeit hat sich eine regelrechte Kunstform herausgebildet, die heute noch vor allem bei Geschenkgaben fortlebt.

Materialien ► Bevorzugte natürliche Materialien zur Verpackung sind von alters her Reisstroh, Bambus und Zedernholz. Da der Reis eines der Hauptnahrungsmittel der Japaner darstellt, ist Reisstroh reichlich vorhanden; zugleich widerstandsfähig und elastisch, lässt es sich gut zu Flechtwerk oder Schnüren verarbeiten. Aus Reisstroh werden luftdurchlässige Behältnisse etwa für Eier oder Reisklöße geflochten; Reisweingefäße ummantelt man mit Reisstrohmatten. Der schnellwüchsige, Kraft und Fruchtbarkeit symbolisierende Bambus liefert mit seinen Blättern und hohlen Stammsegmenten nützliche Hüllen und Hülsen für vielerlei Nahrungsmittel; Bambusgras ist ein wichtiger Rohstoff für die Korbflechterei. In Holzkästchen verschiedenster Formen werden beispielsweise Fisch oder Reis unter kunstvoll verschnürten Pressdeckeln konserviert.

Die Verpackung dient nicht nur der Konservierung, sondern kann Nahrungsmittel auch aromatisieren: Reiskuchen werden im Frühling in Kirschblätter, im Frühsommer in Eichenblätter und im Winter in Kamelienblätter gehüllt; Blätter von Bambus, Schilfrohr oder Wasserreis verleihen ihnen wieder andere Geschmacksnuancen.

weiter auf S. 82 ►

*Bitte von hinten nach vorne lesen!*

# BILDERGESCHICHTEN

**Japanische Comics, Manga, haben längst eine große Fangemeinde in Deutschland: Man bekommt sie sogar im Kaufhaus um die Ecke. Allerdings haben Comics in Japan einen viel höheren Stellenwert als hierzulande: Etwa jedes dritte verkaufte Druckerzeugnis in Japan ist ein Manga!**

Bei einem Marktvolumen von über 500 Mrd. Yen für Manga gibt es für **jeden Geschmack** und jede Bevölkerungsgruppe etwas: Manga für Jungen, Mädchen, Frauen, Männer, Senioren, Homosexuelle, Geschichtsfans, Fantasy-, Horror- oder Scifi-Freunde und viele mehr. Es gibt sogar von Fans geschriebene, inoffizielle Fortsetzungen beliebter Serien, Dojinshi genannt, und Sachmanga mit Bildungsanspruch, etwa über Wirtschaft oder Religion.

Man unterscheidet zwischen Comic-Zeitschriften (Mangazasshi), die wöchentlich bis monatlich herauskommen, und Taschenbüchern, in denen mehrere Kapitel einer beliebten Serie als Sammelband erscheinen (Tankobon). Zu den größten japanischen **Manga-Zeitschriften** zählen Shonen Sunday (seit 1959) und Shonen Jump (seit 1968), die sich an eine jugendliche Leserschaft richten.

## Vom Pinsel zum Druck

Die Anfänge der »spontanen Bilder« – ein Titel, den der Holzschnittkünstler Hokusai erstmals für eines seiner Skizzenbücher verwendete – reichen weit zurück. Die Vorläufer werden bereits bei **Karikaturen** in Tempeln aus dem 7. Jahrhundert gesehen. Im 12. Jahrhundert zeichnete der Priester Toba Sojo komische Bilder über das Klosterleben. Seine Art der Darstellung lustiger Szenen in einem einzigen langen Rollbild wurde in der Edo-Zeit beliebt und deshalb Toba-e (Toba-Bild) genannt. In derselben Epoche entstanden auch Kibyoshi, die bereits eine durchgängige Geschichte aus Einzelbildern und Text erzählten und satirischen Inhalts waren.

Mit der Öffnung nach Westen erschienen Ende des 19. Jahrhunderts schließlich in Zeitungen und Zeitschriften humorvolle Darstellungen zur Politik und zu bestimmten Bräuchen in Form eines Comicstrips. Der Pinsel wurde bald vom Bleistift abgelöst, die Sprechblase von den bei Comics den Ton angebenden Amerikanern übernommen und einfachere Drucktechniken sorgten für die massenweise Verbreitung der Comics, für die sich Anfang des 20. Jahrhunderts der Name Manga durchsetzte.

## Moderne Manga

Als Urvater des modernen Manga gilt **Tezuka Osamu** (1928–1989), der die Grundlagen des heutigen Manga-Stils schuf, z. B. die extrem großen, runden Kinderaugen der Figuren oder die Ausschnittsvergrößerungen, die so charakteristisch für die Manga sind. Von ihm stammen u. a. die Serien »Kimba, der weiße Löwe« (1950) und die Geschichte vom kleinen Roboterjungen »Tetsuwan Atomu« (1952; dt. »Astroboy«), die erste Comic-Reihe, die im japanischen Fernsehen zu sehen war. Tezuka schuf auch das erste Manga für Mädchen: »Ribon no kishi« (1953; »Der Ritter mit den Schleifen«) über eine Prinzessin, die als Ritter verkleidet ihren Thronanspruch verteidigen muss. Von den japanischen Fans wurde Tezuka für seine Verdienste der Ehrentitel »Gott des Manga« verliehen.

Aus den 1960er-Jahren stammt eine Manga-Figur, die in Japan so bekannt ist wie Micky Maus und Donald Duck: die blaue Roboterkatze **Doraemon**, die in die Vergangenheit reist, um ein Kind vor dem finanziellen Ruin in der Zukunft zu retten: Sie wurde 1969 von Fujiko Fujio – dem Duo Motoo Abiko und Fujimoto Hiroshi – ersonnen.

## Bewegte Bilder

Viele Manga werden zu Zeichentrickfilmen (**Anime**) verarbeitet – oft sind die Zeichner von Manga und Anime sogar dieselben. Die Ausstrahlung des Manga als Fernsehserie sorgt für eine größere Bekanntheit der Figuren und damit für die Produktion von dazugehörigem Spielzeug, Konsolen- und Computerspielen, Sammelkarten etc. Manga-Fans gehen mitunter sogar so weit, sich wie ihre Lieblingsfigur zu stylen und in diesen Outfits zu so genannten **»Cosplay«-Treffen** (von costume play) zu gehen, wo sich dann ein kunterbuntes Defilee von Manga- und Animefiguren abspielt.

## Fantasie-Reiche

Die **Themen** der Manga sind vielfältig und die Qualitätsunterschiede z. T. erheblich. Sehr beliebt unter jungen Leuten sind solche Serien, die sich um einen Helden oder eine Heldin mit magischen Kräften drehen, die für das Gute kämpfen. Diesem Muster entspricht z. B. die Serie »Sailor Moon« von Takeuchi Naoko, die als Anime im deutschen Fernsehen lief und keinen unerheblichen Anteil am Manga-Boom in Deutschland hat. Ähnliches gilt für »Dragon Ball« von Toriyama Akira oder »Angel Sanctua-

*Sehr beliebt bei Japans Jugend: Manga-Ähnlichkeits-Wettbewerbe*

ry« von Yuki Kaori. Da droht der Weltuntergang oder beherrschen Androiden die Erde; die Helden begeben sich auf die Suche nach magischen Kugeln oder wundersamen Kristallen; Außerirdische oder Engel nehmen mit ihnen Kontakt auf – der Fantasie sind keine Grenzen gesetzt. Dabei greifen die Manga-Künstler (Manga-ka) oft auf **alte Mythen** aus Japan oder anderen Gegenden der Welt zurück und bedienen sich japanischer Symbole, deren Bedeutung westlichen Lesern allerdings nicht selten verborgen bleibt.

Ein Manga, der 2002 mit dem Osamu-Tezuka-Kulturpreis ausgezeichnet wurde und auch Erwachsene anspricht, ist »Vagabond« von Inoue Takehiko (auf Dt. ab 2002 bei EMA erschienen), angelehnt an die Geschichte von Miyamoto Musashi, dem legendären Schwertkämpfer aus dem 17. Jahrhundert. Wer es lieber lustig mag, kann es mit der gagreichen Seeräubergeschichte »One Piece« von Oda Eiichiro versuchen (von 1997, auf Dt. ab 2001 im Carlsen Verlag). Kriminalistische Spürnasen werden dagegen ihre Freude an »Detektiv Conan« haben, der von seinen Gegnern durch ein Gift in einen kleinen Jungen verwandelt wurde (bei EMA, ab 2001). Die erste Manga-Serie, die überhaupt auf Deutsch erschien, war übrigens »Akira« von Otomo Katsuhiro (1991, Original 1982 – 1990), ein 2019 in Neo-Tokyo angesiedeltes Science-Fiction-Drama. Japanische Manga werden natürlich »von hinten nach vorn« gelesen – und diese Leserichtung ist seit Ende der 1990er-Jahre auch in deutschsprachigen Ausgaben üblich.

## Auf den Spuren der Manga

Manga sind inzwischen so erfolgreich, dass manch einer gar als Manga-Tourist nach Japan reist: Immerhin gibt es bereits eine Reihe von **Manga-Museen** in verschiedenen Städten Japans (darunter ein Tezuka Osamu gewidmetes in seinem Geburtsort Takarazuka und ein 2007 in Kyoto eröffnetes). Im Tokyoter Stadtteil Nerima befinden sich nicht nur viele Studios, sondern haben sich auch viele Manga-ka niedergelassen, im Stadtviertel Akihabara wurde 2006 ein Anime Center eröffnet (www.animecenter.jp), und in etlichen Manga-Cafés kann man auf Gleichgesinnte treffen, in Mangas blättern und im Internet surfen.

Beinahe Kultstatus genießt der Comicladen **Mandarake** mit inzwischen mehreren Läden in Tokyo und anderen Großstädten (www.mandarake.co.jp). Das mehrstöckige Mutterhaus in der etwas altmodischen Sun Mall im Tokyoter Stadtteil Nakano hat eine ganz eigene Atmosphäre.

**Gartenkunst** Der japanische Garten übt mit seiner ruhevollen Atmosphäre, seiner Harmonie und der trotz kleinster Flächen erreichten Komplexität einen außerordentlichen Reiz auf den Betrachter aus. Japanische Landschaftsgärten lassen japanische Gartenanlagen die Hand des Gärtners im Verborgenen; das Maß der Vollkommenheit liegt gerade in der **scheinbaren Zufälligkeit**, in der Ursprünglichkeit, mit der die Gesamtheit der Natur zum Ausdruck gebracht wird.

Gärten der Nara-Zeit ► Vom chinesischen Vorbild geprägt entstanden schon während der Nara-Zeit (8. Jh.) herrliche Gärten, deren Teichinseln durch kleine Bogenbrücken mit dem Ufer und untereinander verbunden waren. In der anschließenden Heian-Zeit (8.–12. Jh.) entfalteten sich die Gartenanlagen in Ergänzung des großzügig eleganten Architekturstils Shinden-zukuri. Der höfische Adel richtete bunte Lustgärten ein, die Seen, Wasserfälle, künstliche Inseln und Pavillons im chinesischen Stil enthielten. Diese ausgedehnten Privatparks luden zum Spazierengehen und Bootfahren ein und entbehrten der religiösen und symbolischen Bedeutung. Im 11. Jahrhundert erreichte die Gartenkunst eine noch heute andeutungsweise im Garten des Byodoin-Tempels in Uji bei Kyoto festzustellende Vollendung; andere Beispiele aus dieser Zeit sind der Garten des Motsuji-Tempels (Präfektur Iwate) sowie der des Joruri-ji in Kyoto.

Zen-Gärten ► Ganz andere Akzente setzte der Zen-Buddhismus, dessen starker Einfluss auf das Leben während der Kamakura-Zeit (12.–14. Jh.) schon bald auf die Gartenarchitektur übergriff und die höfische Eleganz durch **Strenge und Einfachheit** ablöste. War der Garten bislang weitgehend für Spaziergänge, Spiele und zur Erbauung da, wurde er nun zu einem kunstvollen Arrangement, dessen oberstes Prinzip die Symbolik war, der entsprechend nicht mehr begangen, sondern von einer Veranda aus betrachtet wurde. Ihre formalen Prinzipien stammen vornehmlich aus der monochromen Landschaftsmalerei der chinesischen Sung-Zeit. Hauptziel der Zen-Landschaftsgärtner ist es, auf begrenzter Fläche den Anschein eines endlosen Raumes zu erwecken. Um diesen Anschein des Unbegrenzten hervorzurufen, bedienen sie sich optischer Täuschungen, die größere Entfernungen vorspiegeln. Die natürliche Perspektive wird dadurch verstärkt, dass man im Vordergrund große, stark gegliederte Felsen und großblättrige helle Bepflanzung verwendete, während der Hintergrund mit kleinen, glatten Steinen und kleinblättrigen, dunklen, oft sogar zwergwüchsigen Bäumen ausgestattet wurde. Pfade und Wasserläufe werden nach hinten schmaler, ihr gewundener Verlauf täuscht größere Länge vor und ihr Ende verschwindet hinter Felsen und Strauchwerk, sodass sie immer weiterzugehen scheinen. Die Begrenzungsmauern sind aus dunklem, natürlichem Material hergestellt oder durch Buschwerk verdeckt; jede Spur des Eingriffs durch den Menschen wird sorgfältig kaschiert. Dadurch entsteht der Eindruck unberührter Natur; andererseits sind die Anlagen so komponiert, dass sie sich dem Auge des Betrachters wie ein Gemälde aus natürlichen Bestandteilen darbieten.

*Garten des Engakuji-Tempels in Kamakura*

Die **berühmtesten Landschaftsgärten im Zen-Stil** finden sich in Kyoto: Es sind die des Saiho-ji (um 1339) und des Tenryu-ji (um 1343), die der Zen-Meister Muso unter der Herrschaft des Takauji entwarf, der Garten des Goldenen Pavillons (1397), angelegt durch den Shogun Yoshimitsu, und der des Silberpavillons (1484), der unter der Ägide des Yoshimasa entstand.

◀ Steingärten

Während sich in den Landschaftsgärten Realität und abstrahierender Formwille noch auf geradezu verwirrende Art vermengen, wird in den Steingärten (Kare Sansui) die **reine Abstraktion** erreicht. Es sind Trockengärten ohne Wasser und Vegetation, nur aus Sand und Steinen bestehende Kompositionen. Dennoch können sie auf engstem Raum weite Landschaften darstellen, wobei der sorgsam geharkte Sand die Wasseroberfläche von Strömen oder Meeren darstellt, aus dem die Steine wie Felsinseln emporragen. In ihrer kargen Schlichtheit kommen sie als künstlerischer Ausdruck der Zen-Lehre am nächsten; gleichzeitig sind viele von ihnen als die vollkommenste räumliche Darstellung von Tuschlandschaften der Sung-Zeit anzusehen, welche die Zen-Künste so nachhaltig beeinflusst haben. Auch für diesen Gartentypus finden sich die besten Beispiele in Kyoto (z. B. Ryoanji).

◀ Teegärten

Die klassische Einfachheit der Steingärten findet ihre Fortsetzung in den Teegärten (Roji) der Momoyama-Zeit (16. Jh.), in der sich aber die Kargheit des Bildes verliert und die auf kleinstem Raum komprimierte Natur in scheinbar unverfälschter Form lebt. Die bewusste Natürlichkeit bzw. Naturbelassenheit drücken die zu den Roji gehörenden Teehäuser auf andere Weise aus. Doch schwelgt die Momoyama-Zeit in realistischer Lebensfreude, die den mystifizierten Zen-Garten verdrängt, Pracht und Vielfalt weiter Wandelgärten vorzieht. Beispielhaft dafür steht der Garten des Nijo-Schlosses in Kyoto.

*Blumenstecken als Kunstform: Ikebana-Arrangement in passender Umgebung*

Gärten der Edo-Zeit ▶ Der Anbruch der Edo-Zeit zu Beginn des 17. Jahrhunderts brachte kaum neue Stilelemente; doch entstanden zu Anfang dieser Epoche einige wundervolle Gärten wie jene der Katsura-Kaiservilla und des Nanzenji-Tempels in Kyoto. Die flächenmäßige Vergrößerung der Anlagen, etwa in den Gärten Korakuen (Okayama) und des ursprünglich viel kleineren Kenrokuen (Kanazawa), führte einerseits zur Schaffung reizvoller Wandelgärten, deutete in gewisser Weise aber auch auf das Verblassen dieser typisch japanischen Kunstform, die noch vor Beginn der Neuzeit ihren vorläufigen Entwicklungsendpunkt erreichte.

**Ikebana** Die Kunst des Blumensteckens hat als Ausdruck der Ästhetik tiefe Wurzeln im kulturellen Leben der Japaner geschlagen. Ursprünglich als Blumenschmuck vor buddhistischen Statuen aus China eingeführt, wandelte sich das Blumenstecken infolge der Loslösung von seinem religiösen Verwendungszweck zur eigenständigen Kunstform. Schon während der Heian-Zeit (8.–12. Jh.) fanden höfische Kreise Gefallen an Blumensteckwettbewerben (Hana-awase); in der Muromachi-Zeit (14.–16. Jh.) erfreuten sich weite Bevölkerungskreise dieser Kunst, die mit der späteren Einbeziehung von Vase und Schale in das Gesamtbild erhöhte Ausdrucksstärke fand.

Der lineare Aufbau des Arrangements, in seiner philosophischen Bedeutung die Dreiheit Himmel – Mensch – Erde symbolisierend, zeugte schon früh von der typisch japanischen Hinwendung zum Naturalismus, wie er sich in der Naturbelassenheit der verwendeten Zweige und Blüten zeigt. In der im 15. und 16. Jahrhundert besonders populären Teezeremonie spielte Ikebana eine ergänzende Rolle, wurde von führenden Meistern späterer Zeit jedoch weitgehend aus dieser Funktion gelöst und entwickelt; im Laufe der Edo-Zeit (17.–19. Jh.) zu größter Popularität gelangt, wurden in Vorbereitung der heutigen Schulen neue Techniken erarbeitet, variierte und steigerte man die Wirkung der in der Schmucknische (Tokonoma) platzierten Gestecke durch Verwendung neuer Materialien und Gefäße. Heute gibt es verschiedene Schulen, die die Pflege alter Traditionen ebenso verfolgen wie die Entfaltung neuer Kreativität. Zu den bekanntesten gehören Ohara, Sogetsu, Ikenobo, Misho, Keikei.

**Bonsai**

Die heute weltweit bekannte und geschätzte Kunst des Bonsai, des »Baumes in der Schale«, ist **wohl chinesischen Ursprungs**, doch schon seit dem 11. Jahrhundert in Japan belegt. Der Zen-Buddhismus hat sie grundlegend geprägt. Aus Samen oder Stecklingen besonders geeigneter Pflanzen wie Wacholder, Kiefer, Fichte, Sicheltanne, mehreren Ahornarten u. a. werden durch Beschneiden von Trieben und Wurzeln, durch Dressieren der Äste mittels Draht und durch geringe, wohl dosierte Nahrungszufuhr in nur wenig und festem Erdreich Miniaturbäume von 20–60 cm Höhe gezogen. Schnittstellen müssen dabei so angebracht sein, dass sie vollkommen verwachsen und unsichtbar bleiben. Drahtbindungen werden nach einem Jahr gelöst, um das Einschneiden in die Rinde zu verhindern. Unter der behutsamen Hand seines Züchters wird der Bonsai in einer flachen Schale, einem Stück Rinde oder auf einer Steinplatte zu einem Kunstwerk, das in vollkommener Harmonie mit seiner Umgebung einer natürlichen Situation nachgestaltet ist. Im Laufe von Jahrzehnten entwickeln sich windwüchsige, knorrige und verwachsene Gebilde ebenso wie lichte Haine und zarte, Blüten und Früchte tragende Miniatursträucher, die wie ihre großen Vorbilder das Aussehen von Jahreszeit zu Jahreszeit wechseln. Bonsai können mehrere hundert Jahre alt werden. Man zieht sie in vielen japanischen Familien und vererbt sie von Generation zu Generation. **Hauptzuchtzentren** sind Omiya (nahe Tokyo), Kurume, Nagoya und Takamatsu (Kinashi). Gehandelt werden Bonsai wie Antiquitäten, wobei neben dem Alter insbesondere die ästhetische Gesamterscheinung den – hohen – Preis bestimmt.

## ? WUSSTEN SIE SCHON …?

- »Bonsai« ist die Kunst, in miniaturisierter Form die Harmonie dreier Elemente darzustellen: Die belebte Natur wird durch einen Baum abgebildet. Ein Stein und feiner Kies als Symbol für Wasser versinnbildlichen die Naturelemente. Der Mensch wird in Form seines Werks, einer Pflanzschale, dargestellt. Erst der Einklang dieser drei Elemente macht einen gelungenen Bonsai aus.

# Architektur

**Einfach, funktional, harmonisch**

Die japanische Architektur zeichnet sich in ihren Grundelementen vor allem durch Einfachheit, Funktionalität und Harmonie mit der umgebenden Natur aus. Die konsequente Beachtung nutzungsbedingter Proportionen findet im Westen erst mit Beginn der Moderne nach der Wende vom 19. zum 20. Jahrhundert eine Entsprechung. Abgesehen von der Großstadtarchitektur der neuesten Zeit überwiegt bei weitem der ebenerdig-einstöckige Bau, oft mit einer deutlichen Gliederung in die einzelnen Lebensbereiche verbunden. Die Innenräume sind durch Stell- und Schiebewände sehr variabel, und die **Offenheit der Bauweise** führt zu einer Wechselwirkung zwischen Außen und Innen, wie sie in massiveren Bautechniken unvorstellbar ist. Das bevorzugte Baumaterial des waldreichen Landes ist seit jeher das Holz, dessen Struktur als ästhetische Komponente den Gesamteindruck wesentlich mitbestimmt. Auch praktische Erwägungen sprechen für diesen Baustoff; denn in dem sehr stark von Erdbeben gefährdeten Land bietet die Elastizität eines aus Holz gefügten Baukörpers einen wesentlich höheren Sicherheitsfaktor als der starre Steinbau. Wie in der bildenden Kunst ist auch in der Architektur Japans der chinesische Einfluss deutlich, der im 7. und 8. Jahrhundert bestimmendes Element wurde und im 13. Jahrhundert neue Impulse gab, die später völlig assimiliert wurden und zur eigenständigen Entwicklung künftiger Bauformen führten.

**Kofun-Zeit**

Älteste Beispiele einheimischer Architektur geben die Haniwa der Kofun-Zeit (3.–7. Jh.), tönerne Grabbeigaben, die ein- und zweistöckige Haustypen mit charakteristischem Satteldach darstellen. Die archaischen Bauformen, von den Pfahlbauten des südpazifischen Raumes beeinflusst, zeigen noch fast keine Unterschiede zwischen Wohnhaus-, Schrein- und Palastarchitektur. So kann **der älteste japanische Baustil**, Taisha-zukuri, der noch in den Shinto-Schreinen Izumo-Taisha (Izumo) und Sumiyoshi (Osaka) zu sehen ist, auch für andere Bauten dieser Zeit als gültig angesehen werden. Seine wesentlichen Merkmale sind das weit vorspringende Satteldach, der an der Giebelseite sich öffnende Eingang, vier Eckpfeiler auf quadratischem Grundriss und ein Zentralpfeiler.

Taisha-zukuri ▸

Shinmei-zukuri ▸

Eine Weiterentwicklung dieses Stils ist der Shinmei-zukuri, überliefert in den Gebäuden Naiku und Geku des Ise-Schreins (beide ursprünglich an anderen Orten errichtet). Der Eingang ist an die Traufseite verlegt, die gekreuzten Giebelsparren (Chigi) und die auf den Giebel aufgelegten walzenförmigen Querhölzer (Katsuogi) zur Befestigung des Strohdaches treten markant hervor. Schlichtheit und konsequente Geradlinigkeit sind bis heute die Merkmale der shintoistischen Architektur, zu der auch das gleichfalls sehr alte Element des Torii (Eingangstor zum Schrein) gehört, dessen Ursprung und Funktion allerdings bis heute nicht zweifelsfrei geklärt sind.

*Kunstvolle Dachkonstruktion am Ise-Schrein*

Asuka-Zeit

Zu Beginn der Asuka-Periode (6./7. Jh.) dringt während der Regentschaft der Kaiserin Suiko der Buddhismus nach Japan vor, der das Land mit einer unbekannt komplexen, aus einer fortgeschrittenen Kultur und Zivilisation hervorgegangenen Architektur konfrontiert. Die starre Form wird durch Weichheit der Linien abgelöst und erstmals gelangen auch schmückende Elemente zur Verwendung. Im Mittelpunkt der buddhistischen Sakralanlage, die sich grundlegend von den Profanbauten und den diesen sehr ähnlichen Shinto-Schreinen unterscheidet, steht die Pagode (To), eigentlich ein Reliquiar. Eine solche wird 588 als zentraler Baukörper in den Shitennoji-Tempel (Osaka) integriert. Ihre Architektur ist von einer **strengen Symbolik** bestimmt: Der Zentralpfeiler stellt die Weltachse dar, die fünf Stockwerke die fünf Elemente (in Japan: Erde, Wasser, Feuer, Luft und leerer Raum), die Spitze (Sorinto) die neun Himmelssphären. Der Horyuji-Tempel bei Nara zeigt den klassischen Grundriss: im Zentrum die Pagode, daneben die Goldene Halle (Kondo), beide von einer um den Innenhof laufenden Galerie eingefasst, in deren Nordteil die von Bibliothek (Kyozo) und Glockenturm (Shoro) flankierte Vortragshalle (Kodo) einbezogen ist. Priesterwohnungen, Tempelamt und Schatzhaus befinden sich außerhalb des Zentralhofs.

◄ Charakteristika

Die neue Bauweise bringt den Wechsel vom Stroh- zum Schindeldach; das Balkenwerk wird differenzierter, und die Holzkonstruktion erhält schmückende Elemente. Die Wände sind mit Lehm verputzt und rot gestrichen. Die starke Betonung der Symmetrie zeigt sich in der Einführung einer zweiten Pagode, wie sie die ursprüngliche Form des 680 in Asuka errichteten und später nach Nara übergeführten Yakushiji-Tempels zeigte (heute nur noch eine Pagode erhalten). Diese dreistöckige Pagode erhält durch dekorative Zwischengeschosse (Mokoshi) den Anschein eines sechsstöckigen Gebäudes und ist insofern einmalig. Die für das 8. Jahrhundert beispielhaften Pagoden (u. a. im Taimadera-Tempel) sind einfach dreistöckig gebaut.

**Nara-Zeit** In der Nara-Zeit (8. Jh.) vergrößern sich die Tempelanlagen; die Gebäude erheben sich auf Steinsockeln. Unter chinesischem Einfluss wird die Dachkonstruktion geschwungen; bevorzugt sind Walmgiebeldächer, vielfach mit unterlaufenden Pultdächern versehen, deren Enden Schmuckelemente (Shibi) tragen. Die bedeutendsten Tempelanlagen der damaligen Hauptstadt sind der Kofukuji-Tempel (710) und der **Todaiji-Tempel** (745–752), letzterer ein klassisches Beispiel jener Zeit und mit der Daibutsuden, der größten jemals erbauten Tempelhalle Japans, trotz der verkleinerten Rekonstruktion von 1708 noch heute **das ausgedehnteste Holzbauwerk der Welt**.

Chinesischer Einfluss ► In dieser Zeit zeigen sich Einflüsse der frühen chinesischen T'ang-Ära, die besonders in der von einer klassischen Säulenreihe getragenen Goldenen Halle des Toshodaiji-Tempels deutlich werden. In der Vortragshalle des gleichen Tempels, einst Teil des Kaiserpalastes, ist das einzige Beispiel der Feudalarchitektur des 8. Jahrhunderts mit seinem typischen Walmgiebeldach (Irimoya) erhalten. Weitere bemerkenswerte Bauwerke dieser Zeit sind die Sangatsudo-Halle und das Schatzhaus (Shosoin) des Todaiji-Tempels, ferner die achteckige Yumedono-Halle des Horyuji-Tempels, eine einzigartige Konstruktion im Stil chinesischer Pavillons.

**Heian-Zeit** In der Heian-Zeit (8.–12. Jh.) verliert sich die symmetrische Form der Tempelanlagen. Die aufkommenden buddhistischen Sekten Tendai und Shingon bevorzugen **Berge als Tempelstandorte**; die Sakralbauten müssen sich den besonderen topografischen Gegebenheiten anpassen. Einzige erhaltene Bauten des esoterischen Buddhismus jener Zeit sind die 824 errichtete fünfstöckige Pagode und die Goldene Halle des Muroji-Tempels in Yamato. Beide Sekten führen eine räumliche Trennung zwischen Mönchen und Laien ein, wodurch eine zusätzliche Veranda erforderlich wird, die im 11. Jahrhundert als Kulthalle (Raido) zu eigenständiger Bedeutung gelangt.

Shintioistische Schreine ► Selbst die shintoistische Schreinarchitektur übernimmt buddhistische Elemente, so in der Lockerung der bisherigen strengen Linearität und der Bemalung der Holzkonstruktion. Korridore und zweistöckige Torii sind zweifelsfrei buddhistischen Ursprungs (Beispiele u. a. der Kasuga-Schrein in Nara und der Usa-Schrein auf Kyushu).

Wohnbauten ► Weit weniger von chinesischen Einflüssen geprägt, bleiben die Wohnbauten weitgehend der Schlichtheit des nationalen Stils Shinden-zukuri verhaftet. Verschieden große Hallen in Pfahlbauweise sind durch Galerien verbunden; die betont nüchterne Außenlinie wird durch räumliches Versetzen der Gebäudeteile aufgelockert und erhält so eine charakteristische Leichtigkeit. Künstlerische Pracht und Freude am Dekor entfalten sich in der Innenarchitektur.

**Kamakura-Zeit** Die Kamakura-Zeit (12.–14. Jh.) bringt **drei neue Stile** von militärischer Strenge und Wucht hervor. Zum einen wird die einheimische Bauweise im Wa-yo-Stil weitergeführt, zum anderen fasst der ausladende Stil Tenjihu-yo, dem Namen nach indischen Ursprungs, je-

*Am Byodo-in-Tempel in Uji zeigt sich der chinesische Einfluss auf die Architektur der Heian-Zeit.*

doch aus Südchina stammend, Fuß und repräsentiert sich in dem 1195 rekonstruierten Südtor (Nandaimon) des Todaiji-Tempels. Dieser in seiner Schwere zu den elegant-leichten Bauten der Heian-Zeit in starkem Kontrast stehende Stil setzt sich aber nicht durch. Der gleichfalls wuchtige Stil Kara-yo (= chinesischer Stil), mit dem Zen-Buddhismus nach Japan gekomen, bestimmt nun die Architektur dieser Glaubensrichtung. Er zeigt sich in dem 1253 erbauten Kenchoji-Tempel (Kamakura), dem 1293 errichteten Nanzenji-Tempel und dem 1319 entstandenen Daitokuji-Tempel (beide in Kyoto), ferner in der Reliquienhalle des Engakuji-Tempels (Kamakura; 1285).
Die in der Heian-Zeit mit dem Begriff des Shinden-zukuri definierte Palast- und Wohnhausarchitektur hat sich in der Kamakura-Zeit kaum verändert, ist aber unter dem Druck verteidigungstechnischer Erfordernisse zu dem auf engerem Grundriss zusammengedrängten Buke-zukuri (»Kriegerwohnung«) geworden.

**Muromachi-Zeit**

Bis in die frühe Muromachi-Zeit (ab 14. Jh.) wirkt der Zen-Buddhismus als Quelle einer neuen Ästhetik und fördert die Weiterentwicklung des Kara-yo, der sich nun zunehmend japanischer Stilelemente bedient und schließlich in dem 1397 erbauten **Kinkakuji-Tempel** in Kyoto eine vollendete Synthese zwischen dem majestätischen Stil chinesischen Ursprungs und der leichten Grazie des nationalen japanischen Stils hervorbringt. Die Zen-Architektur wirkt sich auch auf den Shintoismus aus, dessen Schreinanlagen auf mehrere Gebäude erweitert werden.

Die Profanbaukunst des Buke-zukuri wandelt sich in Anlehnung an die Abtwohnungen zum Shoin-zukuri, dessen Bezeichnung sich vom Fenstererker des Studierzimmers (Shoin) herleitet. Der Boden dieser Gebäude wird mit Strohmatten (**Tatami**) ausgelegt; ausschließlich dekorativen Zwecken dient die Schmucknische (Tokonoma) für das Rollbild. Dieser Stil ist die Grundlage der klassischen Wohnhausarchitektur, zu deren wesentlichen Merkmalen die Verwendung von Holz als Baumaterial, Schiebewände (Fusuma) und Schiebetüren zum Garten hin (Shoji) gehören. Vorläufer dieser von großen Teemeistern beeinflussten, auf Einfachheit bedachten Bauform ist die 1483 von Shuko erbaute Halle Togu-do im Ginkakuji-Tempel, die trotz späterer Veränderungen einen umfassenden Eindruck damaligen Bauens vermittelt.

**Momoyama-Zeit**

In der Momoyama-Zeit (16.–17. Jh.) gelangt der Shoin-zukuri zur Vollendung und findet seinen Höhepunkt in der Katsura-Kaiservilla (frühes 17. Jh.) bei Kyoto, im Kohoan des Daitokuji-Tempels und im Hiankaku des Nishi-honganji-Tempels (beide in Kyoto), die sich durch **harmonische Strenge** auszeichnen. Zum Extrem gesteigert wird diese Schlichtheit in den Teehäusern (Chashitsu, Sukiya), die sich wieder altjapanischen Formen und Materialien zuwenden. Andererseits entfaltet der eigenständige Stil des Landes ein **reiches Innendekor**; Funktionalität wird ornamental angereichert, Wände und Türen werden prachtvoll bemalt und metallene Verbindungsstücke zu Zierbeschlägen geformt.

Burgen und Schreine ►

Im Mittelpunkt der Bautätigkeit stehen die eindrucksvollen Burgen, die allmählich ihren militärischen Charakter verlieren und sich zu fürstlichen Repräsentationsbauten entwickeln, die hohe Haupttürme (Tenshukaku) und zahlreiche geschwungene Schmuckgiebel besitzen. Beste Beispiele sind die **Himeji-Burg** (spätes 16. Jh.), die Burg von Kumamoto (um 1600) und die Nagoya-Burg (1610). Einen weiteren Höhepunkt bildet das 1603 in Kyoto errichtete Nijo-Schloss mit seinem üppigen Gebäudeschmuck. Ähnlich prunkvoll sind auch die dem Gongen-Stil zuzurechnenden Schreine der Momoyama-Zeit. Sie übernehmen den Architekturkanon des chinesischen Buddhismus, der den Schrein in Kulthalle, Zwischenbau und Sanktuarium gliedert. Diesen Typus vertritt auch der in der Edo-Zeit (ab 17. Jh.) als Mausoleum der Tokugawa-Shogune in Nikko erbaute **Toshogu-Schrein**, der überreich mit Schnitzereien, Golddekor und farbenprächtigen Malereien ausgestattet ist.

**Neuzeit**

Mit dem Anbruch der Neuzeit (ab 1868), in der sich Japan westlichen Einflüssen öffnet, kommt es auch in der Architektur zu einschneidenden Veränderungen. So wird beispielsweise die englische Backsteingotik imitiert, und erst im späteren Verlauf stellt sich eine Rückbesinnung auf traditionelle Formen des Landes ein. Industriearchitektur und Ingenieurbau folgen in ihrer Zweckhaftigkeit internationalen Gepflogenheiten und Mustern.

In den 1920er-Jahren entwickelt sich auch in Japan eine moderne Architektur, bezeichnenderweise in deutlicher Beziehung zu zeitgenössischen Erneuerungsbestrebungen in Europa (Bauhaus, Le Corbusier u. a.). Zu nennen sind Horiguchi Sutemi; Yoshida Tetsuro, dem bereits der Anschluss an die internationale Architektur gelingt; der bauhausgeschulte Maekawa Kunio sowie Sakakura Junzo, zeitweilig Mitarbeiter im Atelier von Le Corbusier, der u. a. den japanischen Pavillon der Pariser Weltausstellung von 1937 entwirft. Im Westen besonders bekannt sind **Tange Kenzo und Ando Tadao**, die nicht nur in Japan (Tange Kenzo: Friedenszentrum in Hiroshima, 1946–1956; Rathaus von Tokyo, 1988–1991; Ando Tadao: Naoshima Contemporary Art Museum, 1989–1992, 1997), sondern auch im Ausland hervorragende Werke geschaffen haben (Tange Kenzo: Wiederaufbau von Skopje, Jugoslawien, 1965; Ando Tadao: Benetton-Fabrik in Treviso, 1991–1993). Die Gruppe der Metabolisten widmet sich ab 1960 vorwiegend der Städteplanung und tendiert zu futuristisch-utopistischen Entwürfen. Für die Olympischen Sommerspiele in Barcelona 1992 baute **Isozaki Arata** eine riesige frei tragende Wettkampfhalle. Für die EXPO 2000 in Hannover entstand eine freitragende Halle aus Papier-Material. Mit dem neuen riesigen Hauptbahnhof in Kyoto oder dem Wolkenturm in Osaka von Hara Hiroshi hat sich die Tendenz zum Futurismus fortgesetzt.

*Die katholische Marienkirche in Tokyo ist vom bekannten Architekten Tange Kenzo entworfen und wurde mit Unterstützung aus Köln erbaut.*

# Theater

Die heute noch lebendigen traditionellen Theaterformen Japans finden ihre Wurzeln in den **rituellen Tänzen der Vorzeit**, die in engem Zusammenhang mit dem Leben der Menschen und ihren Bedürfnissen standen. Die Beschwörung des Jagderfolgs, Huldigung der Licht und Leben spendenden Sonnengöttin Amaterasu, Opferung und Verherrlichung des Hirsches (als Jagdbeute sowie Sendbote der Götter) und Danksagung für reichen Fischfang sind Inhalt der in den verschiedenen Gegenden des Landes eigenständigen Charakter gewinnenden, von Priestern und Schamanen vollzogenen Tänze, die fragmentarisch noch heute in einer Anzahl von Volkstänzen, in höfischem Tanz wie auch klassischer Theaterform existent sind.

**Kagura** Die Geschichtswerke »Kojiki« (712) und »Nihon-shoki« (»Nihongi«, 720) geben Schilderungen der im Mythos zu suchenden Anfänge tänzerischen Ausdrucks. Danach erzürnte der Sturmgott Susanoo-no-mikoto seine Schwester Amaterasu-omikami derart, dass sich diese in eine Höhle zurückzog und mit ihr das Licht aus der Welt schwand. Erst der Göttin Ama No Uzume gelang es, die Sonnengöttin durch vor der Höhle vollzogene Tänze aus ihrem Versteck zu locken und die Sonne ins Reich der Menschheit zurückzuholen. Während diese Höhlenlegende Ursprung des ältesten japanischen Ritualtanzes Kagura ist, werden pantomimische Tänze (Sato-kagura) zur Aufführung in shintoistischen Schreinen entwickelt, die in ihrer Abfolge das Herbeirufen der Götter (Kami-oroshi) und die tänzerische Unterhaltung der Götter (Kami-asobi), die Übermittlung der Wünsche und zum Ende des Tanzes die Rücksendung der Götter (Kami-okuri) beinhalten. Diese Tänze bilden ebenso die Grundlage für spätere Theaterformen wie darstellerische Kunstformen, die bereits im 7., dann verstärkt im 8. Jahrhundert von China nach Japan gelangen (Gigaku) und im Zusammenwirken mit der Einführung von Musikinstrumenten und buddhistischer Geisteswelt frühe Formen volkstümlicher Tanz- und Singspiele (Sarugaku) entwickeln.

**No** Die Sarugaku-Spieler Kan'ami (1333–1384) und sein Sohn Zeami Motokiyo (1363–1443) entwickelten die Sarugaku-Spiele zu dem lyrisch-melodramatischen No-Theater, dessen stilisierte Verfeinerung den Tanz als dramatischen Höhepunkt einsetzt und die realistische Ausdrucksweise zugunsten einer starken Symbolik gänzlich aufzugeben scheint. Von den heute existierenden 240 No-Dramen werden etwa die Hälfte vorbenannten Künstlern zugeschrieben, insbesondere ist Zeami Autor bedeutender kunsttheoretischer Schriften, in denen die ästhetischen Prinzipien des No fixiert sind.

Herkunft ► Die nach wie vor sehr beliebten No-Spiele, an deren Aufführung sich seit 600 Jahren nicht viel geändert hat, haben ihre Wurzeln im **Sangaku** (»Musik zur Zerstreuung«), aus dem während der Heian-

*Der Aufbau der No-Bühne folgt strengen Gesetzmäßigkeiten.*

Zeit das **Sarugaku** (»Affenmusik«) wurde. Diese volkstümliche Unterhaltung war eine Art Possenspiel mit artistischen Kunststücken und Tänzen, in dem oft auf burleske oder sogar obszöne Weise buddhistische und shintoistische Geistliche verspottet wurden. Einen Einfluss übte auch das **Dengaku** (»Feldmusik«) aus, das sich aus ländlichen Erntetänzen entwickelt hatte. Im 13. Jahrhundert erhielten diese derben Volksbelustigungen ernstere Inhalte und eine straffe dramaturgische Form; sie wurden nun von Berufsschauspielern aufgeführt. Die so entstandenen Schauspiele wurden Sarugaku-no-No (»Kunst-Sarugaku«) beziehungsweise Dengaku-no-No genannt. Später verwendete man lediglich die Kurzform »No«. Das No-Theater ähnelte in der Funktion damals schon den europäischen Mysterienspielen, seinem Wesen nach war es aber immer noch Volkstheater.

◀ Fünf Schulen

Das heutige No-Theater wird von fünf Schulen – Kanze (die größte), Komparu, Hosho, Kongo und Kita – getragen, die in Familientradition bis ins 14. Jahrhundert (Kita erst im 17. Jh. gegründet) zurückgeführt werden können.

◀ No-Bühne

In Nachahmung der ursprünglich im Freien stattfindenden No-Aufführungen schiebt sich die 5,40 m im Quadrat messende überdachte Bühne aus schlichtem Zypressenholz seitwärts offen in den Zuschauerraum. **Ständige Kulisse ist das Bild einer Kiefer**, vor dem die Musiker (Leitinstrument Flöte, dazu drei Trommeln) platziert sind, welche die Rezitationen des auf der rechten Bühnenseite sitzenden Chors begleiten. Der vom linken hinteren Teil der Bühne führende, von drei perspektivisch angeordneten Kiefern gesäumte Steg ist Bühnenzugang für den Hauptdarsteller (Shite), seinen Begleiter (Tsure) und den Darsteller der Nebenrolle (Waki), alle stets von männlichen Schauspielern verkörpert. Während die teils mit, teils ohne Masken auftretenden Nebendarsteller eine verständnisfördernde Funktion ausüben, wird die Handlung vom Shite mit typisierender Maske getragen, der sich im Spiegelraum (Kagami-no-ma) meditativ in seine Rolle als Gottheit, Geist eines toten Ritters oder auch als schöne Frau versetzt. Den einführenden Erläuterungen des Waki folgt der Auftritt des stets (selbst entgegen seiner Rolle) elegant und prächtig gekleideten Shite, seine von symbolischen Bewegungen getragene Darstellungsweise ist nahezu abstrahierend. Das ästhetische Grundprinzip wird selbst durch dramatische Ereignisse in keiner Weise verletzt, von keinerlei Realismus unterlaufen.

**Kyogen** Kyogen-Stücke, **humorvolle Interludien der No-Dramen**, parallel zu diesen eine eigenständige Form entwickelnd und dennoch in engem Zusammenhang zum No, karikieren in zeitgenössischer Volkssprache des 16. Jh.s die Gesellschaft und tangieren nicht selten die Grenze des Tragikomischen. Unterschiede zum No sind der Dialog zwischen zwei Schauspielern bzw. Gruppen, die äußerst seltene Verwendung von Masken sowie die betont realistische Darstellungsweise.

**Bunraku** Das Bunraku-Puppentheater geht auf das 16. Jh. zurück, als sich die Rezitationen blinder Musiker aus den großen Kriegshistorien wie dem »Heike-monogatari« zu Biwa-Klängen großer Beliebtheit erfreuten. In der zweiten Hälfte des 16. Jh.s steigerte sich ihre Popularität durch die Aufnahme der Liebesgeschichte »Joruri-junidan-zoshi«. Zur selben Zeit ersetzte man die Biwa durch die von Okinawa kommende Shamisen; gegen Ende des Jahrhunderts wurden primitive Puppen eingeführt. Thematisch konzentrierte man sich auf historische Vorlagen und Begebenheiten der Gegenwart, löste die Puppen durch Vermeidung legendärer oder märchenhafter Themen ganz aus der ihnen anhaftenden Irrealität und erreichte so eine bis ins 18. Jh. andauernde Blütezeit, die nahezu die Verdrängung des Kabuki verursachte. Obwohl die meisten Stücke letztlich in beiden Theaterformen gespielt wurden, schrieb z.B. der »japanische Shakespeare« **Chikamatsu Monzaemon** (1653-1724) rund 100 Stücke explizit für das Bunraku. Schon 1780 begann der Verfall dieser Theaterkunst, der erst durch Uemura Bunrakuken, der Anfang des 19. Jh.s in Osaka ein Puppentheater errichtete, aufgehalten wurde.

**Kabuki** Das bürgerliche Kabuki-Theater (Ka = Gesang, Bu = Tanz, Ki = darstellende Kunst) hat seinen Ursprung in der Edo-Zeit (17.–19. Jh.). Es bedient sich mehrerer Elemente der verschiedenen Theaterformen, die zu einer selbstständigen, noch in jüngerer Vergangenheit zu hoher Blüte gelangenden Kunstform vereint werden. Aus Schauspiel, Tanz und Musik bestehend, ebenfalls auf männliche Schauspieler beschränkt, erreicht das Kabuki starke Dynamik sowie darstellerische Vielfalt und spricht dadurch insbesondere heute ein breiteres Publikum an als das klassisch-formalistische No-Theater.

Das Kabuki-Theater geht auf einen **religiösen Volkstanz** (Nembutsu-odori) zurück, den Okuni, eine Tänzerin des Izumo-Schreins, in Kyoto vorführte und aus dem sich rasch die Onna-kabuki, populäre Sing- und Tanzspiele meist erotischen Inhalts, entwickelten, die im Jahre 1632 (knapp 30 Jahre nach ihrer Entstehung) vom Shogunat als unmoralisch verworfen und für Frauen verboten wurden. Jünglinge unter 15 Jahren übernahmen die Kabuki-Rollen (Wakashu-kabuki), erschienen dem Shogunat jedoch ebenso moralgefährdend. Infolgedessen wurden nur noch Männer als Schauspieler zugelassen, die inhaltliche Konzeption auf realistische Handlungsabläufe beschränkt und somit die Grundlagen der dramatischen Form des Theaters geschaffen. Damit waren weibliche Darsteller für rund 260 Jahre von den Bühnen Japans verbannt, die bis 1891 gänzlich und auch heute noch weitgehend von männlichen Schauspielern beherrscht werden.

*Puppe eines Kabuki-Spielers*

Die rund 300 heute vorliegenden klassischen Kabuki-Stücke gehören den Kategorien Jidai-mono (historische Dramen meist tragischen Inhalts), Sewa-mono (Geschichten des bürgerlichen Lebens) und Buyo-geki (Tanzspiele) an. Die in ihrem Wesen realistischen Dramen bedienen sich dabei oft verfremdender Elemente, wie der klanglich exaltierten Rezitation.

# Teezeremonie

**Kulturelle Bedeutung**

Chanoyu, die Teezeremonie (auch Sado, Chado), ist, oberflächlich betrachtet, die tradierte Art der Zubereitung und das Servieren des grünen Tees (Matcha). Die kulturelle Bedeutung geht jedoch weit darüber hinaus: Die aus Ratespielen der höheren Gesellschaft entwickelte Zeremonie hat ihre Ursprünge in China, wurde aber unter dem Einfluss des japanischen Zen-Buddhismus im 16. Jh. stark ritualisiert und mit philosophischer Bedeutung gefüllt. Die Auseinandersetzung mit der kulturhistorischen und religiösen Entwicklung ist daher essentiell für das Verständnis der heutigen Teezeremonie. Die Zeremonie – ggf. zumindest als Gast – souverän praktizieren zu können, ist noch heute unabdingbar nicht nur für jede Japanerin der

*Die Teezeremonie gehört zu den sorgsam gepflegten Traditionen.*

Mittel- und Oberschicht, sondern auch für Geschäftsleute und Manager. Neben der im Folgenden dargestellten kompletten Zeremonie gibt es aber auch eine Vielzahl vereinfachter Kurzversionen.

**Entstehungsgeschichte** Den eigentlichen Grundstein für die heute noch praktizierten Regeln der Teezeremonie legten Noami (1397–1471) und Murata Shuko (1423–1502). Shuko begründete in Nara eine Richtung, die sich durch Einfachheit und starke Verbundenheit mit den Dingen des täglichen Lebens auszeichnete. Die Ausrichtung auf Stille und Bescheidung führte Shuko zu den Glaubensgrundsätzen des Zen-Buddhismus, deren Lehre zufolge die Seele durch die Verrichtung alltäglicher Dinge Zufriedenheit findet. Chado, der »Weg des Tees«, schien Shuko ein geeigneter Weg zur Erlangung dieses Ziels. Noami, einst Lehrer Shukos, nahm dessen Ideen später auf. Die endgültige, bis heute unverändert erhaltene Form der Teezeremonie geht auf **Sen no Rikyu** (1522–1591) zurück, der die seinerzeit bestehenden Schulen und Praktiken zu einer formal gefestigten Kunstform verband.

**Wichtige Kriterien** Wichtige Kriterien bei der Durchführung einer Teezeremonie sind die Einhaltung innerer und äußerer Reinheit (Sei), die Ehrfurcht vor allem Leben (Kei), die Harmonie (Wa) und die Stille (Jaku). Diese Voraussetzungen werden durch detailliert fixierte Regeln gewährleistet, die, je nach Schule, im Einzelnen wohl differenziert sein mögen, in der Quintessenz jedoch nicht voneinander abweichen.

**Historische Teehäuser** Heute noch erhaltene Beispiele historischer Teehäuser sind u. a. das Teehaus des Ginkakuji-Tempels in Kyoto (1482), dessen Entwurf auf

Shuko zurückgeht, sowie der zur 1624 in Kyoto erbauten Katsura-Kaiservilla gehörende Teeraum des Hauses Shokintei, dem Teemeister **Kobori Enshu** (1579–1647) zugeschrieben. Enshu gilt ebenfalls als Schöpfer der Teehäuser Shinjuan und Kohoan, die zum Daitokuji-Tempel (1324) in Kyoto gehören. In diesem Tempel blieben der Nachwelt eine Reihe von Kunstwerken sowohl von Sen no Rikyu als auch von Kobori Enshu erhalten; hier befinden sich auch die Grabstätten beider Teemeister. Sen no Rikyu war der Erbauer des zum Myokian-Tempel (15. Jh.) gehörenden Teehauses in Yamazaki (nahe Osaka), heute Nationalschatz. Ein weiteres bedeutendes Teehaus, Rokusan, befindet sich im Nationalmuseum von Tokyo.

**Verlauf der traditionellen Teezeremonie**

Der Verlauf einer richtigen Teezeremonie beginnt mit dem Versammeln der Teilnehmer (selten mehr als fünf) im Yoritsuki, einem Warteraum. Die Funktion des Shokyaku, des **Haupt- oder Ehrengastes**, fällt einem vom Gastgeber und Teemeister ausgewählten Teilnehmer zu und wird von diesem bis zum Ende der Zeremonie beibehalten.
Vom Warteraum aus führt der Weg der Gäste durch den vorderen Teil des Teegartens (Soto-roji) bis zu einer überdachten Bank (Koshikake), die sich am Eingang zum inneren Teil des Gartens (Uchi-roji) befindet. Hier erfolgt die Begrüßung durch den Gastgeber, ebenso wortlos wie die durch eine Verbeugung angezeigte Aufforderung, den Gang zum Teehaus anzutreten. Der Garten gibt auf kleinster Fläche ein komplexes Bild der Natur wieder, seine künstlerische Gestaltung vermittelt den Eindruck naturgegebener Zufälligkeit, die formvollendete Schönheit stimmt die Gäste auf die Atmosphäre der Teezeremonie ein. An Bäumen, Strauchwerk und Steinlaterne (Ishidoro) vorbei führt der Weg über im Moos des Erdreichs versetzte Trittsteine (Tobi-ishi) zu einem »Chozubachi« genannten steinernen Wasserbecken, wo sich die Gäste einer Reinigung von Mund und Händen unterziehen, allen voran der Ehrengast.

◄ Im Teehaus

Das im hinteren Teil des inneren Gartens gelegene Teehaus (Sukiya) vermittelt einen unauffälligen, rustikalen Eindruck; sein Dach ist strohgedeckt, Struktur und Bausubstanz sind von größter Einfachheit. Auf Steinen, Sträuchern und Moos schimmern Tropfen kurz zuvor versprengten Wassers und verleihen der Szenerie den Anschein von Frische und Kühle. Der Ehrengast betritt als Erster den Teeraum (Chashitsu), dessen im Umfang klein gehaltener Eingang ihn und die folgenden Gäste zwingt, sich auf Knien fortzubewegen: diese Geste symbolisiert die Gleichstellung aller und die Demut jedes Einzelnen. Die übliche Größe des Teeraums beträgt 2,70 m im Quadrat; der Boden ist mit viereinhalb Strohmatten (Tatami) ausgelegt. Augenfällig wird auch hier die Schlichtheit der Baumaterialien.

◄ Erster Teil der Zeremonie

Nacheinander bewundern die Gäste zuerst das in einer Nische (Tokonoma) hängende Rollbild (Kakemono), das ein Tuschbild oder eine Kalligrafie sein kann. In der Mitte des Raumes ist eine Feuerstelle in den Boden eingelassen; daneben steht das Teegerät, bestehend aus Chawan, einer Teeschale, Chaire, der Teedose, Chasen, einem kleinen

Bambusbesen zum Verrühren des Pulvertees, und Hisaku, einem Schöpflöffel aus Bambus. Jedes einzelne Teil ist von ausgeprägter Schlichtheit und vom Teemeister mit größter Sorgfalt ausgewählt. Nachdem die Teilnehmer der Zeremonie Raum, Dekor und Gerät gewürdigt haben, betritt der Teemeister den Teeraum vom Vorbereitungsraum (Mizuya) her, um die in einer Reihe Sitzenden durch eine Verbeugung willkommen zu heißen. Während des folgenden Ablaufs bleibt der Teeraum von jeder äußeren Störung abgeschlossen. Eigenhändig serviert der Teemeister die für die Zeremonie typische leichte Mahlzeit, **Kaiseki**, die mühevoll vorbereitet ist und deren einzelne Speisen der Sitte folgend restlos verzehrt werden müssen. Nach Beendigung des Essens werden Süßigkeiten serviert; damit endet der erste Teil der Teezeremonie.

Hauptteil der Zeremonie ►

Die Gäste werden zu einer Pause in den Garten gebeten, wo sie auf einer Bank Platz nehmen, bis sie Gongschläge in den Teeraum zurückrufen, den sie nach neuerlicher Reinigung von Mund und Händen betreten. Zwischenzeitlich ist das Rollbild in der Nische durch eine Vase mit Blumen ersetzt worden. Jetzt beginnt der Hauptteil der Teezeremonie: **Gozairi**. Der Teemeister holt aus dem Vorbereitungszimmer ein Gefäß mit Süßigkeiten, das er vor dem Ehrengast platziert, und beginnt sodann mit der **Zubereitung des dickflüssigen Tees** (Koicha). Hierzu füllt er, nachdem er das Teegerät mit einem hierfür bestimmten Tuch (Fukusa) gereinigt hat, zwei bis drei Löffel des zerriebenen grünen Tees in die Teeschale, gießt mit Hilfe des Schöpflöffels heißes Wasser hinzu und schlägt den Tee mit dem Bambusbesen schaumig. Koicha wird gewöhnlich aus jungen Blättern von mindestens 20, oftmals sogar mehr als 50 Jahre alten Teestauden zubereitet. Ist der Tee fertig, wird die Teeschale an einen bestimmten Platz neben dem Herd gestellt, von wo sie der Ehrengast, der zuvor seinen Kuchen verspeist hat, mit einer Verbeugung gegen die anderen Gäste aufhebt. Dies geschieht auf vorgeschriebene Weise, indem die Schale auf die linke Hand aufgesetzt und die rechte Hand seitlich angelegt wird. Der ersten Kostprobe des Tees folgt das Kompliment an den Teemeister, nach zwei weiteren Schlucken und einer bewundernden Äußerung über das Aussehen der Teeschale wird diese an den nächsten Teilnehmer weitergereicht, nicht ohne die zum Mund geführte Stelle der Schale sorgfältig mit einem Papiertuch (Kaishi) gereinigt zu haben. Nachdem auch der letzte Teilnehmer den Tee gekostet hat, geht die Schale zurück an den Ehrengast, der sie seinerseits dem Teemeister übergibt. Das Gozairi endet, indem sich jeder der Reihe nach lobend über die kunstvolle Ausführung des Teegeräts äußert.

Ende der Zeremonie ►

Der Abschluss der Teezeremonie wird **Usucha** genannt. Er unterscheidet sich vom Gozairi vor allem durch einen weniger formellen Ablauf. Für die Zubereitung des dünnen Tees (Matcha) verwendet man Blätter von drei- bis fünfzehnjährigen Teestauden. In einer kleineren Teeschale werden zwei Löffel dieses Tees für jeden Gast einzeln angerührt; entsprechend wird die Teeschale jedes Mal völlig geleert.

Hat auch der letzte Gast seine Schale zurückgereicht, trägt der Teemeister und Gastgeber das Gerät hinaus und bedeutet mit einer tiefen Verbeugung das Ende der Teezeremonie. Die scheidenden Gäste verabschieden sich mit Verbeugungen ihrerseits und werden nicht versäumen, sich am folgenden Tag schriftlich oder persönlich für diese Einladung zu bedanken.

# Geishas

**»Person der Künste«**

Die japanische Geisha ist keine Edelprostituierte. Geisha heißt übersetzt »Person der Künste«. Sie ist also eine Künstlerin, die jahrelang in der Kunst des Musizierens, des Tanzens, der Kalligrafie, des Ikebana und der gepflegten Konversation ausgebildet wurde. Auch die Teezeremonie müssen Geishas perfekt durchführen können. Ihre Aufgabe ist es, in der distanzierten, männerorientierten japanischen Gesellschaft eine angenehme, entspannte Atmosphäre zu schaffen, etwa in traditionellen Restaurants und Teehäusern. Nur dann tragen sie ihre volle »Berufskleidung«: kostbare Kimonos, Holzsandalen (getas), hochgesteckte Frisuren und schminken ihre Gesichter bis zum Hals und den Nacken weiß, rot den Mund und auch dezent den Nacken. Im heutigen Japan ist **Kyoto die Hochburg der Geisha-Kultur**. Geishas werden ab dem 16. Lebensjahr – zumeist in Geisha-Häusern (okiya) – ausgebildet und dann als »Maiko« bezeichnet. Zunächst erlernen sie das Handwerk der »Minarai« oder »Oshaku«: Weinserviererinnen, die außerdem das Essen reichen, singen und tanzen, sich jedoch noch nicht an der Konversation beteiligen dürfen. Nach der Ausbildung arbeiten sie entweder für eine Agentur (kenban), die sie zu Gesellschaften vermittelt, oder auf eigene Rechnung. Geisha-Partys sind teuer und exklusiv, aber immer noch ein wichtiger Bestandteil japanischen Lebensstils. Von einem Japaner zu einer solchen Party eingeladen zu werden, ist eine hohe Ehre, doch wer kein Japanisch versteht, wird von dem Niveau und dem Reiz der Einladung nur einen Bruchteil erfassen können.

*Geishas haben eine jahrelange Ausbildung hinter sich.*

# Berühmte Persönlichkeiten

**Wer erfand die Zuchtperle? Welcher Regisseur wurde zum stilistischen Vorbild für Wildwestfilme? Was taten die 47 Ronin? Im Japanischen steht der Familienname normalerweise vor dem Vornamen. Dieses Prinzip ist auch in diesem Buch angewandt.**

## Ando Momofuku (1910–2007)

**Lebensmittelfabrikant**

55 000 Menschen kamen zu seiner Totenfeier ins Baseball-Stadion von Osaka und mit Sicherheit hat jeder von ihnen seine Erfindung zu Hause: Momofuku Ando, in Taiwan geboren und mit 23 Jahren japanischer Staatsbürger geworden, ersann **die Trockennudel**. Er wollte den großen Nahrungsmittelbedarf, den die Regierung des hungernden Nachkriegs-Japan mit (westlichem) Brot decken wollte, mit traditionellen japanischen Nudeln befriedigen – die aber sollten rasch zubereitet werden können. 1958 stellte er die erste vorgekochte Instant-Nudel (jap. »Chikin Ramen« wg. des Hühnerbrühengeschmacks = »chicken«) vor und 1972 brachte er Nudeln und Instant-Hühnerbrühe zusammen in einem Styropor-Becher abgefüllt auf den Markt – die »heiße Tasse« war geboren. Sein Nissin-Konzern hat seither annähernd 100 Milliarden Stück davon verkauft.

## Ganjin (688–763)

**Chinesischer Priester**

Ganjin (chinesisch Chien Chen) war ein hoher Priester in der chinesischen T'ang-Dynastie. Shomu-tenno lud ihn nach Japan ein, wo er den Buddhismus verbreiten sollte. Im Jahre 742 brach Ganjin zum ersten Mal nach Japan auf, musste aber diese und vier weitere Reisen wegen Piratenüberfällen, Stürmen und Schiffbruch abbrechen. Bei einer dieser glücklosen Seereisen verlor er sein Augenlicht. Erst 754, im Alter von 66 Jahren, gelangte er nach **Nara**, wo er im Todaiji-Tempel lehrte und Priester weihte. Nach dem Bau des Toshodaiji-Tempels siedelte er hierher über, wo er am 6. Mai 763 starb.

## Hirohito – Showa Tenno (1901–1989)

**Japanischer Kaiser**

Kein anderer japanischer Kaiser regierte so lange wie er. Doch obwohl er schon seit 1926 auf dem Thron war, hörte das japanische Volk seine Stimme am 15. August 1945 zum ersten Mal. Da musste der Tenno im Radio die **Kapitulation Japans** bekannt geben. Er selbst verlor seinen göttlichen Status als direkter Nachfahre der Sonnengöttin, nicht aber den Thron, obwohl seine Mitverantwortung für den Krieg bis heute umstritten ist. Doch General Douglas MacArthur, dem der Tenno seinen Rücktritt anbot, brachte ihn nicht vor das Kriegsverbrechertribunal, denn er glaubte, der Tenno sei ein Garant für den Frieden im Land. Die von den Amerikanern entworfene japanische Verfassung sieht ihn denn auch als »Symbol der Einheit des japanischen Volkes«. Und so beschränkte sich seine Rolle nach dem Krieg auf eine rein repräsentative. Fortan reiste der scheue Kaiser durch das Land, um Volksnähe zu proben, schrieb Bücher über Meeresbiologie, und führte mit seiner Familie ein zurückgezogenes Le-

*← Der japanische Kaiser Hirohito und die Kaiserin Nagako im Garten des Kaiserpalastes in Tokyo. Aufnahme vom März 1924.*

ben. Als er am 1989 seinem Krebsleiden erlag, ging mit ihm eine ganze Epoche zu Ende, die Zeit des **»Erleuchteten Friedens«** (Showa).

## Hokusai Katsushika (1760–1849)

**Maler**

Auch Hokusai Katsushika, der wohl bekannteste Maler und Holzschneider des neuzeitlichen Japan, stammte aus Tokyo. Anregungen für seine Arbeiten erhielt er nicht zuletzt von der europäischen Kunst. Das Werk Hokusais umfasst Einzelblätter, Landschafts- und Figurenserien, Buchillustrationen und Karikaturen. Im späten 19. Jahrhundert gelangte seine Kunst auch in Europa zu erheblichem Ansehen. Um 1830 schuf er das wohl berühmteste japanische Kunstwerk: **»Die große Welle vor Kanagawa«** aus den »36 Ansichten des Berges Fuji«.

## Kano Jigoro (1910–1998)

**Begründer des Judo**

Abkömmling einer Samurai-Familie, kam Kano in der beginnenden Meiji-Zeit zum Studium nach Tokyo. Dort soll der kränkliche junge Mann den Deutschen Erwin Bälz (s. S. 105;) getroffen haben, der ihn vielleicht bestärkt hat, umso mehr Sport zu betreiben, insbesondere zur Selbstverteidigung. Kano lernte die Selbstverteidigungstechnik Jiu-Jitsu bei mehreren Meistern und entwickelte eine eigene Variante, das Judo. Bei diesem »Weg der Sanftheit«wird besonders viel Wert auf das Training des Geistes und darauf gelegt, die Energie des Gegners zum eigenen Vorteil zu nutzen. Seit den olympischen Sommerspielen in Tokyo 1964 ist Judo olympische Sportart; Kano Jigoros Bild hängt auch in Europa in vielen Judo-Trainingsstätten.

### ? WUSSTEN SIE SCHON ...?

- Kitano Takeshi, geb. 1947, gehört zu den schillerndsten Figuren des heutigen Japan: Er ist nicht nur Schauspieler und Regisseur, sondern auch Entertainer in Gameshows wie »Takeshi's Castle«, die 1998 auch im deutschen Fernsehen ausgestrahlt wurde.

## Kurosawa Akira (1910–1998)

**Regisseur**

Wenn der japanische Film in Europa und den USA überhaupt wahrgenommen wird, dann ist es einem Mann zu verdanken: dem im Tokyoter Stadtbezirk Omori in eine alte Samurai-Familie hineingeborenen Akira Kurosawa. Zum ersten Mal machte er 1950 international auf sich aufmerksam mit **»Rashomon«**, Oscar-Gewinner 1952, in dem der Mord an einem Samurai und die Vergewaltigung von dessen Frau aus verschiedenen Perspektiven geschildert werden. Mit **»Die Sieben Samurai«** (1953) beeinflusste er Hollywood nachhaltig – durch das Western-Remake »Die Glorreichen Sieben« von John Sturges und stilistisch durch Zeitlupenaufnahmen der Action-Szenen mit

*Plan der Insel Dejima. Holzschnitt um 1690 nach einer Skizze von Engelbert Kaempfer.*

# DEUTSCHE ÄRZTE IM LAND DES SONNENAUFGANGS

**Dass die deutsche Medizin in Japan bis heute einen sehr guten Ruf genießt, verdankt sie nicht zuletzt einer Reihe von deutschen Ärzten, die es ins Land der aufgehenden Sonne zog. Zu ihnen gehörten hierzulande kaum bekannte Namen wie Engelbert Kaemper, Philipp Franz von Siebold oder Erwin von Bälz. Sie haben aber nicht nur in der japanischen Medizin Spuren hinterlassen, sondern auch in der Heimat viel zum Wissen über Japan beigetragen.**

Franz Xaver, der erste christliche Missionar, ging 1549 in Kagoshima an Land. Sofort folgten Handelskontakte zwischen Europa und Japan. Doch aus Furcht vor einer Invasion ausländischer Mächte wurden ab 1636 alle Europäer aus Japan ausgewiesen. Sakoku – die nationale Abschließung von der übrigen Welt – wurde erst 1858 wieder aufgehoben.
Eine winzige Handelsbasis blieb allerdings erhalten: Auf der künstlichen Insel **Dejima** vor Nagasaki wurde den protestantischen Holländern 1641 erlaubt, weiter Waren auszutauschen.

## Engelbert Kaempfer

Während dieser Zeit betrat Engelbert Kaempfer aus **Lemgo** in medizinischen Diensten der Niederländisch-Ostindischen Gesellschaft 1690 erstmals japanischen Boden. Er nutzte seinen zweijährigen Aufenthalt zu intensiven landeskundlichen, historischen und botanischen Studien. Seine Wissbegier und Aufgeschlossenheit trugen ihm rasch das Vertrauen der Japaner ein. Im Vorwort zu seiner »Geschichte und Beschreibung von Japan« schreibt er: *»Diese Nation ... ist ausnehmend freundlich, umgänglich und ... so neugierig, wie nur irgendeine Nation auf der Welt sein kann. Besonders sind die Japaner sehr begierig, von den Geschichten, Verfassungen, Künsten und Wissenschaften fremder Völker etwas zu erfahren.«*
Zweimal begleitet Kaempfer eine holländische Abordnung, die dem Shogun in Edo, dem heutigen Tokyo, ihre Aufwartung macht. Der Shogun befragt ihn nach westlicher Medizin, gleichzeitig wird Kaempfer mit Akupunktur und Moxibustion (Therapie, bei der Heilkräuter auf den Akupunkturpunkten verbrannt werden) vertraut. Unterwegs befasst er sich mit der Botanik des Landes; durch ihn wird der **Ginkgo biloba** in Europa bekannt. Mit Hilfe eines versteckten

Kompasses fertigt Kaempfer auch Stadtpläne und **Landkarten** an. Sein Werk gilt als Basis aller Schriften über Japan bis zur Öffnung des Landes im 19. Jahrhundert. Die Japaner schätzen ihn bis heute wegen seiner objektiven Darstellungen – seinerzeit aus europäischer Sicht eher ungewöhnlich.

## Philipp Franz von Siebold

Kaempfers Japanwerk wurde vor allem durch Philipp Franz von Siebold aus **Würzburg** weitergetragen. Auch er erhielt die Gelegenheit, als Stabsarzt bei der Niederländisch-Ostindischen Kompanie zu dienen, und kam 1823 auf die Insel Dejima. Über Vorlesungen zur westlichen Medizin, die Einführung der Pockenschutzimpfung, die Operation des Grauen Stars und die Anlage eines botanischen Gartens zur Gewinnung von Arzneimitteln erlangte er schnell Vertrauen und Popularität. Seine japanische Frau gebar ihm eine Tochter, Ine, die später durch Vermittlung von Dr. Erwin von Bälz als erste japanische Frauenärztin am Kaiserhof in Tokyo tätig wurde.
1826 wurde Siebold beim Shogun in Edo zur Audienz zugelassen und bekam so Kontakt zu den Leibärzten und Hofastronomen. Seine Sänfte war zur **mobilen Studierstube** geworden, und er konnte unbemerkt Tagebuchaufzeichnungen machen, geodätische Messungen vornehmen und insgeheim für die Holländer Teesamen zur Aussaat in Java sammeln. Bei seiner Rückreise im Jahr 1828 geriet sein Schiff mit den wertvollen Aufzeichnungen in einen **Taifun**; die Kisten fielen in die Hände des japanischen Zolls, und Siebold wurde als Spion angeklagt sowie – trotz seiner Verdienste um Japan – des Landes verwiesen. Ins holländische Leyden zurückgekehrt, begann er mit der Veröffentlichung seiner Bücher »Nippon« (ein Standardwerk für die Japanologen), »Fauna und Flora Japonica« und eines japanischen Handatlas, dessen sich sogar die britische Admiralität bediente.
Nach der zwangsweisen Öffnung Japans durch die Amerikaner unter Admiral Perry 1854 wurde die Verbannung Siebolds aufgehoben, und 1859 trat er seine **zweite Japanreise** an. Hier setzte er problemlos seine früheren Tätigkeiten als Lehrer, Arzt und Forscher fort bis zur endgültigen Rückkehr im Jahr 1862. Dann schied er aus den niederländischen Diensten aus und pflegte in Würzburg und München seine Sammlungen.
Siebold ist in Deutschland fast vergessen – trotz einer gemeinsamen deutsch-japanischen Briefmarkenausgabe im Jahr 1996. In Japan dagegen ist er weit bekannt und hoch geehrt. Auf einem Gedenkstein in Nagasaki steht geschrieben: *»Unter den Gelehr-*

*Dem deutschen Arzt Erwin von Bälz hat man in Kusatsu ein Denkmal gewidmet.*

*ten Europas gilt Siebold als der wissenschaftliche Entdecker Japans, und dieser Ruf ist wohlbegründet. Hier sei es in Stein gehauen und als ein Denkmal für ihn an der Küste von Nagasaki aufgestellt: Sein Name ist unsterblich durch seine große Tat, das Edelste unseres Landes und die Kunde davon den Nationen vermittelt zu haben. Hier in diesen Stein, den wir zu seinem ewigen Andenken an der Küste von Nagasaki errichtet haben, sei sein Ruhm eingemeißelt.«*

## Erwin von Bälz

Der dritte bedeutende deutsche Arzt in Japan war Erwin von Bälz aus **Bietigheim**. Er traf nach der Öffnung des Landes 1876 in Japan ein; an der Kaiserlichen Universität Tokyo lehrte er als Ordinarius in deutscher Sprache Physiologie, Psychiatrie und Gynäkologie. Deutsch galt seither bis nach dem Zweiten Weltkrieg als Grundsprache der japanischen Medizin.

Seine Interessen waren weit gefächert. Anthropologische Forschungen, Empfehlungen zum Körpertraining durch Judo, Schwimmen und Gymnastik oder Ratschläge zu Hygiene und Seuchenprophylaxe, ja selbst Übungen im Bogenschießen machten ihn im Land derart populär, dass ihm auch das Vertrauen des kaiserlichen Hofes zuteil wurde. 1890 wurde er zum Leibarzt des Kronprinzen Yoshihito ernannt. Seinen Ruf als **»Wunderarzt«** begründete er mit der Suggestionsheilung eines Falles von hysterischer Blindheit. Bei einem Anthropologenkongress in Karlsruhe erhielt er den Ehrennamen »Japaner-Bälz«, und von der japanischen Regierung wurde er in den Rang eines Chokuin erhoben – den höchsten, den ein Ausländer erlangen konnte. Im Shirane-Gebirge bei Kusatsu entdeckte Bälz schwefel-, eisen- und alaunhaltige **Thermalquellen** und begründete so die japanische Balneologie; 1904 ließ er das erste Sanatorium für Hautkrankheiten und Arthritis erbauen. Seither gibt es das geflügelte Wort: »Eine Krankheit gibt es, die kein Arzt und nicht einmal das Wasser von Kusatsu zu heilen vermögen – die Liebe.«

Als Begründer der wissenschaftlichen Medizin, der Balneologie und des öffentlichen Gesundheitswesens in Japan genoss Bälz **internationalen Ruf**; er war Träger des Großkreuzes vom Orden der Aufgehenden Sonne in Japan, des Komturkreuzes vom Kronenorden des Königreichs Württemberg, wurde in den persönlichen Adelsstand erhoben und zum Präsidenten für Tropenmedizin ernannt.

1905 kehrte Bälz nach Stuttgart zurück; 1908 führte ihn ein letzter Besuch erneut zu Kronprinz Yoshihito. Im Jahr 1913 wurde Bälz auf dem Waldfriedhof in Stuttgart beigesetzt.

mehreren Kameras, wie sie später auch z. B. Sergio Leone einsetzte. Kurosawa war aber alles andere als ein »Eastern«-Regisseur. Sein Hauptthema war zwar das Japan der Samurai, doch bei ihm müssen die stolzen Krieger erkennen, dass ihre Zeit zu Ende geht. So in »Kagemusha« (1979), in dem das überkommene Herrschaftssystem im Hagel der neuen Schusswaffen untergeht, so in »Ran« (1985), angelehnt an Shakespeares »King Lear», in dem Fürst Hidetora wahnsinnig wird, weil sich seine Söhne gegen ihn verbündet haben. Diese Filme machten Kurosawa im Westen bekannt; fast vergessen bleiben darüber Werke wie »Rhapsodie im August« (1991) mit Richard Gere, ein Versuch, das Trauma von Hiroshima und Nagasaki aufzuarbeiten.

**? WUSSTEN SIE SCHON ...?**

- Cineasten nennen den Regisseur Kurosawa Akira in einem Atemzug mit Größen wie John Ford, Alfred Hitchcock und Ingmar Bergman.

## Miyake Issei (geb. 1938)

**Modedesigner**

Der in Hiroshima geborene Designer hat in Tokyo studiert und in Paris und New York gearbeitet, bevor er in Tokyo ein Modestudio (Issey Miyake) gründete. Bekannt wurde er vor allem durch seine »Pleats Please«-Modereihe: Ihr Markenzeichen sind die markanten superhaltbaren Falten, oft in Kombination mit kräftigen Farben.

## Mikimoto Kokichi (1858–1954)

**Erfinder der Zuchtperle**

Der »Perlenkönig« Japans gilt als Erfinder des Verfahrens zur Perlenzucht. Um die Wende vom 19. zum 20. Jahrhundert gelang es ihm, durch das Einsetzen kleiner Fremdkörper in Perlmuscheln diese gezielt zur Produktion von Perlen anzuregen. Noch heute besteht in Toba bei Ise (Süd-Honshu) eine Zuchtanlage.

## Miyamoto Shigeru (geb. 1952)

**Spieleentwickler für Nintendo**

Seinen Namen kennt kaum jemand, dafür ist seine Erfindung, **Super Mario**, Computerspielfans weltweit ein Begriff. Nach seinem Studium des Industriedesigns entwarf er für die Firma Nintendo den Klassiker unter den Computerspielfiguren, den sympathischen, etwas beleibten Klempner und Schnurrbartträger Mario (ursprünglich »Jumpman«), der springend und rennend seine Freundin aus den Klauen des Affen Donkey Kong zu befreien versucht. Dabei geht es Miyamoto laut eigener Aussage darum, durch seine Spiele Menschen zusammenzubringen – statt sie vor dem Bildschirm zu isolieren.

## Mori Ogai (1862–1922)

**Arzt und Übersetzer**

Der in Tsuwano geborene Mori Ogai absolvierte einen Teil seines Medizinstudiums in Deutschland (u. a. in Berlin bei Robert Koch).

Später diente er als Arzt in der japanischen Armee. Internationale Bedeutung errang er allerdings als Schriftsteller und Übersetzer; so ist ihm die erste vollständige Übertragung von **Goethes »Faust«** ins Japanische zu verdanken. Auch zur Verbreitung philosophischen europäischen Gedankenguts in Japan hat er Wesentliches beigetragen.

## Murakami Takashi (geb. 1962)

**Popkünstler**

Der vielleicht bekannteste japanische Gegenwartskünstler studierte eigentlich klassische japanische Malerei. Heute bezieht sich seine Kunst unter dem Oberbegriff »Superflat« auf Manga, Kitsch und Kommerz: Seine comichaften Figuren wie »Mr. DOB« sind Markenartikel, die er mit einer eigenen Firma vermarktet. Zugleich hat er mit seiner Kooperation mit dem Taschenhersteller Louis Vuitton Furore gemacht. In Deutschland hatte Murakami 2008 eine eigene Ausstellung im Museum für Moderne Kunst, Frankfurt.

## Die Siebenundvierzig Ronin (17./18. Jh.)

**Legendäre Samurai**

Die Siebenundvierzig Ronin, wiewohl in Japan als Helden verklärt, sind historische Gestalten. Diese Samurai waren Gefolgsleute des Daimyo Asana am Hof des Shoguns. Bei einer Audienz im Jahr 1701 beleidigte ihn der Höfling Yoshinaka Kira, woaufhin ihn Asano sogleich mit dem Schwert angriff, aber nur leicht verletzte. Nun war es ein schweres Vergehen, bei Hof die Waffe zu ziehen, und Asano wurde dazu verurteilt, sich selbst den Tod zu geben. Seine siebenundvierzig Samurai sannen darauf, ihren Herrn zu rächen. Zum Schein sagten sie sich von ihrem toten Gebieter los, womit sie zu Ronin, d. h. zu herrenlosen Rittern geworden waren. Um Kira in Sicherheit zu wiegen, warfen sie alle ritterlichen Tugenden über Bord und führten ein zügelloses Leben. Im zweiten Jahr nach dem Selbstmord Asanos drangen sie in Yoshinaka Kiras Haus ein und hieben ihm den Kopf ab, den sie am Grab ihres Herrn niederlegten. Nach diesem Racheakt, zugleich Beweis für die unbedingte Treue zu Asano, begingen alle Siebenundvierzig rituellen Selbstmord.

## Tange Kenzo (1913–2005)

**Architekt**

Der in Imabari (Hauptinsel Shikoku) geborene Tange Kenzo ist einer der bekanntesten japanischen Architekten. Ursprünglich vom Neuen Bauen Europas beeinflusst, das er mit der japanischen Architekturtradition verband, entwickelte er einen eigenständigen Stil. Neben zahlreichen repräsentativen Einzelbauten, vorwiegend in Japan, darunter das **Rathaus von Tokyo** (► S. 537), schuf er auch stadtplanerische Konzepte, so z. B. für den Wiederaufbau der im Jahr 1963 durch ein Erdbeben zerstörten mazedonischen Stadt Skopje.

セットは
生ビール又は
酒(一合)
枝豆
冷奴
付
なす
田楽
420

# Praktische Informationen

WELCHE PAPIERE SIND FÜR DIE REISE WICHTIG? WO FINDET MAN DIE BESTEN RYOKAN? WIE BESTELLT MAN IN EINEM JAPANISCHEN RESTAURANT? WO BEKOMMT MAN EINE KOKESHI-PUPPE ALS SOUVENIR?

# Adressen

**Adressaufbau** In der Abendzeitung »Asahi Evening News« fand sich folgendes Inserat eines Krankenhauses: »Benutzen Sie den Westausgang der Station Ikebukuro. Bleiben Sie die nächsten 500 m auf der Hauptstraße, das sind sechs Minuten Fußweg. Wenn Sie zu einer Tankstelle kommen, biegen Sie in die kleine Straße rechts ein, die zwischen dem Krämerladen und einem Briefkasten liegt.« So oder ähnlich wird in Japan oft der Weg zu Bekannten, einem Tempel oder Geschäft beschreiben, möglichst mit einer Zeichnung. Anschriften im europäischen Sinne gibt es in Japan nicht.

Beispiel ► 12-18-A Shiroganedai 5-chome Minato-ku ist ein Haus oder eine Wohnung im Tokyoter Verwaltungsbezirk Minato. Dieser Bezirk ist wiederum in Unterbezirke gegliedert; Shiroganedai ist einer davon. Jeder Unterbezirk ist seinerseits in Blocks (chome) aufgeteilt. In Block Nr. 5 muss man also nach dem Grundstück 12-18 suchen. Hausnummern gibt es nicht; wo vorhanden, erfolgt die Nummerierung nicht nach Standort, sondern nach Baujahr. Auf dem Beispiel-Grundstück steht nicht nur ein Haus allein; es kommt darauf an, A zu finden – das bedeutet: alle Türen nach dem Namen des Bekannten überprüfen (In Japan gibt es kein Erdgeschoss, die Zählung beginnt ebenerdig mit dem ersten Stock). All das ist auch für einheimische Briefträger und Taxifahrer schwer. Zu bekannten Sehenswürdigkeiten, Hotels u. a. finden Taxifahrer aber meist problemlos.

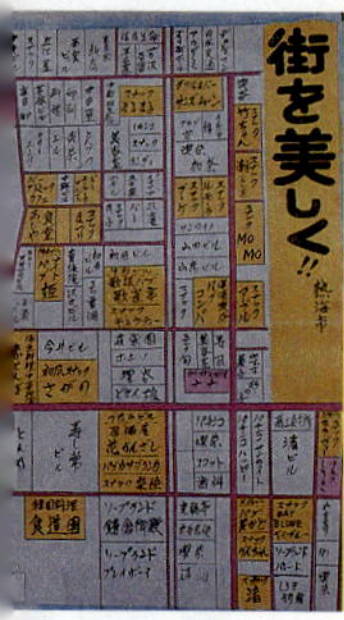


**! Baedeker TIPP**

### So kommt man ans Ziel

Im Hotel lässt man sich die gesuchte Adresse auf Japanisch umschreiben und steckt auf jeden Fall die Telefonnummer der Adresse ein: Weiß der Taxifahrer nicht weiter, kann er telefonieren und sich den Weg erklären lassen. Oft sind in der Nähe eines Blocks Schilder aufgestellt, auf denen alle in der Umgebung wohnenden Familien, allerdings mit japanischen Schriftzeichen, genannt sind. In Großstädten können auch die Polizisten (► Sicherheit) weiterhelfen.

# Anreise · Reiseplanung

**Mit dem Flugzeug** Besucher aus Europa werden in aller Regel auf dem Luftweg anreisen. Es gibt Direktverbindungen von Frankfurt/Main, München, Zürich und Wien.

Aus dem europäischen Raum fliegen fast alle Fluggesellschaften über Moskau und Sibirien nach Tokyo.

*← Auslage in einem Restaurant*

Der Nonstop-Flug dauert zwischen 11 und 12 Stunden. Die meisten internationalen Flüge landen auf dem Narita-Flughafen von Tokyo. Es gibt aber auch Verbindungen zum Kansai International Airport (bei Osaka) und nach Nagoya zum neuen Central Japan International Airport (Centrair).

## WICHTIGE ADRESSEN ANREISE

### JAPAN AIR LINES (JAL)

- **www.jal.co.jp/en**
  Reservierungen für Inlandsflüge und Information:
  Tel. 0570-025-071 (gebührenpfl.)
  Reservierungen für internationale Flüge und Information
  Tel. 0570-025-031 (gebührenpfl.)

- **Reservierungszentrum Europa in London www.de.jal.com/en**
  Auf Englisch:
  Tel. 0044 / 20 / 76 60 03 48
  Auf Deutsch (von Deutschland):
  Tel. 0180 / 22 28 700
  Auf Deutsch (von Österreich):
  Tel. 01 / 50 29 18 888

- **Büro Deutschland**
  Rossmarkt 15
  D-60311 Frankfurt am Main
  Tel. 069/13 60-0, Fax 13 60-183
  Info-Tel. 0180/2 22 87 00

- **Büro Österreich**
  Kärntnerstraße 11, 4. Stock
  A-1010 Wien
  Tel. 01/5 12 75 80

- **Büro Schweiz**
  Stampfenbachstr. 52
  CH-8006 Zürich
  Tel. 041 / 211 56 20
  Fax 212 60 88

### ANA ALL NIPPON AIRWAYS

- **www.ana.co.jp**
  Internationale Flüge:
  Tel. 03 / 67 41 11 20
  Inlandflüge:
  Tel. 0570 / 029 709
  Allgemeine Fluginformationen:
  Tel. 0570/029 075

- **Büro Deutschland**
  Rossmarkt 21
  D-60311 Frankfurt am Main
  Tel. 069/2 99 76-0

### WEITERE AIRLINES

- **Deutsche Lufthansa**
  Tel. 03 / 54 02 52 26
  Satioa Shiba Koen, 3-1-13, Shiba Koen 3-chome, Minato-ku
  J-105-0011 Tokyo

  Nagoya Daiya Building, 2 Gokan, 3-15-1, Nakamura-ku
  J-450-0002 Nagoya
  Tel. 052/5 61-24 28
  *Info Flughafen Chubu Centrair*
  Tel. 0120/05 18 44

  Kintetsu Dojima Building, 2-2-2 Dojima, Kita-ku
  J-530-0003 Osaka

- **Austrian Airlines**
  Yurakucho Denki Building South
  1-7-1 Yurakucho, Chiyoda-ku
  J-100-0006 Tokyo
  Tel. 03/52 22 54 54

- **Swiss**
  Swiss House
  2-11-1 Nagata-cho, Chiyoda-ku
  J-100-6190 Tokyo
  Tel. 0120/66 77 88

**Mit der Bahn** Eine extravagante Anreisemöglichkeit ist die Bahnfahrt nach Moskau und von dort mit der Transsibirischen Eisenbahn über Omsk und Irkutsk nach Nachodka; dann per Schiff nach Yokohama. Ab Moskau dauert die Reise zehn Tage.

## Reisedokumente

**Personalpapiere** Zur Einreise nach Japan genügt für Reisende aus Deutschland, Österreich und der Schweiz ein **gültiger Reisepass**, sofern der Aufenthalt 6 Monate nicht überschreitet und der Reisezweck nicht beruflicher Art ist. Ansonsten ist ein Visum erforderlich. Die zulässige Aufenthaltsdauer für Touristen beträgt 90 Tage; sie kann in Japan bei der zuständigen Einwanderungsbehörde (Liste unter www.immi-moj.go.jp/english/info) für 4000 ¥ um weitere 90 Tage verlängert werden. Bedingung für die Einreise ist ein Rück- oder Weiterflugticket sowie der Nachweis ausreichender Geldmittel für den Aufenthalt im Land, was aber so gut wie nie überprüft wird.

Alle ausländischen Einreisenden über 16 Jahren werden bei der Einreise fotografiert und es werden digitale Fingerabdrücke genommen. Diese Daten werden anschließend »als vorbeugende Maßnahme gegen terroristische Taten« mit einer Datenbank abgeglichen.

**Fahrzeugpapiere** Staatsangehörige Deutschlands, Österreichs und der Schweiz benötigen zum Führen eines Kraftfahrzeugs die japanische Übersetzung ihres Führerscheins; diese ist erhältlich bei der Deutschen Botschaft in Tokyo, beim Deutschen Generalkonsulat in Osaka sowie beim Japanischen Automobilclub JAF, (www.jaf.or.jp, Büros in allen größeren Städten; ca. 3000 ¥).

**Krankenversicherung** Für den Krankheitsfall erkundige man sich bei seiner Krankenversicherung nach den jeweiligen Vereinbarungen. Auf alle Fälle empfehlenswert ist der Abschluss einer Reisekrankenversicherung für das Ausland, mit Rücktransport im Notfall.

**Impfbestimmungen** Für die Einreise nach Japan sind normalerweise keine Schutzimpfungen erforderlich. Wer jedoch mit Zwischenaufenthalt auf der Südostasien-Route anreist, erkundige sich zuvor beim Gesundheitsamt oder dem vermittelnden Reisebüro nach den Vorschriften für die während der Anreise berührten Länder.

## Zollbestimmungen

**Einreise** Gegenstände des persönlichen Bedarfs und der touristischen Ausrüstung dürfen vorübergehend zollfrei eingeführt werden. Eine schriftliche Einfuhrerklärung ist bei Überschreiten der Freimengengrenzen sowie für unbegleitetes Gepäck erforderlich.

Zollfrei dürfen u. a. folgende Waren eingeführt werden: 400 Zigaretten, 100 Zigarren oder Tabakwaren bis zu 500 g; 3 Flaschen alkoholischer Getränke à 0,76 l; 75 ml Parfüm; sonstige Waren bis zu einem Wert von 200 000 ¥. Verboten ist die Einfuhr von Rauschdrogen, Pornografie sowie frischer Lebensmittel, insbesondere Obst, Gemüse und Fleisch; genehmigungspflichtig die Einfuhr von bestimmten Pflanzenarten sowie Haustieren.

**Ausreise**

Bei der Wiedereinreise nach Deutschland können 200 Zigaretten oder 100 Zigarillos oder 50 Zigarren oder 250 g Rauchtabak zollfrei eingeführt werden, ferner 1 l Spirituosen über 22 Vol.-%-Alkoholgehalt oder 2 l unter 22 Vol.-%-Alkoholgehalt und außerdem 16 l Bier, 4 l Wein, 500 g Kaffee oder 200 g Kaffeeauszüge, 100 g Tee oder 40 g Teeauszüge, 50 g Parfüm oder 0,25 l Eau de Toilette. Tabak und alkoholische Getränke sind nur für Personen über 17 Jahre zollfrei, Kaffee ab 15 Jahre. Waren als **Geschenk** oder zum persönlichen Verbrauch sind bis zu 430 Euro zollfrei.

# Auskunft

**Tourist Information Centers (TIC)**

Informationszentren für Touristen (Tourist Information Centers) mit fremdsprachenkundigem Personal gibt es in Tokyo und Kyoto sowie am Kansai International Airport und am Narita-Flughafen.

**Tourist Information System**

Das unter Mitwirkung der Japan National Tourist Organization geschaffene Tourist Information System bietet lokale und regionale touristische Auskünfte und hält auch englischsprachiges Prospektmaterial bereit. Die Büros sind an ihrem Logo, einem roten Fragezeichen, zu erkennen. Adressen ►Reiseziele von A bis Z.

## WICHTIGE ADRESSEN

### JNTO

- **Japan National Tourist Organization (JNTO)**
  Tokyo Kotsu
  Kaikan Building 10-1,
  Yuraku-cho 2-chome,
  Chiyoda-ku
  J-100-0006 Tokyo
  Tel. 03/32 01-3331
  Fax 32 14-76 80

### IN DEUTSCHLAND

- **Japanische Fremdenverkehrszentrale JNTO**
  Kaiserstraße 11
  D-60311 Frankfurt am Main
  Tel. 0 69/2 03 53
  Fax 28 42 81
  www.jnto.de

▶ **Japan Travel Bureau (JTB)**
(Verkaufsstelle für Japan Rail Pass)
Weißfrauenstr. 12–16
D-60311 Frankfurt am Main
Tel. 0 69 / 29 98 78 23

▶ **Deutsche Gesellschaft für Asienkunde**
Rothenbaumchaussee 32
D-20148 Hamburg
Tel. 0 40/44 58 91
Fax 4 10 79 45
www.asienkunde.de

▶ **Japanisch-Deutsches Zentrum Berlin**
Saargemünder Straße 2
D-14195 Berlin
Tel. 0 30/8 39 07-0
Fax 83 90 72 20
www.jdzb.de

▶ **Verband der Deutsch-Japanischen Gesellschaften**
www.vdjg.de
Auf der Webseite des Verbandes findet man eine Übersicht aller deutsch-japanischen Vereinigungen in Deutschland und Japan.

▶ **Ostasiatischer Verein**
Bleichenbrücke 9
D-20354 Hamburg
Tel. 0 40/35 75 59-0
Fax 35 75 59-25

## IN DER SCHWEIZ

▶ **Japan Travel Bureau (JTB)**
(Verkaufsstelle für Japan Rail Pass)
Rue de Lausanne 45–47
CH-1201 Genève (Genf)
Tel. 0 22/7 38 45 41
Fax 7 32 65 04

## IM INTERNET

Nützliche Informationen zu Japan findet man u. a. auf diesen Seiten:
www.japan-guide.com
www.gojapan.about.com
www.att-japan.net
www.jref.com

## DIPLOMATISCHE VERTRETUNGEN IN JAPAN

▶ **Botschaft der Bundesrepublik Deutschland**
4-5-10, Minami Azabu,
Minato-ku
J-106-0047 Tokyo
Tel. 03/57 91-77 00
Fax 57 91-77 73
www.tokyo.diplo.de
Für Publikumsverkehr geöffnet:
Mo. bis Fr. 8.00–12.00 Uhr

▶ **Generalkonsulat Osaka–Kobe**
Umeda Sky Building,
Tower East, 35th Floor
1-1-88-3501 Oyodonaka,
Kita-ku
J-531-6035 Osaka
Tel. 06/64 40-50 70
Fax 64 40-50 80
www.osaka-kobe.diplo.de
Mo. bis Fr. 9.00–12.00 Uhr

▶ **Botschaft der Republik Österreich**
1-1-20 Moto Azabu,
Minato-ku
J-106-0046 Tokyo
Tel. 03/34 51-82 81
Fax 34 51-82 83
www.bmeia.gv.at/botschaft/
tokio.html.
Mo. bis Fr. 9.00–12.00 Uhr

▶ **Botschaft der Schweizerischen Eidgenossenschaft**
5-9-12 Minami-Azabu,
Minato-ku
J-106-8589 Tokyo
Tel. 03/54 49 84 00
Fax 03 / 34 73 60 90
http://www.eda.admin.ch/eda
Mo. bis Fr. 9.00–12.00 Uhr

**Generalkonsulat**
Meiji Yasuda Seimei Osaka Umeda Building, 3-3-20 Umeda,
Kita-kuJ 530-0001 Osaka
Tel. 06 / 47 97 23 99
Fax 06 /47 97 23 02
Mo. bis Fr. 9.00–12.00 Uhr

### JAPANISCHE BOTSCHAFTEN

**in Deutschland**
Hiroshimastraße 6
D-10785 Berlin
Tel. 0 30/2 10 94-0
Fax 21 09 42 22
www.de.emb-japan.go.jp
Mo. bis Fr. 9.00 – 12.15 und 14.00 – 16.30 Uhr

**in Österreich**
Hessgasse 6
A-1010 Wien
Tel. 01/5 31 92-0
Fax 01 / 532 26 07
www.at.emb-japan.go.jp
Mo. bis Fr. 9.00–12.00 und 14.00–16.30 Uhr

**in der Schweiz**
Engestraße 53
CH-3000 Bern 9
Tel. 0 31/3 00 22 22
Fax 3 00 22 55
www.ch.emb-japan.go.jp
Mo. bis Fr. 9.00–11.30 und 14.00–16.30 Uhr

# Bäder

Quellen mit Legenden

Die heißen Quellen, die Japan seinen Vulkanen verdankt, sind ein Segen. Tausende solcher sog. **Onsen** gibt es im ganzen Land. Um viele von ihnen haben sich Badeorte entwickelt. Fast jedes Onsen mit Tradition weiß eine Geschichte zu erzählen, die sich um die Entdeckung der Quelle rankt. Da legte etwa ein verwundeter Berggott einst seinen Bogen ab, und siehe da, eine Quelle sprudelte aus dem Boden. Oder einer jungen Dichterin der Heian-Zeit, die auf der Suche nach ihrem Vater erkrankte, erschien der Heilende Buddha und schickte sie zu einer Quelle. Mögen diese Geschichten dem Reich der Legende angehören oder nicht, fest steht, dass die Wurzeln der japanischen Badekultur weit in die Vergangenheit zurückreichen.

**i Zum Weiterlesen**

- The Japanese Spa: A Guide to Japan's Finest Ryokan and Onsen, Akihiko Seki, Elizabeth Heilman Brooke, Tuttle Publishing 2005.

Onsen

Betriebsausflüge mit Übernachtung in einem nahe gelegenen Thermalbadeort sind besonders zum Jahresende beliebt. Nach dem Bad sitzen die Kollegen dann entspannt im Yukata (einem leichten Baumwollkimono) beim Essen (und Trinken!) beisammen und amüsieren sich. Auch Familien, Freunde und Paare unternehmen gern eine Kurzreise in ein Onsen. Ungemein reizvoll ist ein **Rotenburo**, ein Freiluft-Onsen, hoch in den Bergen oder mit Blick aufs Meer. Es tut vor allem im Winter gut – was auch japanische Affen zu schätzen wissen. Besonders stilvoll sind Bäder aus Zypressenholz: Das Holz duftet nicht nur angenehm, sondern soll auch antibakterielle Eigenschaften besitzen. Offiziell gelten nur solche Quellen als Onsen, deren Wasser mindestens 25 °C warm ist und einen bestimmten **Gehalt an Mineralien** aufweist. Das Onsen-Wasser hilft je nach Zusammensetzung u. a. bei rheumatischen Beschwerden, Muskelschmerzen, Hautkrankheiten, Neuralgien – manche Bäder sollen sogar gegen Diabetes und Hämorrhoiden wirken. In einigen Onsen kann man sich auch in heißen Sand einbuddeln lassen (Sunaburo) oder in Schlamm baden (Doroyu). Doch selbst wer kerngesund ist, wird die wohltuende, entspannende Wirkung des Wassers spüren.

Ein Besuch im Onsen ist sicher einer der reizvollsten Aspekte einer Japanreise. Bei der Vielzahl an Onsen ist es jedoch unmöglich, Empfehlungen auszusprechen – jede Region hat ihre eigenen berühmten oder verborgenen Onsen. In jedem Fall aber sollte man wenigstens einmal auf der Reise eines besucht haben. Hilfestellung bei der Wahl können die Touristeninformationen geben.

**Sento** Wer es nicht in ein Onsen schafft, aber trotzdem ein wenig japanische Badeatmosphäre schnuppern möchte, kann ein Sento aufsuchen. Diese **öffentlichen Badehäuser** werden zwar immer seltener, da die allermeisten japanischen Wohnungen heute über ein eigenes Badezimmer verfügen, aber einige sehr stimmungsvolle Häuser haben sowohl in Großstädten als auch auf dem Land überlebt. Daneben gibt es seit den 1990er-Jahren so genannte Super Sento, riesige Anla-

*Das Bad spielt in der japanischen Kultur eine wichtige Rolle.*

gen mit bis zu 20 Bädern, Saunen und anderen Extras. Eine Klasse höher angesiedelt ist das Kenko Land (»Gesundheitsland«), das neben dem Bad auch Essen, Karaoke, Massagesessel oder andere Vergnügungen bietet.

**Benimmregeln**

Bei einer so alten Badekultur wie der japanischen verwundert es nicht, dass Japaner im Allgemeinen der morgendlichen Dusche ein abendliches Bad vorziehen. Dabei ist es für Japaner geradezu ein Frevel, sich einfach ungewaschen in ein Schaumbad zu setzen. Zu Hause gelten dieselben Regeln wie im Onsen und im Sento.
Heutzutage haben fast alle Bäder nach Geschlechtern getrennte Bereiche – das Gemischtbaden wurde von den amerikanischen Besatzern nach dem Krieg verboten. Die Schuhe werden gleich im Eingangsbereich ausgezogen und gegen Pantoffeln eingetauscht. Im Vorraum zum Bad stehen Körbe oder Fächer bereit, in die man seine Kleidung und ein Handtuch legt. Den Baderaum betritt man nackt. Japaner haben meist ein schmales, dünnes Handtuch dabei, mit dem sie ihr Geschlechtsteil bedecken und das sie zugleich als Waschlappen benutzen (aber nie mit ins Wasser nehmen). Diese Tücher gibt es meist vor Ort zu kaufen. Im Onsen-Hotel liegen sie (mit Werbeaufdruck) zum Mitnehmen bereit. Man setzt sich vor einen der Wasserhähne auf einen kleinen Schemel und seift sich gründlich ein. Seife und Haarshampoo stehen meist zu diesem Zweck bereit. Nachdem man sich gewaschen und abgeduscht hat, steigt man ins Becken. Da das Wasser oft **sehr heiß** ist, sollte man sich vorsichtig hineinbegeben – ein gehauchtes »Atsui!« (heiß!) wird Ihnen anerkennende Blicke der Japaner einbringen. Im Onsen schwimmt man nicht, sondern man sitzt einfach im Wasser und entspannt sich. In einem Minshuku steht eventuell nur ein Bad mit Badewanne zur Verfügung. In diesem Fall fragt man nach den Badezeiten für Männer und Frauen. Nach dem Bad nicht den Stöpsel ziehen, sondern die Wanne mit der dafür vorgesehenen Abdeckung wieder bedecken.
Nach einem Bad im Onsen sollte man sich nicht waschen, da sonst die Wirkung der Mineralien verloren geht. Um den Kreislauf nicht zu überlasten, empfiehlt es sich außerdem, eine Weile auszuruhen.

# Elektrizität

Das Netz führt 100–110 Volt Wechselspannung (60 Hertz im Westen, 50 Hertz im Osten Japans). In den großen Hotels gibt es Steckdosen für 110 und 220 Volt. Gerätestecker nach der Europanorm sind meist nicht verwendbar; Adapter gibt es im Elektrofachhandel. **Umschaltbare Geräte** müssen vor Anschluss an das 220-Volt-Netz wieder auf diese Spannung zurückgestellt werden, da sie sonst irreparablen Schaden nehmen können.

# Essen und Trinken

**Das Auge isst mit**

Wer in Japan erstmals auf kulinarische Entdeckungsreise geht, dem kommen Erfahrungen mit fremdländischer Küche kaum zugute. Vergleiche lassen sich, was die traditionelle japanische Küche betrifft, nicht anführen, abgesehen von wenigen Gerichten, denen wiederum ausländische Einflüsse unterstellt werden können. Die Andersartigkeit beginnt schon bei der **Einstellung zum Essen**, das als Einheit von Geschmack, Aussehen und Geschirr verstanden wird, wobei allen drei Faktoren gleiches Gewicht zukommt. Man entdeckt die Gaumenfreuden am besten auf japanische Weise, indem man das Auge teilhaben lässt und bereit ist, die Eigenheiten unbekannten Geschmacks zu entdecken. Da Japaner Feinschmecker sind, kann man sich ihrer Küche bedenkenlos anvertrauen.

Grundzutaten ▶ Grundzutaten sind Reis, Fisch, Eier und Gemüse. Traditionell wurde in Japan, bedingt durch die langen Küstenlinien, eher wenig Fleisch gegessen. Eine weitere Grundzutat der japanischen Küche ist die **Sojabohne**, die zu ganz unterschiedlichen Produkten verarbeitet wird. Neben Tofu-Variationen wird aus ihr z. B. Sojasauce sowie Miso hergestellt, eine dicke Paste zum Würzen von Suppen und Gerichten.

**Mahlzeiten**

Das traditionelle japanische **Frühstück** (Asa-gohan) besteht aus Reis, einer Schale Miso-Suppe (Misoshiro), eingelegtem Gemüse (Tsukemono) sowie getrocknetem Seetang (Nori); meist bekommt man auch ein Stück gegrillten Fisch. Das »Frühstücksei« ist roh: wer mag, rührt es in den Reis. Zum Frühstück wird – wie zu allen Mahlzeiten – grüner Tee getrunken. Immer mehr Japaner essen aber auch Toastbrot mit Butter oder Marmelade und trinken dazu Kaffee.

Das **Mittagessen** ist gewöhnlich leicht und besteht für viele Japaner aus einer Schale Nudelsuppe, Sushi oder Reis mit einer Beilage aus Fleisch, Fisch, Gemüse oder Ei. Daneben gibt es in auch zahlreiche westliche Fast-Food-Ketten. Eine besondere Art der Verpflegung außer Haus für Angestellte und Reisende ist das Obento, ein wunderbar angerichtetes Essen in einer Schachtel, bestehend aus Reis, gebratenem Fisch oder Fleisch, Gemüse und Salat. Beliebt auf Reisen sind die sogenannten Bahnhofs-Bento (Ekiben) die mit den Spezialitäten der Region zubereitet sind und am Bahnsteig sowie im Zug verkauft werden. Die Hauptmahlzeit des Tages ist das **Abendessen** (Ban-gohan), in japanischen Haushalten eine Kombination heimischer und chinesischer Küche; unentbehrlich auch hier Reis und Suppe. Dazu

## ? WUSSTEN SIE SCHON ...?

- In Japan unterscheidet man zwischen Momen-Tofu (Baumwoll-Tofu) und Kinu-Tofu (Seidentofu). Bei der Herstellung des Momen-Tofu wird überschüssige Flüssigkeit durch ein Baumwolltuch herausgepresst; der Abdruck des Tuchs ist auf dem Tofu zu sehen. Dagegen ist bei der Herstellung des Seidentofu kein Seidenschal involviert, der Name bezieht sich auf die weiche Konsistenz dieser Tofusorte.

# ESSEN MIT STÄBCHEN

**Das landesübliche Essbesteck sind Stäbchen, »O-hashi« genannt. Es gibt sie in einer Vielzahl von Varianten: von naturbelassenen Holz- oder Bambusstäbchen bis zu kunstvoll lackierten oder aus Elfenbein gefertigten Ausführungen.**

Stäbchen sind seit der Westlichen Han-Dynastie (206 v. Chr. bis 220 n. Chr.) in China bekannt. Da dort das Brennmaterial knapp ist, werden Nahrungsmittel vor dem Kochen zerteilt, um die Garzeit zu verringern. Die im Fernen Osten beliebten **Suppen**, angereichert mit zerkleinerten Zutaten, werden geschlürft und die Einlagen mit den Stäbchen nachgeschoben. Selbst lange Nudeln kann man mit Stäbchen essen, wenn man sie mit diesen über die vorgehaltene Schale zum Mund führt, abbeißt und den Rest wieder in der Suppe versenkt.

## Wie macht man es?

Essen mit Essstäbchen ist weit weniger kompliziert, als es den Anschein haben mag. Man hält sie wie folgt in der Hand: Das untere Stäbchen liegt fest in der Beuge zwischen Daumen und Zeigefinger sowie an der Kuppe des Ringfingers, während das obere mit Daumen, Zeigefinger und Mittelfinger gehalten und wie ein Stift geführt wird. Wenn man die Stäbchen so gefasst hat, stößt man sie leicht auf die Tischplatte auf, sodass die Spitzen auf gleicher Länge sind.

## Tischsitten

Das geräuschvolle **Schlürfen** ist zwar für Europäer nicht gerade ästhetisch, doch umgekehrt wird es jedem Japaner schlecht, wenn wir uns während des Essens schneuzen; notwendiges Hochziehen ist aber erlaubt.
Auch darf man bei Tisch die Stäbchen nicht in den Reis stecken – das ist nur bei einem rituellen Speiseopfer für Verstorbene zulässig.

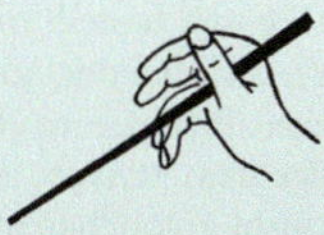

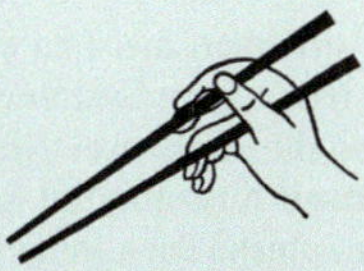

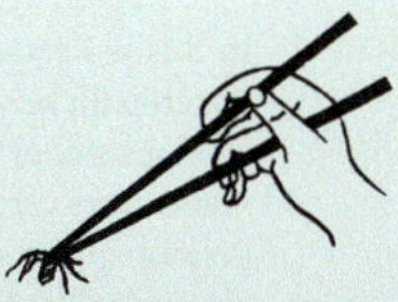

wird Fisch, Fleisch und Gemüse in beliebiger Kombination und Variation gereicht. Getrunken werden gern grüner Tee, Reiswein (Sake) oder Bier (Biru).

Aufgepasst! ► Der Tischsitte gemäß gießt man sich Getränke nicht selbst, sondern gegenseitig ein; die einzelnen Speisen werden nicht nach- sondern nebeneinander gegessen, die Suppe ist nicht Vorspeise, sondern wird zwischendurch getrunken.

## Restaurants

Kaum eine Nation der Welt ist ohne kulinarische Präsenz in den Großstädten Japans. Französische, italienische, deutsche, chinesische, russische, indische, thailändische Restaurants reihen sich aneinander, flankiert von vielen japanischen Spezialitätenrestaurants. Hotelrestaurants haben ein höheres Preisniveau.

**Tischgerät**

Stäbchen ► Eine angenehme Einrichtung sind Oshibori, feuchtheiße Tücher, die zur Reinigung der Hände gereicht werden. Die Essstäbchen (Ohashi; ► Baedeker Special S. 119) mögen Probleme bereiten; hier empfiehlt es sich – durchaus tischfein –, Schale oder Teller dicht an den Mund zu heben (Stäbchen eignen sich auch als Schieber).

Geschirr ► Jedes Essen wird in einem bestimmten Geschirr serviert: Reis in einer Porzellanschale, Suppe in einer Lack- (Plastik-)schale mit Deckel, Fisch und Fleisch auf Porzellan- oder Keramiktellern. Wasser und Tee sind gratis.

**Speisekarte**

In westlichen Restaurants wird man eine lesbare Speisekarte (englisch) und das gewohnte Besteck vorfinden; bezahlt wird in der Regel am Ausgang, nicht am Tisch. In Schnellrestaurants und Kaufhaus-Cafeterias löst man Bons für die gewünschten Speisen. Eine Besonderheit erleichtert dem sprachunkundigen Gast die Speisenwahl: Die meisten Restaurants zeigen in Schaukästen naturgetreue Plastikattrappen ihrer Gerichte. Zum Bestellen genügt ein Fingerzeig.

**? WUSSTEN SIE SCHON ...?**

- Die Essensattrappen gibt es bereits seit Ende des 19. Jahrhunderts. Mit der Öffnung Japans für den Westen gelangten viele unbekannte Gerichte wie z. B. Pizza und Kotelett nach Japan. Die Nachbildungen sollten den Japanern die Orientierung erleichtern.

**Trinkgelder**

Trinkgeld ist **nicht üblich**; in besseren Restaurants werden 10–15% Bedienungsgeld auf die Rechnungssumme aufgeschlagen. Bei Beträgen über 7500 ¥ werden 6% Steuer aufgeschlagen.

**Spezialitätenrestaurants**

Sushi ► In Sushi-Restaurants sitzt man meist an einer Theke und bestellt unterschiedliches Sushi frisch beim Sushimeister. Wer sich bei der Auswahl unsicher ist, bestellt »omakase« (in etwa »ich überlasse es Ihnen«) und vertraut damit Auswahl und Reihenfolge dem Meister. an. Beliebt sind die Kaiten-Zushi-Bars, in denen die Sushi-Häppchen auf einem Rollband am Gast vorbeigeführt werden.

*Japan – ein Paradies für Häppchen-Esser*

In die Tische der Teppanyaki-Restaurants sind heiße Platten eingebaut, auf denen Fleisch, Fisch und Gemüse gebraten werden. Andere Restaurants haben Holzkohlengrills neben dem Eingang, auf denen z. B. Yakitori zubereitet werden.

◄ Yaki

**Für den kleinen Hunger**

Daneben gibt es zahllose Gelegenheiten, im Vorbeigehen eine Nudelsuppe zu essen: auf Straßen, in Kaufhäusern, an Bahnhöfen. Sofern der Durst überwiegt und man nur einen kleinen, preiswerten Imbiss zu sich nehmen möchte, bieten sich sowohl Bierhallen als auch Cafés an. **Kneipen** im japanischen Stil (Izakaya) reichen neben Bier, Reiswein und Whisky beispielsweise auch gebratene Hähnchenstücke, Bratfisch oder kleine Gerichte je nach Saison.

## Japanische Speisekarte

**Gyoza**

Eine Art chinesischer Maultaschen, in Japan vor allem als Snack zum Bier beliebt. Die Füllung besteht meist aus Hackfleisch, seltener auch aus Garnelen. Die Taschen werden in eine Tunke aus Sojasoße, Essig und scharfem Chili-Öl gestippt, die man sich am Tisch in einem Schälchen selbst mixt.

**Kabayaki**

Auf Holzkohlenglut gegrillter, mit einer süßlichen Ssoße bepinselter Aal, der meist auf Reis serviert wird. Am besten probiert man diese Spezialität in einem Kabayaki-Restaurant.

**Kaiseki** Dieses **Festessen** erfüllt die drei sprichwörtlichen Merkmale der japanischen Küche: guten Geschmack, dekoratives Anrichten und auserlesenes Essgeschirr. Diese in ihrer Zubereitung sehr zeitaufwändige, aber leichte und urpsrünglich rein vegetarische Mahlzeit wurde früher während der Teezeremonie serviert. Heute isst man Kaiseki in speziellen Restaurants oder in vornehmen Onsen-Hotels.

**Nabemono** Dieses höchst schmackhafte Gericht wird, ähnlich dem Fondue, am Tisch zubereitet. Die Zutaten – Fleisch, Gemüse, Fisch, Meeresfrüchte und auch Chrysanthemenblätter – werden in einer gusseisernen Pfanne in einer Mischung aus Sojasoße, Zucker und Reiswein gegart und vor dem Verzehr in verschiedene Soßen gedippt. Eine Variante mt Nudeln und Tofu ist das berühmte **Sukiyaki**, dann gibt es als »Soße« auch eine Schale mit geschlagenem rohem Ei. Beim **Mizutaki**, einer Spezialität aus Fukuoka, werden die Zutaten in einer kräftigen Hühnerbrühe gegart.

**Okonomiyaki** Eine Art Pfannkuchen, den man meist selbst am Tisch zubereitet. Dazu kommen je nach Belieben Fleisch, Meeresfrüchte und/oder Gemüse. Bestrichen wird das Ganze mit einer dicken braunen Soße. Besonders bekannt für regionale Varianten sind Osaka und Hiroshima.

**Ramen** Eine ursprünglich chinesische Nudelsuppe. Besonders berühmt für Ramen sind Sapporo, Wakayama und Hakata (Fukuoka). Man bekommt sie in speziellen Ramen-Lokalen, aber auch an Steh-Imbissen und als Fertiggerichte im Supermarkt.

**Sashimi** Diese Speise aus kleinen Häppchen oder Scheiben rohen Fischs ist eine besondere Köstlichkeit und lässt Vorbehalte vergessen. Vor allem das zarte Fleisch des Thunfischs ist ein großer Genuss. Der Fisch wird vor dem Verzehr kurz in eine mit Wasabi (eine Art Meerrettich) verfeinerte Sojasoße getaucht.

**Shabu-shabu** Hauchdünne Fleischscheiben werden mit den Stäbchen in eine kochende Brühe getaucht, in der auch Gemüse schwimmt. Fleisch und Gemüse werden zusammen in Soßen getunkt.

**Soba** Buchweizennudeln mit verschiedenen Zugaben, garniert mit einer Fülle diverser Zutaten. Hat Ähnlichkeit mit Spaghetti, wird im Sommer auch kalt gegessen (Zaru-soba).

**Sushi** Mundgerechte Häppchen aus gesäuertem Reis mit Fisch (oft roh), Meeresfrüchten oder Gemüse. In Seetang (Nori) eingerollte Sushi heißen Maki-zushi. Stilecht ist es, nur den Fisch in das Schälchen mit Sojasauce und Wasabi zu stippen.

**Tenpura** Garnelen, Fischscheiben und verschiedene Gemüse werden mit einer Mischung aus Weizenmehl, Ei und Wasser paniert und in Pflanzenöl frittiert. Frisch zubereitet wird die Speise kurz in mit Ingwer und geriebenem Rettich angereicherte Sojasoße getunkt. Gutes Tenpura ist kross und nicht fettig.

**Teppan-yaki** Fleisch, Fisch und Gemüse werden direkt am Tisch auf einer eingelassenen heißen Platte zubereitet.

**Tonkatsu** Ein paniertes Schweineschnitzel wird mit rohem, klein gehackten Kohl gegessen.

**Udon** Dicke Weizennudeln, die wie Soba meist in Brühe gegessen und mit einer Fülle unterschiedlicher Zugaben serviert werden. Im Sommer isst man sie auch kalt als Zaru-Udon.

**Yakitori** Auf einem Bambusspieß sind kleine Stücke Hühnerfleisch, Leber und Gemüse aufgereiht. Der Spieß wird über einem offenen Feuer gegrillt. Als Zwischenmahlzeit hervorragend geeignet.

## Getränke

**Grüner Tee** Der ohne jeden Zusatz getrunkene grüne Tee (o-cha) mag anfangs etwas fade erscheinen, ist in Verbindung mit japanischen Gerichten jedoch sehr zu empfehlen.

**Sake** Der aus Reis gebraute (!) Sake mit einem Alkoholgehalt von ca. 15% wird sowohl kalt als auch heiß getrunken. Sake ergänzt den Genuss japanischer Mahlzeiten auf ideale Weise.

**Bier** Seit dem Ende des 19. Jahrhunderts wird in Japan Bier gebraut; es erfreut sich heute großen Zuspruchs. Die bekanntesten Marken (meist leicht gehopftes »Lager«) sind Kirin, Sapporo, Yebisu, Asahi und Suntory.

**Wein** Lediglich am Nordfuß des Fuji-san bei Kofu (Präfektur Yamanashi) wird seit dem ausgehenden 19. Jahrhundert in relativ geringem Umfang Wein angebaut. Deutlich einfacher zu bekommen sind Importe aus europäischen Weinländern.

**Spirituosen** Japaner lieben **Whisky**, weil er ihnen einen exotischen, sprich amerikanischen Anstrich verleiht. Er wird aber fast immer stark verwässert getrunken.
Aus japanischem Reis (seltener aus Kartoffeln) gebrannt wird der **Shochu**. Der **Awamori**, eine hochprozentige Spezialität Okinawas, wird im Gegensatz zum Shochu aus thailändischem Langkornreis gebrannt.
In den letzen Jahren erfreuen sich auch Mixgetränke mit Shochu bzw. Sake zunehmender Popularität. Lieblicher dagegen gibt sich der bekannte **Ume-shu**, ein süffiger süßer Pflaumenschnaps.

# Feiertage und Feste

**»Goldene Woche«** Die Tage vom 29. April bis 5. Mai gelten als »Goldene Woche«, da gleich mehrere Feiertage in diese Woche fallen und ein Tag zwischen zwei nationalen Feiertagen auch frei ist. Fällt ein offizieller Feiertag auf Sonntag, so ist der nächste Werktag ebenfalls frei.

**Feste** Trotz des stark angewachsenen Einflusses der westlichen Moderne halten die Japaner im Brauchtum konsequent an uralten Traditionen fest. Dies zeigt sich besonders deutlich in den vielen religiösen Festen, bei denen reiche Ausstattung und kostbare Gewänder zu sehen sind. Da viele Feste dem **Mondkalender** folgen, lassen sich über den Veranstaltungstermin nur ungefähre Angaben machen.

## WICHTIGE FEIERTAGE UND FESTE

### FEIERTAGE

1. Januar: Shogatsu/Ganjitsu (Neujahr)
2. Mo. im Januar: Seijin no hi (Tag der Volljährigen)
11. Februar: Kenkoku Kinen no hi (Tag der legendären Staatsgründung)
20. oder 21. März: Shunbun no hi (Frühjahrs-Tag- und Nachtgleiche)
29. April: Showa no hi (Tag des Showa-tenno)
3. Mai: Kenpo kinenbi (Verfassungstag)
4. Mai: Midori no hi (Tag des Grüns)
5. Mai: Kodomo no hi (Tag des Kindes)
3. Mo. im Juli: Umi no hi (Tag des Meeres)
3. Mo. im September: Keiro no hi (Tag der Ehrerbietung für die Älteren)
23. oder 24. September: Shubun no hi (Herbst-Tag- und Nachtgleiche)
2. Mo. im Oktober: Taiiku no hi (Gesundheits- und Sporttag)
3. November: Bunka no hi (Tag der Kultur)
23. November: Kinro Kansha no hi (Tag der Arbeit; auf dem Land Erntedankfest)
23. Dezember: Tenno Tanjobi (Geburtstag des derzeitigen Kaisers)

### JANUAR

▸ **überall**
Shogatsu. Erster Schreinbesuch im neuen Jahr; Straßendekoration; bedeutendes Familienfest wie Weihnachten im Westen (1. Januar).

▸ **Harumi, Tokyo**
Dezome-shiki. Neujahrsparade der Feuerwehr in historischen Uniformen; akrobatische Vorführungen auf der Spitze hoher Bambusleitern (6. Januar).

▸ **Dazaifu (Präf. Fukuoka)**
Usokae. Fest des Dazaifu-Temmangu-Schreins (7. Januar).

▸ **Nara**
Wakakusa-yama-yaki. Grasfeuerzeremonie auf dem Hügel Wakakusa (am Tag vor dem Seijin no hi).

▸ **Osaka**
Toka Ebisu. Festival mit Prozession zu Ehren von Ebisu, dem Schutzpatron des Geschäfts und des Glücks (Monatsmitte).

▸ **Akita**
Bonten-matsuri. Miyoshi-Schrein-Festival, Prozession (Monatsmitte).

## FEBRUAR

▸ **überall**
Setsubun-matsuri. Fest in Tempeln und Schreinen zum Winterende mit Bohnenwerfen und dem Ruf »Glück herein – Teufel raus!« um den Teufel zu vertreiben (Monatsanfang).

▸ **Nagasaki**
Laternenfest. Feier zum chinesischen Neujahr mit Löwentänzen, Kostümparade und Tausenden von chinesischen Laternen (Monatsanfang).

▸ **Sapporo**
Schneefest, u. a. mit großen Schneeskulpturen (Monatsanfang, 7 Tage lang).

▸ **Yokote (Präf. Akita)**
Kamakura-matsuri. In Schneehütten mit einem Altar bieten Kinder Reiskuchen u.a. an (Monatsmitte).

▸ **Okayama**
Hadaka-matsuri, Saidaiji-Tempel. Nur mit Lendenschurz bekleidete Männerhorden rangeln um zwei hölzerne Glücksbringer (3. Sa.).

▸ **Tokyo**
Pflaumenblütenfest des Yushima-Tenjin-Schreins bei Ueno (verschiedene Veranstaltungen zwischen 8. Februar und 8. März).

## MÄRZ

▸ **Nara**
O-mizutori. Brunnenöffnung am Todaiji-Tempel, Fest in Erwartung des lang ersehnten Frühlings.

▸ **überall**
Hina-matsuri. Puppenfest für Mädchen, Familien mit Töchtern stellen zu Hause Puppen auf (3. März).

▸ **Takao (bei Tokyo)**
Hi-watari. Priester der Bergtempel schreiten am Berg Takao barfuß über die noch glimmenden Hölzer eines Bon-Feuers (Feuer für die Seelen der Verstorbenen; 2. So.).

*Der Berg Wakakusa bei Nara leuchtet im Schein der Grasfeuer.*

▸ **Nara**
Kasuga. Tanzfest (Monatsmitte).

## APRIL

▸ **überall**
Hana-matsuri. In allen buddhistischen Tempeln wird Buddhas Geburtstag gefeiert (8. April).

▸ **Tokyo**
Kirschblütenfest des Yasukuni-Schreins (Monatsanfang).

▸ **Takayama**
Takayama-matsuri. Festival des Hie-Schreins mit Umzug (Monatsmitte).

▸ **Nikko**
Yayoi-matsuri. Festival des Futarasan-Schreins; Umzug mit Festwagen (Monatsmitte).

## MAI

▸ **Fukuoka**
Hakata-dontaku. Festumzüge mit Figuren aus der Sagenwelt; Prozessionswagen, Reiter (Monatsanfang).

▸ **Nikko**
Fest des Toshogu-Schreins mit spektakulärem Umzug, über 1000 Personen in Trachten der frühen Tokugawa-Zeit begleiten drei Tragschreine (17.–18. Mai).

▸ **Kyoto**
Aoi-matsuri. Fest an den Schreinen Shimogano und Kamigamo: Zur Erinnerung an eine kaiserliche Prozession wird ein Ochsenkarren durch die zwischen beiden Schreinen liegenden Straßen gezogen, begleitet von großem Gefolge; Schreine und Prozessionswagen sind mit Malvenblüten dekoriert (Monatsmitte).
Mifune-matsuri. Festival auf dem Oi-Fluss mit hübschen alten Booten (3. So.).

▸ **Tokyo**
Kanda-matsuri. Festival des Kanda-Myojin-Schreins; zwei riesige Sänften werden durch die Stadt getragen; Teezeremonie (Monatsmitte, alle zwei Jahre).
Sanja-matsuri. Festival des Asakusa-Schreins; dieses Fest ist eines der berühmtesten in Tokyo und geht auf die Edo-Zeit zurück; junge Männer, Frauen und Kinder befördern Tragschreine auf ihren Schultern; außerdem werden Löwentänze und Binzasara-Tänze aufgeführt (3. Wochenende, drei Tage lang).

## JUNI

▸ **Morioka**
Chagu-chagu Umakko. Reiterumzug mit prachtvoll geschmückten Pferden zum Hachiman-Schrein (2. Sa.).

▸ **Osaka**
Reissetzfest des Sumiyoshi-Schreins. Junge Mädchen in traditioneller Farmerkleidung setzen Reispflanzen auf das Reisfeld des Schreins, um für gute Ernte zu bitten (Monatsmitte).

▸ **Tokyo**
Sanno-matsuri. Festival des Hie-Schreins: eines der größten und fröhlichsten Feste in Tokyo; Umzug mit Tragschreinen durch Akasaka (Monatsmitte).

## JULI

▸ **überall**
Tanabata. Sternenfest; der japanischen Legende nach können sich die Sterne Vega und Altair, die

getrennt sind und einander lieben, auf der Milchstraße alljährlich einmal nur an diesem Tag treffen; Kinder befestigen an Bambuszweigen bunte Papierstreifen, auf die sie Gedichte geschrieben haben (7. Juli).

► **Fukuoka**
Hakata Yamagasa. Festival mit Straßenumzügen von Monatsanfang bis Monatsmitte (Höhepunkt des Festivals ist am 15. Juli).

► **Kyoto**
Gion-matsuri. Gionfest am Yasaka-Schrein mit herrlich geschmückten Festwagen (16.–17. Juli).

► **Haramachi (Präf. Fukushima)**
Soma no Maoi. Pferderennen mit Reitern in Samurairüstung (Monatsende).

► **Nachi-Katsuura (Wakayama)**
Nachi Himatsuri. Feuerfestival des Nachi-Schreins; 12 Riesenfackeln werden angezündet und von weiß gekleideten Priestern getragen (Monatsmitte).

► **Tokyo**
Feuerwerksfest in Asakusa am Sumida-Fluss (Monatsende).

## JULI/AUGUST

► **überall**
Bon-Feier. Allerseelenfest zum Gedenken an die Toten, die nach buddhistischem Glauben die Erde zu dieser Zeit besuchen; kleine Lichter werden für ihre Seelen angezündet (je nach Region im Juli oder August, Monatsmitte).

► **Miyajima**
Kangensai Musik Festival des Itsukushima-Schreins. Klassische Hofmusik und Tänze werden auf schön geschmückten Booten aufgeführt.

## AUGUST

► **Aomori und Hirosaki**
Nebuta-matsuri in Aomori und Neputa-matsuri in Hirosaki. Große beleuchtete Pappfiguren, die Menschen, Tiere, auch Vögel darstellen, werden auf Festwagen durch die Straßen gezogen (Monatsanfang).

► **Akita**
Kanto-matsuri. Es wird göttliche Hilfe für reiche Ernte erbeten; junge Männer balancieren 8 m hohe, 60 kg schwere Bambusstäbe, an denenje 46 Laternen hängen, durch die Straßen (Monatsanfang).

► **Nikko**
Waraku Odori. Volkstanzfest (Monatsanfang).

► **Hiroshima**
Friedensfest. Gedenktag des Atombombenabwurfs (6. August).

► **Sendai**
Tanabata-matsuri. Sternenfest: Die Straßen sind mit bunten Papierstreifen und Fahnen geschmückt (Monatsanfang).

► **Yamagata**
Hanagasa-matsuri. Über 10 000 Menschen tanzen durch die Straßen der Stadt und tragen Hanagasa, einen niedrigen runden Strohhut, der mit künstlichen Blumen geschmückt ist (Monatsanfang).

► **Tokushima**
Awa-odori. Volkstanzfestival, an dem sich auch Gäste beteiligen können (Monatsmitte).

*Beim Jidai-matsuri in Kyoto wird mit einem Umzug in historischen Kostümen aus den verschiedenen Epochen die Gründung Kyotos gefeiert.*

- **Kyoto**
  Daimonji. Feuerfest auf dem Nyoigatake (Monatsmitte).

## SEPTEMBER

- **Kamakura**
  Yabusame. Bogenschießen zu Pferde beim Tsurugaoka-Hachimangu-Schrein (Monatsmitte).

## OKTOBER

- **Nagasaki**
  Okunchi-Fest beim Suwa-Schrein. Prozession mit Drachentanz (Monatsanfang).

- **Tokyo**
  Furusato Tokyo Matsuri zur Feier des Baus der Burg in Edo mit buntem Programm, Hafenfest, Misswahl, Festzugswagen und Laternenprozession (1. Wochenende).
  Oeshiki-matsuri. Fest des Homonji-Tempels, Umzug mit großen, blumengeschmückten Laternen (Monatsmitte).

- **Himeji**
  Kenka-matsuri. Festival des Matsubara-Schreins mit Geschicklichkeitsdarbietungen der Jugend (Monatsmitte).

- **Nikko**
  Herbstfest des Toshogu-Schreins mit Umzug (Monatsmitte).

- **Kyoto**
  Jidai-matsuri. Stadtgründungsfest (Monatsende).

- **Kurama (Kyoto)**
  Feuerfestival des Yuki-Schreins. Entlang der Straße zum Schrein sind Fackeln angebracht, Kinder tragen Fackeln zum Schrein (Monatsende).

## OKTOBER/NOVEMBER

- **Tokyo**
  Chrysanthemenausstellungen beim Asakusa-Kannon-Tempel, im Yasukuni-Schrein, Meiji-Schrein und im Shinjuku-Gyoen-Garten.

## NOVEMBER

▸ **Hakone**
Daimyo-gyoretsu. Festzug in Hakone-Yumoto (Monatsanfang).

▸ **Karatsu**
Okunchi-matsuri. Festival des Karatsu-Schreins mit farbenprächtigem Umzug (Monatsanfang).

▸ **Tokyo**
Tori-no-ichi. Hahn-Märkte am Otori-Schrein in Asakusa an den Tagen des Hahns; entlang der Wege zum Schrein werden an Ständen »Bärentatzen« – mit Schmuck behängte Bambusharken – verkauft (Monatsmitte).

▸ **überall**
Shichi-go-san. Schreinbesuch der in Kimonos gekleideten 7-, 5- und 3-jährigen Kinder (Monatsmitte).

## DEZEMBER

▸ **Nara**
On-matsuri. Prozession mit historischen Maskeraden (Monatsmitte).

▸ **Tokyo**
Hagoita-ichi, Toshi-no-ichi. Markt des Asakusa-Kannon-Tempels zum Jahresende, u. a. Verkauf von Neujahrs-Dekoration (Monatsmitte).

▸ **Oga (Akita-ken)**
Namahage. Männer in Teufelsmasken ziehen von Haus zu Haus und suchen ungezogene Kinder (Monatsende).

# Geld

**Währung**

Japans Währung ist der Yen (jap. »runder Gegenstand«). Es gibt Banknoten zu 1000, 2000, 5000 und 10 000 ¥ sowie Münzen zu 1, 5, 10, 50, 100 und 500 ¥.

**Devisenbestimmungen**

Die Einfuhr von Landeswährung und Devisen unterliegt keinen Beschränkungen. Bargeld und Wertpapiere im Wert von mehr als 1 Mio. ¥ sowie Edelmetall (Gold von einem Reinheitsgrad über 90 %) müssen deklariert werden.

**Wie bezahlen?**

Erstaunlich: Im hoch technisierten Japan ist das Zahlen mit Kreditkarte – außer in großen Hotels und Geschäften – nicht sehr verbreitet: **Bargeld** ist immer noch Zahlungsmittel Nr. 1. Japanische **Geldautomaten** akzeptieren in der Regel nur in Japan ausgestellte Bankkarten. An den Automaten der japanischen Post kann man mit Kredit- oder EC-(Maestro)-Karte meist problemlos Geld abheben; Kreditkarten funktionieren außerdem an den Automaten der Citibank und in den Geschäften der Konbini-Kette 7-Eleven.

### i Wechselkurse

- 100 ¥ = 0,89 € — 1 € = 112 ¥
- 100 ¥ = 1,26 sfr — 1 sfr = 79 ¥

**Banken** Banken öffnen Mo.–Fr. 9.00–15.00 Uhr. **Achtung:** Ausländische Währungen und Reiseschecks werden nicht von allen Banken gewechselt. Außerhalb der Schalterstunden tauschen große Hotels Travellerschecks und Bargeld, meist ohne Kommission, allerdings nur für Gäste.

# Gesundheit

**Verständigungshilfen** Das »Tourist's Language Handbook«, das über JNTO kostenlos zu beziehen ist (► Auskunft), enthält einen zweisprachigen Abschnitt medizinische Begriffe, Fragen und Antworten. Die meisten Ärzte sprechen ein wenig Deutsch, da dies während des Studiums ein Pflichtfach ist.

**Apotheken**
Öffnungszeiten ► In Japan sind viele Medikamente rezeptfrei erhältlich; englischsprachige Beipackzettel sind meist obligatorisch. Die Apotheken sind gewöhnlich werktags von 9.00 bis 18.00 Uhr dienstbereit.

# Knigge

**Etikette** Obwohl sich vor allem in den Großstädten Japans die Lebensgewohnheiten zunehmend westlichen Gepflogenheiten annähern, kommt der aus jahrhundertalter Tradition gewachsenen Etikette noch immer große Bedeutung zu. Die **japanische Höflichkeit** ist sprichwörtlich; Japaner werden beispielsweise einem Gesprächspartner nie direkt widersprechen, sondern vielmehr eine konziliante Umschreibung suchen. Zeichen von Ungeduld, Ärger oder Missbilligung gelten als unhöflich. Lächeln und äußere Ausgeglichenheit bestimmen die Kommunikation.

**Begrüßung** Für die Begrüßung ist der Handschlag im Allgemeinen nicht üblich. Stattdessen verneigt man sich voreinander – Männer mit seitlich angelegten Armen, Frauen mit den Händen vor dem Schoß.

**Kleidung** Großer Wert wird auf korrekte Kleidung gelegt, auch wenn hier westliche Einflüsse ständig zunehmen. Männer sollten keine Shorts oder grellfarbige Hemden tragen. Im Geschäftsleben sind dunkler Anzug und Krawatte obligatorisch.

**Schuhe** Beim Betreten eines japanischen Wohnhauses oder auch eines Tempels werden die Straßenschuhe gegen Pantoffeln ausgetauscht; mit Tatami (Bambusmatten) ausgelegte Räume betritt man nur in Strümpfen. In Bädern und WCs stehen oft Extrapantoffeln nur für die Toilette bereit.

**Essen**

Suppe zu schlürfen entspricht durchaus dem guten Ton. Die Ess-Stäbchen darf man nicht in den Reis stecken – das ist einem rituellen Totenopfer vorbehalten. Als schlechtes Benehmen gilt auch, im Gehen oder in öffentlichen Verkehrsmitteln zu essen. Es gilt als unfein, sich in der Öffentlichkeit laut die Nase zu putzen. Am besten sucht man sich eine stille Ecke dafür. Hochziehen (auch laut!) ist aber akzeptiert.

**Trinkgeld**

Trinkgelder sind in Japan **allgemein nicht üblich**. Ausnahmen sind die westlichen Hotels, wo die Bediensteten für aufs Zimmer getragene Koffer ca. 200 ¥ erhalten. Im Ryokan ist es üblich, der Bedienerin am Anfang oder Ende des Aufenthalts ein Trinkgeld zu geben. Es gilt in jedem Fall als taktlos, Geld offen zu überreichen; besser ist ein Briefumschlag.

**Sitzen**

Das Sitzen auf den Knien ist anstrengend. Wenn man es nicht mehr aushält, darf man es sich durchaus bequemer machen: Männer können auf den Schneidersitz ausweichen, Frauen schräg zur Seite »abrutschen«. Wer die Beine ausstreckt, sollte darauf achten, niemandem seine Fußsohlen zuzuwenden.

**Schlafen**

Im Ryokan wird der Kimono säuberlich links über rechts gebunden – nur Tote werden in der Gegenrichtung gewickelt –, und zuletzt achte man darauf, dass das mit Reis gefüllte Kopfkissen keinesfalls zur lebensbedrohenden Nordseite zeigt.

**Visitenkarten und Siegel**

In Japan werden weit öfter als in Europa Visitenkarten ausgetauscht; ein entsprechender Vorrat ist angezeigt. Für berufliche Zwecke sollten die Karten europäisch und japanisch beschriftet sein; in größeren Städten gibt es entsprechende Druckereien. Visitenkarten werden mit beiden Händen und einer Verbeugung überreicht und sehr pfleglich behandelt. Anstatt zu unterschreiben, verwenden Japaner meist ein Siegel (»inkan« bzw. »hanko«), das man sich auch als Tourist anfertigen lassen kann (beim Siegelmacher!) – ein wirklich hübsches Souvenir.

# Literaturempfehlungen

**Sachbücher**

**Abt Muho**: Zazen oder der Weg zum Glück. Rowohlt, 2007. Eine kleine Anleitung zum persönlichen Glück. Abt Muho, ein Deutscher, leitet das Zen-Kloster Antaiji in den Bergen bei Kyoto.

**Ian Buruma**: Erbschaft der Schuld. Rowohlt, 1996. Eine Anaylse der ganz unterschiedlichen Vergangenheitsbewältigung in Deutschland und Japan.

**Florian Coulmas**: Die Gesellschaft Japans: Arbeit, Familie und demografische Krise. Becksche Reihe, 2007. Coulmas, Leiter des Deutschen Instituts für Japanstudien in Tokyo, beschäftigt sich mit der Überalterung der japanischen Gesellschaft und den daraus resultierenden Problemen.

**Kerstin und Andreas Fels**: Die Axt im Chrysanthemenwald. Conbook Medien, 2008. Herr Lehmann, erstmals auf Geschäftsreise in Japan, lässt kein Fettnäpfchen aus und bewahrt den Leser damit vor dem einen oder anderen. Am besten vor der Reise lesen.

**Kurihara Harumi**: Einfach japanisch kochen. Dorling Kindersley, 2007. Die Autorin moderiert in Japan zahlreiche TV-Shows und Kochsendungen. Die traditionellen japanischen Gerichte zum Nachkochen gelingen auch in Deutschland.

**Murakami Haruki**: Untergrundkrieg: Der Anschlag von Tokyo. Btb, 2007. In zahlreichen Interviews mit Tätern und Opfern beleuchtet der (sonst eher für seine Romane bekannte) japanische Erfolgsautor Hintergründe und Folgen des Sarin-Giftgasanschlags in der U-Bahn von Tokyo im Jahr 1995.

**Susanne Phillipps**: Schnellkurs Japan. DuMont Literatur und Kunst Verlag, 2004. Ein guter und unterhaltsam präsentierter Überblick – Geschichte, Religion, Wirtschaft, Politik, Kunst und Kultur.

Belletristik

**Abe Kobo**: Die Frau in den Dünen. Ullstein, 1997. Verstörender Roman über einen Insektenkundler, der in eine seltsame Gefangenschaft in den Sanddünen gerät, wo er einer Frau bei ihrem offensichtlich sinn- und aussichtslosen Bemühen hilft, ihr Haus vor der Versandung zu schützen. Auch verfilmt.

**Endo Shusako**: Schweigen. Droemer Knaur, 1995. Der Roman des katholischen Schriftstellers handelt von den Christenverfolgungen im Japan des 17. Jahrhunderts, als ausländische Missionare des Landes verwiesen wurden und japanische Christen in den Untergrund gegen mussten.

**Arthur Golden**: Die Geisha. Btb, 2006. Bestseller über das Schicksal einer jungen Geisha. Wer »Die wahre Geschichte der Geisha« erfahren will, auf deren Leben Goldens Roman basiert, sollte obendrein die Autobiografie von **Iwasaki Mineko** (Ullstein 2004) lesen.

## i Die schönsten Filme

- »Chihiros Reise ins Zauberland« von Miyazaki Hayao (Zeichentrick)
- »Hana-Bi« von Kitano Takeshi
- »Rashomon« von Kurosawa Akira
- »Samurai der Dämmerung« von Yamada Yoji
- »Reise nach Tokyo – Tokyo Monogatari« von Ozu Yasujiro
- »Die Kunst der Erpressung« von Itami Juzo
- »Lost in Translation« von Sofia Coppola
- »Kirschblüten – Hanami« von Doris Dörrie

**Kawabata Yasunari**: Schneeland. Suhrkamp, 2005. Hauptwerk des Nobelpreisträgers von 1968. Der Roman, der im schneereichen, dem Japanischen Meer zugewandten Nordwesten Japans spielt, erzählt die komplizierte Beziehung eines Tokyoter Geschäftsmannes zu einer ländlichen Geisha.

**Kirino Natsuo**: Die Umarmung des Todes. Goldmann, 2005. Vier Arbeiterinnen einer Lunchbox-Fabrik zerstückeln in Heimarbeit eine Leiche: Einblicke in das japanische Vorstadtleben und den Alltag derer, die die Dauer-Wirtschaftskrise als Erste spüren.

**Mori Ogai**: Im Umbau. Insel, 1994. Sammlung von Erzählungen des Klassikers der Moderne. Ogai lebte eine Zeit lang in Deutschland. Mit autobiografischen Zügen: »Die Tänzerin«.

**Oe Kenzaburo**: Eine persönliche Erfahrung. Suhrkamp, 1991. Autobiografischer Roman des Literaturnobelpreisträgers: Der Autor lernt, seinen geistig behinderten Sohn anzunehmen.

Das Kopfkissenbuch der Hofdame **Sei Shonagon**. Manesse, 2004. Klassiker der japanischen Literatur aus der der Heian-Zeit , von der Hofdame Sei Shonagon (um 966 – um 1025) geschrieben. Amüsante und poetische Szenen, Beobachtungen aus ihrem Alltag, Einsichten und Aphorismen.

**Yoshikawa Eiji**: Musashi. Droemer Knaur, 2000. Umfangreicher historischer Roman über den Schwertmeister Musashi; mehrfach verfilmt und auf der Bühne aufgeführt.

**Yoshimoto Banana**: Kitchen. Diogenes, 1994. Beliebt bei jungen Leuten: Geschichten über Verlust, Träume, ungewöhnliche Familien, mysteriöse Begebenheiten. In diesem Band über eine junge, verwaiste Frau, die einen Freund findet, dessen Mutter einmal ein Mann war ...

# Medien

**Rundfunk**

Die Deutsche Welle kann auf Kurzwelle empfangen werden. Auskünfte über die Frequenzen erhält man auf der Internetseite oder über den Kundenservice: **www.dw-world.de**.

**Fernsehen**

Das staatliche japanische Fernsehen strahlt ein allgemein-unterhaltendes und ein pädagogisch-informatives Programm aus. Ferner gibt es private Sendeanstalten mit unterschiedlichem Programm. In Hotels mit Kabel- oder Satellitenfernsehen können auch englischsprachige Programme empfangen werden.

**Zeitungen** Die größten **Tageszeitungen** in Japan sind die »Yomiuri Shinbun«, »Asahi Shinbun«, »Mainichi Shinbun« und »Chunichi Shinbun«. Wichtigste Wirtschaftszeitung ist die »Nikkei Shinbun«. An Zeitungsständen von Bahnhöfen findet man auch diverse englischsprachige Zeitungen aus Japan, wie z. B. »The Japan Times«, »Daily Yomiuri« und »Asahi Evening News«.

# Nationalparks

**Weit verstreut** Im März 1934 wurden die ersten drei Nationalparks eingerichtet: Setonaikai, Unzen-Amakusa und Kirishima-Yaku. Die derzeit 28 Nationalparks schützen Landschaft mit besonderen Eigenheiten und umfassen häufig auch Kulturdenkmäler wie Tempel- und Schreinanlagen. Auch der größte Teil der Inlandsee wurde insgesamt zum Nationalpark erklärt. Da die Landschaften Japans nicht so weiträumig sind wie diejenigen Europas oder Nordamerikas, bestehen viele Nationalparks aus einer Anzahl von räumlich nicht zusammenhängenden Schutzgebieten.

**Gesamtfläche** Mit über zwei Millionen Hektar bedecken die Nationalparks 5,4% der gesamten Fläche Japans. Weitere 3,6% der Landesfläche nehmen die 55 Quasi-Nationalparks ein.

# Notrufe

## ALLGEMEINE NOTRUFE

- **Polizei**
  Tel. 110
- **Feuerwehr, Ambulanz**
  Tel. 119

## RETTUNGSDIENSTE

- **ACE-Notrufzentrale Stuttgart**
  Tel. 00 49/18 02 34 35 36
- **ADAC-Notrufzentrale München**
  Tel. 00 49/89 22 22 22
  ADAC-Ambulanz
  Tel. 00 49/89 76 76 76
- **ÖAMTC-Notruf Wien**
  Tel. 00 43/125 120 00
  Medizin. Notfälle:
  Tel. 00 43/125 120 20
- **Deutsche Rettungsflugwacht Stuttgart**
  Tel. 00 49/7 11 70 10 70
- **DRK-Flugdienst Bonn**
  Tel. 00 49/2 28 23 00 23
- **Schweizerische Rettungsflugwacht Zürich**
  Tel. 00 41/333 333 333

## *Nationalparks in Japan* Orientierung

| Ir. | Nationalpark | Fläche in km2 | Präfekturen |
|---|---|---|---|
| 1 | Rishiri-Rebun-Sarobetsu | 212 | Hokkaido |
| 2 | Shiretoko | 386 | Hokkaido |
| 3 | Akan | 904 | Hokkaido |
| 4 | Kushiro-shitsugen | 268 | Hokkaido |
| 5 | Daisetsuzan | 2267 | Hokkaido |
| 6 | Shikotsu-Toya | 993 | Hokkaido |
| 7 | Towada-Hachimantai | 854 | Aomori, Akita, Iwate |
| 8 | Rikuchu-kaigan | 123 | Iwate, Miyagi |
| 9 | Bandai-Asahi | 1870 | Yamagata, Niigata, Fukushima, Nikko |
| 0 | Nikko | 1407 | Fukushima, Tochigi, Gumma, Niigata |
| 1 | Joshin-etsu-Kogen | 1890 | Chichibu-Tama |
| 2 | Chichibu-Tama | 1216 | Saitama, Tokyo, Yamanashi, Nagano |
| 3 | Ogasawara | 61 | Ogasawara |
| 4 | Fuji-Hakone-Izu | 1223 | Kanagawa, Yamanashi, Tokyo, Shizuoka |
| 5 | Chubu-Sangaku | 1743 | Niigata, Toyama, Nagano, Gifu |
| 6 | Südliche Alpen | 358 | Nagano, Yamanashi, Shizuoka |
| 7 | Hakusan | 477 | Toyama, Ishikawa, Fukui, Gifu |
| 8 | Ise-Shima | 595 | Mie |
| 9 | Yoshino-Kumano | 598 | Mie, Nara, Wakayama |
| 0 | San-in-kaigan | 87 | Kyoto, Hyogo, Tottori |
| 1 | Daisen-Oki | 319 | Tottori, Okayama, Shimane |
| 2 | Inlandsee | 628 | Yamaguchi, Hiroshima,Okayama, Hyogo, Kagawa, Ehime |
| 3 | Ashizuri-Uwakei | 111 | Kochi, Ehime |
| 4 | Aso | 726 | Kumamoto, Oita |
| 5 | Unzen, Amakusa | 283 | Nagasaki, Kumamoto, Kagoshima |
| 6 | Ashizuri-Uwakei | 246 | Nagasaki |
| 7 | Aso | 548 | Miyazaki, Kagoshima |
| 8 | Unzen, Amakusa | 125 | Okinawa |

# Öffnungszeiten

**Geschäfte** Einzelhandelsgeschäfte öffnen täglich (auch am Wochenende) von 10.00 bis 20.00, Kaufhäuser Mo. bis So. von 10.00 bis mindestens 19.00 Uhr, schließen aber meist an einem Tag im Monat. Über Neujahr ist fast überall geschlossen. In jedem Ort gibt es aber 24 Stunden geöffnete »convenience stores«, **Kombini** genannt.

**Museen** Die meisten Museen schließen montags und öffnen im Allgemeinen Di. bis So. 9.00 bis 17.00 Uhr.

**Banken** ►Geld
**Apotheken** ►Gesundheit
**Post** ►s. u.

# Pachinko

Wer in seiner Heimat das Flippern nicht lassen kann, sollte sich in Japan in eine Pachinko-Halle wagen. Stahlkugeln bringen, wenn sie richtig fallen, mit Lämpchenflackern und Klingeln Gewinn: neue Kugeln. Jeder dritte Japaner sitzt einige Stunden pro Woche vor dem **beliebtesten Glücks-Geschicklichkeitsspiel**, wobei er die gewonnenen Kugeln am Ende gegen Olivenöl, Zigaretten, Damenstrümpfe oder Ähnliches eintauschen kann. Bei genauer Beobachtung der Gewinner wird man gewahr, dass die materiellen Gewinne oft in Seitenstraßen – natürlich inoffiziell – in Bargeld zurückgetauscht werden.

# Post · Telekommunikation

**Post** Postämter öffnen im Allgemeinen Mo. bis Fr. 9.00–17.00 Uhr; Hauptpostämter haben meist einen 24-Stunden-Schalter, an dem sich fast alle Postgeschäfte erledigen lassen.

Briefkästen ► Die roten Briefkästen haben zwei Einwurföffnungen, die rechte ist für Expresssendungen und für Auslandspost, die linke für Inlandssendungen.

Porto ► Briefe (bis 25 g) innerhalb Japans 80 ¥, nach Europa 110 ¥; Postkarten innerhalb Japans 50 ¥, nach Europa 70 ¥.

**Telefon** Die grünen und grauen öffentlichen Fernsprecher akzeptieren sowohl Münzen (10 ¥, 100 ¥) als auch Telefonkarten. Letztere bekommt man in den zahlreichen durchgehend geöffneten Kombini wie Lawson oder 7-Eleven, an Kiosken oder direkt neben dem Telefon vom Automaten. Ein Ortsgespräch kostet 10 ¥ pro Minute. Internationale

Gespräche sind vergleichsweise sehr teuer. Sie können überdies nicht von jedem öffentlichen Telefon aus getätigt werden, sondern nur von grauen und grün-goldenen NTT-Apparaten, wenn sie entsprechend ausgewiesen sind (»International & Domestic Card/Coin Telephone«), und von orangefarbenen IC-Telefonen. Achtung: Letztere funktionieren nur, wenn man eine Ecke der Telefonkarte abtrennt und die Karte dann in das »Kartenfach« (kein Schlitz) steckt.

Vor der Landesvorwahl muss die **Vorwahl der Telefongesellschaft** gewählt werden. Derzeit gibt es drei Gesellschaften, die internationale Direktwählgespräche anbieten: KDD (001), Softbank (0061) und NTT (0033). Zunächst wird also die Nummer der Telefongesellschaft gewählt, dann 010 und die Landesvorwahl. Ein Gespräch von Japan nach Berlin könnte also folgendermaßen aussehen: 001-010-49-30-... Wem das alles zu kompliziert ist, der kann sich unter 0051 an einen Englisch sprechenden **Operator** wenden. Am Wochenende, nachts und an Feiertagen sind die Gebühren niedriger.

**i Vorwahlnummern**

- Nach Deutschland: 0049
- Nach Österreich: 0043
- In die Schweiz: 0041
- Nach Japan: 0081

**! Baedeker TIPP**

**Guthabenkarten**

Es gibt auch Guthabenkarten mit Codenummer, mit denen man beispielsweise vom Handy oder von privaten Telefonen Anrufe tätigen kann. Die speziellen International Calling Cards bieten meist günstigere Tarife.

**Mobiltelefon**

Derzeit sind nur deutsche G3/UMTS-fähige Mobiltelefone auch in Japan einsetzbar. Die japanischen Anbieter NTT DoCoMo und SoftBank haben Roaming-Abkommen mit den deutschen Anbietern E-plus, O2, T-Mobile und Vodafone. Doch Vorsicht, es können hohe Roaming-Gebühren anfallen. Man kann in Japan für die Dauer der Reise ein Mobiltelefon mieten, z. B. über Rentafone (www.rentafonejapan.com) oder Japan Handy Phone (www.japanphone.com).

# Preise · Vergünstigungen

**Ein teures Land**

Japan hat ein hohes Preisniveau.Es gibt aber durchaus Möglichkeiten, zu sparen: Eine Schale Udon in einem Nudellokal macht satt und ist schon für 500 ¥ zu haben; Wasser und Tee bekommt man überall gratis zum Essen; Jugendherbergen, die auch älteren Semestern offen stehen, gibt es in jeder sehenswerten Stadt. Wer auf ein eigenes Badezimmer bzw. eine Dusche nicht verzichten möchte, kommt am billigsten in einem Businesshotel unter. Und wer Zeit hat, kommt statt mit dem Shinkansen auch mit einem vergleichsweise billigen Bum-

## WAS KOSTET WIE VIEL?

**O-bento (Snackbox)**
ab 650 ¥

**Mittagsmenü**
ab 800 ¥

**Eine Tasse Kaffee**
350–400 ¥

**Ein Bier (im Lokal)**
650–700 ¥

**Eine Nacht in der Jugendherberge**
ca. 3000 ¥ p.P.

**Eine Nacht im Businesshotel**
ab 5500 ¥ p.P.

**Eine Nacht im Ryokan**
ab 8000 ¥ p.P.

melzug oder einem Fernbus ans Ziel. Auch ein JR Rail Pass kann sich rentieren (► S. 160). Nur während der japanischen Semesterferien wird das Seishun-juhachi-Ticket (Jugendlichen-18-Ticket) verkauft. Es steht Reisenden aller Altersstufen offen (11 500 ¥ für fünf Abschnitte, die jeweils zu einem Tag unbegrenzter Fahrt in Bummelzügen von Japan Railways berechtigen).

Discount-Läden ► Billig einkaufen kann man in den 100-Yen-Shops (s. S. 145) und Discount-Ticket-Shops. Letztere befinden sich oft in Bahnhofsnähe und verkaufen Fahrkarten für Zug, Bus und Flugzeug sowie Telefonkarten, Konzert- und Kinotickets mit ca. 3 – 5% Ermäßigung.

Welcome Card ► Mit Welcome Cards erhält man Ermäßigungen auf Eintrittspreise, Fahrkarten im Nahverkehr, Unterkünfte und Restaurants. Man bekommt sie bei den Touristeninformationen.

Nahverkehr ► In Großstädten gibt es oft günstige Tagespässe für öffentliche Verkehrsmittel. Am besten fragt man nach einem »ichinichi-joshaken«.

Studenten- und Rentnerausweis ► Studenten mit Internationalem Studentenausweis und Personen über 65 erhalten Ermäßigungen in vielen Museen etc.

**Weiterführende Information** JNTO (► Auskunft) gibt die **Broschüren »Erschwingliches Japan« und »Japan for Free«** mit Tipps und Adressen heraus. Weitere Informationen gibt es unter **www.jnto.go.jp/affordable**.

# Reisezeit

**Frühjahr Herbst** Die besten Reisezeiten für Japan sind das Frühjahr (Ende März bis Mitte Mai) und der Herbst (Mitte Oktober bis Anfang Dezember). Wegen der großen Ausdehnung des Landes in Nord-Süd-Richtung kann es im März im Norden noch recht kühl sein, während im Süden bereits die Kirschblüte einsetzt.

## *Japan* *Fünf regionaltypische Klimastationen*

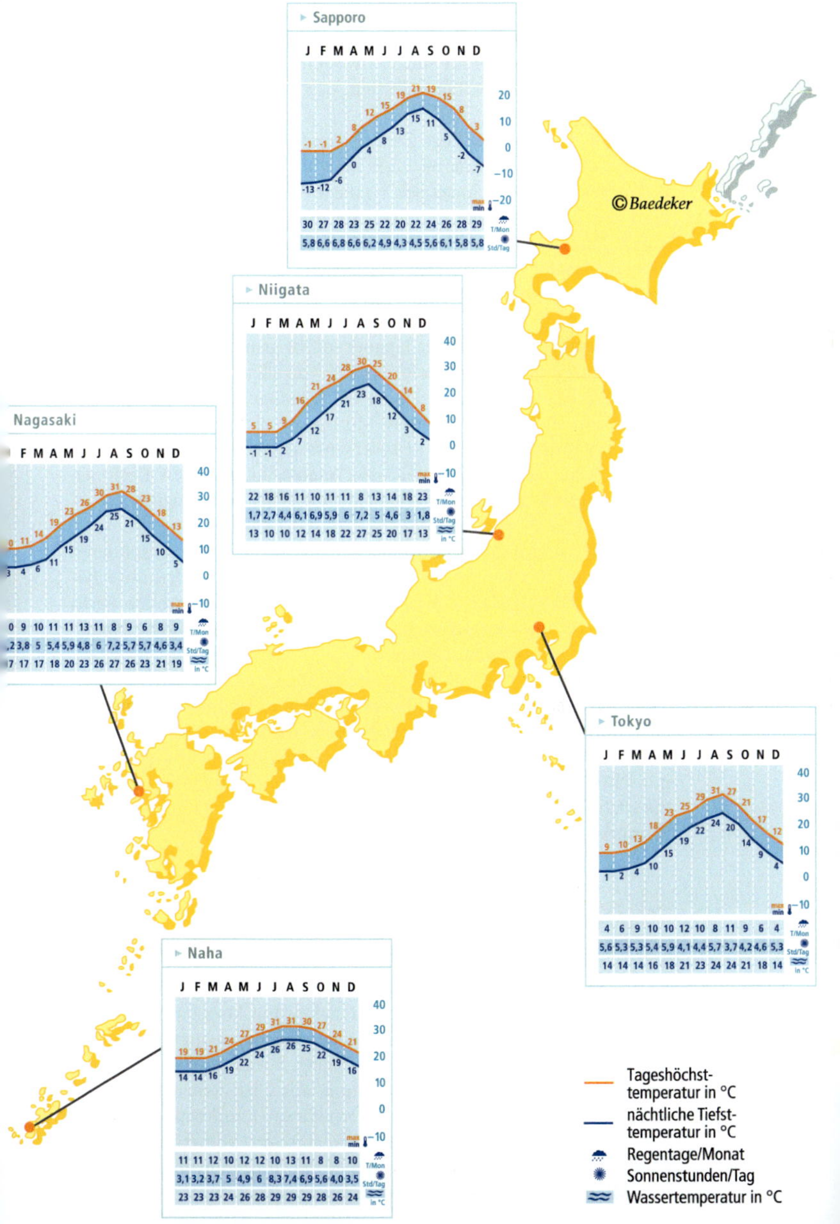

**Sommer** Der Sommer ist in den Ebenen heiß und zum Teil feucht. Angenehmer sind zu dieser Zeit die Seebäder und die Bergregionen. Die Niederschlagsmengen der Regenzeit (Tsuyu, Baiu; Juni/Juli) sind im Nordosten geringer als im Süden. Im September, im Süden allerdings schon im Juli, setzt die Taifunzeit ein.

**Winter** Während des Winters liegt Zentral- und Nordjapan unter hohem Schnee, der mancherorts bis zum Mai Wintersport möglich macht. Besonders kalt und schneereich ist die Westküste von Honshu, während die Temperatur an der Ostküste und im Flachland nur selten unter den Gefrierpunkt absinkt. Eine Sonderstellung nehmen die **Okinawa-Inseln** im äußersten Südwesten Japans mit einer Jahresdurchschnittstemperatur von 23 °C ein.

**Spitzensaison** Die ausgeprägte Reiselust der Japaner macht grundsätzlich eine möglichst frühzeitige Buchung erforderlich. Vor allem in der Zeit der japanischen Feiertage (21. Dezember bis 5. Januar) und in der Wintersportsaison sind hierfür mehrere Monate zu veranschlagen. Spitzenzeiten des innerjapanischen Reiseverkehrs sind die »Goldene Woche« Anfang Mai, das Bon-Fest (13.–15. August, in manchen Regionen Mitte Juli) und die Sommerferien (Mitte Juli bis Ende August).

**Kirschblüte und herbstliche Laubfärbung** Kirschblüte und herbstliche Laubfärbung gehören zu den besonderen Attraktionen des Landes, und ihnen verdanken viele Orte ihre Bekanntheit. Dann ziehen die Japaner in großen Scharen zu den Parks und Landschaftsschutzgebieten, um unter den Bäumen diese Naturschauspiele zu genießen.

**Passende Kleidung** Während der Regen- und Taifunzeit (Juni und September) wird Regenschutz benötigt. Im Sommer braucht man einen Sonnenschutz. Fächer und Schweißtücher kann man überall kaufen und geben ein hübsches Souvenir ab. In jedem Fall sollte man Schuhe mitnehmen, die sich leicht an- und ausziehen lassen – also möglichst ohne Schnürsenkel und Schnallen!

## Shopping

**Traditionelle Kunst** Nachdem das Kunsthandwerk um 1900 durch die Industrialisierung verdrängt zu werden drohte, stellten sich schon kurz nach der Jahrhundertwende Bemühungen zur Wiederbelebung alter Techniken ein. Besonders verdient machte sich Yanagi Soetsu (1889–1961), der eine unschätzbare Volkskunstsammlung aus allen Teilen Japans zusammentrug und mit den Keramikern Kawai Kanjiro und Hamada Shoji im Jahre 1931 einen Verein japanischer Volkskunst (Nihon Mingei-kyokei) sowie fünf Jahre später das Volkskunstmuseum (Nihon Mingei-kan) in Tokyo gründete.

Trotz industrieller Souvenirschwemme und der Vermischung von Kunst und Kitsch gibt es immer noch viele Waren traditionell künstlerischer, hochwertiger Produktion.Die japanische Regierung vergibt für besonders typische Produkte (derzeit etwas über 200) das Siegel »Traditionelles Kunsthandwerk« (Dento Kogeihin).

**Steuerfreier Einkauf**

Japan bietet eine reiche Auswahl an Industrieprodukten wie an kunsthandwerklichen Erzeugnissen. Ausländische Besucher können vieles steuerfrei einkaufen; entsprechende Geschäfte zeigen am Eingang ein Schild mit der Aufschrift **»Tax free«**. Für die Ausfuhr steuerfreier Waren benötigt man ein entsprechendes Formular (Record of Purchase of Commodities Taxfree), das der Verkäufer dem Reisepass des Kunden beifügt. Die erzielte Ersparnis beträgt 5%. Ausgenommen sind Nahrungsmittel, Medikamente, Kosmetika, Alkohol, Tabak und Batterien.

Der **Kauf von technischen Geräten** ist nur dann sinnvoll, wenn der Service in Europa gewährleistet ist. Bei Elektrogeräten muss man sich davon überzeugen, dass eine Umstellung auf die entsprechende Netzspannung möglich ist (das japanische Stromnetz führt nur 100 V Wechselspannung!). Ansonsten muss man einen Adapter (Hen'atsuki) dazukaufen. Auch sollte man nicht vergessen, dass die höchstzulässige Freigepäckmenge im Flugzeug sowie die Zollbestimmungen des Heimatlandes der Einkaufslust Grenzen setzen.

! *Baedeker* TIPP

**Gewusst wo ...**

Eine gute Übersicht über traditionelles Kunsthandwerk kann man sich u. a. in der Halle des Japan Traditional Craft Center verschaffen, das ständige und wechselnde Ausstellungen veranstaltet und eine gut sortierte Ecke mit Videos besitzt (nahe dem Bahnhof Ikebukuro, 1st & 2nd Floor, Metropolitan Plaza, 1-11-1 Nishi-Ikebukuro, Toshima-ku, Tokyo, www.kougei.or.jp/english, geöffnet tgl. 11.00–19.00 Uhr).

## Beliebte Souvenirs

**Keramik**

Japanische Keramik (Yaki), schon in frühgeschichtlicher Zeit bekannt und seit den Feldzügen des Toyotomi Hideyoshi (1592 – 1598) von koreanischen Meistern entschieden beeinflusst und weiterentwickelt, zeichnet sich bei aller Vielfalt durch schlichte Form und unaufdringlich-ästhetisches Dekor aus. Die zahlreichen, im ganzen Land anzutreffenden Manufakturen besitzen Verkaufs- und Ausstellungsräume, bieten Betriebsführungen an und unterhalten auch Hobby-Werkstätten. Die bedeutendsten Keramikorte sind Mashiko (Präfektur Toshigi), Seto und Tokoname (Präfektur Aichi), Tajimi und Toki (Präfektur Gifu), Kanazawa (Präfektur Ishikawa), Shigaraki (Präfektur Shiga), Kyoto (Präfektur Kyoto), Imbe (Präfektur Okayama), Hagi (Präfektur Yamaguchi), Arita und Karatsu (Präfektur Saga) sowie Sarayama (Präfektur Oita).

**Lackwaren** Die Tradition der Lackwaren wird in den alten Produktionszentren Tokyo, Kyoto und Kanazawa weitergeführt; weitere Werkstätten befinden sich in Takamatsu und Nagoya. Einfachere Waren für den täglichen Gebrauch werden in den Präfekturen Fukushima, Ishikawa, Toyama und Wakayama hergestellt (►Kunst und Kultur, S. 71)

**Textilien** Für das Färben von Textilien wurden schon früh das Abbindeverfahren (Kokechi), der Batik (Rokechi) und die Schablonentechnik für gefaltete Stoffe (Kyokechi) angewandt. Gemusterte **Kokechi-Stoffe** werden vorwiegend auf Okinawa sowie in den Präfekturen Kumamoto, Kagoshima, Ehime, Shimane und Niigata hergestellt. Führend in der Färbetechnik sind Kyoto und Kanazawa, ferner Tokyo sowie die Präfekturen Miyagi und Yamagata. Beliebt sind indigoblaue Stoffe, aus denen früher Bauernkleider genäht wurden, weil Indigo Insekten abwehren soll. Aomori in Nordjapan ist bekannt für **geometrische Stickereien** auf dunklem Grund; auf Hokkaido findet man noch **Applikationen**, wie sie früher von den Ainu angefertigt wurden. **Echte Kimonos** kosten ein Vermögen, aber man kann sie preiswert auf Flohmärkten oder in Secondhandläden erstehen. Ein schönes Mitbringsel sind auch Baumwoll-Yukata (Nemaki), die man nach dem Bad und zum Schlafen trägt.

**Papier** Japanisches Papier wird u. a. zur Herstellung von Puppen, bunten Schachteln, für die Bespannung von Wandschirmen und Schiebetüren sowie für kunstvolle Faltarbeiten (Origami) verwendet. Vermutlich ist die Kunst der Papierherstellung schon im frühen 7. Jh. von China nach Japan gelangt. Heute befinden sich die wichtigsten Papiermühlen in den Präfekturen Iwate (Higashiyama, Yanagifu), Niigata (Oguni), Nagano (Matsumoto), Saitama, Gifu, Fukui, Kanazawa sowie in den Städten Tokyo und Kyoto.

**Andenken aus Tempeln und Schreinen** Sowohl in shintoistischen Schreinen als auch in buddhistischen Tempeln werden Talismane verkauft. Wünsche an die Götter sind in kleine bunte Brokatbeutel (**omamori**) verpackt, je nach Wunsch und Bedarf für gute Gesundheit, für familiäre Harmonie, für Sicherheit im Straßenverkehr, für eine unkomplizierte Geburt usw. Auf kleine Holztäfelchen (**ema**) wird ein Wunsch geschrieben und eigentlich am Schrein aufgehängt, man kann sie aber natürlich auch als Andenken mitnehmen. Ein hübsches Souvenir sind auch Besucherbücher. Bei Schreinen und Tempeln kann man sich im »Schreibbüro« (nokyosho) eine kunstvolle Tuschekalligrafie und den Schrein- bzw. Tempelstempel in Orange eintragen lassen (ca. 300 ¥ pro Eintrag).

**Metallwaren** Unter den Metallwaren sind die in Kyoto und Tokyo hergestellten Bronzevasen zu nennen, ferner gusseiserne Teekannen und Wasserbehälter aus Morioka und Kyoto. Zu den besten Werken der Schmiedekunst gehören die hauptsächlich im 14. Jahrhundert gefertigten Schwerter, deren Preis einige zehntausend Euro betragen kann.

*Auch hübsch zum Mitbringen: traditionelle japanische Holzsandalen*

### Fächer

Dekorativ und an heißen Sommertagen auch hierzulande von Nutzen sind Fächer. Es gibt sie in jeder Preislage und in den verschiedensten Designs. Am bekanntesten sind Faltfächer (Sensu) aus Kyoto und runde Fächer (Uchiwa) aus Marugame auf Shikoku.

### Geta/Zori

An die japanischen Holzsandalen (Geta) muss der europäische Fuß sich zwar erst gewöhnen, aber anmutiger als hiesige Badelatschen sind sie allemal. Leichter läuft es sich mit solchen ohne Erhöhung, Zori genannt. Beide sollen insofern gut für die Füße sein, als die Riemen angeblich Akupressurpunkte zwischen den Zehen anregen.

### Puppen

Weniger ein Spielzeug, sondern eher Dekorationsgegenstände sind japanische Puppen. Beliebt und erschwinglich sind **Kokeshi**, schlichte Holzpuppen aus Nordjapan mit einem zylindrischen Körper, einem großen Kopf und rot-schwarzer Bemalung. Prächtiger sind so genannte **Kimekomi-ningyo**, benannt nach der Herstellungstechnik: Der Torso ist mit schmalen Ritzen versehen, in die die verschiedenen Stoffstücke geklemmt werden – die Kleider kleben der Puppe also sozusagen am Leib und können nicht ausgezogen werden.

### Süßigkeiten und Knabbereien

Japanische Süßigkeiten sind hübsch anzusehen, und jeder Ort hat seine eigenen Spezialitäten. Da es üblich ist, Kollegen und Freunden etwas von der Reise mitzubringen, gibt es an jedem Bahnhof viele Stände, die Schachteln mit den ortstypischen Süßigkeiten verkaufen. Unter den traditionellen japanischen Süßwaren (Wagashi) gibt es

»trockene« und »feuchte«. Zu Ersteren zählen süße wie salzige Senbei (Reiskekse) und bunt gefärbte Higashi aus Reispuder, die vom Aussehen ein wenig an Traubenzucker erinnern und die Form jahreszeitlich passender Blumen und Blätter haben. Zu den Letzteren gehören Mochi (Klöße aus gestampftem Reis, oft mit einer Füllung aus süßem Bohnenmus) und Yokan, ein süßes Bohnengelee.

**Bambus** Sehr vielseitig einsetzbar ist Bambus: Er wird für die Herstellung von Ess-Stäbchen, japanischen Flöten (Shakuhachi), Körben und vielem mehr verwendet. Bekannt sind z. B. Bambuswaren aus der Präfektur Okayama und aus Beppu.

## Wo einkaufen?

**Auf Flughäfen** Insbesondere der internationale Tokyoter Flughafen Narita bietet mit rund 40 Geschäften, darunter Souvenir- und Buchläden, Kamera-, Kosmetik-, Perlen- und Spielwarengeschäften sowie einem Duty-free-Shop viele Einkaufsmöglichkeiten; auch auf dem internationalen Flughafen Kansai in Osaka gibt es zahlreiche Geschäfte, darunter Läden für Damen- und Herrenmode sowie Kinderbekleidung, Lederwaren, Kimonos, Uhren, Schmuck, Perlen und traditionelles japanisches Kunsthandwerk.

*Eine Institution in Tokyo: das traditionsreiche Kaufhaus Mitsukoshi*

Kaufhäuser

Kaufhäuser (depatos) bieten erstklassige Qualität. Die Kaufhäuser Daimaru, Sogo, Seibu, Isetan und Matsuzakaya sind außer in Tokyo auch in anderen Großstädten vertreten. Das Tokyoter Kaufhaus **Mitsukoshi** hat eine über 300-jährige Tradition, **Matsuya** ist das größte Warenhaus in der bekannten Einkaufsstraße Ginza im Bezirk Chuo-ku. Eine weitere empfehlenswerte Kaufhauskette ist **Tokyu Hands**. Hier bekommt man für jedes Hobby das nötige Zubehör, Campingausrüstung, Haushaltswaren, Schreibbedarf, sogar Süßigkeiten aus dem Westen – es gibt fast nichts, was es hier nicht gäbe.

100-Yen-Shops

In den letzen Jahren ist die Zahl der 100-Yen-Shops sprunghaft angestiegen. Sie verkaufen eine riesige Palette unterschiedlichster Produkte, die meisten kosten 100 Yen (plus 5 % Mehrwertsteuer). Auf oft mehreren Stockwerken werden Büroartikel, Lebensmittel, Haushaltsgegenstände, Spielwaren und Kleidung angeboten. Hier kann man auch günstige Souvenirs wie Fächer, Teeutensilien, Stäbchen oder witzige Schreibwaren finden – ideal, wenn zu Hause viele Personen beschenkt werden müssen.

# Sicherheit

Ein sicheres Land

Japan ist ein Land, in dem sich Ausländer sicher bewegen und zu jeder Tages- und Nachtzeit allein ausgehen können. Die Zahl der Verbrechen ist weitaus geringer als im Westen.

Polizei Koban

Auffallend sind in den Städten die kleinen Häuschen, »Koban« genannt, an jeder größeren Straßenkreuzung: ein Wachthäuschen für die Polizeibeamten, das mit Telefon, Betten und Kochgelegenheit ausgestattet ist und von dem aus die Beamten rund um die Uhr ihr Revier betreuen. Von hier begeben sie sich – meist zu zweit – auf ihren Streifendienst. Da sie meist über Jahre im gleichen Bezirk eingesetzt sind, kennen sie in ihrem Revier jede Familie, jede Adresse. Auch für Touristen ist diese Einrichtung äußerst hilfreich. Hat man z. B. die Orientierung verloren, sollte man ohne zu zögern das nächste Koban ansteuern, um den Polizisten um Rat zu fragen. Spricht er kein Englisch, wird er mit der Polizeizentrale verbinden, wo immer ein Dolmetscher Dienst hat.

Japan liegt in einer tektonisch aktiven Zone, in der es häufig **Erd- und Seebeben** gibt, weshalb beim Bau besondere Sicherheitsnormen eingehalten werden müssen. In den Großstädten sind Katastrophenschutzräume eingerichtet; ein Erdbebenfrühwarnsystem ist installiert. Durch unterseeische Beben und Vulkanausbrüche entstehen **»Tsunami«** genannte heftige Flutwellen, die im Küstenbereich eine Höhe

Richtiges Verhalten ► von 35 m erreichen und katastrophale Schäden anrichten können. Im Falle eines Erdbebens sollte man sich vom Fenster fernhalten und nicht nach draußen stürzen, sondern unter etwas Stabilem, z. B. einem Tisch, Zuflucht suchen.

# Sport

**Der Weg des Ritters** Wenn man in Japan Sport erleben will, dann vor allem als Zuschauer. Die **traditionellen Sportarten** (mit Ausnahme des Sumo) werden unter dem Oberbegriff »Budo« (»Weg des Ritters«) zusammengefasst. Allen hierzu gehörenden Kampfsportarten liegt die Philosophie des Zen zugrunde, die eine vollendete Harmonie zwischen Körper und Geist anstrebt und für den Ausübenden eine mindestens ebenso wichtige Rolle spielt wie das rein sportliche Geschehen. Seit dem Zweiten Weltkrieg haben auch westliche, vor allem amerikanische Sportarten Einzug gehalten.

## Japanische Sportarten

**Aikido** Aikido, eine seit dem 12. Jahrhundert bekannte Art der Selbstverteidigung, erhielt seine heutige Form durch Ueshiba Morihei (1883 bis 1969). Waffen werden nur dann benutzt, wenn auch der Gegner bewaffnet ist; für den Ausgang des Kampfes ist vollkommene Körperbeherrschung entscheidend.

**Judo** Judo ist eine Weiterentwicklung des von den Samurai gepflegten Jujutsu. Ziel dieser Sportart ist es, die Kraft des Gegners zum eigenen Vorteil zu nutzen; erlaubt sind nur Griffe oder Würfe. Der Grad, den ein Judoka erreicht hat, ist an der Farbe des Gürtels zu erkennen. Im internationalen Sport gibt es sieben Gewichtsklassen.

**Karate** Wer Karate mit spektakulärem Zerschlagen von Ziegeln mit der Handkante gleichsetzt, irrt. Der legendäre Karateka Oyama Masutatsu hat die Kampftechnik der »leeren Hand« (da ohne Waffe) so charakterisiert: *Karate ist kein Spiel. Es ist kein Sport. Es ist nicht einmal eine Technik der Selbstverteidigung. Karate ist zur Hälfte eine körperliche, zur anderen Hälfte eine spirituelle Disziplin. Der Karateka, der die erforderlichen Jahre der Übung und Meditation hinter sich hat, ist ein heiterer und friedlicher Mensch. Er hat keine Furcht. Inmitten eines brennenden Hauses bleibt er gelassen.*

**Kendo** Kendo, aus der früheren Fechtkunst mit dem Schwert entstanden, wird heute mit Bambusstäben ausgeübt. Die Kämpfer tragen einen Kopf- und Gesichtsschutz sowie einen aus Leder und Bambus angefertigten Brustpanzer. Kendo gehört zum Ausbildungsprogramm der japanischen Polizei; zum Training haben Zuschauer Zutritt.

*Der Kampfsport Kendo geht auf das Schwertfechten zurück.*

**Kyudo**

Kyudo, die sehr alte Kunst des Bogenschießens, hat noch heute eine große Zahl von Anhängern. Verwendet wird ein unsymmetrischer Bogen von etwa 2,25 m Länge. Der rein sportliche Aspekt tritt gegenüber der meditativen Komponente stark in den Hintergrund. Schulen und Übungshallen sind vielfach an Tempel angeschlossen; im Lauf der Jahrhunderte haben sich mehrere Lehren herausgebildet.

**Sumo**

Bei dieser Art des Ringkampfs kommt es darauf an, den Gegner aus dem Kampfkreis (Durchmesser 4,50 m) hinauszudrängen oder zu erreichen, dass er mit einem anderen Körperteil als den Fußsohlen den Boden berührt (►Baedeker Special S. 148).

## Westliche Sportarten

**Baseball**

Den Stellenwert, den hierzulande der Fußball hat, nimmt in Japan Baseball ein, der Ende des 19. Jahrhunderts aus Amerika eingeführt wurde. An fast allen Schulen gibt es Baseballteams, und die Ausscheidungsspiele der Hochschulvereine im August halten fast das ganze Land in Atem. Auf nationaler Ebene gibt es zwei Profiligen, die Central und die Pacific League, mit jeweils sechs Mannschaften, die meist von Großunternehmen wie dem Zeitungsriesen Yomiuri (Yomiuri Giants) oder dem Schokoladenhersteller Lotte (Chiba Lotte Marines) unterstützt werden. Die Saison geht von Ende März bis Ende September. Anschließend treten die Spitzenteams der beiden Ligen in den Japan Series sieben Mal gegeneinander an.

◄ weiter auf S. 150

*Sumoringer mit der »Tsuna«, einem um die Hüften geschlungenen Seil mit speziell gefalteten Papierstreifen, das den Träger als Yokozuna ausweist.*

# KAMPF DER GIGANTEN

**Sumo-Ringkampf ist der älteste Sport Japans. Gemästet mit Chanko-nabe, einem proteinreichen Eintopfgericht, haben sich die bis zu 200 Kilogramm schweren Sumotori zu japanischen Ideal- und Nationalsportlern entwickelt. Ist das denn aber wirklich japanisch? Und vor allem: Ist das sportlich?**

## Sumo als Religion

Sumo ist beides. Der Ringkampf ist mehr Religion als Sport – wird doch hier der Legende nach in einem symbolisch-historischen Kampf zweier Götter um den Besitz einer Provinz gerungen. Wahrscheinlicher ist allerdings, dass die ersten Sumokämpfe **Rituale für die Götter** darstellten, um eine gute Ernte zu erbitten und auf Schreingelände stattfanden. An diesen Bezug erinnert nicht zuletzt das über dem Kampfplatz – einem Ring von 4½ m Durchmesser – hängende Dach im Stil eines Shinto-Schreins.

## Regeln und Ränge

Das Regelwerk des Sumo ist komplizierter, als es auf den ersten Blick scheint: Es gibt über 80 Techniken, zehn verschiedene Ränge, genau festgeschriebene Rituale, aber überraschenderweise keine Gewichtsklassen. Der höchste Rang im Sumo ist der des **Yokozuna**, den der japanische Sumo-Verband einem Sumo-Ringer unter bestimmten Voraussetzungen verleiht. Seit 300 Jahren haben nur 69 Kämpfer diesen Rang erreicht. Im Gegensatz zu allen anderen Rängen kann ein Yokozuna nicht degradiert werden, sondern er behält den Titel, bis er aus diesem Sport aussteigt, um einem Besseren Platz zu machen. Selbst die Kampfrichter (Gyoji) nehmen unterschiedliche Ränge ein, zu erkennen an den Farben der Troddel ihres Fächers, mit dem sie das Startzeichen geben.

## Heya

Die Sumoringer gehören bestimmten **»Ställen«** (Heya) an, die sie in ihrer Laufbahn nie wechseln. In diesen Trainingslagern (derzeit 55) wohnen sie auch, bis sie sich aus dem Sumo-Sport zurückziehen. Sie geben sich **klangvolle Künstlernamen** wie »Junge Blume«, »Reiches Meer« oder »Kleiner Brokat«, lassen sich prachtvolle Lendenschurze anfertigen und tragen Haarknoten wie zur Edo-Zeit.

## Turniere

Es gibt **sechs große Sumo-Turniere (Hon-Basho)** im Jahr (in Tokyo im Januar, Mai und September, in Osaka im März, in Nagoya im Juli und in Fukuoka im November), die jeweils

15 Tage dauern. Wer zu einem dieser Turniere in Japan ist, sollte es sich nicht entgehen lassen, einmal eines dieser ureigenen japanischen Spektakel anzusehen. Schon allein der **Einzug** der Sumo-Ringer in die Arena (Dohyo-iri) ist ein eindrucksvoller Anblick. Und nicht minder imposant ist der Abschluss der Veranstaltung, den der von einem Sumo-Ringer ausgeführte **Bogentanz** bildet.

Zum Kampf treten die Sumo-Ringer im Lendentuch an. Zu Beginn wird handweise **reinigendes Salz** gegen die bösen Geister geworfen; die Leiber lockern sich und vertreiben weitere Geister durch stampfende seitliche Beinbewegungen. Vor dem eigentlichen, im doppelten Sinne des Wortes sehr kurzweiligen Kampf starren die Ringer sich eine Weile an – früher konnte dieses **geistige Kräftemessen**, das ganz nebenbei die Spannung steigert, ewig dauern; heutzutage sind maximal vier Minuten zulässig. Urplötzlich prallen die Kolosse aufeinander. Die Entscheidung fällt meist in Sekundenschnelle: Entweder ist der Gegner aus dem Ring gestoßen oder er liegt am Boden.

Beim Sumoturnier kämpfen zunächst die untersten Ränge, die Yokozuna kommen zuletzt. Jeder Sumoringer (außer jene der untersten Ränge) kämpft jeden Tag gegen einen anderen – insgesamt also 15 Mal. Wer am Ende des Turniers die meisten Siege errungen hat, gewinnt den so genannten Kaiserpokal.

**? WUSSTEN SIE SCHON ...?**

- ... dass einem Yokozuna am Ende seiner Karriere in einer Abschiedszeremonie der Haarknoten abgeschnitten wird?

## International

Seit einiger Zeit erfreut sich Sumo auch im Ausland zunehmender Beliebtheit. So finden sich in den Heya immer mehr Ausländer, vor allem aus der Mongolei und Osteuropa. Manch ein Japaner sieht darin eine Bedrohung der japanischen Tradition, weshalb inzwischen eine **Quotenregelung** von nur einem Ausländer pro Heya eingeführt wurde (ausgenommen sind nur jene Heya, die bereits mehr Ausländer aufgenommen hatten). Der erste Ausländer, der den höchsten Rang im Sumo erreichte, war der aus Hawaii stammende **Akebono** (Yokozuna von 1993 bis 2001). Auch der derzeitige Yokozuna **Hakuho** ist kein Japaner, sondern Mongole. Einer der beliebtesten Sumoringer ist der Bulgare **Kotooshu**, der als Ozeki den zweithöchsten Rang erreicht hat.

Mehr über Sumo unter: http://sumo.goo.ne.jp/eng (offizielle Website des japanischen Sumo-Verbands).

**Fußball** Nicht erst seit der gemeinsam von Japan und Korea ausgetragenen WM 2002 hat der Fußball in Japan eine wachsende Fangemeinde. Bereits seit 1993 besitzt Japan eine Profiliga, die J-League (Japan League), der 30 Teams angehören und die mit Guido Buchwald beim Meister 2006 Urawa Red Diamonds einen deutschen Weltmeister als Trainer kannte. Die größten Erfolge der japanischen Nationalmannschaft (»Blue Samurai«) waren bislang der Einzug ins Achtelfinale bei der WM 2002 und der Meistertitel im Asien-Cup 2000 und 2004.

# Sprache

**Verständigung** Obwohl Englisch ab der 5. Klasse Pflichtfach ist und viele Japaner auch als Erwachsene mit Feuereifer Fremdsprachen lernen, hapert es oft mit der Verständigung. Dies liegt zum einen daran, dass Sprachenlernen in Japan sehr grammatik- und textbetont ist – auf die Kommunikationsfähigkeit wird weniger Wert gelegt –, zum anderen auch an der Angst der Japaner, sich zu blamieren. Fremdenführer und das Personal der größeren Hotels sprechen in der Regel zumindest Englisch; öfter besteht auch die Möglichkeit, sprachenkundige Studenten als Fremdenführer zu gewinnen. Wer sich auf seine Englischkenntnisse verlässt, sollte sich um einfachen Satzbau und deutliche Sprechweise bemühen; oft hilft es auch, etwas aufzuschreiben, denn der passive Wortschatz der Japaner ist meist sehr groß.

**Transkription** Die phonetische Struktur der japanischen Sprache gestattet eine wenig problematische Transkription in lateinischer Schrift, wie sie in der »Fünfzig-Laute-Tafel« durchgeführt ist. Hierbei ist das nach dem US-amerikanischen Philologen Hepburn benannte »Hebonshiki romaji« zugrunde gelegt, das 1885 von einer Wissenschaftlerkommission erstellt wurde und dem auch die Umschreibungen in diesem Reiseführer folgen. Daneben gibt es noch das in Japan für den Amtsgebrauch empfohlene »Kunreishiki romaji«.

**Aussprache** Die Aussprache der nach dem Hebonshiki-System transkribierten Silben folgt in den Konsonanten der englischen, in den Vokalen der italienischen Sprache. Einige Besonderheiten sind dabei zu beachten: Vokale werden stets kurz ausgesprochen, sofern sie nicht durch ein Längenzeichen markiert sind (auf Längenzeichen wurde in diesem Band allerdings verzichtet). Bei den Konsonanten führt eine Verdoppelung (anders als im Deutschen) nicht zur Verkürzung des vorangegangenen Vokals, sondern diese Laute werden mit leichter phonetischer Trennung zweimal ausgesprochen. Das e wird fast wie ä ausgesprochen; kurzes i und u ist am Wortende oft nahezu unhörbar (»miruku« wird ähnlich ausgesprochen wie das englische »milk«). Ei wird eher wie ein langes e, keinesfalls wie im Deutschen ai ausgesprochen. Das s ist immer stimmlos (wie in »Tasse«); w wird ähnlich ausgesprochen wie das englische w in »winter«, Ähnliches gilt für f (Unterlippe und obere Schneidezähne berühren sich nicht); r ist ein Zwischenlaut zwischen r und l; ng wird stets getrennt ausgesprochen (wie in »angenehm«).

**Wichtige Redewendungen**

Die Kenntnis einiger elementarer Redewendungen und Vokabeln ist von großem Nutzen und wird von den Einheimischen dankbar begrüßt. Es lohnt sich also, sich wenigstens ein paar rudimentäre Kenntnisse anzueignen. Hilfreich für unterwegs ist die Broschüre **»Tourist's Language Handbook«**, herausgegeben von der JNTO.

# SPRACHFÜHRER JAPANISCH

### Auf einen Blick

| | |
|---|---|
| Danke schön | arigato gozaimasu |
| Bitte schön | do itashi mashite |
| Entschuldigen Sie | sumimasen |
| Ja/Nein | hai/iie |
| Ich verstehe nicht | wakarimasen |
| Gestern | kino |
| Heute | kyo |
| Heute Morgen | kesa |
| Heute Abend | konban |
| Morgen | ashita |

### Kennen lernen

| | |
|---|---|
| Guten Morgen | ohayo gozaimasu |
| Guten Tag | konnichiwa |
| Guten Abend | konbanwa |
| Gute Nacht | oyasuminasai |
| Ich bin Deutscher | watashi wa doitsu-jin desu |
| Ich bin Österreicher | watashi wa osutoria-jin desu |
| Ich bin Schweizer | watashi wa suisu-jin desu |
| Es freut mich, Sie kennen zu lernen | hajime mashite |
| Wie heißen Sie? | onamae wa? |
| Ich heiße ... | ... to moshimasu |
| Auf Wiedersehen | sayonara |

### Unterwegs

| | |
|---|---|
| Links | hidari |
| Rechts | migi |
| Norden | kita |

| | |
|---|---|
| Osten | higashi |
| Süden | minami |
| Westen | nishi |
| Wo ist ...? | ... wa doko desuka? |
| Wo ist das Postamt? | yubinkyoku wa doko desuka? |
| Wo ist die Bank? | ginko wa doko desuka? |
| Wo ist der Bahnhof? | eki wa doko desuka? |
| Wo ist das Kaufhaus? | depato wa doko desuka? |
| Wo ist der Taxistand? | takushi noriba wa doko desuka? |
| Wo ist die Gepäckaufbewahrung? | nimotsu azukarijo wa doko desuka? |
| Wo ist die Jugendherberge? | yusu hosuteru wa doko desuka? |
| Wo ist die Toilette? | toire wa doko desuka? |
| Wo ist ein Internetcafe? | nettokafe wa doko desuka? |
| Damenfrisör | bi-yoin |
| Herrenfrisör | tokoya |
| Fremdenverkehrsbüro | kanko annaijo |
| Hotel | hoteru |
| Reservierung | yoyaku |
| Rechnung | kanjo |
| Arzt | isha |
| Flughafen | hikojo, kuko |
| U-Bahn | chikatetsu |
| Gepäckträger | akabo |
| Fahrkartenschalter | kippu-uriba |
| Häuserblock | -cho, chome |
| Stadtviertel | machi |
| Stadtbezirk | -ku |
| Stadt | -shi |
| Dorf | mura |
| Landkreis | -gun |
| Präfektur | -ken |

## Einkaufen

| | |
|---|---|
| Bitte zeigen Sie mir dieses | kore o misete kudasai |
| Was kostet das? | ikura desuka? |
| Das ist zu teuer | takasugimasu |
| Bitte zeigen Sie mir etwas Billigeres | mo sukoshi yasui no o misete itadakemasenka? |
| Ich nehme dieses | kore o kudasai |
| Kamera | kamera |
| Speicherkarte für die Kamera | kamera no memorikado |
| Diafarbfilm | suraido yo kara firumu |
| Uhr | tokei |
| Volkskunstprodukte | mingeihin |
| Andenken | miyagehin |
| Puppe | ningyo |

| | |
|---|---|
| Spielzeug | omocha |
| Zigaretten | tabako |

## Essen

| | |
|---|---|
| Restaurant | resutoran |
| Die Speisekarte bitte | menyu onegaishimasu |
| Klare Suppe | konsome |
| Speisesalz | shio |
| Pfeffer | kosho |
| Kuchen | keki |
| Kaffee | kohi |
| Schwarzer Tee | kocha |
| Bier | biru |
| Milch | miruku |
| Brot | pan |

## Beim Arzt

| | |
|---|---|
| Krankenhaus | byoin |
| Arzt | isha |
| Zahnarzt | ha-isha |
| Ich bin krank | byo-ki desu |
| Bitte kommen sie schnell | hayaku kite kudasai |
| Ich spreche nur Deutsch und Englisch | doitsugo to eigo shika hanashimasen |

## Zahlen

| | |
|---|---|
| 0 | zero |
| 1 | ichi |
| 2 | ni |
| 3 | san |
| 4 | shi, yon |
| 5 | go |
| 6 | roku |
| 7 | nana, shichi |
| 8 | hachi |
| 9 | kyu |
| 10 | ju |
| 100 | hyaku |
| 1000 | sen |
| 10000 | ichi-man |
| 32520 | san-man ni-sen go-hyaku ni-ju |

*Das duale japanische Schriftsystem, bestehend aus Sinnträgern (Kanji) und Lautträgern (Kana) erfordert einen hohen Lernaufwand. Das Pensum der ersten sechs Schuljahre umfasst 1008 Sinnzeichen, insgesamt wird ihre Zahl auf rund zehntausend geschätzt.*

# DIE SCHWIERIGSTE SPRACHE UND SCHRIFT DER WELT?

**»Nihongo o hanashi masu ka?« Ein verständnisloses Schulterzucken ist wohl die häufigste Antwort auf diese Frage eines Japaners, die in deutscher Übersetzung schlicht bedeutet: »Sprechen Sie Japanisch?« Denn welcher Fremde kann schon Japanisch?**

Doch die japanische Sprache ist eigentlich gar nicht so schwer. Viele grammatikalische Schwierigkeiten, die wir beim Erlernen von europäischen Nachbarsprachen haben, fallen im Japanischen weg. Zuerst einmal entfallen die Betonungsunterschiede. Jede Silbe wird gleichlautend gesprochen. Die Verben erfahren **keine Beugung**, es gibt kein Geschlecht, keine Mehrzahl, oft ist nicht einmal die Person angezeigt. Nur aus der aneinandergereihten Wortfolge – wie bei vielen agglutinierenden Sprachen mit Anfügesilben – ist der Sinn zu erkennen. Schwierig, aber sozial bedeutsam werden erst die der jeweiligen Situation angepassten Höflichkeitszeitwörter. Aber bei einem Fremden wird jeder Japaner wohlwollendes Verständnis beim Weglassen dieser Formen beweisen. Und wenn man dann noch lernt, dass die **Satzgliedfolge** im Japanischen nach Subjekt – Objekt – Prädikat abläuft (z. B. Ich Reis essen), dann ist die Satzkonstruktion nicht mehr so schwer: »Ja, ich esse Reis – hai, (watashi wa) gohan o tabe masu.« Hier bezeichnen die Silben »wa« das Subjekt, »o« das Objekt und »masu« mit einem stummen »u« die Höflichkeitsform des Tuns. Die einzige Schwierigkeit liegt im Behalten der vokalreichen Vokabeln.

## Lautträger und Sinnträger

Die Sprache scheint also erlernbar. Aber wie sieht es mit den Schriftzeichen aus? Auch hier gibt es erlernbare Einteilungen. Zuerst muss man wissen, dass die japanische Schrift ursprünglich im 6. Jahrhundert von der chinesischen Bilderschrift übernommen worden ist. Diese chinesischen **Kanji-Zeichen** haben in Japan einige Änderungen erfahren, d. h. sie wurden japanisiert. Zuerst in der Aussprache. Das bedeutet, dass es für Kanji zwei verschiedene Lesearten gibt; *kun*, die japanische, und *on*, die chinesische. Da die mehrsilbige japanische Sprache keine philologische Verbindung zum einsilbigen chinesi-

*»jin«, »ki«, »ame« – drei beispielhafte Kanji-Zeichen*

schen Begriff hat, wurde eine Anzahl chinesischer Zeichen nicht nur als Sinn-, sondern auch als reiner Lautwert übernommen. Das bedeutete aber, dass man sehr viele Zeichen pinseln musste, was äußerst mühsam war. So entstanden verkürzte Silbenzeichen, mit denen alle Laute der japanischen Sprache wiedergegeben werden konnten.

Die später als **Hiragana** bezeichnete Silbenschrift geht auf die Hofdamen der Heian-Zeit zurück, die kein Chinesisch konnten, sich aber Aufzeichnungen in Japanisch machen wollten. Die andere Silbenschrift, **Katakana**, entwickelten Studenten des Buddhismus, um sich Anmerkungen zu chinesischen Texten zu machen. Beide Silbenalphabete bestehen aus jeweils 46 Zeichen: Das in abgerundeten Kurzzeichen geschriebene Hiragana wird hauptsächlich für Endungen und Präpositionen, das in kantigen Zeichen geschriebene Katakana für Fremdwörter und ausländische Eigennamen benutzt.

## Ein hoch komplexes Schriftsystem

Nicht bei der Sprache, sondern bei der Schrift beginnt die Verzweiflung des westlich geprägten Gastes. Aber ist der Durchblick wirklich ganz unmöglich? Da die japanische Schrift aus einer Mischung von Kanji- und Kana-Zeichen besteht, braucht man unbedingt Kanji-Erfahrung. Und hier beginnt das befriedigende geistige Abenteuer: Es ist tatsächlich ein Erlebnis, wenn man entdeckt, dass sich viele Einzelstriche mit einiger Fantasie zu einem ursprünglichen Bildzeichen rekonstruieren lassen. Ist es nicht faszinierend, dass z. B. beim Zeichen für »Mensch« (**jin**) noch der Kopf mit Körper und zwei Beinen erkennbar ist? Oder auch beim Zeichen (**ki**) kann man durchaus noch die Bedeutung »Baum« mit Stamm, Krone und Ästen ablesen. Selbst das kompliziertere Zeichen für »Regen« (**ame**) ist mit seiner Wolke, die am Himmel hängt und den Regen tropfen lässt, noch zu identifizieren. Im Kanji-Wörterbuch kann man nach der Anzahl der Striche den gewünschten Begriff suchen.

Heute werden innerhalb der sechsjährigen Grundschulzeit 1008 Kanji gelernt, und die öffentlichen Publikationen beschränken sich auf 1945 Grundzeichen, die so genannten Joyokanji. Wer allerdings Vorkriegsliteratur lesen möchte, der sollte etliche tausend Kanji mehr im Gedächtnis haben, darunter auch Einzelkanji mit bis zu 23 Strichen. Man liest die Zeichen **von oben nach unten** und den gesamten Text von rechts nach links: Japanische Zeitungen und Bücher lesen sich »von hinten«.

# Toiletten

Hier heißt es, sich dem Brauch des Landes anzupassen. Was man vorfindet, ist oft kein Sitzplatz, sondern ein in den Boden eingelassenes Becken – oder aber hin und wieder ein »Hightech-Klo« mit allen elektronischen Schikanen. Bei Bedarf frage man den Kellner nach »o-te-arai« oder »toire«. Öffentliche Toiletten finden sich bei allen Sehenswürdigkeiten und in jedem U-Bahnhof – allerdings nicht immer mit Toilettenpapier. Ansonsten kann man eines der zahlreichen Kaufhäuser aufsuchen.

# Übernachten

**Hotels**

Während der Hauptreisezeiten (April/Mai und September bis November) sowie während der japanischen Ferienzeit (Juli/August und Dezember/Januar) besteht eine überaus starke Nachfrage, die bei allen Unterkunftskategorien eine rechtzeitige Vorausbuchung erforderlich macht. Selbst entlegene Erholungsgebiete sind in dieser Zeit besonders stark frequentiert. Neben Hotels westlichen Stils findet man auch traditionelle japanische Gasthäuser (Ryokan) und Pensionen (Minshuku) in großer Zahl.

**Verzeichnisse** – auch über preiswertere Unterkünfte – versenden u. a. die Japanischen Fremdenverkehrszentralen (► Auskunft) sowie die Fluggesellschaften JAL und ANA (►Anreise).

> **i Preiskategorien**
>
> - Luxus: über 20 000 ¥
> - Komfortabel: bis 20 000 ¥
> - Günstig: bis 8000 ¥
>
> Doppelzimmer pro Nacht ohne Frühstück
>
> - Hotels und Pensionen ►Reiseziele von A bis Z

Kategorien ►

In Unterkünften japanischen Stils wird der Preis meist pro Person erhoben, in jenen westlichen Stils gilt er pro Doppelzimmer. Die hier genannten Preiskategorien beziehen sich daher auf ein Zimmer für zwei Personen, jeweils ausgehend vom günstigsten Zimmertarif. Im Ryokan enthält der Preis in der Regel zwei Mahlzeiten; diese wurden hier nicht mit einkalkuliert, d. h. eine Unterkunft, die 13 000 ¥ p.P. inkl. 2 Mahlzeiten kostet, fällt noch in die Kategorie »komfortabel«. Zu beachten ist auch, dass nicht immer ein Frühstück im Preis inbegriffen ist.

**Hotels westlichen Stils**

In allen größeren Städten und den wichtigsten Reiseorten gibt es Hotels des gehobenen internationalen Standards. Diese Häuser sind im Rahmen ihrer Kategorie sehr gut ausgestattet und zeichnen sich durch erstklassigen Service aus. In den meisten Fällen gehören Spezialitätenrestaurants und Geschäftsarkaden zum Hotel; selbst ein mit großer Sorgfalt gestalteter Landschaftsgarten ist oftmals vorhanden.

Die Zimmer sind mit Klimaanlage und Fernseher, meist auch mit LAN-Kabel ausgestattet. Die Preise entsprechen internationalem Niveau.

*Hotel New Otani in Tokyo*

Vergleichsweise preisgünstige Unterkunft v. a. für Einzelreisende bieten die **Business Hotels**. Sie liegen üblicherweise in Bahnhofsnähe und bieten weit mehr Einzel- als Doppelzimmer. Die Zimmer sind funktional, aber oft recht klein, in der Regel gibt es keinen Zimmerservice. Fast alle Business Hotels verfügen über ein Restaurant mit japanischer und westlicher Küche. Empfehlenswerte Ketten (mit englischem Reservierungssystem im Internet): Toyoko Inn (www.toyoko-inn.com), Hotel Route Inn (www.route-inn.co.jp) und Hotel Sunroute (www.sunroute.jp).

Eine japanische Erfindung sind die **Kapselhotels**, Gruppen vorgefertigter Container von ca. 1,10 m Breite, 2,20 m Länge und 1,20 m Höhe (nichts für Leute mit Hang zur Klaustrophobie!), die außer der Liegefläche nur Klimaanlage und TV-Gerät beinhalten. Sie befinden sich meist in Bahnhofsnähe und sind oftmals Männern vorbehalten.

**Ryokan**

Die Ryokan sind Hotels in japanischem Stil. Ihre Atmosphäre ist meist weitaus familiärer als in Hotels westlicher Art. Die Räume sind mit Strohmatten (Tatami) ausgelegt und durch Schiebewände unterteilt. Die Mahlzeiten werden oft im Zimmer serviert.

◄ Verhaltensregeln

Folgendes ist beim Aufenthalt in einem Ryokan zu beachten: Die Straßenschuhe sind bei Betreten des Hauses gegen bereitstehende Pantoffeln auszutauschen; diese Pantoffeln wiederum müssen beim Betreten eines Tatami-Raumes ausgezogen werden; auf der Toilette gibt es wiederum besondere Pantoffeln, die nur dort benutzt werden! Das Zimmermädchen bringt den Gast aufs Zimmer, serviert den Begrüßungstee und vereinbart den Zeitpunkt für das Abendessen. Der bequeme hauseigene Yukata, eine Art Hauskimono, ist innerhalb des Hauses und des Gartens die übliche Kleidung.

◄ Bad

Das Bad (O-furo) ist fast ausnahmslos ein nach Geschlechtern getrenntes Gemeinschaftsbad. Man seift sich außerhalb des Beckens ein, spült sich gründlich ab und begibt sich erst dann in das sehr heiße Wasser. Beim Verlassen des Beckens darf man das heiße Wasser nicht abfließen lassen!

◄ Essen, Schlafen, Garten

Das Zimmermädchen wird den Gast während des nach dem Bad servierten Essens bedienen und entfernt sich dann auf Geheiß. Gegen

## Unterkunft online buchen

- http://japaneseinngroup.com: Hotels, Pensionen, Ryokan
- www.japanhotel.net: Hotels
- www.itcj.jp (Welcome Inn): Reservierungssystem für preisgünstige Unterkünfte
- www.jyh.or.jp: Herbergen des japanischen Jugendherbergsverbands
- www.hostelworld.com, www.hostelbookers.com: Jugendhostels

Abend wird das Zimmer mit wenigen Handgriffen in ein Schlafzimmer umgewandelt; die auf dem Boden hergerichteten Betten sind dank der weichen Matratzen sehr bequem. Nicht vergessen sollte man einen Spaziergang im Garten des Ryokan, der oft auf kleinster Fläche ein Kunstwerk an Landschaftsgestaltung darstellt.

Aus Mangel an Fremdsprachenkenntnissen und Erfahrung mit ausländischen Gästen reagieren manche Inhaber und Angestellte von Ryokan sehr zurückhaltend auf Reservierungswünsche von Ausländern. Es empfiehlt sich daher, Reservierungen durch ein japanisches Reisebüro vornehmen zu lassen. Viele der Hotels, Ryokans und Minshuku lassen sich mittlerweile aber auch bequem über das Internet buchen.

**Minshuku** Die »Minshuku« genannten pensionsähnlichen Familienbetriebe bieten eine annehmbare und preisgünstige Alternative zu Hotel und Ryokan. Solche Unternehmen gibt es in allen Landesteilen; Vermittlungsstellen findet man meist an den Hauptbahnhöfen. Reservierungen werden auch vom Japan Travel Bureau (► Auskunft) und der Zentrale der Minshuku vorgenommen. Mit Fremdsprachenkenntnissen darf man nicht immer rechnen.

**Kokumin Shukusha** Diese »Volkshotels« wurden auf Veranlassung der japanischen Regierung geschaffen. Die rund 340 zu dieser Gruppe gehörenden Häuser befinden sich ausschließlich in Kurorten und Feriengebieten und sind auch ausländischen Reisenden zugänglich. Die Zimmer sind großenteils in japanischem Stil gehalten, die Gemeinschaftseinrichtungen entsprechen eher westlicher Art. Der Komfort ist im Allgemeinen geringer, aber nicht zuletzt wegen der landschaftlichen Umgebung bieten die Volkshotels gute Erholungsmöglichkeiten.

**Kokumin Kyuka Mura** Diese insgesamt ca. 30 in japanischen Nationalparks gelegenen Feriendörfer (zum Teil mit Volkshotels) bieten neben preiswerter Unterkunft und landschaftlich schöner Umgebung zahlreiche Freizeiteinrichtungen wie Sportplätze, Wassersport, Skianlagen, Wanderwege und Zeltplätze. Auch hier herrscht in der Hauptreisezeit starker Andrang. Buchungen sind u. a. durch das Japan Travel Bureau möglich. Infos erhält man unter www.qkamura.or.jp.

**Love Hotels** Japanische Wohnungen sind klein und oft sehr hellhörig, daher weichen Paare gerne mal auf ein so genanntes »Love Hotel« aus. Man findet diese Hotels sowohl an Ausfallstraßen, als auch in den Zentren der Großstädte, oft haben sie so auffällige Namen wie »Dixie Inn«

*Ein Ryokan ist ein traditionelles japanisches Hotel.*

oder »Chez Moi«. Neben der üblichen Stundenvermietung bieten diese Hotels auch einen Übernachtungstarif an, der bei etwa 6000 ¥ für das Zimmer beginnt. Dafür bekommt man ein sehr sauberes Zimmer mit manchmal recht ausgefallener Einrichtung und einem großen Bad, in der Regel mit Wanne (in Japan nicht unbedingt üblich). Allerdings kann man erst ab ca. 23.00 Uhr einchecken (dafür ist der Check-out mit 12.00 Uhr ungewöhnlich spät) und das Zimmer zwischendurch nicht verlassen. Viele dieser Hotels sind auch von der Wirtschaftskrise betroffen und werben mittlerweile sogar damit, dass auch Einzelreisende willkommen sind.

## Jugendunterkünfte

**Jugendherbergen und -hostels**

Japan ist das Land mit den relativ meisten Jugendherbergen außerhalb Europas. Es gibt rund 350 Herbergen, meist in landschaftlich attraktiven Gegenden; der weit überwiegende Teil ist privat geführt. Eine Reservierung ist empfehlenswert, entweder telefonisch direkt bei der Jugendherberge oder im Internet. Der internationale Jugendherbergsausweis ist zwar in den meisten Jugendherbergen keine Voraussetzung für die Übernachtung, ohne ihn erhöht sich der Übernachtungspreis aber um circa 500 ¥. Der Aufenthalt in ein und derselben Jugendherberge ist auf drei Tage begrenzt.
Noch billiger als Jugendherbergen sind private Hostels, die es mittlerweile in allen Großstädten und Touristenorten gibt.

# Verkehr

## Bahn

**Streckennetz** Die Bahn ist wegen ihrer Pünktlichkeit, Schnelligkeit und ihres Komforts das meistbenutzte öffentliche Verkehrsmittel. Das gut 21 000 km lange Schienennetz von Japans Staatsbahnen (Japan Rail, JR) reicht bis in die entlegensten Regionen des Landes.

Shinkansen ► Teil dieses Netzes sind die Shinkansen-Strecken, auf denen einer der schnellsten Züge der Welt verkehrt. Der Shinkansen (wörtlich »neue Stammstrecke«) legt die 1177 km lange Strecke von Tokyo nach Fukuoka (Hakata) in knapp 5 Stunden zurück, wobei er Geschwindigkeiten bis 220 km/h erreicht; die Durchschnittsgeschwindigkeit des neueren Nozomi-Shinkansen beträgt sogar 245 km/h. Eine Fahrt mit dem Shinkansen von Tokyo nach Kyoto, vorbei am Fuji, gehört zu den besonderen Erlebnissen einer Japanreise.

Auf der Strecke zwischen Tokyo und Fukuoka verkehren die Züge »Hikari« (»Licht«) und »Kodama« (»Echo«) in regelmäßigen Abständen. Der Hikari hält an weniger Stationen als der Kodama und ist daher schneller am Ziel. Der »Nozomi« (»Hoffnung«) verkehrt stündlich und hält nur in Yokohama, Nagoya, Kyoto, Shin-Osaka, Shin-Kobe, Kokura und Hakata, manchmal zusätzlich in Shin-Yamaguchi. Neben diesen besonders schnellen Fernverkehrszügen gibt es noch Expresszüge (»Tokkyu«), Schnellzüge (»Kyuko«), Eilzüge (»Kaisoku«) und Lokalbahnen (»Futsu«).

### ? WUSSTEN SIE SCHON ...?

- Der Shinkansen ist der sicherste und der pünktlichste Hochgeschwindigkeitszug der Welt: Seit der Jungfernfahrt 1964 hat es keinen Unfall mit Todesopfern gegeben; alle Züge kommen pro Tag zusammengerechnet auf eine Verspätung von weniger als fünf Minuten.

**Platzreservierung** Platzreservierung ist vor allem auf den Shinkansen-Strecken erforderlich und noch bis kurz vor der Abfahrt am Automaten oder am Schalter möglich. Platz-, Liegewagenkarten und Zuschlag für die 1. Klasse (»Green Car«) sind an den Schaltern der Bahnhöfe und an den grünen Schaltern des Japan Travel Bureau (JTB) erhältlich.

Ein besonderes Merkmal japanischer Bahnhöfe ist die Markierung der Zugtüren und Abteilnummern auf dem Bahnsteig. Die Züge halten unter exakter Beachtung dieser Zeichen.

**Privatbahnen** In der Umgebung von Großstädten und zu Naherholungsgebieten verkehren auch Züge privater Eisenbahngesellschaften. Die Fahrpreise sind oft wesentlich niedriger als die der JR.

**Japan Rail Pass** Ausländische Besucher können die »Japan Rail Pass« genannte Netzkarte erwerben, die auf allen Linien der JR (Eisenbahn, Autobus,

Fähre, aber nicht im »Nozomi«) und für 7, 14 oder 21 Tage gilt. Die Preise liegen zwischen 37 800 und 79 600 ¥ für die 1. Klasse bzw. zwischen 28 300 und 57 700 ¥ für die 2. Klasse. Kinder zwischen 6 und 11 Jahren erhalten eine Ermäßigung von 50%.

◄ Nicht auf Privatbahnen gültig!

Außer der für das ganze Land gültigen Netzkarte gibt es regionale Pässe mit kürzerer Geltungsdauer: den JR Hokkaido Rail Pass für ganz Hokkaido (3 oder 5 Tage), den JR East Rail Pass für Nordost-Honshu nördlich des Großraums Tokyo (5 oder 10 Tage oder 4 beliebige Tage in einem Monat), den JR West Rail Pass für das südwestliche Honshu (entweder San'yo-Gebiet, 4 oder 8 Tage; oder Kansai-Gebiet, 1–4 Tage) und den JR Kyushu Rail Pass für ganz Kyushu und seine Nebeninseln (3 oder 5 Tage).

Gutscheine für den Japan Rail Pass sind unter Vorlage des Reisepasses bei den ausländischen Niederlassungen des Japan Travel Bureau und dessen Kooperationspartnern (►Auskunft) sowie in Verbindung

## *Japan* Bahnverbindungen

mit dem Flugticket bei sämtlichen Auslandsbüros und ausländischen Verkaufsagenturen der Japan Air Lines und All Nippon Airways (▸ Anreise) erhältlich. Diese Gutscheine werden nach der Einreise gegen den entsprechenden Japan Rail Pass eingetauscht, und zwar beim jeweiligen JR Travel Service Center bzw. beim Fahrkartenbüro. Näheres unter **www.japanrailpass.net** sowie in der Broschüre, die man beim Kauf des Passes erhält.

## Fernbusse

Fernbusse sind eine billigere Alternative zur Bahn, vor allem wenn man keinen Rail Pass besitzt und nachts fährt. Sie sind sicher und komfortabel, aber die Reisezeit ist nicht zuletzt wegen der häufigen Staus auf den Autobahnen länger. Die meisten Busgesellschaften fahren in Bahnhofsnähe ab.

## Schiffsverkehr

Zahlreiche Fähren (z. T. mit Kfz-Beförderung) verbinden die japanischen Hauptinseln miteinander bzw. mit zahlreichen kleineren Eilanden. Auf kürzeren Strecken verkehren Tragflügel- und Motorboote; auf längeren Routen durch die Inlandsee sowie nach Okinawa laufen auch Luxusschiffe. Die Fähren der Inlandsee befahren die Strecke Osaka–Kobe–Sakate–Takamatsu–Imabari–Matsuyama–Beppu.

## Öffentlicher Nahverkehr

**Straßenbahnen Autobusse**

Die Zahl der Straßenbahnlinien wurde in letzter Zeit stark verringert. Die Beschriftung ist meist ausschließlich japanisch. Dies trifft auch auf die Autobuslinien zu. In Stadtbusse steigt man meist hinten ein und zieht eine Nummer – nach ihr richtet sich der Fahrpreis, über den eine Tafel vorn im Bus Auskunft gibt. Das Geld wird beim Aussteigen in die Box neben dem Fahrer geworfen – wer es nicht passend hat, kann Münzen und 1000-¥-Scheine im kleinen Wechselautomaten, ebenfalls beim Fahrer, umtauschen.

> ! *Baedeker* TIPP
>
> **Günstiger im Nahverkehr**
>
> Man sollte sich nach günstigeren Tagespässen erkundigen, die beliebig viele Fahrten an einem Tag zulassen.

**Untergrundbahnen**

Die Städte Tokyo, Osaka, Nagoya, Yokohama, Fukuoka, Kobe, Sendai und Sapporo besitzen U-Bahn-Netze. Mit Hilfe eines englischsprachigen Netzplans kann man sich leicht orientieren, zumal die Stationen in japanischer und lateinischer Schrift beschildert sind. Neben dem Namen der jeweiligen Haltestelle wird auch die nächste Station in beiden Fahrtrichtungen angegeben. Fahrkarten werden vor Durchqueren der Sperre an den Fahrkartenautomaten gelöst; die Höhe des Fahrpreises richtet sich nach der Entfernung und ist an den Automaten abzulesen. Bei Unklarheit über den Fahrpreis löst man das billigste Billett und bezahlt an der Sperre des Zielorts bzw. am »Fare Adjustment Counter« den Differenzbetrag. Fahrkarten müssen beim Verlassen des Bahnhofs abgegeben werden – also nicht wegwerfen!

**Bergbahnen**

Nach der Erschließung der Bergregionen, vor allem seit der Einführung des Wintersports in Japan durch den österreichischen Major von Lerch im Jahr 1911, wurden zahlreiche Seilbahnen gebaut.

**Taxi**

Taxistände befinden sich im Allgemeinen an Bahnhöfen, Flughäfen und großen Hotels. Der Fahrpreis wird vom Taxameter angezeigt; Trinkgelder sind nicht üblich. In den Nachtstunden (23.00–5.00 Uhr) wird ein Zuschlag von 30% erhoben. Auf Hilfe des Fahrers beim Ein- und Aussteigen, selbst bei umfangreichem Gepäck, ist nicht zu rechnen; zu beachten ist ferner das automatische Öffnen und Schließen der hinteren linken Wagentür und des Kofferraums.
Während der Hauptverkehrszeiten sind – besonders in Tokyo – Taxifahrten wegen der häufigen Staus nicht zu empfehlen.
In einigen Touristenorten wie Nara oder Kamakura verkehren in der Saison **Fahrradrikschas**. Sie sind jedoch recht teuer.

## Straßenverkehr

Japan besitzt ein gut ausgebautes Netz von rund 2200 km Autobahnen (gebührenpflichtig) und 40 000 km Nationalstraßen. In Großstädten und deren Umgebung ist die Beschilderung japanisch und englisch, aber auf dem Land wird dem europäischen Autofahrer die Orientierung dadurch erschwert, dass die Verkehrsaufschriften oft nur japanisch sind.

◄ Fahrvorschriften

In Japan herrscht **Linksverkehr!** Im Übrigen entsprechen die Verkehrszeichen weitgehend internationaler Norm. Der in Deutschland ausgestellte europäische Führerschein ist in Japan nicht gültig (s. S. 112, Fahrzeugpapiere).

# Zeit

In Japan gilt das ganze Jahr über die Japanische Normalzeit. Die Abweichung von der Mitteleuropäischen Zeit (MEZ) beträgt acht Stunden (JNZ = MEZ + 8 Std.), im Sommer sieben Stunden, da es in Japan keine Sommerzeit gibt.

# Touren

ZU DEN HIGHLIGHTS IM LAND DER AUFGEHENDEN SONNE, ZU BERÜHMTEN TEMPELN UND SCHREINEN, AUF VULKANE UND AN STILLE SEEN, IN QUIRLIGE METROPOLEN UND ZU VERBORGENEN KLÖSTERN .

← *Spaziergänger im Garten von Nezu*

# TOUREN DURCH JAPAN

**Die klassische Japan-Tour, die auch von den meisten Studienreisen eingeschlagen wird, berücksichtigt alle großen Highlights, wandelt aber auf ausgetretenen Pfaden. Hier deshalb einige Vorschläge, die Sie auch in einsamere Gegenden führen und zu versteckten Natur- und Kulturschätzen.**

**TOUR 1** **Japan einmal anders**
Auf dieser Tour durch Nord-Honshu und Hokkaido kommt man in den Genuss herrlicher Naturlandschaften und erlebt viel Ursprünglichkeit – und bei richtigem Timing außerdem ein rauschendes Volksfest. ▶ **Seite 176**

**TOUR 2** **Der Berg ruft**
Die Reise erkundet die Bergwelt der Japanischen Alpen, macht einen Abstecher ans Japanische Meer und spart als Highlight den Blick auf den Fuji auf. ▶ **Seite 178**

**TOUR 3** **Auf Pilgerschaft**
Diese klassische Tour führt südwärts in die Region Kinki zu den bedeutendsten Tempelstätten und Schreinen des Landes, abgerundet von einem erholsamen Kurzurlaub auf der größten Insel der Inlandsee. ▶ **Seite 180**

**TOUR 4** **Rund um die Inlandsee**
An der Inlandsee entlang geht es durch West-Honshu und anschließend auf die ländlich geprägte, ruhige Insel Shikoku. ▶ **Seite 182**

**TOUR 5** **Der Charme des Südens**
Auf einer Rundreise durch Kyushu lässt sich die entspannte Atmosphäre des Südens genießen. Wer möchte, kann einen Bade- und Tauchtrip nach Okinawa anschließen. ▶ **Seite 184**

*Der Blick zum Fuji-san gehört zu den unbestrittenen Highlights einer jeden Japanreise.*

**Matsushima**
*Die vor der Küste schwimmenden Kieferninseln gehören zu den berühmten Landschaften Japans.*

**Kyoto**
*Eine Allee von Torii führt zum Fushimi-Inari-Schrein.*

**Tokyo**
*Rund um den Asakusa-Kannon-Tempel erstreckt sich das Altstadtviertel Asakusa.*

# Unterwegs in Japan

**Kultur im weitesten Sinn**

Wer eine Reise nach Japan plant, dem schwebt sicher kein Strand- und Badeurlaub vor. Zwar hat Japan als Inselland auch einige schöne Strände zu bieten, vor allem im Süden, aber der Reiz liegt eher darin, die **beeindruckenden Kulturstätten** des Landes zu besuchen, die vielen Kontraste auf sich wirken zu lassen und einen Einblick in Bräuche und Alltag der Japaner zu gewinnen. Da Japan in den hiesigen Medien vorzugsweise mit seinen kuriosesten Erscheinungen porträtiert wird, erleben viele Besucher des Landes so manche Überraschung: Selbst in der Metropole Tokyo, die gern mit ihrer brechend vollen U-Bahn, ihrem Meer von Wolkenkratzern und grellen Leuchtreklamen gezeigt wird, gibt es Orte der Entspannung, beinahe ländlich anmutende Gassen und idyllische Gärten.

Auf einer Reise ganz Japan kennen zu lernen, ist schon aufgrund der enormen Nord-Süd-Ausdehnung kaum möglich – um von Hokkaido bis Okinawa zu reisen, bräuchte man etwa zwei Monate, wollte man die ganze Vielfalt des Landes erfassen. So viel Zeit steht den Wenigsten zur Verfügung, von den hohen Kosten einmal abgesehen. Der durchschnittliche Japanbesucher hat maximal drei Wochen Zeit. Deshalb empfiehlt es sich, von den genannten Touren zwei zu kombinieren oder sich jene Orte herauszupicken, die einen persönlich am meisten interessieren. Die angegebene Dauer ist nur ein ungefährer Richtwert: Manch einer schafft die Tour vielleicht in weniger Tagen, aber wer nicht von Ort zu Ort hetzen möchte, sollte lieber etwas mehr Zeit einplanen.

### ✓ NICHT VERSÄUMEN

- Tokyo, eine der größten Metropolen der Welt
- Kyoto, die uralte Kaiserresidenz
- Nara, reich an Tempeln und Schreinen
- Nikko mit seinen prunkvollen Mausoleen
- Kamakura, die Stadt des Großen Buddha
- und der Fuji (zumindest aus der Ferne). Diese Orte zählen zweifelsohne zu den sehenswertesten des Landes.

**Wohin?**

Im Grunde bieten sowohl der Norden als auch der Süden ein wenig von allem: Schöne Landschaften, traditionelles Brauchtum, landestypische Architektur, interessante Museen und abwechslungsreiche Küche, aber wer es rustikaler und kühler mag, wer gern wandert und Rad fährt, ist im **Norden** besser aufgehoben. Wen vor allem die buddhistische und shintoistische Welt interessiert, der sollte sich auf das **Zentrum Honshus** konzentrieren, und wer neben dem Besichtigungsprogramm auch Entspannung am Strand sucht, fährt am besten in den **Süden**. Einige Orte sollten nach Möglichkeit auf keinem Reiseplan fehlen. Wer sich allerdings nur auf die Highlights beschränkt, dem entgeht eine Menge dessen, was Japan ebenfalls ausmacht, nämlich traumhafte Berglandschaften, abgeschiedene Pilgerstätten, zerklüftete Küsten, erholsame Thermalquellen, historische Städtchen und modernste Freizeiteinrichtungen.

**Wie reisen?**

Am einfachsten und bequemsten reist man in Japan mit der Bahn. Das Schienennetz ist ausgedehnt und liegt, von einigen wenigen Nebenstrecken abgesehen, in der Hand von Japan Railways (JR). Die Fahrkarten sind zwar nicht billig, vor allem wenn man mit den Superexpresszügen (Shinkansen) reist, aber ausländische Touristen haben die Möglichkeit, vor der Reise einen **Japan Rail Pass** zu erwerben, der sich in jedem Fall rentiert, wenn man viel herumreist und weite Strecken zurücklegt (► S. 160). Die Shinkansenzüge sind hervorragend: Sauber, bequem, pünktlich und schnell, aber auch die langsameren Züge sind durchweg ordentlich. Der einzige Nachteil ist, dass größere Gepäckstücke schwer zu verstauen sind. ◄ Bahn

Vom Autofahren in Japan ist eher abzuraten. Davon abgesehen, dass man sich auf **Linksverkehr** umstellen und den deutschen Führerschein eigens übersetzen lassen muss, sind die Parkmöglichkeiten beschränkt und die Parkplatzgebühren dementsprechend extrem hoch; hinzu kommt, dass die Autobahnen gebührenpflichtig sind. ◄ Auto

Inlandflüge lohnen bei wenig Zeit. Allerdings bekommt man so nicht viel von der Landschaft mit. ◄ Flugzeug

Radfahren macht auf dem Land sehr viel Spaß, in den Städten ist es jedoch mühsamer und erfordert viel Geschicklichkeit, zumal es in der Regel keine Radwege gibt, sondern Radfahrer den Fußgängerstreifen nutzen. ◄ Rad

# Japans Regionen

## Der wenig besuchte Norden

Im überwiegend agrarisch geprägten Norden Japans gibt es noch viel zu entdecken, und wer sich für Volksfeste und anderes Brauchtum interessiert, kann zur rechten Zeit am rechten Ort viel Spaß haben.

**Nord-Honshu**

Landschaftliche Höhepunkte in Tohoku (Nord-Honshu) sind die Ostküste bei **Matsushima** mit ihren zahlreichen kiefernbewachsenen Inselchen und weiter nördlich um Miyako im **Rikuchu-kaigan-Nationalpark** sowie die Westküste bei **Oga**. Der **Bandai-Asahi-Nationalpark** im Landesinneren schützt gleich mehrere Regionen: die heiligen drei Berge Dewa Sanzan, die Azuma-Berge und den Inawashiro-See. Weitere schöne Seen sind der **Tazawa-ko** und der größere **Towada-ko**. Die Großstädte des Nordens sind nur Sprungbretter für diese landschaftlichen Attraktionen – es sei denn, man ist zu einem der großen **Feste** dort, wie dem Nebuta-matsuri in Aomori, dem Tanabata-matsuri in Sendai oder dem Kanto-matsuri in Akita (alle drei im August). Auf diesen Volksfesten geht es sehr ausgelassen zu und die Teilnehmer ziehen mit großem Helau durch die Stadt. Architektonische »Leckerbissen« Nord-Honshus sind die Burg von **Hirosaki**, besonders schön zur Kirschblüte, und die Tempel von **Hiraizumi**, das es an Pracht einst mit Kyoto aufnahm. In Städten wie **Aizu-Wakamatsu** und **Kakunodate** sind noch malerische Samuraihäuser erhalten.

**Hokkaido** Wer es über die Tsugaru-Meeresstraße bis nach Hokkaido schafft, wird mit noch einsameren Landschaften (jedenfalls außerhalb der Touristensaison) belohnt. Diese Insel, einst das Stammesgebiet der Ainu, die heute weitgehend assimiliert sind, wurde erst Mitte des 19. Jahrhunderts von Japanern besiedelt. Das dicht bevölkerte, stark industrialisierte Japan scheint Welten entfernt. Ein Gefühl von Weite und Ursprünglichkeit macht sich breit.

Das Eingangstor nach Hokkaido ist die Hafenstadt **Hakodate**, die als eine der ersten für den Handel mit dem Westen geöffnet wurde. Die Präfekturhauptstadt **Sapporo** ist eine junge, an herkömmlichen Sehenswürdigkeiten arme Stadt, abgesehen vom eindrucksvollen Schneefest im Februar. Das benachbarte **Otaru** ist bekannt für sein Glas und sein romantisches Kanalviertel.

Doch der Hauptgrund für eine Reise nach Hokkaido sind die Naturattraktionen: die Vulkane, Kraterseen und Thermalquellen im **Shikotsu-Toya-**, im **Daisetsuzan-** und im **Akan-Nationalpark**, die Flora und Fauna im abgelegenen **Rishiri-Rebun-Nationalpark**, die Wasserfälle und Steilfelsen im **Shiretoko-Nationalpark**, das Treibeis vor der Küste bei **Abashiri** (im Winter) und das Sumpfland um **Kushiro**. Die Nationalparks laden nicht nur zu Wanderungen ein, sondern auch zum Reiten, Angeln, Rafting, Radfahren oder im Winter zum Skifahren und Snowboarden.

## Von Tokyo bis zum Japanischen Meer

**Kanto und Chubu** Die meisten ausländischen Touristen betreten in **Tokyo** erstmals japanischen Boden – und sind gleichermaßen fasziniert wie erschlagen. Die Metropole ist völlig unüberschaubar, und wer sie wirklich erkunden möchte, braucht viel Zeit: für die vielen interessanten Museen, die unterschiedlich geprägten Viertel, für das Shopping (am besten erst am Ende der Reise) und das unübertroffene Unterhaltungsangebot von Kabuki bis Karaoke. Irgendwann aber stellt sich unweigerlich das Bedürfnis ein, diesem Moloch zu entfliehen – nichts leichter als das, warten in der Nähe doch jede Menge Highlights auf einen Besuch: **Kamakura** mit dem Großen Buddha, **Nikko** mit seinen prachtvollen Mausoleen und dem nahe gelegenen Chuzenji-See, der Garten von **Mito**, die Chinatown und der Hafen von **Yokohama**, die Badeorte auf der **Izu-Halbinsel**, die Bergwelt des **Chichibu-Tama-Nationalparks** und nicht zuletzt der **Fuji** mit den Fuji-Seen und dem Ferienort **Hakone**.

Als Stützpunkte für Ausflüge nach Chubu (Zentral-Honshu) in die Japanischen Alpen bieten sich das Handwerkszentrum **Takayama**, die Olympiastadt **Nagano** oder die Burgstadt **Matsumoto** an. Reizvolle kleine Bergorte sind **Kamikochi**, **Karuizawa** und **Omachi**, von denen aus eine Reihe schöner Wanderungen möglich sind.

*Schön restauriertes historisches Dorf: Tsumago im Kiso-Tal*

Auch vom Industriezentrum **Nagoya**, der viertgrößten Stadt Japans, mit dem bedeutenden Atsuta-Schrein und mehreren interessanten Museen lässt sich ein Ausflug in die Alpen organisieren: zu den alten Poststationen Tsumago und Magome im **Kiso-Tal**.
Jenseits der Berge an der Westküste Honshus liegen **Kanazawa** mit einem der drei berühmtesten Gärten Japans, dem Kenroku-en, und die **Noto-Halbinsel**, wo sich noch viel ursprüngliche japanische Atmosphäre schnuppern lässt und deren zerklüftete Küste ein wild romantisches Bild abgibt. Noch weiter nördlich liegt vor der Küste von Niigata die Insel **Sado**, die sich aufgrund ihrer relativen Isolation ein ganz eigenes Brauchtum bewahrt hat.

## Wiege der japanischen Kultur

**Kinki**

Das Herz der Region Kinki, die ungefähr vom Biwa-See westwärts über Himeji hinaus und südwärts bis nach Wakayama reicht, bildet natürlich die alte Kaiserstadt **Kyoto** mit ihren unzähligen Tempeln und Schreinen, Gärten, alten Kaiserbauten, Vergnügungsvierteln, Einkaufsmöglichkeiten und vielem mehr. In der Umgebung von Kyoto warten weitere Highlights: an erster Stelle **Nara**, vor Kyoto Sitz des Kaiserhauses. Der größte Süßwassersee Japans, der **Biwako**, liegt ebenfalls in der Nähe Kyotos. Eine seiner Hauptsehenswürdigkeiten ist die Burg von Hikone an seinem Ostufer. Vom See aus gelangt man auch per Seilbahn auf den **Hiei-zan**. Auf dessen Gipfel thront der Enryakuji-Tempel, einst einer der einflussreichsten des Landes.

Ein landschaftlicher Höhepunkt auf der Seite des Japanischen Meeres ist die Nehrung **Ama-no-hashidate**, die zu den klassischen »drei schönsten Landschaften Japans« zählt.

Auch das bedeutendste Shinto-Heiligtum, der **Ise-Schrein**, liegt in der Region Kinki. Er ist ein Paradebeispiel für die schlichte, naturbezogene Bauweise des Shintoismus. Ebenso charakteristisch für die urjapanische Architektur ist die Burg von **Himeji**, die wohl schönste des Landes überhaupt und eine der wenigen, die original erhalten ist.

Ein spirituelles Erlebnis der besonderen Art bieten die Klöster auf dem **Koya-san**, wo man in einer Tempelherberge übernachten und an der frühmorgendlichen Andacht teilnehmen kann. Der Koya-san befindet sich in unmittelbarer Nachbarschaft zum **Yoshino-Kumano-Nationalpark**, wo sich alte shintoistische Pilgerpfade durch berauschende Natur schlängeln. Beide Orte scheinen dem Trubel des Großraums **Osaka-Kobe** weit entrückt. Diese Industrie- und Hafenstädte bieten keine überwältigenden Sehenswürdigkeiten, dafür kann man sich hier gut vergnügen, schlemmen und shoppen.

## Der beschauliche Westen

**Chugoku**

West-Honshu (Chugoku) untergliedert sich traditionell in zwei Teile: Die dem Japanischen Meer zugewandte, verhältnismäßig dünn besiedelte San'in-Küste und die der Inlandsee zugewandte, belebtere, verkehrsreiche und stark industrialisierte San'yo-Küste. An Letzterer liegen zahlreiche Attraktionen: Da sind der Landschaftsgarten von **Okayama**, einer der klassischen drei schönsten Gärten Japans, das malerische, von Kanälen durchzogene **Kurashiki** mit alten Lagerhäusern, die Stadt **Hiroshima**, die nicht nur der historischen Denkmäler wegen einen Besuch lohnt, und der nahe gelegene Schrein von **Miyajima** mit dem viel fotografierten (zumindest bei Flut) im Wasser stehenden Torii – nicht zu vergessen die malerische Kulisse der **Inlandsee** mit ihrem Insel-Labyrinth; die größten darunter sind **Awajishima** und **Shodoshima**, doch unzählige kleinere warten auf Besucher. In Richtung Kyushu sind die Sehenswürdigkeiten dünner gesät und weniger bedeutend: Die Präfekturhauptstadt **Yamaguchi** war einst als Künstlerzentrum berühmt, wovon heute noch der von Sesshu angelegte Garten hinter dem Joeiji-Tempel zeugt. In der Nähe befinden sich die **Akiyoshi-Tropfsteinhöhle** und an der Westspitze Honshus das historisch bedeutsame **Shimonoseki**, von dem aus sich ein Blick über die Kammon-Meerenge nach Kyushu bietet.

Die **San'in-Küste** ist noch beschaulicher und recht abgeschieden – mit öffentlichen Verkehrsmitteln kommt man nur langsam voran. Hier warten das Keramikzentrum **Hagi**, das idyllische Burgstädtchen **Matsue** und der bedeutende Schrein von **Izumo**, in dem sich einmal im Jahr alle Shinto-Götter (kami) des Landes versammeln, auf Besucher. Eine landschaftliche Kuriosität dieser Region sind die Dünen von **Tottori**, die für Europäer jedoch höchstens auf der Durchreise einen Besuch lohnen.

Shikoku

Allerdings wird die San'in-Küste von den meisten Touristen ohnehin links liegen gelassen – ebenso wie die viertgrößte Insel Japans, Shikoku, die von Honshu aus über drei Brücken oder per Fähre erreichbar ist. Architektonische Glanzleistungen wird man hier vermissen, abgesehen von den Burgen in **Kochi** und **Matsuyama** vielleicht. Der Reiz liegt vielmehr in der Landschaft, dem dörflichen Charakter und den vielen Tempeln, die ehrgeizige Pilger auf der 88-Tempel-Wanderung besuchen – heutzutage machen sich allerdings nur Wenige zu Fuß auf den Weg, die meisten wählen den komfortablen Reisebus. Die weiß gekleideten Pilger mit Strohhut, Glocke und Wanderstock sind auf Shikoku ein vertrauter Anblick. Ihr Ausgangspunkt ist meist **Tokushima**. Vom hiesigen Berg Bizan-san bietet sich ein schöner Blick auf die Inlandsee.

Die Küstenlandschaft ist bei **Uwajima**, im **Ashizuri-Uwakai-Nationalpark** und am **Kap Muroto** am eindrucksvollsten. Von Menschenhand geschaffen, aber ebenfalls ein landschaftlicher Höhepunkt ist der Ritsurin-Garten in **Takamatsu**. In der Umgebung befindet sich der Schrein von **Kotohira**, der den Seefahrern und überhaupt allen Reisenden geweiht ist – schon deswegen eigentlich ein Muss für Touristen aus Übersee ...

## Das Flair des Südens

Kyushu

In der Vergangenheit war es Kyushu, die südlichste der vier japanischen Hauptinseln, über die ausländische Einflüsse ins Land gelangten. Aus Korea kam z. B. die Porzellankunst nach Kyushu, eine Tradition, die seit Jahrhunderten in **Arita** gepflegt wird. Auch die ersten Europäer landeten im Süden Japans: 1543 trafen Portugiesen auf der Insel Tanegashima ein, die zu den **Satsunan-Inseln** gehört. In ihrer Folge kamen christliche Missionare ins Land, darunter Franz Xaver. In der Edo-Zeit, der Zeit der Abschottung Japans vom Ausland, war **Nagasaki** das Fenster zur Welt, denn es unterhielt als einziger Ort Handelskontakte zu Chinesen, Holländern und Portugiesen. Diesem Umstand verdankt die wunderschön gelegene Stadt ihre einmalige Mischung aus Ost und West.

Das moderne Eingangstor zur Insel ist **Fukuoka**, die größte Stadt Kyushus, denn hier endet auch die Shinkansenlinie von Honshu. Die Stadt unternimmt alle Anstrengungen, sich als Kulturzentrum zu behaupten und eine Brücke zum asiatischen Festland zu schlagen.

Die Vulkanlandschaften der Insel werden in verschiedenen Nationalparks geschützt: dem **Unzen-Amakusa-Nationalpark** nahe Nagasaki, dem **Aso-Kuju-Nationalpark** im Zentrum der Insel und dem **Kirishima-Yaku-Nationalpark** im Süden Kyushus. Die zu Letzterem gehörende Insel Yakushima mit ihren 32 erloschenen Vulkanen und uralten Zedern wurde in die Liste des Weltnaturerbes aufgenommen. Landschaftlich reizvoll ist auch die Gegend um **Miyazaki**: Die kleine Insel Aoshima weist waschbrettartige Sedimentfelsen auf und die **Takachiho-Schlucht** ist fest in der japanischen Mythologie verankert.

Tempel und Schreine von herausragender Bedeutung sind auf Kyushu rar, und auch an Burgen ist nur jene von **Kumamoto** hervorzuheben. Dafür steht hier die Erholung ganz im Vordergrund: Neben dem berühmten Badeort **Beppu** mit seinen brodelnden Höllenteichen und Thermalquellen laden zahlreiche weitere Thermalbäder zur Entspannung ein. Eine Besonderheit sind die Sandbäder von **Ibusuki**, wo man bis zum Kopf in heißen Sand eingebuddelt wird.

**Okinawa** Die größte Stadt im Süden der Insel ist **Kagoshima**, Tor zu den Südwest-Inseln und **Okinawa**. Diese Inselkette ist eine Welt für sich: Angefangen von der Sprache über die Musik bis zur Architektur unterscheidet sich die Kultur deutlich von der des übrigen Japan, was daran liegt, dass die Inselgruppe erst im 17. Jh. von Kyushu aus erobert und erst Ende des 19. Jh.s formell dem japanischen Staat eingegliedert wurde. Davor bildete sie lange ein eigenständiges Königreich (Ryukyu), das rege Beziehungen zu China unterhielt. Im Zweiten Weltkrieg tobte hier der Krieg, an dessen Ende es zu grausigen Massenselbstmorden kam. Die Inselgruppe wurde zwar 1972 von den USA an Japan zurückgegeben, aber bis heute befinden sich hier viele amerikanische Militärstützpunkte, die in der Bevölkerung für Kontroversen sorgen. Die Hauptattraktionen sind die Strände, die vielerorts zum Tauchen einladen. Besonders schön sind sie auf **Miyako** und **Ishigaki**. Für seine einzigartige Flora und Fauna berühmt ist hingegen **Iriomote**. Die Hauptinsel Okinawa bietet neben Strandvergnügungen und fantastischen Tauchrevieren auch einige kulturelle Sehenswürdigkeiten in ihrer Hauptstadt **Naha**, wo die rekonstruierte Palastanlage des Ryukyu-Königreichs zu bewundern ist. Besser erhaltene Festungsanlagen (Gusuku) aus der Ryukyu-Zeit sind über die Insel verstreut.

## Tourenvorschläge

**Tokyo** Fast alle vorgeschlagenen Routen gehen von Tokyo aus und planen **mindestens zwei Tage in dieser Stadt** ein. Am ersten Tag sollte man sich nicht zu viel vornehmen, da der Jetlag erfahrungsgemäß noch zu schaffen macht. Vorstellbar wäre ein Besuch in Asakusa, dem Altstadtviertel um den Asakusa-Kannon-Tempel, gefolgt von einer Bootsfahrt auf dem Sumidagawa bis zum Hama-Rikyu-Garten oder noch weiter bis zum Neulandviertel Odaiba. Danach kann man nach Shinjuku fahren und vom modernen Rathaus die Aussicht auf die Stadt genießen. Wer noch nicht müde ist, kann hier oder im Vergnügungsviertel Roppongi den Abend verbringen. Am zweiten Tag können Frühaufsteher dem Tsukiji-Fischmarkt einen Besuch abstatten und anschließend über die von exklusiven und traditionsreichen Geschäften gesäumte Ginza bummeln. Von dort ist es nicht weit zum Kaiserpalast, der allerdings selbst nicht zugänglich ist. Nachmittags bietet sich ein Ausflug nach Harajuku zur Omotesando an, der anderen Prachtmeile der Stadt. In der Nähe liegt der Meiji-Park mit dem

Kaiser Meiji gewidmeten bedeutendsten Schrein der Stadt. Wer sich für Museen interessiert, sollte besser in den Ueno-Park fahren, wo sich u. a. das berühmte Nationalmuseum befindet. Je nachdem, wofür man sich entscheidet, kann man am frühen Abend das Meer von Neonreklamen in Shibuya (eine Station von Harajuku) bzw. Akihabara (zwei Stationen von Ueno) bestaunen und einen Einkaufsbummel machen.

**Kyoto**

Für Kyoto sollte man **ebenfalls mindestens zwei Tage** veranschlagen: Vom Bahnhof aus liegen der Nishi-Honganji-Tempel, der Sanjusangendo mit über 1000 Buddhastatuen und der an einem Hang thronende Kiyomizu-dera mehr oder weniger auf einer Route. Vom Heian-Schrein weiter nördlich ist es nicht allzu weit zum Philosophenweg, über den man in einem schönen Spaziergang zum Ginkakuji gelangt (Wanderfreudige können auch vom Kiyomizu-dera aus zu Fuß gehen, was zwei bis drei Stunden dauert). Den zweiten Tag kann man dem Nordwesten der Stadt widmen: Zuerst dem berühmten »goldenen« Kinkakuji und dem zur Meditation anregenden Steingarten des Ryoanji, anschließend dem einstigen Palast des Shogun, Nijo-jo. Den Abend kann man im alten Geisha-Viertel Gion oder auf der anderen Seite des Kamogawa in Pontocho ausklingen lassen. Wer länger verweilt, kann zusätzlich einige kaiserliche Bauten ins Besichtigungsprogramm aufnehmen, darunter die kaiserliche Villa Katsura-rikyu und den Kaiserpalast, muss aber zuvor eine Besuchserlaubnis einholen (Näheres ►S. 345).

**Auch wichtig**

**Nikko** und **Kamakura** lassen sich jeweils als Tagestour von Tokyo aus besuchen, **Nara** bietet sich als Ausflugsziel von Kyoto aus an.

*Im Verkehrsgewühl von Tokyo*

# Tour 1 Japan einmal anders

**Tourlänge:** ca. 1700 km **Tourdauer:** ca. 11 Tage

**Nur wenige ausländische Touristen erkunden diesen Landesteil, da er von den Haupttouristenzielen recht weit entfernt ist. Vor allem Naturfreunde kommen hier voll auf ihre Kosten, aber auch manch abgeschiedener Schrein und Tempel lohnen einen Besuch.**

**Tokyo und Nikko** Von ❶ ✶✶ **Tokyo** bricht man morgens auf und ist nach zwei Stunden Bahnfahrt in ❷ ✶✶ **Nikko**. Für die Besichtigung der Sehenswürdigkeiten, an vorderster Stelle der prachtvolle Toshogu-Schrein aus dem 17. Jahrhundert inmitten eines Meers von Zedern, sollte man sich Zeit lassen und am besten in Nikko übernachten.

**Ostküste** An der Ostküste Japans hoch führt der Weg am nächsten Tag (in 2½ Std. Bahnfahrt bei zweimaligem Umsteigen) zur malerischen Küste von ❸ ✶✶ **Matsushima**, wo unzählige mit bizarren Kiefern bewachsene Felsinselchen die Landschaft prägen. Vom Teehaus Kanrantei auf einer Klippe hat man eine schöne Sicht auf dieses Naturwunder. Sehenswert ist auch die kleine Insel Ojima mit Grotten, die buddhistische Darstellungen enthalten.

**Ins Landesinnere** Am folgenden Tag geht es nach ❹ ✶✶ **Hiraizumi** (1¾ Std.). Hier sind die Pracht der Goldenen Halle des Chusonji-Tempels und der Paradiesteichgarten des Motsuji-Tempels zu bestaunen. Von Hiraizumi führt eine kombinierte Zug- und Busfahrt (4¾ Std.) über Hachinohe zum glasklaren ❺ ✶✶ **Towada-See**, einem 334 m tiefen, von Wäldern umgebenen Kratersee, von dessen Ostufer das bezaubernde Tal des Oirase erkundet werden kann.

Vom See geht es mit dem Bus weiter nach ❻ **Aomori**. Wer Anfang August hier ist, sollte sich nicht das Spektakel des Nebuta-matsuri entgehen lassen. Ansonsten kann man sich zumindest die bei diesem Fest zum Einsatz kommenden Festwagen ansehen und eine Ausgrabungsstätte aus der Yayoi-Zeit besuchen.

**Hokkaido** Von Aomori macht die Tour einen Sprung nach Hokkaido (es sei denn, man spart die nördlichste Hauptinsel aus und fährt über die Burgstadt Hirosaki und Akita nach Tokyo zurück). Von Aomori braucht der Zug nach ❼ **Sapporo** rund 5½ Std. Sapporo bietet viel Grün und von der Olympia-Sprungschanze einen schönen Blick auf die Stadt.

Man sollte hier eine Ruhepause einlegen, bevor man am nächsten Tag zum ❽ ✶✶ **Daisetsuzan-Nationalpark** aufbricht (Bahn bis Asahikawa, 1½ Std., dann Bus, 1½ Std., bis Sounkyo). Den Mittelpunkt dieses Parks bildet der 2290 m hohe Asahi-dake, der höchste Berg Hokkaidos (Seilbahn bis 1600 m Höhe, ab dort Besteigung in knapp

2 Std.). Reizvoll ist auch die Sounkyo-Schlucht mit senkrecht aufragenden Felswänden und mehreren Wasserfällen. Weiter östlich liegt der ⑨ ✶✶ **Akan-Nationalpark** (Bus von Sounkyo nach Akan Kohan, 3¼ Std.). Er umfasst drei schöne Seen, darunter den Akan-ko mit einer einzigartigen Algenart, und subarktische Urwälder. Wer noch Zeit hat, kann auch den abgeschiedenen ⑩ ✶ **Shiretoko-Nationalpark** – Japans letzte Wildnis – im Nordostzipfel Hokkaidos mit einbeziehen. In allen drei Nationalparks kann man schöne Wanderungen unternehmen und die herrliche Natur genießen. Zurück geht es mit dem Flugzeug von ⑪ **Kushiro** (2 Std. Busfahrt ab Akan Kohan) nach Tokyo (1½ Std.).

**Schneefest**
*Jedes Jahr im Februar entstehen in Sapporo riesige Schneeskulpturen.*

**Idyllisches Tal**
*Besonders malerisch ist die Landschaft im Oirase-Tal mit begrünten Felsen und Birkenwäldern.*

**Schnitzkunst**
*Das »Tor des Sonnenlichts« am Toshogu-Schrein ist mit Holzschnitzereien von großer Vollkommenheit geschmückt.*

# Tour 2 Der Berg ruft

**Tourlänge:** ca. 1250 km **Tourdauer:** ca. 10 Tage

**Wer angesichts der klassischen Schönheit des Fuji für die japanische Bergwelt Feuer gefangen hat, sollte den Großraum Tokyo verlassen und in die Japanischen Alpen fahren.**

Von ❶ ✶✶ **Tokyo** führt der Weg in drei Stunden in die Japanischen Alpen nach ❷ **Matsumoto**, das von der »Krähenburg« überragt wird. Der Ort ist Ausgangspunkt für Ausflüge in die Nördlichen Japanischen Alpen, die im ❸ ✶✶ **Chubu-Sangaku-Nationalpark** geschützt werden. Zwischen April und Oktober kann man mit dem Bus nach **Kamikochi** fahren (1¾ Std.) und dort kürzere oder längere Wanderungen (2–4 Std.) unternehmen oder sich gar daran machen, einen der Gipfel zu erklimmen (in letzterem Fall sollte man allerdings eine Übernachtung einplanen). Hier bietet sich auch ein Onsen-Besuch an.

**Hochalpin**
*... wirkt die Landschaft am Azusa bei Kamikochi.*

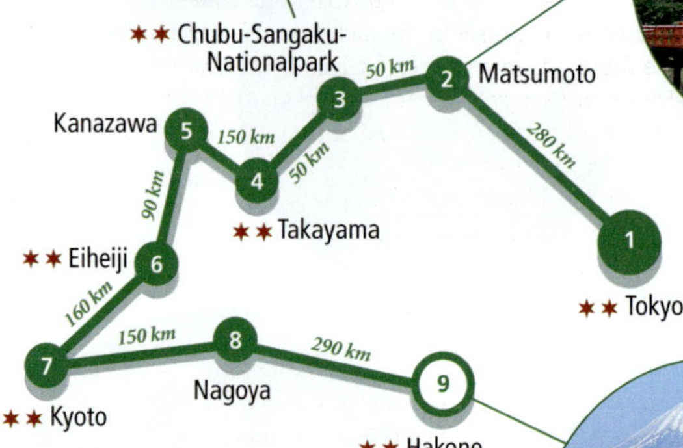

**»Krähenburg«**
*Die schwarze Burg ist das Wahrzeichen von Matsumoto.*

**Heiliger Berg**
*Majestätisch erhebt sich der Fuji-san über dem Ashi-See.*

**Von den Bergen ans Meer**

Mit dem Bus gelangt man von Kamikochi in 1½ Stunden nach ❹ ✶✶ **Takayama**, »Klein-Kyoto« in den Bergen, das mit seinen Volkskundemuseen, Kunsthandwerksläden und Sakebrauereien viel Atmosphäre ausstrahlt. Die Handwerkskünste der Stadt werden im ausgedehnten Freilichtmuseum Hida no Sato vorgeführt, wo auch alte Bauernhäuser der Region ausgestellt sind. Eine nette Abwechslung ist ein Besuch auf dem Morgenmarkt der Stadt, bevor es mit der Bahn (gut 2 Std. Fahrt mit Umsteigen in Toyama) nach ❺ **Kanazawa** am Japanischen Meer weitergeht. Die Stadt ist in ganz Japan für ihren Landschaftsgarten Kenroku-en berühmt. Daneben bietet sie aber auch einige idyllische Viertel mit alten Samuraihäusern und ein hochmodernes Kunstmuseum, das Kanazawa 21.

**In die alte Kaiserstadt**

Von Kanazawa erreicht man in 1¼ Stunden über die Stadt Fukui das ebenso berühmte wie einflussreiche ❻ ✶✶ **Zen-Kloster Eiheiji** aus dem 13. Jahrhundert, wo man einen Einblick in den Alltag eines aktiven Klosters bekommt und, falls Plätze frei sind, auch (auf Englisch) in die Zen-Meditation eingeführt wird (dafür ist allerdings eine Voranmeldung und mindestens eine Übernachtung erforderlich). Ansonsten macht man nur eine Führung durch einen Teil des ausgedehnten Komplexes mit. Wer ❼ ✶✶ **Kyoto** noch nicht auf dem Programm hatte, kann es in diese Route einbauen und von Kanazawa oder Fukui aus dorthin fahren (Bahn, 2 Std.).

**Japan modern und nostalgisch**

Sowohl von Kyoto als auch von Fukui ist es nicht weit bis ❽ **Nagoya** (¾ Std. bzw. 1¾ Std.). Die Sehenswürdigkeiten der Stadt sind überschaubar und lassen sich an einem Tag besuchen: Kunstfreunde sollten auf jeden Fall das Tokugawa-Kunstmuseum aufsuchen, und wer sich für das industrielle Erbe der Stadt interessiert, ist im Toyota Industrie- und Technologie-Museum (Sangyo Gijutsu Kinenkan) richtig. Ansonsten sind der Atsuta-Schrein, die Burg und der Osu-Kannon-Tempel die Hauptattraktionen für Touristen.
Wer noch Zeit hat, sollte unbedingt einen Ausflug ins ✶✶ **Kiso-Tal** zu den alten Poststationen Tsumago und Magome unternehmen, wo die Zeit stehen geblieben zu sein scheint. In diesem Fall ist allerdings eine Übernachtung (etwa in in Nagoya) notwendig.

**Japans Wahrzeichen**

Von Nagoya geht es an der Ostküste Honshus zurück und zum Abschluss der Tour nach ❾ ✶ **Hakone** (2¾ Std. via Odawara). Hier liegt der Ashi-See, in dem sich der ✶✶ **Fuji** spiegelt. Mit seiner nahezu vollkommenen Kegelform ist er einer der schönsten Berge überhaupt. Einen guten Blick auf dieses japanische Wahrzeichen und Heiligtum hat man, wenn man mit der Seilbahn von Gora bis Owakudani fährt. Von der Endstation Togendai kann man mit einem Schiff über den See bis Moto-Hakone fahren, wo der Hakone-Schrein steht, und dann bis Hakone-machi wandern (2 km). Von dort fährt ein Bus nach Atami, von wo man mit dem Shinkansen in einer guten halben Stunde zurück nach Tokyo gelangt.

# Tour 3 Auf Pilgerschaft

**Tourlänge:** ca. 1050 km **Tourdauer:** ca. 10 Tage

**Die Region Kinki ist die Wiege der japanischen Kultur und das traditionelle kulturelle Zentrum Japans. Die Sehenswürdigkeiten reihen sich hier buchstäblich aneinander.**

**Tagesausflug von Tokyo**

Von ❶ ✶✶ **Tokyo** führt ein Tagesausflug in das friedliche Städtchen ❷ ✶✶ **Kamakura** (1 Std. Bahnfahrt), dessen Hauptsehenswürdigkeit der Große Buddha des Kotokuin-Tempels ist. Daneben lohnen jedoch eine Reihe weiterer Tempel und Schreine den Besuch – wenn man nur einen Tag zur Verfügung hat, muss man eine Auswahl treffen (Highlights ► S. 298). Vermutlich reicht die Zeit noch für den in derselben Gegend liegenden Hase-dera sowie den Tsurugaoka-Hachiman-Schrein und den Kenchoji-Tempel. Auf dem Rückweg lässt sich eine Stippvisite in ❸ **Yokohama** einbauen, wo man den Abend im modernen Minato-Mirai-Viertel verbringen kann.

**Japans shintoistisches Nationalheiligtum**

Von Tokyo fährt man am folgenden Tag über Nagoya nach Ise (1½ Std.), wo sich das shintoistische Nationalheiligtum Japans befindet: die ❹ ✶✶ **Ise-Schreine**, unterteilt in Äußerer und Innerer Schrein, die ca. 5 km voneinander entfernt sind. Die Hauptgebäude werden nach alter Tradition alle 20 Jahre erneuert. Zu sehen gibt es eigentlich nicht allzu viel, aber die schlichten, von dichtem Grün umgebenen Holzbauten und die ihren Aufgaben nachgehenden Shinto-Priester und Schreinmädchen strahlen eine Ruhe aus, die etwas von der Heiligkeit des Ortes spürbar macht.

**Zwei Highlights**

Von Ise sind es zwei Stunden Bahnfahrt bis ❺ ✶✶ **Kyoto** (Vorschläge für 2 Tage Aufenthalt ► S. 175). Von hier aus besucht man anschließend ❻ ✶✶ **Nara** am besten in einem Tagesausflug. Das idyllische Städtchen, das im 8. Jahrhundert kaiserliche Hauptstadt war und dem Buddhismus zur Blüte verhalf, bietet eine Reihe bemerkenswerter Kulturschätze – und nicht zu vergessen die vielen zahmen Rehe. Auch hier hat man die Qual der Wahl (Highlights ► S. 418). An erster Stelle steht sicher der Große Buddha im Todaiji-Tempel, einem der größten Holzgebäude der Welt. Außerdem befinden sich im Nara-Park der malerische Kasuga-Schrein, der Kofukuji-Tempel mit einer fünfstöckigen Pagode und das Nationalmuseum. In der Umgebung von Nara sollte man den Horyuji-Tempelkomplex nicht verpassen (dann reicht die Zeit aber vermutlich nicht für das Nationalmuseum).

**Auf dem Tempelberg**

Am nächsten Tag steht ein Besuch auf dem ❼ ✶✶ **Koya-san** an (Anfahrt über Osaka, 2 Std.): Auf diesem Berg entstand im 9. Jahrhundert ein Klosterkomplex der esoterischen Shingon-Sekte, der bis heute von zentraler Bedeutung für das Studium des Buddhismus in Japan ist. Für Touristen ist hier die Übernachtung in einer der zahlreichen Tempelherbergen die größte Attraktion. Man erfährt etwas über den Klosteralltag und bekommt eine Kostprobe der rein vegetarischen Mönchsküche – die übrigens alles andere als frugal zu nennen ist. Zuvor bleibt genug Zeit für eine Erkundung der Siedlung, wobei ein Spaziergang über den ausgedehnten Friedhof am stimmungsvollsten ist.

Vom Koya-san gelangt man in 1½ Stunden nach **8 Osaka** und von dort mit dem Bus auf die Insel **9 Awajishima** in der Inlandsee, die neben traditionellem Puppentheater und einem ungewöhnlichen modernen Wassertempel von Ando Tadao auch schöne Strände bietet. Oder man schließt Tour 4 ab Himeji an.

**Zen-Garten**
*Der Jochiji-Tempel in Kamakura ist von einem herrlichen Garten umgeben.*

**Zahme Hirsche**
*Die frei lebenden Tiere im Tempelbezirk von Nara gelten als heilig.*

**Ruhestätte**
*In einem stillen und geheimnisvollen Hain uralter Zedern liegt die Nekropole des Koya-san.*

# Tour 4 Rund um die Inlandsee

**Tourlänge:** ca. 1000 km **Tourdauer:** ca. 9 Tage

**An der zur Inlandsee gewandten, belebten Küste von West-Honshu liegen die Attraktionen praktisch wie Perlen aneinander gereiht. Ruhiger geht es auf Shikoku zu, deren Reiz vor allem in der Landschaft liegt.**

**Japans schönste Burg**

Von ❶ ✶✶ **Kyoto** geht es nach ❷ ✶✶ **Himeji** (1 Std. Zugfahrt), wo eine der, wenn nicht die schönste Burg Japans zu besichtigen ist. Erhaben thront die »Burg des weißen Reihers« auf einem Hügel im Herzen der Stadt. Anschließend folgt die Fahrt weiter der Küste entlang nach ❸ ✶ **Okayama** (20 Min.), das einen eindrucksvollen Landschaftsgarten aufweist. Nur eine Viertelstunde Bahnfahrt ent-

**Schmuckstück**
*Die Burg in Himeji bildet einen Höhepunkt mittelalterlicher klassischer Festungsbaukunst.*

**Shinto-Heiligtum**
*Der Itsukushima-Schrein mit seinem riesigen Torii ist Teil des Weltkulturerbes.*

**Brückenschlag**
*Die Seto-Ohashi-Brücke verbindet Shikoku mit Honshu.*

fernt erreicht man 4 ** **Kurashiki**, das eine Reihe sehenswerter Galerien und Museen bietet, die größtenteils in alten Lagerhäusern untergebracht sind. Ein Spaziergang am romantischen, von Bäumen gesäumten Kanal entlang erschließt die Hauptsehenswürdigkeiten der Stadt.

**Weltgeschichtlicher Ort**

Als Übernachtungsstopp bietet sich 5 ** **Hiroshima** an (1 Std. mit der Bahn). Die meisten Besucher der Stadt fahren schnurstracks zum Friedenspark mit dem viel fotografierten »Atombombendom«, der ausgebombten ehemaligen Industrie- und Handelskammer, und dem erschütternden Atombombenmuseum. Hiroshima hat aber noch mehr zu bieten, zuvorderst den reizenden Shukkei-en-Garten, das Städtische Museum für moderne Kunst und die Burg (wenngleich nicht die schönste unter den japanischen Burgen) – und nicht zu vergessen das lebhafte Nachtleben. Von hier lässt sich ein Tagesausflug zur Insel 6 ** **Miyajima** unternehmen. Die Gebäude und das rote Torii des hiesigen Itsukushima-Schreins stehen bei Flut im Wasser. Auf der idyllischen Insel, die sich die Einwohner mit vielen zahmen Rehen teilen, lohnt außerdem ein Spaziergang durch das Ahorntal und die Seilbahnfahrt von dort zum Tempel auf dem Misen.

**Inlandsee**

Um die landschaftlich reizvolle ** **Inlandsee**, das mit Hunderten von Inseln durchsetzte Meer zwischen Honshu und Shikoku, auch vom anderen Ufer aus zu betrachten, empfiehlt sich die Fahrt mit einer Fähre von Hiroshima nach 7 **Matsuyama** auf Shikoku (2¾ Std.). Aktivurlauber können auch das Fahrrad wählen und den Shimanami-kaido befahren, der über sieben Brücken und sechs Inseln von Onomichi (nördlich von Hiroshima) nach Imabari (nahe Matsuyama) führt – eine Strecke von insgesamt ca. 60 km (Leihräder vorhanden, Einwegmiete möglich). Die Hauptsehenswürdigkeit von Matsuyama ist die Burg aus dem 17. Jahrhundert. Nicht versäumen sollte man einen Besuch im nahe gelegenen * **Dogo Onsen**, einem der ältesten Bäder Japans, in dem schon manch berühmter Japaner seine müden Glieder ausstreckte. Man sollte es ihnen gleichtun und das alte hölzerne Badehaus Shinrokaku aufsuchen.

**Zurück via Osaka**

Eines der reizvollsten Ziele auf Shikoku ist außerdem 8 ** **Kotohira** (Fahrtdauer von Matsuyama 2½ Std.) Wie die japanischen Pilger steigt man über viele Hunderte von Stufen zum Hauptheiligtum auf dem Berg hinauf (oder lässt sich per Sänfte hinauftragen). Über das nahe gelegene 9 * **Takamatsu**, das mit einem berühmten Landschaftsgarten aufwartet, kann man nach Honshu zurückkehren (mit Bahn via Okayama in 2 Std.) und die Tour in 10 **Osaka** beschließen, das zwar wenige klassische Sehenswürdigkeiten aufweist, aber als alte Kaufmannsstadt mit riesigen unter- wie oberirdischen Einkaufsparadiesen aufwartet – besonders praktisch, wenn man die Heimreise vom Kansai International Airport antritt.

# Tour 5 Der Charme des Südens

**Tourlänge:** ca. 900 km (ohne Okinawa) **Tourdauer:** ca. 8 Tage (ohne Okinawa)

**Die Insel Kyushu ist ein beliebtes inländisches Touristenziel – und das völlig zu Recht: Die Menschen wirken hier noch freundlicher und offener als im übrigen Land, die Sonne strahlt intensiver und das Leben erscheint irgendwie unbeschwerter als in den Ballungszentren von Honshu.**

**Freundlches Fukuoka**

❶ **Fukuoka**, das Tor zur südlichsten der vier Hauptinseln, Kyushu, lässt sich in ca. 6 Stunden mit dem Shinkansen von Tokyo aus erreichen (Flug 1 Std. 40 Min.). Nachmittags kann man in Hakata das einzigartige Museum für Asiatische Kunst besuchen, anschließend durch den modernen Einkaufs- und Restaurantkomplex Canal City flanieren, dort oder an einem der vielen Stände in der Stadt Ramen essen und im Vergnügungsviertel Nakasu ein Bier trinken gehen.

**Noch einmal Weltgeschichte**

Vom Bahnhof Hakata geht es am nächsten Tag mit dem Zug nach ❷ ✶✶ **Nagasaki** im äußersten Westen von Kyushu (1¾ Std.). Hier gibt es ein volles Tagesprogramm: Neben dem Friedenspark und dem Atombombenmuseum im Norden der Stadt warten der Glover Garden mit schönem Blick auf die Stadt und einigen interessanten Wohnhäusern ehemals hier ansässiger Ausländer, der chinesisch geprägte Sofukuji-Tempel und der ehemalige Stützpunkt der Niederländer, Dejima, der derzeit rekonstruiert wird, auf eine Erkundung. Wer Zeit hat, kann einen Tagesausflug in den **Unzen-Nationalpark** anhängen.

**Ein aktiver Vulkan**

Ansonsten fährt man am nächsten Tag nach ❸ **Kumamoto** (Bahn, 2¾ Std.), das außer der Burg auch noch einen berühmten Garten, den Suizenji, bietet. Von Kumamoto dauert es mit der Bahn eine bis anderthalb Stunden, bis man den ❹ ✶✶ **Aso-Kuju-Nationalpark** erreicht. Das Kraterbecken des noch aktiven Aso-Vulkans ist eine der größten Calderen der Erde. Mit einer Seilbahn geht es zum Kraterrand hinauf. Übernachten kann man im nächsten Zielort Beppu (2 Std. ab Aso) oder auf dem Weg dorthin im bei Japanern beliebten Thermalbadeort Kurokawa.

**Badeurlaub**

In ❺ ✶✶ **Beppu** dreht sich alles ums Baden. Aufgrund seiner Bekanntheit ist der Kurort naturgemäß sehr touristisch, aber die bunten »Höllenteiche« sind zweifelsohne beeindruckend, und in einem der zahlreichen Bäder kann man die Seele baumeln lassen. Erholung steht auch in ❻ **Miyazaki** (Bahnfahrt 3½ Std.) im Vordergrund. Die Stadt selbst ist weniger spannend als die Umgebung: Empfehlenswert ist ein Ausflug zur kleinen Insel Aoshima im Nichinan-kaigan-Quasi-Nationalpark (Bus, 20 Min.). Auf der unbewohnten, von üppiger

**Glaubensalltag**
*Zeremonie im Sumiyoshi-Schrein zu Fukuoka*

**Unterwasserparadies**
*Auf Okinawa finden Taucher beste Bedingungen vor und entdecken eine artenreiche Flora und Fauna.*

**Zu Füßen des Vulkans**
*In den Straßen von Kagoshima herrscht südländisches Flair.*

tropischer Vegetation bedeckten Insel ziehen sich von der Küste waschbrettartige Sedimentfelsen ins Wasser.

**Japans Neapel**

Weiter geht es mit der Bahn nach **7 Kagoshima** (2 Std.), dem »japanischen Neapel«. Die Stadt am äußerst aktiven Vulkan Sakurajima war einst Sitz eines mächtigen Fürstengeschlechts, woran das Shoko-Shuseikan-Museum erinnert. Ansonsten kann man im reizvollen Iso-Landschaftsgarten ausspannen und mit der Fähre nach **Sakurajima** fahren (15 Min.), um von Aussichtspunkten aus die Lavafelder zu überblicken und zu einem verschütteten Schrein zu spazieren, von dem nur noch das Torii aus dem Boden ragt.

**Okinawa**

Wer noch mehr Entspannung im Süden sucht, kann nach **8 ★★ Okinawa** fliegen (nach Naha 1¼ Std.). Für eine Inselrundfahrt und Faulenzen am Strand der Hauptinsel sollte man mindestens zwei Tage einplanen – wenn man eine der anderen Inseln aufsucht, mehr. Alle anderen fahren mit der Bahn von Kagoshima nach Hakata (2½ Std.) zurück oder fliegen nach Tokyo (1 Std. 50 Min.).

# Reiseziele von A bis Z

JAPAN IST REICH AN KULTURELLEN UND LANDSCHAFTLICHEN SCHÄTZEN: VON ALTEN KAISERRESIDENZEN UND GROSSARTIGEN TEMPELN ÜBER ZEN-GÄRTEN BIS HIN ZU LIEBLICHEN SEEN, WASSERFÄLLEN UND SCHROFFEN VULKANKETTEN REICHT DIE PALETTE DER SEHENSWÜRDIGKEITEN.

# Abashiri

N 2–3

**Hauptinsel:** Hokkaido
**Einwohnerzahl:** 41 000
**Präfektur:** Hokkaido

網走

**Viele Japaner verbinden mit Abashiri das hiesige Hochsicherheitsgefängnis, doch Touristen interessieren sich in der Regel mehr für das Treibeis, den »Traum in Weiß« vor der Küste.**

**Hafenstadt** Abashiri liegt im Nordosten der Hauptinsel Hokkaido am Ochotskischen Meer, im Zentrum des Abashiri-Quasi-Nationalparks. Schon vor 2000 Jahren siedelten hier Ainu und Moyoro; heute ist Abashiri Umschlagplatz für die landwirtschaftlichen Produkte der Abashiri-Ebene, Fischereihafen und Zentrum der Fisch verarbeitenden Industrie. Im Winter (Januar bis März) ist der Hafen von Abashiri wegen Vereisung geschlossen.

## Sehenswertes in Abashiri

**Tentozan** Ein schöner Blick auf die Stadt, die umliegende Seenplatte und das Meer bietet sich von dem südlich des Bahnhofs liegenden Berg Tentozan (207 m).

Ochotsk Ryuhyo-kan ► Auf dem Gipfel des Berges befindet sich das Eisschollenmuseum. Hier bekommt man in einem –15 °C kalten Raum auch im Sommer einen Eindruck vom **Treibeis-Zauber** (Öffnungszeiten: April bis Okt. tgl. 8.00–18.00, Nov. bis März tgl. 9.00–16.30 Uhr, 520 ¥).

Hoppo Minzoku Hakubutsukan ► Um den Berg herum liegen zwei weitere interessante Museen: Das Museum der Völker des Nordens stellt die Lebensweise der subarktischen Ethnien vor – von den Inuit bis zu den Samen (Öffnungszeiten: Di. bis So. 9.30–16.30, Juli und Aug. tgl. 9.30–16.30 Uhr, 450 ¥).

Abashiri Kangoku ► Das berühmt-berüchtigte Gefängnis aus der Meiji-Zeit, das noch bis 1984 genutzt wurde, ist inzwischen ein Museum, das den Alltag der damaligen Insassen dokumentiert (Öffnungszeiten: April bis Okt. tgl. 8.00–18.00, Nov. bis März tgl. 9.00–17.00 Uhr, 1050 ¥, 4 km vom Bahnhof, www.kangoku.jp/world). Alle drei Museen sind mit dem Bus der Tentozan-Linie in 10–15 Min. zu erreichen.

*← Teehäuser in der Präfektur Wakayama*

## ABASHIRI ERLEBEN

### ANREISE

*Bahn:* Von Sapporo JR-Hakodate- und JR-Sekihoku-Hauptlinie (5½ Std.); von Asahikawa JR-Sekihoku-Hauptlinie (3¾ Std.); von Kushiro JR-Semmo-Hauptlinie (3 Std.)

*Flughafen*: Memanbetsu, 16 km südlich

### VERANSTALTUNGEN

Ryuhyo-matsuri (Treibeisfest; Mitte Februar); Orochon-Feuerfest (Ende Juli), im Chuo-Park.

1,5 km nordöstlich des Bahnhofs erhebt sich der Muschelhügel **Moyoro-kaizuka** mit Fundstellen zahlreicher Überreste der Moyoro, der Vorgänger der Ainu, die hier siedelten.

! *Baedeker* TIPP

**Mit dem Eisbrecher durchs Packeis**

Von Ende Januar bis Anfang April bricht die »Aurora« 4–5 x tgl. (zwischen 9.00 und 16.30 Uhr) zu einer einstündigen Fahrt durch das Treibeis vor der Küste auf (Ab Hafen von Abashiri, im Nordosten der Stadt; 3000 ¥ p. P.).

## Umgebung von Abashiri

Südwestlich der Stadt liegt der 44 km Umfang messende Abashiri-See, Teil des Abashiri-Quasi-Nationalparks (Bus 10 Min. vom Bahnhof Abashiri). Am Südufer des Sees lohnen die Badeorte Memambetsu-onsen und Abashiri-Kotan-onsen einen Besuch.

**Abashiri-See**

Südöstlich von Abashiri (Bus 30 Min. vom Bahnhof Abashiri) liegt der Tofutsu-See, dessen Ufer der Garten Koshimizu Gensei Koen säumt. Insbesondere von Mai bis September lohnt er seiner **Wildblumenpracht** wegen einen Ausflug; im Winter sind hier an die zweitausend sibirische Schwäne zu beobachten.

**Tofutsu-See**

In der Küstenregion 10 km nordwestlich von Abashiri liegt die Notoro-Lagune (Bus bis Ubaranai); noch weiter die Saroma-Lagune, mit 150,4 km² der drittgrößte See Japans. Um den See blühen von Mitte Mai bis September über **300 Blumenarten**. Im Winter verleiht von Norden herandriftendes Packeis der Region ungewöhnlichen Reiz.

**Notoro-Lagune**
**Saroma-Lagune**

# Aizu-Wakamatsu

K 6

**Hauptinsel:** Honshu
**Präfektur:** Fukushima
**Einwohnerzahl:** 128 000

**Das Burgstädtchen Aizu-Wakamatsu, zweitgrößte Stadt der Präfektur, ist bekannt für die Herstellung von Lackwaren (Aizu Nuri), die auf einer über dreihundertjährigen Tradition beruht. Seit alters her berühmt sind auch die handbemalten Kerzen, die sich früher nur der Adel leisten konnte.**

会津若松

## Sehenswertes in Aizu-Wakamatsu

Die 3 km südlich des Bahnhofs gelegene Burg Tsuruga wurde 1384 von Ashina Naomori erstmals erbaut; bei der Zerstörung durch kaiserliche Truppen blieben nur Gräben und Wälle erhalten. Der fünfstöckige Hauptturm ist eine Rekonstruktion von 1965. Später wurden auch das Teehaus sowie das Hoshii Yagura (ein ehemaliges Lagerhaus) und das Minami Nagaya (Tortrakt), wieder aufgebaut.

**Burg Tsuruga**

Öffnungszeiten:
tgl. 8.30–16.30 Uhr
500 ¥

**Museen** Sehenswert ist das Fukushima-Museum östlich der Burg, u. a. mit archäologischen Funden (Öffnungszeiten: Di. bis So. 9.30–17.00 Uhr). Unweit nördlich der Burg ist in einer alten Brauerei das Aizu Sake History Museum (Aizu Shuzo Rekishikan) zu finden, wo die traditionelle Brauweise des **Sake** (Reiswein) vorgeführt wird (Öffnungszeiten: 17.3.–30.11. tgl. 8.30–17.00, 1.12.–16.3. tgl. 9.00–16.30 Uhr, 300 ¥).

**Aizu Buke-Yashiki** Mit dem Bus (15 Min.) erreicht man den östlich der Stadt gelegenen Komplex Aizu Buke-Yashiki, zu dem alte Samurai-Häuser und Museen gehören, u. a. das **Karo-Yashiki**, die originalgetreu nachgebaute Residenz eines Heerführers, die 38 Räume, darunter eine reich geschmückte Empfangshalle (nach dem Vorbild des Nijo-Schlosses in ► Kyoto), und einen Garten umfasst (Öffnungszeiten: April – Nov. tgl. 8.30–17.00, Dez. – März 9.00 – 16.30 Uhr, 850 ¥).

**Higashiyama-onsen** Etwa 5 km südöstlich von Aizu-Wakamatsu (Bus, 20 Min.) liegt das Thermalbad Higashiyama-onsen (Quellen von 45 und 68 °C) in einem von Hügeln umgebenen, sich nach Westen öffnenden Tal. Der beliebte Badeort erstreckt sich zu beiden Seiten des Baches Yugawa.

**Seaburi** Südöstlich von Higashiyama-onsen erhebt sich der Berg Seaburi (871 m), auf den zwei Seilbahnen führen und der eine schöne Rundsicht auf die Bergwelt bietet.

*Denkmal und Bogenbrücke im Park von Aizu-Wakamatsu*

## AIZU-WAKAMATSU ERLEBEN

**AUSKUNFT**

***Touristinformation***
im Bahnhof: Tel. 02 42/32 06 88
tgl. 9.00–17.30 Uhr
auf dem Burggelände:
Tel. 02 42/29 11 51
tgl. 8.30–17.00 Uhr
www.city.aizuwakamatsu.fukushima.jp/e

**ANREISE**

***Bahn:*** Von Tokyo (Bahnhof Ueno) Tohoku-Shinkansen- und JR-Ban-etsu-saisen-Linie über Koriyama (2½ Std.).

**VERANSTALTUNG**

Aizen-Herbstfest, 22.–24. September, mit Samuraiparade.

**Kitakata**

In Kitakata nördlich von Aizu-Wakamatsu sind viele alte Lagerhäuser erhalten, in denen heute Galerien und Kunsthandwerkläden angesiedelt sind. In einem der zahlreichen Nudellokale kann man die im ganzen Land berühmten **Kitakata-Ramen** probieren.

# ★★ Akan-Nationalpark

N 3

**Hauptinsel:** Hokkaido
**Präfektur:** Hokkaido
**Fläche:** 904 km²

阿寒国立公園

**Der im Osten der Insel Hokkaido gelegene Akan-Nationalpark erstreckt sich um die Seen Kussharo, Akan und Mashu. Weite Teile des Parks sind von subarktischen Urwäldern bedeckt. Besonders der Herbst mit seinen leuchtenden Farben verleiht der Landschaft außergewöhnlichen Reiz.**

## Sehenswertes im Akan-Nationalpark

**★★ Akan-See**

Der im westlichen Teil des Nationalparks gelegene Akan-See (419 m ü. d. M.) erreicht bei einem Umfang von 26 km eine Tiefe von 36 m; er ist bekannt für seinen Fischreichtum (Forellen, Lachse) und besonders durch die **Kugelalge Marimo**, die nur im Akan-See bis zu 30 cm Durchmesser erreicht. Die normalerweise am Grund lebende Alge treibt bei Sonnenschein zur Wasseroberfläche und verleiht dem See eine schimmernde grüne Farbe. Die auch im Yamanaka-See (Präfektur Yamanashi) und im Sakyo-See (Präfektur Aomori) vorkommende Alge steht unter Naturschutz. Per Bootsrundfahrt (Mai bis Nov.) erreichbar ist das Marimo Exhibition Center auf der Insel Churui-jima, das sich dieser ungewöhnlichen Pflanze widmet. Südlich wird der See vom Me-Akan, östlich vom O-Akan überragt, zwei Vulkanen, die 1499 bzw. 1371 Höhenmeter erreichen und eine großartige Kulisse für den See mit seinen vielen kleinen Inseln bilden.

**Akan-kohan-onsen**

Am Südufer des Sees liegt der Badeort Akan-kohan-onsen, Knotenpunkt der verschiedenen Buslinien, die den Park durchziehen. Im Ainu Kotan, der größten Ainu-Siedlung auf Hokkaido, wird die Ainu-Kultur gnadenlos vermarktet – von Authentizität ist wenig zu spüren. Lohnend ist die Ersteigung des noch aktiven **Me-Akan** (bis zum Gipfel 11,5 km; von Me-Akan-onsen 2,5 km). Der Ausblick vom Gipfel umfasst das Ochotskische Meer, den Pazifik sowie die Ebenen Tokachi und Nemuro. Da der Vulkan noch aktiv ist, kann er manchmal gesperrt sein.

★ Ausblick ►

★★ **Mashu-See**

Etwa 10 km nördlich von Teshikaga (Bus, 35 Min.) liegt der einzigartige Mashu-See (351 m ü. d. M.). Bis zu 200 m hohe steile Klippen und dichte Wälder machen das Ufer des 20 km Umfang messenden, bis zu 212 m tiefen Kratersees nahezu unzugänglich; umso schöner ist der Ausblick von einer der beiden hoch gelegenen Aussichtsplattformen am Westufer des Sees.

## AKAN-NATIONALPARK ERLEBEN

### AUSKUNFT

***Touristinformationen***
in Akan-kohan (Tel. 01 54 / 67 22 54)
Kawayu-onsen (Tel. 01 54 / 83 26 70)

### ANREISE

*Bahn:* Von Abashiri bzw. Kushiro JR-Semmo-Hauptlinie nach Kawayu und Teshikaga (Mashu).
*Bus:* Von Abashiri nach Akan-kohan (5 Std.); von Kushiro nach Akan-kohan (2 Std.) bzw. über Teshikaga nach Kawayu-onsen (2 Std.).
*Schiff:* Im Sommer Rundfahrten auf dem Akan-See; Bootsfahrten ab Akan-kohan.

*Dampfende Fumarolen am Me-Akan*

Bester Ausgangspunkt für einen Abstecher zum Fuß des aktiven Vulkans Io-zan (512 m) ist das romantisch gelegene Thermalbad Kawayu-onsen (auch Bahnstation) mit 40–60 °C heißen Quellen. **Kawayu-onsen**
Von hier erreicht man 1,5 km südlich den Fuß des Vulkans, wo aus zahlreichen Erdöffnungen Schwefeldämpfe dringen und das Gestein mit ihren Niederschlägen gelbgrün färben.

Unweit nordwestlich von Kawayu-onsen liegt der größte See des Akan-Nationalparks, der Kussharo-See (121 m ü. d. M., 79,5 km², 120 m tief). In seiner Mitte liegt die bewaldete Insel Tomoshiri; am Südufer der Badeort Wakoto-onsen, in dessen Umgebung unterirdische heiße Quellen den Ufersand und das Wasser erwärmen. **Kussharo-See** **Wakoto-onsen**

Einen besonders schönen Blick auf den See hat man vom Bihoro-Pass (525 m; Bus von Wakoto-onsen oder von Bihoro), über den die Straße von Teshikaga nach Bihoro und weiter nach ►Abashiri führt. **Bihoro-Pass**

# Akita

L 5

**Hauptinsel:** Honshu
**Einwohnerzahl:** 326 000
**Präfektur:** Akita

**Die Stadt Akita ist in ganz Japan für ihr spektakuläres Kanto-Fest berühmt, bei dem mittels artistischer Darbietungen göttliche Hilfe für eine reiche Ernte erbeten wird. Auch die Schönheit der Mädchen von Akita wird im ganzen Land besungen (Akita-obako).**

秋田

Die Präfekturhauptstadt Akita liegt an der Nordwestküste von Honshu in einem auf drei Seiten von Bergketten umgebenen Flachland, das im Westen vom Japanischen Meer begrenzt wird. Sie ist landwirtschaftliches und bildungspolitisches Zentrum des Umlandes. **Zentrum des Umlandes**

## Sehenswertes in Akita

Im Senshu-Park, 1,2 km nordwestlich des Bahnhofs, befinden sich die Reste der einstigen Burg sowie der Akita-Hachiman-Schrein. Zum Park gehören das Kunstmuseum der Präfektur (Kenri-tsubijutsukan) und das Kunstmuseum (Hirano Masakichi-bijutsukan; u. a. Werke von Fujita Tsuguharu, van Gogh und Cézanne). Das Heimatmuseum Akarenga Kyodokan in einem rot-weißen Ziegelbau von 1910 zeigt u. a. regionales Kunsthandwerk. **Senshu-Park** ◄ Museen

Dem berühmten Kanto-matsuri und anderen Volksfesten der Stadt widmet sich das Kanto Festival Center (Neburinagashi-kan, Öffnungszeiten: tgl. 9.30–16.30 Uhr, 100 ¥, 10 Min. zu Fuß vom Bahnhof, in Omachi). **Kanto Festival Center**

## AKITA ERLEBEN

### AUSKUNFT

*Touristinformation*
im Bahnhof, Tel. 0 18/8 32 79 41
tgl. 9.00–19.00 Uhr

### ANREISE

*Flugzeug:* Von Tokyo (Haneda Airport; 1 Std.); von Osaka (1½ Std.); Flughafenbus 50 Min..
*Bahn:* Von Tokyo (Bahnhof Ueno) mit Akita-Shinkansen (4 Std.); von Aomori mit der Ou-Hauptlinie (2½ Std.).

### VERANSTALTUNGEN

In *Akita*: Kanto-matsuri (Anfang Aug.), Akita-Hachiman-Schrein; junge Männer tragen lange Bambusstangen mit bis zu 50 Lampions.
In *Yokote*: Kamakura-Fest (15. / 16. Feb.); 400 Jahre altes Fest, bei dem über 100 topfförmige Iglus errichtet und mit Kerzen beleuchtet werden. Auf einem Altar innen werden den Shinto-Wassergöttern Sake und Reis-

## Umgebung von Akita

**Kakunodate** Südöstlich von Akita fährt man über Omagari und weiter mit der JR-Kakunodate-Linie nach Kakunodate. Die kleine, von Bergen umgebene verträumte Stadt war einst Burg der Familie Tozawa, später der Satake. Sehenswert sind die alten Samurai-Häuser, überdies ist Kakunodate einer der bekannten **Kirschblütenorte Nordjapans** (Ende April). Weithin bekannt sind die Dosen, Schachteln u. a. aus polierter Kirschbaumrinde (Kaba-zaiku). Nördlich liegt der Tazawa-See (►Morioka, Umgebung).

**✶ Shirakami Sanchi** Über die Grenze zur Präfektur Aomori hinweg erstreckt sich die als **UNESCO-Welterbe** ausgezeichnete Bergkette Shirakami Sanchi. In den hiesigen Birkenwäldern sind u. a. japanische Serau (auch Wollhaargämse genannt) und japanische Schwarzspechte (Kumagera) zu Hause. Besonders schön ist der Wasserfall Anmon-no-taki mit seinem kristallklaren Wasser (von Akita Ou-Hauptlinie bis Higashinoshiro, ab dort Gono-Linie bis Shirakami; insgesamt ca. 2 Std.)

# ✶ Ama-no-hashidate

H 7 • h 2

**Hauptinsel:** Honshu **Präfektur:** Kyoto

天橋立

**Ama-no-hashidate, eine Nehrung im westlichen Teil der Wakasa-Bucht am Japanischen Meer, ist eine der drei seit alters her gerühmten schönsten Küstenlandschaften Japans (►Baedeker Special S. 382). Kiefern von bizarrem Wuchs erhöhen den Reiz der Gegend.**

»Himmelsbrücke«

Die 3,6 km lange und 37–110 m breite Landzunge trennt die Lagune Aso-no-umi von der Miyazu-Bucht, einem Teil der Wakasa-Bucht (West-Honshu). Der Name leitet sich her von Ama-no-ukihashi (»schwimmende Himmelsbrücke«) und weist auf die Überlieferung hin, nach der die Götter Izanagi und Izanami bei der Erschaffung Japans an dieser Stelle gestanden haben sollen.

! *Baedeker* TIPP

**Lohnender Ausflug**

Als Ausflug empfiehlt sich die Schifffahrt von Ama-no-hashidate durch die Lagune nach Ichinomiya; von hier lohnt ein Abstecher zum Kasamatsu-Park, dann zu Fuß über die Nehrung zurück nach Ama-no-hashidate.

## Sehenswertes in Ama-no-hashidate

Das nahe beim Bahnhof Ama-no-hashidate gelegene **Monju** ist der am besten geeignete Ausgangspunkt für eine Wanderung über die Nehrung. Im Ort befindet sich der Tempel Chionji; südlich fährt eine Seilbahn auf den Berg Monju. Hier sollte man ein Bad im kristallklaren Wasser der Lagune nicht versäumen.

Ichinomiya

Im südlichen Teil der Nehrung, nicht weit nördlich von Monju, steht der Hashidate-Myojin-Schrein; an ihrem Nordende der Ort Ichinomiya am Fuß des Berges Nariai. Auf dessen halber Höhe erstreckt sich, mit einer Seilbahn zu erreichen, der Kasamatsu-Park, von dem man einen prächtigen Blick auf Lagune und Nehrung hat.

★

◄ Kasamatsu-Park

*Blick auf die »Himmelsbrücke« Ama-no-hashidate*

## AMA-NO-HASHIDATE ERLEBEN

**ANREISE**

*Bahn:* Von Kyoto durchgehender Schnellzug (2 Std.); von Osaka über Fukuchiyama (2 ¼ Std.).

*Bus:* Von Ama-no-hashidate und Miyazu nach Ichinomiya (15 bzw. 30 Min.).

*Schiff:* Fähre von Ama-no-hashidate nach Ichinomiya (15 Min.).

**Nariaiji** Vom Kasamatsu-Terminal gibt es eine Busverbindung (3 km) zum Nariaiji, einem im 8. Jahrhundert gegründeten Tempel der Shingon-Sekte, dem achtundzwanzigsten der 33 Kannon-Pilgertempel in der Westregion Kansai. Einen schönen Ausblick gibt es auch vom Ochi-Park, nahe bei Iwataki (Bus vom Bahnhof Ama-no-hashidate).

✶ Ausblick ►

# Aomori

L 4

**Hauptinsel:** Honshu
**Einwohnerzahl:** 309 000
**Präfektur:** Aomori

青森

**Aomori, dessen Wurzeln bis in die Jomon-Zeit zurückreichen, liegt im äußeren Nordosten der japanischen Hauptinsel Honshu an der Aomori-Bucht, dem westlichen Teil der Mutsu-Bucht. Bekannt ist die Stadt vor allem wegen ihres spektakulären Nebuta-Festes.**

**Wirtschaft** 1906 wurde Aomori, die Hauptstadt der gleichnamigen Präfektur, für den Handel mit dem Ausland geöffnet. Heute spielen in der Umgebung Forstwirtschaft und Obstanbau eine große Rolle. Als Ausgangspunkt des Seikan-(Untersee-)Tunnels, welcher die Hauptinseln Honshu und Hokkaido miteinander verbindet, hat Aomori auch verkehrstechnische Bedeutung.

## Sehenswertes in Aomori

**Sannai Maruyama Iseki** Südwestlich vom Bahnhof (Bus, 20 Min.) liegen die Überreste einer Siedlung aus der **Jomon-Zeit**. Die erst 1992 entdeckten Gräber, Gebäudereste und Gräben sind 4000–5500 Jahre alt. Im Museum sind Knochen, Keramiken und andere Funde ausgestellt (http://sannaimaruyama.pref.aomori.jp, Öffnungszeiten 9.00 – 17.00, Juni-Sep. bis 18.00 Uhr, Eintritt frei).

**Munakata-Shiko-Museum** Sehenswert ist das östlich vom Bahnhof (Bus, 10 Min.) gelegene Munakata Shiko Memorial Museum (Öffnungszeiten: Di. bis So. 9.30 bis 17.00 Uhr, 500 ¥). Das im Azekura-Stil errichtete Gebäude zeigt Werke des bekannten Holzdruckkünstlers Munakata Shiko (1903–1975).

## Umgebung von Aomori

Asamushi-onsen

20 km nordöstlich (JR-Tohoku-Hauptlinie, 20 Min.) liegt das Thermalbad Asamushi-onsen (Quellen von 58 bis 79 °C) wo im **Asamushi-Aquarium** rund 450 Arten von Meerestieren zu sehen sind (Ken-ei Asamushi Suizokukan; Öffnungszeiten: tgl. 9.00–17.00, 1000 ¥). Nördlich davon erstreckt sich die Halbinsel Natsudomari, an deren Küste (Asadokoro-Strand) aus kälteren Regionen kommende Schwäne überwintern; im Frühling blühen allenthalben die Kamelien.

Shimokita-Halbinsel

Im Osten und Norden wird die Mutsu-Bucht, deren westlicher Teil die Aomori-Bucht ist, von der Shimokita-Halbinsel umrahmt, die beilförmig in die Tsugaru-Meerenge ragt (Zufahrt von Aomori bis Noheji JR-Tohoku-Hauptlinie, dann JR-Ominato-Linie bis Ominato).

## AOMORI ERLEBEN

### AUSKUNFT

***Touristinformation***
Stadt Aomori: 1st floor, JR Bus Building, 1-3-29 Yasukata
Tel. 0 17/7 23 46 70
tgl. 8.30–17.30 Uhr
Präfektur Aomori: 2nd floor, ASPM, 1-1-40 Yasukata
Tel. 0 17/7 34 25 00
tgl. 9.00–18.00 Uhr
am Flughafen: Tel. 017 / 739 20 07
tgl. 8.30–21.20 Uhr

### ANREISE

*Flugzeug:* Von Tokyo (Haneda Airport, 1¼ Std.).
*Bahn:* Von Tokyo (Bahnhof Ueno) JR-Tohoku-Shinkansen-Linie bis Hachinohe (3 Std.), weiter bis Aomori (1 Std.) mit der JR-Tohoku-Linie.

### VERANSTALTUNG

Der Umzug *Nebuta-matsuri* ist eines der größten Feste der Präfektur. Bei Dunkelheit werden riesige beleuchtete Pappmaché-Figuren (Nebuta) durch die Straßen gezogen. Der Brauch geht auf eine angebliche Kriegslist des Sakanoue no Tamuramaro (758–811) zurück, der die feindlichen Emishi über Größe und Standort seiner Truppen täuschen wollte und zur Irreführung solche Figuren durch die Stadt bewegen ließ. Im Nebuta no Sato (Bus vom Bahnhof, 35 Min.) sind zehn der riesigen Nebuta-Figuren ausgestellt.

*Farbenfroher Prunkwagen beim Nebuta-matsuri*

Mutsu ▶ Die größte Stadt der Halbinsel ist Mutsu (65 000 Einw.), ein Fischerei- und Landwirtschaftszentrum (Ominato-Linie bis Shimokita, dann Shimokita-Kotsu-Linie bis Tanabu). Nordöstlich der Stadt erhebt sich der 828 m hohe erloschene **Vulkan** Osorezan (auch Usorisan; von Mai bis Oktober Bus ab Bahnhof Tanabu). Auf dem seit dem 9. Jahrhundert als heilig angesehenen Berg am von Solfataren übersäten Nordufer des Kratersees steht der vermutlich durch den Priester Ennin (auch Jikaku-daishi, 794–864) gegründete Entsuji-Tempel, dessen großes Jahresfest am 20.–24. Juli stattfindet. Der Osorezan gilt als **Übergang zur Welt der Toten**. Deshalb nehmen viele Pilger hier mit Hilfe blinder, weiblicher Medien (itako) Kontakt zu ihren Ahnen auf.

Osorezan ▶

# Arita

E 8 • b 4

**Hauptinsel:** Kyushu
**Einwohnerzahl:** 32 000
**Präfektur:** Saga

有田

**Die etwa 300 in Arita und Umgebung ansässigen Porzellanmanufakturen, zum Teil mit jahrhundertealter Tradition, bilden den wichtigsten Wirtschaftszweig der Stadt, die bereits im 17. Jahrhundert wegen ihrer Keramik Weltruf genoss. Noch heute wird vielfach nach traditionellen Verfahren gebrannt; die Umgebung von Arita liefert beste Rohstoffe.**

**Porzellanstadt mit Weltruf**

Arita, im äußersten Nordwesten der japanischen Hauptinsel Kyushu, liegt in einem lang gestreckten, von dicht bewaldeten Bergen umgebenen Tal am Fuße des Kurokami. Das Stadtbild wird geprägt von zahlreichen Porzellanläden und den hohen Schornsteinen der Töpfereien. Neben Geschirr werden heute auch Fliesen und Industrieporzellan hergestellt. 1979 schloss Arita eine Partnerschaft mit Meißen.

*Porzellan aus Arita*

Die anfangs ausschließlich blaue Bemalung auf weißem Grund (Sometsuke) wurde ab 1644 von **Sakaide Kakiemon** (1595–1666) durch mehrfarbige Brenntechniken mit Schmelzfarbendekor abgelöst, charakteristisch sind die satten Rottöne von Kakiemon. Dieser Stil wurde bald kopiert, wobei die einzelnen Töpfereien im Lauf der Zeit durchaus eigene Dessins entwickelten. Die Gesamtheit des Arita-yaki wurde im Ausland unter dem Namen Ko-Imari (ko = alt) bekannt. Imari ist der 12 km nördlich von Arita gelegene Hafen, von wo aus das Porzellan verschifft wurde.

Man unterscheidet drei verschiedene Porzellanarten:

**Kakiemon** mit den Hauptfarben Rot, Blau und Gelb, das in der zweiten Hälfte des 17. Jahrhunderts (1659–1691) unter der V. bis VI. Kakiemon-Generation zu höchster Blüte entwickelt wurde.

**Iro-Nabeshima** (Iro = farbig) mit den Schmelzfarben Rot, Gelb, Hellgrün sowie Kobaltblau; Blütezeit 1688–1735 unter der Familie Imaizumi (Porzellanmaler).

**Ko-Imari**, durch teilweise üppige Dekors gekennzeichnet mit Unterglasurblau und den Farben Rot und Gold. Das Ko-Imari erlebte seine höchste Blüte während der Genroku-Zeit (1688–1704), des Höhepunktes der bürgerlichen Kultur Japans.

Kakiemon und Nabeshima zählen heute zu den größten Kostbarkeiten antiker Porzellane.

## ARITA ERLEBEN

### AUSKUNFT

***Touristinformation***
im Bahnhof, Tel. 09 55/42 40 52
tgl. 9.00–17.00 Uhr

### ANREISE

*Bahn:* Von Fukuoka (Bahnhof Hakata) JR-Sasebo-Linie (1½ Std.).

### VERANSTALTUNG

Porzellanmarkt (Ende April/Anfang Mai).

## ! *Baedeker* TIPP

**Werkstattvisiten**

Die Herstellung der berühmten Arita-yaki-Keramik kann verfolgt werden bei den Manufakturen Arita Bussan Co. Ltd.; Koransha Co. Ltd. Fukagawa; Kakiemon; Gen-emon Iwao Taizan und Imaemon.

## Sehenswertes in Arita und Umgebung

**✶ Töpfermuseen**

Das südlich vom Bahnhof gelegene Kyushu-Keramik-Museum und das Arita-Töpfer-Museum (Arita Toji-bijutsukan; östlich vom Bahnhof) zeigen ausgezeichnete Werke früherer und heutiger Keramikmeister (Öffnungszeiten: beide Di. bis So. 9.00–16.30 Uhr).

**Tozan-Schrein**

Unweit südlich des Museums liegt im Arita-Park das Grabmal des koreanischen Keramikmeisters Ri-Sampei und der Tozan-Schrein, der den größten aus Keramik gefertigten Torii Japans besitzt.

**Kurokami**

Etwa 5 km nördlich erhebt sich der Berg Kurokami mit dem gleichnamigen Naturpark.

**Imari**

12 km nördlich von Arita erreicht man die Hafenstadt Imari (von Arita JR-Matsuura-Linie); Beachtung verdienen hier das **Keramikdorf** Okawachiyama (Bus vom Bahnhof, 15 Min.) sowie die nahebei gelegene Imari-Arita-Keramikhalle und die Imari-Halle (teils mit Einkaufsmöglichkeiten; Keramikmärkte im April und November). In der Bucht verstreut liegen die reizvollen Iroha-Inseln.

**Takeo-onsen**

15 km östlich von Arita (JR-Sasebo-Linie) befindet sich der Badeort Takeo-onsen mit einem alten Torturm. In der historischen Poststa-

tion soll der Reichseiniger Toyotomi Hideyoshi übernachtet haben. Sehenswert ist auch der **Pflaumengarten** Mifunegaoka (Blüte Anfang März).

**Ureshino** 14 km südlich (Bus von Arita, 40 Min.) breitet sich die schöne Landschaft am Fluss Ureshino aus, ein waldreiches Hügelgebiet mit weiten Teefeldern. Der Badeort Ureshino-onsen besitzt Thermalquellen (36–98 °C), eine Anzahl guter Hotels und Ryokan. Eine Buslinie (Sonogi-Linie) führt nach Sonogi, von dort weiter nach ►Nagasaki sowie zum ►Unzen-Amakusa-Nationalpark.

# ★ Ashizuri-Uwakai-Nationalpark

e–f 4–5

**Hauptinsel:** Shikoku
**Fläche:** 111 km²
**Präfekturen:** Kochi und Ehime

足摺宇和海国立公園

**Die noch weitgehend unberührte und ursprüngliche Gegend des Ashizuri-Uwakai-Nationalparks zeichnet sich durch kristallklares Meerwasser und lange weiße Sandstrände aus, die zum Baden einladen. In die Küstenlandschaft – eine der schönsten des ganzen Landes – sind verträumte Fischerdörfer eingebettet.**

**Lage** Der 1972 gegründete Ashizuri-Uwakai-Nationalpark umfasst die Küstenregion im Süden der japanischen Hauptinsel Shikoku. Er erstreckt sich um die Orte Tatsukushi und Minokoshi sowie bis zum Kap Ashizuri, der Südspitze der Insel; ferner gehört die stark zerklüftete Südwestküste von Shikoku mit den vorgelagerten Inseln dazu. Die am günstigsten gelegenen Ausgangspunkte für Ausflüge in den Park sind die Städte Tosa-Shimizu und ►Uwajima.

## Sehenswertes im Ashizuri-Uwakai-Nationalpark

**Tosa-Shimizu** Tosa-Shimizu (17 000 Einw.) am Ostrand des Parks ist eine Hafenstadt mit bedeutender Hochseefischerei. Von hier führt die 13 km lange Straße **Ashizuri Skyline** zum aussichtsreichen Kap Ashizuri mit einem Leuchtturm (Busverbindungen).

Die Busse zum **Kap Ashizuri** befahren zwei Routen: eine entlang der Westküste, eine andere durch die Mitte der Landzunge; ferner gibt es eine Straße entlang der Ostküste (Fahrtdauer zwischen 30 und 50 Min.). Unterwegs kreuzt

### ASHIZURI-UWAKAI-N.P.

**ANREISE**

*Bahn:* Von Kochi JR-Dosan-Linie und Tosa-Kuroshio-Linie bis Nakamura (1¾ Std.).
*Bus:* Von Nakamura nach Tosa-Shimizu (1¼ Std.) und zum Kap Ashizuri (2 Std.).

die Straße den Fluss Shimanto, **einen der wildesten und unberührtesten Flüsse Japans**, beliebt für Wildwasserkajak und Rafting. In den nördlich der Landzunge gelegenen Buchten mit ihren bis 80 m hohen Klippen herrscht eine starke Brandung.

> **!** *Baedeker* TIPP
>
> **Unterwasserwelt**
>
> Die Pracht des Ashizuri-Meeresparks (Ashizuri Kaichu Koen) mit seinen langen Korallenbänken und einer farbenprächtigen Fauna zeigt sich eindrucksvoll bei einer halbstündigen Rundfahrt mit dem Glasbodenboot.

**Kongofukuji**

Nahe bei dem weißen Leuchtturm von 1914 befindet sich der Kongofukuji-Tempel, 822 von Kobo-daishi erbaut. Die jetzigen Gebäude stammen von 1662. Der Tempel ist der Tausendhändigen Kannon geweiht und ist der achtunddreißigste der 88 Pilgertempel auf Shikoku. Hier befindet sich eine Statue von John Manjiro (japanischer Name Nakahama Manjiro), der 1841 als Schiffbrüchiger von einem amerikanischen Schiff gerettet wurde und nach mehrjährigem Aufenthalt in den USA nach Japan zurückkehrte.

**Tatsukushi und Umgebung**

13 km westlich von Tosa-Shimizu liegen die Orte Tatsukushi und Minokoshi (Bus 40 Min.). Die Bucht von Tatsukushi besitzt schönen weißen Sandstrand. Westlich von Tatsukushi, in **Nagashima**, steht das 25 m hohe Gebäude des Unterwasser-Observatoriums Kaiteikan, dessen Beobachtungsraum 7 m unter dem Wasserspiegel liegt. Nahebei (Fußweg, 10 Min.) gelangt man zum Aquarium Kaiyokan mit zahlreichen seltenen Fischarten.

# ★★ Aso · Aso-Kuju-Nationalpark

c–d 4–5

**Hauptinsel:** Kyushu
**Präfekturen:** Kumamoto und Oita
**Fläche:** 726 km²

阿蘇くじゅう国立公園

**Im Aso-Kuju-Nationalpark wechselt das Grün sanfter Wiesen und dichter Wälder mit dem Schwarzbraun kahler erstarrter Lavafelder und mit bizarren Bergmassiven. Der Park umfasst die Berggruppen des Aso-Vulkans und des Kuju, ferner die westlich des Badeortes ►Beppu gelegenen Berge Tsurumi, Yufu und Takasakiyama.**

**Krater des Aso**

Der Aso-Nationalpark ist vor allem durch das Kraterbecken des Aso bekannt, eine der größten Calderen der Erde (18–24 km Durchmesser). Innerhalb dieses Kraterbeckens entstanden in jüngerer Zeit fünf Vulkankegel, von denen einer, der Nakadake, noch heute aktiv ist. Er zählt zu den aktivsten Vulkanen überhaupt und spuckt beinahe jährlich kleinere oder größere Mengen Asche aus.

## ASO UND ASO-KUJU-NATIONALPARK ERLEBEN

### AUSKUNFT

***Touristeninformation***
am Bahnhof Aso
Tel. 09 67 / 34 07 51
tgl. 9.00 – 18.00 Uhr

### ANREISE ZUM ASO

*Bahn*: zum Bahnhof Aso 2 ½ Std. ab Beppu, 1 ¼ Std. ab Kumamoto. Von dort Bus (40 Min.) bis zur Seilbahnstation Asosan-nishi.

### ZUFAHRT ZUM KUJU-PLATEAU

Bus von Beppu nach Yufuin-Onsen (1 Std.) auf der Trans-Kyushu-Straße (Yamanami Highway). Von Yufuin weiter zum Plateau (1 Std.). Bis Yufuin-Onsen auch Bahn ab Oita (ca. 1 Std.)

Die Kraterregion des Aso wird im Norden vom Fluss Kurokawa, im Süden vom Shirakawa umströmt, die im Park entspringen und sich westlich des Berges bei Toshita vereinigen.

## ✶✶ Aso

**Größter aktiver Vulkan Japans**

Südlich des Kuju erhebt sich das Massiv des Aso. In einem durchschnittlich 800–900 m hohen alten Kraterrand liegen die fünf Gipfel des Aso-Vulkans: der Takadake, mit 1592 m der höchste, ferner Nekodake (1408 m), Eboshidake (1337 m), Nakadake (1506 m), der einzige noch aktive Vulkan, und Kishimadake (1321 m). Das Kratergebiet des Aso hat eine Ausdehnung von 23 km in Nord-Süd-Richtung und 16 km in Ost-West-Richtung. Mit 255 km² gehört der Krater zu den größten der Welt. Das von ihm umschlossene Gebiet vom weiten Asodani-Tal im Norden mit den Orten Aso und Ichinomiya bis zum Nangodani-Tal im Süden mit dem Ort Takamori ist heute dicht besiedeltes Land. Der fruchtbare vulkanische Boden wird landwirtschaftlich genutzt.

**Nakadake**

Auf den Nakadake, dessen Krater einen Durchmesser von 600 m und eine Tiefe von rund 160 m hat, führen zwei Routen. Vom Bahnhof Aso (JR-Hohi-Hauptlinie) führt die Höhenstraße Aso Kanko Toll Road (Buslinie, 50 Min.) über das Kusasenri-Plateau nach Asosan-Nishi, von dort eine Seilbahn zum Kraterrand. Auf dem Weg liegt das Aso-Vulkanmuseum (Aso Kazan Hakubutsukan), in dem u. a. Innenansichten des Nakadake zu sehen sind, aufgenommen von Kameras im Krater (Öffnungszeiten: tgl. 9.00–17.00 Uhr, 840 ¥).

Aso-Vulkanmuseum ►

**Asosan-Higashi**

Vom Bahnhof Miyaji gelangt man auf der Höhenstraße Sensuikyo Gorge Toll Road (Buslinie, 15 Min.) nach Asosan-Higashi, wo gleichfalls eine Seilbahn zum Kraterrand beginnt. Zwischen den Talstationen beider Bahnen besteht eine Busverbindung, sodass sich eine

Kombination beider Routen für Hin- und Rückfahrt empfiehlt. Bei einem drohenden Ausbruch wird der Seilbahnbetrieb eingestellt; an verschiedenen Punkten der Strecke gibt es Schutzbunker.

**Aso-Schrein**

Anders als die raue Schönheit des von erstarrter Lava umgebenen brodelnden Vulkankraters beeindruckt das grüne Land im Aso-Kessel mit sanften Bergkuppen, immergrünen Wäldern und kleinen Dörfern. In der Nordregion, 1 km nördlich des Bahnhofs Miyaji, liegt der Aso-Schrein, der Gottheit Takeiwatatsu-no-Mikoto geweiht. Nach der Legende soll er im Jahre 100 n. Chr. gegründet worden sein und wäre somit der älteste Schrein der historischen Provinz Higo (heute Präfektur Kumamoto). Die heutigen Gebäude (Haupthalle und Tor) stammen von 1842.

**✶ Aso-onsen**

Einer der schönsten Aussichtspunkte auf das Aso-Gebiet ist der reizvolle Urlaubsort Aso-onsen (Uchinomaki), nordwestlich des Bahnhofs Aso, mit Thermalquellen. Eine Buslinie führt von hier in 30 Minuten zum nördlich liegenden Daikambo (936 m), dem Nordgipfel des alten Kraterrandes, von wo man einen weiten Blick auf die Kraterregion mit ihren fünf Gipfeln genießt.

*Am Krater des Nakadake prägen erstarrte Lava und Gestein das Landschaftsbild.*

**Yunotani-onsen** Mehrere **Thermalquellen** haben das Aso-Gebiet zu einem beliebten Erholungsziel gemacht. 6 km südöstlich des Bahnhofs Akamizu, am Nordwesthang des Eboshidake, liegt Yunotani-onsen, mit 800 m ü.d.M. der höchstgelegene Badeort im Kratergebiet, mit Blick auf die Ebene von Kumamoto, die Bucht von Ariake und das Gebiet um Unzen.

! *Baedeker* TIPP

**Baden unter freiem Himmel**

Der für seine Freiluftbäder (Rotemburo) bekannte Ort Kurokawa Onsen liegt 6 km westlich des Yamanami Highway (1 Std. Busfahrt von Aso). Hier kann man entweder nur ein Bad nehmen (Eintrittskarten am Empfang des Ryokan) oder am besten gleich übernachten, z. B. im stilvollen Okunoyu, mit einem schönen Rotemburo am Fluss (Tel. 09 67/44 00 21, www.okunoyu.com, ab 15 900 ¥ p. P. inkl. zwei Mahlzeiten).

Am Südwesthang des Eboshidake liegt in 667 m Höhe der Sommererholungsort Tarutama-onsen (Bus ab Bahnhof Aso-Shimoda, 30 Min.), von wo ein landschaftlich reizvoller Weg zum **Kusasenri-Plateau** führt. Südlich des Ortes kommt man in das 750 m hoch gelegene Jigoku-onsen.

## Kuju-Plateau

Das Kuju-Plateau ca. 40 km nördöstlich der Aso-Bergkette ist ein bekanntes Erholungsgebiet, im Sommer von den roten Blüten der weiten Azaleenfelder bedeckt und im Winter von zahlreichen Skiläufern besucht. Eine wichtige Erwerbsquelle der Bewohner ist die Viehzucht. Einige Bauernhöfe bieten japanischen Touristen, für die grasende Kühe und Pferde ein seltener Anblick sind, Kuhmelken und Ponyreiten an.

**Kuju-Berge** Nördlich schließen sich die Kuju-Berge an, die in den tieferen Lagen bewaldet und im höher gelegenen Bereich von artenreicher alpiner Flora bedeckt sind. Ihr südlichster und höchster Gipfel ist der Kuju (1787 m ü.d.M.), zugleich der **höchste Berg auf Kyushu**. Weitere markante Gipfel sind Daisen, Waita, Hossho, Ogihana und Mimata. Südliches Eingangstor zu dieser Region ist der Ort Miyaji (auch Bahnstation).

**Kuju** Für die **Ersteigung** des Kuju gibt es verschiedene Routen; man sollte allerdings gut zu Fuß sein. Am Nordfuß des Berges liegt Kuju-Tozanguchi (Kyudai-Bahnlinie von Oita bis Bungo-Nakamura, dann Bus), von hier 6 km langer Aufstieg (2 Std.). Ein anderer Weg führt von Minami-Tozanguchi (JR-Hohi-Hauptlinie bis Bungo-Taketa, dann Bus) zum Gipfel.

Die beliebteste Anstiegsroute hat ihren Anfangspunkt in Shuchikujo (Bus von Bungo-Taketa) am Südfuß des Berges. Über den Aussichtspunkt Tembodai gelangt man in 4 Std. auf den Gipfel des Kuju, der einen lohnenden Blick auf die Aso-Region und die östlich gelegene Bucht von Beppu bietet.

# Awajishima

H 7 • g 3

**Präfektur:** Hyogo
**Fläche:** 593 km²
**Einwohnerzahl:** 160 000

炎路島

**Die Insel Awaji gilt als Wiege des japanischen Puppentheaters: Vor Jahrhunderten soll ein hierher verbannter Höfling zu seiner eigenen Belustigung Puppen verfertigt haben, um sich die Langeweile des Landlebens zu vertreiben. Daneben lädt die Insel zu erholsamen Stunden am Strand ein.**

**Brücke zwischen den Inseln**

Die dicht besiedelte Insel Awaji im Osten der Inlandsee wird im Norden durch die schmale Akashi-Meerenge von Honshu, im Süden durch die nur 1,4 km breite Naruto-Meerenge von Shikoku getrennt. Bereits seit 1985 überspannt die 1629 m lange Onaruto-kyo-Brücke die Meerenge von Naruto mit ihren beeindruckenden Strudeln; seit 1998 – nach Verzögerungen durch das Kobe-Erdbeben von 1995 – die **Akashi-Kaikyo-Brücke** zwischen dem Nordende von Awajishima und **Kobe** fertiggestellt wurde, sind die beiden Hauptislen Honshu und Shikoku nun direkt verbunden. Mit 1990,8 m Abstand zwischen den beiden Pylonen ist die Akashi-Kaikyo die **Hängebrücke mit der längsten Mittelspannweite der Welt**, gut zu sehen vom Besucherzentrum mit Aussichtsplattform in Maiko, einem Vorort von Kobe (Öffnungszeiten: Di. bis So. 9.00 – 17.00 Uhr, 200 Yen, Brückenbegehungen 3000 ¥).

## AWAJISHIMA

### AUSKUNFT

***Touristinformation***
in Iwaya, Awaji Interchange Service Area
Tel. 07 99/72 01 68
tgl. 9.00–17.00 Uhr

### ANREISE

*Schiff:* Fährverbindungen vom Kansai Airport nach Sumoto (1 Std.).
*Bus:* JR-Bus von Shin-Kobe nach Sumoto (1½ Std.), von Osaka (2 Std.).

## Sehenswertes auf Awajishima

**Sumoto**

Hauptort der Insel und wichtigstes Fremdenverkehrszentrum ist Sumoto (50 000 Einw.) etwa in der Mitte der Ostküste. Von hier fahren Buslinien in alle Gegenden der Insel; die Nationalstraße Nr. 28 führt nördlich nach Iwaya und südwestlich nach Fukura. Das Umland Sumotos ist ein beliebtes Urlaubsgebiet mit weißen Stränden, bizarren Pinienwäldern und verschiedenen Freizeiteinrichtungen.

**Senzan**

Rund 6 km nordwestlich von Sumoto (Bus, 10 Min.) erhebt sich der 448 m hohe Berg Senzan, auf dessen Gipfel der von der Shingon-Sekte erbaute **Senhoji-Tempel** steht. Der der Tausendhändigen Kannon geweihte Tempel enthält u. a. eine 1283 gegossene Glocke und einen vermutlich aus der Muromachi-Zeit (1338–1573) stammenden Gong. Vom Gipfel bietet sich ein eindrucksvoller Blick auf die Bergriesen von Shikoku im Westen und die Kitan-Meerenge im Osten.

★ Aussicht ►

Im Norden der Insel (Bus von Iwaya, 15 Min., dann 15 Min. zu Fuß) steht der eindrucksvolle **Honpukuji**, ein einzigartiges Beispiel moderner japanischer Tempelarchitektur, geschaffen von Ando Tadao. Das innerste Heiligtum befindet sich unter einem Teich und ist in rötliches Licht getaucht.

! *Baedeker* TIPP

**Tanz der Puppen**

Vorstellungen des Puppentheaters Awaji Ningyo Jorurikan finden täglich in der Onarutokyo Memorial Hall statt (Tel. 07 99/52 02 60, Öffnungszeiten: 9.00–17.00 Uhr, 1260 ¥; Bus von Fukura 30 Min.

Südlich von Sumoto liegt der **Mikuma-Park** mit Überresten einer alten Burganlage; südlich anschließend der Ohama-Strand, mit weißem Sand, tief blauem Meer und grünen Pinienhainen einer der schönsten Badestrände der gesamten Kansai-Region. Kleinere hübsche Badeorte gibt es entlang der Ostküste, an der Osaka-Bucht, sowie an der Westküste (Harimanade-See).

**Fukura** Der Hafenort Fukura (Bus von Sumoto, 40 Min.), das westliche Eingangstor zur Insel, ist Heimat des **Awaji-Puppentheaters**, das auf eine vierhundertjährige Tradition zurückblickt. Ein schöner Blick auf die Strudel von Naruto (►Inlandsee) öffnet sich von den Höhen bei Fukura.

**Goshikihama** Zu den **schönsten Stränden** der Westküste gehört Goshikihama (Bus von Sumoto, 50 Min.), ein 4 km langer Strand, dessen bunte Kiesel den Namen prägten (Go-Shiki-hama = fünffarbiger Strand); ferner Kei-no-Matsubara, ein 3 km langer weißer Sandstrand.

# ★ Bandai-Asahi-Nationalpark

K–L 5

**Hauptinsel:** Honshu
**Fläche:** 1870 km²

**Präfekturen:** Fukushima, Yamagata und Niigata

磐梯朝日国立公園

**Der Bandai-Asahi-Nationalpark, der zweitgrößte Nationalpark in Japan, schützt eine malerische Landschaft von Bergen und Seen, in der eine große Vielfalt von Wildtieren lebt. Die oberen Regionen der Bergketten sind die meiste Zeit des Jahres mit Schnee bedeckt – und Wintersport ist hier bis weit in den Sommer hinein möglich.**

*Der Nationalpark schützt eine herrliche Seenlandschaft.*

**Vier Gebiete**

Der Bandai-Asahi-Nationalpark im Norden der japanischen Hauptinsel Honshu ist in vier Gebiete gegliedert, die räumlich nicht zusammenhängen. Den südlichsten Teil bildet der Inawashiro-See mit seiner näheren Umgebung; östlich davon die Bandai-Azuma-Berge; nordwestlich des Sees der Berg Iide; weit im Norden schließlich die flächenmäßig größte Region, das Asahi-Massiv und die drei heiligen Berge Dewa-Sanzan.

## Sehenswertes im Bandai-Asahi-Nationalpark

**Inawashiro-See**

Die Region um den Inawashiro-See ist am besten von der östlich gelegenen Stadt Koriyama zu erreichen. Von hier führt die JR-Banetsu-Saisen-Linie über den Ort Bandai-Atami zum Inawashiro-See (514 m ü. d. M., 104 km$^2$), dem viertgrößten See Japans. Er wurde durch Lavamassen der Vulkane Bandai und Nekoma aufgestaut und wird heute zur Bewässerung des Umlandes von Koriyama sowie zur Gewinnung von elektrischer Energie genutzt. Den schönsten Blick auf den See hat man vom Kohiragata-Tenjin-Schrein, 1,5 km vom Bahnhof Sekito entfernt.

**Numajiri-onsen Nakanozawa-onsen**

Nördlich des Sees liegt Inawashiro; von dort verkehren Busse (30 Min.) zum 19 km nordöstlich gelegenen Numajiri-onsen, das zusammen mit dem benachbarten Nakanozawa-onsen eines der beliebtesten Skigebiete dieser Gegend ist. Numajiri-onsen ist Ausgangspunkt für eine Ersteigung des 1700 m hohen Berges Adatara (Aufstieg 10 km, etwa 4 Std.). Der Weg passiert den warmen Wasserfall Shiraito-no-taki.

## BANDAI-ASAHI-N.P.

### ANREISE

*Bahn:* Von Tokyo JR-Tohoku-Shinkansen-Linie nach Fukushima und Koriyama (1½ Std.); Nebenstrecken von Koriyama nach Inawashiro (40 Min.) und Aizu-Wakamatsu.
*Bus:* Von Fukushima, Inawashiro und Yamato zu verschiedenen Zielen im Nationalpark.
Ausgezeichnete Straßen und ein dichtes Netz von Buslinien erschließen den Nationalpark.

13 km weiter nördlich gelangt man nach **Noji-onsen**, nahe beim Tsuchiyu-Pass, wo der **Bandai-Azuma Skyline Drive**, eine rund 30 km lange Höhenstraße, beginnt. Die aussichtsreiche Strecke verläuft in durchschnittlich 1350 m Höhe und erreicht maximal 1622 Höhenmeter. Der Endpunkt ist **Azuma-Takaru-onsen** nahe bei Fukushima.

Von Inawashiro geht es auch auf den 1819 m hohen, mehrere Gipfel umfassenden Gebirgsstock **Bandai** . Eine kostenpflichtige Panoramastraße führt nah am Gipfel vorbei über den Berg nach Bandai-Kogen.

✶ **Akahani** Die Route führt dann über den Hanitsu-Schrein und Umagaeshi zum Gipfel Akahani. Ein lohnender Blick bietet sich von hier auf den Nordhang mit den beim Ausbruch von 1888 entstandenen Seen und Kratern.

**Bandai-Kogen** Die in etwa 800 m Höhe gelegene Ebene Bandai-Kogen am Nordfuß des Bandai ist von **über hundert Seen** bedeckt. Die größten Seen sind Hibara, Onogawa und Akimoto. In diesem reizvollen Gebiet gibt es Wanderwege, Campingplätze und Freizeiteinrichtungen (u. a. Ruderbootverleih).

! *Baedeker* TIPP

**Goshiki-Numa-Naturpfad**

Die Seen nördlich des Bandai sind erst bei dessen letzten Ausbruch am 15. Juli 1888 entstanden. Wegen der vulkanischen Asche ist das Wasser unterschiedlich und z. T. sehr kräftig gefärbt. Ein schöner Naturlehrpfad durch Sumpfland und kleine Teiche (die Fünf-Farben-Teiche oder Goshiki-Numa) bietet gute Fotogelegenheiten mit dem Bandai im Hintergrund.

### Azuma-Berge

Die Azuma-Berge, nordöstlich des Bandai-Massivs, erreicht man am besten von der Universitätsstadt **Fukushima** an der JR-Tohoku-Hauptlinie. Die Hauptstadt der gleichnamigen Präfektur liegt 30 km östlich des Massivs. Die Azuma-Berge werden durch den Fluss Okura in Higashi-Azuma (Ost-Azuma) und Nishi-Azuma (West-Azuma) geteilt. Die Zufahrt per Bus erfolgt über die Mautstraße Bandai-Azuma-Skyline (s. zuvor). Die höchste Erhebung der östlichen Vulkanregion ist der Higashi-Azuma (1975 m); seine Nachbarn heißen Azuma-Kofuji (1705 m), wegen seiner Ähnlichkeit mit dem Fuji auch Azuma-Fuji genannt, sowie der 1949 m hohe Issaikyo, der im Jahr 1893 zum letzten Mal ausbrach.

Ausgangspunkt für die Ersteigung des Azuma-Kofuji und des Issaikyo ist das nahe beim Gipfel des Ersteren gelegene Jododaira an der Bandai-Azuma-Skylinezwischen Azuma-Takayu und dem Tsuchiyu-Pass. Der Aufstieg zum Gipfel des Azuma-Kofuji dauert ca. 30 Minuten, für die Wanderung zum Gipfel des Issaikyo und zurück muss man etwa 1 Stunde rechnen.

**Azuma-Kofuji**
**Issaikyo**

Westlich von Fukushima liegt der Thermalbadeort Azuma-Takayu-onsen (750 m; Bus von Fukushima und von Jododaira,45 Min.) mit Blick auf das Becken von Fukushima. Viele Souvenirläden im Ort verkaufen die berühmten **Kokeshi-Puppen**. Benachbart ist das am Osthang des Azuma-Kofuji gelegene verträumte Nuruyu-onsen.

*** Azuma-Takayu-onsen**

Einer der schönsten Orte in dieser Region istTsuchiyu-onsen (435 m; Bus von Fukushima, 30 Min.), den ein sprudelnder Bergbach durchfließt . Eine eindrucksvolle Aussicht bietet der Tsuchiyu-Pass, über welchen die Verbindungsstraße von Fukushima nach Inawashiro verläuft.

**Tsuchiyu-onsen**

Den nördlichen Teil der Azuma-Region bildet das Tengendai-Plateau am Nordhang des 2024 m hohen Nishi-Azuma. Zu erreichen ist das in rund 1300 m Höhe gelegene Plateau über Shirabu-onsen (Seilbahn, 7 Min.), ein beliebtes Sommer- und Wintersportziel.

**Tengendai-Plateau**

Der Nishi-Azuma wird flankiert vom Nishi-Daiten (1982 m) und Higashi-Daiten (1928 m). An den Nordostausläufern dieser Gruppe liegen die hübschen Thermalbadeorte Nuruyu-onsen, Azuma-Takayu-onsen und Goshiki-onsen.

**Nishi-Azuma**

Das nördlichste Teilgebiet des Nationalparks umfasst die Dewa-Sanzan (»Drei Berge von Dewa«) mit den Gipfeln Gassan, Yudono und Haguro; beste Ausgangsbasis ist Tsuruoka (►Sakata, Umgebung).

*** Dewa-Sanzan**

Alle drei Berge gelten der asketisch-exorzistischen, auch vom Buddhismus beeinflussten **Shugendo-Lehre** als heilig. Alljährlich ziehen Pilger in der Kleidung von Yamabushi (Wandermönchen) zu den Schreinen, besonders zu dem Mitte Juli stattfindenden Fest des Dewa-Schreins. Als ihren Vorläufer verehren sie den En no Gyoja; Sektengründer war jedoch der zur Shingon-Sekte gehörende Priester Shobo (832–909), welcher den asketischen und magischen Glaubensinhalten einen verbindlichen Rahmen gab. Ein Ausflug in diese noch immer (trotz der Pilgerzüge) recht abgeschiedene Bergwelt ist ein Höhepunkt einer Reise durch Nordjapan.

◄ Wallfahrten

Höchster Berg der Dewa-Sanzan ist der 1980 m hohe **Gassan**. Der Aufstieg erfolgt von Südwesten über den 1504 m hohen Yudono, der von Tsuruoka aus mit dem Bus (1¾ Std.) erreicht werden kann. Der Yudono wird als Sitz der Berggottheit Oyamatsumi-no-mikoto angesehen, die an dem von einer Thermalquelle gespeisten Wasserfall verehrt wird.

✶ Aussicht ► Auf dem Gipfel des Gassan steht der gleichnamige, der Mondgottheit Tsukiyomi-no-mikoto geweihte Schrein mit weitem Blick auf das Bergland und die Japanische See.

**Haguro** Von Tsuruoka östlich (Bus, 45 Min.) erreicht man den 419 m hohen Haguro mit dem Dewa-Schrein. Das der Gottheit Ideha-no-mikoto geweihte Heiligtum ist über eine lange, zwischen uralten Bäumen verlaufende Treppe zugänglich; auf dem Weg kommt man an der angeblich ältesten Pagode des Tohoku-Distriktes vorbei (14. Jh.).

# ✶✶ Beppu

F 8 • d 4

**Hauptinsel:** Kyushu **Präfektur:** Oita
**Einwohnerzahl:** 122 000

別府

**Beppu, einer der bekanntesten Kur- und Badeorte Japans, zieht mit seinen Thermalquellen und kochend heißen »Höllenteichen« jährlich Millionen von Touristen aus dem In- und Ausland an.**

**Bedeutender Badeort** Beppu liegt auf einem schmalen Flachlandstreifen an der Nordostküste der Insel Kyushu, weiter im Landesinneren erheben sich die Berge Tsurumi (1375 m) und Takasakiyama (625 m), bis auf deren Ausläufer sich das Stadtgebiet erstreckt. Der Hafen liegt im innersten Winkel der Beppu-Bucht. Das Kurgebiet umfasst neben Beppu selbst die Orte Hamawaki-onsen, Kamegawa-onsen, Shibaseki-onsen, Kannawa-onsen, Myoban-onsen, Horita-onsen und Kankaiji-onsen.
Von wirtschaftlicher Bedeutung ist auch die Herstellung von Bambuswaren (rund 60% der japanischen Gesamtproduktion).

**Über 3000 Thermalquellen** Das Gebiet um Beppu, in dem jährlich mehrere Millionen Besucher gezählt werden, verdankt seinen Ruf den über dreitausend Thermalquellen mit Alkali, Schwefel, Kohlenstoff oder Eisen, die Temperaturen bis zu 100 °C und eine tägliche Schüttung von 140 000 m³ erreichen und zur Speisung einer großen Zahl von Badeeinrichtungen genutzt werden. Das Ortsbild wird geprägt von den zutage tretenden Dampfsäulen, welche die Landschaft beständig in einen Nebelschleier hüllen. Die meisten Hotels haben Anschluss an die heißen Quellen. Nach dem Bad ist es üblich, mit dem Yukata – einem leichten Baumwoll-Kimono – auf der Straße zu flanieren.

## Sehenswertes in Beppu

**Takegawara** Im Zentrum der Stadt (10 Min. vom Bahnhof) befindet sich das Kurbad Takegawara aus der Meiji-Zeit, die bekannteste Kureinrichtung von Beppu (Öffnungszeiten: tgl. 6.30–22.30 Uhr, 100 ¥; Sandbad tgl. 8.00–22.30 Uhr, beide im 3. Mi. im Monat geschlossen, 1000 ¥).

## BEPPU ERLEBEN

### AUSKUNFT

***Touristinformation***
im Bahnhof (Ortsausgang)
Tel. 09 77/24 28 38
tgl. 8.30–17.30 Uhr
www.beppu-navi.jp

Hier bekommt man auch den *Bus-Pass* »My Beppu Free«.

### ANREISE

*Flugzeug:* Von Tokyo (Haneda Airport) nach Oita (1½ Std.; weiter per Bus oder Luftkissenboot).

*Bahn:* Von Tokyo (Hauptbahnhof) JR-Sanyo-Shinkansen-Linie bis Kokura (4¾ Std.), dann JR-Nippo-Hauptlinie (1¼ Std.).
*Bus:* Von Oita nach Beppu (1 Std.); mehrere lokale Linien.
*Schiff:* Von Osaka/Kobe Kansai Steamship durch die Inlandsee (13 Std.); weitere Linien von Hiroshima (8 Std.).

### ÜBERNACHTEN

#### ► Komfortabel

***Miyukiya***
6 Kumi Kannawa, Beppu-shi,
Oita-ken 874-0042
Tel. 09 77/66 03 60, Fax 66 03 88
info@miyukiya.net
In der Nähe der Thermal-»Höllen« von Kannawa-onsen. Mit Bus 10 oder 20 ab Bhf. oder Taxi (15 Min.)
Nettes Ryokan mit insgesamt 12 Zimmern im japanischen Stil, 6 im alten Haus (Kyukan), 6 im neuen (Honkan). Mit einem hübschen kleinen Rotemburo und einem Bad im Innern (kein Gemischtbaden). Sehr leckeres Essen. Um 23.00 Uhr ist Zapfenstreich. Mehrere »Höllen« sind von hier zu Fuß erreichbar.

#### ► Günstig

***Minshuku Kokage***
8-9 Ekimae-cho, Beppu-shi,
Oita-ken 874-0935
Tel. 09 77/23 17 53, Fax 23 38 95
In Bahnhofsnähe
13 einfache Zimmer, davon zehn mit Bad. Frühstück und Abendessen ist auf Wunsch erhältlich. Mitglied der Japanese Inn Group. Der Besitzer spricht etwas Englisch. Münzwaschmaschine und -trockner vorhanden.

*Im Yukata auf dem Weg ins Bad*

*Über dem Thermalbad »Meerhölle« steigen Dampfschwaden auf.*

★ **Suginoi Palace**

Westlich des Beppu-Parks (3,5 km vom Bahnhof) entspringt auf halber Höhe des Berges Tsurumi (1375 m) die Thermalquelle Kankaiji. Hauptabnehmer des Onsen-Wassers ist der luxuriöse Bäderkomplex des Hotels Suginoi mit großen Außenbecken und ausgezeichnetem Blick über die Stadt (tgl. 9.00 – 23.00 Uhr, Onsen 1000 ¥, Hotelgäste gratis und längere Öffnungszeiten). Zum Suginoi-Palace-Komplex gehört auch ein Freizeitbad im westlichen Stil.

★★ **Kannawa-onsen**

Öffnungszeiten aller »Höllen«: tgl. 8.00–17.00 Uhr, Sammelticket 2000 ¥

Kannawa-onsen, etwa 7 km nordwestlich von Beppu (Bus ab Bahnhof Beppu, 20 Min.), ist wegen seiner **kochend heißen Quellen** bekannt, die »jigoku« (= Hölle) genannt werden und u. a. die Haushalte des Ortes mit Warmwasser versorgen. Die größte dieser Quellen ist die schätzungsweise 120 m tiefe Umijigoku, ein smaragdgrüner Teich von 94 °C Wassertemperatur und mit einer Ergiebigkeit von 360 m³ täglich. In der Nähe befindet sich die Quelle Oniyama-jigoku mit ein paar Mitleid erregenden Alligatoren. In der Kinryu Jigoku kann der heilende Dampf inhaliert werden. Der Zugang zu den Quellen führt zunächst an Verkaufsständen, Zoos oder dampfenden Drachen vorbei, bevor das Naturschauspiel besichtigt werden kann.

Chinoike-jigoku ►

Weiter im Norden liegen der blutrote Schlammteich Chinoike-jigoku (93 °C, etwa 165 m Tiefe), der die nahen großen Schlammbäder speist, und der Geysir Tatsumaki-jigoku, der alle 25 Minuten einen Strahl heißen Wassers auswirft.

Kamegawa-onsen liegt rund 6 km nördlich von Beppu in Küstennähe; nahebei an der Bucht die bekannten **Sandbäder** (Beppu Kaihin Sunayu), in die man sich bis zum Kopf eingraben und von zugeleitetem Thermalwasser umspülen lässt (Öffnungszeiten: April bis Oktober 8.30–17.00, Nov. bis März 9.00–16.00 Uhr, jeden 4. Mi. im Monat geschlossen; 1000 ¥).

**Kamegawa-onsen**

## Umgebung von Beppu

Südöstlich, an der Straße nach Oita, erhebt sich der Berg Takasakiyama (628 m), an dessen Flanken über zweitausend zahme Affen leben. Unweit von hier befindet sich das Aquarium Umitamago.

**Takasakiyama**

Südwestlich von Beppu (6 km vom Bahnhof) erreicht man den Shidaka-See, ein landschaftlich reizvolles Ausflugsziel mit Reitschule, Natureisbahn und Vogelpark, und weiterhin das zwischen den erloschenen Vulkanen Yufu (1584 m) und Tsurumi (1375 m; Großkabinenbahn) sich erstreckende Kijima-Plateau (ca. 750 m ü. d. M.), ein Urlaubs- und Erholungsgebiet (Golf- und Tennisplätze; Freizeitranch und Vergnügungspark).

**Shidaka-See**
**Kijima-Plateau**

Über Oita führt die JR-Nippo-Hauptlinie zu der 48 km südöstlich gelegenen Hafen- und Handelsstadt Usuki (44 000 Einw.) an der gleichnamigen Bucht. Die einstige Burgstadt der Fürstenfamilie Otomo war für den Handel mit Portugal wichtig; der 1578 zum Christentum übergetretene Otomo Sorin (1530–1587) spielte bei der Verbreitung dieses Glaubens in Japan eine bedeutende Rolle.

**Usuki**

8 km landeinwärts von hier (Bus, 15 Min.) stand einst der Mangetsuji-Tempel, an dessen Stelle sich die in den Tuffstein gehauenen Sekibutsu-Statuen (Buddha-Darstellungen) befinden. Die meisten der etwa 60 Plastiken entstanden in der Heian-Zeit (754–1192), einige in der Kamakura-Zeit (1152–1533). Besonders bemerkenswert ist der Kopf des Dainichi-nyorai, der noch Spuren der alten Bemalung zeigt.

✶ ✶
◄ Sekibutsu-Statuen

*Aus dem 8.–16. Jahrhundert stammen die in den Tuff gehauenen Sekibutsu-Statuen.*

Westlich von Beppu (Bus, 30 Min.) gelangt man zur Talstation der auf den 1375 m hohen **Tsurumiyama** führenden Bergbahn. Vom Gipfel aus (Restaurant, Park, zoologischer Garten) bietet sich ein lohnender Blick auf Stadt und Meer.
Jenseits des Berges, rund 35 km westlich von Beppu (von Oita aus JR-Kyudai-Linie), liegt ein ausgedehntes, quellenreiches Kurgebiet.

Yunohira-onsen ► Yunohira-onsen (606 m) am Fluss Hananokawa ist ein kleiner Ort mit salzhaltigen Thermalquellen von 59–84 °C, die zu Trinkkuren genutzt werden. Südlich wird das Bergland von den Kuju-Bergen (► S. 202) und dem Handa-Plateau begrenzt.

★ Yufuin-onsen ► Nordwestlich liegt im romantischen Becken des Flusses Yufugawa der Urlaubs- und Badeort Yufuin-onsen (480 m; JR-Kyudai-Linie oder Bus von Oita, ferner Bahnverbindung von Fukuoka/Hakata), mit einer Reihe von Thermalquellen, am Fuß des Berges Yufu (1584 m). Sehenswert ist der von 1570 stammende Konzen-in-Tempel mit seinen alten Steinfiguren, ferner der Oga-sha-Schrein, auf dessen Gelände eine alte Zeder mit über 13 m Umfang steht. Nordöstlich vom Bahnhof liegt der idyllische kleine **Kinrinko-See**, wo ab Mai Schwärme von Glühwürmchen durch die Luft schwirren. Der westlich vom Bahnhof befindliche Hügel Namiyanagi-no-oka war zur Zeit der Christenverfolgung ein christlicher Begräbnisplatz.

**Usa** Von Beppu nach Norden führt die JR-Nippo-Hauptlinie zunächst an der Bucht entlang, wendet sich dann ins Landesinnere und erreicht in etwa 45 Minuten Usa im Nordwesten der Kunisaki-Halbinsel. Vom dortigen Bahnhof führt ein Bus (10 Min.) zum Usa-Schrein.

★ ★ Usa-Schrein ► Der 725 erbaute shintoistische Usa-Schrein ist ein klassisches Beispiel der damaligen Schreinarchitektur. Er ist Hauptheiligtum von mehr als 25 000 Hachiman-Schreinen in ganz Japan. Die drei Gebäude des Hauptschreins sind allerdings eine Rekonstruktion von 1861. Beachtenswert sind die **Schnitzereien**. Das Jahresfest des Tempels wird am 18. März gefeiert.

**Kunisaki (Halbinsel)** Von Usa lohnt ein Abstecher auf die Halbinsel Kunisaki, den in die Inlandsee ragenden Nordostzipfel der Insel Kyushu. Das abgelegene, reizvolle Gebiet mit stillen Schluchten, Hügelketten und sternförmig dem Meer zuströmenden Wasserläufen erreicht in dem Berg Futago eine Höhe von 721 m. In dem unwegsamen Gelände sind etwa 70 buddhistische Tempel aus der Nara- und Kamakura-Zeit erhalten, Beispiele der für jene Zeit charakteristischen Verschmelzung von Shintoismus und Buddhismus. Zu nennen sind hier der Tennenji-Tempel und der Misogi-Schrein westlich des Futago. Zahlreiche alte Steinskulpturen verwandeln diese Region in ein Freilichtmuseum; die etwa 140 pagodenähnlichen Steintürme sind in ihrer Form einmalig in Japan.

Bungo-Takada ► Im Nordwesten der Halbinsel liegt die Stadt Bungo-Takada (25 000 Einw.), wo alljährlich im Mai das **Bootsfest Horan-enya** stattfindet. Von hier sind einige sehenswerte Stätten zu erreichen, u. a. der Choanji-Tempel, der Tennenji-Tempel, der Monjusenji-Tempel und der Sentoji-Tempel sowie die Tempelhalle Maki-odo (Bus von Bungo Takada, 40 Min.), die im 12. Jahrhundert errichtet wurde und neun alte Buddhastatuen enthält. Bedeutend ist ferner der Fukiji-Tempel aus der Heian-Zeit, dessen Haupthalle das älteste erhaltene Holzbauwerk von Kyushu ist.

# ★ Biwa-See

h–j 2

**Hauptinsel:** Honshu **Präfektur:** Shiga
**Fläche:** 674,4 km²

**Der Name des Sees leitet sich von der japanischen Laute »Biwa« ab, welcher sein Umriss ähnelt. Die landschaftlichen Schönheiten des größten Binnensees von Japan sind oft in Holzschnitten und Tuschzeichnungen festgehalten.**

琵琶湖

**Größter Binnensee Japans**

Der Biwa-See liegt nordöstlich von Kyoto in einem Einbruchsbecken. Der Überlieferung zufolge soll ein Erdbeben im Jahr 286 v. Chr. zur Entstehung des Sees und des Fuji geführt haben. Tatsächlich sind die Inseln Chikubu, Take, Shiraishi und Okinoshima vulkanischen Ursprungs. Wegen der Nähe der alten Kultur- und Machtzentren Nara und Kyoto war die Gegend schon früh besiedelt. Heute bilden der See und sein Umland denBiwa-See-Quasi-Nationalpark.
Im 15. Jahrhundert wählten japanische Künstler die **acht klassischen Schönheiten** dieser Landschaft (Omi-hakkei) aus: Abendschnee auf dem Berg Hira, Zug der Wildgänse über Katata, Nachtregen in Karasaki, Abendglocke im Miidera-Tempel, Brise in Awazu an einem klaren Tag, Abendröte am Fluss Seta, Herbstmond über Ishiyama, Heimkehrende Segel in Yabase. Später wurden acht weitere besonders reizvolle Ansichten (Biwako-hakkei) gefunden: Gesamtansicht

## BIWA-SEE ERLEBEN

### AUSKUNFT

*Biwako Visitors' Bureau*
Tel. 0 77/5 11 15 35
www.biwako-visitors.jp

*Hikone*
im Bahnhof, Tel. 07 49/22 29 54
tgl. 9.00–17.30 Uhr

*Otsu*
im Bahnhof, Tel. 0 77/5 22 38 30
tgl. 8.40–17.25 Uhr

### ANREISE

*Bahn:* Von Kyoto JR-Tokaido-Linie nach Otsu (10 Min.) und nach Hikone (1 Std.); von Osaka über Kyoto nach Otsu; von Tokyo JR-Tokaido-Shinkansen-Linie nach Maibara (2½ Std.), dann JR-Tokaido-Linie nach Hikone (5 Min.).
*Schiff:* Von Hama-Otsu (Südufer) Linien nach Ishiyama-dera, Biwako-Ohashi, Biwako-Hakkei und Chikubu; von Hikone und Imazu nach Chikubu; von Ogoto-onsen über Hama-Otsu nach Ishiyamadera bzw. über Biwako-Hakkei nach Hama-Otsu. Rundfahrten ab Hama-Otsu und Hikone.

### VERANSTALTUNGEN

Schreinfeste:
Mitte April im Hiyoshi-Schrein und Anfang Okt. am Tenson-Schrein (beide Otsu), historischer Festumzug Ende Okt. in Hikone.

des Berges Shizugatake, Granitklippen in Kaizu-Osaki, Stiller Ausblick auf die Insel Chikubu, Alte Burg von Hikone, Weißer Strand von Omatsuzaki, Küstendörfer bei Azuchi-Hachiman, Dichtes Laub auf dem Berg Hiei, Sanfte Wellen bei Seta-Ishiyama.

## Rundfahrt um den Biwa-See

**Otsu** An der Südspitze des Sees liegt die Stadt Otsu (328 000 Einw.), ein Industrie- und Touristenzentrum. Um 1600 entwickelte hier der Maler Iwasa Matabei den Stil des Otsu-e, dessen Genre- und Heldenbilder sich durch kräftige Kontur und lebhafte Farben auszeichnen und noch heute ein beliebtes Souvenir sind. Von Hama-Otsu nehmen die Bahn-, Bus- und Fährlinien zu den Sehenswürdigkeiten am See ihren Ausgang. Unweit vom Bahnhof befindet sich der **Miidera-Tempel** (auch Onjoji) der Tendai-Jimon-Sekte, der 674 errichtet wurde. Von dem einst 859 Gebäude umfassenden Komplex sind noch etwa 60 Bauten erhalten. Gegenüber der Haupthalle ist die aus einer der klassischen Ansichten (Omi-hakkei) bekannte Glocke zu sehen. Die 1689 rekonstruierte Halle Kannondo (auch Shoho-ji), der Nyoirin-Kannon geweiht, gehört zu den 33 altbekannten Wallfahrtszielen der Kansai-Region; von hier herrlicher Blick auf den See. Drei Taxi-Minuten vom Schauspielhaus führen zum Gichuji-Tempel. Hier befindet sich der einfache Grabstein des **berühmtesten Haiku-Dichters** von Japan, Matsuo Basho (1644–1694).

Weiter nördlich, vom Bahnhof Hama-Otsu mit dem Bus in 15 Minuten zu erreichen, steht ein weiterer Tempel der Tendai-Sekte, der 790 von dem Priester Saicho (767–822) gegründete und im 11. Jahrhundert erneuerte **Shojuraigoji-Tempel**, der einige Kunstschätze bewahrt.

Von Hama-Otsu ausgehend legt der Nachbau eines Mississippi-Dampfers zu Rundfahrten (ca. 1½ Std.) auf dem See ab.

*Biwa-See* Orientierung

*Abendstimmung am Biwa-See*

**Sakamoto**

Von Hama-Otsu fährt die JR-Kosei-Linie am Südwestufer des Sees entlang. Der Saikyoji-Tempel der Tendai-Sekte, 2 km nordöstlich des Bahnhofs Sakamoto (Keihan-Ishisaka-Privatlinie), im 7. Jahrhundert von Shotoku-taishi gegründet, ist berühmt wegen seiner Kunstschätze aus der Momoyama-Zeit (1573–1600).

**Ogoto-onsen**

Die JR-Kosei-Linie berührt den Badeort Ogoto-onsen, ein beliebtes Ferienziel mit guten Möglichkeiten für Angler, Wassersportler und Wanderer. Dahinter ragt der 848 m hohe **Berg Hiei** auf, zu dessen Gipfel eine Seilbahn hinaufführt (►Kyoto, Umgebung).

**Katata**

Die JR-Kosei-Linie führt nordwärts weiter nach Katata, wo im See der Tempel Ukimi-do (auch Mangetsu-ji) der Rinzai-Sekte steht. Auch er gehört zu den klassischen Ansichten (Omi-hakkei; »Über Katata niedergehende Wildgänse«). Von Katata führt die 1350 m lange Brücke Biwako-Ohashi zum Ostufer und nach Moriyama.

**Horai**

Beim Bahnhof Shiga erhebt sich der 1174 m hohe Berg Horai mit Panoramablick auf den See. Der Horai ist auch vom Bahnhof Otsu aus mit dem Bus bis zum Wintersportort Biwako-Valley zu erreichen. Von hier gelangt man mit einer Bergbahn zunächst auf den 1103 m hohen Uchimi und dann mit einer Sesselbahn zum Gipfel des Horai.

◄ Hira

Nördlich der 1051 m hohe Hira (Sessellift zum Gipfel), eine weitere der berühmten Omi-hakkei (»Abendschnee auf dem Berg Hira«).

**Chikubu**

Im nördlichen Teil des Sees liegt die Insel Chikubu, mit hohen, steilen Klippen und von Bambus- und Zedernwäldern bedeckt. Sehenswert ist der 1603 von Toyotomi Hideyoshi vermutlich aus Teilen des berühmten Fushimi-Schlosses erbaute Tsukubusuma-Schrein sowie der benachbarte Hogenji-Tempel, den Göttinnen der Barmherzigkeit und des Glücks geweiht. Die Gründung erfolgte im Auftrag von Shomu-tenno durch den Priester Gyoki (670–749).

✶ **Ryozen** Vom Bahnhof Omi-Shiozu am Nordende des Sees folgt die JR-Hokuriku-Hauptlinie dem östlichen Ufer. Vom Bahnhof Maibara, 9 km südöstlich, kann man den Berg Ryozen (1084 m) ersteigen, der einen lohnenden Panoramablick bietet.

**Hikone** Es folgt die Burgstadt Hikone (109 000 Einw.), einst Station an der Tokaido-Straße und seit dem Bau der Burg Sitz der Familie Ii, die bei der Schlacht von Sekigahara zur Reichseinigung mit dem späteren Shogun Tokugawa Ieyasu gegen die Feudalherren gekämpft hatte.

✶✶ Burg ► Die 1622 vollendete Burg, 1 km westlich des Bahnhofs, besteht aus dem dreistöckigen Hauptturm sowie den Türmen Sanju und Tempin. Zur Anlage gehören ferner das »Trommeltor« (Taiko-mon) und der Turm Sawaguchi-tamon. Besonders schön ist der Anblick der Burg bei Mondschein. Am Fuß der Burg liegen die 1677 erbaute Residenz der Ii (Rakuraku-en) mit dem reizvollen Garten (Genkyu-en) und der Konki-Park mit einer Bronzestatue des Naosuke (Öffnungszeiten Burg und Garten: tgl. 8.30–17.00 Uhr, 500 ¥).

**Matsubara** Bei Matsubara erstreckt sich der Hikone-Strand; am Berg Ohara befinden sich der 1614 hierher überführte Ryotanji-Tempel mit schönem Zen-Garten und der Seiryoji-Tempel mit den Gräbern der Ii.

**Taga-Schrein** Südöstlich von Hikone (Omi-Privatbahn; umsteigen in Takamiya) steht der Taga-Schrein, dem Götterpaar Izanagi und Izanami geweiht. Er soll ähnlich alt sein wie die Ise-Schreine und gehört zu den bedeutendsten Schreinen der Region Kinki.

**Omi-Hachiman** Chomeiji-Tempel ► Von Hikone verläuft die JR-Tokaido-Hauptlinie südlich in Seenähe weiter nach Omi-Hachiman (68 000 Einw,). Nordwestlich der Stadt (Bus, 25 Min., dann Fußweg, 15 Min.) liegt über dem See der Chomeiji-Tempel, vermutlich von Shotoku-taishi (573–621) gegründet und im 16. Jahrhundert erneuert.

**Azuchi** Östlich von Omi-Hachiman liegt der Ort Azuchi, Standort der einst prächtigen Burg des Oda Nobunaga (nur Mauerreste erhalten); hier befindet sich auch die Grabstätte des Nobunaga und der Sokenji-Tempel mit seiner Statue.

**Kusatsu** In Kusatsu widmet sich das interaktive Biwako Hakubutsukan (Bus vom Westausgang des Bahnhofs, 20 Min.) dem Leben im und um den Biwa-See (Öffnungszeiten: Di. bis So. 9.30–17.00 Uhr, 500 ¥). Der Ort war einst Knotenpunkt zweier wichtiger Handelswege, des Tokaido und des Nakasendo. An diese Vergangenheit erinnert das liebevoll restaurierte ehemalige Gasthaus Kusatsujuku Honjin (vom

Bahnhof 10 Min. nach Süden), in dem von 1635–1870 Feudalherren, Shogunatsbeamte und andere hochrangige Personen abstiegen (Öffnungszeiten: Di. bis So. 9.00–17.00 Uhr, 200 ¥).

✶✶ **Ishiyama-Tempel**

Am Südende des Sees liegt Ishiyama, von wo die Keihan-Privatlinie (10 Min.) südlich zum Ishiyama-Tempel führt. Dieser gehört der To-ji-Schule der Shingon-Sekte an, wurde im 8. Jahrhundert durch den Priester Roben gegründet und im 12. und 16. Jahrhundert erneuert. Er ist **einer der 33 Pilgertempel von Kansai**. Zu den Sehenswürdigkeiten des Tempels gehören das Tor Todai-mon mit Nio-Statuen des berühmten Bildhauers Unkei und seines Sohnes Tankei, die Haupthalle Hondo mit einer Statue der Nyorai-Kannon und der daneben liegende Raum Genji-no-ma, in dem die Hofdame Murasaki Shikibu (975–1031) den Roman »Genji-monogatari« geschrieben haben soll. Die Pagode Tahoto stammt in ihrer heutigen Form von 1190.

✶ ◄ Miho Museum

Vom JR-Bahnhof Ishiyama fährt ein Bus der Teisan Line in knapp 50 Minuten zum in den Bergwäldern gelegenen Miho Museum. In dem von I. M. Pei entworfenen Gebäude wird hochwertige asiatische und antike Kunst (Ägypten, Mesopotamien) gezeigt.

# ✶ Chichibu-Tama-Nationalpark

K 7 • l–m 2

**Hauptinsel:** Honshu
**Fläche:** 1216 km²
**Präfekturen:** Saitama, Yamanashi und Nagano

秩父多摩国立公園

**Der an landschaftlichen Schönheiten reiche Nationalpark erstreckt sich nordwestlich von Tokyo über die Kanto-Berge. Das durchschnittlich etwa 1000 m hoch gelegene Bergland ist von zahlreichen Flüssen und Schluchten durchzogen und zeigt reizvolle Bewaldung. Die Bevölkerung von Tokyo und Yokohama schätzt es als Naherholungsgebiet.**

**Bergwelt**

Die wichtigsten Eingangstore zum Nationalpark sind die Städte Ome am Oberlauf des Tama (Okutama) im Osten sowie Chichibu im Norden. Der 2595 m hohe Kimpu und der 2592 m hohe Kokushi sind die höchsten Berge des Gebietes; auch der Ryogami (1724 m), der Mikuni (1828 m), der Mizugaki (2230 m) und der Daibosatsu (2057 m) sind schöne **Wanderberge (mit Fuji-Blick!)**. Der 2017 m hohe Kumotori gehört noch zur Präfektur Tokyo.

## Sehenswertes im Chichibu-Tama-Nationalpark

**Yoshino Baigo**

**Ome** (110 000 Einw.) am Südostrand des Nationalparks ist ein Zentrum der Textilindustrie. Sehenswert ist der Ome Railway Park.
Die in östlicher Richtung nächstfolgende Bahnstation ist Hinatawada; 800 m entfernt und über die den Tama überspannende Jindaiba-

## CHICHIBU-TAMA-NATIONALPARK ERLEBEN

### ANREISE

*Bahn:* Von Tokyo (Bahnhof Shinjuku) JR-Chuo-Linie bis Tachikawa (30 Min.), dann JR-Ome-Linie bis Okutama (1¼ Std.); von Tokyo (Bahnhof Ikebukuro) Seibu-Ikebukuro-Linie nach Seibu-Chichibu (1½ Std.), dann Chichibu Railway nach Mitsumineguchi (20 Min.); von Tokyo (Bahnhof Ikebukuro) Tobu-Toio-Linie nach Ogawamachi (1¼ Std.).
*Bus:* Mehrere regionale Linien.

### VERANSTALTUNGEN

*Mitake-Schrein:* Zum Fest Hinode-matsuri (Anfang Mai) finden Umzüge mit Tragschreinen statt, an denen auch Männer in Samurai-Rüstungen teilnehmen.
*Chichibu-Schrein:* Kawase-matsuri (Juli) mit turbulenten Umzügen; Chichibu-Yo-matsuri (3. Dez.) mit Prozession mächtiger beleuchteter Prachtwagen und großem Feuerwerk.

### WANDERUNG AM MITSUMINE

Für eine kleine Wanderung empfiehlt sich folgende Route: von Mitsumineguchi Bus bis Owa, Seilbahn zum Gipfel des Mitsumine; von hier zu Fuß zum Schrein (20 Min.), weiter zum Chichibu-See (1½ Std.) und zurück nach Mitsumineguchi (40 Min.).

### ÜBERNACHTEN

► **Günstig**
***Oku Chichibu Lake View Youth Hostel***
Otakimura
Tel. 04 94/55 01 27
Jugendherberge am Ufer des Chichibu-Sees.

shi-Brücke zu erreichen, erstrecken sich die Pflaumenhaine von Yoshino Baigo, die von Ende Februar bis Mitte März in Blüte stehen (zu dieser Zeit Rundfahrten). Während des ganzen Monats März findet hier das **folkloristische Pflaumenfest** statt.

**Mitake** Mit der JR-Ome-Linie gelangt man zum Bahnhof am Fuß des dichtbewaldeten Berges Mitake (930 m). Die Flüsse Tama (nördlich) und Yozawa (südlich) bilden romantische Schluchten, an den Bergflanken ziehen sich malerische, von Kirschbäumen, Azaleen und Ahorn gesäumte Wanderwege hin.

**Takimoto Mitakesan Fujimine** Vom Bahnhof Mitake besteht eine Busverbindung (10 Min.) zur Talstation Takimoto der Seilbahn, die in 6 Minuten die Bergstation Mitakesan erreicht (von Takimoto auch Fußweg, 2½ Std.); von hier Sessellift bis Fujimine, wo sich oberhalb von Mitake-daira eine Aussichtsplattform befindet. ★ Aussicht ► Vom Gipfel des Mitake reicht der Blick an klaren Tagen bis zu den Bergen von Nikko und Tsukuba im Nordosten bzw. Osten. In Gipfelnähe (Fußweg von Fujimine, 30 Min.) steht der **Mitake-Schrein**, um 800 gegründet. Der Bau zeigt den Stil Shinmei-zukuri, der Hauptschrein wurde in der Meiji-Zeit erneuert.

Mitake-Schlucht ► Der Bahnhof Saiwai ist Ausgangspunkt für einen reizvollen Spaziergang durch die Mitake-Schlucht zum Bahnhof Mitake (ca. 45 Min.).

Unweit von diesem liegt das **Gyokudo-Kunstmuseum** mit Werken des Malers Kawai Gyokudo (1873–1957) und schönem Steingarten.

Takao

Nach Süden schließen die Berge von Tama an die niedrigeren Berge zwischen Tokyo und dem Fuji an. Tokyos Hausberg, der 599 m hohe Takao-san, ist von Tokyo aus mit der Keio-Privatbahn und einer Seilbahn in etwa 1 Std. zu erreichen.

Okutama

Die JR-Ome-Linie endet in Okutama, nahe dem fischreichen Okutama-See, der durch den 149 m hohen und 535 m langen Ogochi-Damm aufgestaut ist. Am Nordufer stehen ungefähr sechstausend Kirschbäume (Blüte Mitte April). Okutama ist ein günstiges Standquartier für Touren in die Tama-Alpen.

Nippara

Etwa 15 km nordwestlich von Okutama (Bus, 40 Min.) liegt Nippara, bekannt durch seine **Tropfsteinhöhle**, mit 800 m Tiefe die größte der Kanto-Region (Öffnungszeiten: April bis Nov. 8.00–17.00, Dez. bis März 8.30–16.30 Uhr, 600 ¥). In der Umgebung von Nippara findet man bizarre Felsformationen; im Oktober ist die Laubfärbung sehenswert.

Chichibu

Das nordöstliche Eingangstor zum Nationalpark, Stadt Chichibu (61 000 Einw.), ist bekannt für ihre Seidenstoffe (Chichibu-meisen). In einem Hain uralter Bäume steht der Chichibu-Schrein, neben dem Hodo-Schrein in Nagatoro und dem Mitsumine-Schrein auf dem gleichnamigen Berg der bedeutendste der Gegend.
Das Wahrzeichen der Stadt ist der südlich aufragende **Berg Buko** (1336 m); im Westen (15 Minuten zu Fuß vom Bahnhof Urayamaguchi) befindet sich die Tropfsteinhöhle Hashidate.

Auf der Privatbahnlinie Chichibu Railway verkehrt an Sommerwochenenden auch eine Dampflok (Paleo-Express). Endstation der Chichibu Railway ist **Mitsumineguchi**, von wo aus Busse bis nach Owa am Fuß des 1101 m hohen Berges Mitsumine verkehren; zum Gipfel führt eine 1900 m lange Seilbahn. Der **Mitsumine-Schrein** soll vor 2000 Jahren gegründet worden sein und war während der Tokugawa-Zeit ein Zentrum der zur Tendai-Schule gehörenden Bergasketen.

! *Baedeker* TIPP

**Japanpapier**

Interessant ist die Kleinstadt Ogawa (Tobu-Tojo-Linie ab Tokyo, Ikebukuro-Bahnhof) mit mehreren Produktionswerkstätten für handgeschöpftes Papier. Die Firma Kubo (Tel. 04 93/72 04 36) kann nach Reservierung besichtigt werden. Im Ogawa-washi Taiken-gakushu Center kann man sich selbst an der Papierherstellung versuchen (Tel. 04 93/72 72 62, tgl. außer Di.).

Chichibu-See

Am Nordwestfuß des Berges wurde der Chichibu-See angelegt, den zwei Hängebrücken überspannen. Das Gebiet ist bei Sportfischern und Wanderern beliebt. Die Mitsumine-Höhenstraße führt vom See zu dem 6 km entfernten Schatzhaus des Mitsumine-Schreins.

**Nagatoro** Am Oberlauf des Arakawa nördlich von Chichibu (weiter flussabwärts Sumida genannt) liegt der 8000 Einwohner zählende Ort Nagatoro. Das Tal ist bekannt für seine ungewöhnlichen Felsformationen. Im Frühjahr ist die 1,5 km lange Kirschbaumallee eindrucksvoll, die den Ort mit Kami-Nagatoro verbindet, im Sommer die Azaleenblüte und im Herbst die Laubfärbung der Ahornbäume.

✶ Hodo ► Mit dem Bus gelangt man von Nagatoro zum Fuß des 497 m hohen Berges Hodo, auf dessen Gipfel eine Seilbahn führt. Von hier bietet sich ein schöner Blick auf die umliegenden Berge, die Nagatoro-Schlucht und das Becken von Chichibu. Auf dem Berg befindet sich der Hodo-Schrein.

Stromschnellenfahrten ► An der Brücke Oyabana-bashi, 700 m vom Bahnhof Kami-Nagatoro, starten von beiden Ufern des Arakawa Boote zu Stromschnellenfahrten bis zur Brücke Takasago-bashi (etwa 30 Min.).

# ✶ Chiran

F 9 • c 6

**Hauptinsel:** Kyushu
**Präfektur:** Kagoshima
**Einwohnerzahl:** 13 000

知覧

**Chiran ist in eine zauberhafte Hügellandschaft eingebettet, die von unüberschaubaren Teefeldern bedeckt ist. Der Ort ist eine geradezu dörfliche Idylle, bekannt durch seine alten Gärten und den hervorragenden grünen Tee.**

**Geschichte** Der Ort Chiran liegt im Südwesten der Insel Kyushu, etwa 30 km südlich der Präfekturhauptstadt Kagoshima. Während der Edo-Zeit gehörte er zu den 102 Burgstädten, die an der Grenze des damaligen Satsuma lagen; im Zweiten Weltkrieg war er Sitz einer Fliegerschule und Luftwaffenstützpunkt. Von hier starteten die »Spezialangriffskräfte«, die Kamikaze-Flieger, an die das etwas außerhalb gelegene Museum Tokko Heiwa Kaikan erinnert.

## Sehenswertes in Chiran

✶ **Samuraihäuser und -gärten** Um die Mitte des 18. Jahrhunderts besuchte Shimazu Hisamine, der Burgherr von Chiran, die damalige Hauptstadt Kyoto und war von der dortigen **Gartenbaukunst** so beeindruckt, dass er Gärtner in seinen Heimatort einlud und von ihnen eine Reihe äußerst reizvoller klassischer Trockengärten (Karesansui) anlegen ließ. Sie entstanden auf dem in Parzellen gegliederten Grundbesitz der Samurai. Die insgesamt sieben unverändert erhalten gebliebenen Gärten und Samuraihäuser liegen alle an einer der schachbrettartig angelegten Straßen südlich des Rathauses. Die Grundstücke sind nach der Straßenseite durch Natursteinmauern und Hecken gegen Sicht geschützt, was die mittelalterliche Atmosphäre des Ortes unterstreicht. Die klassische japanische Gartenarchitektur arrangiert Bäume, Felsen und Sand auf einer nur 200–280 m² großen Fläche zu komplexen Landschaftsbildern, deren Hintergrund die leuchtend grünen Hügel bilden.

Der **Garten von Saigo Ikkei** im Karesansui-Stil ist eine Komposition aus Moos, Kieseln und geharktem Sand, der eine Wasserfläche symbolisiert. Der **Garten von Hirayama Soyo** wurde zwischen 1751 und 1772 angelegt. 1781–1789 entstand der **Garten von Hirayama Ryoichi** im Shakkei-Stil, der nach dem Prinzip der »geborgten Landschaft« den Hintergrund in das Gesamtbild einbezieht. Ferner sind zu nennen: die Gärten von Sata Minshi, Sata Naotada, Sata Mifune und der Garten der Familie Mori. Letzterer ist – im Gegensatz zu allen anderen – im Stil der Hügelgärten (Tsukiyama) mit einem kleinen Teich ausgestattet. In dieser 1741 geschaffenen Anlage von 198 m² ist auch das der Edo-Zeit entstammende Wohn- und Lagerhaus sehenswert (Öffnungszeiten: tgl. 9.00–17.00, 500 ¥).

### CHIRAN ERLEBEN

**ANREISE**

*Bus:* Von Kagoshima (Bus Center; 1¼ Std.) und Ibusuki (1 Std.).

# ** Chubu-Sangaku-Nationalpark · Japanische Alpen

J 6 • k 1

**Hauptinsel:** Honshu
**Fläche:** 1743 km²

**Präfekturen:** Nagano, Gifu, Toyama und Niigata

中部山岳国立公園

**Die Bergwelt der Japanischen Alpen ist im Sommer ein viel besuchtes Wander- und Klettergebiet, während sie im Winter zahlreiche Skifahrer anlockt. Ein Vergleich mit dem zentraleuropäischen Gebirgszug ist wegen ihres Landschaftscharakters und des winterlichen Schneereichtums durchaus gerechtfertigt.**

**Hochgebirgswelt**

Der Chubu-Sangaku-Nationalpark im Herzen der japanischen Hauptinsel Honshu umfasst die nördliche (Hida-Berge) und mittlere Region des Hochgebirges, das als »Japanische Alpen« bezeichnet wird und die nächst dem Fuji höchsten Gipfel des Landes besitzt. Die Flora ist vielfältig und je nach Höhenlage differenziert; in den Hochlagen gibt es Bergschneehühner und Bergantilopen.

Die zahlreichen, in allen Teilen des Parks zutage tretenden heißen Quellen haben die Entwicklung von Kur- und Fremdenverkehrsorten begünstigt, deren bekanntester das 1500 m hoch gelegene Kamikochi ist. Von Süden nach Norden durchzieht der Fluss Kurobe das Bergland; durch den **Kurobe-Damm** wurde ein großer See aufgestaut, der einen eindrucksvollen landschaftlichen Akzent setzt.

## Sehenswertes im Chubu-Sangaku-Nationalpark

**Kamikochi-Tal** Das von mächtigen Bergen umrahmte Kamikochi-Tal wird vom Oberlauf des Flusses Azusa durchströmt, der in seinem weiteren Verlauf und nach Vereinigung mit mehreren Nebenflüssen als Sai durch das Matsumoto-Becken zieht.

✶ **Kamikochi** Der besonders im Sommer überlaufene Ort Kamikochi (1500 m) bietet die besten touristischen Einrichtungen und ist dank seiner Lage als Ausgangsort für die Ersteigung der umliegenden Berge besonders geeignet. Der nahe gelegene Taisho-Teich ist 1915 infolge eines Ausbruchs des Vulkans Yakedake entstanden, dessen Auswurfmassen den Azusa aufgestaut haben.

Kappa-Hängebrücke ► Weiter flussaufwärts gelangt man zur Kappa-Hängebrücke, von welcher sich ein bekannt schöner Blick auf den 3190 m hohen Berg Hotaka bietet. Etwa auf halber Strecke befindet sich ein Denkmal für

*Schneebedeckte Bergketten der Japanischen Alpen bei Kamikochi*

## CHUBU-SANGAKU-NATIONALPARK ERLEBEN

### AUSKUNFT

*Touristinformation*
Matsumoto, im Bahnhof
Tel. 02 63/32 28 14
tgl. 9.00–17.45 Uhr
Kamikochi, am Busbahnhof
Tel. 0263 / 95 24 05,
tgl. 8.00 – 17.00 Uhr.
Außerdem Touristinformationen in ►Nagano und ►Takayama.

### ANREISE

*Bahn:* Von Tokyo (Bahnhof Shinjuku) JR-Chuo-Hauptlinie bis Matsumoto (2½ Std.), von hier JR-Oito-Linie nach Omachi sowie Privatbahnlinie nach Shin-Shimashima.
*Bus:* Von Matsumoto nach Kamikochi (2 Std.) sowie nach Kiso-Fukushima (3 Std.); von Shin-Shimashima nach Kamikochi (1 Std., nur im Sommer) sowie nach Shirahone-onsen (1¼ Std.); mehrere lokale Linien.

### VERANSTALTUNG

Yama-biraki (Eröffnung der Bergsteigersaison; 1. Juli), in Kamikochi. Weston-Matsuri zu Ehren von Walter Weston (Anfang Juni), in Kamikochi.

den Engländer **Walter Weston**, der als einer der ersten Ausländer Ende des 19. Jahrhunderts diese Gebirgsregion erforschte und den Begriff »Japanische Alpen« prägte.

◄ Wanderungen

Empfehlenswerte Wanderungen von der Kappa-Brücke:
Kappa-Brücke – Weston-Denkmal – Tashiro-Brücke – Tashiro-Teich – Taisho-Teich – Busterminal – Imperial Hotel – Kappa-Brücke (Gehzeit 2 Std.).
Kappa-Brücke – Konashidaira – Myojin-Brücke – Myojin-Teich – Kappa-Brücke (Gehzeit 3 Std.).
Kappa-Brücke – Konashidaira – Myojin-Teich – Tokusawa (Gehzeit 4 Std.).

**Norikura**

Südwestlich von Kamikochi erhebt sich der 3026 m hohe erloschene Vulkan Norikura, der den Südteil des Nationalparks bildet. Von besonderer Schönheit ist die seenreiche Gipfelregion. Eine Buslinie, die fast bis zum Gipfel führt, macht den Bergkegel bequem zugänglich. Der Bus fährt von Kamikochi auf einer 14,4 km langen aussichtsreichen Mautstraße über Nakanoyu-onsen, Hirayu-onsen und den Hirayu-Pass nach Norikura Tatamidaira; die Fahrtdauer bis zur Norikura-Hütte beträgt 2½ Stunden. Eine zweite, etwa gleich lange Busverbindung besteht von der westlich des Berges gelegenen Stadt Takayama aus. Der 3 km lange Aufstieg von der Hütte zum Gipfel erfordert etwa 1½ Stunden. Der Osthang des Berges ist ein ausgezeichnetes Skigebiet.

**★★ Hotaka**

Nordwestlich von Kamikochi ragt der majestätische Berg Hotaka auf, mit 3190 m der dritthöchste des Landes. Das Massiv umfasst die vier Gipfel Mae-Hotaka, Nishi-Hotaka, Oku-Hotaka (Hauptgipfel) und

*Blick in den Abgrund des Kurobe-Damms*

Kita-Hotaka. Von Kamikochi ausgehend ausgehend führt der Normalweg in weitem Bogen über die Karasawa-Hütte (ca. 5 ½ Std.) zum Kita-Hotaka oder zum Oku-Hotaka (jeweils ca. 3 Std.). Frühestens ab Juli sind die Berge erst schneefrei.

Nördlich schließt der 3180 m hohe Berg **Yarigatake** (»Speer«) an, dessen Name sich von der charakteristischen Silhouette herleitet. Die Besteigung lässt sich von Kamikochi aus in einer Zweitagestour bewerkstelligen.

35 km nördlich von Matsumoto (JR-Oito-Linie) liegt **Omachi**, ein weiteres Tor zum Nationalpark. Der ruhige, ländliche Ort besitzt ein kleines Bergsteigermuseum (Öffnungszeiten: Di. bis So. 9.00–17.00 Uhr, 400 ¥). Der Nishina-Shinmeigu-Schrein im Süden von Omachi wurde um 1100 gegründet und seit 1636 nicht mehr verändert.

**✶ Kuroyon-Damm (Kurobe-Damm)**

Von Ogisawa nordwestlich von Omachi führt ein 5,4 km langer Tunnel (Buslinie, 40 Min.) durch einen Felsriegel zum Kuroyon-Damm (Kurobe-Damm Nr. 4), der mit einer Höhe von 186 m und einer Länge von 495 m einer der größten der Welt ist. Durch ihn wurde ein See von 200 Mio. m³ aufgestaut. Man überquert die Dammkrone zu Fuß und gelangt zur Talstation der Seilbahn, die zur Anhöhe Kurobe-daira hinaufführt; von hier bietet sich ein eindrucksvoller Blick auf den Staudamm und den Lauf des Kurobe.

Tateyama-Alpen-Route ►

Ein eigenständiges touristisches Highlight (besonders für Verkehrsmittel-Fans) ist die Fortsetzung der Tour in westlicher Richtung auf der so genannten Tateyama-Alpen-Route, zunächst mit der Seilbahn nach Daikanbo (7 Min.), von dort mit dem Bus durch einen 3,6 km langen Tunnel nach Murodo (10 Min.) und Bijodaira (5 Min.), schließlich mit der Seilbahn bis Tateyama (7 Min.).

Toyama ►

Am Ende dieser Route empfiehlt sich statt der Rückkehr zum Ausgangspunkt die Weiterfahrt zu der westlich außerhalb des Nationalparks gelegenen Stadt Toyama (417 000 Einw.) an der gleichnamigen Bucht des Japanischen Meeres. Von hier aus bestehen beste Verkehrsverbindungen in alle Richtungen.

**Hakuba Happo-one**

Von Shinano-Omachi führt die Bahnlinie in nördlicher Richtung weiter und an den Seen Kizaki, Nakatsuna und Aoki (Nishina Sanko = Drei Nishina-Seen; Wassersport) vorbei nach Hakuba, dem Ausgangspunkt für eine Fahrt zum Bergkamm Happo-one mit **einem der größten Skigebiete Japans** – einer der Austragungsorte der Olympischen Winterspiele 1998.

Eine weitere Route (Bus, 1 Std.) führt vom Bahnhof Hakuba über Hosono und hinauf zur Sarukura-Hütte an der Flanke des 2933 m hohen Berges Shirouma im nördlichen Zipfel des Nationalparks. Von den anderen zu dieser Hütte führenden Routen ist diejenige von Omachi über den Kurort Hakuba-Yari-onsen eine der eindrucksvollsten. Der Ort selbst ist mit etwa 2100 m der höchstgelegene Kurort Japans. **Shirouma**

Für den 7,5 km langen Aufstieg von der Sarukura-Hütte zum Gipfel des Shirouma benötigt man etwa 6½ Stunden. Unterwegs passiert man ein 2 km langes Eisfeld und die für ihre reiche Gebirgsflora bekannte Ebene Ohana-batake, die zur Blütezeit im Juli und August besonders schön ist. ◄ Ohana-batake

Vom Gipfel bietet sich ein prächtiges Panorama über die Berge Myoko (2446 m) und Togakushi (1911 m) im Osten, Tsurugi (3003 m) und Tateyama (3015 m) im Südwesten sowie über das sich im Norden ausdehnende Japanische Meer. In zwei Gipfelhütten besteht Übernachtungsmöglichkeit. ★ **Aussicht**

# ★ Daisen-Oki-Nationalpark

e–f 1–2

**Hauptinsel:** Honshu
**Fläche:** 350 km²

**Präfekturen:** Okayama, Tottori und Shimane

大山隠岐国立公園

**Der Daisen-Oki-Nationalpark birgt den bedeutenden Izumo-Taisha-Schrein, das älteste shintoistische Heiligtum Japans. Die Landschaft wird von waldreichen Hügelketten, weiten Küstenstrichen und dem Charme einer abgelegenen Inselwelt geprägt.**

Der Daisen-Oki-Nationalpark befindet sich an und in der Meeresregion, die der Nordküste des westlichen Honshu vorgelagert ist. Er umfasst Teile der Halbinsel Shimane und die Gruppe der Oki-Inseln. Die Teile des Naturschutzparks sind räumlich voneinander getrennt; im äußersten Westen der Halbinsel Shimane die Landschaft um den Taisha-Schrein bei Izumo, südlich abseits der Küste das Gebiet des erloschenen Vulkans Sambe, im Nordosten der Halbinsel der Küstenbereich zwischen Kashima und Mihonoseki, weiter östlich und etwas landeinwärts die Region des gleichfalls erloschenen Vulkans Daisen sowie die etwa 70 km vor der Küste gelegene Gruppe der Oki-Inseln. **Ausdehnung**

## Sehenswertes im Daisen-Oki-Nationalpark

Vom Bahnhof der küstennahen Stadt Daisenguchi (JR-San-in-Hauptlinie) führt eine Buslinie (35 Min.) zu dem an der Bergflanke gelegenen Daisenji-Tempel. Er wurde im Jahr 718 gegründet und war eines **Daisenji-Tempel**

## DAISEN-OKI-NATIONALPARK ERLEBEN

### ANREISE

*Flugzeug:* Von Osaka nach Saigo (Insel Dogo; 2 Std.); von Osaka nach Izumo (1 Std.).
*Bahn:* Von Kyoto JR-San-in-Hauptlinie nach Daisenguchi, Yonago, Matsue und Izumo oder mit dem Shinkansen bis Okayama und von dort nach Matsue (3½ Std.). Ichibata-Privatbahnlinie von Izumo-shi via Kawato zum Izumo-Taisha-Schrein und weiter nach Matsue-onsen; Nebenstrecke von Yonago nach Sakaiminato.
*Bus:* Von Daisenguchi zum Daisenji-Tempel (36 Min.); von Matsue nach Mihonoseki sowie nach Kaga (1¼ Std.).
*Schiff:* Von Sakaiminato nach Saigo (Insel Dogo) und Beppu (Insel Dozen).
Nach Matsue: ► dort.

### VERANSTALTUNGEN

Schreinfeste (Mitte Mai, 1. Juni, Mitte Oktober, Mitte November) im Izumo-Taisha-Schrein.

der mächtigen Zentren der Tendai-Sekte mit über hundert Untertempeln und Klöstern. In späterer Zeit fielen alle Bauten Bränden zum Opfer, sodass heute nur ganz geringe Reste von ihnen erhalten sind. Im Inneren des Tempels befinden sich eine **Bronzestatue der Elfköpfigen Kannon** sowie sechs weitere buddhistische Skulpturen und ein bedeutender Miniaturschrein.

**★ Daisen** Von hier aus erreicht man zu Fuß (3½ Std.) den 5,5 km entfernten Gipfel des 1713 m hohen Daisen, von dem sich ein schöner Blick auf den Nationalpark und an klaren Tagen bis zur südlich gelegenen Hauptinsel Shikoku bietet. Im Winter ist der Daisen ein ideales Skigebiet. Eine von Südosten über das Hiruzen-Plateau kommende **Panoramastraße** überquert den Daisen und führt weiter nach Sakaiminato, eine lohnende Verbindung zum mittleren Teil des Parks.

**Sakaiminato** Über eine schmale Landzunge zwischen der Miho-Bucht (Osten) und der Lagune Naka-no-umi, entlang an dem piniengesäumten Küstenstreifen Yumigahama, führt die aussichtsreiche Strecke zu der Stadt Sakaiminato (37 000 Einw.), einer Hafenstadt mit vielen amüsanten Bronzefiguren kleiner Geister, Geschöpfen des hier geborenen Manga-Zeichners Mizuki Shigeru. Von hier verkehren Schiffe zu den Oki-Inseln (etwa 3 Std.).

**Oki-Inseln** Die Oki-Inseln, das nördlichste Teilgebiet des Nationalparks, sind rund 70 km von der Küste entfernt. Der Archipel vulkanischen Ursprungs umfasst die zwei Hauptgruppen von Dozen und Dogo sowie eine große Zahl von kleineren Eilanden. Die von Sakaiminato kommenden Schiffe laufen die Häfen Saigo (Insel Dogo) und Beppu (Insel Dozen) an; Flugverbindung ab Osaka und Yonago. Die 25 000 Inselbewohner leben vorwiegend von Land- und Forstwirtschaft sowie Fischfang. Ein Besuch lohnt nicht nur wegen der abwechslungsreichen Landschaft, sondern auch wegen der historischen Bauwerke aus der Zeit, als die Inseln **kaiserliches Exil** u. a. für Go-daigo waren, der sich 1331 gegen die Militärregierung auflehnte.

**Shimane**

◄ Mihonoseki

Von Sakaiminato gelangt man mit dem Boot oder über eine den natürlichen Verbindungskanal der Lagune mit dem Meer überspannende Brücke von 1714 m Länge auf die Halbinsel Shimane. An ihrer östlichen Spitze liegt der Fischerhafen Mihonoseki, wohl der reizvollste Küstenort des Nationalparks. Der Name bedeutet »Sperre in Miho« und weist auf die frühere Existenz eines Kontrollpunktes hin. Im Osten der Stadt befindet sich der der Gottheit Kotoshironushi geweihte **Miho-Schrein**, einer der ältesten des Gebietes.

◄ Kaga-no-kukedo

Westlich von Mihonoseki befindet sich in einem malerischen Abschnitt der Nordküste, von der Stadt Matsue mit dem Bus zu erreichen, die Höhle Kaga-no-kukedo. Mit dem Boot fährt man von der Seeseite her durch eine schmale Öffnung in die Höhle ein.

**Izumo**

◄ Shimane Museum

Der bestgeeignete Ausgangspunkt für eine Besichtigung des im Westen der Halbinsel Shimane gelegenen Teils des Nationalparks ist die Stadt Izumo, ein wichtiges Verkehrs-, Handels- und Landwirtschaftszentrum der Region. Ein neues Highlight ist das Shimane Museum of Ancient Izu, gebaut vom Pritzker-Preisträger Maki Fumihiko. Hier

*Über dem Eingang des Izumo-Taisha-Schreins trennen traditionelle »Shimenawa«-Seile aus Reisstroh die diesseitige Welt von der Welt der Götter.*

werden erst in den 1980er- und 1990er-Jahren gefundene antike Bronze-Schwerter und Glocken sowie Fundstücke vom Izumo Taisha gezeigt (Öffnungszeiten: tgl. 9.00 – 18.00 Uhr, Nov.-Feb. nur bis 17.00 Uhr, 600 ¥).

✶✶ **Izumo-Taisha-Schrein**

Nordwestlich liegt der bekannte Izumo-Taisha-Schrein (Bus, 7 Min.), **das älteste shintoistische Heiligtum Japans**. Er ist Okuninushi-no-mikoto, dem Gott des Ackerbaus und der Heilkunde, geweiht. Der Legende nach gründete dieser im Gebiet von Izumo einen Staat und zog sich später in den ursprünglich als großer Palast angelegten, eigens für ihn erbauten Schrein zurück, in dem seine Nachfahren in ununterbrochener Linie als Priester wirken. Okuninushi gilt auch als Beschützer der Jungvermählten, weshalb Paare hier um eine glückliche Ehe bitten. Der Schrein ist heute zusammen mit dem Ise-Schrein und dem Konpira-Schrein (Shikoku) **das größte shintoistische Pilgerzentrum des Landes**. Besonders zur Zeit der Schreinfeste wird er besucht. Die Schreinanlage umfasst auf einer Gesamtfläche von 16,4 ha eine Vielzahl von Gebäuden, die den frühen japanischen Architekturstil Taisha-zukuri repräsentieren. Charakteristische Merkmale dieses Stils sind ein weit vorspringendes Satteldach, walzenförmige Firsthölzer, gekreuzte Giebelbalken und der an der Giebelseite befindliche Eingang. Die heutigen Gebäude stammen größtenteils von 1874, die Haupthalle Honden von 1744.

Die Gebetshalle Haiden ziert ein tonnenschweres Seil (Shimenawa) über dem Eingang – es trennt das Weltliche vom Sakralen. Die Dächer sind mit Zypressenrinde gedeckt. Der Schrein, zu dem eine Zedernallee führt, ist von einer zweifachen Einfriedung umgeben. Beiderseits des Hauptschreins befinden sich zwei lang gestreckte Gebäude, in denen nach shintoistischer Lehre einmal im Jahr, im 10. Mondmonat (Oktober), alle Shinto-Götter zusammenkommen. Deshalb wird der Oktober in ganz Japan als »götterloser Monat« (Kannazuki) und nur in Izumo als **»Monat der anwesenden Gottheiten«** (Kamiarizuki) bezeichnet. Links vom Eingang befindet sich

*Izumo-Taisha-Schrein*

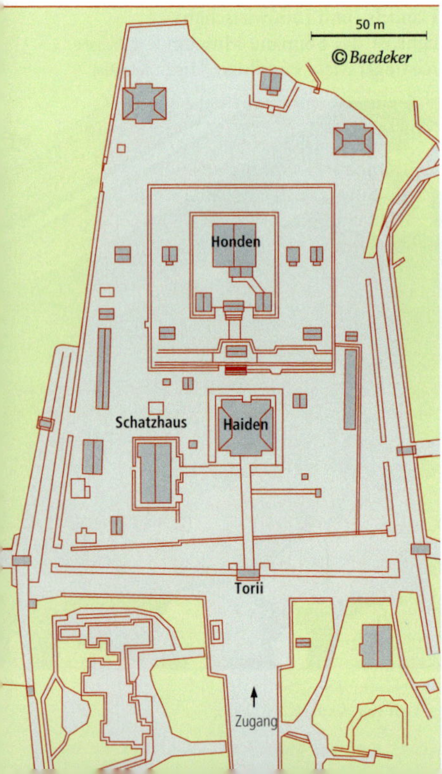

das **Schatzhaus** (Museum), dahinter die Halle für sakrale Tänze (Kagura-den). Die Kulisse des Schreins bilden die waldreichen Hügel Yakumo und Tsuruyama.

◂ Kap Hino-Misaki

Etwa 700 m westlich des Schreins erreicht man den Badestrand Inasanohama (2 km südlich vom Bahnhof Taisha; Bus). Nordwestlich von hier ragt das Kap Hino-misaki, die Westspitze der Halbinsel Shimane, in das Japanische Meer (Bus von Taisha, 35 Min.). Auf dem Kap stehen der Hinomisaki-Schrein und der mit 44 m angeblich höchste Leuchtturm Japans.

**Sambe**
**Sambe-onsen**

Das am weitesten westlich liegende Teilgebiet des Daisen-Oki-Nationalparks bildet die Region um den erloschenen Vulkan Sambe. Am südlichen Fuß des Berges befindet sich der Badeort Sambe-onsen mit bis zu 43 °C warmen Kochsalzquellen. Wegen seiner reizvollen Umgebung ist er einer der beliebtesten Urlaubsorte im San-in-Distrikt. Der 1126 m hohe Sambe, auch Iwami-Fuji genannt, wird von einer Mautstraße (auch Busse) erschlossen.

**★ Iwami Ginzan**

Noch weiter westlich außerhalb des Nationalparks liegt südlich der Stadt Oda die ehemalige Silbermine Iwami (Weltkulturerbe). Von 1526 bis 1923 wurden hier für den Silberabbau über 500 Stollen und Schächte in die Berge getrieben und bis zu 40 t Silber pro Jahr abgebaut. Das Silber wurde nach Europa exportiert: Im 16. Jahrhundert soll etwa ein Drittel des weltweit im Umlauf befindlichen Silbers aus Iwami gekommen sein. Besichtigt werden kann der Ryugenji-Mabu-Schacht von 1715 (Öffnungszeiten tgl. 9.00 – 17.00 Uhr, Dez. bis Feb. bis 16.00 Uhr, 400 ¥). Im nahegelegenen **Bergbauort Omori-cho** sind einige edozeitliche Häuser erhalten; ein Museum (Iwami Ginzan Shiryokan) informiert über die Geschichte der Silbermine und des Silberhandels. Vom Ryugenji-Mabu-Schacht aus führt, heute als etwa 14 km langer Wanderweg ausgebaut, der ehemalige Transportweg zum Hafen Okidomari bzw. zum Onsen-Ort Yunotsu.

# ★★ Daisetsuzan-Nationalpark

M 3

**Hauptinsel:** Hokkaido
**Präfektur:** Hokkaido
**Fläche:** 2267 km²

大雪山国立公園

**Zum Gebiet des Daisetsuzan-Nationalparks gehören über 2000 m hohe Bergriesen, die dem Park den Beinamen »Dach von Hokkaido« eingetragen haben. Am Fuß der Berge liegen zwischen unberührten Wäldern und an kristallklaren Flüssen kleine Bergorte. Wegen des rauen Klimas ist die Gebirgsflora hier deutlich hochalpiner ausgeprägt als auf vergleichbar hohen Bergen Europas.**

**Berggipfel und Quellen** Der Daisetsuzan-Nationalpark liegt in der Mitte der nördlichsten japanischen Hauptinsel. Die Parkregion umschließt drei (aktive) Vulkanmassive mit den höchsten Gipfeln der Insel; dem 2290 m hohen Asahi, dem 2141 m hohen Tomuraushi und dem 2077 m hohen Tokachi. Der östliche Teil des Parks umfasst den 1962 m hohen Ishikari sowie die Seen Shikaribetsu und Nukabira. Im Nationalpark liegt das Quellgebiet der Flüsse Tokachi, Ishikari und Chubetsu, die reizvolle Schluchten bilden. Deren bekannteste ist die 50 km östlich der Stadt Asahikawa gelegene Sounkyo-Schlucht.

## Sehenswertes im Daisetsuzan-Nationalpark

**Asahikawa** Die vom Ishikari, dem längsten Fluss Hokkaidos, in Nord- und Südteil getrennte Stadt Asahikawa war Garnison der Tonden-hei-Pioniere, die während der Kolonisationszeit im 19. Jahrhundert die hier ansässigen Ainu – die Urbevölkerung von Hokkaido – zurückdrängten.

Ainu-Museum ▸ Vom Bahnhof 4 km nordwestlich (Bus, 20 Min.) liegt Chikabumi mit dem Kawamura-Ainu-Museum, in dem auch **Ainu-Tänze** vorgeführt und Gegenstände der Ainu-Volkskunst verkauft werden.

Kamui-kotan ▸ Ein besonders schöner Ausflug führt zu der 13 km westlich der Stadt gelegenen Schlucht Kamui-kotan (Bus, 30 Min.), die der Ishikari durch die Yubari-Berge gegraben hat. Die schmale Schlucht, sagenumwobene Heimat der Ainu, ist besonders zur Zeit der Kirschblüte und im Herbst sehenswert. In den 9 km von der Bahnstation Ino entfernten Felswänden wurden ungefähr 200 prähistorische Höhlenwohnungen sowie Stein-, Eisen- und Keramikfragmente entdeckt.

Kaguraoka-Park ▸ Vom Bahnhof Asahigawa südöstlich (3 km; Bus, 20 Min.) liegt der rund 45 ha große Kaguragaoka-Park, ein Naturpark am Chubetsu, einem Nebenfluss des Ishikari. Im Park steht der dem Schutzgott der Stadt geweihte Kamikawa-Schrein. Das hügelige Gelände bietet einen schönen Blick auf die Stadt und das Kamikawa-Becken.

**★ Sounkyo-Schlucht** Im Norden des Parks, östlich von Asahikawa, erstreckt sich die 24 km lange Sounkyo-Schlucht zwischen dem nördlichen Ausläufer des Daisetsu und dem südlichen Obako. Die sich durch die Schlucht windende Straße bietet den schönsten Ausblick auf die Schönheiten der Gegend (Aussichtsbusse). Zu beiden Seiten ragen Felswände bis 150 m hoch auf, über die vereinzelt Wasserfälle talwärts stürzen (Ryusei-no-taki, Ginga-no-taki). Am oberen Ende der Schlucht liegen die Kessel Kobako (»kleine Schachtel«) und Obako (»große Schachtel«), so genannt, weil die senkrechten Wände beim Besucher den Eindruck erwecken, auf dem Boden einer Schachtel zu stehen.

Sounkyo-onsen ▸ Auf halber Strecke liegt mitten in der Schlucht der Ort Sounkyo-onsen, einer der beliebtesten Urlaubsorte von Hokkaido und Ausgangspunkt einer Seilbahn, die in mehreren Etappen bis in 1300 m Höhe

*Besonders schön zur Zeit der herbstlichen Laubfärbung: → die Sounkyo-Schlucht mit ihren spektakulären Wasserfällen.*

## DAISETSUZAN-NATIONALPARK ERLEBEN

### ANREISE

*Flugzeug:* Von Tokyo nach Asahikawa (1 Std. 40 Min.) und nach Obihiro (1½ Std.).
*Bahn:* Nach Asahikawa von Abashiri (Sekihoku-Hauptlinie, 3¾ Std.), Furano (Furano-Linie, 1¼ Std.) und Sapporo (Hakodate-Hauptlinie, 1½ Std.). Von Asahikawa JR-Sekihoku-Linie nach Kamikawa (¾ Std.). Von Asahikawa JR-Furano-Linie nach Biei (nordwestlich von Shirogane-onsen, 30 Min.).
*Bus:* Von Asahikawa nach Sounkyo-onsen (2 Std.); ferner nach Asahidake-onsen (3 Std.) und Tenninkyo-onsen (1½ Std.); von Sounkyo-onsen zum Sekihoku-Pass (1 Std.).

### ZUGANG ZUM PARK

Asahikawa ist der günstigste Ausgangspunkt für einen Besuch des Nationalparks, den man auf diesem Weg von Nordwesten her betritt. Der Südzugang zum Daisetsuzan-Nationalpark ist die Stadt Obihiro.

führt; Weiterfahrt mit einem Sessellift. Von oben bietet sich ein Panoramablick auf die Bergmassive der Umgebung und das waldreiche Umland mit seinen idyllischen Orten. In den Hochlagen findet man eine artenreiche Gebirgsflora.

**Daisetsu Highway** Der Daisetsu Highway, der die Verbindung zum ► Akan-Nationalpark herstellt, führt von der Sounkyo-Schlucht aus nach Osten zu dem 1050 m hohen Sekihoku-Pass am Ostrand des Daisetsuzan-Nationalparks.

**Tenninkyo** Westwärts vom Pass, 40 km südöstlich von Asahikawa, liegt das Thermalbad Tenninkyo, von wo man den 2141 m hohen Tomuraushi (südlich) und den 2290 m hohen Asahi (nördlich, über Yukomambetsu) ersteigen kann. Nahe bei Tenninkyo (zu Fuß 5 Min.) befindet sich der 250 m hohe, von steilen Felswänden umschlossene Wasserfall Hagoromo (»Federkleid«), dessen nächste Umgebung auch Tenninkyo-Schlucht genannt wird.

**Asahidake-onsen** Östlich von dieser Schlucht, am Südhang des Asahi, liegt das Thermalbad Asahidake-onsen (1050 m), 43 km südöstlich von Asahikawa. Der Ort ist ein günstiges Standquartier für **Bergtouren** auf den Asahi (Aufstieg 4 Std.), den 2246 m hohen Hokuchin, den 1984 m hohen Kuro (alle nördlich) oder den Aka (östlich; 2078 m).

**Tokachi** Die südwestliche Region des Nationalparks erreicht man von Asahikawa mit der Bahn über Shirogane-onsen. Nur 8 km von dem reizvollen Ort erhebt sich der 2077 m hohe Vulkan Tokachi, der zuletzt 1962 ausgebrochen ist und dessen Hänge zu den vier besten **Skigebieten** von Hokkaido gerechnet werden. In unmittelbarer Nähe des Vulkans liegen die Berge Biei (nördlich; 2052 m) und Kami-Horokamet-toku (südlich; 1887 m).

**Nukabira-Stausee** Östlich von dieser Bergkette, jenseits des Flusses Tokachi, bilden der Nipesotsu (2013 m) und der Upepesanke (1870 m) einen weiteren Höhenzug. An seiner Ostflanke liegt der Nukabira-Stausee (600 m), der vom Fluss Otofuke gebildet wird und bei einem Umfang von 33 km eine Fläche von 8,2 km² hat. Seine Umgebung erweist sich als ein reizvolles Erholungsgebiet mit hübschen Ortschaften. Nukabira-onsen, nahe am See gelegen, besitzt bis zu 60 °C warme Sole-Thermalquellen.

**Shikaribetsu-See** Auf einer von hier nach Südwesten führenden Straße erreicht man nach 23 km den an der Westflanke des Berges Tenbo (1174 m) gelegenen Shikaribetsu-See (auch Bus von Obihiro, 2 Std.). Der in 798 m Höhe gelegene, bis 104 m tiefe See von 3,7 km² Oberfläche liegt inmitten eines Waldes, der zur Zeit der herbstlichen Laubfärbung besonders reizvoll ist. Am Seeufer befinden sich die Badeorte Shikaribetsu Kohan-onsen (Westen) und Yamada-onsen (Norden).

*Fuji-san – Heiligtum und Symbol des Landes*

# Fuji-Hakone-Izu-Nationalpark

►Fuji-san, ►Fuji-Seen, ►Hakone, ►Izu.

# ★★ Fuji-san

K 7 • 12

**Hauptinsel:** Honshu
**Höhe:** 3776 m ü.d.M.
**Präfekturen:** Yamanashi und Shizuoka

**Der höchste und schönste Berg Japans ist an klaren Tagen noch von Tokyo aus zu sehen. Seine korrekte japanische Bezeichnung ist Fuji-san (der Name Fujiyama, eingedeutscht »Fudschijama«, ist in Japan nicht gebräuchlich). Der perfekt geformte Vulkan gilt als Sitz shintoistischer Götter.**

富士山

**Heiliger Berg Japans**

Der Fuji, die höchste Erhebung der zentraljapanischen Fuji-Vulkankette, wurde schon in alter Zeit in **Dichtung und Malerei verherrlicht**, so in den Versen von Yamabe Akahito (8. Jh.) und in den Holzschnittserien »36 Ansichten des Fuji« von Hokusai (1760–1849). Das Gebiet gehört zum Fuji-Hakone-Izu-Nationalpark.

Lange Zeit bestiegen ausschließlich fromme Pilger den heiligen Berg und bis 1872 durfte er, wie andere Naturheiligtümer auch, von Frauen nicht betreten werden. Heute wird der Fuji alljährlich von rund 300 000 Menschen erstiegen, darunter auch vielen Ausländern. Höhepunkt ist der vom Gipfel erlebte Sonnenaufgang (Goraiko).

Geologie ► Der Fuji ist ein im Quartär entstandener, etwa 300 000 Jahre alter Stratovulkan. Sein nahezu kreisförmiger Fuß hat einen Durchmesser von 35–40 km. Man vermutet, dass sich sein Name von dem Ainu-Wort für Feuer (fuchi) herleitet. Historisch belegt sind 18 Ausbrüche, von denen die stärksten in den Jahren 800, 864 und 1707 stattfanden. Bei der Eruption von 1707 wurde das 100 km entfernte Edo (Tokyo) von einer dicken Ascheschicht bedeckt und der 2702 m hohe Seitenkrater Hoeizan gebildet. Heute wird der Fuji als ruhender Vulkan mit geringem Risiko zur Eruption eingestuft. An der Nordflanke liegen die fünf ►Fuji-Seen.

## Bergrouten

**✶✶ Aufstieg zum Kraterrand**

Auf den Fuji führen fünf Bergrouten, die jeweils in zehn Etappen (Gome) ungleicher Länge unterteilt sind (Ichi-gome = erste Etappe, Ni-gome = zweite Etappe usw.). An den Etappenzielen befinden sich steinerne Orientierungszeichen und bisweilen eine Schutzhütte.

Normalerweise wird der Aufstieg am frühen Nachmittag begonnen, sodass bei Einbruch der Dunkelheit die 7. oder 8. Station erreicht ist. Nach einer Übernachtung steigt man frühmorgens zum Gipfel auf und macht den Rundgang um den Krater. Gegen Mittag wird der Abstieg angetreten, am Spätnachmittag ist die Ausgangsbasis wieder erreicht. Im Winter ist der Aufstieg wegen akuter Lawinengefahr gesperrt. Die **offizielle Bergsteigersaison** dauert vom 1. Juli bis zum 26. August. Von den fünf verschiedenen Bergrouten – Kawaguchiko, Fuji-Yoshida, Gotemba, Subashiri und Fujinomiya – ist für Wanderer, die aus Tokyo anreisen, Kawaguchiko die empfehlenswerteste für den Aufstieg, Subashiri die bestgeeignete für den Abstieg. Wer aus Osaka oder Kyoto kommt, wählt besser die Fujinomiya-Route. **Nicht verwirren lassen: Es gibt vier fünfte Stationen** – je nach Route.

**Kawaguchiko-Route**

Vom Bahnhof Kawaguchiko (JR-Fujikyuko-Linie ab Tokyo, 2 Std.) besteht über die Fuji-Subaru-Bergstraße eine Busverbindung zur 5. Station (Go-gome). Auf dieser Strecke bieten sich schöne Ausblicke auf die Fuji-Seen. An der 5. Station (2305 m) beginnt der Anstieg (der oft noch bis zur 7. Station in 2700 m Höhe mit Reitpferden bewältigt wird). Selbst Biker versuchen es bis hierhin. Bei der 6. Station mündet die Yoshida-Route ein und der eigentliche, 6 km lange Einstieg zum Gipfel bei etwa 5 Stunden beginnt. Hier verteilt das Mt. Fuji Safety-Guidance Center Handzettel mit Anweisungen für die Kletterer: »Achten Sie auf die offiziellen Routen, das Wetter und auf abstürzende Steine. Achten Sie auf richtige Ausrüstung und nehmen Sie Ihren Abfall wieder mit.«

## *Fuji-san* Orientierung

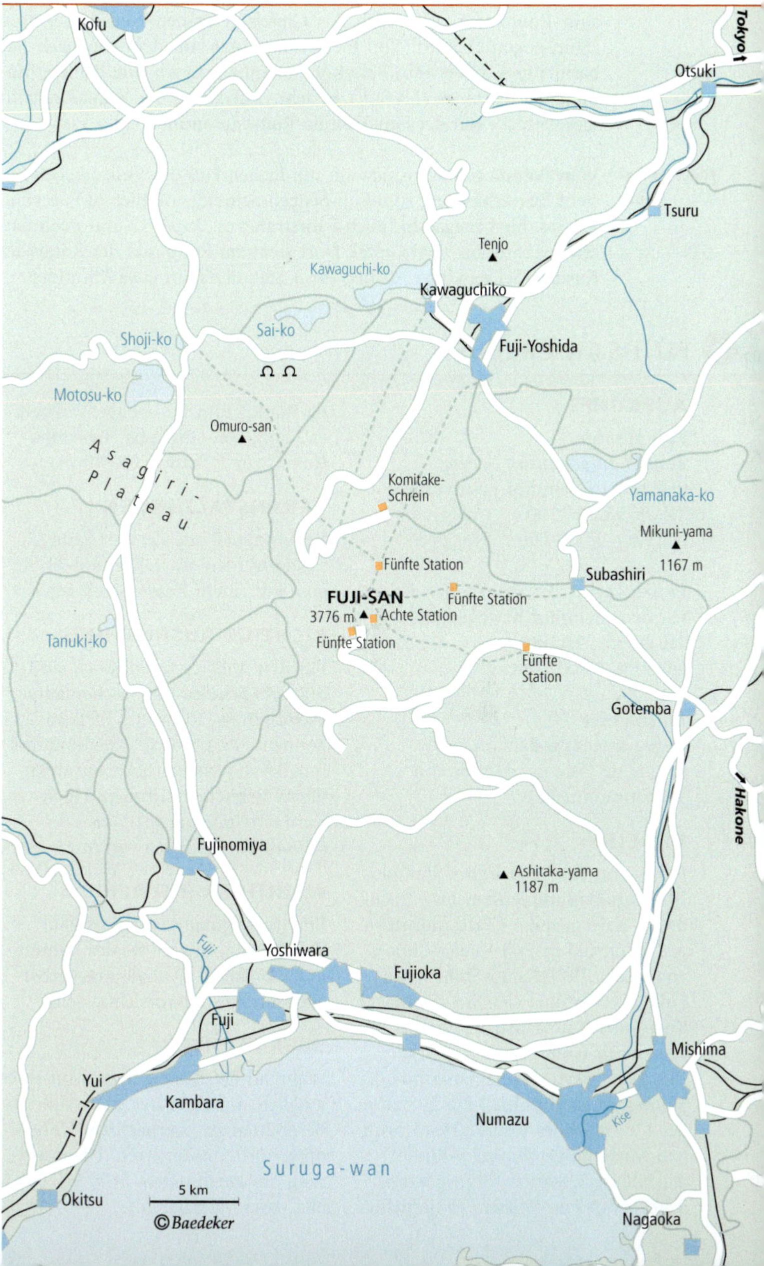

**Subashiri-Route** Eine Variante, die meist für den Abstieg gewählt wird, ist die Subashiri-Route, die zur östlich des Gipfels gelegenen Neuen 5. Station (Shin-gogome) führt. Von hier gelangt man mit dem Bus nach Subashiri und weiter zum Bahnhof Gotemba, von wo eine Bahnverbindung nach Tokyo (1¾ Std.) besteht. Auf Höhe der 8. Station trifft diese Strecke mit der Fuji-Yoshida-Route zusammen.

**Fuji-Yoshida-Route** Vom Bahnhof Fuji-Yoshida am nördlichen Fuß des Vulkankegels besteht Busverbindung zum Fuji-Sengen-Schrein; von hier zu Fuß rund 2½ Std. bis Umagaeshi (auch Fahrstraße, ca. 30 Min.) und nochmals etwa 6½ Std. bis zum Gipfel. Dort steht am Endpunkt der Route der Kusushi-Schrein. Der Abstieg zur 5. Station dauert etwa 2 Stunden.

## FUJI-SAN ERLEBEN

### AUSKUNFT

***Fuji-Yoshida Tourist Information Service***
neben dem Bahnhof Fushiyoshida
Tel. 05 55/22 70 00
tgl. 9.00–17.00 Uhr

***Fujikawaguchiko Tourist Service***
vor dem Bahnhof Kawaguchiko
Tel. 05 55/72 67 00
tgl. 9.00–17.00 Uhr

***Im Internet***
www.yamanashi-kankou.jp
(u. a. eine Liste der Hütten mit Telefonnummern)

### ANREISE

*Bahn:* Von Tokyo (Bahnhof Shinjuku) JR-Chuo-Hauptlinie über Fuji-Yoshida bis Kawaguchiko (2 Std.; umsteigen in Otsuki in Fuji-Kyuko-Linie); von Osaka JR-Tokaido-Shinkansen-Linie bis Mishima (3¼ Std.); von Kozu oder Numazu JR-Gotemba-Linie nach Gotemba.
*Bus:* Von Tokyo (Hamamatsucho oder Shinjuku Bus Terminal) zur 5. Station der Kawaguchiko-Route (2½–3 Std.); von Mishima (Fujinomiya-Route) zur Neuen 5. Station (Shin-gogome; 2 Std.); von Fuji-Yoshida (Fuji-Yoshida-Route) zum Fuji-Sengen-Schrein (5 Min.); von Gotemba (Gotemba-Route) zur 5. Station (40 Min.).

### VERANSTALTUNGEN

Beginn und Ende der Ersteigungssaison werden am 1. Juli und 31. August mit einem Zeremoniell gefeiert.

### RICHTIGE AUSRÜSTUNG

Für den Aufstieg unerlässlich sind kräftiges Schuhwerk, Taschenlampe, Wetterschutz, Proviant, Trinkwasser, Sonnenschutz, warme Kleidung und möglichst Wanderstöcke; auf dem Gipfel herrschen selbst im Hochsommer (Juli/August) Durchschnittstemperaturen von nur 5–6 °C.

### WICHTIGER HINWEIS

Eine Besteigung des Fuji ist kein Spaziergang. Immer wieder kommt es zu Unfällen. Deshalb gut vorbereitet starten und vorsichtig sein!

### ÜBERNACHTEN

Während der Besteigungssaison ist es möglich, auf einer der (sehr vollen) Berghütten zu übernachten. Unbedingt vorher reservieren. Übernachtung pro Person circa 5000 ¥/ 7000 ¥ inkl. zwei Mahlzeiten.

! Baedeker TIPP

**Im Frühtau zu Berge**

Eine immer populärer werdende Variante ist der durchgehende Aufstieg, der gegen 22.00 Uhr von einer der 5. Stationen in Angriff genommen wird, sodass man bei Sonnenaufgang (im Sommer ca. 4.30–5.00 Uhr) den Gipfel erreicht hat. Aber Vorsicht: angesichts ungesicherter Geröllfelder und eher symbolisch vorhandener Halteseile ist diese Variante nicht ungefährlich!

**Gotemba-Route**

Vom Bahnhof Gotemba (JR-Gotemba-Linie von Tokyo) erreicht man die Neue 2. Station (Shin-nigome) in 45 Min. mit dem Bus. Der 11 km lange Aufstieg zum Gipfel erfordert etwa 6½ Stunden. Diese steinige Route eignet sich eher für den Rückweg; Abstieg bis zur 7. Station 1 Std.; von hier bis zur 2. Station gibt es die Abkürzung Suna-bashiri (»Sandgleiten«), wo man auf einer Strecke von 7 km Länge in etwa einer halben Stunde auf einem Abhang vulkanischer Asche abrutscht.

◄ Hoeizan-Krater

Etwa 1 km südlich der 5. Station dieser Route liegt der Seitenkrater Hoeizan. Wie die Subashiri-Route bietet auch dieser Aufstieg oberhalb der 3. Station einen schönen Blick auf den Sonnenaufgang.

**Fujinomiya-Route**

Vom Bahnhof Fujinomiya (JR-Minobu-Linie) erreicht man die Neue 5. Station (Shin-gogome) dieser Route in 1½ Std. mit dem Bus. Von hier ist der 5 km entfernte Kraterrand in 4–5 Std. zu Fuß zu ersteigen; der Weg wird oberhalb der 8. Station (Munatsuki-hatcho) ziemlich steil und führt direkt zum Okunoin (Innerer Schrein des Sengen-Schreins) auf dem Gipfel. Zur 5. Station besteht auch ab Mishima eine Busverbindung (2 Std.).

## ★ ★ Fuji-Gipfelregion

**Gipfelregion**

Die Gipfelregion des Fuji besteht aus dem »Naijin« (= Heiligtum) genannten Krater von 500 m Durchmesser. Seinen Rand bilden **acht Gipfel** : Kengamine, Hakusan (auch Shaka), Kusushi, Dainichi (auch Asahi), Izu, Joju (auch Seishigadake), Komagatake und Mishimadake. Vom Kengamine aus gibt es zwei Varianten des Rundweges (Ohachimeguri). Leichter als der steile, direkt über die Kämme führende Weg ist der mit 3,5 km Gesamtstrecke kürzere Pfad am inneren Kraterrand entlang. Nördlich des Komagatake, beim Endpunkt der Fujinomiya-Route, befindet sich der Sengen-Schrein, unweit östlich an der äußeren Kraterflanke die Quelle Gimmeisui (»silbern schimmerndes Wasser«).

Wenige hundert Meter weiter westlich gelangt man zur ehemaligen Wetterbeobachtungsstation, wo der Meteorologe Nonaka Itaru 1895 die ersten Messungen vorgenommen hat. Zu Füßen des den Krater im Norden überragenden Hakusan liegt die eiskalte Quelle Kimmeisui (»golden schimmerndes Wasser«).

★ ★ Rundblick ► Vom Gipfel des Fuji-san bietet sich ein weiter, grandioser Panorama-Rundblick, der nahezu das gesamte Hauptland des japanischen Inselreiches umfasst.

! *Baedeker* TIPP

**Finissage am Fuji**

Zum Ausklang der offiziellen Ersteigungssaison des Fuji wird hier am 26. August das Fest Yoshida no Hi-matsuri veranstaltet: Am Abend werden entlang der Fuji-Yoshida-Route Fackeln und Leuchtfeuer entzündet, dazu findet eine Prozession mit einem 1125 kg schweren Tragschrein statt.

## Fuji-Halbhöhen-Rundwanderung

Auf der Höhe der 5. bzw. 8. Stationen der Anstiegsrouten (etwa 2500 m ü. d. M.) umzieht der Wanderweg Ochudo-meguri den Bergkegel. Für die 20 km lange Strecke muss man etwa 8–10 Stunden Gehzeit rechnen. Der Ausgangspunkt ist beliebig wählbar; die schwierigsten Abschnitte sind der Hoeizan an der Ostflanke und die Osawa-Schlucht im Westen, die größte Schlucht des Fuji. Der Rundwanderweg wird »Grenze zwischen Himmel und Erde« genannt.

# ★ Fuji-Seen (Fuji-goko)

K 7 • I 2

**Hauptinsel:** Honshu **Präfektur:** Yamanashi

富士五湖

**Am nördlichen Fuß des Fuji erstreckt sich die landschaftlich überaus reizvolle Region der fünf Fuji-Seen (Fuji-goko), die zu allen Jahreszeiten ein bevorzugtes Naherholungsgebiet für die Einwohner Tokyos und ein geschätztes Reiseziel ausländischer Besucher ist.**

## FUJI-SEEN ERLEBEN

### ANREISE

Nach Gotemba und Kawaguchiko ►Fuji-san.

*Bahn:* Von Tokyo JR-Tokaido-Hauptlinie bis Fuji, dann JR-Minobu-Linie bis Fujinomiya.

*Bus:* Von Kawaguchiko über Koyodai, Fugaku Fugetsu, den Shoji-See und Motosu-See sowie über die Fujinomiya Toll Road nach Fujinomiya (1 Std.); von Kawaguchiko nach Gotemba (1¼ Std.) und Mishima (2 Std.).

**Paradies für Wassersportler**

Das Klima der in einer Höhe von über 600 m gelegenen Seenplatte ist angenehm frisch; im Frühjahr stehen Kirschbäume und Azaleen in Blüte, im Herbst färben sich die Wälder leuchtend bunt. Im Sommer finden zahlreiche Wassersportler lohnende Reviere, im Winter Skifahrer und Schlittschuhläufer. Die Region ist Teil des Fuji-Hakone-Izu-Nationalparks. Ganz im Osten der Fuji-Seenplatte liegt der Yamanaka-See; nach Westen zu folgen die Seen Kawaguchi, Saiko, Shoji und Motosu. Für Besucher, die aus Richtung Tokyo kommen, ist die Stadt Gotemba der günstigste Ausgangspunkt, für solche aus dem Raum Osaka, Kyoto und Nagoya die südwestlich des Berges Fuji gelegene Stadt Fujinomiya.

## Von Gotemba nach Fujinomiya

Die im Folgenden beschriebene Strecke berührt alle fünf Fuji-Seen sowie die Ausgangspunkte der Fußrouten auf den Fuji-san.

**Yamanaka-See**

Der Yamanaka-See ist mit 982 m ü. d. M. der höchstgelegene sowie mit einer Fläche von 6,5 km² der größte der Seenplatte. Die ihn umgebende Landschaft ist eines der meistbesuchten Luftkurgebiete in Japan. Am Südufer liegt Asahigaoka, das von Gotemba oder auch direkt von Tokyo mit dem Bus erreicht werden kann. Auf dem See werden Dampferrundfahrten angeboten (35 Min., 900 ¥); nahebei liegen der **Fuji-Golfplatz** sowie eine Anzahl von Campingplätzen.
Im See leben die grüne Kugelalge Marimo, die auch im Akan-See auf Hokkaido und im Sakyo-See auf Honshu vorkommt, ferner Aale, Karpfen und Salmoniden. Ein beliebter Sport ist das winterliche Eisangeln auf eine »Wakasagi« genannte Fischart. Der nahe Fluss Katsura ist ein gutes Forellenwasser.

**Fuji-Yoshida**

Nördlich des Yamanaka-Sees erreicht man die Stadt Fuji-Yoshida (54 000 Einw.; Bahn und Busv von Tokyo), die für ihre Seidenstoffe (Kaiki) bekannt ist. Nahebei bietet der Vergnügungspark Fuji-Q High Land fünf große Achterbahnen und viele Fahrgeschäfte.

**Kawaguchi-See**

Nordwestlich von Fuji-Yoshida (Buslinie; Bahnverbindung von Tokyo) liegt der zweitgrößte und schönste der Fuji-Seen, der Kawaguchi-ko (822 m ü. d. M.; 6,1 km²). Von seinem Ostufer führt eine Seilbahn auf den 1084 m hohen **Berg Tenjo**, von dem sich ein eindrucksvoller Blick auf den sich im See spiegelnden Fuji bietet.

◄ Insel Unoshima

In der Mitte des Kawaguchi-ko liegt die dicht bewaldete Insel Unoshima mit einem der Glücksgöttin Benten geweihten Schrein. 5 km vom Bahnhof Kawaguchi entfernt befindet sich das Itchiku Kubota Kimonomuseum mit einer informativen Ausstellung zu lokalen Färbetechniken sowie mehrerer farbenprächtiger Kimonos des japanischen Textilkünstlers Itchiku Kubota (25 Min. mit dem Bus vom Bahnhof Kawaguchi, 1300 ¥); nahe der Mautstelle der Fuji-Subaru-Straße (►Fuji-san) lockt das Fuji-Besucherzentrum der Präfektur Yamanashi mit einer Fuji-Aussichtsplattform, einem sehenswerten Dokumentarfilm über den Fuji und einer kleinen naturkundlichen Ausstellung. Der Kawaguchi-ko ist Ausgangspunkt einer Bergroute auf den ► Fuji-san sowie von Bootsrundfahrten (1 Std.) auf dem See. Dieser wird im Osten von der 1260 m langen Brücke Kawaguchi-ko O-hashi (Benutzungsgebühr) überspannt.

**✶ Koyodai** Ausflüge führen in die Region südlich des Sees, so zum Koyodai (»Ahornhügel«; Bus und 20 Min. Fußweg vom Bahnhof Kawaguchi-ko), der eine schöne Aussicht auf den Fuji und die Seen bietet (besonders zur herbstlichen Laubfärbung). Unweit südwestlich davon erreicht man die Eishöhle Narisawa Hyoketsu und weiter westlich (Fußweg 20 Min.; auch Bus vom Bahnhof Kawaguchiko) die Höhle Fugaku Fuketsu mit Lava- und Eisformationen.

**Jukai** Zwischen dem Saiko-See und dem westlich folgenden Shoji-See erstreckt sich das Jukai (»Meer der Bäume«) genannte urwaldartige Gebiet. Dort beeinträchtigt **magnetisches Eruptivgestein** die Kompasse, sodass sich dort immer wieder Wanderer verirren.

**Shoji-See** Der von bewaldeten Bergkuppen umgebene, sich nach Süden öffnende See Shoji ist der idyllischste und mit 0,75 km² Fläche der kleinste der fünf Fuji-Seen (Busverbindungen von Fuji-Yoshida, Kawaguchiko und Fujinomiya). In früheren Zeiten haben sich die Pilger im Shoji-See vor der Besteigung des Fuji gereinigt.

**✶ Eboshi** Vom Nordufer kann man in 1½ Stunden zum Gipfel des 1257 m hohen Berges Eboshi (auch Shoji-Panorama-dai) aufsteigen, von wo man einen lohnenden Blick auf den See, den Fuji und das »Meer der Bäume« hat.

**Motosu-See** Der tiefblaue Motosu-See (Busverbindungen von Fuji-Yoshida und Fujinomiya) ist mit 126 m der tiefste Fuji-See und friert im Winter nicht zu.Der Blick von seiner Nordseite auf den Fuji ziert die Rückseite des 1000-Yen-Scheins.

**✶ Fujinomiya Toll Road** Die Weiterfahrt nach Fujinomiya über die 22 km lange Mautstraße Fujinomiya Toll Road (Bus, 1¼ Std.) lohnt wegen des herrlichen Blicks auf den Fuji. Etwa auf halber Strecke erreicht man den **Shiraito-Wasserfall**, wo der Fluss Shiba in 130 m Breite über eine 26 m hohe Steilwand in die Tiefe stürzt. Auf der anderen Straßenseite befindet sich der Wasserfall Otodome-no-taki.

**Fujinomiya** In Fujinomiya (112 000 Einw.) steht der 1604 erbaute Sengen-Schrein (1 km nordwestl. vom Bahnhof), **Hauptschrein aller Sengen-Heiligtümer** im Bereich des Fuji. Er ist der Göttin Konohana-Sakuya-hime-no-mikoto geweiht (Weiterfahrt mit der JR-Minobu-Linie zum Bahnhof Fuji, von dort mit der JR-Tokaido-Hauptlinie nach ►Tokyo.

# Fukui

J 6 • j 1

**Hauptinsel:** Honshu
**Präfektur:** Fukui
**Einwohnerzahl:** 266 000

**Die im Zweiten Weltkrieg und durch ein schweres Erdbeben 1948 stark zerstörte Stadt hat selber keine historischen Sehenswürdigkeiten zu bieten, eignet sich aber als Ausgangspunkt für Attraktionen in der Umgebung.**

福井

**Stadt der Seide**

Die Präfekturhauptstadt Fukui an der Nordküste von Zentral-Honshu ist eines der Hauptzentren der japanischen Textilindustrie. Die Herstellung von Seidenstoffen geht bis auf das 10. Jahrhundert zurück. Als Sitz der Matsudaira, deren Erster der Daimyo Matsudaira Hideyasu war, gewann Fukui im 17. Jh. auch historische Bedeutung.

## Sehenswertes in Fukui und Umgebung

**Asuwayama-Park**

Auf einer Anhöhe 1 km südwestlich des Bahnhofs erstreckt sich der Asuwayama-Park (auch Atagoyama-Park) mit schöner Sicht auf die Stadt und den Berg Hakusan. Im Parkgelände befindet sich der Fujishima-Schrein, der dem für die Süddynastie des Kaisers Godaigo eintretenden Nitta Yoshisada († 1338) gewidmet ist.

**★★ Eiheiji-Tempel**

Öffnungszeiten: 8.00–17.00 Uhr, bisweilen mehrtägige Schließzeiten, 500 ¥

Die Hauptsehenswürdigkeit in der Nähe der Stadt ist der 16 km östlich (Bus ca. 30 Min. ab Bahnhof Fukui ) gelegene Eiheiji-Tempel, einer der beiden Haupttempel der Soto-Schule und noch aktives Kloster. Die Anlage umfasst mehr als 70 Gebäude, darunter die sieben Hauptbauten (Shichido-garan) eines vollständigen Tempelkomplexes. Das von jahrhundertealten Zedern bestandene Areal, auf dem sich die 1243 gegründete Anlage ausbreitet, wurde vom damaligen Landvogt Hatano Yoshishige dem Zen-Priester Dogen (postum Joyo-daishi) überlassen.
Man betritt den Tempelbezirk durch das Drachentor (Ryu-mon), hinter dem eine Steintreppe zu dem Tor Chokushi-mon führt, das nur von kaiserlichen Boten durchschritten werden darf (Türen mit

## FUKUI ERLEBEN

### AUSKUNFT

Im Bahnhof, Tel. 07 76/20 53 48
tgl. 8.30–19.00 Uhr

### ANREISE

*Flugzeug:* Von Tokyo (Haneda Airport) bis Komatsu (1 Std.), dann Flughafenbus nach Fukui (1 Std.).
*Bahn:* Von Tokyo (Hauptbahnhof) JR-Tokaido-Shinkansen-Linie bis Maibara (2¼ Std.), dann JR-Hokuriku-Hauptlinie (1 Std.); von Osaka JR-Hokuriku-Hauptlinie (2 Std.).

*Unter alten Zedern breitet sich die Anlage des Eiheiji-Tempels aus.*

dem Emblem des Kaisers). Der Rundgang führt hier nach links und über das Tempelbüro zum Tor Chushaku-mon zwischen dem zweistöckigen Haupttor Sammon (1749) und der ursprünglich 1338 erbauten Buddha-Halle Butsuden. Diese im Zentrum der sieben Gebäude umfassenden Hauptgruppe gelegene Halle enthält die Statuen der **Buddhas der drei Welten** (Sanzebutsu). Sie wurde 1902 erneuert und gilt als schönster Bau des Tempels. Hinter ihr erreicht man die 1000 Menschen fassende Dharma-Halle Hatto, die 1843 wiedererrichtet wurde und wie die Butsuden ein schönes Beispiel für die Architektur der Sung-Zeit (10.–13. Jh.) ist. Rechts der Buddha-Halle befindet sich der Komplex von Küche und Speisesaal Ku-in, links von ihr die 1902 nach dem Vorbild eines Zen-Tempels der Sung-Zeit erbaute Meditationshalle Sodo (auch Zazendo), die nur außerhalb der Übungen zugänglich ist. Schräg dahinter (an der Hatto zweimal links abbiegen) steht die Gründerhalle Joyoden, eine Gedenkstätte für Dogen und andere Äbte des Tempels sowie für den Stifter Hatano.

! *Baedeker* TIPP

**Zen erleben**

Wer etwas tiefer in den Zen-Buddhismus eintauchen möchte, kann im Tempel übernachten und den Alltag der Mönche miterleben – einschließlich Weckruf um 3.30 Uhr; die Teilnahme ist allerdings beschränkt, und Mitglieder von Soto-Zen-Gemeinden werden bevorzugt (8000 ¥, Voranmeldung erforderlich, Tel. 07 76/63 36 40, Fax 63 36 31)

★ **Maruoka** Burg ▶ 12 km nördlich von Fukui liegt der Maruoka (JR-Hokuriku-Hauptlinie). Von hier erreicht fährt ein Bus zur etwas außerhalb stehenden Maruoka-Burg (auch Kasumiga-jo, »Nebelburg«), die 1575 / 1576 von Shibata Katsutoyo, Feldherr des Oda Nobunaga, errichtet wurde und eine der ältesten erhaltenen Burganlagen Japans ist.

Rund 30 km weiter nordwestlich (Keifuku-Privatbahn bis Mikuni-Minato, dann Bus) erreicht man die Küste von Tojimbo mit bis zu 90 m hohen Säulenbasaltformationen, Teil des Echizen-Kaga-kaigan-Quasi-Nationalparks. Ihr vorgelagert ist die über eine Brücke erreichbare Insel Ojima, auf der ein kleiner Schrein steht..

**Tojimbo**
**Ojima**

# ★ Fukuoka

F 8 • c 4

**Hauptinsel:** Kyushu
**Präfektur:** Fukuoka
**Einwohnerzahl:** 1 375 000

**Die achtgrößte Stadt Japans ist das Verwaltungs- und Wirtschaftszentrum der Hauptinsel Kyushu und zählt zu den fortschrittlichsten Städten im Süden des Landes. In den letzten Jahren hat sie sich auch zur Kulturmetropole Südjapans gemausert.**

福岡

**Wirtschaftszentrum**

Fukuoka, die Präfekturhauptstadt an der Hakata-Bucht, bildet zugleich das nördliche Eingangstor für die Insel Kyushu. Die Stadtgebiete, aus denen das heutige Fukuoka zusammengesetzt ist, sind durch den **Fluss Naka** getrennt. Das ältere Hakata, der Ostteil der Stadt, wurde früher Nanotsu genannt und war Hafen sowie Handelszentrum. Westlich davon entstand im 17. Jahrhundert die Burgstadt Fukuoka. Im Jahre 1889 wurden beide Orte zusammengelegt, aber noch heute ist Hakata vor allem Geschäftszentrum, während Banken und Verwaltung im Bezirk Fukuoka ihren Sitz haben. Wichtigste Erzeugnisse sind Chemieprodukte, Elektrogeräte, Werkzeuge, Textilien (Hakata-ori-Seide) und Nahrungsmittel; bekannt sind ferner die Hakata-ningyo genannten Porzellanpuppen.

In der zweiten Hälfte des 13. Jahrhunderts war Fukuoka **Schauplatz heftiger Kämpfe gegen die Mongolen** unter Kublai Khan. Der erste Invasionsversuch wurde 1274 abgewehrt, aber schon 1281 folgte der zweite des auf 100 000 Mann verstärkten Mongolenheeres. An dem 3 m hohen Verteidigungswall, der an der Hakata-Bucht zwischen Hakozaki und Imazu errichtet worden war, kam der Angriff zum Stillstand, und ein plötzlicher verheerender Taifun (daher »Kamikaze«, »Götterwind« genannt) zerstörte die gesamte mongolische Flotte.

## Sehenswertes in Fukuoka

**Shofukuji-Tempel**

Vom Hauptbahnhof, dem südöstlich vom Zentrum gelegenen Bahnhof Hakata, gelangt man zu dem etwa 1 km nordwestlich gelegenen Shofukuji-Tempel, dem ältesten Heiligtum des Zen-Buddhismus in Japan. Er wurde vermutlich im Jahre 1195 von dem Priester Eisai (1141–1215) im Auftrag von Minamoto Yoritomo gegründet. Eisai hatte den Zen-Buddhismus und die Teekultur vom Hof der chinesischen Sung-Dynastie nach Japan gebracht.

**Higashi-Park** Unweit nördlich des Tempels erstreckt sich der Higashi-Park mit einem Denkmal zur Erinnerung an die beiden Mongoleninvasionen sowie den Standbildern des buddhistischen Sektengründers Nichiren (1222–1282) und des Kaisers Kameyama (1249 – 1305).

*** Hakozaki-Schrein** Noch weiter nördlich steht der Hakozaki-Schrein (auch Hakozaki-Hachiman-Schrein genannt; vom Bahnhof Bahnverbindung oder U-Bahnlinie Hakozaki ab Nakasu-Kawabata). Er wurde 923 gegründet und ist einer der bekanntesten Hachiman-Schreine des Landes. Die Gebetshalle (Haiden) und die Haupthalle (Honden) wurden 1546 erbaut, das steinerne Torii 1609; der zweistöckige Torturm wurde 1594 ausschließlich aus Holz und ohne Verwendung eines einzigen Nagels errichtet.

*** Sumiyoshi-Schrein** Vom Hauptbahnhof in südwestlicher Richtung (etwa 800 m) erreicht man den Sumiyoshi-Schrein (wie derjenige von Osaka den Schutzgöttern der Seefahrer geweiht), einer der ältesten Schreine Kyushus. Besonders eindrucksvoll ist das im klassischen Stil errichtete, 1623 erneuerte Hauptgebäude. Der Schrein ist von einem Gehölz japanischer Zedern und Kampferbäume umgeben und bietet einen schönen Blick auf den Naka-Fluss.

> **! *Baedeker* TIPP**
>
> **Stille Oase**
>
> Nicht weit von vom Sumiyoshi-Schrein befindet sich auf dem Grundstück der alten Villa eines Kaufmanns aus der Meiji-Zeit ein bezaubernder kleiner Garten, der Rakusui-en (Öffnungszeiten: tgl. außer Mi. 9.00–17.00 Uhr, 100 ¥).

Ein Bummel durch das Stadtzentrum eröffnet südlich der Nakasu-Insel ein modernes architektonisches Einkaufswunder: **Canal City**. Ein zukunftsweisender Mammutbau in geschwungenen Formen motiviert hier die Kunden zum Staunen, Erleben und Kaufen im multifunktionalen Paradies mit Kinos, Hotels und Boutiquen auf sieben Stockwerken.

**Kushida Jinja** Diesen reizvollen, im 8. Jahrhundert gegründeten Schrein umweht ein Hauch des alten Hakata. Im Vorhof steht ein angeblich über 1000 Jahre alter Ginko-Baum. Von hier startet auch jeden Juli das berühmte Fest Hakata Gion Yamakasa.

**Museum für Asiatische Kunst** Weiter nördlich beherbergt das **Riverain Center Building** im 7. und 8. Stock das beeindruckende Museum für Asiatische Kunst, das moderne Kunst aus Asien systematisch sammelt und zeigt (Öffnungszeiten: tgl. außer Mi. 10.00–20.00 Uhr, 200 ¥).

**Nakasu** Zwischen Tenjin und Canal City erstreckt sich auf einer von zwei Armen des Flusses Naka umschlossenen Insel der Stadtteil Nakasu, das Vergnügungsviertel von Fukuoka, mit zahlreichen Kinos, Bars, Restaurants und anderen Unterhaltungsmöglichkeiten.

# FUKUOKA ERLEBEN

## AUSKUNFT

***Touristinformation***
im Bahnhof, Tel. 0 92/4 31 30 03
tgl. 8.00–20.00 Uhr
in Tenjin, ACROS Building, 2. Stock
Tel. 0 92/7 25 91 00
tgl. 11.00–18.00 Uhr

***International Association***
in Tenjin, IMS Building, 8. Stock
Tel. 0 92/7 33 22 20
tgl. 10.00–20.00 Uhr

In diesen Büros bekommt man auch die *Welcome Card Fukuoka*, die eine ganze Reihe von Rabatten gewährt.

## ANREISE

*Flugzeug:* Von Tokyo (Haneda Airport; 1¾ Std.); von Osaka (1 Std.).
*Bahn:* Von Tokyo (Hauptbahnhof) JR-Tokaido- und Sanyo-Shinkansen-Linie über Osaka (5 Std.); lokale Linien von Fukuoka ins Hinterland, nach Nagasaki (Nagasaki-Hauptlinie, 2 Std.).
*Bus:* Vom Bahnhof Fukuoka ins Stadtzentrum (15 Min.); vom Flughafen zum Bahnhof (15 Min.).
*Schiff:* Fährverbindung zur Insel Iki (2¾ Std.); nach Izuhara (Tsushima-Inseln; 5 Std.).

## STADTVERKEHR

Fukuoka verfügt über drei *U-Bahnlinien*: Die Kuko-Linie führt vom Flughafen über den Bahnhof Hakata und das Zentrum Tenjin bis nach Meinohama im Westen der Stadt; die Hakozaki-Linie verbindet die Station Nakasu-Kawabata im Zentrum mit Kaizuka im Osten; die 2005 eröffnete dritte U-Bahnlinie der Stadt, Nanakuma, verläuft von Tenjin-Minami nach Südwesten bis Hashimoto, ist aber für Touristen weniger bedeutend. Ein 1-Tages-Pass (ichi-nichi-ken) für die U-Bahn kostet 600 ¥ und berechtigt auch zu ermäßigtem Eintritt bei verschiedenen Sehenswürdigkeiten. Nützlich für Touristen ist auch der im Zentrum Fukuokas verkehrende *Ringbus* (u. a. vom Bahnhof über Canal City nach Tenjin), der pro Fahrt 100 ¥ kostet.

## VERANSTALTUNGEN

Tamaseseri (Kampfspiel um einen Glück bringenden Ball; Anfang Januar), Hakozaki-Schrein; Hakatadontaku (Festumzug; Anfang Mai); Hojo-ya (Schreinfest; Mitte September), Hakozaki-Schrein.

## SHOPPING

Die Haupteinkaufsstraße der Stadt ist die Watanabe-dori in Tenjin. Unter ihr verläuft auch ein unterirdisches Geschäftszentrum. In Tenjin befinden sich die großen Kaufhäuser wie Daimaru und Mitsukoshi. Weitere Einkaufsparadiese sind Canal City und Hawks Town in Momochi.

## AUSGEHEN

Das Vergnügungszentrum Nummer eins ist *Nakasu*.
Musicals und Kabuki-Vorstellungen lassen sich im Hakataza, einem Theater im *Riverain Building* (Plan: Museum für Asiatische Kunst), ansehen.

## ESSEN

### ► Erschwinglich

① ***Kisuitei Waraku***
Chuo-ku, Tenjin 1-11-11,
Tenjin Koa 7th Floor
Tel. 0 92/7 16 74 01
tgl. 11.00–22.30 Uhr
Der Besitzer geht jeden Morgen persönlich zum Markt, um die Zutaten für seine japanische Küche, darunter z. B. Sashimi, zu besorgen.

*Shopping auf sieben Stockwerken in Fukuokas Canal City*

② ***Marumiya***
Hakata-ku, Nakasu, 4 chome 1-19
Tel. 0 92/2 82 45 17
Mo. bis Do. 18.30–4.00, Fr., Sa. bis 5.00 Uhr
Stimmungsvolle Izakaya im Vergnügungsviertel Nakasu. Mit origineller Kneipenkost.

**► Preiswert**

***Yatai-Straßenstände***
Überall am Flussufer, besonders südlich von Nakasu.
Tgl. ca. 18.00 – 2.00 Uhr.
Fukuoka ist berühmt für seine Ramen (Nudelsuppe), und besonders authentisch sind sie an den über 150 offenen Straßenständen. Neben Ramen gibt es dort meist auch yakitori (Hühnerspießchen) und oden (verschiedene in Brühe gekochte Happen) sowie reichlich Alkohol.

## ÜBERNACHTEN

**► Luxus**

① ***Sea Hawk Hotel & Resort***
Hawks Town, 2-2-3 Jigyohama, Chuo-ku, 810-8650 Fukuoka
Tel. 0 92/8 44 81 11, Fax 8 44 78 99
www.hawkstown.com/e_site
Für Liebhaber modernster Hochhausarchitektur. Alle Zimmer blicken aufs Meer und bieten jeden Komfort. Das Gebäude ist architektonisch an ein Kreuzfahrtschiff angelehnt.

② ***With the Style Fukuoka***
1-9-18 Hakata-eki-minami, Hakata-ku, Fukuoka-shi, Fukuoka 812-0016
Tel. 092 / 433 39 00
www.withthestyle.com
Edles Boutique-Hotel am Bahnhof Hakata, vom Tokyoter Designer Ryu Kosaka gestaltet. Bar und Restaurants, Holzveranda in jedem Zimmer und rotenburo auf dem Dach.

**► Günstig**

③ ***Kashima Honkan Ryokan***
Hakata-ku, Reisen-machi 3-11
Tel. 0 92/2 91 07 46
Klassisches, gemütliches Ryokan mit traditionellem japanischem Garten. Die Zimmer haben allerdings kein eigenes Bad.

## *Fukuoka* Orientierung

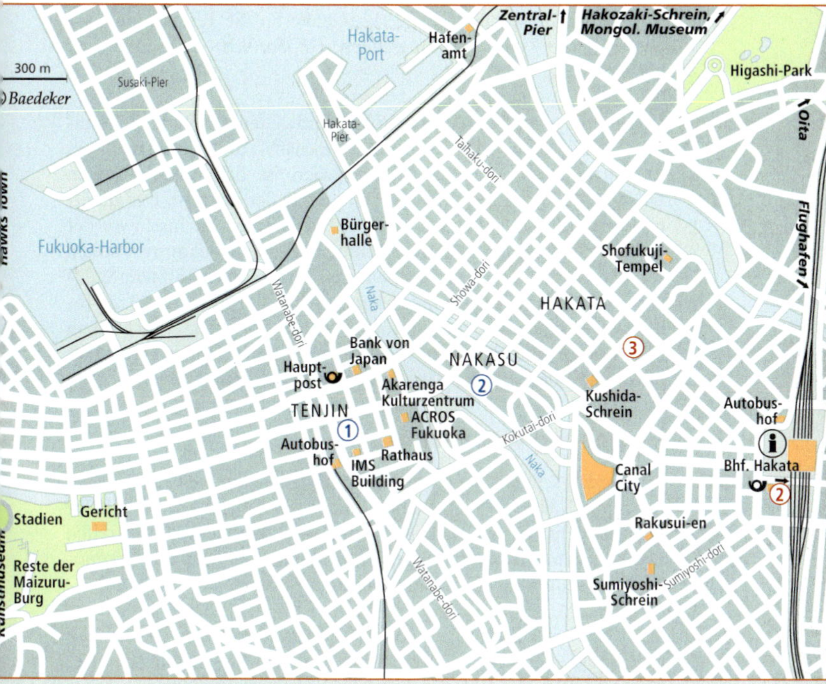


**Essen**
① Kisuitei Waraku
② Marumiya

**Übernachten**
① Sea Hawk Hotel & Resort
② With the Style Fukuoka
③ Kashima Honkan Ryokan

**Hakata-Hafen**

Dem Fluss abwärts folgend erreicht man den Hakata-Hafen an der gleichnamigen Bucht. Am Hakata-Pier legen die Fährschiffe an, die nach den Inseln Iki, Tsushima, Hirado, zum Goto-Archipel sowie nach Yobuko und Shikanoshima verkehren.

**Nishi-Park**

Im Küstenbereich westlich des Hafens (4,5 km vom Hauptbahnhof) liegt der Nishi-Park (Westpark), in dem sich die Ruinen des alten Verteidigungswalles und etwa viertausend Kirschbäume befinden; hat man von den Hügeln einen schönen Blick auf die Bucht.

**Ohori-Park**

Südlich vom Nishi-Park erstreckt sich (etwa 800 m entfernt; auch Busverbindung vom Hauptbahnhof) der Ohori-Park mit den Resten (Tor und Wachturm) der Maizuru-Burg der Familie Kuroda. Im Westteil des Parks erstreckt sich ein großer See (Bootsverleih) mit drei durch Brücken verbundenen Inseln, an seinem Ufer das Fukuoka-Kunstmuseum. Ausgestellt sind Gegenstände aus dem Besitz der Kuroda, buddhistische Kunstwerke, Geräte für die Teezeremonie sowie moderne Kunst (Öffnungszeiten: Di.–So. 9.30–17.30, Juli/Aug. bis 19.30 Uhr, 200 ¥).

**Momochi** In dem neuen Stadtteil Momochi im Nordwesten der Stadt (U-Bahnhof Nishijin) entwickelt sich eine Geschäfts- und Kulturstadt des 21. Jahrhunderts. Sichtbares Kennzeichen ist der **Fukuoka-Tower**. Dieser 234 m hohe Turm gilt als Landmarke der Zukunft. Der gläserne Fahrstuhl im Stahlkorsett gibt den Blick frei auf die Inseln vor der koreanischen Küste und auf atemberaubende Neukonstruktionen von Hotels, Bürobauten, Wohnanlagen und Museen in Stein-Stahl-Glas-Bauweise bei ungewohnt harmonischen Formen. In 123 m Höhe gibt es eine Aussichtsplattform. Östlich von hier erreicht man über eine Brücke Hawks Town mit dem imposanten Sea Hawk Hotelkomplex, dem Baseball-Stadion und einer Shopping Mall.

## Umgebung von Fukuoka

**Shikanoshima** Im Norden schließt die schmale, von Osten 12 km weit in das Meer reichende Halbinsel Shikanoshima die Hakata-Bucht ab; der mit Pinien bewachsene, sich zum Kap Saitozaki erstreckende Landstreifen Uminonakamichi besitzt lange Sandstrände; von Fukuoka (Momochi) Fähr- (20 Min.) oder Busverbindung (1 Std.).

**Genkai-Quasi-Nationalpark** Die Küsten nördlich von Fukuoka gehören zum Genkai-Quasi-Nationalparks, der sich als 90 km langer Streifen am Südufer der Genkai-Nada-See (Präfekturen Fukuoka und Saga) hinzieht. Die Küste und die etwa zwanzig ihr vorgelagerten Inseln zeichnen sich durch weiße Sandstrände, bizarre Felsformationen und malerische Pinienhaine aus; von den Klippen bietet sich ein zauberhafter Blick auf das Meer und die Tsushima-Inseln im Nordwesten. Vielfach finden sich Reste des Verteidigungswalles gegen die Mongolen; die durch Brandung erodierten Basaltfelsen verleihen der Küste einen besonderen Reiz. Im Westen der Halbinsel Itoshima öffnet sich in der 60 m hohen Felsküste die **Grotte Keya-no-Oto** (Bus vom Hauptbahnhof Fukuoka), durch deren 9 m hohen und 15 m breiten Eingang bei ruhiger See Boote bis 50 m weit einfahren können.

**✶ Dazaifu** Von Fukuoka gelangt man mit dem Bus oder der Nishitetsu-Bahnlinie zum 14 km südlich gelegenen Badeort Futsukaichi und weiter nach Dazaifu (Fahrzeit 20 Min.), das vom frühen 7. bis zum 14. Jahrhundert Sitz des Generalgouvernements zur Kontrolle der Außenkontakte von Kyushu war. Es ist eng mit der Person des **Sugawara Michizane** (845–903) verbunden, der hier seine letzten Lebensjahre verbrachte und auf dem 258 m hohen Hügel Tempaizan seine Gebete für Kaiser Daigo verrichtete. Als Gott Tenjin wird er besonders von Schülern und Studenten verehrt.

Die Überlieferung berichtet, dass die Zugtiere mit dem Leichnam des Michizane an der Stelle stehen geblieben seien, wo dann im Jahr 905 der Dazaifu-Temmangu-Schrein errichtet wurde, dessen heute sichtbare Gebäude im Jahr 1590 entstanden sind. Einige hundert Pflaumenbäume stehen auf dem Gelände vor der Gebetshalle des Tobiume (»Fliegender Pflaumenbaum«), welcher der Sage nach dem Michizane von Kyoto aus gefolgt ist. Der Tempel besitzt auch Schriften und Gegenstände aus Michizanes Nachlass. Schreinfeste finden am 7. Januar (nachts) und vom 23.–25. September statt (Öffnungszeiten Schatzhaus: Di. bis So. 9.00–16.30 Uhr, 300 ¥, Schreingelände frei).- Per Tunnel mit dem Gelände verbunden ist das 2005 eröffnete, sehr schöne Kyushu-Nationalmuseum. Die Dauerausstellung mit regionalen Funden zeigt den Kulturaustausch mit dem übrigen Asien auf; außerdem gibt es regelmäßig Wechselausstellungen (www.kyuhaku.jp, Öffnungszeiten Di. – So. 9.30 – 17.00 Uhr, 420 ¥.

◄ Dazaifu-Temmangu-Schrein

◄ Kyushu-Nationalmuseum

Der Kanzeonji-Tempel der Tendai-Schule ca. 1 km westlich des Schreins, 746 erbaut, war er einst das Zentrum des Buddhismus auf Kyushu; trotz mehrfacher Zerstörung (die heutigen Gebäude stammen von 1690) blieben eine Glocke aus der Nara-Zeit und wertvolle Skulpturen der Heian-Epoche sowie der Kamakura-Epoche erhalten.

✶ ✶ ◄ Kanzeonji-Tempel

## Nach Iki und zu den Tsushima-Inseln

**Iki**

16 km nördlich von Fukuoka liegt die Insel Iki. Nahe dem Hafen Gonoura im Südwesten sieht man die Reste einer Burg, die Toyotomi Hideyoshi 1592–1595 für seine Korea-Feldzüge errichten ließ.

◄ Gonoura

In Shinjo im Norden der Insel steht der gleichnamige Schrein. Er ist dem Gouverneur von Iki, Taira Kagetaka, gewidmet, der 1274 im Kampf gegen die Mongolen den Tod fand.

◄ Shinjo

**Tsushima-Inseln**

Die beiden 60 km nördlich von Fukuoka gelegenen Tsushima-Inseln Shimo und Kami sind durch die Manzeki-Meerenge getrennt, aber durch eine Brücke verbunden. Seit dem 4. Jh., als Japan Teile des südlichen Korea, das von hier nur 50 km entfernt ist, unter seine Oberhoheit brachte, galten sie als Sprungbrett Japans zum asiatischen Festland.

◄ Shimo

Hafenort von Shimo ist Izuhara (Fähre von Fukuoka, 4½ Std.; Kyushu Yusen Luftkissenboot 1 ¾ Std.; Flugverbindung, 30 Min.), 700 Jahre lang Burgstadt der Fürstenfamilie So, deren Grabstätten sich im Banshoin-Tempel befinden. Am Stadtrand sind die Reste der alten Burg zu sehen; erhalten sind ferner die Reste alter Samurai-Häuser. Reizvoll ist die stark gegliederte Küste, vor allem im Bereich der die beiden Inseln trennenden **Aso-Bucht**.

◄ Izuhara

Der größte Ort auf Kami (255 km²) ist Kami-Tsushima im Norden, zu dessen beiden Seiten sich eine durch viele schmale Buchten zerklüftete Küste erstreckt. Historische Berühmtheit erlangte die Meerenge von Tsushima durch den Sieg der Japaner über die russische Flotte im Russisch-Japanischen Krieg (1905).

◄ Kami

# Hagi

F 7 • d 3

**Hauptinsel:** Honshu **Präfektur:** Yamaguchi
**Einwohnerzahl:** 57 000

萩

**Die ruhige Hafenstadt liegt im Südwesten Honshus vor dem Hintergrund grüner Bergkuppen an der Mündung des Abu ins Japanische Meer. In Hagi, wo in vielen kleinen Straßenzügen noch die Atmosphäre vergangener Zeiten lebendig ist, wird heute noch die Tradition seiner drei Jahrhunderte alten Keramikmanufaktur gepflegt.**

## Sehenswertes in Hagi

Museen

Drei Museen sind im Stadtgebiet interessant: das **Kumaya Art Museum** (Jokamachi-Viertel; japanische Kunst), das Museum **Hagi Shiryokan** (Horiuchi-Viertel, Lokalgeschichte) und das **Hagi-Uragami-Museum** (beim Baseball-Stadion) mit einer feinen Sammlung von Keramik und Holzschnitten.

### HAGI ERLEBEN

#### ANREISE

*Bahn:* Von Tokyo (Hauptbahnhof) JR-Sanyo-Shinkansen-Linie bis Shin-Yamaguchi (4 ½ Std.), dann 1 ½ Std. per Bus).
An der San'in-Küste führt die San'in-Hauptlinie entlang. Der zentrale Bahnhof ist Higashi Hagi, nicht Hagi.
*Bus:* Von Ogori nach Hagi (1½ Std.); von Tsuwano nach Hagi (1¾ Std.).

#### VERANSTALTUNG

Mandarinenblütenfest (Mai/Juni).

### ! *Baedeker* TIPP

#### Ofen mit Tadition

Vom Bahnhof Higashi Hagi in nordöstlicher Richtung erreicht man nach gut 10-minütigem Fußmarsch die kleine Töpferwerkstatt Seiunzan Okadagama, die besichtigt werden kann (Chinto Maeobata 1-ku, Tel. 08 38/25 37 37. Öffnungszeiten: Mo. bis Sa. 9.00–17.00 Uhr).

Etwa 4,5 km westlich vom Bahnhof Higashi-Hagi liegt der **Shizuki-Park**; an der Zufahrtsstraße reihen sich die Töpferwerkstätten (Shiroyama, Shogetsu, Hagijo) aneinander. Im Park gibt es Überreste der 1604 erbauten und 1871 im Zuge der Meiji-Reform zerstörten Burg, den Shizuki-Schrein und das Teehaus Hananoe-tei (1889).

Der **Shoin-Schrein** (1,2 km südöstlich vom Bahnhof) ist dem Revolutionär und Shogunatsgegner **Yoshida Shoin** (1830–1859) gewidmet. Bis zu seiner Hinrichtung durch das Tokugawa-Shogunat lehrte er in einer zum Schreingelände gehörenden Schule (Shoka-sonjuku).
In der näheren Umgebung des Schreins befinden sich die Töpfereien der weithin berühmten **Keramikmeister** Miwa, Shodo, Renkozan und Saka. Die schlichten Formen dieser Keramik mit ihrer milchweißen bis rosafarbenen Glasur waren schon bald für die Teezeremonie beliebt.

Samurai-Häuser

Rund 2,5 km südwestlich vom Bahnhof verlaufen die alten Straßen Kikuya, Iseya und Edoya. An ihnen stehen mehrere alte Samurai-Häuser, darunter auch das von Kido Koin, dem ersten Premierminister der Meiji-Zeit.

## Umgebung von Hagi

Koshigahama

Etwa 5 km nördlich des Bahnhofs liegt die Koshigahama-Halbinsel mit dem 112 m hohen erloschenen Vulkan Kasayama. Östlich von hier die Myojin-Lagune und der Teich Myojin-ike in reizvoller Landschaft. Dieses Küstengebiet wie auch dasjenige westlich von Hagi bildet den Kita-Nagato-kaigan-Quasi-Nationalpark (80 km²), der auch etwa 60 Inseln umfasst.

◄ Omishima

Deren größte ist Omishima (18 km²) westlich von Hagi, über eine Brücke zu erreichen (von Hagi JR-San-in-Linie bis Senzaki, weiter mit Bus zu dem Inselort Odomari). Die abwechslungsreiche Landschaft lohnt einen Ausflug. Mittelpunkt der Insel ist der Ort Ohibi mit dem Saienji-Tempel (getrennte Eingänge für Männer und Frauen). Zum Seigetsuan-Tempel gehört ein 1692 errichtetes »Grab der Wale«, wo einer alten Sitte gemäß noch bis 1870 die im Leib gefangener Wale gefundenen Embryos bestattet wurden.

◄ Inselrundfahrten

Von Senzaki nehmen die etwa zweistündigen Inselrundfahrten ihren Ausgang.

Akiyoshi-do

Landschaftlich ebenfalls reizvoll ist der Ausflug von Hagi in südwestlicher Richtung zu der großen **Kalksteinhöhle** Akiyoshi-do (Bus ab Bahnhof Higashi-Hagi, 1¼ Std.), einer der zahlreichen Tropfsteinhöhlen im Akiyoshi-Plateau. Das etwa 10 km lange Höhlensystem ist auf einer Länge von 1 km für Besucher erschlossen (Zufahrt von Hagi mit dem Bus über Yuda-onsen).

# Hakodate

L 4

**Hauptinsel:** Hokkaido
**Präfektur:** Hokkaido
**Einwohnerzahl:** 288 000

函館

**Hakodate, im Süden vom gleichnamigen Berg überragt, ist das südliche Eingangstor und die drittgrößte Stadt Hokkaidos. Die Hafenstadt liegt im Süden der Halbinsel Oshima an der Tsugaru-Meeresstraße, welche Honshu und Hokkaido trennt.**

Wichtigster Hafen von Hokkaido

Der Name der Stadt taucht bereits im 15. Jahrhundert auf, und zwar im Zusammenhang mit der Errichtung einer Burg durch die Familie Kono. Damit ist Hakodate älter als die Millionenstadt Sapporo; seit 1741 ist sie als Fischerhafen bekannt. Der Kommodore Perry, der die wirtschaftliche Öffnung Japans durchsetzte, besuchte im Jahre 1854 die Stadt, deren Hafen schon im folgenden Jahr durch den Vertrag von Kanagawa als Versorgungsstützpunkt für ausländische Schiffe eingerichtet wurde. 1859 durfte Hakodate, entsprechend dem Friedensvertrag zwischen Japan und den USA, zusammen mit vier weiteren Hafenstädten den Handel mit dem Ausland aufnehmen. Seither ist die Stadt der bedeutendste Hafen von Hokkaido. Noch 1930 hatte sie mehr Einwohner als die Inselhauptstadt Sapporo; 1934 verwüstete ein Großbrand rund zwei Drittel der Stadt. Seit 1988 ist die Stadt durch den bis 240 m unter dem Meeresspiegel verlaufenden **Saikan-Bahntunnel** mit ► Aomori (Honshu) verbunden.

*Leckeres aus dem Meer bietet der Morgenmarkt.*

## Sehenswertes in Hakodate

Nahe beim Bahnhof findet täglich ab 5.00 Uhr (außer Sonntag) der interessante **Morgenmarkt** (Asa-ichi) mit reichhaltigem Angebot an rund 600 Verkaufsständen statt. Am besten am frühen Morgen hingehen!

Vom Busbahnhof geht die Fahrt zum 3 km südwestlich sich erhebenden Berg Hakodate (335 m), von wo sich ein reizvoller Ausblick auf die Hafenbucht und die Tsugaru-Meerenge bietet (besonders schön bei Nacht). Der Berg entstand durch den Ausbruch eines unterseeischen Vulkans; sein höchster Punkt ist der Nordgipfel Gotenyama. Von 1899 bis zum Ende des Zweiten Weltkriegs gehörte der Berg zur Befestigungszone, danach wurde er zu einem beliebten Ausflugsziel.

**Hakodate (Berg)**

★ Aussicht ►

Vom Fuß des Berges führt eine Seilbahn zum Gipfel, wo sich ein Aussichtspunkt befindet, der einen weiten Blick auf das Japanische Meer, den Pazifik und die Hauptinsel Honshu gewährt. In der Mauer eine Büste von Ino Tadataka (1745–1818), der die erste zuverlässige Landkarte von Japan anfertigte.
Auf dem Gipfel steht ein Denkmal für **Thomas W. Blakiston** (1832 bis 1891), der von 1861 bis 1884 in Japan lebte und in dieser Zeit eine bedeutende ornithologische Sammlung anlegte (heute im Botanischen Garten von Sapporo). Blakiston entdeckte, dass die Tsugaru-Meeresstraße die Trennungslinie der Lebensräume bestimmter Tierarten bildet (Blakiston-Linie).

**Motomachi**

Zu Füßen des Berges erstreckt sich im Nordwesten der Stadt das **einstige Ausländerviertel** Motomachi. Manches erinnert daran, dass Hakodate eine der ersten japanischen Städte war, die am Ende der Edo-Zeit für den ausländischen Handel geöffnet wurden. Eines der eindrucksvollsten Beispiele westlicher Architektur ist das ehemalige Bezirksamt von Hakodate (Kyu-Hakodateku-Kokaido), das 1910 aus Holz errichtet wurde (Öffnungszeiten: April bis Okt. 9.00–19.00, Nov. bis März 9.00 bis 17.00 Uhr, Mai bis Aug. tgl., sonst an unbestimmten Tagen geschlossen, 300 ¥).

! *Baedeker* TIPP

**Durstlöscher**

Wer nach dem Besichtigungsprogramm eine trockene Kehle hat, kann bei »Hakodate Beer« ein hausgebrautes Bier probieren (5 Min. westl. des Bahnhofs Richtung Motomachi, roter Ziegelbau mit großer Treppe, Öffnungszeiten: tgl. 11.00–21.30 Uhr).

Hakodate-Park

Am Ostausläufer des Berges (2,5 km vom Bahnhof; Straßenbahn bis Haltestelle Aoyagicho) befindet sich der Hakodate-Park, bekannt für seine zauberhafte Kirsch- und Pflaumenblüte. Das **Hakodate-Museum** (Shiritsu Hakodate Hakubutsukan), auf Betreiben des amerikanischen Beraters Horace Capron (1804–1885), der bei der Kolonisation Hokkaidos mitwirkte, eingerichtet und 1879 eröffnet, enthält Werke japanischer Künstler, prähistorische Funde und Gegenstände aus der Ainu-Kultur (Öffnungszeiten: Di. bis So. 9.00–16.30, Nov. bis März bis 16.00 Uhr, 100 ¥).

## Umgebung von Hakodate

Yunokawa-onsen

Etwa 7 km östlich (vom Bahnhof Straßenbahn- und Busverbindung, 30 Min.) liegt der idyllische Badeort Yunokawa-onsen (Thermalquellen bis 66 °C), seit 1654 bekannt und damit einer der ältesten Badeorte von Hokkaido. 3 km östlich von hier befindet sich ein 1898 gegründetes Trappisten-Nonnenkloster (Busse von Yunokawa-onsen und Hakodate), dessen Butter und Käsespezialitäten für Hokkaido typisch sind (Ladenöffnungszeiten: Do. – Di. 8.10 – 17.00, im Winter nur Do. – Sa. und Mo., Di. 8.20 – 16.30 Uhr).

## HAKODATE ERLEBEN

### AUSKUNFT

Im Bahnhof; Tel. 01 38/23 54 40
April bis Okt. tgl. 9.00–19.00,
Nov. bis März bis 17.00 Uhr
www.city.hakodate.hokkaido.jp/kikaku/english

### ANREISE

*Flugzeug:* Von Tokyo (Haneda Airport; 1¼ Std.); von Sapporo (Chitose Airport; 45 Min.).
*Bahn:* Von Tokyo JR-Tohoku-Shinkansen-Linie nach Hachinohe (3 Std.), von dort JR-Tohoku-Linie (weitere 3 ½ Std.); auch Nachtzüge (ca. 14 Std.) Von Sapporo JR-Hakodate-Hauptlinie (3 ½ Std).
*Schiff:* Fährverbindung von Aomori nach Hakodate (3¼ Std.).

### VERANSTALTUNGEN

Kirschblütenfest (Anfang Mai); Hafenfest (mit Feuerwerk und Volkstänzen; Anfang August).

**Esan** 50 km östlich von Hakodate (Bus, 2½ Std.) erhebt sich der aktive Vulkan Esan (618 m), der Südostzipfel der Halbinsel Oshima. Vom Gipfel bietet sich ein herrlicher Blick auf das Umland; die **Bergflora** umfasst rund 150 seltene Pflanzenarten. Am Südostausläufer liegt das Kap Esan mit den Badeorten Esan-onsen und Ishida-onsen.

**✶ Onuma-Quasi-Nationalpark** Nördlich von Hakodate (JR-Hakodate-Hauptlinie, 25 Min.) erreicht man den Onuma-Quasi-Nationalpark (95 km²) mit dem Berg Komagatake und den malerischen Seen Onuma, Konuma und Junsainuma. Über die Seenplatte verstreut sind etwa hundert kleine, bewaldete Inseln; der beste Ausblick bietet sich von dem zwischen den Seen Konuma und Junsai gelegenen Hügel Higurashiyama (303 m).

Koma ► Den nördlichsten Punkt des Quasi-Nationalparks bildet der aktive Vulkan Koma Komagatake mit den drei Gipfeln Sahara (1115 m), Kengamine (1140 m) und Sumidamori (880 m). Die Hänge in tieferen Lagen sind von Laub- und Nadelbäumen bedeckt, während ab 600 m Höhe alpine Pflanzen (u. a. Bergazaleen) vorherrschen. Die kegelförmige Silhouette (besonders deutlich bei Blick von Norden) hat dem Berg den Beinamen »Oshima-Fuji« eingetragen.

**Trappistenkloster** 26 km westlich von Hakodate (JR-Esashi-Linie bis Oshima-Tobetsu, weiter 30 Min. Fußweg) liegt ein Trappistenkloster (tgl. Führungen, nur für Männer), das 1895 von dem aus Frankreich stammenden naturalisierten Japaner Okada Furie als eines von nur zwei in Japan existierenden katholischen Klöstern gegründet wurde. Auch hier werden Molkereiprodukte hergestellt.

**Esashi** An der Westküste der Halbinsel Oshima (83 km von Hakodate; JR-Esashi-Linie, 2½ Std.) liegt der Fischerort Esashi (10 000 Einw.), der zur Edo-Zeit rund 30 000 Einwohner zählte. Erhalten blieben einige alte Wohnhäuser, darunter die der Bürgerfamilien Nakamura und Yokoyama (etwa 100 Jahre alt). Im kleinen Lokalmuseum sind Kanonen des Kriegsschiffes »Kaiyomaru« zu sehen, das 1868 bei einer Schlacht zwischen Truppen der Tokugawa und Kaisertreuen sank.

**Okushiri** Eine Schiffslinie (2½ Std.) verbindet Esashi mit der nordwestlich der Küste vorgelagerten Insel Okushiri (143 km). Die landschaftlich schöne, bewaldete Insel war früher Strafkolonie. Die Bewohner leben vor allem von Fischfang und Landwirtschaft; für Angler und Campingfreunde gibt es reizvolle Möglichkeiten; die Küste gewährt eindrucksvolle Ausblicke auf das Meer, am besten von Nabetsuru-Iwa, vom Kap Inaho (Nordspitze) und vom Kap Aonae (Südspitze).

**Matsumae** Südwestlich von Hakodate (92 km; JR-Matsumae-Linie) erreicht man die Stadt Matsumae, zur Edo-Zeit Fukuyama genannt. Der heutige Fischerhafen war in jener Epoche die einzige Burgstadt auf Hokkaido und dessen politisches Zentrum (Sitz der Familie Matsumae). Die Burganlage erreicht man vom Bahnhof in 5 Minuten mit dem Bus.

# ★ Hakone

K 7 • l–m 2

**Hauptinsel:** Honshu **Präfekturen:** Kanagawa und Shizuoka

**Im Gebiet von Hakone finden sich Vulkane, zahlreiche Thermalbäder und eine Anzahl historischer Sehenswürdigkeiten. Besonders reizvoll ist der Ashi-See.**

箱根

**Ferienregion**

Das Gebiet von Hakone, im Norden vom ►Fuji begrenzt und im Süden an die Halbinsel ►Izu anstoßend, ist eine der beliebtesten Ferienregionen Japans und wird im Sommer wie im Winter besucht. Die Landschaft ist ein Teil des Fuji-Hakone-Izu-Nationalparks. Hakone liegt in dem rund 40 km Umfang messenden Kratergebiet des erloschenen Hakone-Vulkans, dessen Zentrum vor etwa 400 000 Jahren zu einer Caldera absank. Spätere Eruptionen formten die Vulkane Kamiyama (höchster Berg des Hakone-Gebiets, 1438 m), Komagatake (1327 m) und Futago (1091 m). Aus dem einstigen Krater-

## HAKONE ERLEBEN

### AUSKUNFT

*Touristinformation*
In Hakone-Yumoto,
Hakone-machi Kanko Bussankan,
schräg gegenüber dem Bahnhof
Tel. 04 60/85 89 11
tgl. 9.00 – 18.00, Dez. – März
9.00 – 17.00 Uhr.
www.hakone.or.jp/english

### ANREISE

*Bahn:* Von Tokyo (Hauptbahnhof) JR-Tokaido-Shinkansen-Linie bzw. JR-Tokaido-Linie nach Odawara (40 Min. bzw. 1½ Std.); von Tokyo (Bahnhof Shinjuku) Odakyu-Privatbahnlinie nach Hakone-Yumoto (über Odawara; 1½ Std.).

*Verbindungen im Hakone-Gebiet:*
Hakone-Tozan-Bahnlinie von Odawara über Hakone-Yumoto, Tonosawa, Miyanoshita und Kowakudani nach Gora (ca. 1 Std.).
Hakone-Tozan-Buslinie von Odawara über Hakone-Yumoto, Tonosawa, Miyanoshita, Sengoku und Sengokukogen nach Togendai (ca. 1 Std.).
Izu-Hakone-Bahnbuslinie von Odawara über Hakone-Yumoto, Miyanoshita, Kowakudani, Sounzan, Owakudani und Ubako nach Hakone-en (ca. 1½ Std.).
Izu-Hakone-Seilbahn von Hakone-en auf den Komagatake (8 Min.). Ferner Seilbahn von Gora über den Sounzan und Owakudani nach Togendai.
Schiffslinien auf dem Ashi-See von Togendai über Hakonemachi nach Moto-Hakone (30 Min.); von Kojiri über Hakone-en nach Moto-Hakone (30 Min.).

### RUNDFAHRT

Von Tokyo (Bahnhof Shinjuku) Odakyu-Linie bis Hakone-Yumoto; Hakone-Tozan-Bahnlinie bis Gora; Seilbahn bis Togendai; Schiff bis Moto-Hakone; zu Fuß über das Hakone-Museum bis Hakone-machi; Bus bis Atami; JR-Bahnlinie bis Tokyo (ca. 6 Std.).

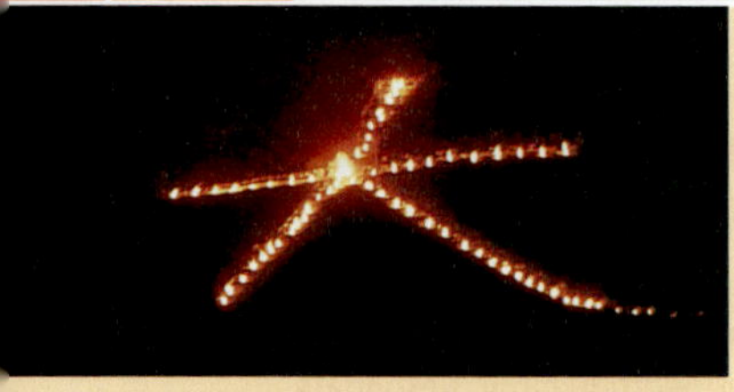

*An den Hängen leuchtet das Kanji für »groß«.*

**VERANSTALTUNGEN**

Ume-matsuri (Pflaumenblütenfest; Anfang Februar), in Odawara; Sakura-matsuri (Kirschblütenfest; Anfang April), in Odawara; Oshiro-matsuri (Festprozession mit alten Kostümen; Anfang Mai), in Odawara; Kintoki-matsuri (mit Bergsteigewettbewerb und »Löwentanz«; Anfang Mai), in Sengokuhara; Tsutsuji-matsuri (Azaleenfest; Mitte Mai), in Kowakudani; Kojo-sai (Seefest; Ende Juli), im Hakone-Schrein; Torii-matsuri und Ryuto-sai (Lichtfest; Anfang August), auf dem Ashi-See; Daimonji-yaki (Lichtfest, am Berghang wird mit Fackeln das chinesische Schriftzeichen »dai« = »groß« dargestellt; Mitte August); Daimyo-gyoretsu (Festzug in historischen Kostümen; Anfang November), in Hakone-Yumoto.

**ÜBERNACHTEN**

► **Luxus**

***Fujiya Hotel***
359 Miyanoshita, Hakone-machi, 250-0404 Kanagawa-ken
Tel. 04 60/82 22 11
www.fujiyahotel.jp/english
Ältestes Hotel Japans im westlichen Stil. Hier haben schon viele Berühmtheiten genächtigt, u. a. Elton John. Französisches und japanisches Restaurant.

see entstand der Ashi-See, dessen Abflüsse Hayakawa und Sukumo romantische Schluchten bilden. Das angenehme Klima und ausgezeichnete touristische Einrichtungen machen das Gebiet vor allem als Naherholungsziel für Tokyo, Yokohama, Kobe und Osaka attraktiv. Die reichen Thermalquellen haben schon zur Heian-Zeit (8. bis 12. Jh.) Erholungsuchende angezogen; viele Künstler haben die Landschaft im Bild dargestellt (u. a. Ando Hiroshige).

## Fahrt durch Hakone

Die hier beschriebene Rundfahrt kann man ohne Schwierigkeiten mit öffentlichen Verkehrsmitteln unternehmen, da die Region durch Bahn, Busse, Seilbahnen und Bootslinien gut erschlossen ist.

**Odawara**

Ausgangspunkt ist Odawara (197 000 Einw.), von Tokyo aus mit dem Shinkansen oder der Odakyu Electric Railway zu erreichen. Die alte **Burgstadt** der Hojo liegt an der Sagami-Bucht und am Ostfuß der Hakone-Berge. Sie galt in der Edo-Zeit als besonders schwer passierbarer Punkt der Tokaido-Straße. 400 m vom Bahnhof entfernt (zu Fuß 10 Min.) steht die rekonstruierte Burg, deren fünfstöckiger Hauptturm ein Museum mit Waffen und Exponaten zur Lokalgeschichte beherbergt. Die Küste zwischen Odawara und Kozu (zweitnächste Station in Richtung Tokyo) bietet gute **Badestrände**.

**Yumoto**

Westlich von Odawara (Bahn- und Busverbindung) liegt Yumoto, der älteste Kurort der Region, am Zusammenfluss von Hayakawa und Sukumo. Er besitzt Thermalquellen (35–74 °C) und ist Ausgangspunkt der Prozession des Daimyo-gyoretsu. Südlich vom Bahnhof befindet sich der von Hojo Soun (1432–1519) gegründete Sounji-Tempel der Rinzai-Sekte. Es sind nur wenige Gebäude erhalten geblieben. Sehenswert ist das Porträt des Tempelgründers auf Seide; auf dem Gelände die Gräber der Hojo.

**Miyanoshita**

Der Verkehrsknotenpunkt Miyanoshita (12 km westlich von Odawara) bildet zusammen mit Sokokura und Dogashima einen der lebhaftesten Orte der Region. Das Klima bleibt auch im Sommer gemäßigt; die zahlreichen Thermalquellen haben Temperaturen zwischen 62 und 78 °C. Hier gibt es gute Hotels und Geschäfte; ein dichtes Straßen- und Wegenetz schafft beste Verkehrs- und Wanderbedingungen. Nördlich vom Bahnhof steht das älteste japanische Hotel westlichen Stils, das 1878 eröffnete Fujiya-Hotel. Südlich von diesem der 802 m hohe Berg Sengen (Aufstieg 1 Std.; schöner Blick auf Hakone). Die westliche Abstiegsroute führt über die Wasserfälle Chisuji-no-taki in Richtung Kowakudani.

**Sengokuhara**

Eine Buslinie führt von Kowakudani nordwestlich nach Sengokuhara in der gleichnamigen Ebene mitten im dichten Wald. Die Ebene begrenzen im Norden und Westen der äußere Fuji-Kraterrand mit den Bergen Kintoki, Nagao und Maru – ideal für 20 Golfplätze.

*Das Fujiya-Hotel in Hakone ist schon ein Klassiker.*

**Aquapark Kowakien**

20 Min. sind es zu Fuß vom Bahnhof Kowakidani (Hakone-Tozan-Linie) zum Aquapark Kowakien Yunessun. Er umfasst ein neues mediterranes Thermalbad mit türkischem Hamam, römischen Bädern und einem »Totes-Meer-Becken« sowie einen älteren Freiluft-Bereich mit kleineren Becken. Hier kann man im Kaffeebad, im Grünen-Tee-Bad oder im Weinbad entspannen. Angeschlossen ist auch das traditionelle, nach Geschlechtern getrennte japanische Bad »Mori no Yu« (Öffnungszeiten: März – Okt. tgl. 9.00 – 19.00, Nov. – Feb. 9.00 bis 18.00, Mori no Yu bis 21.00 Uhr; Kombiticket 4000 ¥).

**Gora**

Die Route führt von Kowakudani nördlich nach Gora (800 m ü. d. M.) am Osthang des Berges Sounzan. Von hier hat man eine schöne Aussicht auf den Oberlauf des Hayakawa. Südlich vom Ort liegt das Hakone-Freilichtmuseum (Chokoku-no-mori) mit über 100 Skulpturen moderner Künstler (Moore, Rodin, Bourdelle usw.) und einem Picasso-Pavillon (Öffnungszeiten: März bis Nov. tgl. 9.00 bis 17.00, Dez. bis Febr. bis 16.00 Uhr, 1600 ¥).

Hakone-Freilichtmuseum ►

Hakone-Kunstmuseum ►

Das Hakone-Kunstmuseum südwestlich von Gora enthält japanisches und chinesisches Porzellan sowie alte Gemälde (Öffnungszeiten: April – Nov. tgl. außer Do. 9.00–16.30, Dez. – März bis 16.00 Uhr, 900 ¥).

Pola-Kunstmuseum ►

Lohnend ist auch ein Besuch des Pola-Kunstmuseums mit über 400 Werken westlicher Maler des 19. und 20. Jh.s wie Renoir, Monet und Picasso (Öffnungszeiten: tgl. 9.00 – 17.00 Uhr, 1800 ¥; Shuttlebus vom Bahnhof Gora nach Shissei-kaen, 13 Min.).

**Seilbahn zum Ashi-See**

Von Gora besteht eine Seilbahnverbindung in westlicher Richtung zum Nordufer des Ashi-Sees. An einigen Stationen der Strecke kann die Fahrt unterbrochen werden. Die erste Teilstrecke führt zur Station Sounzan, wo man umsteigen muss. Von der Aussichtsplattform der Station Owakudani (»Tal des großen Dampfes«) – schöner Blick auf den Fuji – erreicht man die zahlreichen Solfataren der Region in kurzer Zeit. Der Verzehr eines in den Schwefelquellen gekochten schwarzen Eis soll die Lebenserwartung um vier Jahre verlängern! Die Seilbahn endet in Togendai am Nordufer des Sees. Von hier und Kojiri (etwas südöstlich) bestehen Bootslinien nach Hakone-en (Ostufer) und Moto-Hakone sowie Hakone-machi (Südufer).

★ Owakudani ►

Togendai ►

**★ Ashi-See**

Der bis zu 45 m tiefe Ashi-See liegt in einer Höhe von 723 m ü. d. M. Er ist die landschaftliche Hauptsehenswürdigkeit von Hakone und bekannt für das Bild des sich in ihm spiegelnden Fuji. Ferner bietet er gute Möglichkeiten für **Angler** (Forellen, Barsche) und **Wassersportler**. An seinem Westufer führt die 12 km lange Mautstraße Ashinoko Skyline Drive entlang, von der sich ein schöner Blick auf den Fuji sowie auf die Buchten Sagami und Suruga bietet.

Togendai, Kojiri ►

Das Verkehrszentrum am nördlichen Ufer bilden die Orte Togendai und Kojiri. Auf der östlichen Uferstraße gelangt man nach Hakone-en mit dem großen Freizeitzentrum Hakone-en-Park (Schwimm-

Hakone-en ►

bäder, Eisbahnen, Golf- und Campingplätze sowie ein »Internationales Dorf« mit typischen Häusern aus 29 Ländern und einer Volkskunstausstellung). Im Nordosten erhebt sich der 1327 m hohe Komagatake, zu dessen Gipfel von Hakone-en eine Seilbahn hinaufführt. An klaren Tagen bietet sich ein wunderbarer Blick auf den Fuji und die Halbinsel Izu.

**Moto-Hakone**

◄ Hakone-Schrein

Am Südufer des Sees liegt Moto-Hakone; auf einer Anhöhe nordwestlich des Ortes (Fußweg, 15 Min.) steht in einem dichten Wald der Hakone-Schrein (auch Hakone-Gongen), 757 von dem Priester Mangan gegründet (heutige Bausubstanz von 1667) und den Gottheiten Ninigi, seiner Gemahlin Konohana-Sakuya-hime und deren Sohn Hikohohodemi geweiht. Das Schatzhaus neben der Haupthalle bewahrt eine Bildrolle zur Gründung des Schreins, eine Holzstatue des Schreingründers und ein Schwert von Soga Goro, einem der Soga-Brüder, die den Tod ihres Vaters rächten und dabei selbst umkamen (12. Jahrhundert).

**Hakone-machi**

Von der alten Poststation Moto-Hakone führt eine 2 km lange Allee von Sicheltannen nach Hakone-machi; sie war einst ein Teil der Tokaido-Straße von Kyoto nach Tokyo und wichtigster Kontrollpunkt für die Züge der Daimyo, die alle zwei Jahre in Edo vor dem Shogun erscheinen mussten, der ihre Frauen als Garantie für treues Verhal-

*Fuji-san und Ashi-See: eines der berühmtesten Landschaftsbilder Japans*

ten in der Hauptstadt festhielt. Etwas außerhalb der heutigen Ortschaft (Fußweg, 5 Min.) befindet sich der rekonstruierte Kontrollpunkt mit Wachhaus, ursprünglich 1619 von den Tokugawa zum Schutz der Hauptstadt Edo (Tokyo) errichtet; die gut gemachte Ausstellung vermittelt einen Eindruck vom Leben an der Tokaido-Fernstraße in vergangenen Zeiten. Die Hakone-Sekisho-Ausstellungshalle zeigt Gegenstände zur Geschichte der Tokaido-Straße und der Kontrollstation (tgl. 9.00 17.00 Uhr, 500 ¥). Der Hakone-Palastgarten nebenan war ursprünglich Teil einer kaiserlichen Villa.

Ausstellungen ►

Von Hakone-machi gelangt man auf dem Hakone Bypass (Bus) durch das schöne Tal des Flusses Sukumo zurück nach Odawara.

# ★★ Himeji

H 7 • g 3

**Hauptinsel:** Honshu **Präfektur:** Hyogo
**Einwohnerzahl:** 533 000

姫路

**Die hoch gelegene Burg von Himeji ist eine der wenigen vollständig erhaltenen Anlagen dieser Art in Japan und gehört zu den nationalen Kulturschätzen. Im Frühjahr zieht der schöne Park rund um die Burg zahlreiche Besucher an, die hier die Kirschblüte feiern.**

Die im westlichen Teil der japanischen Hauptinsel Honshu und nordwestlich von Kobe gelegene Stadt Himeji ist das Industrie- und Handelszentrum der gleichnamigen Ebene sowie ein wichtiger Hafen der Inlandsee.

## Sehenswertes in Himeji

★★ Burg ► 3 D S. 264/265

Die Burg **Shirasagi-jo, »Burg des weißen Reihers«**, erhebt sich im Herzen der Stadt auf dem Hügel Himeyama (nördlich vom Bahnhof; Fußweg 10 Min.). Sie bildet den Höhepunkt mittelalterlicher japani-

## HIMEJI ERLEBEN

### AUSKUNFT

***Touristinformation***
im Bahnhof, Tel. 07 92/287 00 03
tgl. 9.00–17.00 Uhr
http://www.himeji-kanko.jp/en

### ANREISE

*Bahn:* Von Tokyo JR-Sanyo-Shinkansen-Linie über Kobe (3¼ Std.); von Osaka (1 Std.).

### VERANSTALTUNGEN

Reissetz-Zeremonie (Anfang April), Frühjahrsfest (Mitte April), beide beim Hiromine-Schrein; Kenkamatsuri (mit Tragschreinen, die mit lautem Krachen aneinander geschlagen werden, um die Götter zu erfreuen; Mitte Oktober), beim Matsubara-Hachiman-Schrein.

scher Festungsbaukunst und zählt zum Weltkulturerbe. Der 46,40 m hohe Hauptturm ist durch Gänge mit den Außentürmen verbunden; insgesamt umfasst die Anlage 38 Gebäude und 21 Tore, die durch den Kontrast zwischen weiß verputzten Fronten und grauen Natursteinmauern beeindrucken. Vom obersten Stockwerk bietet sich ein schöner Blick auf die Umgebung. Der Hauptturm wird **bis März 2014 restauriert**; während dieser Zeit ist er von außen nicht zu bewundern und auch innen nur eingeschränkt zugänglich.

! *Baedeker* TIPP

**Zum Tee im Garten**

Westlich der Burg befindet sich der Koko-en, eine Anlage von neun Gärten im Edo-Stil. Kenner kommen auch wegen der besonders schönen und teuren Koi-Karpfen hierher. Im Teegarten kann man die Teezeremonie erleben (Öffnungszeiten: tgl. 9.00–17.00, Juli/Aug. bis 18.00 Uhr, Tee und Süßigkeit 500 ¥).

## Umgebung von Himeji

**Shosha Enkyo-ji**

Auf dem Berg Shosha (363 m), 8 km nordwestlich vom Bahnhof Himeji (Busverbindung, 20 Min.), steht der 966 von dem Priester Shoku gegründete Tempel Enkyo-ji, der zu den drei größten Priesterseminaren der Tendai-Schule gehört. Vom Berggipfel (Seilbahn) bietet sich ein weiter Blick über die Region.

Auf halber Strecke zwischen Himeji und der westlich gelegenen Hafenstadt Aioi kommt man zum von Shotoku-taishi (573 bis 621) gegründeten **Ikagura-Tempel** der Tendai-Schule; die dreistöckige Pagode stammt aus dem Jahr 1565.

Mit der JR-Sanyo-Hauptlinie erreicht man die 16 km östlich von Himeji liegende Stadt **Kakogawa**; unweit von dieser (JR-Takasago-Linie, 6 Min.) steht der 587 gleichfalls von Shotoku-taishi gegründete Tempel Kakurin-ji inmitten eines alten Zedernhaines. Von den Tempelgebäuden sind vor allem die Haupthalle (Hondo) und die Prinzenhalle (Taishido) sehenswert, beides japanische Nationalschätze.

***Shirasagi-jo*** *Orientierung*

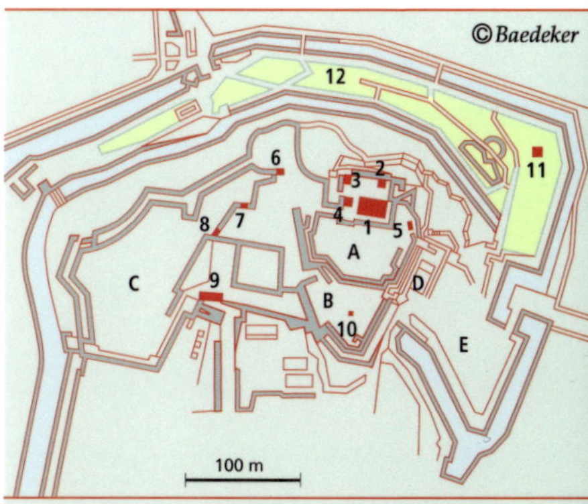


**TÜRME**
1 Daitenshu (Hauptturm)
2 Higashi kotenshu
3 Inui kotenshu
4 Nishi kotenshu

**TORE**
5 Bizen-no-mon
6 Ha-no-mon
7 Ro-no-mon
8 Ino-mon
9 Hishi-no-mon

10 Brunnen
11 Schrein
12 Himeyama-Park
A Hommaru
B Ninomaru
C Nishinomaru
D Harakirimaru
E Sannomaru

# DIE BURG DES WEISSEN REIHERS

★★ **Die klassische japanische Festungsanlage muss man sich wie die Burg von Himeji vorstellen. Weiß leuchtend thront sie seit Jahrhunderten unbeschadet auf einem Hügel mitten in der Stadt. Allerdings ist die Farbe, die dem Bauwerk den Beinamen »Burg des Weißen Reihers« eintrug, ebenso ungewöhnlich wie die Wehranlage ausgeklügelt – schmale, niedrige Tore, 180°-Kurven, steile Treppen und schwere Türen sind nur einige Vorrichtungen, die potenziellen Feinden den Zugang zur Burg erschweren sollten.**

Öffnungszeiten:
Sept. bis Mai 9.00–16.00,
Juni bis Aug. 9.00–17.00 Uhr, Eintritt 600 ¥.
Am Kartenschalter nach kostenlosen englischsprachigen Führungen fragen!
www.himeji-castle.gr.jp

**Chronologie**

**1333** Eine erste Festung entsteht.

**1581** Toyotomi Hideyoshi lässt den dreistöckigen Hauptturm errichten.

**1601** Unter Ikeda Terumasa (dem Schwiegersohn des Shogun Tokugawa Ieyasu) wird die Burg in achtjähriger Arbeit zu einem fünfstöckigen, 46,4 m hohen Turm mit drei kleineren Türmen umgebaut.

**1618** Burgherr Honda Tadatoki finanziert mit der Mitgift seiner Frau Sen-hime, Enkelin von Tokugawa Ieyasu, den Bau des Westflügels (Nishi-nomaru) und des Kesho-yagura (»Schminkturm«), die als Wohnbereich dienen.

**1956–1964** Die Anlage wird völlig renoviert.

**1993** Die Burg von Himeji wird als erstes japanisches Baudenkmal in die Liste des Weltkulturerbes der Unesco aufgenommen.

*Burggraben im Morgendunst*

**Daitenshu (Hauptturm)**

Der Hauptturm, Mittelpunkt der japanischen Burg, hat von außen fünf Stockwerke, im Innern sind es hingegen sieben Ebenen. Korridore verbinden ihn mit den drei kleineren Türmen.

**① Sanitär- und Lagerräume**

Im Erdgeschoss sind Toiletten und ein Spülbecken für die benachbarte Küche untergebracht. Die Toiletten (nicht zu besichtigen) waren für einen Belagerungsfall vorgesehen, der nie eintrat – sie sind also nie benutzt worden!

**② Die Burg und ihre Bewohner**

Im 1. Stock wird der Grundriss der Burg erläutert; Porträts zeigen ehemalige Bewohner der Burg.

**③ Für Kriegszeiten**

Im 2. Stock sind Waffen und Rüstungen zu sehen.

**④ Baudetail**

Beachtenswert im 5. Stock ist ein Deckenbalken mit Schriftzeichen: So bestimmten die Konstrukteure beim Bau die genaue Position des Balkens.

**⑤ Heiligtum**

Im obersten Stockwerk steht heute der Osakabe-Shinto-Schrein, der schon vor 1150 Jahren auf dem Hügel gestanden hatte, aber beim Bau der Burg versetzt worden war.

**Schlossgespenst**

Im Brunnen Okiku-ido südlich vom Hauptturm soll der Geist des Dienstmädchens Okiku wohnen. Es hatte zufällig mit angehört, dass sein Dienstherr ein Attentat auf den Daimyo plante, und das Komplott verhindert. Als ihr Herr dies später in Erfahrung brachte, beschuldigte er Okiku, einen von zehn kostbaren Tellern gestohlen zu haben, ließ sie zu Tode foltern und schließlich in den Brunnen werfen. Seitdem soll ihr Seufzen nachts noch immer vom Grunde des Brunnens zu hören sein, wo sie die Teller zählt.

nichtet. Im mittleren Raum ein Altar mit der Statue des Monju-bosatsu (Schutzgott der Weisheit). Das **Schatzhaus** Sankozo gegenüber der Goldenen Halle ist neueren Datums (1955). Hier werden die kostbarsten Besitztümer des Tempels aufbewahrt, u. a. die Grabbeigaben und Särge der Fujiwara, Skulpturen und Sakralgerät. Weitere Altertümer enthält das vor dem Tempel gelegene Museum Hiraizumi Bunkashi-kan.

*Das prunkvolle Innere des Chusonji-Tempels*

**Yoshitsune-do**

Etwa 1,5 km südöstlich der Goldenen Halle (1 km nördlich vom Bahnhof) befindet sich die kleine Halle Yoshitsune-do, am einstigen Standort der Residenz des Yoshitsune, der hier ermordet wurde.

**Motsuji-Tempel**

500 m westlich vom Bahnhof erreicht man den 850 gegründeten Motsuji-Tempel, zur Zeit der Fujiwara der bedeutendste Tempel der Gegend. Heute sind nur noch Fundamente zu sehen. Berühmt ist der Tempelgarten Jodo-Teien im Stil der Paradiesteichgärten der Heian-Zeit, eines der wenigen Beispiele dieses Gartentyps (Öffnungszeiten: April bis Okt. 8.30–17.00, Nov. bis März bis 16.30 Uhr, 500 ¥).

## Umgebung von Hiraizumi

**Takkoku-no-Iwaya**

Vom Bahnhof verkehrt ein Bus (20 Min.) zur südwestlich gelegenen Höhle Takkoku-no-Iwaya, in welcher der zum Kampf gegen rebellierende Stämme hierher entsandte Sakano-ue-no-Tamuramaro (758 bis 811) einen Tempel errichten ließ, der dem Schutzgott der Krieger, Bishamonten, geweiht war. Der Originalbau brannte 1946 nieder; das heutige Gebäude ist eine Rekonstruktion von 1961. In einen Felsvorsprung nahe der Höhle wurde (vermutlich 1087) eine Darstellung des Ur-Buddhas Dainichi-nyorai eingemeißelt (Öffnungszeiten: tgl. 8.00 bis 18.00, im Winter bis 16.30 Uhr, 300 ¥).

**Gembikei-, Geibikei-Schlucht**

Unweit südwestlich von hier die bezaubernde Gembikei-Schlucht (Bus von Hiraizumi, 40 Min.), durch die sich der Flusslauf des Iwai windet. Einen Abstecher lohnt auch die von dem Fluss Satetsu gebildete Geibikei-Schlucht nordöstlich von Ichinoseki (Bahn, 35 Min.).

**Kurikoma**

Von Hiraizumi südlich gelangt man über Ichinoseki (Bus von Hiraizumi) zu dem erloschenen Vulkan Kurikoma (1627 m; Bus von Ichinoseki 2¼ Std., bis Sukawakogen-onsen am Nordwestfuß 3 Std.). Der 5 km lange Aufstieg von Sukawa-onsen erfordert rund 1½ Stunden, vom Gipfel des dicht bewaldeten Berges öffnet sich ein lohnender Blick auf das Umland.

# Hirosaki

L 4

**Hauptinsel:** Honshu
**Einwohnerzahl:** 186 000
**Präfektur:** Aomori

弘前

**Die einstige Burgstadt der Familie Tsugaru ist heute die drittgrößte Stadt der Präfektur und Sitz einer Universität. In der Gegend um Hirosaki wird viel Obst angebaut, vor allem Äpfel und Kirschen.**

Die Stadt Hirosaki liegt im Norden der Hauptinsel Honshu. Im Süden und Westen ist sie von Gebirgszügen umgeben, nach Norden dehnt sich bis zum Meer und zur Tsugaru-Halbinsel das Iwaki-Becken aus.

## Sehenswertes in Hirosaki und Umgebung

★ **Burg**

Den Mittelpunkt der Stadt bildet der 2 km westlich vom Bahnhof gelegene **Hirosaki-Park** (auch Oyo-Park) mit Resten der Tsugaru-Burg: fünf Tore, eine alte Holzbrücke und der Hauptturm von 1611 mit einer kleinen Ausstellung alter Waffen und Rüstungen. Der Park ist **einer der bekanntesten Kirschblütenorte Japans** (5000 Kirschbäume; Blütezeit Ende April bis Mitte Mai; Öffnungszeiten: 1.4.–23.11. tgl. 9.00–17.00 Uhr, 300 ¥, sonst frei zugänglich). Im Norden schließt sich der Hachiman-Schrein an; etwa 1,5 km südwestlich steht der aus dem 17. Jh. stammende Choshoji-Tempel.

*Kirschblüte im Park vor der Burg von Hirosaki*

## HIROSAKI ERLEBEN

**AUSKUNFT**

im Bahnhof,
Tel. 01 72/26 36 00
tgl. 8.45–18.00 Uhr
am Südeingang des Hirosaki-Parks,
Tel. 01 72/37 55 01
tgl. 9.00–18.00 Uhr

**ANREISE**

*Bahn:* Von Tokyo (Bahnhof Ueno) Shinkansen bis Hachinohe (3 Std.), von dort über Aomori nach Hirosaki (1 ½ Std.); von Aomori (30 Min).

**VERANSTALTUNG**

Neputa-matsuri (nächtlicher Umzug; Anfang August), mit riesigen beleuchteten Figuren auf Prunkwagen; das Fest geht auf eine Kriegslist zurück, mit der Sakanaoue-no-Tamuramaro den Feind über die tatsächliche Stärke seiner Truppen täuschen wollte.

★★ **Saishoin-Tempel**

1,5 km westlich vom Bahnhof (Bus, 10 Min.) erreicht man den Saishoin-Tempel mit der sehenswerten fünfstöckigen Pagode, die 1672 erbaut wurde.

**Hyakuzawa-onsen**

13 km nordwestlich (Bus, 40 Min.) liegt das Thermalbad Hyakuzawa-onsen. Hier befindet sich der prachtvolle Iwakisan-Schrein, dessen ursprüngliche Bauten 770–781 entstanden. Die heutigen Gebäude stammen vorwiegend aus dem 17. Jahrhundert. Die reiche Ausstattung hat dem Schrein den Beinamen »Nikko des Nordens« eingetragen; das Jahresfest findet Anfang August statt.

★ ◄ Iwakisan-Schrein

◄ Iwaki

Über dem Ort erhebt sich der 1625 m hohe Berg Iwaki, dessen Gipfel über eine gebührenpflichtige Panoramastraße und anschließend mit einer Seilbahn zu erreichen ist. Am Südausläufer des Berges befindet sich das Innerste Heiligtum des Iwakisan-Schreins; der als Sitz einer Gottheit angesehene Berg wird in der Zeit vom 25. Juli bis zum 15. August von zahlreichen Gläubigen besucht.

# ★★ Hiroshima

G 7 • e 3

**Hauptinsel:** Honshu
**Präfektur:** Hiroshima
**Einwohnerzahl:** 1,5 Mio.

広島

**Wenn man Hiroshima besucht, kann man sich nur schwer vorstellen, dass diese moderne, freundliche Stadt einst Schauplatz des ersten Atombombenabwurfs war.**

**Tragische Geschichte**

Die Präfekturhauptstadt Hiroshima liegt im Westen der Hauptinsel Honshu an der Inlandsee und wird von sechs Armen des Flusses Ota durchzogen. Das Stadtgebiet erstreckt sich, im Umriss einer Hand ähnlich, in die Bucht von Hiroshima. Traurige Weltgeschichte

## *Hiroshima* Orientierung

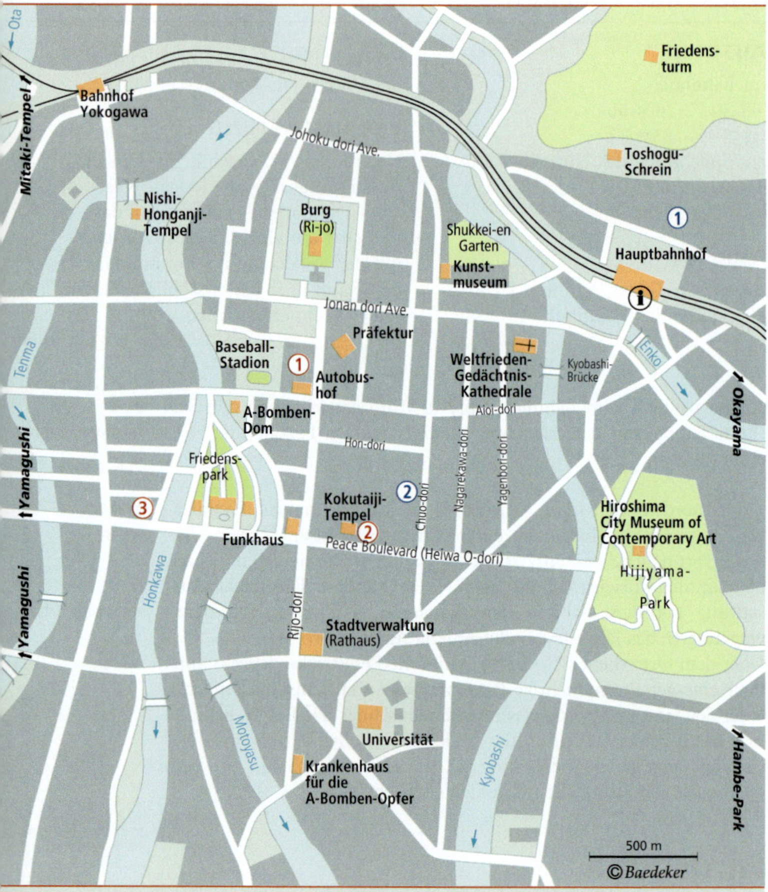


**Essen**
① Kakiden
② Okonomi-mura

**Übernachten**
① Rihga Royal Hotel
② ANA Crowne Plaza
③ Ikawa Ryokan

schrieb Hiroshima durch den Atombombenabwurf von 1945, der sie vollständig zerstörte. Der Wiederaufbau machte sie zur größten Stadt des Distrikts Chugoku, dessen administratives, bildungspolitisches und touristisches Zentrum sie heute ist. Große Industrieanlagen (insbesondere Petrochemie, Metallurgie, Schiffbau und Autoproduktion – Firmensitz von Mazda –, ferner Landwirtschaftsprodukte und Fischverarbeitung) erstrecken sich im Süden der Stadt an der Küste.

Geschichte

Im Jahr 1593 errichtete Mori Terumoto (1553–1625) im Mündungsgebiet des Ota eine Burg, die er Hiroshima-jo (»Weite Inseln«) nannte. Schon bald bezeichnete man mit diesem Namen das gesamte Siedlungsgebiet. Die Stadt war Sitz der Familien Mori und Fukushima sowie später der Asano, die den Grundstein für die spätere Entwicklung legten. Nach der Entmachtung der Asano während der Meiji-Reform wurde 1889 unter städtischer Leitung der Hafen ausgebaut; weitere Wachstumsimpulse brachte der Bau der die Stadt berührenden Bahnlinie zwischen Kobe und Shimonoseki (1894). Wegen seiner günstigen Lage war Hiroshima im chinesisch-japanischen Krieg von 1894/1895 kaiserliches Hauptquartier; als Folge dieser und späterer Truppenstationierungen siedelten sich hier mehrere Institutionen und Industrieunternehmen an, sodass die Stadt 1940 mit 344 000 Einwohnern die siebtgrößte Japans war.
Am **6. August 1945** um 8.15 Uhr Ortszeit warf die US-Luftwaffe über Hiroshima die erste im Krieg eingesetzte Atombombe ab, welche die Stadt völlig zerstörte und nach amtlichen Schätzungen 200 000 Menschenleben forderte. Man nahm an, dass das Gebiet für Jahrzehnte unbewohnbar bleiben würde, aber schon 1949 konnte mit dem Wiederaufbau begonnen werden. 1974 schließlich hatte sich die Einwohnerzahl gegenüber der Vorkriegszeit verdoppelt. Dennoch wirkt der Atombombenabwurf bis heute in einer erhöhten Krebsrate nach.

! *Baedeker* TIPP

**»Schwarzer Regen«**

Ein unter die Haut gehender Klassiker der so genannten Atombombenliteratur ist der Roman »Schwarzer Regen« (Kuroi ame, 1965/66) von Ibuse Masuji (1898–1993). Er schildert den Bombenabwurf auf Hiroshima und seine Folgen anhand des Schicksals der jungen Yasuko, die über das Erlebte Tagebuch geführt hat.

## Sehenswertes in Hiroshima

★★ Shukkei-en

Am Ufer des Ota erstreckt sich (700 m westlich des Bahnhofs, Bus 5 Min.) der bezaubernde Garten Shukkei-en, der 1620 von Asano Nagaakira als Nachahmung des berühmten Landschaftsgartens am Westsee der alten südchinesischen Hauptstadt Hangchow (Sung-Dynastie) angelegt wurde.

Burg

2 km westlich vom Bahnhof (Bus, 10 Min.) steht die Burg (auch Ri-jo, »Karpfenburg«), 1593 erbaut, im Jahre 1600 Wohnsitz von Fukushima Masanori, 1619 in das Eigentum von Asano Nagaakira übergegangen. Der fünfstöckige Hauptturm ist eine Rekonstruktion von 1958; im Inneren ein Lokalmuseum. Vom obersten Stockwerk bietet sich ein schöner Blick auf die Stadt, den Hafen und die Insel Miyajima.

★ Atombomben-Dom

Über dem Atombomben-Dom, der Ruine der Industrie- und Handelskammer, detonierte in 580 m Höhe die Bombe. 80 % der Innenstadtfläche wurden zerstört (Öffnungszeiten: tgl. 9.00 – 17.30 Uhr).

# HIROSHIMA ERLEBEN

## AUSKUNFT

***Touristinformation***
Im Bahnhof (Südausgang):
Tel. 0 82/2 47 67 38
tgl. 9.00–17.30 Uhr
Im Resthouse im Friedenspark:
Tel. 0 82/2 61 18 77
April bis Sept. 9.30–18.00
(1.–15.8. bis 19.00 Uhr),
Okt. bis März 8.30–17.00 Uhr
www.hiroshima-navi.or.jp
www.city.hiroshima.lg.jp

## ! *Baedeker* TIPP

### Eine Taxifahrt auf dem Wasser

Hiroshima ist eine Wasserstadt – warum also nicht die Stadt vom Wasser aus erkunden? Gangitaxi macht es möglich: Die kleinen Motorboottaxis für 2–6 Passagiere kreuzen u. a. um den Friedenspark oder von dort bis zum Bahnhof. Man winkt sie einfach heran und steigt am nächsten »Gangi« zu, den Verbindungstreppen vom Wasser zur Straße, an denen früher Waren angelandet wurden (beigutem Wetter 10.00–17.00 Uhr, 10 Min. 500 ¥, Tel. 0 82/2 30 55 37; www.gangitaxi.etowns.net).

## ANREISE

*Flugzeug:* Von Tokyo (Haneda Airport; 1½ Std.).
*Bahn:* Von Tokyo (Hauptbahnhof) JR-Sanyo-Shinkansen-Linie über Kyoto und Osaka (4 Std.).
*Bus:* Vom Flughafen Hiroshima zur Stadtmitte (35 Min.).
*Schiffslinien:* nach Kure, Takamatsu, Beppu und Imabari (Shikoku).

## NAHVERKEHR

Das praktischste Fortbewegungsmittel der Stadt ist die *Straßenbahn* (Hiroden), die auf mehreren Linien von 6.00 bis 23.00 Uhr ca. alle 10 Minuten verkehrt. Eine Fahrt kostet ab 150 ¥, der Tagespass 600 ¥ bzw. einschließlich Fährverbindung nach ►Miyajima 840 ¥. Die Linien 1 und 5 fahren vom Bahnhof zum Hafen, Linie 2 und 6 zum Friedenspark. Linie 2 fährt weiter bis Miyajima (ca. 1 Std.).

## VERANSTALTUNGEN

Friedensfest (zum Gedenken an den Atombombenabwurf, erstmals 1947 gefeiert; 6. August).
Hiroshima Hafenfeuerwerk (4. Sa. im Juli).
Hilfreich: ***www.gethiroshima.com/en*** mit vielen Tipps auch für Restaurants und Nightlife.

## SHOPPING

In der *Aioi-dori* (Tatemachi) befinden sich die Kaufhäuser Tokyu Hands und Mitsukoshi. Parallel (südlich) zu dieser Hauptstraße verläuft die Einkaufspassage *Hon-dori* mit vielen kleinen Geschäften und Lokalen. Eine moderne Mall mit zahlreichen Läden und Restaurants gehört zum Komplex Motomachi CRED (Pacela), südlich der Burg, beim Rihga Royal Hotel.

## AUSGEHEN

Das Vergnügungsviertel Hiroshimas ist *Nagarekawa*, östlich der Chuo-dori. Hier befinden sich jede Menge Bars und Clubs. Man braucht nur die Nagarekawa-dori oder die parallel verlaufende Yagenbori-dori entlangzuspazieren und wird gewiss fündig. Im Sommer ist es schön, in einem der in Japan ansonsten seltenen *Freiluftcafés* zu sitzen, noch dazu mit Blick aufs Wasser. Eines findet sich z. B. westlich des Bahnhofs am Kyobashi-gawa, bei der Kyobashi-Brücke zwischen Aioi-dori und Jonan-dori.

## ESSEN

### ► Erschwinglich

① *Kakiden*
Higashi-ku, Hikari-machi 2-8-24
Tel. 0 82/2 64 59 68
Mo. bis Sa. 11.00–14.00
und 17.00–22.00 Uhr
5 Min. zu Fuß vom Shinkansen-Ausgang des Bahnhofs. Serviert die Spezialität von Hiroshima: Austern in allen Variationen und anderes Seafood.

### ► Preiswert

② *Okonomi-mura*
Hiroshima ist berühmt für sein Okonomiyaki. Im Okonomi-mura kann man diese Spezialität gleich auf drei Stockwerken kosten, in denen ein Okonomiyaki-Laden neben dem anderen steht. Vom etwas schmucklosen Äußeren sollte man sich nicht abschrecken lassen. Am besten ist ein gut besuchtes Lokal – das spricht für Qualität. Das Itsukushima (4. Stock, wenn man aus dem Fahrstuhl kommt gleich links) hat eine englische Speisekarte. Das Okonomi-mura ist nicht ganz leicht zu finden: Man nimmt die Straßenbahn bis Hatchobori, läuft die Chuo-dori hinunter (südwärts) und findet das Haus auf der rechten Seite hinter dem Parco-Kaufhaus.

## ÜBERNACHTEN

### ► Luxus

① *Rihga Royal Hotel*
Naka-ku, Motomachi 6-78
Tel. 0 82/5 02 11 21
www.rihga.com/hiroshi
Großes, elegantes Hochhaushotel in der Nähe der Burg und architektonisch an sie angelehnt; mit mehreren Restaurants (u. a. Teppan-yaki) und Bars, Sky Lounge im 33. Stock.

### ► Komfortabel

② *ANA Crowne Plaza Hiroshima*
7-20 Nakamachi, Naka-ku, Hiroshima-shi, Hiroshima, 730-0037
Tel. 082 / 241 11 11
www.anacrowneplaza-hiroshima.jp
Solides, etwas gehobenes Hotel nahe Friedenspark und Innenstadt.

*Baedeker-Empfehlung*

### ► Günstig

③ *Ikawa Ryokan*
Naka-ku, Dobashi-cho 5-11,
Tel. 0 82/2 31 50 58,
Gemütliche Unterkunft nicht weit vom Friedenspark. Zimmer im westlichen und im japanischen Stil, mit/ohne Bad. Mit Straßenbahn Richtung Kai oder

★★ **Friedenspark**

Eine Brücke führt hinüber auf die von Honkawa und Motoyasu, zwei Armen des Ota, umflossene Insel mit dem Friedenspark (Peace Memorial Park; vom Bahnhof Bus und Straßenbahn, 15 Min.). Hier leuchten tausende bunte Papierkraniche: das Kinderdenkmal, begonnen von der 1955 an Leukämie gestorbenen, zehnjährigen Sadako Sasaki. Im weiteren Parkgelände kommt man zur **Peace Memorial Hall**, zum Atombomben-Museum (Peace Memorial Museum, Öffnungszeiten: März bis Nov. 8.30–18.00, August bis 19.00, Dez. bis Febr. bis 17.00 Uhr, 50 ¥) und zum **Gedenkkenotaph** für die Bombenopfer, eine Schöpfung des bekannten Architekten Tange Kenzo. Unter dem Steinquader befindet sich eine Liste mit den Namen der Opfer, seine Oberfläche trägt eine Inschrift, deren sinngemäße Übersetzung lau-

## *Friedenspark* *Orientierung*

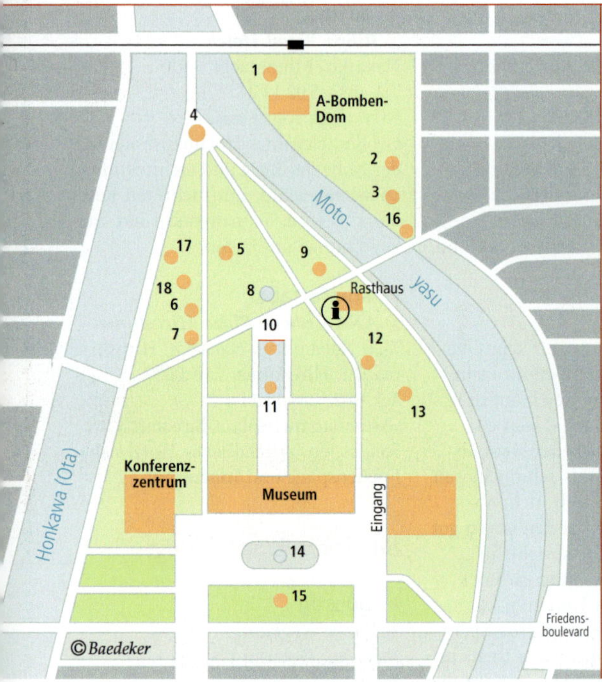


1 Miyekichi Suzuki
2 Tamiki Hara
3 Kenotaph der Studenten
4 Uhrturm
5 Friedensglocke
6 Denkmal für die koreanischen Opfer
7 Kannon-Statue
8 Friedensbrunnen
9 Kinderdenkmal
10 Flamme des Friedens
11 Gedenkkenotaph
12 Monument »Gebet«
13 National Peace Memorial Hall
14 Brunnen des Gebetes
15 Mutter und Kind im Sturm
16 Blumenuhr
17 Gedenkturm für Atombombenopfer
18 Atombomben-gedenkhügel

tet: »Ruht in Frieden, denn dieser Fehler darf sich nicht wiederholen.« Durch den sich darüber wölbenden Betonbogen ist der Atombomben-Dom sichtbar. Vor diesem Kenotaph finden am 6. August Gedenkfeiern statt. Der Atombombengedenkhügel birgt die Überreste von über 70 000 Toten.

**Hijiyama-Park** Vom Südteil des Parks führt der 100 m breite Peace Boulevard (Heiwa Odori = »Friedensallee«) nach Osten zum Hijiyama-Park (1,5 km südlich des Bahnhofs; Bus 10 Min.), der auf einer von Kirschbäumen bewachsenen Anhöhe angelegt ist und einen lohnenden Blick auf die Stadt bietet. Im Park befindet sich das sehenswerte **Städtische Museum für zeitgenössische Kunst** mit einer Sammlung von Werken nationaler wie internationaler Künstler (Öffnungszeiten: Di. – So. 10.00 – 17.00 Uhr, 360 ¥).

**Weltfrieden-Gedächtnis-Kathedrale** Nordwestlich des Parks (1 km westlich des Bahnhofs) steht die Weltfrieden-Gedächtnis-Kathedrale (Memorial Cathedral of World Peace), die 1954 auf Veranlassung des deutschen Jesuitenpaters Hugo Lassalle, der die Atombombenexplosion miterlebt hatte, errichtet wurde. Sie ist eine der größten katholischen Kirchen in Asien; an ih-

*Origami-Papierkraniche erinnern vor dem Atombomben-Dom an die Opfer des 6. August 1945.*

rem Bau haben sich zahlreiche Staaten mit Spenden beteiligt. Die in dem 46 m hohen Turm hängenden vier Glocken wurden von der Stadt Bochum, die Orgel von Köln und die Bronzetüren von Düsseldorf gestiftet; der Altar ist ein Geschenk Belgiens.

**Mitaki-Tempel**

Am nordwestlichen Stadtrand, westlich vom Hauptarm des Ota, steht der Mitaki-Tempel (Bus ab Haltestelle Kamiyacho, 15 Min.; auch Bahnstation) am Fuß des gleichnamigen Berges. Bekannt ist er durch die rot lackierte Pagode (Tahoto).

**★ Fudoin-Tempel**

Im äußersten Norden des Stadtgebietes, über dem rechten Ufer des Ota (Bus vom Bahnhof, 20 Min.), befindet sich der Fudoin-Tempel, ein besonders schönes Beispiel für die Architektur der Muromachi-Zeit (14.–16. Jh.); in der Haupthalle eine sehenswerte Skulptur.

## Umgebung von Hiroshima

**Miyajima**

►dort

**★ Sandankyo-Schlucht**

Landschaftlich sehr reizvoll ist die noch weiter nördlich gelegene Sandankyo-Schlucht (75 km von Hiroshima, Bus 1¼ Std.). Sie gehört zum Nishi-Chugoku-Plateau-Quasi-Nationalpark und ist für die schönen Wasserfälle bekannt, die der Ota hier bildet. Südlicher Ausgangspunkt für die Besichtigung der Schlucht ist der Ort Togouchi.

**Iwakuni** Ungefähr 40 km südwestlich von Hiroshima liegt die alte Burgstadt Iwakuni mit der berühmten Bogenbrücke Kintaikyo. Diese rund 200 m lange Brücke über den Nishiki-Fluss soll ohne einen einzigen Nagel gebaut worden sein. Zu erreichen vom Bahnhof Iwakuni mit dem Bus oder zu Fuß in 15 Min., Brückenmaut 300 ¥.

Unweit der Brücke erreicht man den **Kikko Park**, von wo eine Seilbahn zur (rekonstruierten) Burg hinaufführt. Vielleicht erspäht man im Park ein Exemplar der einzigartigen Iwakuni-Schlange: mit weißen Schuppen und roten Augen (aber harmlos)!

# ★ Ibusuki

F 9 • c 6

**Hauptinsel:** Kyushu **Präfektur:** Kagoshima
**Einwohnerzahl:** 46 000

指宿

**Der durch seine heißen Eisenkarbonatquellen (48–99 °C) bekannte Ort erstreckt sich an einem 10 km langen, romantischen Küstenstreifen, gesäumt von komfortablen Hotels. In der subtropischen Landschaft wachsen Palmen, und eine Vielzahl von anderen Pflanzen steht das ganze Jahr in farbenprächtiger Blüte.**

**Baden am heißen Strand** Der Badeort Ibusuki liegt im Südwesten der Hauptinsel Kyushu auf der die Kagoshima-Bucht begrenzenden Halbinsel Satsuma, eingebettet in die weiten Felder eines Tabakanbaugebietes.

*In Ibusuki kann man sich in den heißen Sand eingraben lassen.*

Die Quelle Surigahama, die bekannteste des Gebiets, erwärmt mit den sie speisenden Wasseradern unterirdisch die Strandzone. Sehr beliebt sind die »Sunamushi« genannten Bäder in dem heißen schwarzen Sand, in den man sich bis zum Hals eingraben lässt.

## IBUSUKI ERLEBEN

**ANREISE**

*Bahn:* Von Kagoshima (Bahnhof Chuo) JR-Ibusuki-Makurazaki-Linie (1 ¼ Std.).
*Bus:* Von Kagoshima (Bus Center) bis Ibusuki Kanko Hotel (2 Std.).

**Natur-Sandbad**

Das öffentliche Natur-Sandbad Sunamushi Kaikan Saraku ist die einzige Einrichtung ihrer Art in Japan. Hier wird man in einem Yukata, der geliehen werden kann, für 10 Min. in den heißen Sand eingegraben (Öffnungszeiten: tgl. 8.30–21.00 Uhr, Mo. bis Fr. 12.00–13.00 Uhr Mittagspause).

## Umgebung von Ibusuki

**Yamakawa**

Der Hafenort Yamakawa liegt 10 km südlich (Bus oder Bahn von Ibusuki; 5 Min). Er ist Ausgangspunkt von Busrundfahrten zum Kap Nagasakibana und zum Berg Kaimondake (924 m). Nördlich des Kaimon liegt der Ikeda-See, eine von außergewöhnlich klarem Wasser und riesigen Aalen erfüllte Caldera.

**Osumi-Halbinsel**

Lohnend ist ferner ein Ausflug zu der östlich jenseits der Kagoshima-Bucht gelegenen Halbinsel Osumi (Fährverbindung zwischen Yamakawa und Nejime) mit dicht bewaldetem Bergland und bizarren Küstenlandschaften.

◄ Kap Sata

Südlich von Nejime erreicht man Sata mit dem gleichnamigen Kap. Das Kap Sata liegt auf der gleichen geografischen Breite wie Miami (USA) oder Marokko und bildet den **südlichsten Punkt** des japanischen Hauptlandes. In der reichen subtropischen Flora dominieren Palmen und Kakteen; von der Aussichtsplattform schöner Blick auf die Felsküste und den 1871 errichteten Leuchtturm.

# ★★ Inlandsee (Setonaikai)

e–g 3–4

**Fläche:** 21 827 km²  **Mittlere Wassertiefe:** 37,3 m

瀬戸内海

**Die Inlandsee umfasst nahezu 1000 Inselchen. Sie besitzt herrliche Strände und verträumte Buchten mit kleinen Fischerorten. Das ausgesprochen milde Klima lässt eine vielfältige Flora gedeihen.**

**Meeresarm zwischen den Inseln**

Die Inlandsee (japanisch Setonaikai) wird von dem Meeresarm gebildet, der sich zwischen den Hauptinseln Honshu, Shikoku und Kyushu erstreckt. Die Verbindung mit dem Japanischen Meer bildet die

Kammon-Meerenge, jene mit dem Pazifischen Ozean die Meeresstraßen Kii, Kitan, Naruto, Hoyo und Bungo. Das Meeresbecken erreicht meist nur eine Tiefe von etwa 40 m; in den Meerengen treten kräftige Tidenströme und Kreuzseen auf.

**Brücken** Drei große kombinierte Straßen- und Bahnbrückensysteme überqueren zwischen den Hauptinseln Honshu und Shikoku die Inlandsee: Von Kojima (Honshu) nach Sakaide (Shikoku) verläuft der Seto-Chuo-Expressway über die Brücke Seto-Ohashi (»große Inlandsee-Brücke«), der Kobe-Awaji-Naruto-Expressway führt über die 1998 eröffnete Akashi-kaikyo und die O-Naruto-kyo von Kobe (Honshu) über die Insel Awaji nach Naruto (Shikoku) und der Nishiseto-Expressway von Onomichi (Honshu) nach Imabari (Shikoku).

## Inlandsee-Nationalpark

Ein großer Teil des Gebietes wurde 1934 zum Nationalpark erklärt, zu dem u. a. Teile der Insel Shodo-jima, die Halbinsel Yashima, die Insel Sensui sowie das Kap Abuto und der Hügel Washuzan gehörten. Heute erstreckt sich der Inlandsee-Nationalpark mit seinen 659 km² Landfläche wesentlich weiter nach Südwesten und bis auf die Küstenregionen von Nordost-Kyushu. Im Osten reicht er bis zur Insel Awaji.

**Ikuchijima** 12 km vor der Küste liegt die Insel Ikuchi mit dem 1946 erbauten Konsanji-Tempel, der die Stilelemente der Asuka-, Nara-, Heian-, Kamakura-, Muromachi- und Edo-Zeit vereint. Das überreich dekorierte Haupttor, ähnlich demjenigen des Toshogu-Schreins in Nikko, hat dem Tempel den Beinamen »Nikko des Westens« eingetragen.

**Omishima** Der an der Nordküste von Shikoku gelegene Hafenort Imabari ist Ausgangspunkt einer Schiffsverbindung nach Miyaura auf der Insel Omishima. 1 km östlich von Miyaura befindet sich der bekannte Oyamazumi-Schrein, dessen Gründung dem legendären Jimmu-tenno zugeschrieben wird. Die heutigen Gebäude des Tempels, der dem Gott der Seefahrer geweiht ist, stammen aus der Muromachi-Zeit (1387). Im Besitz des Tempels gibt es eine sehr beachtenswerte Sammlung von Waffen und Rüstungen, die den größten Teil aller derartigen antiken Stücke des Landes umfasst.

**Naoshima** Auf der kleinen Insel Naoshima (von Okayama JR-Uno-Linie bis Uno, vom dortigen Hafen mit der Shikoku-Kisen-Fähre in 20 Min. nach Miyanoura oder Honmura) ist ein einzigartiges Kunstprojekt entstanden, an dem der Architekt Ando Tadao maßgeblichen Anteil hatte. Besucher sollen hier fern aller Hektik in direkten Kontakt mit der in die Natur eingebundenen Kunst und Architektur kommen.

*Belastungstest am Eröffnungstag: Fußgänger auf der Akashi-kaikyo-Brücke →*

イベント開催

Benesse House ► Zum Kunstmuseum Benesse House gehört deshalb ein (Luxus-)Hotel mit Kunstwerken in jedem Zimmer und Blick aufs Meer (tgl. 8.00–21.00 Uhr, 1000 ¥ für Tagesbesucher, DZ ab 30 000 ¥, Tel. 0 87/ 8 92 20 30). Im Chichu-Kunstmuseum sind u.a. Seerosenbilder von Monet ausgestellt (10.00 – 18.00, Okt. – Feb. bis 17.00 Uhr, 2000 ¥). Im Rahmen des **Art House Project** gestalten Künstler alte Häuser im Dorf neu (Di. – So. 10.00–16.30 Uhr, 1000 ¥, www. naoshima-is.co.jp).

## ? WUSSTEN SIE SCHON ...?

- ... dass Beethovens 9. Sinfonie, die in Japan alljährlich an Neujahr landauf, landab von Laienorchestern gespielt wird, in Japan zum ersten Mal komplett am 1. Juni 1918 von den Insassen des deutschen Kriegsgefangenenlagers in Bando aufgeführt wurde?

Die 441 m lange Konaruto-Brücke stellt die Verbindung von der kleinen Hafenstadt Naruto zur nordöstlich vorgelagerten Insel Oge her (Bus vom Bahnhof, 20 Min.), auf

**Naruto** welcher sich der Naruto-Park befindet. Von der Nordspitze der Insel bietet sich ein eindrucksvoller Blick auf die tosenden Strudel der Meerenge, desgleichen vom Naruto-Berg (Seilbahn von

✶ ✶ Meerenge ► Senjojiki). Die **Strudel** bilden sich durch die unterschiedlichen Wasserstände von Inlandsee und offenem Meer, die sich bei Flut bzw. Ebbe auszugleichen suchen, wobei in dem schmalen Meeresarm heftige Strömungen von bis zu 20 km/h entstehen. Die Wasserwirbel erreichen Durchmesser von 20 m. Vom Hafen aus werden Bootsrundfahrten zu den Strudeln unternommen. Vom Bahnhof verkehrt ein Bus (20 Min.) zu einer Aussichtsplattform.

**Bando** Eine Bahnlinie führt zu dem 11 km südwestlich gelegenen Ort Bando. Hier befand sich das Lager, in dem ab 1917 953 in Tsingtau (China) gefangen genommene deutsche Soldaten untergebracht waren. Im Jahr 1972 wurde das Deutsche Haus (Doitsu-kan) errichtet, ein Museum mit deutscher Volkskunst und Dokumenten aus dem Gefangenenlager. Sechs Jahre später kam auch der Deutsche Park hinzu und 1993 baute man ein neues Domizil für das Deutsche Haus (tgl. 9.30 – 16.30, 4. Mo.im Monat geschl., 400 ¥; weitere Informationen zum Kriegsgefangenenlager auf bando.dijtokyo.org).

## INLANDSEE ERLEBEN

### AUSKUNFT

www.anchorage.jp/setouchi.

### ANREISE

*Schiff:* Von Hiroshima (direkt oder via Kure) nach Matsuyama (1–2¾ Std.); über Kure nach Imabari (1½ Std.). Außerdem zahlreiche kürzere Linien.

### LOHNENDE ZIELE

Die lohnendsten Reiseziele im Bereich der Inlandsee sind Awaji, Himeji, Hiroshima, Kobe, Kurashiki, Matsuyama, Miyajima, Okayama, Osaka, Shodoshima, Takamatsu und Yamaguchi (jeweils ►dort).

# ★ Ise-Shima-Nationalpark

J 7 • j 3

**Hauptinsel:** Honshu
**Fläche:** 520 km²
**Präfektur:** Mie

伊勢志摩国立公園

**Der Ise-Shima-Nationalpark liegt auf der Halbinsel Shima, die den südöstlichen Teil der Präfektur Mie auf Honshu bildet. Seine Hauptsehenswürdigkeit stellen die als Nationalheiligtum verehrten Ise-Schreine dar. Sie liegen reizvoll zwischen herrlichen Bäumen südlich der Stadt Ise.**

Die dem Pazifik zugewandte reizvolle Riasküste ist durch zahlreiche Buchten gegliedert, das Landschaftsbild durch dichte Wälder, subtropische Vegetation im Küstenbereich sowie viele kleine Inseln geprägt.

## ★ Große Ise-Schreine

**Ise**

Nördliches Eingangstor zum Nationalpark ist die durch Zusammenschluss der Orte Uji und Yamada entstandene Stadt Ise (134 000 Einw.), wo sich die Verwaltung und die an shintoistischer Literatur reiche Bibliothek der Ise-Schreine befinden, ferner die Museen Chokokan (Altertümer) und Nogyokan (Landwirtschaft).

**Geschichte und Architektur**

Die beiden etwa 5 km voneinander entfernten Schreine (Äußerer Schrein, Geku, und Innerer Schrein, Naiku) wurden ursprünglich an anderen Orten errichtet und später an ihre jetzigen Standorte überführt. Der Geku soll anfänglich in Manai (historische Provinz Tamba, heute Präfektur Kyoto) erbaut und im Jahre 478 unter Kaiser Yuryaku (457–479) nach Ise verlegt worden sein. Der Naiku war einst ein Teil des kaiserlichen Palastes, wurde zur Zeit des Kaisers Sujin (3. Jh.) oder später nach Kasanui (Provinz Yamato) und schließlich an den heutigen Platz überführt.
Beiden Schreinen steht derselbe Priester vor; ursprünglich war eine Schwester des Tenno Priesterin.
Die aus edlem Zedern- und Zypressenholz erbauten Schreine repräsentieren den **Stil Shinmei-zukuri**, dessen Charakteristika das Satteldach, die gekreuzten Giebelsparren (Chigi) und die zylindrischen Querhölzer (Katsuogi) auf dem First sind. Einziges Schmuckelement sind die fein gearbeiteten Gold- und Kupferbeschläge an der Balkenkonstruktion und den Türen. Neben dem Izumo-Taisha-Schrein blieben die Ise-Schreine als einzige shintoistische Kultstätten Japans von den Einflüssen buddhistischer Architektur unberührt.
Im Turnus von 20 Jahren werden die Schreine abgetragen und das Holz an alle Schreine des Landes verteilt, wo es als geweihtes Bauma-

> **i Hinweis**
>
> - Westliche Besucher sollten zurückhaltend auftreten und auch das Fotografierverbot respektieren.

terial Verwendung findet. Exakt nach dem alten Vorbild entstehen die 65 Gebäude direkt neben den Standorten der Vorgängerbauten neu, und nach ihrer Fertigstellung wird die Gottheit in den neuen Kultbau überführt. Diese Zeremonie wird **Sengu-shiki** genannt und soll das nächste Mal im Jahr 2013 stattfinden

Zu größter Bedeutung gelangten die Ise-Schreine durch die Bemühungen, den seit Jahrhunderten mit dem Buddhismus vermischten Shinto zu eigenständiger Form zurückzuführen. Im Zusammenhang damit setzten im 18. Jahrhundert Bestrebungen ein, die im späten 19. Jahrhundert zur Wiedereinführung des Kaisertums auf shintoistischer Grundlage führten und den Shinto zur Staatsreligion erhoben. Nach dem Zweiten Weltkrieg verlor der Shinto diesen offiziellen Anspruch wieder, aber seine Kultstätte in Ise ist nach wie vor das Ziel zahlloser Pilger.

**✶ Äußerer Schrein**

Der Äußere Schrein (Geku) liegt unweit südwestlich des Bahnhofs Uji-Yamada (Kinki-Nippon-Railway). Eine Brücke führt zu dem 89 ha großen Schreinbezirk. Man durchschreitet das erste Torii, hinter dem sich rechts die Gebäude befinden, in denen die kaiserliche Familie während ihrer Besuche in Ise zu wohnen pflegt: Anzaisho, das Haus für den Kaiser, und Sanshujo, das Haus für die Familienmitglieder. Hinter dem zweiten Torii liegt rechts die **Halle Kagura-den für die kultischen Tänze**. Der bis 1868 weit verbreitete Tanz Kagura wurde in der Meiji-Zeit ausschließlich auf die Vorführung im Bereich der Schreine beschränkt. Hier wird er (bei entsprechenden Spenden) von jungen Mädchen getanzt. Seit der Abschaffung des Staats-Shinto ist Ise – wie alle anderen Schreine – auf Spenden angewiesen, mit deren Hilfe u. a. die letzte Erneuerung der Gebäude finanziert wurde. Außerdem werden hier Andenken und Amulette verkauft. Anschließend folgt die Kulthalle.

Etwas weiter erreicht man den vierfach umfriedeten **Hauptschrein**. Die äußerste Umfriedung Itagaki ist ein Wandgeviert aus Zedernholz. An der einen Schmalseite befindet sich der Haupteingang, kleinere Eingänge an den drei anderen Seiten. Abwechselnd kurze und lange Bohlen aus Zedernholz bil-

*Geku* *Äußerer Ise-Schrein*

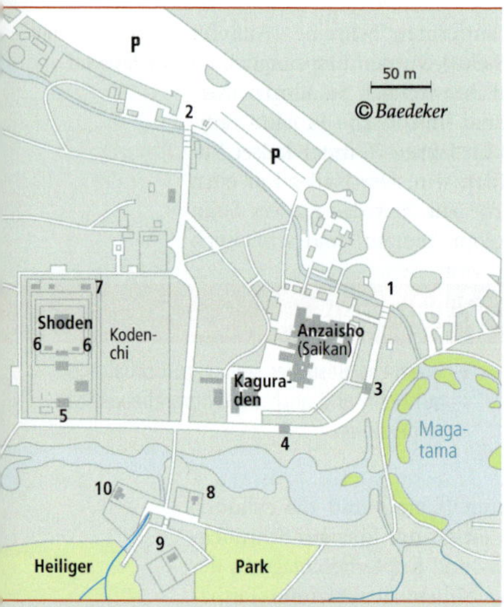


1 Haupteingang
2 Nordeingang
3 Erstes Torii
4 Zweites Torii
5 Itagaki
6 Schatzhäuser
7 Mike-den
8 Kazenomiya-Schrein
9 Takanomiya-Schrein
10 Tsuchinomiya-Schrein

*Besucherandrang am Eingangstor zum Inneren Schrein*

den die zweite Umfriedung Soto-tamagaki, die nur von Priestern, dem Kaiser und kaiserlichen Gesandten durchschritten werden darf; alle anderen Besucher gelangen nur bis zu dem an der Südseite befindlichen Tor, dessen weißer Vorhang den Blick ins Innere der Schreinanlage verwehrt. Innerhalb folgen die dritte Umfriedung Uchi-tamagaki und die vierte Umfriedung Mizu-gaki, beide an der Südseite mit einem Tor versehen. Im innersten Hof steht der Hauptschrein Shoden aus naturfarbenem Zypressenholz mit kargem Metalldekor, mit Stroh gedeckt. Rechts und links vom Tor stehen die beiden Schatzhäuser Hoden, in denen kultisches Gerät und Zeremonialgewänder aufbewahrt werden. Zwischen der ersten und zweiten Umfriedung befindet sich an der nördlichen Schmalseite die Halle Mike-den, in der zweimal täglich Speiseopfer dargebracht werden.

◄ Heiliger Park

Südlich des Hauptschreins liegt der 4,5 ha große Heilige Park (Geku-Jin-en) mit einigen kleineren Schreinen, u. a. dem Kazenomiya-Schrein (dem Windgott geweiht) und dem Taganomiya-Schrein (dem Gott Toyouke geweiht).

★ **Innerer Schrein**

Der Innere Schrein (Naiku), 5 km südöstlich vom Geku, ist **das größte Nationalheiligtum Japans**. Man erreicht ihn über die den Fluss Isuzu überspannende Uji-Brücke, die am ersten Torii endet. Dahinter führt eine Treppe zum Fluss hinunter, wo die Pilger als rituelle Vorbereitung ihrer Gebete Hände und Mund reinigen. Hinter dem zweiten Torii beginnt ein von uralten Zedern gesäumter Weg, auf dem man das Tempelbüro und die Tanzhalle Kagura-den erreicht. Nahebei ein Reisspeicher und einige andere kleinere Gebäude, dahinter der umfriedete Hauptschrein Shoden, dessen Anlage der des Geku ähnelt und der gleichfalls von vier Holzwänden umfriedet ist, von denen Besucher nur die äußerste passieren dürfen.

***Naiku*** *Innerer Ise-Schrein*

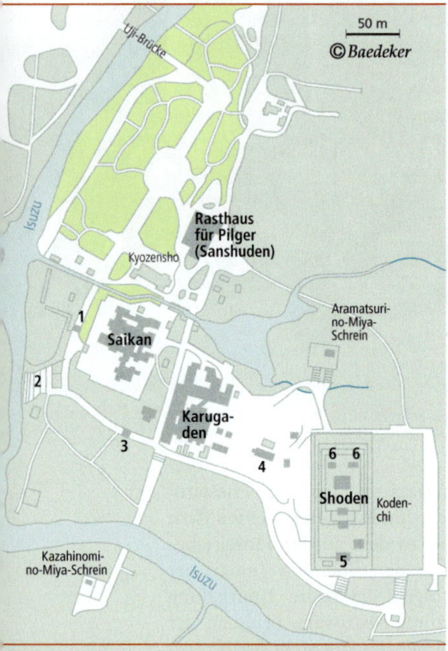


1 Erstes Torii
2 Treppe zum Fluss
3 Zweites Torii
4 Reisspeicher (Imibiyaden)
5 Minie Chosha (Halle zur zeremoniellen Zubereitung der heiligen Essensgaben)
6 Schatzhäuser

Im Naiku wird der Spiegel Yata-no-kagami aufbewahrt, neben den Kronjuwelen und dem Schwert eines der drei **Reichsinsignien Japans**. Wie die Überlieferung berichtet, gab ihn die Sonnengöttin Amaterasu ihrem Enkel Ninigi-no-mikoto mit auf die Erde, wo dieser die Kaiserherrschaft begründete. Nachdem der als Symbol der Sonnengöttin verehrte Spiegel zunächst im Kaiserpalast unter der Obhut einer als Oberpriesterin amtierenden kaiserlichen Prinzessin aufbewahrt wurde, ließ man in der Regierungszeit des legendären Sujin-tenno die heilige Stätte aus dem Palast verlegen, womit die Trennung zwischen weltlicher und geistlicher Macht vollzogen war. Doch noch bis 1339 war die jeweilige Ise-Priesterin eine Angehörige des Kaiserhauses.

## Ise-Shima Skyline

Nordöstlich des Naiku beginnt die 16 km lange Mautstraße Ise-Shima Skyline, die ostwärts über die Asama-Berge nach Toba führt und in ihrem Verlauf eine großartige Aussicht auf die Buchten von Toba und Ise sowie auf das Bergland des Nationalparks bietet. Auch vom 553 m hohen Berg Asama (nördlich der Straße; Bus von Naiku-mae, 40 Min.) genießt man einen lohnenden Blick.

**✶ Kongosho-ji**

Auf dem Gipfel steht der Tempel Kongosho-ji der Rinzai-Sekte. Im Tempel befinden sich eine angeblich von Kobo-daishi (774–835) stammende Statue des Kokuzo-bosatsu sowie Skulpturen der Shinto-Gottheit Uho-Doji und ein Porträt des Generals Kuki Yoshitaka (1542–1600). Das Gründungsjahr der Haupthalle ist unbekannt.

**Toba**

Die 23 000 Einwohner zählende Stadt Toba ist mit der Kinki-Nippon Railway in 15 Minuten auch direkt von dem 14 km westlich gelegenen Ise zu erreichen. Nahe beim Bahnhof erhebt sich ein 48 m hoher **Aussichtsturm** mit schönem Blick auf die Bucht mit ihren zahlreichen kleinen Inseln. 500 m südlich vom Bahnhof befindet sich das gleichfalls aussichtsreich gelegene Toba Tourist Center. Nahe am

Pier (Bootsrundfahrten durch die Bucht) liegt das Toba-Aquarium (Tauchdemonstrationen; Öffnungszeiten: 21.3.–31.10. 9.00–17.00, 1.11.–20.3. 9.00–16.30 Uhr, 20.7.–31.8. 8.30–17.30 Uhr, Eintritt: 2400 ¥). Als weiterer Aussichtspunkt bietet sich der 51 m hohe Hügel Hiyori an.

**Futamiga-ura**

Nordwestlich von Toba liegt Futamiga-ura (Busverbindung) an der gleichnamigen Bucht. Aus dem Meer ragen die beiden Felsen Meoto-Iwa, nach der japanischen Mythologie eine Versinnbildlichung der Schöpfergottheiten des Inselreiches, Izanagi und Izanami. Die Felsen sind durch ein langes Strohseil (Shimenawa) verbunden, das zu Anfang Januar jeden Jahres in einem feierlichen Zeremoniell erneuert wird. Auf dem 9 m hohen größeren Felsen ein Torii, der bei Sonnenaufgang einen besonders schönen Anblick bietet.

**Perleninsel**

Von Toba führt eine Brücke auf die Perleninsel Mikimoto Shinju-shima, wo Mikimoto Kokichi (1858–1954) die erste Perlenzuchtanlage einrichtete (bei diesem Verfahren wird der Perlmuschel ein Fremdkörper künstlich eingepflanzt, um den sich in etwa 7 Jahren die Zuchtperle bildet). Der überwiegende Teil der heutigen Zuchtperlen stammt aus dieser Gegend. Auf der Insel gibt es ein Denkmal Mikimotos und eine Demonstrationsanlage der Perlenzucht (Tauchvor-

## ISE-SHIMA-NATIONALPARK ERLEBEN

### AUSKUNFT

***Touristinformation***
im Bahnhof Kintetsu Ujiyamada
Tel. 05 96/23 96 55
tgl. 9.00–17.30 Uhr

beim Eingang zum Äußeren Schrein
Tel. 05 96/28 37 05
tgl. 8.30–17.00 Uhr

www.isejingu.or.jp/english

### ANREISE

*Bahn:* Von Nagoya bzw. von Osaka und über Kyoto mit der Kintetsu-Bahn nach Uji-Yamada (1½ Std. bzw. 2 Std.) oder JR-Linie von Nagoya bis Ise-shi (1½ Std.), von hier weiter über Toba nach Kashikojima.
*Schiff:* Fährverbindung von Irako (Halbinsel Atsumi) nach Toba (lsewan Ferry Line; 1 Std.).

*Verbindungen im Nationalpark:* Bus von Uji-Yamada auf der Ise-Shima Skyline über Naiku und Toba nach Kashikojima (2½ Std.).
Fähren von Kashikojima nach Wagu, Goza und Hamajima (je ca. 30 Min.); von Hamajima nach Goza (15 Min.).
*Zum Schrein:* Bus von Ise-shi oder Uji-Yamada bis Naiku-mae, zum Geku zu Fuß vom Bahnhof Uji-Yamada oder JR-Ise-shi.

### VERANSTALTUNGEN

***Toba***
Gegen Mitte Juni wird das Fest Shirongo-matsuri gefeiert, bei dem über 200 weiß gekleidete Taucherinnen Abalone (Meeresschnecken) sammeln. Ende Juli findet das Toba Port Festival mit Volkstänzen, Feuerwerk u. a. statt.

führungen). Sehenswert ist das **Mikimoto Pearl Museum**, u. a. mit einer 1,20 m hohen Pagode aus über 10 000 Perlen (Öffnungszeiten: tgl. 8.30 – 17.00, April, Mai, Aug., Okt., Nov. bis 17.30, Dez. 9.00 bis 16.30 Uhr, 1500 ¥, www.mikimoto-pearl-museum.co.jp).

**Ise Toll Road** Über die 25 km lange Mautstraße Ise Toll Road gelangt man in südlicher Richtung nach **Kashikojima** (auch Kinki-Nippon-Railway oder Bus von Ise-shi über Toba). Der Ort liegt an der Nordküste der Ago-Bucht, in deren klarem Wasser sich gleichfalls ausgedehnte Perlenzuchtbänke befinden. Auch hier kann man den weiß gekleideten Taucherinnen (Ama) bei ihrer Arbeit zusehen. In Kashikojima befindet sich das Nationale Forschungsinstitut für Perlenzucht; unweit des Bahnhofs ferner das Shima Marineland, ein skurriler Bau in Form eines Ammoniten (u. a. ein Aquarium; Öffnungszeiten: tgl. 9.00–17.00, Juli/Aug. bis 17.30 Uhr, 1250 ¥).

**Goza** Mit dem Boot erreicht man über die Ago-Bucht den Ort Goza (auch Bus von Toba) im äußersten Westen der gleichnamigen Halbinsel; von dem 99 m hohen Berg Konpira, der den Ort im Süden überragt, hat man einen schönen Blick auf die Bucht und den Pazifik.

Kap Daido ▶ Östlich von hier liegt Wagu. Jenseits des Ortes führt die Straße zum Kap Daido mit steilen Klippen und starker Brandung.

**Matsusaka** Nordwestlich außerhalb des Nationalparks liegt die Stadt Matsusaka (167 000 Einw.; JR-Linie und Kinki-Nippon-Railway von Nagoya), bekannt durch ihre Rinderzucht, die mit das **beste Rindfleisch des Landes** liefert (die Tiere werden mit Bier getränkt und massiert). Im Matsusaka-Park, 1 km südwestlich des Bahnhofs, befinden sich die Reste der alten Burg, ferner das hierher überführte Haus des Motoori Norinaga (1730–1801), in welchem Gegenstände aus dem Besitz des Gelehrten sowie einige seiner Manuskripte zu sehen sind.

# ★ Izu-Halbinsel

l–m 2–3

**Hauptinsel:** Honshu **Präfektur:** Kanagawa

伊豆 半島

**Dank ihrer abwechslungsreichen Landschaft mit von Buchten gegliederten Küsten, bewaldetem Bergland sowie heißen Quellen und romantisch gelegenen Bädern ist die Halbinsel mit ihrem milden Klima zu jeder Jahreszeit ein beliebtes Reiseziel.**

**Halbinsel der heißen Quellen** Die Halbinsel Izu, südlich des Fuji gelegen, schiebt sich in den Pazifik vor, im Westen von der Suruga-Bucht und im Osten von der Sagami-Bucht begrenzt. Weite Teile gehören zum Fuji-Hakone-Izu-Nationalpark. Der Name Izu entstand aus der alten Bezeichnung Yu-Izu (Yu = heißes Wasser, Izu = Quelle).

Die Fortsetzung der Hakone-Berge bilden die Amagi-Berge, der Höhenrücken der Halbinsel. Ihre höchste Erhebung ist der 1407 m hohe Amagi, das Quellgebiet des die Halbinsel nach Norden durchziehenden Flusses Kano, der bei Numazu in die Suruga-Bucht mündet. Ausgangspunkte für Fahrten in die Region sind Atami, Mishima und Numazu, alle von Tokyo aus zu erreichen. Die günstigste Straßenverbindung ist der Tomei Express Highway, der nahe an Mishima und Numazu vorbeiführt. Auf der Halbinsel selbst verkehren die Bahnen Izu–Kyuko und Izu–Hakone sowie mehrere Buslinien.

## Ostküste der Halbinsel Izu

**Atami**

Im äußersten Norden der Ostküste von Izu liegt der Badeort Atami (41 000 Einw.) an einem prächtigen Küstenstrich. Er gehört zu den modernsten Bädern des Landes. Sehenswert ist der Aprikosengarten (Atami-baien; Bus vom Bahnhof, 15 Min.) mit etwa 800 Bäumen (Blüte von Januar bis Ende März).

✶ ◄ MOA-Kunstmuseum

Das MOA-Kunstmuseum (MOA bijutsukan; Bus vom Bahnhof) zeigt u. a. Farbholzschnitte (Ukiyo-e), Keramik, Edelmetall- und Lackarbeiten aus der Sammlung des Religionsstifters Okada Mokichi. Viele der Exponate sind als **»Nationalschatz«** oder »bedeutendes Kulturgut« klassifiziert. Besonders beeindruckend ist der rekonstruierte Goldene Teeraum von Toyotomi Hideyoshi (Öffnungszeiten: tgl. außer Do. 9.30–16.30 Uhr, 1600 ¥, www.moaart.or.jp).

**Ito**

Südlich von Atami führt die Küstenstraße (parallel dazu die Ito-Bahnlinie) nach Ito (75 000 Einw.), der zweitgrößten Stadt der Halbinsel. Hier gibt es rund 700 heiße Quellen, die Haushalte und Bäder speisen und von denen einige schon seit mehreren Jahrhunderten ge-

*Offen auch für die Moderne: Laserinstallation im MOA-Kunstmuseum*

# IZU ERLEBEN

## AUSKUNFT

***Atami***
Shinsui Park, Chisaki, Nagisa-cho
Tel. 05 57/85 22 22
tgl. 9.00–17.00 Uhr

***Ito***
im Bahnhof, Tel. 05 57/37 61 05
tgl. 9.00–17.00 Uhr

www.shizuoka-guide.com

Die gratis auszudruckende *Mt. Fuji Welcome Card* gewährt Ermäßigungen auf Unterkünfte und Sehenswürdigkeiten (www.mtfuji-welcomecard.jp).

## ANREISE

*Bahn:* Von Tokyo (Hauptbahnhof) JR-Tokaido-Shinkansen-Linie nach Atami (50 Min.) und Mishima (1 Std.); Tokaido-Hauptlinie nach Atami (1 ½ Std.), von dort weiter nach Mishima (15 Min.) und Numazu (20 Min.), bzw. an der Küste weiter nach Ito (20 Min.) und Shimoda (Izukyu-Privatlinie, 1 ½ Std.). Von Mishima Izu-Hakone-Privatbahn nach Shuzenji im Zentrum der Halbinsel (30 Min.).
*Auf die Izu-Inseln:* Flugzeug von Tokyo (Haneda) auf die Insel Oshima. Schiffsverbindungen nach Oshima und zu den anderen Izu-Inseln von Tokyo (ca. 7 Std.), Yokohama (6 Std.), Ito und Shimoda (je ca. 1 ½ Std.).

## VERANSTALTUNGEN

Atami ume-matsuri (mit Geisha-Tänzen und Teezeremonie; Mitte Januar), im Aprikosengarten von Atami; Kurofune-matsuri (Gedenkfeier für die Landung des Kommodore Perry 1853, Mitte Mai), in Shimoda; Genji-ayame-matsuri (Umzug mit Tragschreinen, Tänze; Anfang Juli), in Izu-Nagaoka-onsen; Tarai-nori kyoso (Wettfahrt in Holzzubern auf dem Fluss Matsukawa; erster Sonntag im Juli), in Ito-onsen; Feuerwerk (Juli/August), in Atami; Ito Anjinsai (Gedenkfest für William Adams, den englischen Berater und Schiffsbauer der Tokugawa, Umzüge und Feuerwerk; Anfang August), in Ito; Schreinfest (Jahresfest, Umzug mit Prunkwagen; Mitte August), beim Mishima-Taisha-Schrein.

## ÜBERNACHTEN / ESSEN

Die Unterkünfte auf der Izu-Halbinsel sind typischerweise Resort-Hotels mit eigenem Onsen (meist mit Rotenburo) und sehr guter Küche.

### ► Luxus

*Baedeker-Empfehlung*

***Seiryuso***
2-2 Kochi, Shimoda-shi,
415-0011 Shizuoka-ken
Tel. 05 58/22 13 61, Fax 23 20 66
www.seiryuso.co.jp
In dem inmitten eines herrlichen Gartens gelegenen Landgasthof mit Zimmern, die wie zu früheren Zeiten eingerichtet sind, werden überwältigender Komfort und typische japanische Spezialitäten geboten.

***Asaba Ryokan***
3450-1 Shuzenji, Shuzenji-cho
Tagata-gun, 410-2416 Shizuoka-ken
Tel. 0 55/8 72 70 00, Fax 8 72 70 77
Dieses 1675 erbaute schöne Haus im traditionellen Stil mit Balkons und Terrassen um einen Teich bietet Komfort in angenehmem. Bei Banketten wird gelegentlich No-Theater gegeben. Im Restaurant kommen japanische Gerichte auf den Tisch.

**▸ Komfortabel**
***Hotel Izukyu***
2732-7 Shirahama, Shimoda, Shizuoka Prefecture 415-8512, Japan
Tel. 05 58 / 22 81 11
Großes Onsen-Hotel direkt am Strand, mit 2009 erneuerten Badeanlangen, Rotenburo mit Meerblick, Pool. Großzügige westliche oder japanische Zimmer. Tauchshop, mehrere Restaurants (v. a. Fisch und Meeresfrüchte).

nutzt werden. 1,5 km südlich des Bahnhofs liegt der Teich Jonoike, östlich davon der Butsugenji-Tempel der Nichiren-Schule, deren Gründer hier von 1261 bis 1263 im Exil lebte.

◂ Denkmal für William Adams

2 km südöstlich vom Bahnhof steht ein Denkmal für William Adams (1564–1620), der hier das erste Schiff westlicher Art für Japan baute. Der im Roman und Film »Shogun« verewigte englische Kaufmann kam 1600 mit dem einzigen aus einem Sturm entkommenen Schiff einer ganzen Handelsflotte zur japanischen Hauptinsel Kyushu. Hier gewann er das Vertrauen von Tokugawa Ieyasu, dem ersten Tokugawa-Shogun, und unterwies ihn in Waffentechnik, Schiffbau und Navigation. Später heiratete er eine Japanerin und nahm den japanischen Namen Miura Anjin an. Noch heute wird an seinem Grab in Yokosuka alljährlich eine Gedenkfeier für ihn und seine Frau abgehalten.

◂ Omuroyama-shizenkoen

Vom Bahnhof Ito besteht eine Busverbindung (20 Min.) zum Naturpark Omuroyama-shizenkoen im Gebiet eines 321 m hohen Vulkanhügels mit schönem Blick auf die Amagi-Berge und die östlich vor der Küste liegende Insel Oshima.

◂ Ippeki

Südwestlich des Naturparks liegt der Kratersee Ippeki (4 km Umfang; Bus vom Bahnhof 25 Min.), in dem sich die Amagi-Berge spiegeln. Seine Uferlandschaft ist für ihre Kirschblüte bekannt. Östlich erstreckt sich der Strand Jogasaki, eine 10 km lange Riasküste vulkanischen Ursprungs. Das Zentrum dieser Region bildet der Izu Ocean Park (Izu Kaiyo-Koen; Bus vom Bahnhof Izu-Kogen, 10 Min.) mit mehreren Fels-Schwimmbecken und guten Tauchmöglichkeiten.

◂ Ikeda-Kunstmuseum

Das Ikeda-Kunstmuseum des 20. Jahrhunderts (Ikeda-nijusseiki-bijutsukan; Bus vom Bahnhof, 25 Min.) zeigt Werke von Picasso, Chagall, Matisse u. a. sowie japanische Farbholzschnitte.

◂ Kaktusgarten

Am Fuß des Bergs Omuro (581 m) südlich des Kratersees, kann man den Izu-Kaktusgarten (Izu-shaboten-koen; Bus von Ito, 40 Min.) mit Pfauenzucht und Aussichtsplattform besuchen (Öffnungszeiten: tgl. 9.00–17.00 Uhr, Nov. bis Febr. bis 16.00 Uhr, 1800 ¥).

**Shimoda**

Weit im Süden der Ostküste liegt die Hafenstadt Shimoda (26 000 Einw.; Izu-Kyuko-Bahnlinie, ab Ito 1 Std.), Ausgangspunkt von Schiffslinien zu einigen der Sieben Izu-Inseln.

In der Bucht von Shimoda gingen 1854 die **»Schwarzen Schiffe«** des amerikanischen Admirals Matthew Perry (1794–1858) vor Anker, deren Präsenz Japan zur Unterzeichnung des Vertrags von Kanagawa (31. März 1854) und zur Öffnung der Häfen Shimoda und Hakodate für das Ausland veranlasste. Der erste diplomatische Vertreter der USA in Japan, Townsend Harris (1804–1878), residierte von 1856 bis 1857 hier, verlegte aber dann seinen Amtssitz nach Yokohama, das sich aufgrund eines 1858 mit den USA geschlossenen neuen Handelsvertrags dem Ausland öffnete.

Kakisaki ► Der Gyokusenji-Tempel, einst Amtssitz von Townsend Harris, liegt 2 km östlich der Stadt in dem Dorf Kakisaki. Er enthält neben einem Porträt und einigen Erinnerungsstücken an Harris das achtbändige Tagebuch eines Dorfbewohners über das Leben des Diplomaten. Nahebei die Gräber amerikanischer und russischer Seeleute. Mitte Mai findet in Shimoda das **dreitägige Fest** Kurofune-matsuri zum Gedenken an die Landung von Admiral Perry statt.

Bentenjima ► Dem Tempel gegenüber liegt die kleine Insel Bentenjima mit einem der Glücksgöttin Benten geweihten Tempel. Von hier aus ruderte Yoshida Shoin (1830–1859; ►S. 252) zu den Schwarzen Schiffen, um seine Mitnahme nach Amerika zu erbitten, doch sein Unternehmen schlug fehl und er wurde festgenommen.

Shimoda-Park ► Auf einer Anhöhe nahe beim Hafen liegt der Shimoda-Park mit schönem Ausblick auf das Kap Suzaki (Osten). Beim Bahnhof die Talstation einer Seilbahn auf den Berg Nesugata, von dem man eine schöne Aussicht auf den Südzipfel der Halbinsel Izu genießt. Hier befand sich der Beobachtungsposten, der die in der Bucht ankernden Schwarzen Schiffe kontrollierte.

Hofukuji-Tempel ► Unweit vom Bahnhof befindet sich der Hofukuji-Tempel mit einem kleinen Museum, das der angeblichen Geliebten von Harris, Okichi Tojin, gewidmet ist.

Ryosenji-Tempel ► Südlich vom Bahnhof steht der Ryosenji-Tempel, in dem die Verhandlungen für den japanisch-amerikanischen Vertrag stattfanden. Im danebenliegenden Chorakuji-Tempel wurden dieser sowie das Abkommen mit Russland unterzeichnet.

Aquarium ► Sehenswert ist das in einer Höhle eingerichtete Unterwasser-Aquarium mit mehreren hundert Arten der lokalen Meeresfauna (Öffnungszeiten: März bis Okt. tgl. 9.00–16.30, sonst bis 16.00 Uhr, 1900 ¥).

Shimoda Kaiko-Kinenkan ► In der Nähe des östlich sich erstreckenden Shirahama-Strandes befindet sich die Gedenkhalle Shimoda Kaiko-Kinenkan mit Erinnerungsstücken an die Zeit der Schwarzen Schiffe.

Yumigahama-Strand ► Südwestlich von Shimoda erreicht man den Yumigahama-Strand (Bus vom Bahnhof, 20 Min.), der mit weißem Sand und zahlreichen Pinien zu den schönsten Stränden der Insel zählt.

## ★ Kap Iro

Vom südlichsten Punkt der Halbinsel Izu, dem Kap Iro (Bus von Shimoda, 40 Min.), hat man einen schönen Blick auf die Kette der Sieben Izu-Inseln. Nahe beim Kap kan man sich im Dschungelpark (Jungle-koen; gegenüber dem Leuchtturm) an über 3000 Pflanzenarten ergötzen.

## Zentral-Izu

Ausgangspunkt ist Mishima (113 000 Einw.), Standort des Mishima-Taisha-Schreins (Bus vom Bahnhof, 5 Min.), der als ältester Schrein auf Izu gilt. Zu dem von Wald umgebenen Areal gehört eine **Schatzhalle** mit Dokumenten aus der Zeit von Minamoto Yoritomo (1147–1199, Begründer des Kamakura-Shogunats) und antiken Waffen. Vom Bahnhof südlich erreicht man zu Fuß in 10 Minuten den Landschaftsgarten Rakuju-en, der während der Meiji-Zeit am einstigen Standort der Residenz des Daimyo Mito Mitsukuni angelegt wurde. In der großzügigen Anlage befindet sich ein Teich, der von Schmelzwasser der Fuji-Region gespeist wird (Öffnungszeiten: Di. bis So. 9.00–17.00 Uhr, Nov. bis März bis 16.30 Uhr, 300 ¥).

**Mishima**

◂ Rakuju-en

In Mishima beginnt die private Izu-Hakone-Bahnlinie, die nach Süden führt. Mit ihr erreicht man den kleinen Badeort Nirayama mit Resten einer Burg der Hojo und einer guterhaltenen Ofenanlage, die 1853 für die Fertigung von Feuerwaffen erbaut und von Egawa Tarozaemon (auch Tan'an genannt), dem Provinzverwalter von Izu, geleitet wurde. 1,5 km östlich des Bahnhofs gelangt man zum über 700 Jahre alten Wohnhaus der Familie Egawa (Egawa-no-ie).

**Nirayama**

*Von Hortensien gesäumter Spazierweg bei Shuzenji*

**Shuzenji** Die Izu-Hakone-Bahnlinie endet in Shuzenji. 3 km südwestlich (Busverbindung) liegt reizvoll im Tal des Flusses Katsura der seit dem 9. Jahrhundert bekannte Badeort Shuzenji-onsen, neben Atami und Ito das meistbesuchte Reiseziel der Halbinsel. Der Ort verfügt über zahlreiche Thermalquellen (37–74 °C); in seinem Zentrum der Shuzenji-Tempel, der zu Beginn der Heian-Zeit von Kobo-daishi gegründet worden sein soll. Die Schatzhalle enthält Stücke aus dem Haus Minamoto und eine alte No-Maske. Diese steht in Zusammenhang mit dem **Kabuki-Drama** »Shuzenji-monogatari«, das die Ermordung von Minamoto Yoriie (1182–1204), dem Sohn des Yoritomo, durch Hojo Tokimasa (1138–1215) schildert. Der Tempel war auch Ort der Ermordung von Minamoto Noriyori (1156–1193) durch seinen Bruder Yoritomo, Begründer des Kamakura-Shogunats. Noriyori und Yoriie sind hier beigesetzt; neben dem Grab des Letzteren auf der gegenüberliegenden Flussseite erkennt man den kleinen Tempel Shigetsuden.

★ Daruma ► Westlich des Ortes erhebt sich der 982 m hohe Berg Daruma (Bus vom Bahnhof Shuzenji bis zum Fuß des Berges 30 Min.; Aufstieg 1 Std.). Vom Gipfel öffnet sich ein lohnender Blick auf den Fuji und die Suruga-Bucht. Ein schöner **Wanderweg** verläuft parallel zu der Straße Nishi-Izu Skyline Drive.

**Yugashima** Von Shuzenji führt eine Straße (auch Buslinie) südlich in die Amagi-Berge. An deren Nordwestfuß liegt der kleine Ort Yugashima (Bus ab Bahnhof Mishima, 1¼ Std.) mit mehreren Thermalquellen (45–58 °C); in der reizvollen Umgebung die 25 m hohen Joren-Wasserfälle (2,5 km südlich, Bus), die von einer hinter dem Wasservorhang gelegenen Höhle aus betrachtet werden können.

Südöstlich von Yugashima erstreckt sich das Gebiet der Amagi-Berge, einer Gruppe von erloschenen Vulkanen. Die von Norden kommende Straße erreicht den Amagi-Pass (800 m), wo östlich die Straße in die Bergregion abzweigt. Der höchste Gipfel ist der 1407 m hohe Banzaburo; der Banjiro erreicht 1300, der Hoko 1024 Höhenmeter. Die dicht bewaldeten Kuppen sind wegen ihres reichen Wildbestandes ein beliebtes Jagdrevier.

**Amagi-Berge**

! *Baedeker* TIPP

**Zu Fuß zum Pass**

Eine lohnende Wanderung (etwa 6 Std.) führt vom Amagi-kogen Golf-jo (Bus von Ito, 1 Std.) zum Banjiro, dann weiter über den Banzaburo zu dem romantischen Bergsee Hacho-ike in Gipfelnähe, der im Herbst besonders schön ist, und weiter zum Amagi-Pass.

## Westküste der Halbinsel Izu

**Numazu** Die Stadt Numazu (209 000 Einw.) im Nordwesten der Halbinsel ist Ausgangshafen für die Küstenschifffahrt und Startpunkt für Busrundfahrten auf Izu sowie zu den ► Fuji-Seen. 1,5 km südwestlich des Bahnhofs erstreckt sich der Badestrand Senbon-Matsubara (»Strand der tausend Föhren«). Die Bäume sollen im 16. Jahrhundert von dem Priester Zoyo gepflanzt worden sein.

**Awashima-Meerespark**

Etwa 10 km südlich von Numazu liegt auf einer kleinen Insel in der Bucht von Uchiura der Awashima-Meerespark (Awashima-kaiyo-koen; Bus von Numazu, 35 Min.) mit zahlreichen Freizeiteinrichtungen.

**Mito**

Nahebei (an der gleichen Buslinie) liegt der Ort Mito. Am Strand das Mito-Aquarium (Mito-tennen-suizokukan) mit zahlreichen Becken, einer Delfinschau und einer durch Netze vom Meer abgetrennten Freiwasserzone. Vor der Küste ankert das Hotelschiff S.S. Scandinavia.

**Kap Ose**

Ein schöner Ausflug führt zum Kap Ose (auch Bus von Numazu, 1½ Std.), das sich als kleine Landzunge weit ins Meer vorschiebt. Hier bietet sich ein eindrucksvoller Blick auf den Fuji. Sehenswert ist ferner der Ose-Schrein, dem Gott der Seefahrer geweiht. Das Kap wird von einer hübschen Promenade umzogen.

**Dogashima**
**Matsuzaki**

Ein beliebtes Touristenzentrum an der Westküste ist Dogashima. Hier befindet sich das Dogashima-Orchideenzentrum (Ran no Sato Dogashima) mit **10 000 Orchideen**. Die sich anschließende Küste zeigt bizarre Felsen und Brandungshöhlen, die in der Vorzeit bewohnt gewesen sein sollen. Eine Busfahrt führt südlich entlang der zauberhaften Küste zu dem Ort Matsuzaki, der durch seine Strände und das milde Klima bekannt ist.

**Kap Hagachi**

Von Matsuzaki verkehren ein Bus (zweimal täglich; 40 Min.) und ein Küstenboot (45 Min.) zum Kap Hagachi mit einer mehrere hundert Meter hohen Steilküste, an der wilde Affen leben (Hagachizaki Wild Monkey Park).

## Die Sieben Izu-Inseln

Als geologische Fortsetzung der Vulkankette von Fuji und Hakone erstrecken sich die Sieben Izu-Inseln (Izu-Shichito) nach Süden in den Pazifik. Der größte Teil ihrer Landfläche wurde 1984 in den Fuji-Hakone-Izu-Nationalpark eingegliedert. Die verwaltungsmäßig zu Tokyo gehörende Gruppe umfasst (von Norden nach Süden) die Inseln Oshima, Toshima, Niijima, Kozushima, Miyakejima, Mikurajima und Hachijojima.

# J...

►Y...

*Der Sakurajima ist der »Hausberg« von Kagoshima.*

# Kagoshima

F 9 • c 6

**Hauptinsel:** Kyushu
**Einwohnerzahl:** 602 000
**Präfektur:** Kagoshima

鹿児島

**Palmengesäumte Straßen, die heitere, beinahe südländische Atmosphäre und ein Vulkan direkt vor der Haustür – nicht zu Unrecht wird die südlichste Großstadt Japans auch das »japanische Neapel« genannt. Mit der italienischen Metropole ist Kagoshima seit 1960 durch eine Städtepartnerschaft verbunden.**

**Im Schatten des Vulkans**

Kagoshima, Hauptstadt der gleichnamigen Präfektur, liegt im Süden der Hauptinsel Kyushu an der weit ins Land vorstoßenden Kagoshima-Bucht, in die der Fluss Kotsugi mündet, nachdem er das Stadtgebiet durchquert hat. In der Bucht erhebt sich der aktive Vulkan Sakurajima. Durch die warme Meeresströmung Kuroshio ist die Gegend klimatisch begünstigt; die Durchschnittstemperaturen liegen bei 16–18 °C. Im Herbst treten allerdings öfter Taifune auf. Haupterwerbszweige der Stadt sind die Herstellung von Seide (Oshima tsumugi), Glas- und Bambuswaren sowie insbesondere die Keramikmanufaktur mit ihrer dreihundertjährigen Tradition.

Die Stadt der Shimazu ▶

Seit dem 13. Jahrhundert war Kagoshima über 29 Generationen hin **Sitz der Familie Shimazu**, die die Provinzen Satsuma, Osumi und Hyuga beherrschte. 1549 landete der Jesuit Francisco de Javier (Franz Xaver, 1506–1552) in Kagoshima, wo er zunächst mit Unterstützung von Shimazu Takahisa (1514–1571) missionierte. Schon zehn Monate später fiel der Missionar jedoch in Ungnade und musste die Stadt verlassen. Trotzdem waren in dieser kurzen Zeit bereits mehr als 600 Japaner zum Christentum übergetreten. Nariakira, der 28. Shimazu (1809–1858), legte mit der Einführung westlicher Techniken den Grundstein für die Industrie der Stadt; u. a. wurde hier das erste moderne japanische Kriegsschiff gebaut, das 1863 im Kampf gegen britische Flotteneinheiten eingesetzt wurde.

◂ Seinan-Aufstand

Der bekannteste Sohn der Stadt war der **Samurai Saigo Takamori** (1827–1877), der nach Meinungsverschiedenheiten mit der Meiji-Regierung in Tokyo hierher zurückkehrte. Am 15. Februar 1877 zog er mit 10 000 Soldaten zur Hauptstadt, um mit der Regierung über die Bewahrung alter Rechtsstände zu verhandeln. Nach verlustreichen Kämpfen gegen übermächtige Regierungstruppen kehrte er nach Kagoshima zurück und verschanzte sich mit wenigen Getreuen auf dem Berg Shiroyama, wo er am 24. September 1877 Selbstmord beging. Damit endete die als Seinan-Aufstand in die Geschichte eingegangene Erhebung. Noch heute gilt der postum rehabilitierte Saigo als Inbegriff des Lokalpatriotismus von Kagoshima.

## Sehenswertes in Kagoshima

**Shiroyama**

Südwestlich vom Bahnhof Kagoshima erhebt sich der 107 m hohe Berg Shiroyama, auf dessen Gipfel ein Treppenweg hinaufführt. An seinem Fuß sind die Mauerreste der 1874 durch Feuer zerstörten Burg Tsurumaru-jo sichtbar, ferner eine Bronzestatue des Saigo, der in der nahe gelegenen Höhle Selbstmord beging (dort eine Gedenkstätte). Vom Gipfel des Shiroyama öffnet sich der Blick auf die Bucht mit dem Vulkan Sakurajima. Südlich des Gipfels liegt der Terukuni-Schrein mit einem großen steinernen Torii. Er ist dem Shimazu Nariakira geweiht.

> ! *Baedeker* TIPP
>
> **Kartoffeln mal anders**
>
> Kagoshima ist bekannt für seinen aus der Süßkartoffel gewonnenen Schnaps Imo-Shochu. Über hundert Sorten Schnaps und viele andere Produkte auf Kartoffelbasis findet man bei »Satsumaimo no Yakata« im Einkaufsviertel Tenmonkan hinter der Tenmonkan-Arcade (Straßenbahn-Haltestelle Tenmon-kandori, Tel. 0 99/ 2 39 48 65, Öffnungszeiten: tgl. 10.00–19.30 Uhr).

**Franz-Xaver-Park**

Unweit südlich im Franz-Xaver-Park ehrt eine Gedenkstätte mit einer Bronzebüste sowie den Mauerresten einer christlichen Kirche, die als eine der ersten auf japanischem Boden errichtet wurde, den ersten Missionar. 1949 erbaute man hier zum 400. Jahrestag der Landung des Heiligen die Franz-Xaver-Gedächtniskirche.

**Nanshu-Schrein**

1 km nordwestlich vom Bahnhof Kagoshima liegt der Nanshu-Schrein, dem Patrioten Saigo geweiht; auf dem Friedhof des nahen Jokomyoji-Tempels befinden sich die Grabmäler von Saigo und seinen Gefolgsleuten.

**Shoko-Shuseikan-Museum** 2,5 km nördlich vom Bahnhof das Shoko-Shuseikan-Museum, untergebracht in einem 1852 errichteten Fabrikgebäude, das in seiner Art für Japan einmalig war und in dem Waffen, Glas, Keramik, Schiffsteile und Garne hergestellt wurden. Das Museum zeigt Gegenstände zur 700-jährigen Familiengeschichte der Shimazu (Öffnungszeiten: tgl. 8.30–17.30 Uhr).

Jenseits der Bahnlinie liegt Ijin-kan, einst der Wohnsitz der im Shuseikan tätigen englischen Ingenieure.

**✶✶ Iso-Park** Noch etwas weiter nördlich der Iso-Park (auch Sengan-en genannt), früher ein Sommersitz der Familie Shimazu (17. Jh.). Er ist einer der reizvollsten Landschaftsgärten von Kyushu und bietet den besten Blick auf den Sakurajima (Öffnungszeiten: tgl. 8.30–17.30 Uhr, 1000 ¥). Eine Seilbahn führt von hier auf den Berg Isoyama, wo ein kleiner Vergnügungspark angesiedelt ist.

**Kita-futo** Nicht weit vom Bahnhof befindet sich der Nord-Pier des Hafens mit einem der größten Aquarien Japans (Kagoshima Suizokukan, Öffnungszeiten: tgl. 9.30–18.00 Uhr, 1500 ¥). Von der Hafenpromenade (Boardwalk) bietet sich bei Sonnenuntergang ein romantisches Bild.

## KAGOSHIMA ERLEBEN

### AUSKUNFT

im Bahnhof Kagoshima-Chuo
Tel. 0 99/2 53 25 00
tgl. 8.30–19.00 Uhr
www.city.kagoshima.lg.jp

***Präfektur Kagoshima***
3rd floor, Kagoshimaken Sangyo Kaikan, 9-1 Meizan-cho, nahe Straßenbahnhaltestelle Asahi-dori
Tel. 0 99/2 23 57 71
Mo. bis Fr. 8.30–17.15 Uhr
www.pref.kagoshima.jp

### ANREISE

*Flugzeug:* Von Tokyo (Haneda Airport; 1¾ Std.); von Osaka (1 Std.); von Nagoya (1¼ Std.).
*Bahn:* Von Tokyo (Hauptbahnhof) JR-Shinkansen-Linie über Nagoya, Kyoto, Osaka, Okayama und Hiroshima nach Hakata (5 Std.), dann JR-Kagoshima-Hauptlinie bis Shin-Yatsushiro (1¾ Std.) und weiter mit dem Kagoshima Shinkansen (45 Min.); von Miyazaki JR-Nippo-Hauptlinie (2 Std.).

### VERANSTALTUNGEN

Soga-don no Kasayaki (zeremonielles Verbrennen von Papierschirmen; Ende Juli); Myoen-ji mairi (Umzug von Knaben in Samurai-Rüstungen; Ende Sept.); Ohara-matsuri (Umzug mit Volksgesang; Anfang Nov.).

### ÜBERNACHTEN

**► Komfortabel**

***Nakazono Ryokan***
1-18 Yasui-cho, Kagoshima-shi
Kagoshima-ken 892-0815
Tel. 0 99/2 26 51 25, Fax 2 26 51 26
Niedliche, zweistöckige kleine Pension in günstiger Lage nahe dem Bahnhof Kagoshima (7 Min. zu Fuß). Zimmer im japanischen Stil, Gemeinschaftsbäder. Der hilfsbereite Besitzer, Herr Nakazono, spricht Englisch.

## Umgebung von Kagoshima

**✶✶ Sakurajima**

Östlich der Stadt liegt in der Bucht der tätige Vulkan Sakurajima (Fährverbindung, 15 Min.) mit den drei Gipfeln Kita-dake (1118 m), Naka-dake (1110 m) und Minami-dake (1060 m). Von allen Kratern ist heute nur noch der Minami-dake aktiv, über dem ständig eine Rauchsäule steht. Der Sakurajima ist Teil des ►Kirishima-Yaku-Nationalparks. Die **Ausbrüche** des Sakurajima können historisch bis in das Jahr 708 zurückverfolgt werden. Besonders bekannt ist die Eruption von 1914, in deren Verlauf der 400 m breite und 72 m tiefe Meeresarm, der bis dahin den Vulkan von der östlich gelegenen Halbinsel Osumi getrennt hatte, durch Lavamassen zugeschüttet wurde, sodass der Sakurajima heute eine Halbinsel darstellt, die von Osumi aus auf einer Straße erreicht werden kann. Eine Besonderheit sind die »Sakurajima-daikon«, im vulkanischen Boden wachsende Rettiche, die bis 45 kg Gewicht erreichen (Erntezeit Januar/Februar).

Eine gute Straße (Busrundfahrt, 1¾ Std.) führt von Hakamagoshi im Westen der Halbinsel durch die Lavafelder; im Süden liegt der kleine Ort Kurokami mit einem steinernen Torii, das 1914 bis zur Höhe seines Querbalkens von Lava verschüttet wurde.

# ✶✶ Kamakura

K 7 • m 2

**Hauptinsel:** Honshu
**Einwohnerzahl:** 176 000
**Präfektur:** Kanagawa

鎌倉

**Dank seiner zahlreichen Sehenswürdigkeiten ist Kamakura ein viel besuchtes Touristenziel: Hauptanziehungspunkt dieser geschichtsträchtigen Stadt ist der Große Buddha, daneben laden malerische Tempel und Schreine zur Erkundung ein.**

**Tempelstadt**

Die einstige Hauptstadt Japans Kamakura liegt rund 40 km südwestlich von Tokyo an der Sagami-Bucht. Auf drei Seiten ist sie von bewaldeten Hügeln umgeben; nach Südosten erstreckt sich die Halbinsel Miura in den Pazifik. Das milde Klima und die **Badestrände** ziehen im Sommer Gäste aus dem Raum Tokyo–Yokohama an. Noch vor 50 Jahren war Kamakura ein kleiner Badeort; inzwischen hat es sich zum Wohnvorort von Tokyo und Yokohama entwickelt, in dem zahlreiche Intellektuelle leben. In Kamakura gibt es 65 Tempel und 19 Schreine sowie zahlreiche Kunstschätze. Eine von der Küste nach Norden verlaufende Straße, die Wakamiya-oji, teilt das Stadtgebiet.

**Geschichte**

Aus der Vernichtungsschlacht der Minamoto gegen die Taira bei Dannoura (1185) als Sieger hervorgegangen, erklärte Minamoto Yoritomo (1147–1199) im Jahre 1192 die Stadt Kamakura zum Sitz sei-

## Highlights Kamakura

**Tsurugaoka-Hachiman-Schrein**
Der wichtigste Shinto-Schrein der Stadt verwahrt in prunkvollen Gebäuden zahlreiche Kunstschätze.
▸ Seite 299

**Großer Buddha**
Die zweitgrößte Statue Japans gilt als vollkommenste aller Buddha-Statuen und ist Hauptziel aller Besucher in der Stadt.
▸ Seite 302

**Hase-dera**
Er birgt eine sehenswerte Kannon-Statue.
▸ Seite 302

**Engakuji-Tempel**
In einem kostbaren Reliquar wird hier ein Zahn Buddhas aufbewahrt.
▸ Seite 304

**Kenchoji-Tempel**
In dem großartigen Zen-Tempel ist eine uralte Glocke zu sehen.
▸ Seite 304

ner Militärregierung (Kamakura-bakufu), um dem dekadenten Hofleben von Kyoto zu entgehen. Überdies sicherte er so seine Macht über den ganz unter seiner Kontrolle stehenden Osten des Landes. Er begründete eine strenge Ritterkultur, und bis 1333 blieb Kamakura Zentrum des vom Schwertadel getragenen Feudalismus. Nach dem Tod Yoritomos übernahmen zunächst seine Söhne Yoriie und Sanetomo die Shogunatsmacht, aber mit ihrer Ermordung starb das Geschlecht der Minamoto aus. Der Clan der Hojo riss die Macht an sich. Der Niedergang der Hojo als Landesherrscher war von heftigen Kämpfen begleitet, in deren Verlauf die Stadt weitgehend zerstört wurde. Während der folgenden Muromachi-Zeit (1338–1573) erlebte Kamakura unter der Herrschaft der Ashikaga-Shogune eine neue Blüte als Verwaltungssitz der Ostprovinzen, doch durch die Verlegung der Verwaltung nach Odawara wurde es bald wieder zu einem stillen Fischerdorf.

## Im Norden und Nordwesten

**Jufukuji-Tempel** Vom Bahnhof im Stadtzentrum gelangt man 500 m nördlich zum Jufukuji-Tempel der Rinzai-Sekte, der im Jahr 1200 von Masako, der Gattin von Minamoto Yoritomo, gegründet wurde und zu den fünf großen, auf Hügeln gelegenen Zen-Tempeln (Kamakura-gozan) gehörte (die anderen: Kenchoji, Engakuji, Jochiji und Jomyoji). Von der Anlage existiert nur noch die rekonstruierte Haupthalle mit einer Holzstatue des Jizo, Schutzgott der Kinder (nicht zugänglich). Auf dem Hügel hinter dem Tempelgelände befinden sich die Gräber von Masako und ihrem Sohn Minamoto Sanetomo (1192–1219).

**Eishoji-Tempel** Unweit nördlich liegt der Eishoji-Tempel mit dem einzigen Nonnenkloster Kamakuras. Er gehört zur Jodo-Sekte und wurde 1636 von Eisho, einer Konkubine des Tokugawa Ieyasu, gegründet.

Zeniarai-Benten-Schrein

Vom Bahnhof Kamakura nordwestlich gelangt man zu Fuß (20 Min.) zum Zeniarai-Benten-Schrein, der Glücksgöttin Benten geweiht. Er ist auch über einen Wanderpfand vom Jochiji zu erreichen. Die zur Zeit der Schlange (eines der chinesischen Tierkreiszeichen) in der Quelle des Schreins gewaschene Geldmenge soll sich nach dem Volksglauben verdoppeln oder verdreifachen. Die zu der geweihten Höhle führenden Torii sind von dankbaren Gläubigen gestiftet.

## Im Nordosten

✶✶ Tsurugaoka-Hachiman-Schrein

Nordöstlich vom Bahnhof befindet sich der Tsurugaoka-Hachiman-Schrein (Bus, 3 Min.). Die zum Heiligtum führende Straße Wakamiya-Oji, von drei Torii unterteilt, verengt sich gegen Norden. Zwischen dem zweiten und dritten Torii ist die Straße von Kirschbäumen und Azaleen gesäumt.

Der Tsurugaoka-Hachiman-Schrein wurde im Jahre 1063 von Minamoto Yoriyoshi (998–1075) gegründet, aber erst 1191 durch Yoritomo an seinen heutigen Standort versetzt. Er ist dem besonders während der Kamakura-Zeit verehrten Kriegsgott Hachiman geweiht, der mit dem legendären Ojin-tenno identifiziert wird und Schutzgott der Minamoto war. Die heutigen Schreingebäude, 1828 entstanden, repräsentieren den prunkvollen Stil der Momoyama-Zeit (1573 bis 1600). Im Schrein befinden sich **wertvolle Kunstschätze**, darunter Rüstungen, Schwerter und Masken. Links von der zum Schrein führenden Steintreppe wurde Sanetomo, der dritte Kamakura-Shogun, im Jahr 1219 von seinem nur acht Jahre jüngeren Neffen Kugyo vermutlich aus Neid um dessen Stellung ermordet.

Der Nebenschrein Wakamiya (1624) rechts von der Treppeist dem Nintoku-tenno, Sohn des Ojin, geweiht. Ein beliebtes Thema der japanischen Literatur ist der Tanz, den Shizuka, die Geliebte des Minamoto Yoshitsune (1159 bis 1189), zur Erbauung von dessen Bruder Yoritomo vorführen musste. Sie sollte hier gezwungen werden, den Aufenthaltsort des Yoshitsune zu verraten. Nahe beim Nebenschrein liegt der **Shirahatasha**, die Gedenkstätte für Yoritomo und Sanetomo. Der Name des Schreins bedeutet »Weißes Banner« und leitet sich vom Banner der Minamoto her.

Rechts des Schreins steht das **Städtische Museum** (Kamakura Kokuhokan), 1928 im Stil des Shosoin von Nara erbaut, mit Kunstschätzen lokaler Tempel und Schreine sowie privater Sammlungen aus der Kamakura-und Muromachi-Zeit; ferner zahlreiche Ukiyo-e-Holzschnitte(Öffnungszeiten: Di. bis So. 9.00–16.00 Uhr, 300 ¥). Daneben das Museum für moderne Kunst.

*Am Tsurugaoka-Hachiman-Schrein*

**Grab des Yoritomo** Kamakura-Schrein ►

500 m nordöstlich des Schreins bezeichnet eine 1,60 m hohe, von einer Steinmauer umgebene Pagode die Grabstätte von Yoritomo, dem Begründer des Kamakura-bakufu. In östlicher Richtung erreicht man den Kamakura-Schrein (Kamakura-gu, auch Bus vom Bahnhof Kamakura, 10 Min.), 1869 inmitten eines Hains erbaut und dem Prinzen Morinaga (1308–1335) geweiht, mit sehenswertem Schatzhaus. Morinaga, Sohn des Godaigo-tenno, wurde wegen seines Versuches, die Macht für das Kaiserhaus zurückzugewinnen, in einer nahe gelegenen Höhle vom Bruder des herrschenden Shogun ermordet. Sein Grab befindet sich 200 m östlich auf dem Hügel Richikozan.

**Kakuonji-Tempel**

700 m nördlich des Kamakura-Schreins liegt der 1218 unter Hojo Yoshitoki erbaute Kakuonji-Tempel der Shingon-Sekte (Sen-yuji-Schule). In der Halle Aisendo befinden sich u. a. eine Holzstatue des sitzenden Yakushi-nyorai, ihm zur Seite zwei Bosatsu und eine Statue des Jizo, des Schutzpatrons der Kinder. Die **Höhlen** (Yagura) in dem hinter dem Tempel gelegenen Hügel werden aufgrund von Knochenfunden als alte Begräbnisstätten gedeutet.Von dem hinter dem Tempel liegenden Hügel öffnet sich ein schöner Blick auf die Stadt.

★ **Zuisenji-Tempel**

1 km östlich des Kamakura-Schreins erreicht man nach einem längeren Fußmarsch hügelaufwärts den abgeschiedenen Zuisenji-Tempel (Zen-Tempel) der Rinzai-Sekte (Engakuji-Schule). Sein Steingarten, von **Muso Kokushi** (auch Soseki, 1275–1351) angelegt, ist ein berühmtes Beispiel für die vom Zen-Buddhismus geprägte Gartenarchitekturder ausgehenden Kamakura-Zeit. Auch der Tempel selbst ist eine Gründung von Muso-Kokushi, wurde aber im 14. Jahrhundert erneuert. Die in der Gründerhalle aufbewahrte 1 m hohe Holzstatue des Muso-Kokushi ist eines der schönsten Kunstwerke der Muromachi-Zeit (Öffnungszeiten: tgl. 9.00–17.00 Uhr, 100 ¥).
Die Höhlen (Yagura) in dem hinter dem Tempel gelegenen Hügel werden aufgrund von Knochenfunden als alte Begräbnisstätten gedeutet.

**Samponji-Tempel**

Südlich vom Kamakura-Schrein befindet sich der vermutlich im 8. Jh. gegründete Samponji-Tempel (auch Sugimoto-dera; einer der ältesten Kamakuras; Bus vom Bahnhof Kamakura, 7 Min.). Der Tempel ist **Ausgangspunkt der Pilgerreise zu den 33 Kannon-Tempeln** der Kanto-Region (Bando Sanjusankasho). Zwei der drei Holzstatuen der Elfköpfigen Kannon im Inneren stammen vermutlich aus der Heian-Zeit.

**Jomyoji-Tempel**

350 m östlich von hier (Bus vom Bahnhof Kamakura, 8 Min.) führt eine Kirschbaumallee zu dem 1188 von Ashikaga Yoshikane († 1199) gegründeten Jomyoji-Tempel, einem der fünf großen Zen-Tempel von Kamakura.

*Der Große Buddha von Kamakura* →

## Im Südosten

**Ankokuronji-Tempel** Südöstlich vom Bahnhof Kamakura liegen mehrere Tempel der Nichiren-Schule, darunter der Ankokuronji-Tempel, der 1274 an der Stelle der Einsiedelei von Nichiren gegründet wurde (Öffnungszeiten: Di. – So. 9.00 – 17.00 Uhr, 100 ¥). Zu seinen bedeutendsten Schätzen gehört eine alte Abschrift der von **Nichiren Shonin** (1222–1282) verfassten, gegen andere Sekten gerichteten Streitschrift »Rissho-ankokuron«. Der aus Kominato auf der Halbinsel Boso stammende Nichiren begann nach dreijährigem Klosterleben in Kyoto mit der Verbreitung seiner Lehre in seinem Heimatort. Aufgrund seiner Doktrin von dort vertrieben, gründete er 1253 die Nichiren-Hokke-Schule, richtete die Einsiedelei ein und schrieb u. a. die erwähnte Streitschrift, Tempel seinen Namen gab. Seine Kritik an der Staatsmacht und Angriffe gegen andere Schulen führten zu seiner Verbannung auf die Halbinsel Izu (1261–1263). Nach seiner Rückkehr verbreitete er seine Lehre weiter. Nur knapp einer Hinrichtung entgangen, wurde er 1271 auf die Insel Sado verbannt, wo er weitere Schriften verfasste, u. a. das »Kaimokusho« (1272). Von 1274 bis zu seinem Tod lebte er in dem abgeschiedenen Tempel Kuon-ji am Hang des Berges Minobu (westlich des Fuji) und in dem von ihm gegründeten Hommonji-Tempel in Ikegami (heute Tokyo).

**Komyoji-Tempel** Weit im Südosten der Stadt (Bus vom Bahnhof Kamakura, 10 Min.) liegt der 1243 gegründete Komyoji-Tempel der Jodo-Sekte, in welchem eine Reihe wertvoller Bilder und Bildrollen aufbewahrt wird.

## Im Südwesten

**✶✶ Großer Buddha** Die bekannteste Sehenswürdigkeit von Kamakura, der Große Buddha (Daibutsu), steht im Südwesten der Stadt (Bus vom Bahnhof Kamakura, 10 Min.). Er gehört zum **Kotokuin-Tempel** der Jodo-Sekte. Die aus Bronze gefertigte Sitzfigur des Amida ist nach dem Daibutsu des Todai-ji in Nara die zweitgrößte Statue Japans. Sie wiegt 121 t, ist 11,40 m hoch und gilt als schönste und vollkommenste aller Buddha-Statuen des Landes. Die Statue wurde 1252 von Ono Goroemon oder Tanji Hisatomo gegossen und war von einer großen Halle umbaut, die im 14. / 15. Jh. durch Taifune und Erdbeben zerstört wurde. Die Handstellung (Mudra) drückt Festigkeit des Glaubens aus und ist typisch für japanische Amida-Figuren (Öffnungszeiten: April bis Sept. tgl. 7.00–18.00, Okt. bis März bis 17.30 Uhr, 200 ¥, gegen eine Extragebühr von 20 ¥ kann man in die Statue hineingehen).

**✶ Hase-dera** Unweit südwestlich erreicht man den Tempel Hase-dera der Jodo-Sekte, in dessen Haupthalle die Statue der Elfköpfigen Kannon steht. Die 9,30 m hohe vergoldete Holzstatue soll im Jahre 721 von dem Priester Tokudo aus der Hälfte eines alten Kampferbaumes geschnitzt worden sein (aus der anderen Hälfte die Kannon-Statue des Hase-dera in Nara). Im Tempelbesitz ist auch die 1264 gegossene drittälteste Glocke der Stadt. Vom Tempel bietet sich ein schöner Blick auf die Strände im Süden von Kamakura (Öffnungszeiten: tgl. 8.00–17.00, Okt. bis Febr. bis 16.30 Uhr, 300 ¥).

**Gokurakuji-Tempel**

Weiter südwestlich liegt der Gokurakuji-Tempel (Enoden-Privatbahnlinie vom Bahnhof Kamakura). Außer verschiedenen Tempelschätzen wie der Shakyamuni-Statue blieb von dem 1259 durch Hojo Shigetoki (1198–1281) gegründeten Heiligtum kaum etwas erhalten.

**Strände**

Jenseits der Bahnlinie alden die Strände Yumigahama (östlich) und Shichirigahama (westlich) ein, Letzterer mit schöner Sicht auf Enoshima. Der 2 km lange **Yumigahama, einer der schönsten Strände um Tokyo**, ist Anfang August Schauplatz des turbulenten Stadtfestes.

## *Kamakura* Orientierung

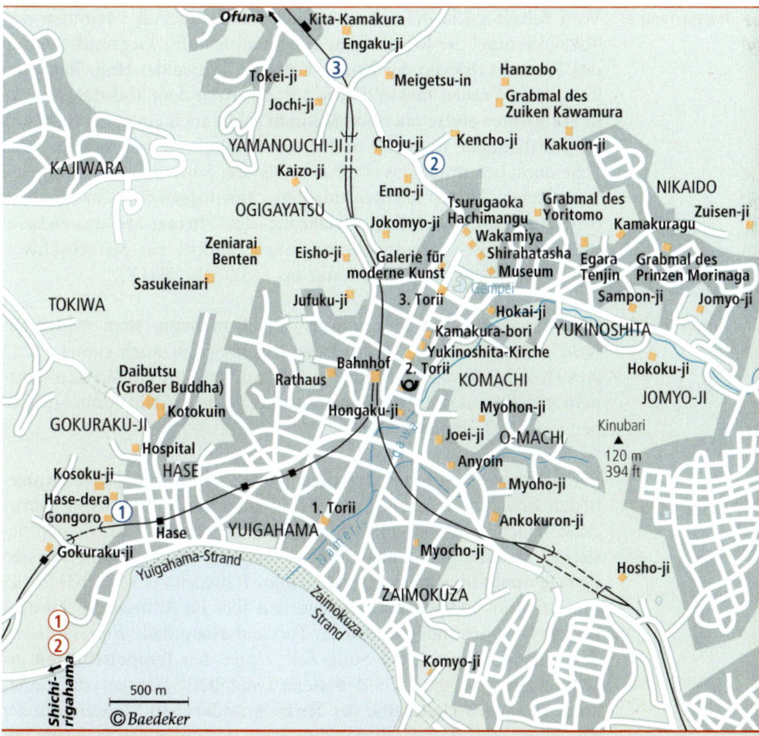


**Essen**
① Kaikotei
②③ Hachinoki

**Übernachten**
① Kamakura Park Hotel
② Iwamotoro Ryokan

## Rund um Kita-Kamakura

★★ **Engakuji-Tempel**

Der Bahnhof Kita-Kamakura nördlich außerhalb ist Ausgangspunkt für den Besuch des unweit östlich gelegenen Engakuji-Tempels. Dieser der Rinzai-Sekte zugehörende Tempel, Zentrum der Engakuji-Schule, wurde 1282 von Hojo Tokimune gegründet und von einem chinesischen Abt geleitet. Trotz der schweren Schäden durch das Erdbeben von 1923 blieb die 1285 erbaute Reliquienhalle (Shariden) als bestes Beispiel für die kraftvolle Architektur der Kamakura-Zeit erhalten. Hier befindet sich ein kostbares Quarzreliquiar mit einem Zahn Buddhas (nur vom 1. bis 3. Januar zugänglich).

Glockenturm ▶ Im Glockneturm hängt eine 1301 gegossene Glocke, mit 2,60 m Höhe die größte der Stadt. Hinter dem Hauptgebäude die Grabstätte des Tokumine; hübsch gelegen ist das Teehaus (Butsunichi-an) und einem angrenzenden Garten (Öffnungszeiten: April bis Okt. tgl. 8.00–17.00, Nov. bis März bis 16.00 Uhr, 200 ¥).

**Tokeiji-Tempel**

Vom Bahnhof Kita-Kamakura südlich sind es zu Fuß 5 Minuten den Tokeiji-Tempel der Rinzai-Sekte (Engakuji-Schule). Gegründet wurde der Tempel 1185 von der Nonne Kakusan, Witwe des Hojo-Regenten Tokimune. Frauen mussten zu jener Zeit nach dem Tod des Mannes in ein Kloster eintreten, doch Kakusan schuf auch einen Zufluchtsort für misshandelte Frauen. Von hier aus konnten sie von sich aus eine Scheidung beantragen, was oft zwei bis drei Jahre dauerte, doch eine Verbesserung ihrer Rechte bedeutete. Normalerweise war für eine Scheidung die schriftliche Erklärung des Ehemannes ausreichend und erforderlich. Heute ist der Tokeiji-Tempel ein Mönchskloster (tgl. 8.30 – 17.00, Nov. – März nur bis 16.00 Uhr, 300 ¥).

**Jochiji-Tempel**

Ein Fußweg führt zu dem unweit südlich in einem alten Zypressenwald gelegenen Jochiji-Tempel der Rinzai-Sekte. Auch dieser (1283 von Hojo Morotoki gegründet) gehört zu den fünf großen Zen-Tempeln von Kamakura. Die heutige Anlage ist nach dem Kanto-Erdbeben von 1923 erbaut worden.

★ **Kenchoji-Tempel**

Südöstlich vom Bahnhof erreicht man den von hohen Zedern umgebenen Kenchoji-Tempel (Bus, 4 Min.; auch Verbindung zum Tsurugaoka-Hachiman-Schrein, 6 Min.). Gründer des 1253 für den chinesischen Priester Tai Chiao (japan. Daigaku-zenji) erbauten ersten Zen-Tempels in Kamakura war Hojo Tokiyori (1227–1263). 1415 brannten die Tempelbauten ab, wurden aber im Auftrag der Tokugawa im 17. Jahrhundert erneuert. Tor und Haupthalle repräsentieren den chinesischen Stil der Sung-Zeit. Unter den **Tempelschätzen** erwähnenswert ist die 1255 gegossene zweitälteste Glocke von Kamakura, ferner die Holzstatue des Tempelgründers, ein Meisterwerk der Kamakura-Zeit. Das Grab des Tai Chiao, der unter den Hojo als politischer Berater und geistiger Führer tätig war, liegt auf einer Anhöhe hinter dem Tempel (Öffnungszeiten: tgl. 8.30–16.30 Uhr, 300 ¥).

# KAMAKURA ERLEBEN

## AUSKUNFT

Beim Ostausgang des Bahnhofs
Tel. 04 67/22 33 50
tgl. April bis Sept. 9.00–17.30, Okt. bis März bis 17.00 Uhr
www.city.kamakura.kanagawa.jp
Ausführliche Hintergrundinfos zu den vielen Tempeln und Schreinen: www.kamakuratoday.com/e

## ANREISE

*Bahn:* Von Tokyo (Hauptbahnhof) JR-Yokosuka-Linie über Yokohama (1 Std.).

## VERANSTALTUNGEN

Erster Schreinbesuch (1.–3. Januar), u. a. im Tsurugaoka-Hachiman- und Kamakura-Schrein; Setsubun (Austreiben des Winters; Anfang Febr.), u. a. im Tsurugaoka-, Kamakura-Schrein und Kenchoji-Tempel; Kamakura-matsuri (Stadtfest mit historischen Umzügen und Teezeremonie; Anfang/Mitte April); Jahresfest des Tsurugaoka-Hachiman-Schreins (Yabusame, Reiterfest und Bogenschießen; Mitte Sept.); Menkake-gyoretsu (Maskenumzug; Mitte Sept.), beim Gongoro-Schrein; Takigi-no (nächtliche No-Aufführungen; Ende Sept.), beim Kamakura-Schrein.

## ESSEN

### ▶ Erschwinglich

① ***Kaikotei***
3-7 Sakanoshita, Kamakura-shi
Tel. 04 67/25 44 94
tgl. 11.00–21.00 Uhr
Mit Enoden-Linie bis Bahnhof Hase, von dort knapp 10 Min. Fußweg. Kaiseki (mittags ab 5500 ¥) und Soba (ab 800 ¥) in einem 180 Jahre alten Haus, das die Besitzer mit japanischen Antiquitäten ausgestattet haben.

② ***Hachinoki***
7 Yamanouchi, Kamakura-shi
Tel. 04 67/22 87 19
Di. bis Fr. 11.30–14.30, Sa., So., Fei. 11.00–16.00 Uhr
③ *Filiale* in Kita-Kamakura, nahe dem Tokeiji-Tempel, Tel. 23 37 22, tgl. außer Mi. 11.30–19.00 Uhr, und gleich daneben eine weitere, Tel. 23 37 23, die tgl. zu denselben Zeiten geöffnet hat. Berühmtes Restaurant mit Shojin-Ryori (vegetarischer Mönchskost) und Kaiseki. Köstlich! Im Stammlokal unbedingt reservieren!

## ÜBERNACHTEN

### ▶ Luxus

① ***Kamakura Park Hotel***
33-6 Sakanoshita, Kamakura
Kanagawa, 248-0021
Tel. 04 67/25 51 21, Fax. 25 37 78
www.kamakuraparkhotel.co.jp
Resorthotel im westlichen Stil, aber auch mit japanischen Zimmern, japanischem Freiluft-Bad auf dem Dach und japanischem Restaurant. Alle Zimmer mit Meerblick.

### ▶ Komfortabel

② ***Iwamotoro Ryokan***
auf der Insel Enoshima
2-2-7 Enoshima, Fujisawa-shi, Kanagawa-ken 251-0063
Tel. 04 66 / 26 41 21
Der traditionelle Ryokan verfügt über eine phantastische Badeanlage, die in ein römisch inspiriertes Bad und ein einem Höhlenlabyrinth nachempfundenes Bad aufgeteilt ist (nach Geschlechtern getrennt). Die meisten Zimmer mit Meerblick, an klaren Tagen ist sogar der Fuji zu sehen. Japanische Tradition zu einem erschwinglichen Preis.

## Umgebung von Kamakura

**Katase** Westlich der Stadt liegt der beliebte Badeort Katase an der Mündung des gleichnamigen Flusses. Von den Bahnhöfen Fujisawa und Kamakura bestehen Verbindungen mit Privatbahnlinien. Am Shonan-Park, westlich des Flusses, befindet sich das Aquarium (mit Delfinshow). Entlang der Küste zahlreiche Schwimmbäder, Bootsverleih u. a.

**Ryukoji-Tempel** 100 m nordöstlich des Bahnhofs Enoshima liegt der 1288 fertig gestellte Ryukoji-Tempel der Nichiren-Sekte, an der Stelle errichtet, wo **Nichiren** hingerichtet werden sollte. An derselben Stelle wurden 1275 die Abgesandten des Kublai Khan exekutiert. Gegen Mitte September findet hier das Fest Oeshiki-matsuri statt.

> **? WUSSTEN SIE SCHON ...?**
>
> - ... warum Nichiren begnadigt wurde? Ein Blitz zerbrach das Schwert des Scharfrichters, worauf die Soldaten nicht mehr den Mut aufbrachten, das Todesurteil zu vollziehen.

**Enoshima** Vor der 600 m langen Brücke Benten-bashi befindet sich ein breiter Badestrand. Auf mehreren Warntafeln sind Hinweise für das Verhalten bei Tsunami-Flutwellen zu lesen. Über die Brücke erreicht man die bewaldete Insel Enoshima (Bus ab Bahnhof Kamakura bis Enoshima-kaigan, 20 Min.). Über 300 Steinstufen gelangt man dort zum Enoshima-Schrein, der eine berühmte Statue der Glücksgöttin Benten birgt.

## Halbinsel Miura

Südöstlich von Kamakura bildet die Halbinsel Miura die Trennungslinie zwischen der Tokyo-Bucht (östlich) und der Sagami-Bucht (westlich). Wegen des milden Klimas ist diese Gegend ein von wohlhabenden Bürgern Tokyos bevorzugtes Wohngebiet, zumal sie gute Badestrände besitzt.

**Zushi** Der am nächsten bei Kamakura gelegene Ort auf der Halbinsel ist Zushi (Bus, 20 Min.; JR-Yokosuka-Linie, 5 Min.). Von hier erreicht man mit dem Bus (15 Min.) das Seebad Hayama mit herrlichem Blick auf die Sagami-Bucht und den Fuji. Im Süden zieht sich der Hayama-Park an der Küste hin.

**Yokosuka** An der Ostküste der Halbinsel liegt die Stadt Yokosuka (427 000 Einw.), die größte Stadt dieser Küstenregion. Bis zum Ende des Zweiten Weltkriegs war sie auch Marinehafen, heute befindet sich hier ein US-Flottenstützpunkt. Bahnverbindungen bestehen von Tokyo und Yokohama. Das Stadtgebiet erstreckt sich über mehrere Hügel (Okusu, 242 m, und Takatori, 139 m). Sehenswert ist der 1 km östlich vom Bahnhof gelegene **Mikasa-Park** (Bus vom Bahnhof, 5 Min.). Vor der Küste liegt die 1900 vom Stapel gelaufene »Mikasa«, das spätere Flaggschiff des Admirals Togo, das im Russisch-Japanischen Krieg (1904/1905) eingesetzt war, 1923 aufgrund der Washingtoner Abrüstungskonferenz ausgemustert und 1961 als Museumsschiff eingerichtet wurde (Öffnungszeiten: April bis Sept. 9.00–17.30, März und Okt. bis 17.00, Jan., Febr., Nov. und Dez. bis 16.30 Uhr, 500 ¥). Vom Park besteht eine Fährverbindung (10 Min.) zu der kleinen Insel Sarushima, einst Stützpunkt der Küstenbatterien und heute ein geschätztes Wassersportgebiet.

◄ Tsukuyama-Park

Im Westen von Yokosuka liegt der Tsukayama-Park mit den Gräbern des in Südjapan gestrandeten britischen Lotsen William Adams (jap. Miura Anjin; 1564–1620, ► S. 289) und seiner japanischen Frau. Adams war Berater und Schiffsbauer im Dienste des Tokugawa Ieyasu. Der Burgsitz der Fürsten Miura befand sich im Kinugasa-Park, von welchem sich ein schöner Blick auf die Halbinsel bietet; die Kirschblüte beginnt Anfang April.

**Uraga**

Östlichster Hafen auf Miura ist der südöstliche Stadtteil von Yokosuka, Uraga, von wo in der Zeit des Tokugawa-Shogunats (1603–1867) die in die Tokyo-Bucht einlaufenden Schiffe kontrolliert wurden. Der Kommodore Biddle überreichte hier im Jahre 1846 ein Schreiben des Präsidenten der USA, und sieben Jahre später ankerte Admiral Perry vor dem Hafen, um mit der Übergabe eines weiteren Schreibens des US-Präsidenten die Öffnung Japans einzuleiten.

**Miura**

Ganz im Süden der Halbinsel liegt der Hochseefischereihafen Miura (Bus von Kurihama, 40 Min.). Über eine 575 m lange Brücke erreicht man die vorgelagerte kleine Insel Jogashima mit Leuchtturm und zugehörigem Museum; Blick auf den westlich gelegenen Hafen von Misaki. Nördlich von diesem gibt es zahlreiche kleine Buchten mit guten Bademöglichkeiten; u. a. bei Aburatsubo (auch Bootsverbindung von Misaki, 15 Min.) mit dem gleichnamigen Meerespark.

# Kanazawa

J 6 • j 1

**Hauptinsel:** Honshu **Präfektur:** Ishikawa
**Einwohnerzahl:** 442 000

金沢

**Kanazawa ist die größte und attraktivste Stadt des Hokuriku-Distrikts und dessen kulturelles Zentrum. Aus der glanzvollen alten Zeit blieb einiges erhalten, so der zu den drei schönsten Gärten Japans zählende Kenroku-en-Park im Herzen der Stadt.**

**Seehafen und Universitätsstadt**

Kanazawa, die Hauptstadt der Präfektur Ishikawa, liegt an der Nordwestküste Honshus, wo die Halbinsel Noto weit ins Japanische Meer vorstößt, in das der Fluss Asano mündet. Heute ist Kanazawa Industrie- und Universitätsstandort sowie Sitz einer Kunsthochschule.

## Sehenswertes in Kanazawa

**Blattgold-museum**

Fast 100 % des japanischen Blattgolds stammen aus Kanazawa. Wenige Gehminuten nördlich vom Bahnhof zeigt das Yasue Kinpaku Kogeikan, benannt nach dem Blattgoldhersteller Yasue Komei, u .a. den manuellen Herstellungsprozess der hauchdünnen Goldfolie: Im letzten Durchgang werden gleichzeitig 1600 übereinanderliegende Blätter flachgeklopft (Öffnungszeiten tgl. 9:30 – 17:00, 300 ¥).

**Burg**

Im Zentrum der Stadt (Bus vom Bahnhof, 15 Min.) stand früher die 1881 durch Feuer zerstörte Burg des Daimyo Maeda. Erhalten sind nur das Tor (Ishikawa-mon) von 1788 und das 54 m lange Sanjikken-Nagaya von 1858; weitere Burggebäude werden sukzessive wieder originalgetreu aufgebaut. Zu besichtigen sind auch der restaurierte Hishiyagura-Turm und das 90m lange Lagerhaus Gojikken Nagaya mit kleiner Ausstellung. (Öffnungszeiten 9:00 – 16:30, 300 ¥).

**✶✶ Kenroku-en**

Der herrliche Park Kenroku-en ist mit 10 ha Fläche **der größte der drei berühmten Gärten von Japan** (die beiden anderen in ► Mito und ► Okayama). Der zur Residenz der Maeda gehörende und bis 1837 über Jahrhunderte immer weiter verbesserte Park verkörpert seinem Namen zufolge sechs erstrebenswerte Eigenschaften eines Gartens in den drei Gegensatzpaaren »Gestaltung und Unberührtheit«, »Weite und Geborgenheit« sowie »Ausblick und Bachläufe« (Öffnungszeiten: März – 15. Okt. 7.00–18.00, 16. Okt. – Febr. 8.00 bis 16.30 Uhr, 300 ¥). Der älteste Teil des Gartens ist der Nordteil, nahe am Schloss. Im Teehaus Yugaotei, am Hisagoike Teich, haben schon die Daimyo den Midoritake-Wasserfall bewundert. Heute kann man dort grünen Tee mit süßen Reisklößchen (mochi) kosten. Der wenig neuere Teich Kasumigaike ist mit seiner Steinlaterne Kotoji-toro ein beliebter Foto-Spot. Dahinter steht eine Bronzestatue des legendären Helden Yamato-takeru (► Nagoya). Im Südteil des Parks sieht man das 1863 für die Mutter des Daimyo errichtete Haus Seison-kaku, nahebei steht der Kanazawa-Schrein.

**Museum für Handwerk und Kunsthandwerk**

Das Kunsthandwerksmuseum Dentô Kôgei-kan südlich des Kenroku-en gibt eine hervorragende Einführung in traditionelle Kunsthandwerkstechniken wie Weberei, Töpfern, oder exotischer: Feuerwerksherstellung (Öffnungszeiten 9:00 – 16.30 Uhr, 250 ¥) .

**21st Century Museum of Contemporary Art**

Nahe bei Kenroku-en und Rathaus liegt der kreisförmige Komplex des 2004 eröffneten **Kanazawa 21**, der schon allein seiner Architektur wegen einen Besuch lohnt. In Wechselausstellungen wird zeitgenössische Kunst gezeigt; öfters sind bekannte Namen unter den ausgestellten Künstlern (Öffnungszeiten: Di. bis So. 10.00–18.00, Fr. und Sa. bis 20.00 Uhr, www. kanazawa21.jp).

← *Kenroku-en ist der größte der drei berühmten Gärten Japans.*

**Kanazawa No-Museum** Gleich neben dem 21st Century Museum liegt das moderne No-Museum. Trotz der nur knappen englischen Erklärungen sind die lebensgroße schematische Nachbildung einer No-Bühne und das Theatermodell sehr informativ (www.kanazawa-noh-museum.gr.jp; Öffnungszeiten Di. – So. 10.00 – 18.00, 300 ¥).

**Oyama-Schrein** Von der Hauptgeschäftsstraße Korinbo gelangt man zu Fuß in 10 Minuten zum Oyama-Schrein (2 km südöstlich des Bahnhofs, Bushaltestelle Minami-cho), dem Maeda Toshiie geweiht. Er wurde 1599 an anderer Stelle erbaut und 1873 an seinen jetzigen Standort überführt; das 1875 errichtete dreistöckige Tor mit Elementen östlicher und westlicher Baukunst, an dem ein niederländischer Dozent der hiesi-

## KANAZAWA ERLEBEN

### AUSKUNFT

*Touristinformation*
Im Bahnhof, Tel. 0 76/2 32 62 00
www.city.kanazawa.ishikawa.jp
www.kanazawa-tourism.com

*Präfektur Ishikawa*
www.pref.ishikawa.jp

### ANREISE

*Flugzeug:* Von Tokyo (Haneda Airport) nach Komatsu (1 Std.).
*Bahn:* Von Tokyo (Hauptbahnhof) JR-Tokaido-Shinkansen-Linie bis Maibara (2 Std.), dann JR-Hokuriku-Hauptlinie (2 Std.);
von Tokyo (Hauptbahnhof) JR-Joetsu-Shinkansen bis Echigoyuzawa, dann Hokuriku-Hauptlinie (4 Std.).
*Bus:* Vom Flughafen Komatsu nach Kanazawa (50 Min.).

### VERANSTALTUNGEN

Hyaku-mangoku-matsuri (Umzug mit historischen Kostümen; Mitte Juni).

### MADE IN KANAZAWA

Lokale Erzeugnisse sind u. a. handgefärbte Seidenstoffe (Kagayuzen) und elegante Porzellanwaren (Kutani-yaki) mit farbenfrohem Dekor. Kaufen kann man sie in den *Hauptgeschäftsstraßen* Katamachi und Korinbo.
Kanazawa ist außerdem für traditionelle Süßigkeiten (wagashi) bekannt. Zahlreiche Fachgeschäfte und das Zentrum für lokale Erzeugnisse (Kanko Bussan-kan) nördlich des Kenroku-en bieten eine reiche Auswahl.

### ÜBERNACHTEN

**► Luxus**

*ANA Crown Plaza*
Shôwa-machi 16-3,
am Bahnhofsvorplatz
Tel. 076 / 224 61 11
anacrowneplaza-kanazawa.jp
Großzügige Zimmer in Bahnhofsnähe.
www.tokyuhotels.co.jp

**► Komfortabel**

*Excel Tokyu Hotel*
2-1-1 korinbo kanazawa,
Ishikawa 920-0961
Tel. 0 76/2 31 24 11, Fax 2 63 01 54
www.tokyuhotels.co.jp
Modernes Hotel in Spaziernähe zum Kenrokuen. 10 Zimmer speziell für Frauen (mit besonderen Accessoires). Im Restaurant Kincharo regionale Spezialitätenküche (Kaga Ryori). Bei Online-Buchung günstiger.

gen Universität mitgewirkt haben soll, ist ein schönes Beispiel der Meiji-Architektur.

> **! Baedeker TIPP**
>
> **Und sonntags No**
>
> Kanazawa ist ein Zentrum der Bühnenkunst des No mit einem eigenen Theater nur für No-Darbietungen, dem Ishikawa-Kenritsu Nogaku-do (Tel. 0 76/2 64 25 98). Für Spielplan und Karten im Hotel nachfragen.

Westlich des Oyama-Schreins (5 Min. von der Bushaltestelle Korinbo) ist das **Viertel Nagamachi** wegen seiner alten Samuraihäuser aus der Edo-Zeit sehenswert.Besichtigt werden können das Haus der Familie Takada, eines Gefolgsmannes der Maeda, das Haus der ebenfalls im Dienst der Maeda gestandenen Familie Nomura und das Nakamura-Haus, das einem reichen Kaufmann gehörte.

**✶ Higashi Chaya**

Besonders malerisch ist das alte Viertel Higashi Chaya im Nordosten der Stadt, jenseits des Flusses Asano. Hier kann man an den Holzfassaden alter Geishahäuser vorbeispazieren. Zwei davon, das **Shima-Chaya** (Öffnungszeiten tgl. 9:00 – 18:00 Uhr, 400 ¥) und das **Kaikaro** (tgl. 9.00 – 17.00, 1300 ¥ mit Tee und Mochi-Reisklößchen), können besichtigt werden.

**Myoryuji-Tempel**

Im Südwesten (Bus vom Bahnhof, 20 Min.) liegt im Tempelviertel Teramachi der wegen seiner labyrinthartigen Räume und geheimen Gänge bekannte Myoryuji-Tempel der Nichiren-Sekte, zugleich als Fluchtburg konzipiert, mit einem unterirdischen Gang, der zum nahen Flussufer führen soll (Besichtigung nur im Rahmen einer japanischen Führung; mit Voranmeldung: www.myouryuji.or.jp).

◄ Nishi Chaya

In der Nähe liegt das kleine »westliche Teehausviertel« (Nishi Chaya) mit einigen alten Häuserfassaden und einem kleinen restaurierten Teehaus.

## Umgebung von Kanazawa

**Awazu-onsen**

In südlicher Richtung gelangt man über Komatsu zum stillen Badeort Awazu-onsen (JR-Hokuriku-Hauptlinie, 40 Min., anschließend Bus, 10 Min.), dem ältesten Badeort des Distrikts Hokuriku, mit Thermalquellen von 50–58 °C Temperatur.

**Kutani-yaki-Halle**

An der JR-Hokuriku-Hauptlinie folgt Kaga; von dort Bus (10 Min.) zum lebhafteren Badeort Yamashiro-onsen. Auf halber Strecke von Kanazawa (Bahn, 40 Min.) befindet sich die Kutani-yaki-Halle mit schöner Sammlung des gleichnamigen Porzellans, nahebei einige Keramikwerkstätten. Um die Mitte des 17. Jahrhunderts entdeckte man in dem Dorf Kutani südlich von Yamashiro ein Vorkommen des für die **Porzellanherstellung** erforderlichen Kaolins. In Arita geschulte Künstler wurden bald zu Meistern der Überglasurmalerei, die den Ruf des noch heute begehrten Kutani-yaki begründeten.

**Hakusan** Vom Bahnhof Kanazawa führt eine Buslinie südlich nach Hakusanshita (1 Std. 20 Min.) in dem 473 km² großen Hakusan-Nationalpark. Der 2702 m hohe Berg Hakusan ist einer der drei heiligen Berge Japans. Von den fünf Zugangswegen (Iwama, Chugu, Itoshiro, Hirase, Ichinose) ist von Kanazawa aus der Ichinose der populärste. Von Hakusanshita gelangt man mit dem Bus (40 Min.) nach Ichinose und dem benachbarten Hakusan-onsen, den Ausgangspunkten zweier Aufstiegsvarianten, die bei Midagahara in 2450 m Höhe zusammentreffen. Nahebei eine während des Sommers geöffnete Hütte (Murodo). Durch dichte Wälder und reiche alpine Flora gelangt man zu den fünf Gipfeln des Hakusan (Blick auf die südöstlich gelegenen Tateyama-Berge und den Norikura). Der höchste der fünf Gipfel ist der 2702 m hohe Gozenmine, gefolgt von Tsurugigamine (2656 m) und Onanji (2646 m); die Südgipfel sind Bessan und Sannomine.

# Karatsu

E 8 • b 4

**Hauptinsel:** Kyushu
**Präfektur:** Saga
**Einwohnerzahl:** 132 000

唐津

**Karatsu zählt zu den beliebtesten Seebädern Kyushus; zugleich ist es Ausgangsort für Ausflüge in das von bewaldeten Hügeln und weiten Stränden geprägte Umland.**

**Tor nach China** Die Hafenstadt Karatsu an der Nordküste von Kyushu und ihre Küstenregion gehören zum Genkai-Quasi-Nationalpark, der sich über eine Strecke von 90 km erstreckt und dessen reizvollen Südteil sie bildet. Durch die Meerenge von Tsushima vom koreanischen Festland getrennt, erlangte Karatsu als einer der größten Häfen in Nordkyushu schon in früher Zeit große Bedeutung als Tor zum asiatischen Kontinent, worauf der Stadtname (Kara = China, Tsu = Hafen) hindeutet. Karatsu ist eine der bekanntesten Produktionsstätten japanischer Keramik. Im Verlauf der japanischen Koreafeldzüge wurden hier koreanische Keramikmeister sesshaft und übten großen Einfluss auf die einheimischen Künstler aus. Die im 16. Jh. sprunghaft ansteigende Popularität der Teezeremonie stellte Karatsu als Ursprungsort von Teeschalen (Chawan) neben die führenden Produktionsstätten Mino und Kyoto; gleichzeitig war die Stadt Exporthafen für die Keramikprodukte der Umgebung.

## KARATSU ERLEBEN

### ANREISE

*Bahn:* Von Fukuoka (Meinohama) JR-Chikuhi-Linie (1 Std.); von Saga JR-Karatsu-Linie (1¼ Std.).

### VERANSTALTUNGEN

Burgfest (Anfang Mai); Okunchimatsuri (Prozession mit Prunkwagen; Anfang November).

## Sehenswertes in Karatsu

**Burg**

Das **Wahrzeichen** der Stadt ist die 1,5 km nordöstlich vom Bahnhof gelegene Burg (Bus, 10 Min.), die 1602 auf einer Landzunge bei der Mündung des Flusses Matsuura errichtet wurde und heute vom Maizuru-Park umgeben ist. Der in der Meiji-Zeit abgetragene fünfstöckige Hauptturm beherbergt ein Museum, das u. a. eine interessante Ausstellung alter Keramik umfasst. Vom Turm hat man einen schönen Blick auf die Stadt, ferner auf die Strände Nishi-no-hama (westlich) und Higashi-no-hama (östlich) mit dem Freizeitpark Higashi-no-hama Koen (Öffnungszeiten: tgl. 9.00–17.00 Uhr, letzter Einlass 16.40 Uhr, 400 ¥).

**Kinshoji-Tempel**

600 m nordwestlich des Bahnhofs liegt der Kinshoji-Tempel der Rinzai-Sekte. Er wurde 1599 erbaut und wird nach dem berühmten Dramatiker Chikamatsu Monzaemon (1653–1724), der hier seine Novizenzeit verbrachte, auch Chikamatsu-Tempel genannt.

Rund 800 m nördlich des Bahnhofs erreicht man den **Karatsu-Schrein**, der in der Nara-Zeit (710–784) gegründet wurde. Das 1752 erstmals gefeierte **Jahresfest** (Karatsu okunchi-matsuri) entstand in Anlehnung an das berühmte Gion-matsuri von Kyoto. Die hierbei mitgeführten Prunkwagen sind in der übrigen Zeit in dem nahe gelegenen Hikiyama-Kulturzentrum ausgestellt.

*Prunkvolle Wagen beim Okunchi-Festival*

**! Baedeker TIPP**

**Frühmorgens zum Markt**

Besuchenswert ist der bunte Morgenmarkt der Fischer und Bauern in Yobuko (ab 7.00–12.00 Uhr, man sollte aber vor 9.00 Uhr da sein). Hier wird u. a. Tintenfisch (ika) verkauft, für den der Ort berühmt ist.

## Umgebung von Karatsu

Am Fuß des 5 km südöstlich liegenden Bergs **Kagamiyama** (284 m) steht der 1575 gegründete **Einichi-Tempel** der Soto-Sekte. Vom Gipfel bietet sich ein schöner Blick auf die Bucht von Karatsu). Der der Glücksgöttin Benten geweihte Tempel erinnert an die mit dem Berg verbundene Legende: Im 6. Jh. unterbrach der Heerführer Otomo-no-Sadehiko seine Reise nach Korea in Matsuura (damals Provinz Hizen) und verliebte sich hier in die adlige Dame Sayohime. Als er abreiste, winkte sie den Schiffen lange mit einem Tuch nach und wurde in Stein verwandelt. Dieser Legende verdankt der Berg seinen Beinamen Hirefuruyama (hire = Tuch, furu = winken, yama = Berg).

**✶ Sieben Höhlen**

14 km nordwestlich von Karatsu, in Minato Yakatashi, befinden sich die sehenswerten Höhlen Nanatsu-gama (Sieben Höhlen). Diese durch Erosion entstandenen Basaltgrotten, deren größte bei einem Querschnitt von 3 x 3 m 110 m lang ist, können bei ruhiger See mit dem Boot von Karatsu und Yobuko aus besichtigt werden.

**Yobuko**

Der kleine Fischerhafen Yobuko, 13 km nordwestlich von Karatsu (Bus, 30 Min.) nahe der Nordspitze der Halbinsel Higashi-Matsuura ist Ausgangsort der Schiffe zu den Inseln der Genkai-See.

**Iki**

►S. 251

**Kap Hato**

Am Kap Hato liegt auf einer weit ins Meer reichenden Landzunge das Unterwasser-Observatorium Genkai Kaichu Tenboto (Öffnungszeiten: tgl. 9.00–18.00 Uhr, Okt. bis März bis 17.00 Uhr, 550 ¥).

# Karuizawa

K 6 • I 1

**Hauptinsel:** Honshu **Präfektur:** Nagano
**Einwohnerzahl:** 140 000

軽井沢

**Mit einer Höhenlage von 1000 m ü. d. M. ist Karuizawa zu jeder Jahreszeit einer der beliebtesten Erholungsorte Japans. Im Sommer flüchten viele Tokyoter aus der feuchtheißen Stadt hierher, um das Grün und die frische Bergluft zu genießen.**

**Sommerfrische in den Bergen**

Karuizawa liegt nordwestlich von Tokyo in Zentral-Honshu am Fuß des 2542 m hohen aktiven Vulkans Asama. Die Durchschnittstemperatur beträgt im August 20,5 °C, der Winter ist streng und kalt. Im nördlichen Ortsteil stehen zahlreiche Wochenend- und Ferienhäuser, Hotels u. a. Der jüngere südliche Teil ist zu einem Erholungsgebiet ausgebaut worden.

## Sehenswertes in Karuizawa

**Kyu-Karuizawa**

2 km nördlich vom Bahnhof Karuizawa liegt Kyu-Karuizawa, der älteste Gebirgsferienort Japans und das Zentrum der Region. Während des sommerlichen Touristenansturms (vor allem aus dem Großraum Tokyo) unterhalten zahlreiche Geschäfte aus der Hauptstadt und Yokohama hier Filialen. Unweit der Hauptstraße steht die von einem amerikanischen Architekten erbaute St.-Pauls-Kirche. Weiter nördlich kann das ehemalige **Mikasa-Hotel**, Japans ältestes Hotel in Holzbauweise, besichtigt werden. Im Osten des Ortes lädt die Gegend um den Teich Kumoba-ike zu Spaziergängen ein.

### KARUIZAWA

**ANREISE**

*Bahn:* Von Tokyo Asama-Shinkansen (JR-Hokuriku-Shinkansen-Linie, 70 Min.).

**Usui-Pass**

Vom Bahnhof Kyu-Karuizawa gelangt man in etwa eineinhalbstündigem Aufstieg zum Usui-Pass (955 m) mit schönem Blick auf die Gipfel des Asama, Haruna und Yatsugatake. In der Nähe der Aussichtsplattform Sunset Point steht der Kumano-Schrein.

**Wildvogelwald**
**Sengataki-Wasserfall**

Unweit des Badeortes Hoshino-onsen liegt der Wildvogelwald Yacho no Mori (Bus vom Bahnhof Naka-Karuizawa bis Haltestelle Nishiku-Iriguchi, dann Fußweg, 5 Min.) mit zwei Beobachtungshütten. Weiter nördlich der Sengataki-Wasserfall (Bus von Naka-Karuizawa, 12 Min.), dabei das Karuizawa Skating Center, eine Eisbahn von 40 000 m² Fläche.

**Shiraito-Wasserfall**

Noch weiter nach Norden erreicht man den Shiraito-Wasserfall (Bus vom Bahnhof Karuizawa, 30 Min.; auch Fußweg), der 3 m hoch und 70 m breit ist.

**Onioshidashi Highway**

Der Onioshidashi Highway führt östlich am Berg Asama (2560 m) vorbei zu den Lavafeldern von Onioshidashi (Bus ab Karuizawa oder Naka-Karuizawa, 40 Min.), die 1783 bei einem großen Ausbruch des Asama entstanden, dessen Nordfuß sie bedecken. Ein Rundgang durch den Onioshidashi-Felsgarten dauert etwa eine halbe Stunde.

**✶ Asama**

Der Asama gehört neben dem Aso auf Kyushu zu den aktivsten Vulkanen Japans; seit 1753 sind jedoch keine größeren Ausbrüche registriert worden. Bei stärkerer Aktivität ist der Zutritt zum Berg gesperrt; Auskunft erteilt die Verwaltung von Karuizawa und Komoro. Ausgangsorte für die Ersteigung des Asama sind die an der JR-Shin-etsu-Hauptlinie gelegenen Stationen Karuizawa, Naka-Karuizawa, Shinano-Oiwake, Miyota und Komoro. Empfehlenswerteste Route ist der Aufstieg von Karuizawa oder Naka-Karuizawa mit anschließendem Abstieg nach Komoro.

# ★ Kirishima-Yaku-Nationalpark

F 9 • c–d 6

**Hauptinsel:** Kyushu **Präfekturen:** Kagoshima und Miyazaki
**Fläche:** 456 km²

霧島屋久国立公園

**Im Landschaftsbild des Nationalparks, dessen Teilgebiete räumlich voneinander getrennt sind, dominieren Vulkanketten mit Lavafeldern und zauberhaften Kraterseen sowie weitläufige Strände und Thermalquellen. Besonders schön ist die Landschaft zur sommerlichen Blütezeit und während der Laubfärbung im Herbst.**

**Ausdehnung** Der im Süden der japanischen Hauptinsel Kyushu gelegene Kirishima-Yaku-Nationalpark umfasst das Bergland von Kirishima, die südlich vor der Küste liegende Insel Yakushima, Teile der Bucht von Kagoshima mit dem Vulkan Sakurajima sowie die südlichsten Küstenstreifen der Halbinseln Satsuma und Osumi, die den Südzipfel von Kyushu bilden.

## Sehenswertes im Kirishima-Yaku-Nationalpark

**Kirishima-Bergland** Der nördlichste Teil des Nationalparks umfasst die Region der Kirishima-Bergkette, die sich im Grenzgebiet der Präfekturen Kagoshima und Miyazaki erstreckt. Höchste Gipfel sind der Karakuni (1700 m) im Norden und der Takachiho (1574 m) im Süden. Dazwischen liegen Shishito (1428 m), Shinmoe (1421 m) und Nakadake (1332 m). Zu den schönsten der ungefähr zehn Kraterseen des Gebietes gehören Onami, Fudo, Byakushi und Miike, die sich durch die Färbung des Wassers unterscheiden. Die reiche Flora besteht in den tieferen Lagen aus dichten Urwäldern, die mittlere Waldzone bilden Silbertannen (Momi) und Rotfichten (Aka-matsu), während die obere Pflanzenzone aus Busch- und Laubwald besteht. Viele Orte sind wegen der schönen Vegetation bekannt, so z. B. der von Ahorn und Tannen umstandene Onami-See und der Berg Shinmoe mit seinen Azaleenfeldern.

**Kirishima-onsen** Kirishima-onsen ist ein ausgedehntes Kurgebiet am Südwestausläufer des Berges Karakuni. Zu seinen bekanntesten Badeorten zählen Hayashida-onsen, Iodani-onsen und Myoban-onsen, allesamt nahe beieinander gelegen und von Kirishima-Nishiguchi per Bus zu erreichen (50 Min.).

18 km östlich von Kirishima-Nishiguchi liegt **Hayashida-onsen** (Bus, 40 Min.) mit seinen Schwefel- und Eisenkarbonatquellen von 40–60 °C Temperatur.

## ? WUSSTEN SIE SCHON ...?

- Der Berg Takachiho ist eng mit der japanischen Mythologie verbunden. Er gilt als der Ort, an dem Ninigi-no-mikoto, der Enkel der Sonnengöttin Amaterasu-omikami, die Erde betrat, um die Herrschaft über das »Reich von Schilf und Ähren« (alte Bezeichnung für Japan) anzutreten.

**Takachiho**

Der durch den Mythos bekannte Berg Takachiho (Takachiho-no-mine), südöstlich des Kirishima, erreicht 1574 m Höhe. Ausgangspunkt für den Anstieg zum Gipfel ist der am Westfuß gelegene Ort Takachihogawara (Bus von Kirishima-Nishiguchi, 50 Min.). Der 2,3 km lange Aufstieg erfordert etwa 1½ Stunden. In Gipfelnähe befindet sich ein 86 m tiefer aktiver Krater von 200 m Umfang, über dem sich ständig eine Rauchsäule erhebt. Vom Gipfel hat man eine weite Sicht auf die Kinko-Bucht und den östlich gelegenen Miike-See.

**Karakuni**

Der 1700 m hohe Karakuni kann kann vom Parkplatz des Ebino-Kogen-Visitor Centers in etwa 1 ½ Stunden bestiegen werden. Etwa auf halber Strecke erreicht man den Onami-Kratersee, umgeben von Azaleenfeldern. Von dem moosüberwachsenen Gipfelkrater genießt man einen schönen Blick auf das Umland.

**Ebino-Hochebene**

Den nördlichen Teil des Nationalparks bildet die etwa 1200 m hoch gelegene Ebino-Hochebene (Bus von Kobayashi und Kirishima-onsen nach Ebino, 55 bzw. 25 Min.), das höchstgelegene Kurgebiet auf Kyushu. Das Plateau liegt zwischen den Bergen Karakuni, Koshiki und Kurino und ist reich an Seen und Thermalquellen. Im Süden erstrecken sich ausgedehnte Buschwälder und Pinienhaine. Besonders reizvoll ist im Mai die **Blüte der Azaleen** (Kirishima-tsutsuji); empfehlenswert sind Ausflüge zum Byakushi-See und Rokukannon-See im Nordosten.

Im südlichen Teil des Parks liegt **Kirishima-jingu** mit dem gleichnamigen Schrein (Bus, 15 Min.), der dem Ninigi-no-mikoto, dem sagenhaften Ahnherrn des japanischen Kaiserhauses, geweiht ist. Der von dichtem Zedernwald umgebene Schrein soll im 6. Jahrhundert gegründet worden sein und wurde 1715 erneuert.

*Wasserfall am Kirishima-Schrein*

## KIRISHIMA-YAKU-NATIONALPARK ERLEBEN

### ANREISE

*Bahn:* Von Fukuoka (Hakata) über Yatsushiro nach Kirishima-Onsen (ca. 4 Std.); von Kagoshima ca. 1 Std.
*Bus:* Mehrere regionale Linien im Nationalpark.
*Nach Yakushima*: Flugverbindung ab Kagoshima (35 Min.). Fährverbindung Kagoshima nach Miyanoura (Yakushima) ca. 3 ½ Std.

### ZUGÄNGE ZUM PARK

Von Norden über Yatsushiro und Hitoyoshi, von Westen über Kagoshima und Karato sowie von Osten über Miyazaki und Kobayashi. Für Bahnreisende sind die Bahnstationen Kirishima-Onsen (Hisatsu-Linie), Kirishimajingu (Nippo-Hauptlinie) und Takaharu (Kitto-Linie) gute Ausgangspunkte.

✶✶ Yakushima

Die zum UNESCO-Welterbe zählende Insel Yakushima (503 km²), rund 70 km vor der Südspitze von Kyushu, wird wegen der 32 erloschenen Vulkane, die sie bilden und fast 2000 Höhenmeter erreichen, auch als **»Japanische Meeresalpen«** bezeichnet. Der höchste Gipfel ist der Miyanoura, mit 1935 m der höchste Berg von ganz Kyushu. Durch die großen Höhenunterschiede auf einer so kleinen Insel ergibt sich ein sehr ungewöhnliches, von Nebel und ständigem Regen bestimmtes Klima. An den Bergflanken gedeihen subtropische Bergpflanzen.Yakushima ist ein Wanderparadies. Eine der anstrengendsten Routen führt auf den Miyanoura; weniger Ausdauernde finden kürzere und bequemere Touren im Naturpark Yaku-sugi.

# Kitakyushu

F 8 • c 4

**Hauptinsel:** Kyushu **Präfektur:** Fukuoka
**Einwohnerzahl:** 983 000

北九州

**Schon seit alters ein Tor zum asiatischen Kontinent, ist der Ort heute eines der größten Zentren Japans für Industrie und internationalen Handel. Lange hatte Kitakyushu das Image einer verschmutzten Industriestadt, mittlerweile gehört es zu den fortschrittlichsten japanischen Städten in Sachen Umweltschutz und Recycling.**

Handels- und Verkehrsknotenpunkt

Die Stadt Kitakyushu liegt an der Kanmon-Meeresstraße, welche die Hauptinseln Honshu und Kyushu trennt. Die mit einer Ausdehnung von 488 km² flächenmäßig größte Stadt auf Kyushu entstand im Jahre 1963 durch die Zusammenlegung der bis dahin selbständigen Städte Moji, Kokura, Tobata, Yahata und Wakamatsu.
Die Industrialisierung setzte in dieser Region um die Wende vom 19. zum 20. Jahrhundert ein. Grundlagen waren die Kohlevorkommen südlich der Stadt und die intensiven Handelskontakte mit dem asiati-

schen Festland. Von Bedeutung war ferner, dass zwei zur »Nippon Steel Corporation« fusionierte Hüttenwerke hier eine Niederlassung gründeten, die heute international zu den Branchenführern zählt.

## Sehenswertes in Kitakyushu

★ **Kanmon-Brücke**

Im Nordosten des Siedlungsraumes liegt der Stadtteil Moji, nur 680 m von Shimonoseki auf Honshu entfernt. In der Kanmon-Meeresstraße erlitten die Taira 1185 ihre entscheidende Niederlage im Kampf gegen die Minamoto. Die engste Stelle, Hayatomo-no-Seto, wird von der 1068 m langen Kanmon-Brücke überspannt, welche nach Dannoura (Stadtteil von ► Shimonoseki) führt. Eine weitere Verbindung zwischen den beiden Hauptinseln stellt der Shin-Kanmon-Tunnel (Bahn) her, mit einer Gesamtlänge von 18,67 km einer der längsten Bahntunnels der Welt.

◄ Kanmon-Tunnel

**Mekari-Park**

Einen eindrucksvollen Blick auf die Brücke und das Umland hat man vom Mekari-Park, 2,5 km nördlich des Bahnhofs von Mojiko (Bus, 10 Min.). Am äußersten Ende des Kap Mekari befindet sich der Mekari-Schrein, welcher der Überlieferung zufolge im Jahre 269 von der Kaiserin Jingu gegründet wurde, nachdem sie von einer Reise nach Korea zurückgekehrt war. Beim Jahresfest des Schreins (Januar) sammeln drei Shinto-Priester am frühen Morgen Seetang, den sie der Schreingottheit darbringen. Im Osten des Parks steht die 1958 von der burmesischen Regierung gestiftete 30 m hohe **Friedenspagode**, ein Mahnmal für die Opfer des Zweiten Weltkrieges.

**Kokura-Burg**

Südwestlich schließt sich der Bezirk Kokura an. 500 m von dessen Bahnhof entfernt steht die im Jahr 1602 erbaute Kokura-Burg, einst Sitz der Hosokawa. Von der 18 m hohen Mauer, den 48 Toren und 148 Türmen ist nichts erhalten; erst 1959 wurden Teile der 1866 zerstörten Burg wieder aufgebaut (Hauptturm, Tsukiji-Wall und Tsukimi-Turm).

## KITAKYUSHU ERLEBEN

### ANREISE

*Flugzeug:* Von Osaka (1½ Std.).
*Bahn:* Von Tokyo (Hauptbahnhof) JR-Sanyo-Shinkansen-Linie bis Kokura (6 Std.); von Fukuoka (Hakata; 20 Min.).
*Schiff:* Fährverbindung von Osaka zum Stadtteil Moji (14 Std.); Linienschiff von Kobe (Higashi-Kobe) zum Stadtteil Kokura (14 Std.).

### VERANSTALTUNGEN

Mekari-shinji (1. Januar), bei Ebbe, am Mekari-Schrein; Minato-matsuri (Volksfest; Anfang Mai), im Bezirk Moji; Numagaku (historisches Volksfest; Anfang Mai), im Bezirk Kokura-minami; Gion-taiko (Festzug, Trommelwettbewerb; Mitte Juli), beim Yasaka-Schrein; Tobata Gion und Kurozaki Gion (Laternenfeste; Mitte bzw. Ende Juli).

✶ **Hobashira** Nahe der Stadt liegt der Hobashira-Naturpark (Bus vom Bahnhof Yahata, 20 Min.) mit abwechslungsreicher Landschaft; eine Seilbahn führt auf den Berg Hobashira, von wo sich ein weiter Blick über die Stadt und die Dokai-Bucht bietet.

✶ **Senbutsu-Höhle** Südlich des Stadtgebietes erstreckt sich das grüne, von Kalkfelsen übersäte Flachland der **Hiraodai-Hochebene**. Besonders sehenswert ist die Senbutsu-Kalksteinhöhle an ihrem östlichen Rand.

# Kobe

H 7 • h 3

**Hauptinsel:** Honshu **Präfektur:** Hyogo
**Einwohnerzahl:** 1,5 Mio.

神戸

**Kobe gilt als bevorzugter Handelsplatz und als beliebter Wohn- und Arbeitsort für Europäer. In dieser kosmopolitischen Großstadt haben sich 45 000 Ausländer samt ihren westlichen Geschäften, Restaurants und Konsulaten niedergelassen.**

**Bedeutendster Handelshafen Japans** Das im Südwesten Honshus an der Osaka-Bucht gelegene Kobe ist ein wichtiger Industriestandort sowie Hauptstadt der Präfektur Hyogo. Während sich Fabrik- und Hafenanlagen im Süden der Stadt auf aufgeschüttetem Terrain weit in die Bucht vorschieben, schmiegen sich die Wohnbezirke an die Ausläufer Rokko-Berge im Norden der Stadt, die Teil des Inlandsee-Nationalparks (► Inlandsee) sind. Dem Schutz dieser Berge verdankt Kobe sein mildes Klima. Etwa ein Viertel der japanischen Importe und Exporte wird über Kobe abgewickelt. Wichtigste Einfuhrgüter sind Rohstoffe; ausgeführt werden Eisen und Stahl, Textilien, Kunstfaserprodukte und elektronische Geräte. Die Hanshin-Industriezone zwischen Kobe und Osaka umfasst Schwerindustrie, Werften, Maschinenbau u. a. Kobe ist außerdem bekannt für das **Kobe-Rind**, eine Rasse mit besonders zartem Fleisch. Die Akashi-Kaikyo-Brücke nach Awaji und von dort die Naruto-Brücke verbnindet Honshu mit Shikoku direkt. Im Januar 1995 erschütterte ein schweres Erdbeben mit über 5000 Todesopfern den Großraum Hanshin; die Spuren sind längst beseitigt.

**? WUSSTEN SIE SCHON ...?**

- ... dass Kobe ein Weinanbaugebiet ist? Aufgrund des günstigen Klimas wird die Gegend auch als »Japanisches Mittelmeer« bezeichnet.

## Sehenswertes in Kobe

**Ikuta-Schrein** Im Stadtbezirk Ikuta-ku liegt 400 m nordwestlich des Bahnhofs Sannomiya der Ikuta-Schrein, der Schutzgöttin von Kobe, Wakahirume-no-mikoto, geweiht. Nach der Legende wurde er von der Herrscherin Jingu nach deren Rückkehr von einem Koreafeldzug gegründet. Der Name der Stadt soll sich von dem japanischen Wort für Leibeigene (Kanbe) herleiten, welche der Kaiserhof an den Schrein abgab. Die heutigen Gebäude sind neuere Rekonstruktionen. Westlich der 160 m hohe Berg Suwayama mit schönem Blick auf die Stadt.

**Kitano-cho**

Nördlich von hier erstreckt sich Kitano-cho, das bei japanischen Touristen äußerst beliebte alte Ausländerviertel mit einer Reihe von Häusern im westlichen Stil aus der Meiji-Zeit, die heute Cafés, Boutiquen oder historische Museen beherbergen.

**Chinatown**

Auf dem Weg zum Hafen durchquert man südiich vom Bahnhof Motomachi das Viertel Nankin-machi, Kobes Chinatown.

## *Kobe* Orientierung

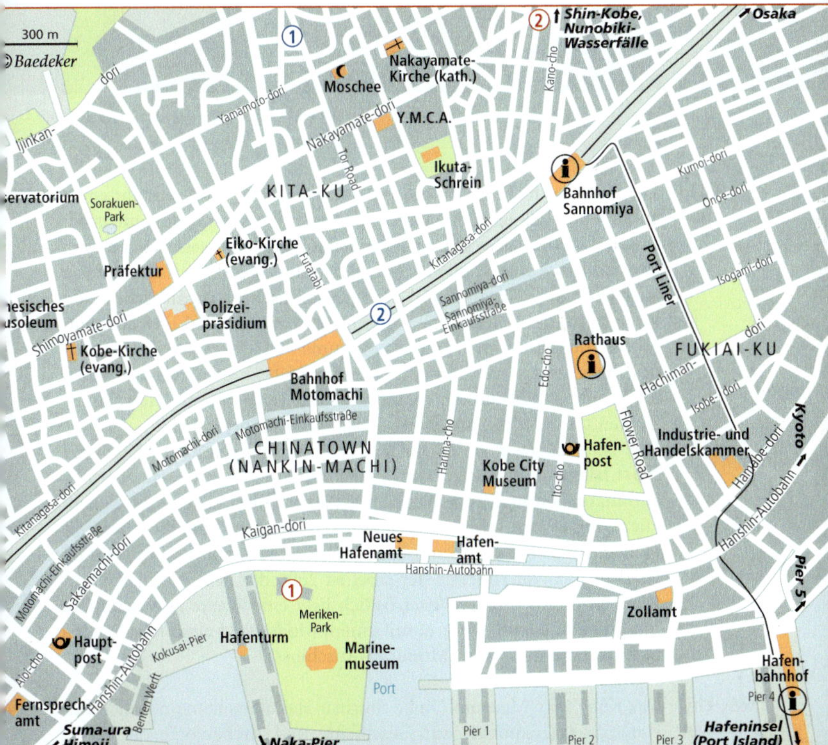


en
Totenkaku
Omoni

**Übernachten**
① Hotel Okura Kobe
② Goshobo

*Blick vom Port Tower auf das hell erleuchtete Vergnügungspier Mosaic*

**Hafen**

Die Drehplattform des roten, 108 m hohen Port Tower erlaubt einen guten Überblick über den Hafen, u. a. auch auf den Vergnügungspier Mosaic westlich gegenüber. Unter einer filigranen, segelschiffartigen Dachkonstruktion zeigt das Marinemuseum außer Schiffsmodellen auch ein 360°-Diorama und eine holografische Historienschau von Kobe (Öffnungszeiten: Di. – So. 10.00–17.00 Uhr, 500 ¥). Neben dem Marinemuseum erinnert ein als Mahnmal belassenes zerstörtes Stück des Piers an das Hanshin-Erdbeben von 1995. Am Naka-Pier legen die Schiffe an, die auf der Inlandsee verkehren, während Hafenrundfahrten (ca. 50 Min.) am Meriken-Hatoba-Pier beginnen.

Marinemuseum ▶

Hafeninseln ▶

Den Hafenanlagen ist die riesige, künstlich aufgeschüttete Hafeninsel (**Port Island**) vorgelagert, vom JR-Sannomiya-Bahnhof mit der vollautomatischen und unbemannten S-Bahn »Port Liner« zu erreichen. Hier gibt es u. a. einen Vogelpark, das Wissenschaftsmuseum mit Planetarium, ein Kaffeemuseum und ein Perlenmuseum (Tasaki Pearl Plaza). Am Südende der Insel ist 2006 der neue Flughafen von Kobe eröffnet worden. Weiter östlich liegt eine zweite aufgeschüttete Insel, **Rokko Island**, die u. a. mit einem Mode- und einem Seidenteppichmuseum aufwartet (Monorail-Anschluss).

**Kobe City Museum**

Das Kobe City Museum (Kobe Shiritsu Hakubutsukan) nördlich des Hafens zeigt Exponate zur Geschichte und Archäologie der Stadt; zum Museum gehört auch die **Nanban-Kunstsammlung** mit Gemälden japanischer Meister in westlich beeinflussten Stilrichtungen (Öffnungszeiten: Di. bis So. 10.00–17.00 Uhr).

Im Norden der Stadt, beim Bahnhof Shin-Kobe und dem Shin-Kobe Oriental Hotel, fährt von der Talstation die Yumefusen (»Traumballon«) genannte, 1992 eröffnete und 1,5 km lange Gondelbahn hinauf zum **Aussichtsberg Yotsugie**, wo man in der Bergstation auch ein kleines Apothekenmuseum anschauen kann. Der Abstieg zu Fuß führt durch großen Kräutergarten »Nunobiki Herb Garden«. **Yumefusen**

Westlich, jenseits der Shinkansen-Bahnlinie (Bahnhof Shin-Kobe), erreicht man die Nunobiki-Wasserfälle. Der Fall Odaki ist 45 m, der Medaki 19 m hoch; die bewaldete Gegend ist als Ausflugsziel beliebt. **Nunobiki-Wasserfälle**

Diese östlichen Stadtteile bieten einige interessante Museen. 10 Min. zu Fuß vom Südeingang des Bahnhofs Nada (JR-Hanshin-Linie) ist das führende Kunstmuseum der Präfektur zu Hause, das **Hyogo Prefectual Museum of Art** (tgl. 10.00–18.00 Uhr). Direkter Nachbar: das **Erdbebenmuseum** (Hanshin-Awaji Earthquake memorial), das mit Filmen, Dioramen und modernster Museumstechnik Ausmaß und Folgen des Bebens von 1995 vorführt (tgl. 9.30–17.00 Uhr). **Stadtteile Nada und Higashinada**

Nördlich vom JR-Bahnhof Sumiyoshi zeigt am Fuß des 932 m hohen Rokko das **Hakutsuru-Kunstmuseum**, ein neueres Gebäude im Stil der Momoyama-Zeit, chinesische und japanische Antiquitäten (Bronze, Keramik, Lack; März – Mai u. Sept. – Nov. Di. – So. 10.00 bis 16.00 Uhr). Wiederum südlich vom Bahnhof führt das **Hakutsuru-Sake-Brauereimuseum** die Kunst des Sake-Brauens vor – inklusive Kostprobe (Di. – So. 9.30 – 16.30 Uhr; www.hakutsuru-sake.com). Hier liegen entlang der Bahnlinie mehrere alte Sake-Brauereien.

Westlich außerhalb des eigentlichen Stadtgebietes liegt 10 km nördlich vom Bahnhof Akashi (JR-Sanyo-Hauptlinie) der zur Tendai- **Taisanji-Tempel**

## KOBE ERLEBEN

### AUSKUNFT

***Touristinformation***
beim Bahnhof Sannomiya
Tel. 0 78/3 22 02 20
tgl. 9.00–19.00 Uhr

im Bahnhof Shin-Kobe
Tel. 0 78/2 41 95 50
tgl. 9.00–18.00 Uhr

www.city.kobe.lg.jp
www.feel-kobe.jp/english
www.hyogo-tourism.jp/english
(zur Präfektur)

### VERKEHR

*Flugzeug:* Von Tokyo (Haneda Airport) nach Osaka (1 Std.), dann Bus (40 Min.).
*Bahn:* Von Tokyo (Hauptbahnhof) JR-Tokaido- und Sanyo-Shinkansen-Linie bis Bahnhof Shin-Kobe (2¾ Std. ); von Kyoto JR-Tokaido-Hauptlinie oder Hankyu-Privatbahn bis Bahnhof Sannomiya (1 Std.); ferner Nahverkehrslinien.
*Schiff:* Linienschiffe von Beppu (Kyushu), Takamatsu, Imabari und Matsuyama (Shikoku); ferner zu den Inseln Shodo und Awaji.

## VERANSTALTUNGEN

Tsuinashiki (Geistertanz; Anfang Feb.), im Nagata-Schrein, Shinkosai (Frühlingsfest; Mitte April), im Ikuta-Schrein; Nanko-matsuri (Umzug in alten Rüstungen zum Gedenken an den Volkshelden Kusunoki Masashige; Ende Mai), beim Minatogawa-Schrein; Hafenfest (3. Wochenende im Mai).

## SHOPPING & AUSGEHEN

Südöstlich vom alten Ausländerviertel dehnt sich in Richtung des Stadtteils *Sannomiya* ein Einkaufs- und Vergnügungszentrum aus. Die Untergrundpassagen von Santica Town oder das oberirdische überdachte Center Gai-Einkaufsviertel sind einen Besuch wert. Ein zweites Einkaufs- und Vergnügungsviertel mit einer pittoresken »Chinatown« (Nankin-machi) befindet sich in *Motomachi* westlich der Tor Road. Das größte Vergnügungsviertel der Stadt liegt in *Shinkaichi*.

## ESSEN

### ► Fein & Teuer

① ***Totenkaku***
Chuo-ku, Yamamoto-dori 3-14-18
Tel. 0 78/2 31 13 51
www.totenkaku.com
tgl. 11.30–14.00 und 17.00–21.00, Sa. 11.30–21.00 Uhr
Edles chinesisches Restaurant im ältesten *ijinkan* der Stadt, 1894 erbaut. Im prachtvollen Inneren wird Peking-Küche serviert.

### ► Erschwinglich

② ***Omoni***
Chuo-ku, Kitanagasa-dori 3 chome 31, Kokashita 73
Tel. 0 78/3 91 35 05
tgl. 11.00–22.00 Uhr
Koreanische Küche in freundlicher Atmosphäre. Spezialität: Chige-nabe, ein scharfes Eintopfgericht mit Gemüse und Fisch.

## ÜBERNACHTEN

### ► Luxus

① ***Hotel Okura Kobe***
2-1 Hatoba-cho, Chuo-ku,
Kobe 650-8560
Tel. 0 78/3 33 01 11, Fax 3 33 66 73
www.kobe.okura.com
10 Min. zu Fuß vom Bhf. Sannomiya im Meriken Park, gegenüber dem Port Tower. Alle 489 Zimmer mit Blick auf die Bucht, zwei davon speziell für Körperbehinderte. Großer Fitnessbereich, Tennisplatz, Kinderbetreuung und alles, was man sonst von einem Hotel dieser Preisklasse erwarten darf.

### *Baedeker-Empfehlung*

② ***Goshobo***
858 Arima-cho, Kita-ku,
Kobe, Hyogo-ken, 651-1401
Tel. 0 78/9 04 05 51, Fax 9 04 36 01
www.goshobo.co.jp/goshobo
20 Zimmer in einem traditionsreichen Ryokan in Arima Onsen. Hier sollen bereits seit 1191 Gäste aufgenommen worden sein, darunter der Kriegsherr Toyotomi Hideyoshi, der erste Premierminister Japans Ito Hirobumi oder der Schriftsteller Yoshikawa Eiji. Das salz- und eisenhaltige Quellwasser soll gegen alle möglichen Wehwehchen helfen. Keine Einzelzimmer.

### ► Komfortabel

***Portopia***
10-1,6 Chome, MinatojimaNakamachi, Chuo-ku, Kobe,650-0046, Japan
Tel. 078 / 302 11 11
www.portopia.co.jp
Schnittiges Hochhaus auf Port Island (Shuttle-Bus vom Bahnhof Sannomiya) mit tollem Blick auf Meriken-Park und Harbourland bzw. aufs Wasser. Sehr gute Ausstattung (Pools, Sauna, Fitnessstudio, Internet etc.), gutes Preis-Leistungs-Verhältnis.

Schule gehörende Taisanji-Tempel (Bus vom Bahnhof, 30 Min.). Er wurde 716 von Fujiwara Umakai, einem Enkel des Kamatari, gegründet; sehenswert sind insbesondere die Haupthalle Hondo (1304), das aus der Muromachi-Zeit stammende Tor Nio-mon und in der Amida-Halle eine Sitzstatue des Amida.

## Umgebung von Kobe

**Rokko-Berge**

Nördlich im Rücken der Stadt erheben sich die Rokko-Berge, deren größter Teil zum Inlandsee-Nationalpark gehört. Sie bilden ein landschaftlich reizvolles und gut erschlossenes Ausflugsgebiet. Der höchste Berg ist der Rokko (932 m; Bus vom Bahnhof Rokko, 10 Min.), auf dessen Gipfel von Arima-onsen eine Seilbahn führt. Es bietet sich ein guter Blick auf das Meer und die Insel Awaji sowie eine eindrucksvolle Nachtansicht von Kobe. Im Gipfelbereich finden sich Golfplätze, ein Botanischer Garten und einige Hotels.
In den Rokko-Bergen um Tajima und Tanba wird in sehr kleinen Herden das für sein Fleisch weltberühmte, kleinwüchsige **Kobe-Wagyu-Rind** gezüchtet. Manche Züchter verabreichen ihren Tieren angeblich Bier und massieren sie – doch das Ergebnis, ein fettes, marmoriertes Fleisch, das als (sehr teure) Spitzendelikatesse gilt, kommt sicher mehr durch entsprechende Zuchtleistungen und das besondere Futter zustande. Die Spitzenzüchter verkaufen ihre Tiere exklusiv nur an japanische Restaurants, wo sie in ebenso exklusiven Zirkeln verzehrt werden.

> ! *Baedeker* TIPP
>
> **Einmal Kobe Beef**
>
> Man muss es sich fast einmal leisten: das Kobe Beef. Einigermaßen erschwinglich ist es im Wakkoku (im Avenue Shopping Center beim Crowne Plaza Hotel, U-Bahnhof Shin-Kobe).

**Arima-onsen**

Die Privatbahn Shintetsu fährt von Kobe zum nördlich gelegenen Thermalbad Arima-onsen (40 Min.). Der in 363 m Höhe gelegene Ort in idyllischer Landschaft ist besonders zur Zeit der Frühjahrsblüte und der herbstlichen Laubfärbung attraktiv und wird wegen seines milden Klimas von den nahen Großstädten aus viel besucht.

**Maya**

Der zweithöchste Berg der Region ist der 699 m hohe Maya (Bus von Kobe, Bahnhof Sannomiya, bis zum Berg Takao, von dort Seilbahn); auf dem Gipfel gleichfalls Freizeiteinrichtungen und Übernachtungsmöglichkeiten. Über eine Steintreppe mit 400 Stufen gelangt man von der Seilbahn-Bergstation zum Toritenjoji-Tempel der Shingon-Schule, der im Jahre 646 von dem Priester Hodo gegründet worden sein soll. Im Inneren eine Statue der Elfköpfigen Kannon.

**Futatabi** ★

◄ Dairyuji-Tempel

Südwestlich des Maya liegt der Futatabi (468 m), vom Zentrum von Kobe (Suwayama-Park) auf einer aussichtsreichen Höhenstraße zu erreichen. Den Dairyuji-Tempel der Shingon-Schule unterhalb vom

Gipfel gründete 768 Wake-no-Kiyomaro. Zu bewundern ist hier eine vermutlich aus der Nara-Zeit stammende Statue der Nyoirin-Kannon. Der Name des Bergs (»Zweimal besuchter Berg«) deutet auf den zweimaligen Aufenthalt des Gründers der Shingon-Schule Kobodaishi hin. Die gesamte Region des dicht bewaldeten Bergs bildet den Futatabisan-Park; am Nordhang der Shuhogahara-See.

# Kochi

G 8 • f 4

**Hauptinsel:** Shikoku **Präfektur:** Kochi
**Einwohnerzahl:** 324 000

高知

**Die Stadt im Zentrum der gleichnamigen Präfektur brüstet sich damit, den berühmten wie tragischen Helden Sakamoto Ryoma (1835–1867) hervorgebracht zu haben, der sich am Ende der Edo-Zeit gegen die rigiden Klassenschranken und für die Restauration des Kaisertums einsetzte.**

**Alte Burgstadt** Kochi liegt nördlich der Urado-Bucht, die sich in Fortsetzung der weiten Tosa-Bucht als schmaler Meeresarm an der Südküste der japanischen Hauptinsel Shikoku ins Landesinnere vorschiebt. Die Stadt ist im Norden und Osten von Bergen umgeben und liegt im Einflussbereich der warmen Kuroshio-Meeresströmung, was ihr ein besonders mildes Klima verleiht. Haupterwerbszweige der Stadt sind Fischerei, Forst- und Landwirtschaft; ferner werden Korallenschmuck, Japanpapier und Odo-yaki-Keramik hergestellt.

## Sehenswertes in Kochi

✶ **Burg** Auf dem Hügel Otakasakayama, 1 km südwestlich vom Bahnhof, steht die Burg, das Wahrzeichen von Kochi. Der 1753 erneuerte fünfstöckige Hauptturm beherbergt heute ein archäologisches Museum; von oben bietet sich ein weiter Blick auf die Stadt und das Meer.

✶ **Museum des Yamanouchi-Schreins** Im Süden der Burg ist das Museum des Yamanouchi-Schreins (Yamanouchi-Jinja homotsu shiryokan) mit Stücken aus dem Besitz der Familie Yamanouchi (u. a. alte Waffen und eine wertvolle Sammlung von No-Masken aus der Momoyama-Zeit) zu besichtigen.

**Anrakuji-Tempel** 1 km westlich des Bahnhofs liegt der Anrakuji-Tempel mit einer eindrucksvollen Statue des sitzenden Amida-nyorai-Buddha.

**Godaisan-Park** 4 km südöstlich der Harimayabashi-Brücke (Bus, 20 Min.) befindet sich auf einem 145 m hohen Hügel der Godaisan-Park. Von oben hat man einen schönen Blick auf die Urado-Bucht und den Pazifik; besonders reizvoll ist die **Kirsch- und Azaleenblüte** im Frühling. Der

✶ Chikurinji-Tempel ►

Park besteht aus einem Garten der Edo-Zeit und dem der Shingon-Schule zugehörigen Chikurinji-Tempel, der 724 vom Priester Gyoki erbaut wurde, der älteste Tempel der Präfektur und der einunddreißigste der 88 Pilgertempel auf Shikoku ist. Sehenswert sind die Haupthalle Monjudo und die Sammlung buddhistischer Skulpturen.

◀ Botanischer Garten

Am Fuß der zum Tempel führenden Steintreppe liegt der 23 400 $m^2$ große Botanische Garten (Shokubutsuen), der dem Andenken an den Botaniker Makino Tomitaro (1862–1957) gewidmet ist und Teiche mit riesigen Wasserlilien, eine Vielzahl tropischer Pflanzen und ein kleines Museum mit Fossiliensammlung umfasst (Öffnungszeiten: Di. bis So. 9.00–17.00 Uhr, 700 ¥).

**★ Tosa-Schrein**

5 km nordöstlich vom Bahnhof (Bus, 10 Min.) befindet sich in einem alten Zedernwald der Tosa-Schrein, dessen Gebäude z.T. aus dem 16. Jahrhundert stammen.

## Umgebung von Kochi

**Urado**

Vom Bahnhof gelangt man mit dem Bus südlich zu dem Hafenort Urado am Eingang der gleichnamigen Bucht, die hier von der 1480 m langen Urado-Ohashi-Brücke überspannt wird. Sehenswert ist die Ruine der alten Burg von 1591.

*Der Tosa-Schrein ist ein viel besuchtes Pilgerziel.*

## KOCHI ERLEBEN

### AUSKUNFT

***Touristinformation***
im Bahnhof
Tel. 0 88/8 26 33 37
tgl. 9.00–17.00 Uhr
www.city.kochi.kochi.jp/info/english

### Baedeker TIPP

**Marktzeit**

Östlich der Burg wird jeden Sonntag ein Markt mit dreihundertjähriger Tradition abgehalten, der Nichiyo-ichi. Sechshundert Stände blockieren dann ab dem Burgtor zwei Fahrbahnen der vierspurigen Otesuji-dori und bieten von Lebensmitteln über Blumen und Trödel bis zu Haushaltswaren alles, was das Herz begehrt.

### VERKEHR

*Flugzeug:* Von Tokyo (Haneda Airport; 1½ Std.); von Osaka (45 Min.).
*Bahn:* Von Takamatsu JR-Dosan-Linie (2½ Std.); von Tokushima (über Awa Ikeda; 3½ Std.).
*Schiff:* Fährverbindung von Osaka (9½ Std.), von Tokyo (21 Std.).

### VERANSTALTUNGEN

Burgfest (Ende März/Anfang April); Doronko-Fest (Anfang April), im Wakamiya-Hachimangu-Schrein; Yosakoi-Fest (mit Umzügen, größtes Fest der Stadt, Anfang August); Shinane-matsuri (Ende August), im Tosa-Schrein; Tachi-odori (Schwertertanz; Herbst), im Niida-Schrein, Sagawa; Ryoma-matsuri (Anfang Okt.), am Katsurahama-Strand.

**Katsurahama** Die gesamte Küstenregion ist ein geschätztes Wassersportgebiet. 8 km südlich von Kochi (Bus von der Harimayabashi-Brücke, 40 Min.) liegt der Badeort Katsurahama mit Pinienhainen, bizarren Felsformationen und einem weißen Sandstrand. Im Ort befinden sich ein Aquarium und das Tosaken Center, ein Stadion für Hundekämpfe; an einem Abhang steht ein kleiner Pavillon, der vor allem während der herbstlichen Mondnächte einen schönen Ausblick auf die Umgebung bietet.

**Nankoku** 10 km östlich von Kochi (JR-Otochi-Buslinie, 30 Min.) liegt die Stadt Nankoku (50 000 Einw.). Der Ortsteil Oshino ist bekannt für die Zucht von Onaga-dori, Hähne mit Schwanzfedern von 4–7 m Länge.

**★ Kokubunji-Tempel** 4 km nordwestlich von Gomen, der Bahnstation für Nankoku, erreicht man den Kokubunji-Tempel der Shingon-Schule. Das 739 von dem Priester Gyoki errichtete Heiligtum ist der neunundzwanzigste der 88 Pilgertempel auf Shikoku; besonders interessant die Haupthalle und zwei Holzstatuen des Yakushi-nyorai.

**Ryugado-Höhle** Östlich von Gomen befindet sich die Ryugado-Tropfsteinhöhle (Bus von Kochi, 1 Std.). Die 1931 entdeckte, 4 km lange Höhle ist auf 1,5 km Länge zugänglich und zeigt schöne Stalaktiten und Sinterbildungen.

Am östlichen Ende der Tosa-Bucht ragt das Kap Muroto, der südlichste Punkt des Muroto-Anan-Küsten-Quasi-Nationalparks, in den Pazifik (Bus von Kochi, 2 Std.). Die wildromantische, zerklüftete Küstenlandschaft geht landeinwärts in eine Zone üppiger subtropischer Vegetation über; am äußersten Punkt des Kaps ein **Leuchtturm** (Aussicht) und eine meteorologische Station. Die im Herbst zahlreich auftretenden Taifune haben dem Kap den Namen »Taifun-Ginza« eingetragen. Der gesamte Küstenstrich des Quasi-Nationalparks, der sich 90 km nordwärts erstreckt, ist wegen der in der Bucht verstreut liegenden Inselchen auch als »Awa-Matsushima« bekannt, da er an die Küstenlandschaft von ►Matsushima erinnert. ✶ **Kap Muroto**

Unweit des Kaps liegt der Hotsu-Misaki-Tempel, 807 von Kobo-daishi gegründet, mit drei Buddha-Statuen aus der Nara- und Heian-Zeit. Auch dieses Heiligtum gehört zu den 88 Pilgertempeln der Insel. Ein besonders schöner Blick bietet sich von der Muroto-Küstenstraße. ✶ ◄ Hotsu-Misaki-Tempel

Von Kochi führt die JR-Dosan-Hauptlinie nördlich nach Osugi (39 km); 1 km westlich vom Bahnhof der Yasaka-Schrein, auf dessen Gelände zwei mächtige Zedern stehen, deren Alter auf etwa 2000 Jahre geschätzt wird. Der größere der beiden Bäume misst 68 m Höhe und 30 m Umfang. **Osugi**

8 km weiter nördlich (Bahnhof Otaguchi) gelangt man zum Burakuji-Tempel, dessen 1151 erbaute Haupthalle (Yakushido) ein bedeutendes Beispiel für die Architektur der Heian-Zeit darstellt. ✶ **Burakuji-Tempel**

# ✶✶ Koya-san

H 7 • h 3

**Hauptinsel:** Honshu  **Präfektur:** Wakayama
**Einwohnerzahl:** 7000

**Das annähernd 900 m hoch gelegene Bergland des Koya-san, rund 70 km südlich von ►Osaka auf der Halbinsel Kii gelegen, ist noch immer ein weitgehend weltentrücktes Gebiet. Zwischen dichten Waldungen stehen 125 Tempelbauten, die von der Blütezeit des japanischen Buddhismus im 9. Jahrhundert zeugen.**

高野山

## ✶✶ Klostersiedlung

Die Region erstreckt sich mit einer Ausdehnung von 2,2 km in nordsüdlicher und 5,5 km in ostwestlicher Richtung an der Ostflanke der Takamine-Berge. Die hier errichtete Tempel- und Klostersiedlung ist eines der bedeutendsten Zentren für das Studium des Buddhismus und als Wiege der Shingon-Schule alljährlich Ziel von mehr als einer Million Pilgern.

**Nyonindo**

Vom Bahnhof Gokurakubashi führt eine Seilbahn durch schöne Landschaft an Wasserfällen vorbei auf das Hochplateau; die Bergstation ist Startpunkt der Busse, die zu den wichtigsten Sehenswürdigkeiten des Bezirks verkehren. Zunächst erreicht man die Nyonindo (Halle der Frauen). Bis 1873 hatten Frauen nur bis hierher Zugang zum Koya-san.

**✶✶ Kongobuji-Tempel**

Öffnungszeiten: tgl. 8.30–17.00 Uhr, 500 ¥

Von der Hauptstraße zweigt nach rund 800 m rechts der Zugang zum Kongobuji-Tempel ab. Dieser Haupttempel der Koya-san-Shingon-Schule wurde 816 gegründet; die heutige Anlage wurde 1863 neu errichtet

Gründer des Tempels war Kobo-daishi, der zu Lebzeiten den Namen **Kukai** führte. Er wurde am 15. Juni 774 auf Shikoku geboren und verfasste im Alter von 24 Jahren das »Sangoshiiki«, eine vergleichende Studie über Buddhismus, Konfuzianismus und Taoismus. Mit 25 Jahren wurde er Mönch. Im Jahre 804 begleitete er eine kaiserliche Gesandtschaft nach China, wo er entscheidende Impulse erhielt. Zwei Jahre lang studierte er in Chang-an (heute Xian) und wurde von Huikuo, einem Meister der chinesischen Tantra-Schule, in die Geheimlehre der Mi-tsung eingeführt. Nach seiner Rückkehr aus China im Jahre 806 wurde er Abt des Todaiji-Tempels in Nara. Auf der Suche nach einem Ort für die Verbreitung seiner Lehre des esoterischen Buddhismus bekam er 816 die Erlaubnis, ein Kloster auf dem Koya-san zu errichten. Seine vielseitige Begabung brachte ihm auch großen Ruhm als Dichter, Kalligraf und Bildhauer, doch ist die Echtheit der ihm zugeschriebenen Werke nicht immer zweifelsfrei nachweisbar. Nach seinem Tode (835) erhielt Kukai posthum den Ehrentitel Kobo-daishi.

*Betender Mönch im Kongobuji-Tempel*

In den Räumen des Kongobuji finden sich schöne Malereien auf Schiebetüren, von denen einige Kano Tanyu zugeschrieben werden. Zum Tempel gehört auch der **größte Steingarten Japans**. In der näheren Umgebung des Kongobuji-Tempels befinden sich mehrere Unterschulen der Shingon-Schule sowie die Buddhistische Universität.

Südwestlich gelangt man zur **Gründerhalle Mieido** inmitten eines Hains alter Zedern und Schirmpinien. Die Halle enthält ein Porträt des Kobo-daishi sowie ein 1086 ent-

## KOYA-SAN ERLEBEN

### AUSKUNFT

Touristinformation am oberen Ende der Seilbahnstation
www.koyasan.or.jp
www.shukubo.jp

### VERKEHR

*Bahn:* Von Osaka (Bahnhof Nanba) Nankai-Dentetsu-Express bis Gokurakubashi (1½ Std.); von Osaka (Bahnhof Tennoji) JR-Hanwa- und Wakayama-Linie nach Hashimoto (umsteigen in Wakayama; 2½ Std.).
*Seilbahn:* Von Gokurakubashi auf den Koya-san (5 Min.).

### SAMMELTICKET

Am Bahnhof der Nankai-Linie sollte man sich nach dem »Koyasan Free Service«-Paket erkundigen: Es beinhaltet Hin- und Rückfahrt, sämtliche Busfahrten auf dem Koya-san, ermäßigte Eintrittskarten und Rabatte in einigen Souvenirläden.

### MEDITATIVER BESUCH

Heute sind viele Tempel vom Verfall bedroht und auf Einkünfte durch die Beherbergung von Besuchern angewiesen. Man erwartet, dass die Gäste ab 6.00 Uhr früh an den buddhistischen Zeremonien teilnehmen.

#### ► Essen

Die Speisen (auch für Gäste) sind rein vegetarisch mit Gemüsesuppe, Tofu, Lotuswurzeln, Reis und grünem Tee.

#### ► Übernachten

53 Tempel bieten Herbergen an (ab 9500 ¥ p. P., inkl. 2 Mahlzeiten). Die Unterbringung erfolgt in Tatami-Zimmern mit Gemeinschaftsbädern. Am besten wählt man eine Tempelherberge (shukubo), in der etwas Englisch gesprochen wird, z. B. Rengejoin (2. Haltestelle ab Seilbahnstation); Reservierungen übernimmt die Touristinformation.
Ein Verzeichnis der Unterkünfte ist auf der o.g. Shukubo-Website erhältlich.

standenes Gemälde, welches den Eingang Buddhas ins Nirwana darstellt. Hinter der Gründerhalle steht die Hauptpagode Konpon-daito (mehrmals durch Feuer zerstört; heutiger Bau von 1937), in welcher sich fünf Plastiken des sitzenden Buddha befinden. Auch die Haupthalle Kondo ist ein neueres Gebäude (1932).

**✶✶ Fudo-do**

Das älteste erhaltene Bauwerk der Klosteranlage ist die östlich der Haupthalle stehende Fudo-do (1197), die als Nationalschatz gilt. Erbaut wurde sie während der Heian-Periode (8.–10. Jh.) im Stil Shinden-zukuri. Der Gott Fudo verbannt alles Böse.

**✶ Reiho-kan**

Südöstlich der Haupthalle wurde 1920 das Reiho-kan, das Museum und Schatzhaus des Klosters, errichtet. In seinen Räumen ist eine ganze Anzahl von Kunstwerken aus der Geschichte des Koya-san zu sehen, darunter Skulpturen, Rollbilder und Dokumente aus mehreren Jahrhunderten (Öffnungszeiten: Mai –Sept. tgl. 8.30–16.30; 17.30, Nov. – April bis 17.00 Uhr, 600 ¥).

Westlich der Haupthalle steht das Große Tor Daimon (1705) mit zwei Wächterfiguren des Bildhauers Uncho. Von hier aus bietet sich ein weiter Blick nach Westen über den Kii-Kanal und auf die Insel Awaji.

**★★ Friedhof**

Die Hauptstraße führt in östlicher Richtung zum Mausoleum des Kukai. Auf ihr erreicht man zunächst die Brücke Ichinohashi. Hinter dieser beginnt der Friedhof mit ca. 200 000 Gräbern, der sich in einem mystischen Wald uralter Zedern ausbreitet und von einer 2 km langen Straße durchzogen wird.

**★ Oku-no-in**

Auf dem Weg zum Mausoleum passiert man die Opferhalle Gokusho und die Halle der Lampen Torodo mit mehreren tausend von Gläubigen gestifteten, z.T. sehr alten Laternen. Schließlich erreicht man den Oku-no-in, das Mausoleum des Tempelgründers Kobo-daishi, hinter einer Abschrankung von goldenen Lotosblüten.

# Kumamoto

F 8 • c 5

**Hauptinsel:** Kyushu
**Präfektur:** Kumamoto
**Einwohnerzahl:** 663 000

熊本

**Kumamoto liegt im mittleren Kyushu nahe der Shimabara-Bucht, die von Westen her in das Land eindringt und die Verbindung vom offenen Meer zur Ariake-See bildet. Die Stadt ist für ihre Burg und den Landschaftsgarten Suizenji berühmt.**

**»Stadt der Wälder«**

Kumamoto ist Hauptstadt der gleichnamigen Präfektur und drittgrößte Stadt der Hauptinsel Kyushu. Einst von geschichtlicher Bedeutung, hat es sich zu einem wichtigen Handels- und Bildungszentrum der Region entwickelt.
Die Stadt ist Umschlagplatz für die landwirtschaftlichen Erzeugnisse des Umlandes; bekannte Produkte des Kunsthandwerks sind Metalleinlegearbeiten (Higo-zogan; früher kunstvolle Schwerter), Bambuswaren, Keramik (Shodai-yaki) und Holzspielzeug. Begehrt sind die Amakusa-Zuchtperlen.

## Sehenswertes in Kumamoto

**Burg**

Öffnungszeiten: tgl. 8.30–17.30, Nov. bis März bis 16.30 Uhr, 500 ¥

Auf dem Hügel Chausuyama, 2 km nordöstlich vom Bahnhof, steht die Burg, 1601–1607 für Kato Kiyomasa, den Fürsten von Kumamoto, erbaut und 1877 schwer beschädigt. Die Anlage umfasste ursprünglich drei Hauptgebäude, 49 Türme, 29 Burgtore und 18 zweigeschossige Tore. Heute sind nur noch die Burgmauer, einige Tore und Wachtürme, darunter einer von der südlich der Stadt gelegenen Uto-Burg, der im Jahre 1600 hierher transferiert wurde (nordwestlicher Eckturm), erhalten. Die Burgmauern sind ein typisches Beispiel für die »Mushagaeshi« genannte **Festungsbautechnik**: Die an der Basis noch leicht geneigte Mauer wird mit zunehmender Höhe immer steiler und bildet schließlich an der Oberkante einen Überhang, was dem Feind das Eindringen erschweren soll. Der rekonstruierte Hauptturm beherbergt ein Historisches Museum. Nahe beim Hauptturm steht ein angeblich von Kato gepflanzter Ginkgo-Baum, welcher der Burg den Beinamen »Ginkgo-Burg« einbrachte. Erklärungen zur Burg werden auch in deutscher Sprache über Kopfhörer angeboten.

**Kato-Schrein**

Im Kato-Schrein unweit nördlich der Burg werden der Helm und das Schwert des Fürsten aufbewahrt. Zum Schreingelände gehört auch eine alte Steinbrücke, angeblich eine Trophäe aus Katos Korea-Feldzug. Ebenfalls nördlich der Burg liegen das **Kunstmuseum** der Präfektur und das **Kunstgewerbemuseum**.

**Honmyoji-Tempel**

3 km nördlich vom Bahnhof Kumamoto bzw. 1 km westlich vom Bahnhof Kami-Kumamoto liegt der Honmyoji-Tempel, der 1574 durch Kato gegründete Haupttempel der Nichiren-Schule auf Kyushu. Zum Tempel führen eine Kirschbaumallee und anschließend eine von Steinlaternen flankierte Treppe. Nördlich befindet sich die Grabstätte von Kato.

*Die Burg Kumamoto steht beispielhaft für den japanischen Festungsbau.*

**Kitaoka-Park** 1 km nordwestlich vom Bahnhof Kumamoto gelangt man zum Kitaoka-Park, in welchem auf dem 133 m hohen Hügel Hanaokayama die 1954 zum Gedenken an die Opfer des Zweiten Weltkrieges erbaute Bussharito-Pagode steht. Anlässlich ihrer Errichtung ließ der damalige indische Premierminister Nehru einen Teil der Asche Buddhas hierher überführen.

**Fujisaki-Hachimangu-Schrein** 4 km nordöstlich vom Bahnhof Kumamoto (Anfahrt mit dem Bus) bzw. 1 km nordwestlich vom Bahnhof Suizenji erreicht man den Fujisaki-Hachimangu-Schrein, der dem Kaiser Ojin gewidmete Schutzschrein der Stadt. Jeweils am 15. September findet dort ein sehenswertes Jahresfest statt.

**✶ Suizenji-Park**

Öffnungszeiten: tgl. 7.30–18.00, Dez. bis Febr. 8.30–17.00 Uhr, 400 ¥

Mit der Straßenbahn oder mit dem Bus (20 Min. ab Kotsu Center) erreicht man den Suizenji-Park, 5 km östlich des Bahnhofs. Der früher Joju-en genannte Park (65 ha) wurde 1632 als Landschaftsgarten für die Sommerresidenz der Hosokawa angelegt und gehört zu den **bekanntesten Gärten des Landes**. Er zeigt in verkleinerter Form einige der auch auf den Holzschnitten von Hiroshige dargestellten 53 Landschaften der seit dem 12. Jh. begangenen Tokaido-Route zwischen Kyoto und Edo (Tokyo), etwa den Fuji und den Biwa-See. Nahe bei einem von Quellen gespeisten See stehen im Parkgelände der Izumi-Schrein, den Ahnen der Familie Hosokawa geweiht, sowie ein Teehaus.

## Umgebung von Kumamoto

**Tatsuda-Park** Nordöstlich der Stadt (Bus, 20 Min., und 20 Min. Fußweg) erreicht man den Tatsuda-Park mit dem Taishoji-Tempel, einem Schutztempel der Hosokawa, und dem von Hosokawa Tadaoki (1563–1645) er-

## KUMAMOTO ERLEBEN

### AUSKUNFT

*Touristinformation*
im Bahnhof, Tel. 0 96/3 52 37 43
tgl. 8.30–19.00 Uhr
im Flughafen, Tel. 0 96/2 32 28 10
tgl. 6.50–21.30 Uhr
www.manyou-kumamoto.jp

### VERKEHR

*Flugzeug:* Von Tokyo (Haneda Airport; 2 Std.); von Osaka (1 Std.).
*Bahn:* Von Tokyo (Hauptbahnhof) JR-Sanyo-Shinkansen-Linie bis Fukuoka (Hakata; 5¼ Std.), dann JR-Kagoshima-Hauptlinie (1¼ Std.); von Beppu JR-Hohi-Hauptlinie über Oita (3 Std.).
*Bus:* Von Oita über die Trans-Kyushu-Schnellstraße (3½ Std.).
Das Stadtzentrum erreicht man per Straßenbahn.

### SHOPPING

Die Hauptstraßenzüge Ginza und Shimodori sind gesäumt von überdachten Einkaufspassagen mit südlichem Flair.

bauten Teehaus Koshoken. Die Gyobu-Residenz ist der Sitz der Familie von Hosokawa Morihiro, der von 1993 bis 1994 Ministerpräsident von Japan war.

**Kikuchi-Tal**

Rund 25 km nördlich von Kumamoto bildet das Tal des in die Ariake-See mündenden Flusses Kikuchi ein reizvolles Ausflugs- und Erholungsgebiet mit zahlreichen Badeorten.

**Kikuchi-onsen**

Die Privatbahnlinie Kumamoto Electric Railway führt zum etwa 25 km entfernten Kikuchi-onsen, vom 11. bis zum 16. Jahrhundert Burgsitz der Fürstenfamilie Kikuchi; lohnende Spazierwege gibt es in dem reizvollen Waldgebiet entlang des Flusses.

**Yatsushiro**

Die JR-Kagoshima-Hauptlinie führt nach Yatsushiro (136 000 Einw.), der größten Industriestadt der Präfektur Kumamoto (Zement- und Papierfabriken), aus der die Koda-yaki-Keramik kommt. Der an der Yatsushiro-Bucht gelegene Hafen ist bekannt für das im Spätsommer auftretende, »Shiranui« genannte **Meeresleuchten**.

> ! *Baedeker* TIPP
>
> **Mit dem Boot durch die Stromschnellen**
>
> Lohnend ist eine Bootsfahrt durch die Kuma-Stromschnellen, die zu den bekanntesten Japans zählen. Die Boote legen gegenüber dem einstigen Standort der Burg (1,5 km südöstlich vom Bahnhof Hitoyoshi) ab und erreichen nach 2½ Stunden das 18 km westlich gelegene Osakama.

**Hitoyoshi**

Von Yatsushiro verläuft die Hisatsu-Bahnlinie südöstlich landeinwärts zum 52 km entfernten Hitoyoshi (36 000 Einw.), das auch »Kyoto von Kyushu« genannt wird. Die einstige Burgstadt am Fluss Kuma, der das Hitoyoshi-Becken durchströmt, ist heute ein geschätzter Badeort. 500 m vom Bahnhof steht der Aoi-Aso-Schrein, aus dessen Gründungszeit (17. Jh.) die Haupthalle und ein Turm erhalten geblieben sind.

# ★ Kurashiki

G 7 • f 3

**Hauptinsel:** Honshu **Präfektur:** Okayama
**Einwohnerzahl:** 474 000

倉敷

**Alte Wohn- und Lagerhäuser, von Weidenbäumen gesäumte Kanäle und Steinbrücken machen Kurashiki zusammen mit einer Reihe interessanter Museen zu einem auch kulturell lohnenden Ziel.**

**Alte Handelsstadt**

Kurashiki liegt im Westen der japanischen Hauptinsel Honshu nahe der Inlandsee. Obgleich die Stadt einen Teil des bedeutenden Industriegebietes um Mizushima darstellt, hat die Altstadt noch weitgehend den Charakter vergangener Zeiten.

## Sehenswertes in Kurashiki

**Ohashi-Haus** Auf dem Weg zum Altstadtviertel kann man einen Abstecher zum Ohashi-Haus machen, dem Haus einer einflussreichen Kaufmannsfamilie von 1796 (Öffnungszeiten: Di. bis So. 9.00–17.00 Uhr, 500 ¥).

**Museen**

★ Ohara-Kunstmuseum ►

Das 1 km südöstlich des Bahnhofs gelegene Kunstmuseum (Ohara-bijutsukan), im Jahre 1930 von Ohara Magosaburo in antikisierenden Formen nach dem Vorbild griechischer Tempel erbaut, beherbergt vor allem **Werke europäischer Kunst** (El Greco, Renoir, Monet, Gauguin, Picasso, Rodin) und Arbeiten der japanischen Moderne, nah- und fernöstliche Kunst, Holzschnitte und Keramik (Öffnungszeiten: Di. bis So. 9.00–17.00 Uhr, 1000 ¥). Östlich von hier, am Fluss Kurashiki, wurde in vier ehemaligen Reisspeichern das **Volkskunstmuseum** (Kurashiki-mingei-kan) eingerichtet. Es zeigt Keramik, Textilien, Bambuswaren u. a. Unweit davon stellt das **Spielzeug-**

## KURASHIKI ERLEBEN

### AUSKUNFT

*Touristinformation*
im Bahnhof, Tel. 0 86/4 24 12 20
tgl. 9.00–19.00 Uhr
im alten Kanalviertel nahe dem Volkskunstmuseum
Tel. 0 86/4 22 05 42
April bis Okt. 9.00–18.00 Uhr

### VERKEHR

*Flugzeug:* Von Tokyo (Haneda Airport) nach Okayama (1¼ Std.).
*Bahn:* Von Tokyo (Hauptbahnhof) JR-Sanyo-Shinkansen-Linie über Osaka und Okayama (3¾ Std.).

### ! Baedeker TIPP

#### Ivy Square

Vom Kanal weg in Richtung Südosten erreicht man den Ivy-Square-Komplex. Der efeubewachsene Ziegelbau beherbergt u. a. das Atelier Ivy, in dem Besucher selbst kreativ werden können: Es gibt z. B. Einführungen in verschiedene Färbetechniken, ins Töpfern und in die Papierherstellung (Öffnungszeiten: tgl. außer Mi. 9.00–17.30 Uhr, Tel. 0 86/4 22 00 11).

### ÜBERNACHTEN

► **Luxus**

*Ryokan Kurashiki*
Honcho 4-1, Kurashiki-shi, Okayama-ken
Tel. 0 86/4 22 07 30
Edles Ryokan mitten im Altstadtviertel Bikan am Kanal. In einem denkmalgeschützten alten Lagerhaus fünf individuell eingerichtete Zimmer mit viel Holz. Alles vom Feinsten – zu entsprechenden Preisen.

*Nikko Kurashiki*
3-21-19 Achi, Kurashiki-shi, Okaya-a-ken 710-0055 Japan
Tel. 086 / 423 24 00 , www.nikko-kurashiki.com/english.htm
Gehobenes Hotel der Nikko-Gruppe in der Nähe des Altstadtviertels Bikan. Schöne helle Zimmer und mehrere Restaurants, u. a. das stimmungsvolle Restaurant Hachikengura, das als eines der besten der Stadt gilt. Es bietet französische Nouvelle Cuisine in einem umgebauten alten Reisspeicher, der einst der einflussreichen Ohashi-Familie gehörte.

**museum** (Nihon Kyodo Gangenkan) rund 5000 aus ganz Japan zusammengetragene Stücke aus. Jenseits des Flusses liegt das 1950 eröffnete **Archäologische Museum** (Koko-kan) mit Ausgrabungsfunden aus dem Kibi-Distrikt (heute Präfektur Okayama) sowie Stücken aus China und Südamerika. Unweit nordöstlich erreicht man das **Historische Museum** (Kurashiki-rekishikan) mit umfangreichen Sammlungen der Kamakura-Zeit (Waffen, buddhistisches Sakralgerät, Hausrat).

*Die Altstadt von Kurashiki wird von malerischen Kanälen durchzogen.*

## Umgebung von Kurashiki

**Entsuji-en**

Rund 3 km südwestlich des Bahnhofs Shin-Kurashiki (westlich der Stadt an der Shinkansen-Bahnlinie) liegt der Garten Entsuji-en mit dem Entsuji-Tempel, in dem der Mönch Ryokan (1758–1831), ein bekannter Kalligraf, einige Jahre lebte. Von der Anhöhe, auf welcher der Tempel steht, bietet sich ein sehr schöner Blick auf die Inlandsee.

**Kojima-Halbinsel**

★ ◄ Washuzan

Südlich von Kurashiki schiebt sich die Kojima-Halbinsel in die Inlandsee (Bus bis Washuzan, dann Fußweg zum gleichnamigen Berg). Vom 133 m hohen Washuzan bietet sich ein Panoramablick auf das Meer und die Hauptinsel Shikoku, zu der vom Hafen Shimotsui eine Fährverbindung besteht. Ferner verbindet die 9,4 km lange Brücke Seto-Ohashi (6 Einzelbrücken) die Inseln Honshu und Shikoku.

**Soja**

Die von Kurashiki nordwärts verlaufende JR-Hakubi-Linie berührt die Stadt Soja (67 000 Einw.), den Geburtsort des berühmten Priesters und Malers Sesshu (1420–1506), der im 1,5 km nördlich vom Bahnhof gelegenen Hofukuji-Tempel seine Novizenzeit verbrachte.

**Gokei-kyo**

Besonders zur Herbstzeit lohnt ein Ausflug von der nächstfolgenden Bahnstation Gokei zu der reizvollen Schlucht Gokei-kyo (Bus, 25 Min.), die der Fluss Makitani durchströmt.

**Takahashi**

★ ◄ Matsuyama-Burg

Die Hakubi-Linie führt weiter nach Takahashi (36 000 Einw.) an dem fischreichen gleichnamigen Fluss. Über dessen Ostufer erhebt sich der Berg Gagyuzan (Fußweg, 10 Min.) mit der Matsuyama-Burg; erhalten sind der dreistufige Hauptturm und ein Außenturm. Die Burg ist eine der wenigen Befestigungsanlagen aus dem 17. Jahrhundert, die nicht in der Ebene, sondern im Bergland errichtet wurden. Vom Gipfel Komatsu hat man einen besonders schönen Blick auf Stadt und Umland. Am Fuß des Berges liegt der Naturzoo Gagyuzan, in dem wilde Affenherden leben.

# Kushiro

N 3

**Hauptinsel:** Hokkaido **Präfektur:** Hokkaido
**Einwohnerzahl:** 186 000

釧路

**Die an der Südostküste von Hokkaido gelegene Stadt Kushiro ist kulturelles, wirtschaftliches und politisches Zentrum des Ostteils dieser nördlichsten japanischen Hauptinsel.**

**Kälteste Großstadt Japans**

Noch vor hundert Jahren war die region um Kushiro von den Ainu, den Ureinwohnern Hokkaidos, besiedelt. Trotz des strengen Klimas und der selbst im Sommer niederen Temperaturen – Jahresdurchschnitt 6 °C – ist Kushiro neben dem nördlich gelegenen Wakkanai der einzige eisfreie Hafen der Insel.

## Sehenswertes in Kushiro und Umgebung

**Tsurugadai-Park**

1,5 km südöstlich des Bahnhofs gelangt man zum Tsurugadai-Park mit dem Städtischen Museum (Exponate der Ainu-Kultur). Am Nordufer des nahen Harutori-Sees (Bus vom Bahnhof, 20 Min.) fand man Ruinen einer Ainu-Siedlung.

Vom Bahnhof fähr ein Bus (1 Std.) zum 20 km nordwestlich gelegenen **Kushiro-Shitsugen-Nationalpark**. Das in einem Sumpfgebiet angelegte Reservat ist der letzte Lebensraum der seltenen Mandschuren-Kraniche (Tancho). Die ca. 600 Tiere kann man auf einer Wanderung über die beim Observationszentrum beginnenden Holzbohlenwege beobachten, am besten im Winter. Von April bis September fahren auch JR-Züge mit Aussichtsfenstern durch den Park.

Rund 50 km östlich von Kushiro ragt die **Akkeshi-Halbinsel** in die gleichnamige Bucht (JR-Nemuro-Hauptlinie, 50 Min.). Die Stadt Akkeshi wird von einer Lagune in Nord- (Shinryu) und Südteil (Honcho) getrennt. Die Akkeshi-Lagune (32 km²) ist ein wichtiges Austernzuchtgebiet, die Bucht das einzige Heringsfanggebiet Japans. An der Südküste der Halbinsel steht der 1802 gegründete **Kokutaiji-Tempel** der zur Rinzai-Schule gehörenden Nanzenji-Schule, der 1804 zu einem der drei Missionstempel Hokkaidos wurde.

### KUSHIRO

**VERKEHR**

*Flugzeug:* Von Tokyo (Haneda Airport; 1 Std.); von Sapporo (40 Min.).
*Bahn:* Von Sapporo JR-Nemuro-Linie (3½ Std.).
*Schiff:* Von Tokyo (30 Std.).

**VERANSTALTUNGEN**

Hafenfest (mit Feuerwerk; Anfang August), auf dem Fluss Kushiro; Schneefest (mit zahlreichen Schneeskulpturen; Anfang Dezember), im Yone-machi-Park.

*In Herbstfarben prangt der Manshuin-Garten in Kyoto.*

# ★★ Kyoto

H 7 • h 3

**Hauptinsel:** Honshu  **Präfektur:** Kyoto
**Einwohnerzahl:** 1,39 Mio.

京都

**Die alte Kaiserstadt ist eines der bedeutendsten, wenn nicht das bedeutendste Reiseziel Japans. Alljährlich pilgern Millionen und Abermillionen von Touristen aus dem In- und Ausland hierher. Trotzdem hat Kyoto sich viel von der alten Atmosphäre bewahrt, was auch daher rührt, dass es – als einzige japanische Millionenstadt – im Zweiten Weltkrieg unversehrt geblieben ist.**

**Kulturelles Zentrum Japans**

Die von Hügeln umgebene Stadt Kyoto, Partnerstadt von Köln, liegt im mittleren Teil der japanischen Hauptinsel Honshu nahe dem Südwestende des Biwa-Sees; sie bedeckt in dem sich nach Süden öffnenden Becken zwischen den Flüssen Katsura (westlich) und Kamo (östlich) eine Fläche von über 600 km², ist siebtgrößte Stadt des Landes und eines von dessen bedeutendsten Industriezentren. Kyoto ist ferner Hauptstadt der gleichnamigen Präfektur und bildungspolitisches Zentrum von Westjapan (mehrere Hochschulen und Universitäten).
Fast 1100 Jahre lang, von 794 bis 1869, war Kyoto **Kaiserresidenz** und damit das bedeutendste Kulturzentrum des Landes, wo Architektur, Bildhauerei, Malerei und andere Künste zu höchster Blüte gelangten. Schon früh beeinflusste der Buddhismus das Kunstschaffen, sodass eine große Zahl der erhalten gebliebenen Werke in den alten Tempeln zu finden ist. Noch heute spielt Kyoto in den Religionen Ja-

pans eine dominierende Rolle; dreißig Tempel der Stadt sind Zentren der verschiedenen buddhistischen Schulen; überdies existieren im Stadtbereich rund zweihundert größere Shinto-Schreine.

**Geschichte** Zehn Jahre nach der Verlegung des Regierungssitzes von Nara nach Nagaoka ließ Kaiser Kammu 794 an der Stelle des nordöstlich vom heutigen Kyoto gelegenen Dorfes Uda die neue Hauptstadt des Reiches anlegen, die zunächst Heiankyo (»Hauptstadt des Friedens«), dann Miyako (»Kaiserliche Residenz«) und seit der Meiji-Reform Kyoto (»Hauptstadt«) genannt wurde.

Vorbild China ► Die Stadt wurde, dem chinesischen Städtebaumuster von Xian folgend, auf rechteckigem schachbrettartigem Grundriss angelegt. Umgeben war sie von Mauern und einem doppelten Graben. Die Ausdehnung betrug 5,2 km von Norden nach Süden und 4,4 km von Osten nach Westen. Südlich des Kaiserpalastes Daidairi bildete die 83 m breite Straße Suzaku-oji die Trennungslinie zwischen der östlichen Stadthälfte (Sakyo) und der westlichen Stadthälfte (Ukyo). Den Zugang zur Stadt bildeten 18 Tore. Bereits im Jahre ihrer Gründung soll die Stadt 400 000 Einwohner gehabt haben. Mehrmals wurden Teile der Stadt durch Erdbeben oder Feuer zerstört. Der Kaiserpalast war das Zentrum und die neun west-östlichen Hauptstraßen werden auch heute noch von Nord nach Süd als Straße Nr.1, 2, 3 ... bezeichnet. In den Jahren 960, 1177 und 1227 brannte der Kaiserpalast ab und wurde nach dem letzten Brand nicht wieder aufgebaut.

## *Highlights Kyoto*

**Nishi-Honganji-Tempel**
Das schönste Beispiel buddhistischer Architektur mit herrlichen Malereien.
► Seite 350

**Sanjusangen-do**
1001 goldene Kannon-Statuen
► Seite 351

**Kiyomizu-Tempel**
Wunderbarer Blick von der Veranda an einem Steilhang thronenden Holztempels
► Seite 352

**Nijo-jo**
Wo einst der mächtige Shogun residierte...
► Seite 358

**Fushimi-Inari-Schrein**
Zum Schrein der Göttin des Reisanbaus führt eine Allee von roten Torii.
► Seite 364

**Ryoan-ji**
Ein zum Tempel gehörender Steingarten lädt zur stillen Kontemplation ein.
► Seite 368

**Kinkakuji**
In goldenem Glanz spiegeltr sich der vollkommene Pavillon im Teich.
► Seite 369

**Nishiki-Markt**
Hier gibt es alles, was in japanische Kochtöpfe oder auf japanische Teller wandert
► Seite 347

**Matsuri**
Wer es schafft, zu einem der großen Festumzüge (Aoi-Matsuri, Gion-Matsuri, Jidai-Matsuri) nach Kyoto zu kommen, wird reich belohnt.
► Seite 345

Bereits zu Beginn des 9. Jahrhunderts stand das zunehmend in nichtpolitischen Dingen engagierte Kaiserhaus im Schatten der **Familie Fujiwara**, die sich aller politischen Schlüsselpositionen bemächtigte. Später geriet das Kaisertum zunehmend unter den Druck der militanten Klöster des Umlandes. Unruhen führten zur Machtübernahme durch die Familie Taira, die ihrerseits 1185 in der Schlacht von Dannoura von den Minamoto vernichtend geschlagen wurden. Minamoto Yoritomo (1147–1199), vom Kaiser zum Shogun ernannt, verlegte den Regierungssitz nach Kamakura, und das entmachtete Kaiserhaus beschränkte sich auf die Förderung von Kunst und Kultur; das Hofleben erreichte ein Höchstmaß an Verfeinerung.

◄ Entmachtung des Kaiserhauses

Kaiser Godaigo (1288–1339), der 1318 den Thron bestiegen hatte, setzte sich gegen das Kamakura-Shogunat zur Wehr; sein gegen das Shogunat siegreicher Feldherr Ashikaga Takauji marschierte jedoch 1336 in Kyoto ein, vertrieb Godaigo und setzte Komyo († 1380) als Gegenkaiser ein. 1392 verzichtete die Süddynastie, welche Godaigo im Exil in Yoshino errichtet hatte, auf ihren Machtanspruch, sodass Kyoto als Regierungssitz unangefochten blieb. 1467 entstanden aus dem Streit um die Nachfolge der Ashikaga neue Kämpfe, und am Ende dieser **Onin-Kriege** (1477) lag Kyoto in Schutt und Asche. Auf kaiserliches Ersuchen zog Oda Nobunaga 1568 in Kyoto ein und nahm den Wiederaufbau des alten Kaiserpalastes und der Stadt in Angriff. Nach seinem Tod setzte Toyotomi Hideyoshi das Werk fort. Die von ihm vollendete Befriedung des Reiches machte eine neue Blütezeit möglich, und Kyoto wurde zum Mittelpunkt der japanischen Renaissance.

◄ Umkämpftes Kyoto

Gleichwohl blieb die Regierungsgewalt in den Händen der Shogune, und die machtpolitische Bedeutung der Stadt erlosch, als Tokugawa Ieyasu (1542–1616) den Regierungssitz nach Edo, dem heutigen Tokyo, verlegte. Wieder zerstörten Brandkatastrophen (1708 und 1788) Teile der Stadt, und schwerste Schäden richtete das Erdbeben von 1830 an. Die Entscheidung des Shogunats in Edo, Japan nach jahrhundertelanger Isolierung dem Ausland zu öffnen, stärkte die Position des gegen diesen Beschluss opponierenden Kaiserhauses und führte es mit der Abschaffung des Shogunats (1867) wieder an die Macht. Doch da Kaiser Meiji 1869 seinen Regierungssitz gleichfalls nach Edo verlegte, spielte Kyoto auch weiterhin politisch keine Rolle mehr. Auf Erlass des Kaisers blieb es aber Krönungsstadt der japanischen Herrscher.

◄ Verlust der Machtposition

## ✶ Um den Bahnhof

**Bahnhof Kyoto**

Bei der Ankunft in Kyoto erwartet die Besucher gleich eine Überraschung: ein hochmoderner Bahnhof in der alten Kaiserstadt, die geradezu der Inbegriff japanischer Tradition zu sein scheint. Während der Planungsphase gab es heftige Proteste gegen den 1997 eingeweihten Neubau des Architekten Hara Hiroshi – weil bis dahin nur der Fernsehturm die ehrwürdigen Tempeldächer und Pagoden überragen

*Ankunft in Kyoto: Der Nozomi-Express fährt in den Bahnhof ein.*

durfte. Viele Kyotoer sind mit dem eindrucksvollen Gebäude inzwischen versöhnt. Vom Skywalk hat man einen guten Blick auf die Umgebung des Bahnhofs.

**Kyoto Tower Building**

Nur wenige Schritte nördlich vom Hauptbahnhof steht im Bezirk Shimogyo-ku das neunstöckige Kyoto Tower Building, das einschließlich des auf dem Dach errichteten Kyoto Tower 131 m hoch ist.

**Higashi-Honganji-Tempel**

Unweit nördlich (Karasuma-Shichijo) liegt der Higashi-Honganji, der 1602 gegründete Tempel der Jodo-Shinshu-Schule, der nach wiederholten Zerstörungen 1859 letztmals erneuert wurde.
Die **Gründung** der Jodo-shinshu-Schule im Jahr 1224 geht auf Shinran-shonin (auch Keishin-daishi, 1173–1262) zurück. Dieser hatte mehrere Jahre auf dem Klosterberg Hiei, nordöstlich von Kyoto, verbracht und wurde dann Schüler von Ho-nen, dem Begründer der Jodo-Schule, der ihn zur Gründung des noch volksnäheren Jodo-shinshu anregte. Die Kernpunkte der neuen Lehre waren der Glaube an den alles Heil spendenden Amida-Buddha und die Ablehnung des Zölibats. Der zunehmende Einfluss dieser Schule bewog Tokugawa Ieyasu im Jahre 1602 zur Teilung des Honganji-Tempels; er ließ die Otani-Schule mit Sitz im Higashi-Honganji-Tempel gründen. Der ursprüngliche Honganji wurde daraufhin zum Nishi-Honganji. Frei zugänglich sind nur die Gründerhalle und die kürzlich aufwändig renovierte Haupthalle.

# *Kyoto* Orientierung

**Essen**

1. Setsugekka
2. Daikokuya
3. Ganko
4. Menami
5. Tomi-zushi
6. Torisei
7. Honke Tagoto
8. Sake Bar Asakura
9. Pig & Whistle

**Übernachten**

1. Granvia Kyoto
2. The Westin Miyako Sanjo
3. Iori (Office)
4. Hotel Nishiyama
5. Ryokan Shimizu

# KYOTO ERLEBEN

## AUSKUNFT

***Touristinformation***
Kyoto City Tourist
Information Center
im Bahnhofsgebäude, 2. Stock
Tel. 075 / 34 36 655,
tgl. 8.30 – 19.00Uhr
Für die Präfektur Kyoto:
9. Stock, Tel. 075 / 34 433 00,
tgl. 10.00 – 18.00 Uhr
www.pref.kyoto.jp/visitkyoto/en
www.city.kyoto.lg.jp

## VERKEHR

*Bahn:* Kyoto ist Knotenpunkt der JR-Tokaido-Shinkansen- und Hauptlinie, der JR-San-in- und Nara-Linien. Von Tokyo (Hauptbahnhof) JR-Tokaido-Shinkansen-Linie (Hikari 3 Std., Kodama 4 Std.); von Nagoya JR-Tokaido-Shinkansen-Linie (Hikari 50 Min., Kodama 1 Std.); von Osaka JR-Tokaido-Shinkansen- bzw. Hauptlinie (20 Min. bzw. 45 Min.); von Nara Kinki-Nippon-Privatbahnlinie (40 Min.) und JR-Nara-Linie (1 Std.).
*Bus:* Von Osaka (Flughafen; 1½ Std.).
*Flughafentransfer:* Zum Kansai International Airport (KIX) fährt ein Expresszug vom Hauptbahnhof (75 Min.) oder ein Bus (1¾ Std., Reservierung erforderlich, Tel. 0 75/6 82 44 00).

## NAHVERKEHR

In Kyoto fällt die *Orientierung* leichter als in anderen japanischen Städten, da die Straßen gitternetzartig angelegt sind: Die großen Ost-West-Straßen sind nummeriert oder haben Namen, Hauptstraße ist die Shijo-dori (4. Straße), die Nord-Süd-Straßen haben ebenfalls Namen; im Norden, Westen und Osten aufragende Berge erleichtern die Orientierung. Kyoto eignet sich gut für *Erkundungen zu Fuß*, wenn man über die nötige Kondition verfügt. Auf Spaziergängen lassen sich viele nette Ecken entdecken. Pläne und Broschüren der Touristinformation machen dazu Vorschläge.

*Busse:* Vom Bahnhof verkehren Busse zu allen Sehenswürdigkeiten der Stadt. Am besten besorgt man sich dort die englische Version der ***Raku Bus Map*** mit allen wichtigen Informationen zum Busfahren in Kyoto. Für Touristen besonders nützlich sind die Linien 100, 101 und 102, die an den wichtigsten Sehenswürdigkeiten vorbeifahren. Eine einfache Fahrt im Zentrum kostet 220 ¥ (zu zahlen beim Fahrer beim Aussteigen), ein Tagespass nur für Kyoto-Stadtbusse 500 ¥.
Daneben gibt es zwei *U-Bahn-Linien*: Die Karasuma-Linie verbindet Nord- und Süd-Kyoto, die Tozai-Linie verkehrt zwischen Südost- und West-Kyoto. Die Linien kreuzen sich im Bahnhof Karasuma-Oike. Eine Fahrt kostet mindestens 210 ¥. Eine Tageskarte für Stadtbusse, die Vorortbusse und U-Bahnen kostet 1200 ¥ (2 Tage 2000 ¥). Die U-Bahn verkehrt von 5.30–23.30 Uhr.
Manche Ziele, wie Arashiyama im Westen der Stadt, lassen sich am schnellsten mit den ***Privatbahnen*** (Hankyu, Keifuku oder Eizan) erreichen.
Wer keinen JR-Railpass besitzt und in der gesamten Region herumreisen möchte, kann sich am Bahnhof nach dem *Surutto Kansai Pass* erkundigen, der die Benutzung der U-Bahnen, Privatbahnen und Busse in Osaka, Kobe und Kyoto für 2 (3800 ¥) bzw. 3 (5000 ¥) Tage erlaubt und Ermäßigungen für verschiedene Attraktionen gewährt (Näheres unter www.surutto.com/conts/ticket).

## ANMELDUNG FÜR SEHENSWÜRDIGKEITEN

Für die Besichtigung (englischsprachige Führung) folgender Sehenswürdigkeiten ist eine Voranmeldung *beim Kaiserlichen Haushaltsamt* unter Vorlage des Reisepasses erforderlich:

*Kyoto Gosho* (Alter Kaiserpalast, Führung Mo.–Fr. 10.00 und 14.00, April, Mai, Okt., Nov. jeden, sonst am 3. Sa. im Monat 10.00 Uhr; Anmeldung bis zu 20 Min. vorher möglich).
*Sento Gosho* (innerhalb des Kaiserpalast-Geländes, Führungen 11.00, 13.30 Uhr).
***Shugaku-in Rikyu*** (Kaiserliche Villa am Nordostrand der Stadt)
***Katsura Rikyu*** (Kaiserliche Villa in Katsura westlich von Kyoto, Führungen: 9.00, 10.00, 11.00, 13.30, 14.30, 15.30 Uhr):
Für alle diese Sehenswürdigkeiten ist eine vorherige Anmeldung (am besten per Internet, s. u.) erforderlich. Es können Gruppen von maximal vier Personen angemeldet werden, unter 18-Jährige müssen in Begleitung Erwachsener sein. Englischsprachige Führungen finden Mo. bis Fr. regelmäßig statt, außerdem im März, April, Mai, Okt. und Nov. jeden Sa., sonst auch am 3. Samstag im Monat.

***Kaiserliches Haushaltsamt***
(Imperial Household Agency, Kunaicho)
Kyoto Gosho, 3 Kyotogyoen, Kamigyo-ku
Tel. 0 75/2 11 12 15
Mo.–Fr. 9.00–11.00
und 13.30–15.00 Uhr
http://sankan.kunaicho.go.jp/english

## VERANSTALTUNGEN

*Januar:* Erster Schreinbesuch (Gläubige holen sich eine Flamme des Heiligen Feuers, womit sie die erste Mahlzeit im neuen Jahr zubereiten; Anfang Jan.), beim Yasaka-Schrein. Hadaka-odori (Tanz der nackten Männer; Mitte Jan.), im Hokaiji-Tempel; Toshiya (traditionelles Bogenschießen; Mitte Jan.), beim Sanjusangen-do.
***Februar:*** Baika-sai (Pflaumenblütenfest mit Teezeremonie im Freien, Ende Febr.), beim Kitano-Tenmangu-Schrein.
*März:* Hina-matsuri (Puppenfest; Anfang März), im Hokyoji-Tempel; Nehan-zu (Nirwana-Zeremonie am Todestag Buddhas; Mitte März), in mehreren Tempeln, u. a. im Tofukuji- und Seiryoji-Tempel.
***April: Miyako-odori*** (Kirschblütentänze; April/Mai), im Gion-Kaburenjo-Theater; Hana-matsuri (Buddhas

*Das Gion-matsuri im Juli zählt zu den wichtigsten religiösen Festen.*

Geburtstag; Anfang April), in allen Tempeln; Taiko-no-Hanami Gyoretsu (Kirschblütenprozession; 2. So.), beim Daigoji-Tempel; Matsunoo-matsuri (Prozession mit Tragschreinen; 4. So.), beim Matsunoo-Schrein.
*Mai:* Kamogawa-odori (Geisha-Tänze; Anfang bis Mitte Mai), im Pontocho-Kaburenjo-Theater; ***Aoi-matsuri*** (Prozession mit historischen Kostümen, Schreinzeremonien; Mitte Mai), im Kamigamo und im Shimogamo-Schrein; Mifune-matsuri (Bootsfest auf dem Fluss Oi; 3. So.), beim Kurumazaki-Schrein.
*Juni:* Takigi-no (nächtliche Aufführung von No-Dramen; Anfang Juni), beim Heian-Schrein.
*Juli:* Kormoran-Fischen (nächtlicher Fischfang mit abgerichteten Vögeln; Juli/Aug.), in Arashiyama; ***Gion-matsuri*** (Umzug mit 29 großen Prunkwagen, auf das Jahr 876 zurückgehend; Mitte Juli), vom Yasaka-Schrein aus; O-taue-matsuri (Reissetzfest; Ende Juli), beim Matsunoo-Schrein.
*August:* ***Daimonji-gozan-okuribi*** (Entzündung von Feuern in Schriftzeichenform an den Berghängen; Mitte Aug.); Toronagashi (Laternenfest; Mitte Aug.), im Arashiyama-Park; Matsuage (Feuerfest am Flussufer; Ende Aug.), in Hanase; Jizo-bon (Fest für die Schutzgottheit der Kinder; Ende Aug.), in mehreren Tempeln.
*September:* Hassaku-sai (Erntedankfest; 1. So.), im Matsuo-Schrein; Karasu-sumo (Kinderringkämpfe; Anfang Sept.), im Kamigamo-Schrein.
*Oktober:* Zuiki-matsuri (Prozession mit Prunkwagen; Anfang Okt.), beim Kitano-Temmangu-Schrein; Kamogawa-odori (Geisha-Tänze; Okt./Nov.), im Pontocho-Kaburenjo-Theater; Ushi-matsuri (Spiel in traditionellen Kostümen; Mitte Okt.), im Koryuji-Tempel; ***Jidai-matsuri*** (Gedenkfest für die Stadtgründung 794, großer Umzug in historischen Kostümen; Ende Okt.), vom Heian-Schrein aus.
*November:* Momiji-matsuri (Bootsfahrten im Stil des 10. Jahrhunderts; 2. So.), im Arashiyama-Park.
*Dezember:* Kaomise (Kabuki-Aufführungen), im Minamiza-Theater; Shimai-Kobo (Gedenkzeremonie für Kobo-daishi; Ende Dez.), im Toji-Tempel.

Sehr empfehlenswert ist die Zeitschrift ***Kyoto Visitor's Guide***, die monatlich in Englisch erscheint und neben Veranstaltungstipps auch Restaurants, Unterkünfte und Läden vorstellt. Man bekommt sie in der Touristinformation, in verschiedenen Museen und anderen öffentlichen Einrichtungen. Im Internet: www.kyotoguide.com.

## SHOPPING

Kyoto ist ein Einkaufsparadies und bekannt für sein qualitativ hochwertiges Kunsthandwerk, darunter Fächer, Lackarbeiten, Keramik und Seide.
Eine große Palette an ***Kunsthandwerksprodukten*** findet man im Kyoto Handicraft Center, Marutamachi, nördlich des Heian-Schreins (Tel. 075/7618001, tgl. 10.00–19.00 Uhr, www.kyotohandicraftcenter.com) und im Souvenirladen des Kunsthandwerksmuseums Fureai-kan, etwas südlich des Heian-Schreins.
Für ***Keramik*** sind die Läden auf dem Weg zum Kiyomizudera, an der Kiyomizuzaka, Sannenzaka und Ninenzaka, die richtigen Adressen.
Beliebte ***Einkaufsviertel*** sind die Gegend um die Kreuzung Shijo-dori und Kawaramachi-dori, wo auch die großen Kaufhäuser angesiedelt sind, nicht weit davon die Ladenstraßen Teramachi und Shinkyogoku sowie der eindrucksvolle ***Nishiki-Markt*** für Lebensmittel. In der Teramachi-Passage (vom Kaufhaus Takashimaya

kommend, nicht weit vom Eingang linker Hand) findet sich ein alter *Teeladen* mit viel Atmosphäre namens Horaido (www.kyoto-teramachi.or.jp/horaido, tgl. 10.00 – 20.50 Uhr). Ebenfalls in Teramachi und auf der linken Seite, etwas weiter die Straße hoch, gibt es einen Laden, der alte Holzschnitte verkauft, Daishodo (tgl. außer Mi. 11.00–20.00 Uhr).
Die berühmten *japanischen Küchenmesser* und anderes Küchenzubehör bietet Aritsugu, in der Nishiki-Passage, unweit der Teramachi-Ladenstraße (tgl. 6.00–15.00 Uhr).
In der Muromachi-dori etwas nordwestlich der Kreuzung Shijo-Karasuma verkauft Karakusaya besonders schöne *furoshiki*: traditionelle große Einschlagtücher als Alternative zur Einkaufstasche oder als edle Verpackung (www.miyai-net.co.jp/shop/karakusaya-kyoto.html, Mi. – So. 10.00 bis 18.00 Uhr)
In der Shinkyogoku-Passage findet sich der Laden Iwai mit einer großen Auswahl an *Souvenirs*; einen Eindruck des Angebots bekommt man auf seiner Website www.kyoto-iwai.co.jp – sie ist zwar auf Japanisch, aber wenn man auf die verschiedenen Überschriften klickt, sieht man Bilder der Waren.
Traditionelles japanisches *Konfekt* verkauft der Laden Kagizen Yoshifusa, in Gion, auf der Nordseite der Shijo-dori, westlich der Hanami-koji (Di. bis So. 9.30–18.00 Uhr).
Ein lebhaftes Geschäftszentrum ist auch der *Hauptbahnhof* mit seinen vielen Restaurants, Cafés, Läden und dem Kaufhaus Isetan.
Wer die Möglichkeit hat, sollte unbedingt einen der *Flohmärkte* Kyotos besuchen. Der berühmteste ist der »Kobo-san« beim Toji-Tempel (jeden 21. des Monats). Hier findet man u. a. Antiquitäten, alte Kimonos, Keramik und jede Menge Krimskrams. Am 25. jeden Monats wird am Kitano Tenmangu-Schrein ein ähnlicher Markt veranstaltet, der »Tenjin-san«. Weitere Märkte über die Touristinformation.

**! *Baedeker* TIPP**

**Special Openings**

Im Frühling und Herbst haben viele Tempel »Special Openings«, oft mit abendlicher Beleuchtung, bei denen sonst unzugängliche Gebäude oder Gärten offen stehen. Näheres bei der Touristinformation.

## ESSEN

### ▶ Fein und teuer

① ***Setsugekka***
Shimogyo-ku, Kiyamachi-dori, Bukkoji-sagaru, Higashigawa
Tel. 0 75/3 42 17 77
www.kyoto-hanatsubaki.co.jp
11.30–15.00 und 17.30–23.00 Uhr
Eines der romantischen Restaurants am Kamogawa mit Sitzgelegenheiten im Freien auf einer Art Holzterrasse über dem Fluss (Mai bis Sept.). Serviert u. a. Kaiseki-Küche. Mittagessen erheblich preisgünstiger.

③ ***Ganko***
484-6, Higashi Namasu-cho, Nijo-kudaru, Kiyamachi-dori, Nakagyo-ku, Kyoto 604-0922
Tel. 075 / 223-34 56
www.gankofood.co.jp/en
Kaiseki-Küche mit Blick auf einen japanischen Garten; oft gibt es dazu Maiko-Darbietungen.

### ▶ Erschwinglich

④ ***Menami***
Nakagyo-ku, Kiyamachi, Sanjo-agaru
Tel. 0 75/2 31 10 95
Mo. bis Sa. 17.00–23.00 Uhr
Wer Kyotoer Hausmannskost (Obanzai) probieren möchte, ist in diesem

bei Einheimischen beliebten Lokal richtig: Es gibt zwar keine englische Speisekarte, aber die Speisen stehen in großen Schüsseln auf der Theke. Man braucht also nur auf das Gewünschte zu zeigen. Da es keine eigentlichen Hauptgerichte gibt, bestellt man am besten gleich mehrere Sachen.

⑤ ***Tomi-zushi***
Nakagyo-ku, Shinkyogoku-dori, Shijo-agaru, Higashi-iru, Nakanomachi 578-5
Tel. 0 75/2 31 36 28
tgl. außer Do. 17.00–24.00 Uhr
Beliebtes Sushi-Lokal in zentraler Lage neben der Shinkyogoku-Einkaufsstraße. Zu erkennen an der großen roten Laterne über dem Eingang.

⑥ ***Torisei***
Fushimi-ku, 186 Kamiaburakake-cho
Tel. 075/6 22 55 33
Di. bis So. 11.30–22.00 Uhr

*Köstlich: Soba-Nudeln*

Das Lokal ist im Lagerkeller einer Sake-Brauerei eingerichtet. Spezialität sind Huhn-Gerichte (nur japanisch).

### ► Preiswert

② ***Daikokuya***
281 Minamikurumaya-cho, Kiyamachi Takoyakushi Nishi-iru, Nakagyo-ku
Tel. 075/2 21 28 18
tgl. außer Di. 11.00 – 21.30 Uhr
Hervorragende Nudelgerichte aus dem Wok, als Ramen dun auf adnere Arten. Im Shoppingdistrikt; nach der großen roten Laterne Ausschau halten.

⑦ ***Honke Tagoto***
Nakagyo-ku, 12 Sanjo-dori, Teramachi Higashi-iru
Tel. 0 75/2 21 30 30
tgl. 11.00–21.00 Uhr
Gemütliches Soba-Lokal mit langer Tradition (gegründet 1868). Im Sommer gibt es *zaru-soba* (kalte Nudeln).

## AUSGEHEN

Die traditionellen *Vergnügungsviertel* sind Gion und Pontocho, wo nicht nur Restaurants, Bars und Hostessenclubs versammelt sind, sondern wo auch die *Geishas* der Stadt zu Hause sind. Ihre Tanzkünste (Kyomai, »Kyoto-Tanz«) kann man mehrmals im Jahr (April/Mai und Okt./Nov.) u. a. im Theater Pontocho Kaburenjo bewundern. Auch das alte Kabuki-Theater Kamishichiken Kabukai bietet Theater- und Tanzvorführungen an (Tel. 075 / 461 01 48, www.maiko3.com). Daneben gibt es regelmäßige Kurzprogramme im Rahmen von Vorführungen verschiedener japanischer alter Künste speziell für Touristen (und entsprechend kommerziell) im Gion Corner, Yasaka Hall (http://kyoto-gion-corner.info, Tel. 0 75/5 61 11 19; Vorführungen 19.00 und 20.00 Uhr). Hier können auch (touristengerechte) Abende mit

einer Maiko gebucht werden. Mehrere Studios, wie das Kayoo (in der Nähe der Kreuzung Shijo-Karasuma, Tel. 075/221 4100), kleiden Besucherinnen in die Gewänder einer Maiko ein: für ein Foto oder sogar, um damit durch die Straßen zu spazieren).
Abends flaniert es sich am besten in Pontocho am Fluss, vor allem im Sommer, wenn viele Lokale Sitzplätze im Freien bieten. Die kostspieligen Original-Geishahäuser bleiben Ausländern hingegen in der Regel verschlossen.
Erschwinglicher ist der Besuch eines der nur im Sommer geöffneten (ca. Mai – September) ***Biergärten***, z. B. im Kyoto Tower Hotel am Bahnhof (auf dem Dach, Tel. 075 / 343 90 90) oder Kamishichiken im Garten des Kabuki-Theaters beim Kitano-Tenmangu (www.maiko3.com, nur Juli – Sept.).
Wer ***Sake*** bevorzugt, sollte einmal die ⑧ ***Sake Bar Asakura*** aufsuchen, eine sehr kleine (und nicht ganz leicht zu findende) Kneipe mit reichhaltiger Sake-Auswahl. Der Eigentümer spricht gut Englisch und berät Ausländer gern (Daikyu Building 2F, Tel. 075 / 212 44 17, tgl. 19.00 – 2.00 Uhr).
Seit den 1980er-Jahren treffen sich die ortsansässigen Ausländer im ⑨ Pig & Whistle, einer englischen Kneipe mit Fassbier und Darts (im Obergeschoss, einen Block östlich des Bahnhofs Keihan-Sanjô; tgl. 17.00 – 2.00 Uhr, Tel. 075 / 761 60 22).

## ÜBERNACHTEN

### ► Luxus

① ***Hotel Granvia Kyoto***
901 Higashi-Shiokoji-cho, Shiokoji Sagaru Karasuma-Dori, Shimogyo-ku, Kyoto 600-8216
Tel. 075 / 344 88 88
www.granviakyoto.com
Für Bahnreisende unschlagbar günstig, nämlich im Hauptbahnhof gelegen, bietet das Granvia allen Komfort eines gehobenen Hotels in erkundenswerter Architektur. Besonders in den oberen Stockwerken ist der Blick auf die Stadt (und auf die Gleise des Shinkansen!) atemberaubend – auch zum Frühstück im Restaurant Risata. Mehrere sehr gute Restaurants bieten japanische, chinesische und westliche Küche; das »Kyorinsen« ist für sein Tenpura berühmt.

② ***The Westin Miyako Sanjo***
Keage, Higashiyama-ku,
605-0052 Kyoto
Tel. 075/7 71-71 11,
Fax 7 51-24 90
www.westinmiyako-kyoto.com
Das im Osten Kyotos an einem Hang gelegene Hotel zeichnet sich vor allem durch den einmaliger Ausblick über die gesamte Stadt aus. Zimmer im westlichen Stil und im traditionell japanischen Stil in einem angrenzenden Gästehaus mit Garten. Allmählich aber etwas in die Jahre gekommen.

### *Baedeker-Empfehlung*

③ ***Iori***
Shimogyo-ku, Tominokoji-dori, Takatsuji-agaru, Sujiya-cho 144-6,
600-8061 Kyoto
Tel. 0 75/3 52 02 11
www.kyoto-machiya.com
Mehrere alte Stadthäuser (machiya), liebevoll restauriert, stehen Touristen für kürzere oder längere Aufenthalte zur Verfügung. Konzipiert vom japanophilen Schriftsteller und Kunstsammler Alex Kerr, sind die Mitwohnhäuser mit asiatischen Antiquitäten und Kunst eingerichtet. Man meldet sich nach der Ankunft bei obiger Adresse und wird dann zum Haus geführt. Für 1 – 14 Personen, ab ca 10 000 ¥ pro Person.

### ► Komfortabel

④ ***Hotel Nishiyama***
Gokomachi St, Nijo-sagaru,
Nakagyo-ku, 604-0933 Kyoto
Tel. 075 / 2 22 11 66
www.ryokan-kyoto.com
25 Zimmer im japanischen Stil, die meisten mit Bad, aber auch Gemeinschaftsbad mit Blick auf den japanischen Garten. Einladender Eingang mit Noren-Vorhang und Laterne.

⑤ ***Ryokan Shimizu***
644 Kagiyacho, Wakamiya,
Agaru Shichijo, Shimogyo-ku,
600-8317 Kyoto
Tel. 075/3 71 55 38
www.kyoto-shimizu.net
Neueres Haus im traditionellen Stil in Bahnhofsnähe. Sauber und freundlich. 12 Zimmer mit Bad, außerdem Gemeinschaftsbad. Gutes, japanisches Frühstück. Mit Fahrradverleih.

### ► Günstig

⑥ ***Guest House Bon(Stadtpl. S. 362)***
63-2 Kamimonzen-cho, Murasakino,
Kita-ku, Kyoto
Tel. 075 / 493 23 37
www.guesthouse-bon.com
Freundliches kleines Gästehaus im japanischen Stil mit Gemeinschaftszimmer und Küche. Gleich neben dem Daitokuji-Tempel im Norden.

Gang durch den Higashi-Honganji ►

Durch das große zweistöckige Tor Daishi-do-mon gelangt man zu der von massiven Holzsäulen getragenen Gründerhalle **Daishi-do**, die eine geschnitzte Statue des Shinran enthält. Nach Süden zu ist die Halle durch eine Galerie mit der Haupthalle **Hondo** verbunden, die eine Amida-Statue von der Hand des Künstlers Kaikei enthält. Das im Gang ausgestellte Seil (kezuna) besteht aus menschlichen Haaren, die Gemeindemitglieder für den Wiederaufbau nach einem Brand gestiftet haben. Interessant ist das kleinere verschlossene Nordtor Chokushi-mon (Tor für kaiserliche Gesandte). Neben Amida-Statuen von Shotoku-taishi besitzt der Tempel das von Shinran verfasste Original der Sektenlehre (Kyogyoshinsho). Der auf der anderen Straßenseite liegende Tempelgarten **Shosei-en**, im 17. Jahrhundert von Ishikawa Jozan und Kobori Enshu angelegt, bildet mit seinem Teich eine weitläufige Oase der Stille.

★★ **Nishi-Honganji-Tempel**

Westlich des Higashi-Honganji, an der Horikawa-dori (Nishi-Rokujo), steht der Nishi-Honganji-Tempel, Haupttempel der ursprünglichen Jodo-shinshu-Schule, ein besonders schönes Beispiel buddhistischer Architektur und **Weltkulturerbe**. Die Haupthalle Amida-do, 1760 neu erbaut, umfasst schmuckvolle Räume mit goldgrundigen Malereien unbekannter Meister der Kano-Schule und enthält eine Amida-Statue von einem Meister der Kasuga-Schule. In den seitwärts liegenden Räumen befinden sich Statuen von Shotoku-taishi (573–621) und dem Priester Ho-nen (1133–1212). Die 1636 erbaute Gründerhalle Goei-do birgt ein **besonderes Heiligtum** der Schule: eine Sitzstatue des Shinran, vermutlich eine Selbstdarstellung aus dem Jahr 1244. Nach dem Tod des Shinran wurde sie mit einem Überzug aus Lack versehen, dem seine Asche beigemischt war.

★ **Toji-Tempel**

Südlich vom Nishi-Honganji, jenseits der Bahnlinie, steht im Bezirk Minami-ku der Toji-Tempel (auch Kyoo-gokokuji; Weltkulturerbe), eine Gründung von 796. Im Jahre 823 wurde das Heiligtum dem Gründer der Shingon-Schule, Kobo-daishi, übergeben. Nach den Zerstörungen des Bürgerkrieges (15. Jh.) wurde der Tempel erneuert; die Haupthalle, 1603 von Toyotomi Hideyori erbaut, ist eines der größten buddhistischen Bauwerke, die aus der Momoyama-Zeit erhalten geblieben sind. Auf Tokugawa Iemitsu geht die Errichtung der mit 56 m hohen **höchsten Pagode Japans** zurück. Sehenswert sind ferner die Gründerhalle (1380), das Tor Rengemon (1191). In der 1509 erbauten Vortragshalle (Kodo) sind 21 Statuen von Buddhas und buddhistischen Wächtergottheiten nach dem esoterischen Mikkyo Mandala angeordnet. Das **Tempelmuseum**, 1197 in der Technik des Azekura-zukuri (►Nara, S. 423) erbaut, beherbergt bedeutende Kunstwerke.

*Die fünfstöckige Pagode des Toji-Tempels*

## Higashiyama-ku

Östlich vom Hauptbahnhof erreicht man den Bezirk Higashiyama-ku. Dieser Bezirk der »Ostberge« schützt Kyoto vor den bösen Geistern aus dieser Himmelsrichtung – deshalb sind an den Hängen der Bergkette besonders viele Tempel und Schreine zu finden.

★★ **Sanjusangen-do**

Jenseits des Flusses Kamo zunächst der Sanjusangen-do (auch Rengyoin-Tempel; 1164 gegr.), dessen Gebäude 1266 nach einem Brand erneuert wurden (Bus 206, 208, 100 ab Bahnhof). Der Name des Tempels (Sanju-San = dreiunddreißig) leitet sich von den 33 Zwischenräumen zwischen den tragenden Pfeilern her. Sein bedeutendstes Kunstwerk ist das hölzerne Sitzbild der Tausendhändigen Kannon, die von 1000 kleinen Kannonstatuen flankiert ist. Die **»Tausendhändige Kannon«** braucht übrigens nur 40 Hände, denn mit jeder kann sie 25 Welten retten. Das 21. Paar hat sie zum Gebet gefaltet. Davor stehen Statuen ihrer 28 Jünger sowie der Gott des Windes und der des Donners. Alle Plastiken sind Werke von Unkei, Tankei und deren Schülern (Öffnungszeiten: April bis Nov. 8.00–17.00, Dez. bis März 9.00–16.00 Uhr, 600 ¥).

★ **National-museum**

Nördlich gegenüber steht das 1897 errichtete Nationalmuseum mit 12 000 Exponaten zu Geschichte, Kunst und Kunsthandwerk vom Heian- bis zum Edo-Zeitalter, mit einer Gesamtübersicht über die ostasiatischen Kulturen und einem multimedialen Ausstellungszentrum (Öffnungszeiten: Di. bis So. 9.30–17.00 Uhr, 500 ¥, 2. und 4. Sa. im Monat Eintritt frei, www.kyokaku.go.jp).

**Chishaku-in-Tempel**

Östlich des Nationalmuseums liegt der Haupttempel der zur Shingon-Schule gehörenden Chizan-Schule, Chishaku-in. Der Tempel wurde 1601 auf Geheiß Tokugawa Ieyasus aus der heutigen Provinz Wakayama hierher übertragen. Sehenswert ist der angeblich vom Teemeister Sen-no-Rikyu (1522 – 1591) angelegte Garten (9.00 bis 16.00 Uhr, 500 ¥).

**Myohoin-Tempel**

Nördlich schließt sich der Myohoin-Tempel der Tendai-Sekte an, der vom Berg Hiei hierher verbracht wurde. In der Großen Halle Bilder von Kano Eitoku (1543–1590) und Kano Shoei (1519–1592); im Tempel ferner Kunstwerke aus dem Besitz des Toyotomi Hideyoshi. Über 500 Steinstufen ist das Hokokubyo (Grabmal des Hideyoshi), mit fünfstöckiger Pagode und dem 1897 restaurierten Totenschrein zu erreichen.

★★ **Kiyomizu-Tempel**

Öffnungszeiten: tgl. 6.00–18.00 Uhr, 300 ¥

Weiter im Nordosten erhebt sich der Hügel Kiyomizu, auf dem der gleichnamige Tempel steht (Bus 100 oder 206 bis Haltestelle Gojozaka). Die Straße zum Tempel führt an vielen Keramikläden vorbei. Das der Elfköpfigen Kannon geweihte Heiligtum wurde der Legende nach 778 erstmals als kleiner Einsiedlertempel gegründet und 798 in etwa der heutigen Form gebaut.

Man betritt den Bezirk des zum Weltkulturerbe zählenden Tempels durch das zweistöckige Seimon-Tor (Westtor), in dessen Seitennischen Wächterfiguren (Kongo-Rikishi) stehen. Nahebei erheben sich der Glockenturm und die dreistöckige Pagode. Weiterhin gelangt man zur Schriftenhalle (Kyodo), zur Gründerhalle (Tamurado) und zu der von Asakura Sadagake (1473 bis 1512) erbauten Asakura-Halle (Asakurado). Dahinter liegt die Haupthalle Hondo mit einer über dem Steilhang errichteten Holzveranda, die einen schönen Blick auf Kyoto und das umliegende Hügelland bietet. Hier erhalten die weiß gewandeten buddhistischen Pilger das Tempelsiegel in den Pilgerbrief. Als »Sprung von der Veranda des Kiyomizu-Tempels« bezeichnen die Japaner eine Tollkühnheit.

! *Baedeker* TIPP

**Yatsuhashi**

Die berühmteste der traditionellen Süßigkeiten (wagashi) aus Kyoto ist Yatsuhashi, eine weiche Dreieckstasche aus Reismehlteig mit Zimt, gefüllt mit süßem Bohnenmus, Schokoladencreme oder anderen Geschmacksrichtungen. Am besten kauft man sie im traditionsreichen Geschäft Nishio Yatsuhashi mit zwei Filialen auf der ansteigenden Straße zum Kiyomizu-dera (tgl. 8.00 – 17.00 Uhr).

*Nur Tollkühne wagen den Sprung von der Veranda des Kiyomizu, sagt man in Japan.*

Links hinter der Haupthalle führen wenige Stufen zu den »Liebessteinen« hinauf, die man oft übersieht. Viele junge Mädchen wagen diesen Test: Wenn man vom großen Ausgangsstein mit verbundenen Augen auf direkter Spur den 20 m entfernten Endstein erreicht, geht der geheime Wunsch nach einem fest angedachten Liebhaber in Erfüllung – Anlass zu spontaner Freude und Gelächter.

◀ Liebessteine

Im Osten des Tempelbezirks stehen die Hallen Shakado und Amidado, unterhalb von diesen der Wasserfall Otowa, wo die grimmige Gottheit Fudo-Myo-o verehrt wird. Pilger trinken das Wasser, das **heilende Wirkung** haben soll. Zahlreiche Restaurants säumen den Abstieg. Doch sollte der linke Pfad aus dem Tempelbezirk durch einen riesigen buddhistischen Friedhof benutzt werden.

◀ Östlicher Bezirk

**Yasaka-Pagode**
**Kodaiji-Tempel**

Am Westfuß des Hügels steht die 39 m hohe fünfstöckige Yasaka-Pagode (14./15. Jh., 1618 erneuert); nordöstlich nahebei sieht man den 1606 von der Witwe des Toyotomi Hideyoshi erbauten Kodaiji-Tempel. Dessen Gründerhalle (Kaisando) ist im Inneren mit Bildern der Kano-Schule geschmückt; in dem nahen Totenschrein (1606) schöne Lackarbeiten (Tata-makie). Die beiden auf einer Anhöhe stehenden kleinen Pavillons gehörten früher zum Fushimi-Schloss. Sehenswert ist der Landschaftsgarten von Kobori Enshu.

*Zwei Geishas betreten ein Teehaus in Gionmachi.*

## ★ Gionmachi

Die Buslinien 100 und 206 oder die Metro bis Shijo-dori mit kurzem Fußweg bis Kawaramachi verbinden den Hauptbahnhof mit dem nordöstlich gelegenen, teuren **Vergnügungsviertel** Gionmachi. In den engen Gassen gibt es zahlreiche Restaurants; erwähnenswert ist das Minamiza-Theater, eine der ältesten Bühnen Japans (Anfang 17. Jh. erbaut)

An der Bushaltestelle Gion erreicht man den **Yasaka-Schrein** (auch Gion-Schrein), welcher den Gottheiten Susanoo-no-mikoto, dessen Gemahlin Inadahime und deren Söhnen geweiht ist. Die Gebäude sind im Jahre 1854 entstandene Nachbildungen der ursprünglichen Architektur. Der Hauptschrein ist mit Schindeln aus Zypressenholz gedeckt; südlich davon ein 9,5 m hohes steinernes Torii. Zu den Kunstschätzen des Schreins gehören die hölzernen Koma-inu (löwenähnliche Tierfiguren), dem Bildhauer Unkei zugeschrieben. Das im Juli gefeierte **Gion-matsuri** gehört zu den großen Festen des Landes.

**Maruyama-Park**

Die östliche Verlängerung des Schreingeländes bildet der Maruyama-Park, der sich am Fuß des Hügels Higashiyama erstreckt und während der **Kirschblüte** einen besonders reizvollen Anblick bietet (abends Illumination).

**Chion-in-Tempel**

Folgt man der den Yasaka-Schrein vom Maruyama-Park trennenden Straße nach Norden, so gelangt man zum Chion-in, einer der ausgedehntesten Tempelanlagen des Landes. Er wurde 1234 von dem Priester Genchi als Zentrum der Jodo-Sekte gegründet. Aus dem 17. Jahrhundert stammen die Haupthalle und die Priesterwohnungen. Das 24 m hohe Haupttor Sammon ist das **größte Tempeltor in Japan**. Die Haupthalle und die Versammlungshalle sind durch einen Korridor verbunden, dessen Fußboden so konstruiert ist, dass bei jedem Schritt ein quietschendes Geräusch entsteht. So wird verhindert, dass sich jemand unbemerkt nähert. Hinter der Versammlungshalle (auch »Halle der tausend Matten«, jedoch nur mit 360 Matten ausgelegt) die Priesterwohnungen, deren Wandschirme mit Werken der Kano-Schule geschmückt sind. Der daneben liegende Garten wird Kobori Enshu zugeschrieben, wurde aber wohl erst später angelegt. Südöstlich vom Tempel steht ein **Glockenturm** mit der 1633 gegossenen angeblich größten Glocke Japans. Ihr feierliches Anschlagen zu Neujahr wird landesweit im Fernsehen übertragen. Die 1616 erbaute Sutrenbibliothek Kyozo enthält Sutren aus der Zeit der Sung-Dynastie; sehenswert ferner das im gleichen Jahr entstandene Tor Karamon sowie die Grabstätte des Honen.

**Shoren-in-Tempel**

Nördlich schließt sich der Tempel Shoren-in (auch Awata-Palast) an, wo die Äbte des Enryakuji-Tempels (Berg Hiei) residierten. Die Haupthalle (1895 erneuert) enthält Wandschirme mit Werken von Kano Mitsunobu, Kano Motonobu und Sumiyoshi Gukei; beachtenswert ist auch der von Soami und Kobori Enshu angelegte, gepflegte Landschaftsgarten.

## Sakyo-ku

**Heian-Schrein**

Von der Bushaltestelle Kumano-jinja-mae im Stadtbezirk Sakyo-ku erreicht man unweit östlich den Heian-Schrein, der im Jahre 1895 zum Gedenken an den elfhundertsten Jahrestag der Stadtgründung erbaut wurde und dem Gründer, Kaiser Kammu, sowie dem letzten hier residierenden Kaiser, Komei, gewidmet ist. Die Anlage ist eine verkleinerte **Kopie des ersten Kaiserpalastes in Kyoto von 794**. Durch das große Eingangstor und das rote Tor Ote-mon gelangt man zur Großen Staatshalle (Daigokuden), der östlichen und westlichen Haupthalle (Honden) sowie den seitwärts stehenden Pagoden. Im rückwärtigen Teil des Geländes öffnet sich ein reizvoller Landschaftsgarten mit rosa blühenden Kirschbäumen und zahlreichen mit Wasserlilien bedeckten künstlichen Seen, die man auf Trittsteinen überqueren kann.

*Kirschblüte am Heian-Schrein*

Wenige Schritte südöstlich des Heian-Schreins liegt der **Okazaki-Park**, begrenzt von einem den Biwa-See mit dem Fluss Kamo verbindenden Wasserlauf. Auf dem 8,7 ha großen Gelände befinden sich das Nationalmuseum für Moderne Kunst, das Städtische Kunstmuseum, die Stadthalle, eine Bibliothek und ein Zoologischer Garten.

**Nanzenji-Tempel**

Unweit östlich vom Okazaki-Park liegt inmitten eines Fichtenhaines der 1293 gegründete Nanzenji-Tempel der Rinzai-Schule. Die heutigen Gebäude sind Rekonstruktionen aus der Zeit des Tokugawa Ieyasu. In dem 1628 erbauten Haupttor (Sanmon) Deckengemälde der Kano-Schule. Die Haupthalle wurde nach einem Brand 1895 erneuert. Die Priesterwohnung Daihojo, einst Residenzhalle des Kaiserpalastes und 1611 in den Tempelbesitz übergegangen, enthält gleichfalls Werke der Kano-Schule. Das bekannte Bild »Tiger im Bambushain« von Kano Tan'yu (1602–1674) befindet sich in dem kleineren Raum Shohojo, der früher zum Fushimi-Schloss gehörte. Von der Veranda überblickt man den **berühmten Zen-Garten** (Anfang 17. Jh. ). Auf dem Tempelgelände sind zwölf kleinere Heiligtümer zu sehen, darunter der Nanzen-in, vorübergehend Wohnort des Kaisers Kameyama (1249–1305), mit einem Garten aus dem 14. Jahrhundert. Im 17. Jahrhundert entstand der Garten des Konchi-in. Beim Tenjuan-Tempel befinden sich die Grabmäler von Daimei-kokushi, dem Gründer des Nanzenji, und Hosokawa Yusai, einem Gelehrten und Dichter (1534–1610). Zweimal im Monat wird eine morgendliche Zazen-Übung (1 Std.) angeboten (Informationen: 075 / 771-0365).

**★★ Ginkakuji-Tempel**

An der Hügelflanke, dem Shirakawa-Kanal folgend, führt auf einem Damm voller Kirschbäume (Blüte im April) der **»Philosophenweg«** (30 Min.) weiter nach Norden zum Jishoji, meist Ginkaku-ji oder »Silberner Pavillon« genannt (Bushaltestelle Ginkakuji-mae). Der Komplex wurde 1482 als Landsitz für Ashikaga Yoshimasa,erbaut und nach dessen Tod in einen Tempel umgewandelt; der namengebende Silberanstrich wurde allerdings nie ausgeführt. Die Bauten umrahmen einen von Soami angelegten Zen-Garten aus weißem Sand. Im Pavillon steht eine vergoldete Kannon-Statue (unzugänglich); in der Buddha-Halle Butsuden ein Buddha-Standbild, ferner in der Halle Jogudo eine Statue des Yoshimasa. Der kleine Teeraum Dojin-sai aus dem späten 15. Jh. gilt als ältester des Landes.

! *Baedeker* TIPP

## Der Weg ist das Ziel

Ein Spaziergang auf dem Philosophenweg (Tetsugaku-no-michi) ist besonders zur Kirschblüte im Frühjahr und zur Laubfärbung im Herbst wunderschön. Es empfiehlt sich, an einem Werktag zu kommen, wenn er weniger überfüllt ist. Unterwegs kann man den Eikando-Tempel besuchen, der die ungewöhnliche Statue eines über die Schulter zurückblickenden Amida-Buddhas birgt.

**★★ Garten des Shugakuin-rikyu**

Etwa 3 km nördlich des Ginkakuji im Nordosten der Stadt liegt die kaiserliche Sommervilla Shugakuin-rikyu am Südwestfuß des Berges Hiei (Bus 5 ab Hauptbahnhof über Ginkakuji oder Eizan-Privatbahn ab Demachiyanagi). Besichtigung der Villa (Führungen) und des Gartens nur nach Voranmeldung (►S. 345).

◄ Geschichte

Die Anlage der Villa und des in drei Ebenen angelegten Gartens wurde von Kaiser Go-Mizunoo, dem späteren Mönch Enjo, nach seiner Abdankung (1629) in Auftrag gegeben. Nachdem er 1655 ein geeignetes Gelände gefunden hatte, wurde schon 1659 die untere und obere Gartenanlage fertig gestellt. Der mittlere Garten mit der Villa der Kaisertochter Ake kam erst später hinzu und wurde mit ihrem Eintritt in ein Nonnenkloster zum Rinkyuji-Tempel. 1855 wurde das Terrain als Mittlerer Garten in den Gesamtkomplex einbezogen.

◄ Unterer Garten

Besuchereingang in den Unteren Garten (Shimo-no-chaya) ist ein kleines Tor an dessen Nordseite, von wo man das zweite Tor Chumon erreicht. Links vom Weg eine überdachte Veranda, rechts der Weg zum 1659 erbauten Haus des Kaisers (im frühen 19. Jh. erneuert; unzugänglich).

◄ Mittlerer Garten

Durch das Osttor und auf einem durch Reiskulturen und eine Föhrenallee führenden Weg betritt man den Mitteleren Garten (Naka-no-chaya), in welchem der Rinkyuji-Tempel (Teichgarten und Wasserfall) steht. In der Mitte des Gartens befindet sich die Villa mit der Empfangshalle Kyaku-den und dem kleineren Gebäude Rakushi-ken (1668). In der Empfangshalle gibt es sehenswerte Malereien, darunter Motive des Gion-Festes und auf hölzernen Schiebetüren Darstellungen von Karpfen, die von einem Netz bedeckt sind. Man sagt, das Netz sei im 18. Jahrhundert von Maruyama Okyo aufgemalt worden, weil die gemalten Fische bei Nacht immer in den Gartenteich entflohen seien.

◄ Oberer Garten

Der Obere Garten (Kami-no-chaya), der größte Teil der Anlage, ist nach dem Prinzip der »Geborgten Landschaft« (Shakkei-zukuri) gestaltet, welches die Umgebung in die Gesamtkomposition einbezieht. Links vom Eingang, hinter einer Hecke und einem durch sie verdeckten Erdwall, der erhöht gelegene Pavillon Rinun-tei (1824 erneuert), von welchem sich ein schöner Blick auf den Garten mit seinem See bietet.

**Shisendo-Tempel**

Etwa 1,5 km südlich der Villa liegt der Shisendo-Tempel, ursprünglich Wohnsitz des Dichters und Soldaten Ishikawa Jozan (1583 bis 1672). Er enthält Gemälde von Kano Tan'yu, so im Studierzimmer (Shisen) die Bildnisse von 36 chinesischen Dichtern. Vor dem Shisen ein Sandgarten aus der Edo-Zeit. Das Tempelgelände liegt in einem stillen Wald.

**★ Shimogamo-Schrein**

Westlich liegt der zum Weltkulturerbe zählende Shimogamo-Schrein (auch Bus vom Hauptbahnhof, Linie 4 oder 205). Die Mehrzahl der Gebäude stammt von 1628, die Haupthalle von 1863. Der Schrein ist bekannt wegen des Tempelfestes Aoi-matsuri (Mitte Mai).

## Nakagyo-ku

**International Manga Museum**

Vom Hauptbahnhof Kyoto fährt man mit der grünen U-Bahnlinie (Karasuma Line) bis zur Station Karasuma Oike im Stadtbezirk Nakagyo-ku. Der Eingang zum Paradies der Manga-Leser liegt nördlich der Station an der Karasuma dori: das neue International Manga Museum (tgl. 10.00 – 18.00 Uhr, 500 ¥).

**✶✶ Nijo-jo**

Von der U-Bahnstation Karasuma Oike fährt man mit der roten Tozai Line eine Haltestelle weiter nach Westen (Nijo-jo-mae) und geht von dort zum gleichfalls zum Weltkulturerbe zählende Schloss Nijo-jo. Es wurde 1603 von Tokugawa Ieyasu errichtet als Ausdruck der Macht des Shoguns und bereits 1626 erheblich renoviert. Zu Beginn der Meiji-Ära war es vorübergehend auch Regierungssitz; von hier verkündete der Shogun die Restauration der Souveränität des Kaisers (Öffnungszeiten: 8.45–17.00 Uhr, im Juli, Aug., Dez. und Jan. Di. geschlossen, 600 ¥). Das Schloss ist von Wassergräben und Steinmauern mit Ecktürmen umgeben. Man betritt das Areal durch das Osttor Higashi Otemon und das **schwarze Tor Karamon**, Letzteres mit kunstvollen Schnitzereien von Hidari Jingoro und mit schönen Metallarbeiten versehen. Es war ursprünglich ein Teil des Fushimi-Schlosses.

Ninomaru-Palast ►

Jenseits des Inneren Tores Mikuruma-yose, gleichfalls mit Werken von Hidari Jingoro, liegt der Ninomaru-Palast. Er besteht aus fünf gegeneinander versetzten Gebäuden, die durch Korridore miteinander verbunden sind. Die Innenräume wurden von Kano Tan'yu und seinen Schülern mit Malereien ausgestattet. Der erste Gebäudeteil umfasst die Räume, in denen Besucher registriert wurden, das »Wartezimmer« Tozamurai-no-ma und das Zimmer, in dem der Shogun den Boten des Kaisers empfing (Chokushi-no-ma). An den Wänden prangen Bilder von Tigern – die es in Japan gar nicht gab –, Lackintarsien, Goldauflagen und die prachtvollen Gemälde auf den Schiebetüren der schlichten Räume verwandeln die Anlage in einen Märchenpalast. Die Verbindungsgänge besitzen (wie diejenigen des Chion-in) Fußböden, welche bei jedem Schritt ein Geräusch verursachen und dadurch sich nähernde Besucher ankündigen, das so genannte **»Nachtigallen-Parkett«**.

Übrige Gebäudeteile ►

Durch den zweiten Gebäudeteil mit Räumen, in denen Minister des Shoguns Daimyo empfingen, erreicht man den dritten Komplex, die große Audienzhalle, welche von einer umlaufenden Galerie umzogen wird. Auf den Schiebetüren sind große Bilder von Fichten auf Goldgrund zu sehen; in den Nebenräumen kunstvolle Schnitzereien von Hidari Jingoro. In der vierten Gebäudegruppe Kuro-shoin fallen die Tierdarstellungen von Kano Naonobu und in den anschließenden **Privatgemächern des Shogun** die Bilder von Berglandschaften auf. Der westlich der Palastbauten gelegene Garten war ursprünglich ohne Bäume konzipiert, da man den Anblick des Laubes, das an die Vergänglichkeit gemahnt, vermeiden wollte. Die heutige Bepflanzung wurde erst in jüngerer Zeit angelegt.

Im Westteil der Schlossanlage befindet sich der 1883 hierher versetzte Palast von Prinz Katsura, der allerdings nur einmal im Jahr öffentlich zugänglich ist. Ursprünglich stand hier der Wohnpalast des Shoguns, der jedoch im 18. Jahrhundert niederbrannte.

◄ Palast von Prinz Katsura

## Kamigyo-ku

**Kaiserlicher Park**

Etwa 1 km nordöstlich des Nijo-Schlosses, im Stadtbezirk Kamigyo-ku, liegt der 84 ha große Kaiserliche Park (vom Hauptbahnhof mit der Karasuma-U-Bahnlinie bis Marutamachi oder Imadegawa), umgrenzt von den Straßen Karasuma-dori (Westen), Marutamachi-dori (Süden), Teramachi-dori (Osten) und Imadegawa-dori (Norden).

Auf dem Gelände verteilen sich die Gebäude des Alten Kaiserpalasts (Kyoto-gosho, Besichtigung nur nach Anmeldung, ►S. 345). Bei der Gründung von Kyoto ließ Kaiser Kammu im Nordwesten der Stadt den Palast Daidairi errichten, welcher mehrfach durch Feuer beschädigt und im späten 18. Jahrhundert an seinem jetzigen Standort originalgetreu neu errichtet wurde. Doch auch dieser Bau brannte ab und musste 1855 nochmals erneuert werden, wobei man sich wiederum strikt an das Original hielt.

◄ Alter Kaiserpalast (Kyoto Gosho)

*Ein idyllischer Flecken im Kaiserlichen Park*

Tore ► In das von einem Erdwall (Tsuijibei) umzogene Areal tritt man durch das Westtor Seisho-mon ein; das Südtor Kenrei-mon war dem Kaiser vorbehalten, das Osttor Kenshu-mon der Kaiserin und Kaiserinmutter, das Südliche Westtor Gishu-mon den Prinzen und das Nordtor Sakuhei-mon den kaiserlichen Nebenfrauen und Hofdamen. Die insgesamt 18 Gebäude der Palastanlage sind durch Galerien miteinander verbunden; dazwischen breiten sich reizvolle Gärten aus.

Zeremonienhalle Shishin-do ► Nachdem man das Westtor passiert hat, erreicht man, sich nach rechts wendend, nach etwa 200 m das Gebäude Shodaibu-no-ma mit drei Warteräumen für Adlige. Östlich von diesem steht die große Zeremonienhalle Shishin-do (auch Shishii-den), wo Inthronisationen und Neujahrsfeierlichkeiten abgehalten wurden. Den Mittelpunkt der 22 x 33 m großen Innenhalle bildet der **Thron Taka-mi-kura**; darüber ein achteckiger, von einer Phönix-Figur geschmückter Baldachin, seitlich die Ablage für die kaiserlichen Insignien und rechts der kleinere Thron Michodai für die Kaiserin. Die Wände des Raumes tragen die Bildnisse chinesischer Weiser, welche von Kano Sukenobu nach Vorlagen aus dem 9. Jahrhundert geschaffen wurden.

Seiryo-den ► Im nordwestlichen Teil des Gebäudekomplexes wohnte im Seiryoden der Kaiser. Dieser Bereich ist später zur Zeremonienhalle umgewidmet worden. Da das Ritual dem Monarchen vorschrieb, während der Ahnenverehrung auf gewachsenem Boden zu stehen, besteht der Fußboden in einer Ecke des Raums aus festgestampftem Erdreich. Den Thron Michodai flankieren zwei Tierfiguren (Koma-inu); die Wandschirme sind mit feinen Bildern und Kalligrafien der Tosa-Schule verziert.

Kogosho und Gogakumonjo ► Den Nordostteil der Gebäudegruppe nehmen der Kleine Palast (1958 erneuert) und die Studienhalle Gogakumonjo (Außenfronten im Stil Shinden-zukuri) ein; die noch weiter nördlich liegenden Balastbauten sind meist verschlossen. Östlich davon sieht man den Teichgarten Oike-niwa, der erst im 17. Jh. in das Palastareal einbezogen wurde.

Sento Gosho ► Südlich des umfriedeten Palastbezirkes liegen im Park Teile anderer alter Palastanlagen, darunter der Sento-gosho (Besichtigung nur nach Anmeldung, ► S. 345) und der Omiya-gosho, die von 1629 bis 1854 Wohnsitz der Exkaiser waren. Von diesen Residenzen sind nur geringe Reste zu sehen, umso reizvoller aber erweisen sich die Gärten mit Teichen und den Teepavillons Seikatei und Yushintei: Sie wurden von Kobori Enshu im 17. Jahrhundert gestaltet.

**Nishijin Textilzentrum**

Folgt man der im Norden an den Kaiserlichen Park grenzenden Straße Imadegawa-dori in westlicher Richtung, gelangt man in das Weberviertel Nishijin. In seinen kleinen alten Holzhäusern wird wenigstens teilweise noch heute das traditionsreiche Handwerk ausgeübt. Eine Textilausstellung (mit Verkauf und Kimono-Schau) kann man m Nishijin-Textilzentrum besichtigen (Öffnungszeiten: tgl. 9.00 bis 17.00 Uhr, Eintritt frei, www.nishijin.or.jp). In unmittelbarer Nähe die Bushaltestelle Horikawa-Imadegawa, von wo der Bus Linie 9 nach Norden weiterfährt.

## *Alter Kaiserpalast* Orientierung

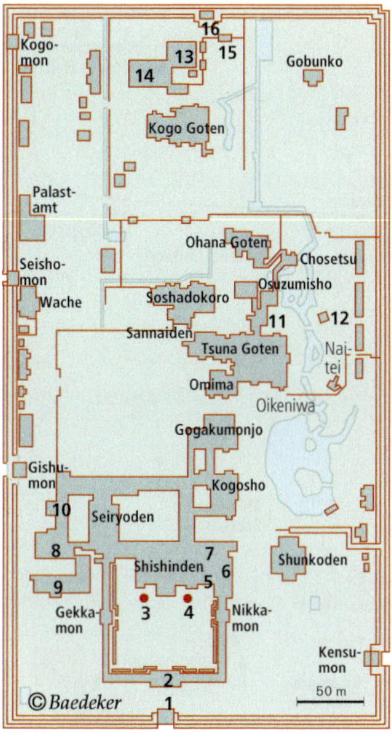


1 Kenrei-mon (Tor)
2 Jomei-mon (Tor)
3 Ukon-no-Tachibana
4 Sakon-no-Sakura
5 Überdachter Korridor
6 Giyoden
7 Jin-no-Zai
8 Shodaibu-no-ma
9 Shin-Mikuruma-yose
10 Okuruma-yose
11 Koshun-no-ma
12 Jishindo-no
13 Higyosha
14 Himemiya Goten
15 Genki-mon (Tor)
16 Sakuhei-mon (Tor)

**Raku-Museum**

In einer Seitenstraße nordwestlich des Kaiserpalastes (Bushaltestelle Horikawa Nakadachiuri) zeigt das Raku-Museum in wechselnden Ausstellungen eine wunderbare Sammlung von Raku-Teeschalen und einigen anderen Objekten und Dokumenten zur Teezeremonie. Seit über 400 Jahren produzieren die Meister der Familie Raku schlichte, eigenwillige Teeschalen, die ohne Töpferscheibe von Hand geformt sind und von Teemeistern hoch geschätzt werden (Di. – So. 10.00 bis 16.30 Uhr, 800 ¥).

## Kita-ku

**✶✶ Daitokuji-Tempel**

Unweit westlich der Haltestelle Kitaoji-Horikawa liegt im Stadtbezirk Kita-ku der Daitokuji-Tempel, eines der Hauptheiligtümer der Rinzai-Sekte. Er wurde 1324 gegründet, jedoch während der Bürgerkriege des 15. Jahrhunderts zerstört. Die gegenwärtige Bausubstanz stammt aus dem 16. und 17. Jahrhundert. Von den insgesamt 22 Gebäuden sind sieben zugänglich. Besonders sehenswert sind die Zen-Trockengärten im Karesansui-Stil.

◄ Tore

Einstiger Haupteingang zum Tempelbezirk ist das Tor Chokushimon (heute geschlossen), ursprünglich Südtor des Kaiserpalastes

## *Kyoto-Nord* Orientierung

und 1640 hierher übertragen. Es folgt das in chinesischem Stil gehaltene Tor Kara-mon mit prachtvollen Schnitzereien. Dieses gehörte früher zum Fushimi-Schloss und stellt ein hervorragendes Werk der Momoyama-Zeit dar. Das zweistöckige Haupttor Sammon wurde im Jahre 1589 von Sen-no-Rikyu erbaut. Die Deckengemälde im unteren Geschoss wurden von Hasegawa Tohaku angelegt; im Obergeschoss befinden sich Statuen des Shakyamuni, der sechzehn Rakan (Jünger Buddhas), von Kato Kiyomasa auf seinem Korea-Feldzug erbeutet, und ein Porträt des Sen-no-Rikyu (angeblich Selbstbildnis).

Haupthalle ► Die Haupthalle Butsuden (auch Daiyu-den), 1664 errichtet, enthält eine Shakyamuni-Skulptur mit den Schülern Anan und Kayo sowie ein Standbild von Daito-kokushi, dem ersten Abt des Tempels. Hinter der Haupthalle steht die Vortragshalle Hatto (1636), an chinesischem Vorbild orientiert; nordöstlich davon die Abtresidenz Hojo. Diese enthält Gemälde von Kano Tan'yu und eine von Kaiser Godaigo beschriftete Holztafel mit der Aufschrift »Unvergleichlicher Tempel des Zen«. Den zugehörigen Garten schuf Kobori Enshu.

Shinju-an ► Nur unregelmäßig ein oder zweimal im Jahr zugänglich (Tel. 0 75/ 4 91 00 19) ist die alte Abtresidenz Shinju-an (1638 erneuert), **ehemals Wohnsitz von Ikkyu** (1394 – 1481), eine der schillernsten Figuren der Zen-Geschichte als begnadeter Dichter und einer der Schöp-

*Die Kunst des Zen-Gartens in Vollendung: der Steingarten im Daisen-in*

fer der Teezeremonie. Die Wandbilder sind Werke von Soga Dasoku († 1483). Begraben sind hier auch der Sarugaku-Tänzer Kan'ami (1333–1384) und dessen Sohn Zeami (1363–1443), der als Meister des No-Theaters zu hohem Ansehen gelangt war.

◀ Daisen-in

Westlich des Shinju-an steht der Daisen-in, dessen vermutlich 1513 nach einem Entwurf seines Gründers Kogaku Soko (1465–1548) angelegter Garten als **überragendes Beispiel eines Zen-Gartens** angesehen wird. Das Gartenkonzept findet seine Vorbilder in der chinesischen Tuschmalerei. Die Anlage ist in vier Bereiche gegliedert; unter sparsamster Verwendung von Pflanzen wird, vorwiegend aus Steinen und Sand, eine Gebirgslandschaft mit Wasserfall abgebildet, deren kunstvolles Arrangement den Eindruck räumlicher Tiefe hervorruft. Die Schiebetüren im Gebäudeinneren tragen Malereien von Kano Motonobu, Soami und Kano Yukinobu (besonders interessant die Szenen aus dem bäuerlichen Leben, Shikikosaku-zu).

◀ Shuko-in

Im Shuko-in, westlich der Abtresidenz, findet man das Grab des Sen-no-Rikyu; westlich davon, im Soken-in, die Gräber des Oda Nobunaga und seiner Söhne sowie der Witwe des Hideyoshi. Im äußersten Westen des Areals schuf Kobori Enshu den **berühmten Zen-Garten** Koho-an, in dem er und seine Familie auch begraben sind.

✶ **Kamigamo-Schrein**

Etwa 2 km nördlich (Buslinie 9 bis Haltestelle Kamigamo-jinja-mae) liegt der Kamigamo-Schrein, in der Gründungszeit der Stadt entstanden und zum Weltkulturerbe zählend. Hier findet im Mai ein traditionelles Pferderennen sowie das berühmte Aoi-matsuri statt.

*Ein Handwerker bemalt ein Torii am Fushimi-Inari-Schrein.*

## Fushimi-ku

Vom Hauptbahnhof führt die JR-Nara-Linie nach Süden. Nahe beim Bahnhof Tofukuji befindet sich der 1236 gegründete **Tofukuji-Tempel** der Rinzai-Sekte. Das im 13. Jahrhundert errichtete Tor Sammon enthält Skulpturen, die dem Bildhauer Jocho († 1057) zugeschrieben werden. Die Deckengemälde sind vermutlich Werke von Mincho (1352 bis 1431) und seinem Schüler Kandensu. In dem weitläufigen Gartengelände stehen die Gründerhalle (mit Bildnis des Tempelgründers) sowie die 1882 abgebrannte und 1932 neu errichtete Haupthalle. Von den Kunstschätzen des Tempels sei ein 11,9 x 7,9 m großes Rollbild von **Mincho** genannt, welches den Eingang Buddhas ins Nirwana darstellt (nur am 15. März zu besichtigen).

**✶✶ Fushimi-Inari-Schrein**

Unmittelbar östlich vom Bahnhof Inari an der genannten Bahnlinie steht der Fushimi-Inari-Schrein, im Jahre 711 gegründet und einer der bedeutendsten Schreine in Japan. Er ist der Göttin des Reisanbaus, Ukanomitama-no-mikoto, geweiht. Das Hauptgebäude (1499) zeigt den typischen Stil der Momoyama-Zeit. Bemerkenswert ist die 4 km lange Allee roter Torii, die von Gläubigen gestiftet wurden. Auf dem Gelände stehen zahlreiche Fuchs-Skulpturen (der Fuchs gilt als Götterbote).

**Momoyama**

Vom Bahnhof Momoyama weiter südlich gelangt man zum Momoyama-Hügel, der von zahlreichen Pfirsichbäumen bestanden ist. Hier befand sich einst das Fushimi-Schloss.
Über eine Treppe von 230 Stufen erreicht man die Mausoleen von Kaiser Meiji und seiner Gemahlin Shoken. Das von drei Mauern umfasste Grabmal wurde aus Granitblöcken errichtet, die auf der Insel Shodo gebrochen worden waren. Von dem zum Mausoleum führenden Weg zweigt rechts der Zugang zum Nogi-Schrein ab. Dieser ist dem General Nogi Maresuke gewidmet, welcher im Russisch-Japanischen Krieg (1904/1905) hier sein Hauptquartier hatte. Im Alter von 64 Jahren nahm sich der General, der dem Kaiser treu ergeben und wegen seiner Verdienste zum Nationalhelden geworden war, im Todesjahr von Kaiser Meiji zusammen mit seiner Frau das Leben.

## Nishikyo-ku

★★ **Katsura-rikyu**

Mit der Hankyu-Bahn Richtung Westen erreicht man den Stadtbezirk Nishikyo-ku, Ausgangspunkt für den Besuch der am Westufer des Flusses Katsura gelegenen kaiserlichen Villa Katsura-rikyu (Besichtigung nur nach Voranmeldung, ►S. 345).

◄ Kaiserliche Villa

Ursprünglich wurde die Villa für Prinz Hachijo Toshihito (1579 bis 1629), den Bruder des Kaisers Goyozei, erbaut. Weite Teile der Anlage waren 1624 fertig gestellt, der Rest bis 1658 vollendet. Die Gestaltung des Landschaftsgartens soll von Kobori Enshu stammen, kann aber zweifelsfrei nur dem ihn umgebenden Personenkreis zugerechnet werden. Auch wird angenommen, dass Prinz Toshihito, ein großer Kunstkenner, sich selbst an der Planung beteiligt hat. Es wird berichtet, dass Kobori bei Übernahme des Auftrags **drei Bedingungen** stellte: Erstens sollten für den Kostenaufwand keine Grenzen gesetzt werden; zweitens sollte kein Termin für die Fertigstellung gesetzt werden; drittens durfte während der Arbeiten keiner der Auftraggeber die Baustelle aufsuchen. Damit sollten nachträgliche Änderungen der Planung unmöglich gemacht werden.

◄ Anlage

Die Gesamtanlage ist so konzipiert, dass sich dem Betrachter stets nur Vorderansichten zu bieten scheinen. Um den Teich gruppieren sich kleine Gärten; in der Ferne sind die Kuppen der Hügel Arashiyama und Kameyama sichtbar. Die drei gegeneinander versetzten Gebäudeteile im Baustil Shoin-zukuri haben die moderne Architektur Japans und selbst des Auslandes beeinflusst.

Besuchereingang ist das Tor Miyuki-mon (1658). Die Gartenwege, teils aus Flusskieseln, teils aus rechteckigen Hausteinen, sind von Moos und Gebüsch gesäumt. Durch zwei weitere Tore betritt man den inneren Teil des Gartens, in dessen Zentrum die Gebäudegruppe Goten steht. Sie ist in die Teile Furushoin, Naka-shoin und Miyuki-den gegliedert. Die Veranda des **Furushoin** wurde für die Mondbetrachtung angelegt. In den drei Räumen des **Naka-shoin** befinden sich wertvolle Gemälde von Kano Tan'yu (erster Raum; u. a. das weithin bekannte Bild einer Krähe), Kano Naonobu (zweiter Raum) und Kano Yasunobu (dritter Raum). Die Halle für kaiserlichen Besuch, **Miyuki-den**, enthält gleichfalls ein

### *Kaiserliche Villa Orientierung*

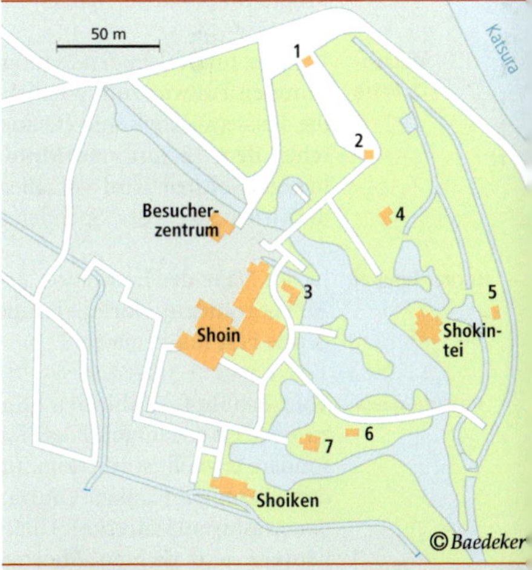


1 Onari-mon (Tor)
2 Miyuki-mon (Tor)
3 Gepparo
4 Machiai
5 Manji-tei
6 Shoka-ti
7 Enrindo

Bild von Kano Tan'yu; sehenswert sind auch die Zierbeschläge (Kugi-kakushi), mit welchen die Nagelköpfe der Konstruktion verdeckt werden. Die Beschläge zeigen die Form von Blumen und werden dem Goldschmied Kacho zugeschrieben.

Nebengebäude ► Östlich der Hauptgruppe steht auf einer Anhöhe das schlichte **Gepparo**; jenseits des Teiches das mehrere Räume umfassende **Shokintei**, dessen Teeraum durch geschickte Lichtführung bis in den kleinsten Winkel erhellt wird. In den Teich schiebt sich eine mit Kieseln bedeckte Landzunge, die in hohem Grade stilisierte Darstellung der Küstenlandschaft von Ama-no-hashidate. Im Südwesten des Gartens befindet sich das zehn Räume umfassende Gebäude **Shoiken**.

**Saihoji-Tempel** ✶✶

Garten ► Vom Bahnhof Katsura führt die Arashiyama-Teilstrecke der Hankyu-Bahnlinie nach Norden. Nahe beim Bahnhof Kamikatsura liegt der Saihoji-Tempel (Weltkulturerbe) der Rinzai-Sekte, vermutlich im 12. Jahrhundert gegründet und 1339 von dem Priester Muso-kokushi, der zugleich ein bedeutender Gartenkünstler war, erneuert. Zum unteren Teil des den Tempel umgebenden Zen-Gartens gehört ein buchtenreicher See sowie ein vermutlich in der Momoyama-Zeit entstandenes Teehaus. Da das frische Moos, für dessen hundert Sorten der Garten so berühmt ist, dass er landläufig **Kokedera (Moostempel)** genannt wird, sehr empfindlich ist, werden nur noch wenige Besucher nach einem strikten schriftlichen Anmeldeverfahren zugelassen (nur auf Japanisch; Gebühr 3000 ¥, Informationen unter Tel. 075 / 391 3631). Die Teilnahme an einer kurzen Zen-Andacht ist Pflicht, da die Mönche den Garten nicht als säkularen Sightseeing-Programmpunkt verstanden sehen möchten.

**Matsuo-Schrein**

Von der nun folgenden Station Matsuo-jinja-mae sind es nur wenige Minuten Fußweg zum westlich gelegenen Matsuo-Schrein, der durch die Reissetz-Zeremonie (Otaue-matsuri) bekannt ist. Sie findet zwischen dem 12. Juni und Mitte Juli während der Regenzeit statt. Die hiesige Gottheit wird vor allem von Sakebrauern verehrt – deshalb die vielen Sakefässer, Spenden dankbarer Brauereien.

**Horinji-Tempel**

In der Nähe der Endstation Arashiyama befindet sich der vermutlich 713 gegründete Horinji-Tempel, bekannt für das im April stattfindende Fest Jusan-mairi.

**Katsura-gawa**

Vom Bahnhof Arashiyama führt eine Brücke über den hier auch Hozu oder Oi genannten Fluss Katsura, dessen Ufer an dieser Stelle besonders reizvoll ist (direkte Zufahrt vom Bahnhof Shijo-Omiya, nahe dem Bahnhof Hankyu-Omiya, mit der Keifuku-Privatbahnlinie auf der Arashiyama-Strecke). Über dem Fluss erhebt sich der mit Kirschbäumen und dichten Ahorngehölzen bedeckte Hügel Arashiyama, dessen Kirschblüte und herbstliche Laubfärbung berühmt sind. Der Exkaiser Kameyama (1248–1304) ließ aus Yoshino (► Yoshino-Kumano-Nationalpark) Kirschbäume kommen und hier anpflanzen.

**Daihikaku-Tempel**

Vom Arashiyama-Bahnhof gelangt man über die Togetsukyo-Brücke hügelaufwärts zu einem kleinen Teich und weiter auf einem Seitenweg zum Daihikaku-Tempel. In diesem sind eine Darstellung der Tausendhändigen Kannon und eine hölzerne Statue des **Suminokura Ryoi** (1554–1614) zu sehen, der den Fluss auf weite Strecken schiffbar machte.

**Arashiyama-Park**

Am Fluss erstreckt sich der Arashiyama-oder Kameyama-Park); weiter flussabwärts die Ablegestelle der Zuschauerboote, welche die Fangboote beim Kormoran-Fischen (Anfang Juli bis Mitte August) begleiten. Von der Stadt fahren die Buslinien Nr. 28 und 93 direkt nach Arashiyama (1½ Std.), die Keifuku-Privatbahn ab Shijo-Omiya.

**Tenryuji-Tempel**

Nördlich nahe der Brücke über den Katsura steht der zum Welterbe zählende Tenryuji-Tempel, 1339 von Ashikaga Takauji, dem ersten Ashikaga-Shogun, zum Gedenken an Kaiser Godaigo gegründet und Hauptsitz der zur Rinzai-Sekte gehörenden Tenryuji-Schule. Muso-Kokushi, der erste Abt des Tempels, legte den hinter den Priesterwohnungen sich erstreckenden Garten an. Die heutigen Tempelgebäude entstanden um 1900 (Öffnungszeiten: tgl. 8.30–17.30 Uhr, 500 ¥).

**★ Seiryoji-Tempel**

Eine Buslinie führt weiter nach Norden zum Seiryoji-Tempel (auch Shaka-do), in dessen Haupthalle eine 1,60 m hohe, höchst beachtenswerte **Shakyamuni-Statue** aus Sandelholz steht. Sie ist angeblich 987 von dem indischen Meister Bishu Katsuma geschnitzt und von dem Priester Cho-nen von China nach Japan gebracht worden. Die Statue kann nur am 8. April (Buddhas Geburtstag) und am 19. April (Reinigungszeremonie) besichtigt werden.

**★★ Daikakuji-Tempel**

Wenige Schritte nördlich vom Seiryoji erreicht man den Daikakuji-Tempel, ehemals Residenz des Kaisers Saga und 876 in einen Tempel umgewandelt. Die Haupthalle enthält von Kobo-daishi geschaffene Statuen (Godai Myo-o); die Empfangshalle Kyaku-den war ursprünglich Thronsaal. Die Gemälde des Tempels wurden von Kano Motonobu, Kano Tan'yu, Kano Sanraku und Watanabe Shiko geschaffen.

> **! *Baedeker* TIPP**
>
> **Shakyo**
>
> Im Daikakuji kann man die Zen-Übung des shakyo ausprobieren: Dabei werden mit Pinsel und Tusche Sutren kopiert, was beruhigen soll. Die Zeichen sind in Hellgrau vorgeschrieben – wer gar kein Japanisch kann, hat also Gelegenheit, sich meditativ an den Schriftzeichen zu versuchen und dabei in den Zen-Garten hinauszusinnen (tgl. 9.00 – 16.30 Uhr, 1000 ¥).

Von der Endstation Arashiyama gelangt man mit der Keifuku-Privatbahnlinie zu dem unweit östlich gelegenen Bahnhof Katabiranotsuji, in dessen Nähe der **Koryuji-Tempel** (auch Uzumasa-dera) steht (vom Stadtzentrum Keifuku-Bahnlinie bis Bahnhof Uzumasa). Der Tempel wurde im Jahre 622 von Hata

Kawakatsu gegründet, die heutigen Gebäude sind aber späteren Datums. Die 1165 errichtete Vortragshalle, das zweitälteste Gebäude in Kyoto, beherbergt **drei alte Statuen**: als Zentralfigur ein Sitzbild Buddhas, daneben eine Tausendhändige Kannon und eine Fukukenjaku-Kannon. In der rückwärtigen Halle Taishi-do (1720) eine Holzstatue von Shotoku-taishi (vermutlich Selbstbildnis; 606).

**Keigu-in**

Im nordwestlichen Teil steht die achteckige Halle Keigu-in (auch Hakkaku-do; 1251), mit einer Statue des 16-jährigen Shotoku-taishi sowie den Standbildern der Nyoirin-Kannon (Geschenk eines koreanischen Herrschers) und des Amida. Weitere Skulpturen sind im **Tempelmuseum Reiho-kan** zu sehen, u. a. Holzplastiken des Yakushi-nyorai (864) und des Miroku-bosatsu, die älteste erhaltene Skulptur in Kyoto (6./7. Jh.; angeblich von Shotoku-taishi).

**Myoshinji-Tempel**

Vom Bahnhof Katabiranotsuji fährt man nun mit der Kitano-Zweiglinie der Keifuku-Privatbahn nach Norden bis zum Bahnhof Omuro. Wenige Schritte südlich von diesem erreicht man den Myoshinji-Tempel, das Hauptheiligtum der zur Rinzai-Schule zählenden Myoshinji-Schule, dem zahlreiche Zweigtempel unterstellt sind.
Der Tempel wurde 1337 am ehemaligen Standort der Residenz von Kaiser Hanazono erbaut. Westlich der Buddha-Halle ein Glockenturm mit der 698 gegossenen Glocke; in der Buddha-Halle Butsuden eine Shakyamuni-Statue. Die Deckengemälde in der Vortragshalle Hatto wurden von Kano Tan'yu ausgeführt. Östlich, in der Halle Gyokuho-in, ein Bildnis des Hanazono. Westlich der Priesterwohnung stehen kleinere Tempel, von denen der **Reiun-in** wegen der zahlreichen Gemälde von Kano Motonobu Beachtung verdient. Der Tenkyu-in-Tempel enthält Werke von Kano Sanraku.

**★ Ninnaji-Tempel**

Nördlich des Omuro-Bahnhofs steht der Ninnaji-Tempel (Weltkulturerbe), ursprünglich als Omuro-Palast bekannt und 886 begonnen. Nach seiner Abdankung war Kaiser Uda (9. Jh.) erster Abt des Heiligtums. Die heute sichtbaren Gebäude entstanden in der ersten Hälfte des 17. Jahrhunderts. Rechts vom Mittleren Tor eine 33 m hohe fünfstöckige Pagode, in der Haupthalle eine hölzerne Amida-Statue. Das Tempelgelände mit seinen zahlreichen Kirschbäumen bietet zur Zeit der Blüte (April) ein reizvolles Bild.

**Ryoanji-Tempel**

★ ★ Garten ►

Unweit nördlich vom Ninnaji befindet sich der durch seinen Zen-Garten berühmte Ryoanji-Tempel. Die in höchstem Grade stilisierte Komposition besteht aus 15 Felsblöcken als Inseln des Lebens und geharktem weißem Sand als Ozean des Lebens; aus keinem Blickwinkel sind gleichzeitig alle Felsen zu erkennen. Auf dem Tempelgelände das Grab des Gründers Hosokawa Katsumoto; sehr bekannt ist ein Wasserbecken mit der Zen-Inschrift: »Wissen reicht mir zur Zufriedenheit« (Öffnungszeiten: März bis Nov. 8.00–17.00, Dez. bis Febr. 8.30–16.30 Uhr, 500 ¥).

*Wasserbecken mit Zen-Inschrift im Ryoanji*

Südöstlich von hier, nahe dem Bahnhof Toji-in (Keifuku-Privatbahnlinie), steht der **Toji-in-Tempel**, der 1341 von Takauji, dem ersten Ashikaga-Shogun, gegründet wurde. Die Gebäude wurden 1818 letztmals erneuert. In der Haupthalle befinden sich die Standbilder aller Ashikaga-Shogune (mit Ausnahme des fünften und zehnten) sowie **Tuschmalereien** von Kano Sanraku (1559 bis 1635); reizvoll auch der den Tempel umgebende Landschaftsgarten.

Die Keifuku-Bahnlinie (Kitano-Teilstrecke) endet am Bahnhof Kitano-Hakubai-cho. Nordöstlich, im Stadtbezirk Kamigyo-ku, lohnt der Kitano-Schrein (auch Kitano-Tenmangu) einen Besuch, dessen heutige Gebäude 1607 von Toyotomi Hideyori errichtet wurden.

★ **Kitano-Schrein**

Der dem Sugawara Michizane gewidmete Schrein wurde 947 gegründet. Michizane, der 899 zum »Kanzler zur Rechten« ernannt worden war, wurde 901 aufgrund einer Verleumdung nach Dazaifu auf der Hauptinsel Kyushu verbannt, wo er zwei Jahre später starb. Als sich nach seinem Tode in Kyoto mehrere Katastrophen ereigneten, wurde er 933 postum rehabilitiert. Um den Geist des Verstorbenen zu besänftigen, verehrte man ihn als **Gott der Gelehrsamkeit**, Tenjin. Studenten bitten hier um Erfolg in ihren Prüfungen.
Die bedeutendsten Gebäude des Schreins sind neben drei Toren die Haupthalle Honden und die Kulthalle Haiden. Zu den Kunstschätzen zählen eine im 14. Jahrhundert von Tosa Yukimitsu angefertigte Bildrolle zur Schreingeschichte sowie drei weitere Bildrollen zum gleichen Thema von Tosa Mitsuoki (17. Jh.). Der Schrein ist von vielen Pflaumenbäumen, den Lieblingsbäumen des Michizane, umgeben.

★★ **Kinkakuji-Tempel** (3 D S. 370 / 371)

Am Nordrand der Stadt, ca. 3,5 km nordwestlich des Kaiserpalastes, liegt der Kinkakuji oder »Goldener Pavillon« (Bus 101, 102, 204 und 205, Haltestelle Kinkakuji-michi) am Fuße des 200 m hohen Hügels Kinugasa. Als eines der schönsten Bauwerke der Muromachi-Zeit (14.–16. Jh.) vereint der Pavillon, dessen vergoldete Fassaden sich in einem Teich spiegeln, drei verschiedene Baustile in sich. Das Erdgeschoss (Hosui-in) zeigt den heianzeitlichen Palastbaustil Shinden-zukuri, der erste Stock den nüchternen Buke-zukuri der Kamakura-Zeit und der zweite Stock den chinesischen Tempelbaustil Kara-yo der Muromachi-Zeit. Ursprünglich stand auf dem Gelände eine Villa des Adligen Saionji Kintsune; später ging sie in den Besitz von Ashikaga Yoshimitsu (1358–1408) über, nachdem sich dieser aus dem aktiven politischen Leben zurückgezogen hatte. In seinem Auftrag wurden 1394 der Goldene Pavillon und der Garten angelegt. Nach Yoshi-

# DER GOLDENE PAVILLON

**★★ Der Goldene Pavillon ist vermutlich die meistfotografierte Sehenswürdigkeit Kyotos, wenn nicht ganz Japans. Dabei ist dieser kleine dreistöckige Tempel, vom Blattgold einmal abgesehen, nicht besonders prachtvoll. Seine Schönheit liegt vielmehr in seiner schlichten Eleganz, der geschickten Einbettung in die Landschaft und der genialen Verknüpfung dreier unterschiedlicher Architekturstile. Wem die Ähnlichkeit auffällt: Der Pavillon diente als Vorbild für den Bau des Ginkakuji (Silberpavillons), den Ashikaga Yoshimasa Ende des 15. Jahrhunderts im Nordosten Kyotos errichten ließ.**

Öffnungszeiten:
tgl. 9.00–17.00 Uhr, 400 ¥

**Ashikaga Yoshimitsu (1358–1408), der 3. Ashikaga-Shogun**
Yoshimitsu wurde im Alter von nur zehn Jahren zum Shogun ernannt. Politisch war er nicht besonders erfolgreich, abgesehen davon, dass er den Handel mit China wieder aufleben ließ. Dafür aber war er ein Liebhaber der Künste, insbesondere der chinesischen. Sein China-Faible soll so weit gegangen sein, dass er sich oft in chinesische Kleider hüllte und sich in einer chinesischen Sänfte herumtragen ließ. Nachdem er sich zumindest offiziell von den Regierungsgeschäften zurückgezogen hatte, wählte er eine ehemalige Aristokraten-Villa in den Kitayama-Bergen als Ruhesitz und ließ hier 1397 den Goldenen Pavillon errichten. In dieser Umgebung führte er ein schöngeistiges Leben und empfing so illustre Gäste wie Abgesandte des chinesischen Hofes und den japanischen Kaiser Gokomatsu höchstpersönlich, der den Pavillon 1408 besuchte. Yoshimitsus letztem Willen zufolge sollte der Pavillon nach seinem Tod in einen Zen-Tempel der Rinzai-Sekte umfunktioniert werden, was 1419 schließlich geschah. Seitdem heißt er offiziell Rokuon-Tempel – nach Yoshimitsus posthumem Namen.

**Maße des Pavillons**
12,8 m hoch, 10,0 m breit, 15,2 m lang.

**Der Tempel in Flammen**
Mehrfach wurde der Bau durch Feuer zerstört, letztmals im Jahre 1950 durch Brandstiftung: Am 2. Juli setzte ein 21-jähriger buddhistischer Novize den Pavillon in Brand. Der geistig verwirrte Mann gab bei seiner Verhaftung an, er habe in den Flammen sterben wollen. Fünf Jahre später wurde das Bauwerk originalgetreu wieder aufgebaut.

**① Hosui-in**
Das untere Stockwerk ist errichtet im Palaststil der Heian-Zeit, shinden-zukuri. Hier befanden sich Yoshimitsus Wohn- und Empfangsräume. Links vom Altar sieht man eine sitzende Statue des Shogun, in der Mitte eine Shakyamuni-Skulptur.

**② Cho-on-do**
Das mittlere Stockwerk, angelehnt an die Bauweise von Samuraihäusern der Kamakura-Zeit, buke-zukuri, nutzte Yoshimitsu für Geselligkeiten. Es beherbergt eine sitzende Kannon-Statue mit vier Wächterfiguren (Shitenno) und ist mit Malereien von Kano Masanobu (1434–1530) geschmückt.

**③ Kukkyocho**
Das oberste Stockwerk ist inspiriert vom chinesischen Zen-Stil der Sung-Zeit. Es diente der Andacht und der Teezeremonie und birgt drei Amida-Figuren und 25 Bodhisattvas.

**④ Spiegelteich (Kyoko-chi)**
Der 6600 m² große Teich existierte schon vor dem Bau des Pavillons. Er umschließt mehrere Inselchen und Felsen. Letztere sind jeweils nach demjenigen Daimyo benannt, der sie stiftete.

## Südöstliche Umgebung von Kyoto

★★ Daigoji-Tempel

Am südöstlichen Stadtrand (JR-Tozai-Linie) liegt der Daigoji-Tempel, 874 als eines von zwei Zentren der asketischen Shugendo-Lehre durch den Priester Shobo gegründet. Er ist der Haupttempel der Daigo-Schule des Shingon-Buddhismus. Besonders bemerkenswert ist die fünfstöckige Pagode; im Jahre 951 errichtet, zählt sie zu den ältesten Bauwerken von Kyoto.
Daneben steht der Untertempel Sambo-in. In den zur Zeit des Toyotomi Hideyoshi entstandenen Gebäuden ist eine Gemälde- und Kalligrafiesammlung zu sehen, ferner Wandbilder von Kano Sanraku. Der Garten (16. Jh.) ist in der Kirschblüte besonders schön.

★ Manpukuji-Tempel

Mit der JR-Nara-Linie fährt man weiter zum Bahnhof Obaku. Etwas nördlich davon der sehr chinesisch wirkende Manpukuji-Tempel, das 1661 von dem chinesischen Priester Ingen gegründete Hauptheiligtum der Obaku-Sekte. Die Haupthalle (Daiyu-hoden) ist aus thailändischem Teakholz errichtet; in der dahinter liegenden Vortragshalle (Hatto) werden die 60 000 hölzernen Druckstöcke aufbewahrt, mit denen die Gesamtausgabe der Obaku-Sutren hergestellt wurde (17. Jahrhundert).

Uji

18 km südlich von Kyoto liegt an der JR-Nara-Linie die Stadt Uji (190 000 Einw.), berühmt für grünen Tee. Ausgedehnte Teeplantagen laden zum kurzen Aussteigen und Rundgang um die malerischen Einzelgehöfte ein.
Auf der vom Fluss Uji umströmten Insel **Tonoshima** steht eine von dem Priester Eison im 13. Jahrhundert errichtete Pagode; bei der Insel findet im Sommer das abendliche Kormoranfischen statt. Südlich der alten Brücke steht der zur Shingon-Ritsu-Sekte gehörende Hojo-in-Tempel (auch Hashi-dera, Brückentempel); darin ein Stein mit einer den ersten Brückenbau (646) betreffenden Inschrift.

> **? WUSSTEN SIE SCHON ...?**
>
> - ... dass die Phönixhalle von Uji auf der 10-Yen-Münze abgebildet ist?

★ ◄ Uji-Schrein

Unweit südlich von hier erreicht man den Uji-Schrein, der im Jahre 313 am ehemaligen Standort der Residenz des Prinzen Uji-no-Wakiiratsuko († 312) gegründet worden sein soll. Der Schrein ist diesem Prinzen sowie seinem Vater, Kaiser Ojin, und seinem Bruder, Kaiser Nintoku, geweiht. Die zum Weltkulturerbe zählende Anlage besteht aus zwei Teilen, von denen der Obere Schrein (10. Jh.) älter ist. Im Gegensatz zu den meisten anderen Schreinen wurden die Gebäude nicht von Zeit zu Zeit abgetragen, sodass sie heute als **älteste im Original erhaltene Schreinbauten** des Landes gelten. Im Vorhof eine der sieben Quellen von Uji, die für ihr klares Wasser bekannt sind. Der Untere Schrein ist aus der Kamakura-Zeit.

◄ Koshoji-Tempel

Nahebei der idyllisch gelegene Koshoji-Tempel, die erste Gründung für die Soto-Sekte des Priesters Dogen (Gebäude 1646 erneuert).

*Phönixhalle des Byodoin-Tempels*

★ ★ Byodoin-Tempel ▶

Südöstlich vom Bahnhof liegt der Byodoin-Tempel, als charakteristisches Beispiel heianzeitlicher Tempelbaukunst zum Weltkulturerbe zählend. Er ist aus einem Landsitz hervorgegangen, welcher von Minamoto Toru, Fujiwara no Michinaga und Yorimichi bewohnt gewesen war. Im Jahre 1052 stellte Yorimichi das Gelände für den Bau des Tempels zur Verfügung, dessen Haupthalle Hoo-do (nach dem Grundriss auch Phönixhalle) im folgenden Jahr errichtet wurde. An den Giebelenden ein **Phönixpaar aus Bronze**; das teilweise stark beschädigte bzw. restaurierte Innendekor der Heian-Zeit umfasst Werke des im 11. Jahrhundert tätigen Meisters Takuma Tamenari. Beherrschend ist die von Jocho im 11. Jahrhundert geschaffene vergoldete Amida-Statue. An Altar und Decken befinden sich Einlegearbeiten aus Bronze und Perlmutt; von den Deckengemälden der 25 Bosatsu ist nur noch wenig zu sehen. Die Amida-Statue mit Baldachin wurde kürzlich restauriert.

Anschließend die Halle Kannon-do, nach ihrer Lage direkt über dem Fluss auch Tsuri-dono (Angelhalle) genannt. Daneben ein Denkmal für Minamoto Yorimasa (1104–1180), der sich nach seiner Niederlage gegen die Taira hier das Leben nahm (sein Grabmal im hinter dem Byodo-in gelegenen Saisho-in). Der Baukomplex bildet zusammen mit dem Garten eine kompositorische Einheit, welche das Paradies des »Reinen Landes« symbolisiert, wie es von der Jodo-Schule verkündet wird. Im Museum (Homotsu-den), einem Bau des Architekten Kuryu Akira, läuft durchgehend eine gute Computeranimation zur ursprünglichen Anlage. U. a. sind Originale der die Amida-Statue umgebenden engelähnlichen Musikanten (darunter ein seltener laufender) und die berühmte Glocke zu sehen, die früher im Glockenturm gegenüber der Phönixhalle hing (heute ist dort eine Kopie; Öffnungszeiten: 8.30–17.30, Museum 9.00–17.00 Uhr, 600 ¥, Phönixhalle 9.30–16.10 Uhr, Zutritt alle 20 Min., 300 ¥ extra).

Mitten in die Berge und Wälder südlich des ►Biwa-Sees stellte I. M. Pei das MIHO-Museum – Lage und Architektur sind fast beeindruckender als die Sammlung klassischer Kunst aus Japan (u. a. aus der Momoyama- und Kamakura-Zeit), Asien, Ägypten, dem antiken Griechenland und Rom (Öffnungszeiten unregelmäßig, Tel. 07 48/ 82 34 11, www.miho.or.jp, von Kyoto mit der Biwako-Linie bis Ishiyama, 15 Min., ab dort Bus).

✶ **MIHO-Museum**

## Nordöstliche Umgebung von Kyoto

Den nordöstlich von Kyoto liegenden Berg Hiei (848 m) erreicht man vom Stadtzentrum per Bus ( 1 St.) oder Bahn (Keihan-Linie bis Demachi-yanagi, dann Keifuku-Eizan-Privatbahnlinie) bis Yase-yuen mit der Talstation der auf den Gipfel führenden Seilbahn. In der Nähe der Bergstation Shimeigatake gibt es einen **Aussichtspunkt** mit Drehturm (guter Blick auf Kyoto und den ►Biwa-See).

✶ **Hiei**

Hier steht auch der Enryakuji-Tempel, früher einer der mächtigsten Tempel des Landes, heute Haupttempel der esoterischen buddhistischen Tendai-Schule. Auch er wird dem Weltkulturerbe zugerechnet. Der einer aus China eingewanderten Familie entstammende buddhistische Priester Saicho (767–822) gründete nach seiner Rückkehr von einem Aufenthalt in China im Auftrag von Kaiser Kammu 788 den Tempel, dessen Standort im Nordosten der Stadt deshalb gewählt worden war, weil man die aus dieser Richtung kommenden bösen Geister abwehren wollte. Der wachsende politische Einfluss der Mönche stellte jedoch bald eine Bedrohung für Kyoto dar, sodass Oda Nobunaga 1571 den Tempel zerstörte. Trotz der Erneuerung durch Toyotomi Hideyoshi und der von Tokugawa Iemitsu verfügten Erweiterung erlangte der Tempel nie wieder größere weltliche Macht. Im Ostbezirk Toto findet man die Halle der Priesterweihe Kaidan-in, die 1937 erbaute Amida-Halle und die Vortragshalle Daiko-do (1956), einen Glockenturm, die Halle des Schwarzen Gottes Daikoku-do, das Tor Monju-ro sowie die Mittelhalle Konpon-chudo, die eine Holzstatue des Yakushi-nyorai von der Hand des Saicho sowie weitere Schnitzereien enthält. Im Westbezirk Saito fallen die Hallen Shaka-do und die 10 m hohe Pagode Sorinto auf.

✶ ✶ ◄ Enryakuji-Tempel

Wer Erholung von Tempeln braucht: das bezaubernde Hiei Garden Museum hat seine Gärten nach französischen impressionistischen Gemälden gestaltet, die als Kopie immer dabei stehen.

◄ Hiei Garden Museum

Im nordöstlich von Kyoto gelegenen Ohara (Bus 17 ab Bahnhof Kyoto oder 19 ab U-Bahn Kokusaikaikan) steht der zur Tendai-Schule gehörende Sanzen-in-Tempel, der 860 von dem Priester Joun erneuert wurde. Die Haupthalle Ojo-gokuraku-in (»Paradies der Wiedergeburt«) ist ein Werk des Priesters Enshin (942–1017). Die wie ein Bootskiel geformte Hallendecke ist mit 25 Bodhisatva-Darstellungen geschmückt; an den Wänden Mandara-Bilder von Enshin; die vergoldete Amida-Statue entstand 1148. Andere Gebäude im Tempel-

**Ohara**

◄ Sanzen-in-Tempel

areal wurden im frühen 17. Jahrhundert aus Teilen der Zeremonienhalle des Kaiserpalastes Shishinden errichtet.

## Westliche Umgebung von Kyoto

**Kameoka**

22 km westlich von Kyoto liegt die 94 000 Einwohner zählende Stadt Kameoka (JR-San-in-Linie, 30 Min., oder Bus, 1 Std.). Die im Kameoka-Becken am Fluss Hozu gelegene einstige Burgstadt ist Ausgangspunkt der 16 km langen Stromschnellenfahrten nach Arashiyama am Westrand von Kyoto. Auf diese Weise wurden früher Reis und Holz transportiert. Die in der Zeit von März bis November stündlich durchgeführten Stromschnellenfahrten in traditionellen Booten (im Winter beheizt, Tel. 07 71 / 22 58 46) dauern etwa 2 Stunden. Die Schnellen beginnen auf der Höhe von Miyanoshita; dann windet sich der Fluss zwischen den Hügelketten von Atagoyama (links) und Arashiyama (rechts) hin.

Stromschnellenfahrten ►

**Teehaus in Oyamazaki**

Am Bahnhof Oyamazaki südwestlich von Kyoto steht im Tempel Myoki-an **Japans ältestes Teehaus**, das Taian, das von Sen-no-Rikyu Ende der 1580er-Jahre gebaut worden sein soll (nur nach Anmeldung, Tel. 075 / 956 01 03).

# ★★ Matsue

G 7 • f 2

**Hauptinsel:** Honshu
**Präfektur:** Shimane
**Einwohnerzahl:** 193 000

松江

**Berühmtester Einwohner von Matsue war der Schriftsteller Lafcadio Hearn (alias Koizumi Yakumo), der gegen Ende des 19. Jahrhunderts hier lebte und durch seine Schriften viel zum Bekanntwerden Japans und seiner Kultur in der westlichen Welt beitrug.**

Matsue, die Hauptstadt der Präfektur Shimane und größte Stadt der historischen Region San-in, liegt nahe der Nordwestküste von Honshu am Fluss Ohashi, der die Verbindung zwischen dem Shinji-See im Westen und der Lagune Naka-no-umi im Osten bildet.

## Sehenswertes in Matsue

**Burg**

1,8 km nordwestlich des Bahnhofs, auf dem Kamedayama-Hügel, liegt die 1607–1611 erbaute Burg. Ihr dreistöckiger Hauptturm ist eine Rekonstruktion von 1642 und enthält alte Rüstungen sowie Exponate zur Stadtgeschichte; vom obersten Stockwerk bietet sich ein schöner Blick über die Stadt, auf die nördlichen Berge und den Shinji-See im Westen (Öffnungszeiten: April – Sept. 8.30–10.00, Okt. bis März 8.30–16.30 Uhr, Burg 550 ¥, Burggelände frei).

*Hauptturm der Burg von Matsue*

Die Burg ist umgeben von dem Shiroyama-Park, bekannt für seine Kirsch- und Azaleenblüte. In der Nähe befindet sich das **Kulturmuseum** (Matsue-Kyodokan), das im Stil der Meiji-Zeit erbaut wurde. ◄ Shiroyama-Park

Ein schöner Spaziergang (15 Min.) führt am Burggraben entlang nördlich zu den Samurai-Häusern (Bukeyashiki); besonders sehenswert ist das Haus des Lehnsmanns Shiomi mit reichhaltigem Inventar. In derselben Straße befinden sich das ehemalige Wohnhaus von Lafcadio Hearn und die Gedächtnishalle Yakumo-kinenkan mit Erinnerungsstücken an seinen Aufenthalt in Matsue. ✶ **Samurai-Häuser**

Östlich davon steht auf einer Anhöhe das Teehaus Meimei-an von 1779 mit einem stimmungsvollen Teegarten, eingerichtet im Auftrag von Matsudaira Harusato, einem Förderer der Teezeremonie (Öffnungszeiten: tgl. 9.00–17.00 Uhr, 400 ¥). **Meimei-an**

Im Westen der Stadt, südlich des Berges Asahi (342 m), liegt der Gesshoji-Tempel, erbaut von Matsudaira Naomasa (1601–1666), einem Enkel von Tokugawa Ieyasu, mit den Gräbern der Matsudaira-Dynastie (1.–9. Generation). Die Schatzhalle stellt den Besitz des Matsudaira Harusato (Schwerter u. a.) aus. **Gesshoji-Tempel**

## Umgebung von Matsue

Erste Adresse für moderne japanische Malerei seit Ende des 19. Jahrhunderts ist das Adachi-Kunstmuseum außerhalb der Stadt (kostenloser Shuttlebus ab JR-Bahnhof Yasugi, östlich von Matsue). Zum Museum gehört ein eindrucksvoller Landschaftsgarten (Öffnungszeiten: April bis Sept. 9.00–17.30, Okt. bis März bis 17.00 Uhr, 2200 ¥, www.adachi-museum.or.jp/e) **Adachi-Kunstmuseum**

# MATSUE ERLEBEN

## AUSKUNFT

***Touristinformation***
665 Asahi-machi, beim Bahnhof
Tel. 08 52/21 40 34
tgl. 9.00–18.00 Uhr
www.city.matsue.shimane.jp

## VERKEHR

*Flugzeug:* Von Tokyo (Haneda Airport) bis Izumo (1½ Std.); von Osaka bis Izumo (1 Std.).
*Bahn:* Von Osaka (Bahnhof Shin-Osaka) JR-Shinkansen-Linie bis Okayama (45 Min.), dann JR-Hakubi- und San-in-Linie (2½ Std.); von Izumo JR-San-in-Linie (30 Min.).

## VERANSTALTUNGEN

Oshiro-matsuri (Burgfest, Anfang April); Matsue-odori (Sommerfest mit Feuerwerk; Ende Juli); Schreinfest (Ende Juli), im Tenmangu-Schrein; Toro-nagashi (Ende des Bon-Festes, Aussetzen von Papierlaternen auf dem See; Mitte Aug.); Schreinfest (Ende August), im Takeuchi-Schrein; Taiko-gyoretsu (Prozession mit großen Trommeln; Anfang November); Schreinfest (Anfang November), im Matsue-Schrein.

**Fudoki-no-oka**

Im Süden der Stadt ist das Dorf Fudoki-no-oka von archäologischem Interesse. Es zeigt die althergebrachte schachbrettartige Parzellierung, Hügelgräber (Futago-zuka), Rekonstruktionen alter Wohnhäuser aus der Kofun-Zeit (3.–7. Jh.), Überreste eines Provinztempels (Kokubunji; 741) und das Museum (Shiryo-kan) in der Dorfmitte.

**✶ Kamosu-Schrein**

Westlich von Fudoki-no-oka liegt der Kamosu-Schrein, dessen 1364 erbaute Haupthalle (Honden) das älteste erhaltene Bauwerk des Taisha-zukuri-Stils darstellt. Nördlich davon bzw. 7 km südlich vom Bahnhof (15 Min. mit Bus), erhebt sich der dem Gott der Ehe geweihte Yaegaki-Schrein. Junge Frauen suchen den Schrein gern auf, um herauszufinden, wie bald sie heiraten werden: Sie lassen eine Münze auf einem Stück Wachspapier auf dem Teich hinter dem Schrein treiben – je eher sie untergeht, desto besser.

**✶ Shinji-See**

Shimane Kunstmuseum ►

Matsue-onsen ►

Der westlich der Stadt gelegene Shinji-See ist mit 80 km² Fläche und 50 km Umfang der sechstgrößte See Japans. An seinem Ostufer (15 Min. zu Fuß vom Bahnhof Matsue) liegt das Kunstmuseum der Präfektur Shimane. Es zeigt neben japanischer und westlicher Malerei auch Fotografien, Skulpturen, Drucke und Kunsthandwerk (Öffnungszeiten: März – Sept. tgl. außer Di. 10.00 Uhr bis 30 Min. nach Sonnenuntergang, Okt. bis Febr. 10.00–18.30 Uhr, 300 ¥). Matsue-onsen im Osten bietet einen schönen Blick auf die Seelandschaft. Am Südufer des Sees, 8 km westlich (30 Min. mit Bus) von Matsue, liegt das beliebte Bad Tamatsukuri-onsen mit heißen Quellen. Überraschung am Nordufer: das **Louis C. Tiffany Garden Museum** (gleichnamige Haltestelle der Ichibata-Privatbahn).

Im Osten von Matsue erstreckt sich die Naka-no-umi-Lagune. Bei einer Fläche von 99 km² hat sie einen Umfang von 83,5 km; im Osten wird sie durch eine breite Nehrung von der Miho-Bucht getrennt, mit der sie im Norden verbunden ist. In der Mitte der Lagune liegt die 6 km² große Insel **Daikon**, die im Südosten bei Osoe ungewöhnliche Lavaformationen aufweist.

**Naka-no-umi-Lagune**

# Matsumoto

K 6 • k 1

**Hauptinsel:** Honshu **Präfektur:** Nagano
**Einwohnerzahl:** 223 000

**Die Universitätsstadt Matsumoto, in Zentral-Honshu im Matsumoto-Becken gelegen, ist Ausgangspunkt für Fahrten in den ►Chubu-Sangaku-Nationalpark und zum östlich der Stadt gelegenen Utsukushigahara-Plateau. Wahrzeichen der Stadt, in deren Sträßchen und Gassen man viele Bergsteiger trifft, ist die Burg.**

松本

## Sehenswertes in Matsumoto

★★ **Burg**

1 km nordöstlich des Bahnhofs liegt die 1504 erbaute Matsumoto-Burg, wegen ihres schwarzen Anstrichs auch »Krähenburg« (Karasu-jo) genannt. Die Anlage bildet ein klassisches Beispiel für den Befestigungsstil Hirashiro. Die Burg überragt eine weite Ebene und ist von Wassergräben mit roten Brücken und mit halbhohen Mauern umgeben. Der sechsstöckige Hauptturm ist durch Korridore mit einem nördlichen Vorwerk verbunden. Vom obersten Geschoss aus bietet sich ein schöner Blick über die Umgebung. Sehenswert ist die **Tsukimi-Veranda** zur Mondbetrachtung (Öffnungszeiten: tgl. 8.30 bis 17.00, 600 ¥ inkl. Stadtmuseum).

Gleich außerhalb der Burgmauern steht das **Stadtmuseum** (Matsumoto Shiritsu Hakubutsukan; auch Bus ab Bahnhof, 15 Min.). Es zeigt Exponate zur Archäologie, Geschichte und Folklore der Region (bemerkenswert ist die Sammlung von Tanabata- und Oshiebina-Puppen).

*Eine kunstvoll gefügte Brücke führt zur Burg.*

**Ukiyo-e-Museum Gerichtsmuseum**

Südwestlich außerhalb des Stadtzentrums steht das moderne Gebäude des Ukiyo-e-Museums (Nihon Ukiyoe Hakubutsukan) mit über 100 000 Holzschnitten, Druckstöcken, Büchern und Gemälden; wechselnde thematische Ausstellungen mit Stücken aus der Sammlung. Im Museumsshop werden u. a. originalgetreu von Hand nachgedruckte Repliken bekannter ukiyoe verkauft (Öffnungszeiten: Di. bis So. 10.00–16.30 Uhr, 1000 ¥). In unmittelbarer Nähe das Gerichtsmuseum (Nihon Shiho Hakubutsukan), untergebracht in dem ältesten hölzernen Gerichtsgebäude des Landes (von 1908).

**Archäologisches Museum**

Das südöstlich vom Zentrum gelegene Archäologische Museum (Matsumoto-shiritsu Koko Hakubutsukan; Busverbindung) beherbergt Funde aus der näheren Umgebung und einen Nachbau eines frühgeschichtlichen Wohnhauses.

**Gofukuji-Tempel**

Noch weiter südöstlich, am Fuß des 1929 m hohen Hachibuse, steht der Gofukuji-Tempel der Shingon-Schule, bekannt durch seine vielen Statuen.

## Umgebung von Matsumoto

**Utsukushigahara**

Im Osten der Stadt erstreckt sich die Hochebene Utsukushigahara, die von einer Höhe bis über 2000 m ü. d. M. schöne Ausblicke auf das Hida-Bergland bietet. Es gibt eine Busverbindung vom Bahnhof Matsumoto; nach 20 Minuten erreicht man den Badeort Asama-onsen (Thermalquellen, zahlreiche Ryokan). Südlich im weiteren Umkreis finden sich noch die **Thermalkurorte** Oboke, Yamabe, Fujii, Iriyamabe und Tobira, die zusammen als Kurgebiet Utsukushigahara-onsen bezeichnet werden.

## MATSUMOTO ERLEBEN

### AUSKUNFT

***Touristinformation***
im Bahnhof, Tel. 02 63/32 28 14
9.00–17.45 Uhr
welcome.city.matsumoto.nagano.jp

### VERKEHR

*Flugzeug:* Von Osaka (1 Std.).
*Bahn:* Von Tokyo (Bahnhof Shinjuku) JR-Chuo-Hauptlinie (2½ Std.); von Osaka JR-Chuo-Hauptlinie über Nagoya (3½ Std.); von Nagano JR-Shinonoi-Linie (1 Std.)
*Bus:* Vom Flughafen Matsumoto zur Stadtmitte (30 Min.); regionale Linien zum Utsukushigahara-Plateau sowie nach Kamikochi (April bis Oktober).

### VERANSTALTUNG

Saito Kinen Festival Matsumoto (klassische Konzertreihe, Mitte Aug. bis Mitte Sept.)

### SHOPPING

Ergiebig zum Bummeln und Shoppen (besonders für traditionelles Handwerk und Volkskunst) sind die Nawate-dori und Nakamachi-dori südlich der Burg.

**Freilichtmuseum**

Zum Freilichtmuseum (Utsukushigahara Kogen Bijutsukan; Ende April bis Mitte Nov. 9.00–16.30 Uhr, 1000 ¥) fährt vom Bahnhof Matsumoto der Bus in 40 Minuten über steile Kehren zur Endstation auf der Höhe. Von hier führen eine für Fahrzeuge gesperrte Straße oder ein kürzerer Gebirgsweg bis zur NHK-TV-Station und weiter auf dem 2 km langen Höhenweg, vorbei an Almweiden mit schwarz-weißen Rindern, bis zum Freilichtmuseum mit Großskulpturen (letzte Rückfhart: 15.35 bzw. Mitte Juli/Aug. 17.30 Uhr).

! *Baedeker* TIPP

**Vorsicht, scharf!**

Auf der Daio-Wasabi-Farm in Hotaka (JR Bahnhof Hotaka, auch Fahrradverleih) wird in klarem Gebirgswasser der scharfe grüne Meerettich angebaut. In Laden und Lokal gibt es Wasabi-Nudeln, Wasabi-Bier und sogar Wasabi-Eiscreme (www.daiowasabi.co.jp, auf Japanisch).

**Misuzu-Stausee**

Die Busverbindung führt von Asama weiter zum Stausee Misuzu (3 km Umfang); im Sommer beliebt als Campinggelände (Bootsfahrten, Angeln), im Winter zum Schlittschuhlaufen. Vom Ufer führt ein Lift auf eine Anhöhe mit einem Aussichtsturm (schöner Rundblick).

**Hotaka**

Das Kunstmuseum Rokuzan Bijutsukan in Hotlka enthält hauptsächlich Werke des Bildhauers Ogiwara Rokuzan, dessen westlicher Stil ihm den Beinamen **»Rodin des Orients«** eingetragen hat.

# ★★ Matsushima

L 5

**Hauptinsel:** Honshu
**Einwohnerzahl:** 17 000
**Präfektur:** Miyagi

**Matsushima (»Kieferninsel«) leitet sich von den über 260 kieferbewachsenen Felsinseln in der Bucht her. Die durch vielfältige Felsformationen und den bizarren Wuchs der Bäume besonders abwechslungsreiche Landschaft schätzen japaner seit jeher.**

松島

**Berühmte Küstenlandschaft**

Die Matsushima-Bucht bildet den inneren Teil der Sendai-Bucht, die sich südlich der Ojika-Halbinsel an der Ostküste Honshus erstreckt. Ihre Inseln bestehen zum Teil aus vulkanischem Tuff, andere dagegen – wie auch der Großteil der Felsformationen der Küste – aus weißem Sandstein. Einige größere Inseln sind bewohnt, die kleinsten dagegen sind nur Klippen von wenigen Quadratmetern Fläche. Die Brandung hat den Fels tief ausgehöhlt, sodass Grotten, Tunnel, Türme und Bögen entstanden sind; auch auf steilen Stellen halten sich noch die windzerzausten Kiefern.

Die Gegend ist ein **traditionelles Reiseziel der Japaner**, was sich auch daran ablesen lässt, dass es an der nordsüdlich etwa 12 km messenden Bucht über 40 Ryokan (die traditionellen japanischen Gast-

◂ weiter auf S. 384

# DIE DREI BERÜHMTESTEN LANDSCHAFTEN JAPANS

**Viele Japaner genießen die Harmonie zwischen Land und Meer, und jeder Japaner kennt seine Sankei – die drei berühmten Landschaften: Ama-no-hashidate bei Miyazu; die Insel Matsushima bei Sendai; schließlich Itsukushima, die Schreininsel mit dem schwimmenden Torii bei Hiroshima.**

## Die Himmelsbrücke

Eine Legende schwebt über der herrlichen Landschaft von Ama-no-hashidate: Als vor Urzeiten das Götterpaar Izanami und Izanagi den heiligen Speer in die salzigen Fluten tauchte, entstanden aus den herabfallenden Tropfen die ersten Inseln Japans. Dem **Mythos** nach stiegen die Götter über die Himmelsbrücke auf die japanische Inselwelt herab. Die vielen einheimischen Touristen geben sich dem berühmten Blick zwischen den gespreizten Beinen hindurch hin, wodurch die Pinien auf der Landzunge wie mythische Pfeiler erscheinen, die direkt in den Himmel führen, diesen so mit dem Meer verbindend. Eine Drehbrücke mit der einzigen Zufahrt zur Nehrung führt über eine Vorinsel zur Himmelsbrücke.
Auf den breiten Sandflächen zur Seeseite haben sich **Badegäste** niedergelassen; Kinder suchen nach Muscheln und Schnorchler beobachten die bunte Welt der Fische. Ein fast 4 km langer Wanderweg erschließt die Schönheit unter Tausenden von Pinien, vorbei an stillen Schreinen und mit Ausblicken auf die felsige Küste der Wakasa-Bucht. Unter einem alten Baum liegt ein verblasstes Votivtäfel-

*Die Kieferninseln von Matsushima schwimmen wie Schiffe vor der Küste.*

chen, das die Schönheit von Ama-no-hashidate mit einer sehnsüchtigen Liebe vergleicht.

## Die Kieferninseln

In der weiten Bucht vor der Stadt Sendai ragen mehr als 260 winzige Inseln, aus schwarzem Tuff oder weißem Sandstein, senkrecht aus dem Spiegel des Pazifik, geformt zu Bögen, Türmen und Grotten. Seltsame Formen erinnern an einen aufgetauchten Wal oder eine Riesenschildkröte, deren Rücken von windzerzausten Kiefern bewachsen ist. Zu vielen dieser Klippen führen **rote Bogenbrücken**, und inmitten des üppigen Inselgrüns lädt ein kleiner Tempel zur Meditation ein. **Basho**, der bekannteste Haiku-Dichter des Landes, brachte seine Eindrücke schlicht auf die klassische siebzehnsilbige Formel: »O Matsushima, Matsushima, o Matsushima wo mita« (»Oh, ich habe Matsushima gesehen«).

## Die heilige Insel

Der Itsukushima-Schrein auf der Insel Miyajima, vor den Toren von Hiroshima, ist die größte Sehenswürdigkeit im Bereich dieser Metropole. Das rote shintoistische **Torii**, mit 16 m Höhe und 23 m Breite das größte seiner Art, ragt aus den Fluten der Inlandsee (wenn nicht gerade Ebbe ist); dahinter zeigt sich, umrahmt von steilen grünen Bergen, die weit in die See hinausgeschobene Bugaku-Bühne des rot gestrichenen Schreins. Schier endlose Korridore umgeben die aus dem 16. Jahrhundert stammende, älteste **No-Freilichtbühne** des Landes. Mächtige Steinlöwen wehren bösen Geistern den Zutritt zu der heiligen Insel. Noch bis zur Meiji-Reform durfte hier niemand geboren werden oder sterben, kein Baum durfte gefällt, kein Tier getötet werden. Selbst heute noch gibt es keinen Friedhof; die Toten werden auf dem Festland bestattet.

höfe) gibt. Trotzdem sind **rechtzeitige Buchungen dringend erforderlich** – für die Zeit des »Sternenfests« (Tanabata-Matsuri, Anfang August), das im nahen Sendai besonders farbenprächtig gefeiert wird etwa sechs Monate im Voraus. Neben ► Ama-no-hashidate an der Westküste Honshus nordwestlich von Kyoto und ► Miyajima (Itsukushima) in der Bucht von Hiroshima gehört Matsushima zu den berühmten drei Küstenlandschaften (Sankei) Japans (► Baedeker Special S. 382).

✶✶ Matsushima shi-daikan ►

Das im wechselnden Licht der Tages- und Jahreszeiten immer wieder anders erscheinende Bild der Bucht und der Inselwelt ist von zahlreichen Punkten der Küste und von vielen Inseln aus faszinierend. Die stark formalisierende, von der Tuschmalerei beeinflusste Betrachtungsweise der Japaner hebt **vier Aussichtspunkte** besonders hervor und nennt sie »Matsushima shi-daikan« (»Die vier hervorragenden Ansichten von Matsushima«):

**Otakamori**, ein 106 m hoher Hügel auf der Insel Miyato im Ostteil der Bucht, von der Bahnstation Matsushima in einer Stunde zu Schiff oder auf dem Landweg über einen Damm erreichbar.

**Ogidani** im mittleren Teil der Bucht, ein Berg südlich der Bahnstation Matsushima, der in 25 Minuten zu Fuß erreichbar ist.

**Tamonzan**, eine Erhebung auf dem Kap Yogasaki im Südwesten der Bucht, vom Hafen Shiogama aus 30 Minuten zu Schiff.

**Tomiyama**, ein Berg nördlich (20 Min. Fußweg) der Station Rikuzen-Tomiyama (JR-Senseki-Bahn, 10 Min. vom Bahnhof Matsushima). Hier steht außerdem der Daigyoji-Tempel (17. Jahrhundert).

## MATSUSHIMA ERLEBEN

### AUSKUNFT

*Matsushima Information Center*
7-1 Namiuchihama, in Bahnhofsnähe
Tel. 0 22/3 54 22 63
Mo.–Fr. 9.30–16.30,
Sa., So. 8.30 – 17.00 Uhr

### VERKEHR

*Flugzeug:* Von Osaka bis Sendai (1¼ Std.).
*Bahn:* Von Tokyo (Bahnhof Ueno) JR-Tohoku-Shinkansen-Linie (1½ Std.), dann JR-Senseki-Linie bis Matsushima-Kaigan (35 Min.).
*Schiff:* Rundfahrten zwischen Matsushima-Kaigan und Shiogama (1 Std.).

### VERANSTALTUNG

Matsushima Toro-Nagashi (»Fest der schwimmenden Laternen«, Feuerwerk; Mitte August).

### ÜBERNACHTEN

**► Komfortabel**

*Hotel Taikanso*
10-76 Inuta
Tel. 0 22/3 54 21 61
www.taikanso.co.jp/eg
Erschwingliches Resorthotel auf einem Hügel mit Blick auf die Küste. Mit Pool im Freien (für die Sommermonate), Rotemburo und Kräuterbad. Wer sich auf japanische Art vergnügen möchte, kann die Karaoke Lounge aufsuchen.

## Sehenswertes in Matsushima und Umgebung

Aquarium

◄ Meeresblick-Pavillon

Unweit des Bahnhofs Matsushima-Kaigan im Zentrum der Bucht befindet sich das Marinepia Matsushima Aquarium. Folgt man der Hauptstraße nordostwärts, gelangt man zu dem sich auf einer Klippe am Pier erhebenden Meeresblick-Pavillon (Kanran-tei), einem schlichten Teehaus vom Ende des 16. Jahrhunderts, einst Teil des Fushimi-Schlosses, ein Geschenk des Toyotomi Hideyoshi an seinen Vasallen Date Masamune (1567–1636). Die Schiebetüren im Inneren wurden von Kano Sanraku (1559–1635), einem bedeutenden Künstler des Momoyama-Stils, bemalt. Wie sein Name sagt, bietet der Pavillon einen schönen Blick über die Bucht; im Garten ein kleines Museum mit Erinnerungsstücken an die Adelsfamilie Date, im Mittelalter eine Zeit lang das mächtigste Fürstengeschlecht im Nordosten Japans (Öffnungszeiten: tgl. 8.30–17.00, Nov. bis März bis 16.30 Uhr, 200 ¥).

★ Godaido-Tempel

Unweit nördlich führen zwei Brücken zu einem kiefernbewachsenen Inselchen, auf dem sich der Godaido-Tempel, erbaut im Auftrag von Date Masamune, erhebt. Er birgt fünf Buddhastatuen.
1 km südlich des Godaido-Tempels führt eine rote Holzbrücke (Togetsukyo) auf die malerische **Insel Oshima**, in deren Klippen die Brandung Grotten gehöhlt hat. Buddhistische Darstellungen in diesen Höhlen zeugen davon, dass sie einst als Einsiedeleien dienten.
Nordöstlich des Godaido-Tempels erreicht man ebenfalls über eine rote Holzbrücke die **Insel Fukuura**, bekannt für ihre vielfältige Flora.

★★ Zuiganji-Tempel

Öffnungszeiten: tgl. 8.00–17.00, Okt./März bis 16.30, Febr./Nov. bis 16.00, Dez./Jan. bis 15.30 Uhr, 700 ¥

Westlich landeinwärts, 5 Minuten zu Fuß vom Bahnhof Matsushima-Kaigan, führt eine von japanischen Zedern gesäumte Allee zum Zuiganji-Tempel, gegründet 828, später ein Zentrum der Zen-Schule Rinzai (Myoshinji-Schule). Zu beiden Seiten der Allee **Höhlen**, die den Mönchen als Platz für Meditationsübungen dienten; in einer größeren links hinter dem Tempeleingang soll der Abt Hosshin, der im 13. Jahrhundert die neue Lehre in China studiert hatte, nach seiner Rückkehr meditiert haben. Die jetzigen Gebäude wurden 1609 im Auftrag von Date Masamune errichtet. Hervorzuheben sind das Mittlere Tor (Naka-mon), das Kaiserliche Tor (Onari-mon), der Wohnbereich (Kuri), die Galerie (Kairo) und die Haupthalle (Hondo), deren Schiebetüren von Meistern aus der Kano-Schule bemalt wurden. Im interessanten **»Pfauenraum«** steht eine Holzplastik des Date Masamune, der auch der »einäugige Shogun« (Dokuganryu Shogun) genannt wurde, in voller Rüstung. Auf dem Gelände befindet sich ein Museum, Seiryuden, mit historischen Zeugnissen der Date, darunter Porträts, Teeschalen und Statuen.

Ishinomaki

Nordöstlich, jenseits der die Bucht in dieser Richtung begrenzenden Insel Miyato, liegt an der Mündung des Flusses Kitakami die Hafenstadt Ishinomaki (166 000 Einw.), von Matsushima-Kaigan mit der JR-Senseki-Bahn in 50 Minuten erreichbar.

**✶ Kinkazan** Der Hafen Ayukawa ca. 20 km südöstlich von Ishinomaki ist Ausgangspunkt der Fährboote (30 Min.) zur Insel Kinkazan (kein Pkw- und Busverkehr), die 4 km südöstlich der Halbinsel Ojika liegt. Der Name der Insel bedeutet »Goldblume« und rührt von den in der Sonne glänzenden Glimmereinsprengseln im Gestein her. Die gesamte Insel, die sich 4 km ostwestlich und 5 km nordsüdlich ausdehnt, ist von einer üppigen Vegetation bedeckt, aus deren dichtem Grün schroffe Felsen aufragen. Die für Japan ungewöhnlich reiche Fauna besteht aus Rotwild, Affen und zahlreichen Vogelarten.

**Koganeyama-Schrein** Unweit vom Pier liegt der Koganeyama-Schrein, der den beiden Shinto-Gottheiten des Wohlstands und des Glücks geweiht ist. Hinter dem Schrein beginnt ein 2 km langer Pfad, der auf den Berg Kinkazan (445 m) führt; der landschaftlich schöne Spaziergang wird von einer umfassenden Aussicht vom Gipfel gekrönt: im Osten die Weite des Pazifik, im Westen die Matsushima-Bucht vor dem Hintergrund bewaldeter Berge.

**Senjojiki** An der in einer Wanderung von 3 Stunden vom Pier aus zu erreichenden Ostküste findet sich eine ungewöhnliche Formation quaderförmiger, parallel verlaufender Felsen, Senjojiki genannt.

**Onagawa** 17 km nordöstlich von Ishinomaki (Bahn, 30 Min.) liegt die Stadt Onagawa an der gleichnamigen Bucht. Ihr Hafen ist ein Zentrum der Hochseefischerei (Meereslaboratorium der Tohoku-Universität). Auch hier besteht eine Schnellbootverbindung zur Insel Kinkazan (30 Min.). Südlich des Hafens beginnt die so genannte Oshika-Kobalt-Straße (Gebühr), deren Verlauf die Oshika-Halbinsel zweiteilt. Sie endet in dem kleinen Ort Oshika an der Südspitze der Halbinsel, wo ein Museum (Oshika Whale Land) Exponate zur Geschichte des Walfangs zeigt.

# Matsuyama

G 8 • e 4

**Hauptinsel:** Shikoku **Präfektur:** Ehime
**Einwohnerzahl:** 514 000

松山

**Matsuyama bietet neben einer der wenigen im Original erhaltenen Burgen Japans auch eines der traditionsreichsten Onsen. Die Stadt unterhält seit 1988 eine Partnerschaft mit Freiburg im Breisgau.**

**Größte Stadt von Shikoku** Matsuyama, die größte Stadt der Insel Shikoku, an der Nordwestküste gelegen, ist Hauptstadt der Präfektur Ehime (früher Iyo). Als Umschlagplatz für landwirtschaftliche Produkte, insbesondere Orangen aus den Kulturen der Umgebung, ist Matsuyama das Wirtschaftszentrum der Region.

# MATSUYAMA ERLEBEN

## AUSKUNFT

***Touristinformation***
im Bahnhof, Tel. 0 89/9 31 39 14
tgl. 8.30–20.30 Uhr
Ehime Prefectural International Center, 1-1 Dogoichiman
Tel. 0 89/9 17 56 78
Mo. bis Sa. 8.30–17.00 Uhr

www.city.matsuyama.ehime.jp (auch deutsch)
www.pref.ehime.jp (zur Präfektur Ehime)

## VERKEHR

*Flugzeug:* Von Tokyo (Haneda Airport; 1½ Std.); von Osaka (50 Min.); von Fukuoka (40 Min.).
*Bahn:* Von Takamatsu JR-Yosan-Hauptlinie (2 ½ Std.); von Okayama (2¾ Std.).
*Bus:* Vom Flughafen Matsuyama zur Stadtmitte (20 Min.).
*Schiff:* Linienverkehr von Hiroshima (auch Luftkissenboote; 2¾ Std. bzw. 1¼ Std.).

## VERANSTALTUNGEN

Tsubaki-matsuri (Kamelienfest; Anfang Januar); Dogo-onsen-matsuri (Mitte März), in Dogo-onsen; Burgfest (Anfang April); Matsuyama-Fest (Sommerfest; Mitte August); Funa-odori (»Schiffstanz« mit Pantomimen auf Barken; Mitte Oktober), auf der Insel Gogoshima.

## ÜBERNACHTEN

▶ **Komfortabel**

***Hotel Patio Dogo***
Dogo Onsen Honkanmae, Matsuyama-shi, Ehime-ken 790-0842
Tel. 0 89/9 41 41 28, Fax 9 41 41 29
www.patio-dogo.co.jp
Mit Straßenbahn Nr. 5 ab Matsuyama. Einrichtung und Äußeres dieses Hotels im westlichen Stil machen nicht viel her, aber die Lage ist klasse: Direkt gegenüber dem berühmten Badehaus von Dogo Onsen. Sehr sauber und freundlich.

## Sehenswertes in Matsuyama

✶ **Burg**

500 m östlich des Bahnhofs im Stadtzentrum erhebt sich 132 m hoch der dicht bewaldete Katsuyama-Hügel (auch Shiroyama), gekrönt von der Burg. Die 1602–1627 erbaute Festung hat vier Tore mit Vorwerken; der dreistöckige Hauptturm ist als Museum eingerichtet und enthält Gegenstände aus dem Besitz der Daimyo von Matsudaira, insbesondere Schwerter und Rüstungen. Der Umkreis der Befestigungen ist in einen Park verwandelt worden (von der Ostseite des Hügels Seilbahn), der zur Zeit der Kirschblüte am schönsten ist (Öffnungszeiten: tgl. 9.00–17.00, Dez. u. Jan. bis 16.30 Uhr, 500 ¥).

✶ **Dogo-onsen**

4 km nordöstlich des Bahnhofs (Straßenbahn, 20 Min.) liegt an einem Hang der altberühmte Badeort Dogo-onsen. Schon in der Anthologie Manyoshu aus dem 8. Jahrhundert werden die heißen Quellen (alkalisch, 46 °C) erwähnt; sie sind bis auf den heutigen Tag be-

liebtes Reiseziel der Japaner. Manche der Gebäude, besonders das dreistöckige Badehaus Shinrokaku, ein Holzbau im Momoyama-Stil, vermitteln noch viel traditionelle Atmosphäre.

✶ **Ishiteji-Tempel**

Unweit östlich von Dogo liegt der Ishiteji-Tempel, eine der 88 Stationen auf dem traditionellen Pilgerweg der Insel Shikoku. Er wurde 728 von dem Fürsten Ochi Tamazumi gegründet, jedoch 1318 nach einem Brand neu erbaut, und ist daher ein Beispiel für die Bauten der Kamakura-Zeit mit der typischen Mischung japanischer und chinesischer Stilelemente. Sehenswerte Bauten sind das Tor Niomon mit Tempelwächtern aus dem 12. Jahrhundert als eingetragener Nationalschatz Japans, die Haupthalle Hondo, die Halle Gomado, eine dreistöckige Pagode und der Glockenturm.

! *Baedeker* TIPP

**Radeln auf Shikoku**

Shikoku eignet sich wunderbar zum Radfahren. So lässt sich um Matsuyama ein Teil der 88 Pilgertempel der Insel besuchen. Oder man radelt über den Shimanami Kaido, der über zehn Brücken die Inlandsee überquert und nach Honshu führt. Ausgangspunkt ist Imabari (Informationen unter www.kancycling.com).

**Shiki-Museum**

Südlich direkt am Dogo-onsen findet man das Shiki-kinen-Museum. Shiki Masaoka (1867–1902) ist nach Basho und Issa der bekannteste **Haikudichter**. Haiku-Gedichte beinhalten in 17 Silben die kürzeste poetische Form der Welt. Gedanken und Erfahrungen des täglichen Erlebens, verbunden mit jahreszeitlichen Empfindungen, sind Gegenstand dieser Kunstform. Sogar der Tenno veranstaltet jährliche Haiku-Wettbewerbe in seinem Palast. Ein Beispiel von Shiki: »Wie es schneit! Der einzige Ton ist das Miau einer weißen Katze auf dem Dachfirst.«

## Umgebung von Matsuyama

**Takahama**

Die Stadt hat zwei Hafenplätze an der Westküste: Takahama, auch Matsuyama Kanko genannt, wo die Fähren von Honshu und Kyushu anlegen; etwas weiter südlich in der Nähe des Flughafens liegt Mitsuhama. Viel Lokalkolorit entfaltet sich auf dem **Morgenmarkt** Asaichi, wo Meeresfrüchte verkauft werden.

**Ishizuchi-Quasi-Nationalpark**

Etwa 40 km südöstlich landeinwärts beginnt der Ishizuchi-Quasi-Nationalpark, der 107 km² gebirgigen Geländes umfasst.

Omogokei-Schlucht ►

Hauptanziehungspunkt des Parks ist die wildromantische Omogokei-Schlucht, durch die der Fluss Omogo über eine Strecke von 11 km strömt. Zahlreiche Mäander des Flusses, Klippen, Wasserfälle und Engpässe zusammen mit üppigem Grün oder lebhaften Herbstfarben machen die Landschaft abwechslungsreich. Ausgangspunkt für die Schlucht ist die Station Kanmon (Bus vom Bahnhof Matsuyama; 2¾ Std.); es folgen entlang der Straße Kamehara (Wasserfälle), die Kanayama-Brücke und Goraiko (Wasserfälle).

Höchster Punkt des Parkgebiets und der Insel Shikoku ist der Berg Ishizuchi (1982 m ü. d. M.). Man erreicht ihn am günstigsten von der Industriestadt Saijo (115 000 Einw.), etwa 50 km nordöstlich von Matsuyama. Von der Station Iyo-Saijo verkehren Busse bis zur halben Höhe des Berges (32 km, 1¼ Std.), wo sich die Talstation einer Seilbahn und ein Schrein befinden. Hier wird Anfang Juli der Saisonbeginn für Pilger und Bergsteiger feierlich begangen (Bergsteigersaison bis November). ◄ Ishizuchi Saijo

5 km östlich von Matsuyama erhebt sich an der Spitze der Takahawa-Halbinsel der Hügel Chikamiyama (244 m), von dem man einen guten Ausblick auf die sich in der Kurushima-Meerenge durch unterschiedlichen Tidenhub in der Hiuchi-Nada-See (östlich) und der Aki-Nada-See (westlich) bildenden Meeresstrudel hat. ★ **Chikamiyama**

# Mito

L 6 • n 1

**Hauptinsel:** Honshu
**Präfektur:** Ibaraki
**Einwohnerzahl:** 265 000

**Wer Mito besucht, kommt vor allem wegen des Kairaku-en, einer der berühmten drei Gärten Japans. Besonders sehenswert ist dieser Landschaftspark im Februar, wenn die Pflaumenbäume in voller Blüte stehen.** 水戸

Mito, unweit der Ostküste der Insel Honshu etwa 100 km nordöstlich von Tokyo gelegen, ist die Hauptstadt der Präfektur Ibaraki und ein wichtiger Verkehrsknotenpunkt. Das Stadtzentrum wurde früher von einer mächtigen Burg beherrscht, die jedoch während der innenpolitischen Wirren der Meiji-Restauration 1865 fast völlig zerstört worden ist.

## Sehenswertes in Mito

**Kodokan-Park**

In der Stadtmitte erstreckt sich an der Stelle der ehemaligen Burgbefestigung ein Park; nach der von Nariaki (1800–1860), dem neunten Lehnsherrn von Mito, hier im Jahre 1842 gegründeten Schule Kodokan wird er auch Kodokan-Park genannt. Hinter dem Schulgebäude stehen zwei Schreine aus der selben Epoche, die wegen der Hauptrichtungen der damaligen Erziehung dem Feldherrn Kashima-Myojin und dem Philosophen Konfuzius gewidmet sind.

### MITO ERLEBEN

**AUSKUNFT**

www.city.mito.lg.jp

**VERKEHR**

*Bahn:* Von Tokyo (Bahnhof Ueno) JR-Joban-Linie (1 Std.).

**Kairaku-en** 3 km westlich vom Bahnhof liegt der ursprünglich von Nariaki angelegte Garten Kairaku-en (auch Tokiwa-Park), später in einen öffentlichen Park umgewandelt und mehr für die natürliche Schönheit der 3000 Pflaumenbäume (Blütezeit Februar/März) als wegen der Kunst des Landschaftsgärtners berühmt. Die Bäume sind keine reinen Zierformen, sondern ihre Früchte werden eingemacht und spielen als »Umeboshi« eine wichtige Rolle auf der japanischen Speisekarte; in Mito speziell zur **Gebäckherstellung**. Im Park steht eine Nachbildung des Teehauses Kobun-tei aus der Zeit des Nariaki; vom dritten Stock hat man einen Ausblick auf die Stadt und ihre Umgebung (Öffnungszeiten: April bis 15. Sept. tgl. 6.00–19.00, 16. Sept. bis März 7.00–18.00 Uhr, Eintritt frei).

## Umgebung von Mito

**Oarai** 12 km südöstlich vom Bahnhof erreicht man das Seebad Oarai. Auf einem kiefernbewachsenen Hügel nahe beim Oarai-Isozaki-Schrein erhebt sich die dem Andenken des Kaisers Meiji (1852–1912) gewidmete Joyo-Meiji-Gedächtnishalle.

**Kasama** Etwa 25 km westlich von Mito (JR-Mito-Linie) liegt Kasama (48 000 Einw.), einst Stammsitz der Familie Makino. Heute ist es Ziel zahlreicher Pilger (über 1 Mio. pro Jahr), die den **Kasama-Inari-Schrein** (1,5 km nördlich vom Bahnhof) besuchen, wo Ende Oktober/Anfang November ein bekanntes Chrysanthemen-Fest stattfindet.

*Das Teehaus Kobun-tei umgeben blühende Azaleen und Zedernbäume.*

In der südwestlich gelegenen Vorstadt Inada steht der **Sainenji-Tempel**, einst Klause des Mönches Shinran (1173–1262), der die Jodo-shinshu-Schule gründete und ihre Glaubenslehre in dem Werk Kyogyo-shinsho festlegte.

! *Baedeker* TIPP

**Markt und Werkstatt**

Viele der über 150 Werkstätten, welche die Mashiko-yaki genannte Keramik herstellen, können besichtigt werden; einige bieten auch für Hobby-Töpfer Gelegenheit zu künstlerischer Betätigung. Lohnend ist ein Besuch des Ende April/Anfang Mai (zur Golden Week) und Anfang November abgehaltenen Töpfermarktes.

Mashiko

Rund 40 km nordwestlich von Mito liegt in der Präfektur Tochigi die Kleinstadt Mashiko, das bekannteste Zentrum volkstümlicher Keramik in der weiteren Umgebung von Tokyo. Die Entwicklung der örtlichen **Keramikmanufaktur** begann mit der Gründung des ersten Ofens durch Otsuka Keizaburo (1853); gefördert wurde sie u. a. durch den Kunsttöpfer Hamada Shoji (1894–1977), der zusammen mit dem Engländer Bernard Leach die lokalen Produkte weltweit bekannt machte.

# ★ Miyajima (Itsukushima)

G 7 • e 3

**Hauptinsel:** Honshu **Präfektur:** Hiroshima
**Einwohnerzahl:** 3600

宮島

**Die Insel Miyajima wird nach ihrem berühmten Schrein auch Itsukushima genannt und gehört mit der Bucht von ►Matsushima und der Nehrung von ►Ama-no-hashidate zu den schönsten Küstenlandschaften Japans.**

Heilige Insel

Miyajima (Schrein-Insel) ist ein rund 30 km² umfassendes Eiland in der Bucht von Hiroshima, die einen Teil der Inlandsee bildet. Es handelt sich um von alters her geheiligten Boden; bis zur Meiji-Restauration durften hier weder Geburten noch Todesfälle vorkommen und keine Hunde gehalten werden. Letzteres Verbot besteht immer noch, jetzt wohl mehr wegen des reichlich vorhandenen Damwilds; und nach wie vor hat die Insel keinen Friedhof, sodass Bestattungen in Ono auf dem Festland stattfinden. Selbst dann noch müssen die Angehörigen sich bestimmten Reinigungsriten unterwerfen, bevor sie das »reine« Miyajima wieder betreten.

## ★★ Itsukushima-Schrein

Öffnungszeiten: tgl. 6.30–18.00, Nov. – Feb. bis 17.30 Uhr, 300 ¥

Von der Anlegestelle der Fähre führt ein mit Steinlaternen geschmückter Weg (5 Min.) zum weitläufig angelegten Itsukushima-Schrein. Er ist den Töchtern der shintoistischen Windgottheit Susanoo, den Prinzessinnen Ichikishima-hime, Tagori-hime und Tagitsu-

## Itsukushima-Schrein

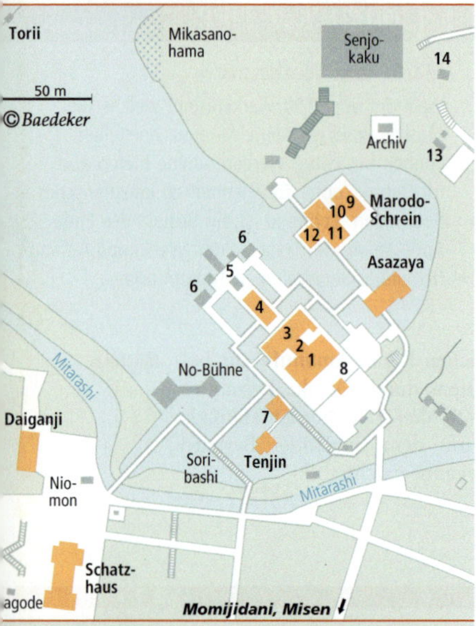


1 Honden (Haupthalle)
2 Heiden (Opferhalle)
3 Haiden (Gebetshalle)
4 Haraiden (Saal für Reinigungszeremonien)
5 Takabutai (Bühne)
6 Musikpavillons
7 Okuni-Schrein
8 Fumyo-mon (Tor)
9 Honden (Haupthalle)
10 Heiden (Opferhalle)
11 Haiden (Gebetshalle)
12 Haraiden (Saal für Reinigungszeremonien)
13 Araebisu-Schrein
14 Fünfstöckige Pagode

! *Baedeker* TIPP

### Tänze im Schrein

Die Vorführungen, meist Maskentänze, werden bei den großen Festen, gegen Entrichtung eines Opfers für den Schrein aber auch zu anderen Zeiten gezeigt.

hime, geweiht. Der Legende nach soll das erste Shinto-Heiligtum hier bereits 593 gebaut worden sein. Neu erbaut unter Taira Kiyomori (1118–1181), wurde der Schrein später noch mehrmals restauriert. Die Gebäude sind in **Pfahlbauweise** über dem Wasserspiegel einer kleinen Bucht errichtet; bei Flut scheinen sie zu schwimmen und bilden mit ihrem roten Balkenwerk und den weißen Wandflächen einen überaus malerischen Anblick. Am besten richtet man den Besuch nach dem Gezeitenplan. Haupt- und Nebenanlagen sind durch gedeckte Stege verbunden.

Nordöstlich vom Hauptschrein öffnet sich eine kleine Nebenbucht. In ihr liegt zunächst die ehemalige Halle des Morgengebets (Asazaya), jetzt Büro der Schreinverwaltung (Ausstellung von Masken und Kostümen, Waffen, Bildern). Über einen gedeckten Steg erreicht man den **Marodo-Schrein**, der im Aufbau und der Aufeinanderfolge der Hallen dem Hauptheiligtum ähnelt.

Der **Hauptschrein** besteht gemäß shintoistischem Ritus aus mehreren Hallen: vom Ufer aus zunächst die Haupthalle (Honden), dahinter in die Bucht hinaus gebaut die Opferhalle (Heiden), die Gebetshalle (Haiden) und der Saal (Haraiden) für Reinigungszeremonien, schließlich ganz außen die Bühne (Takabutai) für Kulttänze (Bugaku, Kagura), flankiert von zwei Musikpavillons. Genau in der Verlängerung der nach Nordwesten verlaufenden Längsachse des Hauptschreins erhebt sich 200 m vor der Bühne am Ausgang der Bucht ein rotes, hölzernes Torii, das größte Japans (Pfeiler 16,20 m, Querbalken 23,30 m). Es wurde 1875 im Ryobu-Stil errichtet und trägt eine Inschrift des Prinzen Arisugawa (1835–1895).

Südwestlich des Hauptschreins liegen zwei ebenfalls in Pfahlbauweise errichtete Gebäude: der **Okuni-Schrein** und der **Tenjin-Schrein**, der Gottheit Okuninushi bzw. dem als Tenjin vergöttlichten Sugawara Michizane (845–903) gewidmet. Diese Gebäudegruppe ist durch einen Steg und die kühn geschwungene rote Holzbrücke (Sori-bashi) mit dem Ufer verbunden.

Nordwestlich liegt am Rand der Bucht auf einer Plattform **die älteste No-Bühne Japans**, ursprünglich von 1568, jedoch während der Edo-Zeit restauriert.

Südwestlich auf dem Festland steht das moderne, feuer- und erdbebensichere **Schatzhaus**. Von den über 4000 wertvollen Objekten, die hier aufbewahrt werden (Masken, Rüstungen, Kultgegenstände) sind 130 als **»Nationalschätze«** klassifiziert; hervorragend die Bild- und Schriftrollen mit einer Chronik der Taira-Dynastie (Heike-monogatari) in einer reich dekorierten Truhe.
Der **Daiganji-Tempel** nördlich vom Schatzhaus gehört der buddhistischen Koyasan-Shingon-Schule und ist der Glücksgöttin Benzaiten geweiht ist, deren Standbild Itsukushima-Benten neben Statuen Buddhas und seiner Schüler das Heiligtum schmückt.

*Feuerwerk über dem Itsukushima-Schrein*

Vom Marodo-Schrein führt wieder ein Steg zum Ufer, von dem aus man zu der nördlich auf einem Hügel gelegenen Halle der tausend Matten (Senjo-kaku) emporsteigt. Der Name soll die Größe dieses viel bewunderten Baus hervorheben; in Wahrheit umfasst seine Fläche nur etwa 450 Tatami – Reisstrohmatten mit einer Größe von 90 x 180 cm. Die Halle wurde 1587 von Toyotomi Hideyoshi gestiftet und ist daher seit 1872 als Hokoku-Schrein seinem Andenken geweiht; der Legende nach soll sie aus einem einzigen Kampferbaum gezimmert worden sein.

★ **Halle der tausend Matten**

Öffnungszeiten:
tgl. 8.30–16.30 Uhr, 100 ¥

## MIYAJIMA ERLEBEN

### AUSKUNFT

***Touristinformation***
beim Fähranleger, Tel. 08 29/44 20 11
tgl. 9.00–18.00 Uhr
www.miyajima.or.jp

### VERKEHR

*Bahn:* Von Hiroshima JR-Senyo-Hauptlinie Richtung Iwakuni bis Miyajimaguchi (25 Min.) bzw. Hiroshima Electric Railway (ab Bahnhof Hiroshima) bis Hiroden-Miyajima (1 Std.).
*Schiff:* Von Hiroshima (Hafen Ujina) bis Miyajima (25 Min.); Fährverbindung zwischen Miyajimaguchi und Miyajima (10 Min.).

### SCHIFFSAUSFLÜGE

Fährschiffe verkehren zu den übrigen Inseln der ►Inlandsee. Die Route verläuft über Hiroshima und Miyaura (Insel Omishima) nach Setoda (Insel Ikuchi) und von dort zurück zum Festland (Mihara, Onomichi).

### VERANSTALTUNGEN

Toshikoshi (Neujahrsfest; Anfang Januar); Toka-matsuri mit Gagaku-Tänzen und No-Aufführung (15. April); Kangen-sai (nächtliche Prozession zu Wasser mit Tragschreinen und Musik; Mitte Juni); Tamatori-matsuri (Wettschwimmen um einen heiligen Ball; Mitte Juli).

**Momijidani** Südlich vom Hauptschrein lohnt ein Abstecher zum Daishoin, einem Shingon-Tempel mit zahlreichen Statuen auch volkstümlicher Gottheiten. Dahinter führt ein schöner Spaziergang durch das Momijidani (Ahorntal; mehrere Teehäuser) zur Talstation einer Seilbahn (1,7 km, 50 Min.) auf den **Misen**, der mit 530 m ü. d. M. der höchste Berg der Insel ist. In der Nähe des Gipfels steht der im frühen 9. Jahrhundert von Kobo-daishi gegründete Tempel Gumonji-do; die japanischen Pilger umrunden die Insel, wobei sie an den »Nanaura«, den Sieben Stränden, Opfer darbringen.

# Miyazaki

F 9 • d 6

**Hauptinsel:** Kyushu
**Einwohnerzahl:** 371 000
**Präfektur:** Miyazaki

盛岡

**Die Präfekturhauptstadt Miyazaki an der Südostküste Kyushus, wirbt damit, einer der sonnenreichsten Orte Japans zu sein. Ihre Attraktionen liegen meist außerhalb.**

## Sehenswertes in Miyazaki und Umgebung

**Miyazaki-Schrein** 3 km nördlich vom Bahnhof (Bus) liegt der Miyazaki-Schrein, dem Jinmu-tenno geweiht. Auf dem Gelände befindet sich das Präfekturmuseum mit Funden aus der Kofun-Zeit (Haniwa-Figuren u. a.).

Heiwadai-Park

Angrenzend erstreckt sich der Heiwadai-Park mit dem 1940 errichteten Friedensturm und dem Garten Haniwa-en, der seinen Namen den hier aufgestellten Kopien von Haniwa-Tonfiguren verdankt; weitere Ausstellung im angeschlossenen Haniwa-Museum.

## Nichinan-kaigan-Quasi-Nationalpark

★ Aoshima

Rund 10 km südlich der Stadt beginnt der 48 km² große Nichinan-kaigan-Quasi-Nationalpark, der sich etwa 50 km weit an der Pazifikküste hinzieht. In seinem Nordteil ist der Küste die kleine unbewohnte Insel Aoshima vorgelagert (Brücke; JR-Regionalzug von Miyazaki 30 Min.), die von üppiger tropischer und subtropischer Vegetation bedeckt ist. Die Sedimentfelsen des Strands hat die Brandung in Form eines riesigen Waschbretts erodiert. An der Festlandküste gegenüber der Insel gibt es einen reichhaltigen **Kakteengarten**.

★ Udo-Schrein

In ihrem weiteren Verlauf nach Süden überquert die Straße Nr. 220 den Horikiri-Pass und erreicht den Udo-Schrein (Bus von Miyazaki, 1½ Std.), dessen Hauptgebäude in einer Brandungshöhle am Kap Udo stehen. Das Rot der Torii bildet einen eindrucksvollen Kontrast zum Blau des Meeres und dem Graubraun der Felsen.

Kap Toi ★ ◂ Aussicht

Den südlichsten Teil des Quasi-Nationalparks bildet eine 300 m über Meeresniveau gelegene Hochebene, die sich im Kap Toi in den Pazifik vorschiebt. Auf der Ebene leben Wildpferde; am Kap ein großer **Leuchtturm** mit weitem Blick auf das Meer.

27 km nördlich von Miyazaki liegt **Saitobaru** (Tsuma-Bahnlinie bis Tsuma, dann Bus), bekannt durch die rund 380 Hügelgräber aus der Kofun-Zeit. Die wichtigsten Ausgrabungsfunde sind im örtlichen Museum ausgestellt.

## Sobo-Katamuki-Quasi-Nationalpark

1½ Zugstunden nördlich von Miyazaki liegt Nobeoka, von wo ein Bus in den Ort Takachiho am Südwestrand des Sobo-Katamuki-Quasi-Nationalparks fähr (noch einmal 1½ Std.). In der von urwaldartiger Vegetation bedeckten Region, die im Katamuki 1602 m und im Sobo 1758 m Höhe erreicht, leben **seltene Tierarten** wie der japanische Serau und der japanische Marder. Hauptattraktion ist die 7 km lange Takachiho-Schlucht, die der Fluss Gokase bis 80 m tief in das vom Vulkan Aso ausgeworfene Lavagestein gegraben hat. An diese

*In der Takachiho-Schlucht*

## MIYAZAKI ERLEBEN

**AUSKUNFT**

***Touristinformation***
im Bahnhof,
Tel. 09 85/22 64 69
tgl. 9.00–18.00 Uhr
www.kanko-miyazaki.jp

**VERKEHR**

*Flugzeug:* Von Tokyo (Haneda, 1¾ Std.); von Fukuoka (40 Min.).
*Bahn:* Von Fukuoka (Hakata) JR-Nippo-Linie über Oita oder Shinkansen über Kagoshima (je 5 Std.); von Kagoshima (Bhf. Nishi-Kagoshima) JR-Nippo-Hauptlinie (2¼ Std.).
*Bus:* Vom Flughafen Miyazaki zur

**★ Takachiho-Schlucht**

Schlucht knüpfen sich viele japanische Mythen; so soll hier von einer Göttin der erste Tanz der Welt getanzt worden sein, um die Sonnengöttin aus einer Höhle zu locken.

Takachiho-Schrein ►

Vom Bahnhof Takachiho in westlicher Richtung gelangt man zum Takachiho-Schrein, wo jeden Abend vier repräsentative Yokagura-Tänze aufgeführt werden (20.00–21.00 Uhr, 500 ¥). Vom Schrein ist es nicht weit zum Wanderweg, der ca. 1km an der Schlucht entlangführt (auch Ruderbootsverleih).

# Morioka

L 5

**Hauptinsel:** Honshu **Präfektur:** Iwate
**Einwohnerzahl:** 293 000

盛岡

**Morioka, die Hauptstadt der Präfektur Iwate, liegt weit im Norden der japanischen Hauptinsel Honshu. Nordwestlich erhebt sich der Berg Iwate, das Wahrzeichen der Stadt.**

## Sehenswertes in Morioka

**Iwate-Park**

Den Mittelpunkt der Stadt bildet der 1,7 km südöstlich des Bahnhofs (Bus, 5 Min.) gelegene Iwate-Park mit dem Denkmal des Dichters Ishikawa Takuboku (1886–1912), der seine Jugend in Morioka verbrachte. An der Stelle des Parks stand früher die Burg.
Unweit von hier überquert die **Brücke Kaminohashi** den Fluss Nakatsu. Sie stammt noch aus der Zeit des Burgbaues und besitzt reiche Bronzeverzierungen (giboshi) aus dem 17. Jahrhundert.

**Ho-onji-Tempel**

Zu Fuß sind es vom Park 10 Min. zum wohl 1732 errichteten Ho-onji-Tempel; unter den kleinen Skulpturen der 500 Rakan (Asketen) in der Haupthalle entdeckt man auch Marco Polo und Kublai Khan.

Das nordöstlich vom Bahnhof (Bus, 20 Min.) gelegene **Hashimoto-Museum** (auf halber Höhe des Berges Iwayama) enthält Werke des Malers Hashimoto Yaoji sowie Keramik und Metallkunst. Vom Gipfel des Iwayama öffnet sich der Blick auf die Stadt und den Berg Iwate.

! *Baedeker* TIPP

**Kessel und Kokeshi**

Morioka ist bekannt für seine Eisenwaren, insbesondere »Nambu-tetsubin«, gusseiserne Teekessel. Beliebt sind auch gedrechselte Holzpuppen (Kokeshi) sowie die aus dem nördlich gelegenen Kuji stammende Keramik (Kuji-yaki). Lokale Handwerkskünste kann man im Morioka Tezukuri Mura sehen und ausprobieren (Bus vom Bahnhof, 25 Min.).

## Umgebung von Morioka

**Amihari-onsen**

An den südlichen Ausläufern des Vulkans Iwate (► Towada-Hachimantai-Nationalpark) liegen der romantische kleine Gebirgsort Amihari-onsen (JR-Tazawako-Linie bis Shizukuishi, dann Bus, 50 Min.) sowie die »Koiwai Farm« (Bus vom Bahnhof Morioka, 35 Min.), eine Art Bauernhof-Themenpark mit Restaurant, Hotel u. a.

**✶ Tazawa-See**

Weiter westlich (JR-Tazawako-Linie) erreicht man den schönen Tazawa-See (423 m tief, 2570 ha), der rings von dicht bewaldeten Hügelketten umgeben ist (40-minütige Bootsrundfahrten von Mitte April bis Mitte Nov.). Der schönste Blick auf den **tiefsten See Japans** bietet sich von dem 1637 m hohen Berg Komagatake (► Towada-Hachimantai-Nationalpark). Auf der Ostseite des Sees steht eine 35 m hohe Kannon-Statue, die größte Japans.

**Hanamaki**

Südlich der Stadt (JR-Tohoku-Linie, 30 Min.) liegt das Landwirtschaftszentrum Hanamaki (104 000 Einw.). Alljährlich vom 5.–7. September wird das Fest Hanamaki-matsuri gefeiert, dessen Höhepunkt der »Tanz der Hirsche« (Shika-odori) ist.

## MORIOKA ERLEBEN

### AUSKUNFT

***Touristinformation***
im Zentrum, Plaza Odette,
1-1-10, Nakanohashi-dori
Tel. 0 19/6 04 33 05
tgl. 9.00–18.00 Uhr,
außer 2. Di. im Monat
www.city.morioka.iwate.jp

Zum nördlichen Tohoku:
im 2. Stock des JR-Bahnhofs,
Tel. 0 19/6 25 20 90
tgl. 9.00–17.30 Uhr

### VERKEHR

*Flugzeug:* Von Osaka (1½ Std.).
*Bahn:* Von Tokyo (Bahnhof Ueno) JR-Tohoku-Shinkansen-Linie (2½ Std.).
*Bus:* Vom Flughafen Hanamaki zur Stadtmitte (1 Std.).

### VERANSTALTUNG

Chagu-chagu Umakko (Reiterzug festlich gekleideter Kinder; Mitte Juni), beim Komagata-Schrein.

Nordwestlich von Hanamaki (Busverbindungen) liegt das ausgedehnte Kurgebiet Hanamaki-onsenkyo. Bei Hanamaki-onsen befindet sich ein **Sport- und Freizeitgelände** (auch Wintersport); reizvoll sind die Kirschbäume am Ufer des Dai und der von Miyazawa Kenji angelegte große Rosengarten.

**Ryusendo-Höhle**

Nordöstlich von Morioka (JR-Yamada-Linie bis Moichi, dann JR-Iwaizumi-Linie, 3 Std.) liegt Iwaizumi und nördlich von hier die große Tropfsteinhöhle Ryusendo mit eindrucksvollen Sinterformationen, Seen und Wasserfällen; am Eingang kann man das Höhlenmuseum (Ryusenshindo-kagakukan) besuchen (Öffnungszeiten: tgl. 8.30–18.00 Uhr, Okt. bis April bis 17.00 Uhr, 1000 ¥).

# ★ Nagano

K 6 • I 1

**Hauptinsel:** Honshu
**Einwohnerzahl:** 378 000
**Präfektur:** Nagano

長野

**Das beschauliche Nagano wurde als Austragungsort der Olympischen Winterspiele 1998 international bekannt. Als deren Symbol gilt die 60 m hohe Skisprungschanze in Hakuba. Unter Japanern ist die Stadt seit langem für ihren Zenkoji-Tempel berühmt.**

**Olympiastadt**

Vor ihrer Ernennung zur Hauptstadt der im Zentrum von Honshu gelegenen Präfektur trug die Stadt Nagano den Namen Zenkoji (nach dem bekannten gleichnamigen Tempel). Außer der Seidenraupenzucht spielt der Handel mit dem in der Umgebung angebauten Obst – vor allem Äpfel – eine bedeutende Rolle.

*Pilger haben Täfelchen mit ihren Wünschen am Zenkoji-Tempel aufgehängt.*

## Sehenswertes in Nagano

**M-Wave**

An das Großereignis der 18. Olympischen Winterspiele erinnert in der Stadt u. a. der Komplex M-Wave mit einem Olympischen Museum (Bus vom Bhf., 15 Min.).

**✶✶ Zenkoji-Tempel**

2 km vom Bahnhof (Bus) steht der 624 von Zenko (andere Lesart: Yoshimitsu) gegründete Zenkoji-Tempel, der von zahlreichen buddhistischen Pilgern besucht wird (Öffnungszeiten: jahreszeitlich sehr unterschiedl. ab 4.30 – 17.00; Innenbereich ca. 6.30 – 16.30 Uhr, Eintritt für den Innenbereich 500 ¥). Die Haupthalle stammt aus dem Jahr 1707; die vermutlich schon 552 als Geschenk eines koreanischen Herrschers nach Japan gelangten Bronzestatuen der Götter Amidanyorai, Kannon und Seishi sollen von Gegnern des Buddhismus bei Osaka in einen Kanal geworfen, 602 wieder aufgefunden und 1598 nach Nagano gebracht worden sein. Statt der geheimen Amida-Statue wird alle sieben Jahre eine Kopie aus der Kamakura-Zeit öffentlich gezeigt (nächstes Mal 2016).

## Joshin-etsu-kogen-Nationalpark

**Landschaftsbild**

Nördlich und östlich der Stadt erstrecken sich die beiden räumlich getrennten Gebiete, die den Joshin-etsu-kogen-Nationalpark bilden. Im Norden liegt die Bergregion um die Gipfel Myoko (2466 m), Kurohime (2053 m), Togakushi (1911 m) und Iizuna (1917 m); im Osten das Gebiet um den 1963 m hohen Tanigawa und die beiden aktiven Vulkane Shirane (2162 m) und Asama (2542 m; letzter Ausbruch Mai 2009). Zu Letzterem gehört auch das **große Skigelände** von Suga-daira und Shiga-kogen (zahlreiche Aufstiegshilfen). Im Sommer ist das Plateau mit seinen klaren Seen und lichten Birkenwäldern ein beliebtes Ausflugsziel (Bootsverleih, Golfplätze, mehrere Hotels).

**Obuse**

Etwa 20 km von Nagano entfernt (Nagano Dentetsu-Bahn, 20 bis 30 Min.) liegt der hübsche Künstlerort Obuse vor dem Shirane-Gebirge. Im Tempel Gansho-in (tgl. 9.00 – 17.00 Uhr, 200 ¥) arbeiteten der berühmte Maler Hokusai und der Kalligraf Kozan zusammen. Die weltweit bekannte **»Große Welle«** ist hier entstanden. Im Tempel ist ein großes Deckenbild eines Drachen zu bewundern, ein Spätwerk des Meisters. In der Nähe zeigt das kleine Hokusai-Museum weniger bekannte Werke von ihm.

**Höhenstraße**

Diesen Teil des Nationalparks durchzieht die Shiga-Kusatsu-kogen-bis auf 2000 m aufsteigende Höhenstraße, die die Orte Yudanaka (Norden) und Karuizawa (Süden) verbindet. In der Nähe von Yudanaka (40 Min. Zugfahrt von Nagano) liegt der kleine Onsen-Park Jigokudani Yaen-koen, wo sich im Winter die einheimischen Makaken in den heißen Quellen wärmen (Öffnungszeiten: 8.30–17.00, Nov. bis März 9.00–16.00 Uhr, 500 ¥).

**Kusatsu** Von Yudanaka gelangt man über die Shiga-Höhen und den Kusatsu-Pass zum kleinen Höhenkurort Kusatsu, der idyllisch auf einem Felshang über dem Fluss Agatsuma liegt. Die Thermalquellen Yubatake und Sainokawara (60–67 °C) enthalten Schwefel, Eisen, Alaun und Arsen. Der deutsche Arzt **Erwin Bälz** (► Baedeker Special S. 103) machte den Badeort über die Grenzen Japans hinaus bekannt (Bälz-Museum im Ort). Über diese Verbindung hat sich eine der ältesten japanisch-deutschen Städtefreundschaften zwischen Kusatsu und Bietigheim, der Geburtsstadt von Bälz, entwickelt. Neben dem dampfenden Sai no Kawara Park ist das heiße Naturbad kostenfrei zu benutzen. Vom 1. bis 3. August findet das Ortsfest Onsen-matsuri statt.

**Shirane** Von dem im Wintersportgelände von Kusatsu gelegenen Ort Sesshogawara führt eine Seilbahn auf den Vulkan Shirane (auch Kusatsu-Shirane); von der Bergstation erreicht man zu Fuß in 30 Minuten die drei Krater.

**Takada** Knapp 70 km nördlich von Nagano liegt die Stadt Takada (JR-Shin-etsu-Hauptlinie), wo der österreichische Major von Lerch 1910 erstmals den Skisport in Japan bekannt machte. Das wichtigste Skigelände dieser schneereichen Region ist der südwestlich sich erhebende Berg Kanaya.

## NAGANO ERLEBEN

### AUSKUNFT

***Touristinformation***
im Bahnhof, Tel. 0 26/2 26 56 26
tgl. 9.00–18.00 Uhr
www.city.nagano.nagano.jp/english

### VERKEHR

*Bahn:* Von Tokyo Nagano-Shinkansen (1½ Std.); von Nagoya JR-Chuo- und Shinonoi-Linie (3 Std.).

### ÜBERNACHTEN

**► Komfortabel**

***Shimizuya-Ryokan***
Daimon-cho 49,3, Nagano 380-0841
Tel. 026 / 232 25 80
E-Mail: shimizuya.ryokan@gmail.com
Bei ausländischen Gästen beliebtes Ryokan ganz in der Nähe des Zenkoji. Die Besitzerin spricht Englisch.

**► Günstig**

***Uotoshi Ryokan***
in Yudanaka Onsen
2563 Sano, Yamanouchi-machi, Shimo Takai-gun,
Nagano-ken 381-0402
Tel. 02 69/33 12 15, Fax 33 00 74
www.avis.ne.jp/~miyasaka
Vom Bahnhof Nagano mit Nagano-Dentetsu-Linie.
Nettes Minshuku mit 19 Zimmern und einem alten Bad aus Zypressenholz am Fuße von Shiga Heights, wo die Olympischen Winterspiele 1998 ausgetragen wurden. Nahe einer natürlichen heißen Quelle. Auf Wunsch gibt der freundliche Besitzer, der Englisch spricht, eine Einführung ins japanische Bogenschießen (Kyudo). Nicht weit von hier ist der Park, wo Rotgesichtsmakaken gern im heißen Quellwasser baden.

# ★★ Nagasaki

E 8 • b 5

**Hauptinsel:** Kyushu **Präfektur:** Nagasaki
**Einwohnerzahl:** 449 000

**Die Stadt, die sich in die bewaldeten Höhen rings um den Hafen ausgedehnt hat, gilt als eine der schönstgelegenen des Landes. Einen weiteren Reiz bildet das Gemisch östlicher und westlicher Kultur und das für Japan seltene kosmopolitische Flair.**

長崎

**Prosperierende Hafenstadt**

Nagasaki, die Hauptstadt der gleichnamigen Präfektur, liegt an der Nordwestküste von Kyushu im Inneren einer fjordartigen Bucht, die geschützt von vorgelagerten Inseln einen vorzüglichen Naturhafen bildet, der vom 16. bis zum Ende des 19. Jahrhunderts als einziger für europäische Schiffe offen war. Die Industriestadt ist ein Zentrum des japanischen Schiffbaus; die Werften ziehen sich über mehrere Kilometer entlang der Westküste der Nagasaki-Bucht und bieten in ihren gewaltigen Docks Platz für Supertanker und riesige Containerschiffe, die hier auf Kiel gelegt werden.

**Geschichte**

Ende des 12. Jahrhunderts ging das Gebiet des damals Fukae-no-ura oder Tama-no-ura genannten Fischerdorfs in die Hände des Lehnsherren Nagasaki Kotaro über, dessen Familiennamen die Stadt bis heute trägt. 1571 wurde der Hafen für europäische Ostasienfahrer geöffnet. Portugiesen, Holländer und Spanier eröffneten Handelskontore. Da die Japaner keine wirklich hochseetüchtigen Schiffe bauten, überließen sie den europäischen Seeleuten, insbesondere den Portugiesen, den Handel mit China, den Philippinen, Macao, Goa und von dort nach Europa. Bald begann auch die christliche Missionierung. Weil jedoch die japanische Herrschaftsschicht befürchtete, dass die in Nagasaki ansässigen Jesuiten Einfluss auf das Staatswesen nehmen wollten, und überdies des portugiesischen Handelsmonopols und der beginnenden Verwestlichung überdrüssig war, erließ Toyotomi Hideyoshi 1587 ein **Edikt gegen die Missionare**. 1597 wurden 26 Christen gekreuzigt.
Trotzdem ging der Handel weiter, der jetzt ausschließlich den Holländern und Chinesen anvertraut wurde. Die holländischen Händler und Seeleute durften jedoch das Gebiet der damaligen **Insel Dejima** (jetzt landfest) zunächst nicht verlassen. Erst später wurden die Bestimmungen gelockert und Delegationen an den Hof von Edo zugelassen.

! *Baedeker* TIPP

**Zum Weiterlesen**

In seinem Roman »Schweigen« (Chinmoku, 1966) hat Endo Shusaku (1923–1996) die Christenverfolgung auf Kyushu zum Thema gemacht: Ein portugiesischer Priester kommt nach Nagasaki, um herauszufinden, was mit einem Bruder geschehen ist. Er muss sich verstecken, wird jedoch entdeckt und gefoltert. Wird er, wie so viele vor ihm, seinem Glauben abschwören?

## *Nagasaki* Orientierung

**Essen**
① Ichihana
② Chukasaikan Fukuju

**Übernachten**
① Sakamoto-ya
② Hotel Majestic
③ Ryokan Nishikiso Bekkan

Mit der Öffnung Japans gegenüber dem Westen während der Meiji-Zeit ließ die Bedeutung Nagasakis stark nach, da das Monopol für die Einfuhr europäischer Waren und Ideen nun gebrochen war. Nur vorübergehend war die Hafenstadt noch einmal Ziel zahlreicher wissensdurstiger Japaner, die sich die nun endlich frei zugänglichen westlichen Wissenschaften und Techniken rasch aneignen wollten. Am **9. August 1945** explodierte über Nagasaki die zweite Atombombe, mit denen die US-amerikanischen Streitkräfte den bereits sehr geschwächten Widerstandswillen der Japaner brechen wollten (►Hiroshima); die Explosion verursachte schreckliche Verwüstungen und tötete nach vorsichtigen Schätzungen zwischen 25 000 und 75 000 Menschen.

**? WUSSTEN SIE SCHON ...?**

- ...dass die 4,5t schwere, »Fat Man« genannte Atombombe nur deshalb Nagasaki traf, weil Wolken die Sicht auf das ursprüngliche Ziel Kokura behinderten?

## Sehenswertes in Nagasaki

**Gedenkstätte der 26 Märtyrer**

Unweit des Bahnhofs erreicht man die Gedenkstätte für die 26 Christen (20 Japaner und 6 Ausländer), die hier am 5. Februar 1597 aufgrund eines gegen den Katholizismus und besonders gegen die Jesuiten gerichteten Edikts gekreuzigt wurden. Die Stätte wurde zunächst im Jahre 1949 anlässlich des vierhundertsten Jahrestags der Ankunft von Francisco de Javier (Franz Xaver) in Japan als Park eingerichtet; 1962, 100 Jahre nach der Heiligsprechung der Märtyrer, wurde dann eine Gedächtnishalle mit den Reliefs der 26 Heiligen erbaut.

**Friedenspark**

Nördlich des Bahnhofs liegt im Stadtteil Urakami (Straßenbahn bis Matsuyama-cho, 10 Min.) der Friedenspark mit der fast 10 m hohen Friedensstatue von Kitamura Seibo, dem Wahrzeichen der Stadt. Östlich steht die Urakami-Kathedrale (1895 – 1914, 1959 rekonstruiert). Südlich des Friedensparks markiert eine weitere Grünanlage das Zentrum der Atombombenexplosion; unweit davon zeigt das eindrucksvolle **Atombombenmuseum** (Nagasaki Genbaku Shiryokan) Kleidungsreste, Videoaufzeichnungen, eine stehen gebliebene Uhr und andere erschütternde Zeugnisse der Katastrophe, aber auch den Wiederaufbau (Öffnungszeiten: tgl. 8.30–17.30 Uhr, 200 ¥).

**Nagasaki Koen**

Unweit östlich vom Bahnhof erstreckt sich auf den Hängen des Hügels Nishizaka der Park Nagasaki Koen. An seiner Südwestseite stehen die Bibliothek der Präfektur und das 2005 eröffnete Museum für Geschichte und Kultur, das sich u. a. den historischen Kontakten zu Europa, China und Korea widmet. Im Park gibt es buddhistische Terrassen-Friedhöfe sowie Gedenksteine für Engelbert Kaempfer, Franz von Siebold (►Baedeker Special S. 103) und Carl Peter Thunberg, der 1775–1776 als Chirurg in Nagasaki arbeitete und das erste Werk zur japanischen Flora verfasste.

*Die sich spiegelnden Rundbögen verhalfen der Brillenbrücke zu ihrem Namen.*

**Suwa-jinja** Nordöstlich an den Park angrenzend erhebt sich der Schrein Suwa-jinja, gegründet in der Mitte des 16. Jh.s nach dem Vorbild der gleichnamigen Heiligtümer in Zentraljapan. Man erreicht ihn über 73 Stufen; von der Höhe schöne Rundsicht über Stadt und Hafen.

**»Brillenbrücke«** Südlich des Nagasaki-Parks führen mehrere Brücken über den Nakajima-Fluss, darunter die »Brillenbrücke« Meganebashi, die der Abt Nyojo 1634 im chinesischen Stil erbauen ließ und deren zwei Rundbögen sich im Wasser spiegeln. Vor dem Brückenübergang ist ein Porzellanfries mit der historischen Anlage von Dejima zu sehen.

**Kofukuji-Tempel** Östlich der Brillenbrücke steht der so genannte chinesische Tempel von 1620, lange Zeit Heiligtum der chinesischen Handelsherren, als Kofukuji-Tempel der Obaku-Schule des Zen-Buddhismus angehörig.

**Kodaiji-Tempel** Südlich des Kofukuji-Tempels befindet sich der Kodaiji-Tempel, dessen Mönche zur Soto-Schule des Zen-Buddhismus gehören. Sehenswert eine 7 m hohe Buddhafigur und das Grab des Takashima Shuhan (1798–1866), der westliche Waffentechnik in Japan einführte.

**★★ Sofukuji-Tempel** Noch etwas weiter südlich liegt der zur Obaku-Schule gehörende Sofukuji-Tempel, 1629 von einem chinesischen Zen-Meister gegründet. Die Gebäude sind daher gute Beispiele für den späten Ming-Stil, insbesondere der **Torturm**, dessen Dekoration das »Ryugu« genannte mythologische Paradies auf dem Meeresgrunde darstellt. Sehenswert sind ferner das originelle zweite Tor und die Haupthalle (Öffnungszeiten: tgl. 8.00–17.00 Uhr, 300 ¥).

**Dejima**

Südlich der Mündung des Nakajima erstreckt sich Dejima, wo die Holländer von 1641 bis 1854 ihren streng bewachten Stützpunkt hatten. Dieser soll komplett rekonstruiert werden. Derzeit sind zehn Gebäude zu besichtigen, darunter das Kapitänsquartier, die Küche, das Haus des stellvertretenden Direktors und ein Museum (im ehemaligen protestantischen Seminar) mit einem Annex. In einem weiteren alten Lagerhaus wird ein Film gezeigt (Öffnungszeiten tgl. 9.00 bis 17.00 Uhr, Eintritt nur für Museum, Annex und Lager Nr. 2 300 ¥). Ein Modell zeigt, wie der Stützpunkt einst aussah.
Östlich von Dejima erstreckt sich die **Chinatown** von Nagasaki, Shinchi-machi, mit zahlreichen chinesischen Restaurants.

★ **Glover's Mansion**

Im Südwesten der Stadt liegt Glover Garden, ein Park mit einer Gruppe alter westlicher Wohnhäuser, darunter Glover's Mansion, das ehemalige Wohnhaus eines schottischen Kaufmanns, das den Touristen gern als Schauplatz von **Puccinis »Madame Butterfly«** präsentiert wird. Nach Pierre Lotis »Madame Chrysantheme« hatte Giacomo Puccini seine Oper dem Handlungsort Nagasaki des Jahres 1900 nachempfunden. Die gefühlsmäßige Anziehung und Trennung der östlichen und westlichen Welt – zwischen dem »Schmetterling« Cho Cho San und dem Marine-Leutnant Linkerton – wird hier auf tragische Weise offenbar. Eine lebensgroße Bronzeplastik der Sängerin

## NAGASAKI ERLEBEN

### AUSKUNFT

***Touristinformation***
im Bahnhof, Tel. 0 95/8 23 36 31
tgl. 8.00–20.00 Uhr
www.at-nagasaki.jp
www1.city.nagasaki.nagasaki.jp

***Für die Präfektur Nagasaki***
www.ngs-kenkanren.com/eng
www.nagasaki-tabinet.com

### VERKEHR

*Flugzeug:* Von Tokyo (Haneda Airport, 1¾ Std.).
*Bahn:* Von Tokyo (Hauptbahnhof) JR-Tokaido-Shinkansen-Linie bis Hakata (5¼ Std.), dann JR-Nagasaki- und Sasebo-Hauptlinie (2 Std.).
*Bus:* Vom Flughafen zur Stadtmitte (45 Min.).

### NAHVERKEHR

In Nagasaki verkehren vier ***Straßenbahnlinien***, mit denen man zu allen Sehenswürdigkeiten gelangt. Mit Linie 1 und 3 (Nr. 2 gibt es nicht) kommt man vom Bahnhof nach Urakami zum Friedenspark und Atombombenmuseum. In entgegengesetzter Richtung verkehrt die Linie 1 nach Dejima; zum Glover Garden fährt man mit dieser Linie eine Station weiter nach Tsukimachi, wo man in die Linie 5 nach Ishibashi umsteigt. Einfache Fahrt 100 ¥, Tageskarte 500 ¥.

## VERANSTALTUNGEN

Hata-age (Drachenfest auf den umliegenden Bergen; April/Mai); Peiron (Ruderregatta; Anfang Juli), im Hafen; Bon-Fest (Seelenfest; Mitte Aug.); Okunchi-Fest (Prozession mit Prunkwagen und Drachentanz; Anfang Okt. ), beim Suwa-Schrein.

## SHOPPING

Nagasaki ist u. a. bekannt für Glas, Perlen und Koga-Puppen. In Bahnhofsnähe gibt es das *Amu-Plaza Nagasaki*, einen Komplex aus Läden, Kinos, Restaurants u. Ä. Das Haupteinkaufszentrum ist *Hamanomachi*, eine Geschäftsstraße jenseits des Nakajima. Von hier kann man zu einer Institution von Nagasaki laufen, dem ***Fukusaya Honten***, der seit 1624 die örtliche Kuchen-Spezialität Castella – die auf ein Rezept der Portugiesen zurückgeht – herstellt (3-1 Funadaikumachi, tgl. 8.30–20.00 Uhr).

## AUSGEHEN

Das Vergnügungsviertel der Stadt ist Shianbashi zwischen Chinatown und Hamanomachi, am Südufer des Nakashimagawa.

## ESSEN

### ► Fein und Teuer

① ***Ichihana***
Im Seiyokan, 13-1 Kawaguchi-machi
Tel. 0 95/8 43 40 00
tgl. 11.30–14.30 und 17.00–22.30, Sa., So. ab 16.00 Uhr
Straßenbahn bis Hamaguchi-machi
Wer nach dem Besuch des Friedensparks Hunger verspürt, kann hier japanische Küche, auch Shabu Shabu, kosten.

### ► Preiswert

② ***Chukasaikan Fukuju***
Shinchimachi 2-5
Tel. 0 95/8 21 30 32
tgl. 11.30– 14.30 und 17.00– 20.30 Uhr
2 Min. von der Straßenbahnstation Tsukimachi, nahe dem Busbahnhof. Hier, in der Chinatown, gibt es das berühmte Nudelgericht Nagasakis: Champon.

## ÜBERNACHTEN

### ► Luxus

① ***Sakamoto-ya***
Kanaya-cho 2-13, 3. Nagasaki 850-0037
Tel. 095 / 826 82 11
Das Ryokan von 1895 gilt als die älteste Unterkunft in Nagasaki. Zur Einrichtung gehören Badewannen aus Zypressenholz. Der Stil ist sehr persönlich und familiär. Die Unterkunft beinhaltet stets Halbpension im angeschlossenen Restaurant, das auf Shippoku spezialisiert ist, eine Nagasaki-typische Dinner-Kombination aus japanischer, westlicher und chinesischer Küche.

*Baedeker-Empfehlung*

### ► Komfortabel

② ***Hotel Majestic***
2-28 Minami Yamate-machi
Tel. 0 95/8 27 77 77, Fax 8 27 61 12
Schönes Hotel im westlichen Stil mit 23 ansprechenden Zimmern (alle mit Balkon) und einladender Terrasse. Nahe dem Glover Garden.

### ► Günstig

③ ***Ryokan Nishikiso Bekkan***
1-2-7 Nishikoshima
Tel. 0 95/8 26 63 71, Fax 8 28 07 82
www.papipopo.com/y/nishiki
Mit Straßenbahn Nr. 1 bis Shianbashi. Gemütliche Unterkunft im japanischen Stil. Mit Münzwaschmaschine.

Miura Tamaki als Cho Cho San, die ihr Kind zur Hafenbucht weist, ist das bewegende Zeugnis einer missglückten Annäherung zwischen zwei Kulturen. Vom Garten schöner Blick über den Hafen (Öffnungszeiten: tgl. 8.00–18.00 Uhr, 600 ¥). Nahe der Parkanlage steht die katholische **Oura-Kirche**, die bereits 1865, noch vor der Aufhebung des Christenverbots in Japan, geweiht wurde.

**Koshibyo**

Von der Straßenbahnstation Ishibashi nach Nordwesten gelangt man zum 1893 im chinesischem Stil errichteten Konfuzianischen Schrein (Koshibyo). Das angeschlossene Museum zeigt chinesische Kunst.

**Inasayama**

Auf der Westseite der Bucht erhebt sich der Inasayama-Hügel (332 m; Naturpark), dessen Gipfel man mit der Seilbahn in fünf Minuten erreicht. Hier bietet sich ein schöner Blick über Bucht und Stadt, besonders bei Dunkelheit.

## Umgebung von Nagasaki

**Mogi**

11 km südöstlich (50 Min. Busfahrt) liegt an der weiten Chijiwa-Bucht der malerische Fischerhafen Mogi inmitten von Mandarinen- und Orangenhainen. Hier werden insbesondere die kleinen, Loquat (chin. »luh kwat«) genannten Wollmispeln angebaut, orangefarbige, birnenförmige Früchte mit süßsaurem Fruchtfleisch.

**Kap Nomozaki**

Rund 20 km südlich von Nagasaki (Bus, 90 Min.) erstreckt sich das Kap Nomozaki mit schönem Seeblick weit in das Chinesische Meer.

**Sasebo**

Regelmäßige Fährverbindungen bestehen zwischen Nagasaki und dem Goto-Archipel (► Saikai-Nationalpark) im Westen sowie dem nördlich auf dem Festland gelegenen Hafen Sasebo (257 000 Einw.; Flottenstützpunkt).

# Nagoya

J 7 • j 2

**Hauptinsel:** Honshu
**Präfektur:** Aichi
**Einwohnerzahl:** 2,2 Mio.

名古屋

**Obwohl Nagoya eine Millionenstadt ist, finden nicht viele Touristen hierher. Herausragende Sehenswürdigkeiten wird man nämlich vergeblich suchen. Dafür ist Nagoya mit seinen nach dem Krieg angelegten breiten Straßen und dem interessanten Industrieerbe eine angenehm entspannte Großstadt.**

**Viertgrößte Stadt Japans**

Nagoya, die Hauptstadt der Präfektur Aichi, liegt in der Mitte der Hauptinsel Honshu. Die Lage an der weiten Ise-Bucht, die sich zum Pazifik hin öffnet, hat die Entwicklung des Hafens begünstigt, der heute nach Yokohama und Kobe der drittgrößte des Landes ist. Auch als Industriezentrum ist Nagoya von großer Bedeutung – vor den Toren der Stadt liegen die Toyota-Werke.

**Geschichte** Nagoya entwickelte sich um die Festungen, die im 16. Jahrhundert von den Familien Imagawa und Oda erbaut worden waren. Zu größerer Bedeutung verhalf der Stadt die Tatsache, dass Tokugawa Ieyasu im Jahre 1612 für seinen Sohn Yoshinao die große Burg erbauen ließ und ihn als Herrscher über die Provinz Owari einsetzte. Damit war zugleich ein Bollwerk gegen die Herrscherfamilie Toyotomi geschaffen. Nachdem Ieyasu in den Kämpfen von 1614/1615 seine Gegner besiegt hatte, residierten die Owari-Tokugawa bis 1868 in Nagoya, mussten dann aber ihre Macht an die Zentralregierung in Tokyo abtreten. Wenig später setzte die Industrialisierung ein, welche die Basis für das heutige Wirtschaftsleben von Nagoya legte. Die Luftangriffe von 1945 fügten der Stadt schwere Schäden zu, wobei auch die Burg weitgehend zerstört wurde.

## Sehenswertes in Nagoya

**Bahnhof** Ein neues Wahrzeichen der Stadt ist der Hauptbahnhof des Architekten Sakata Seizo (2002) mit den 245 bzw. 226 m hohen JR Central Towers. Nicht weit davon ragen der 247 m hohe Midland Square-

### *Nagoya* *Orientierung*

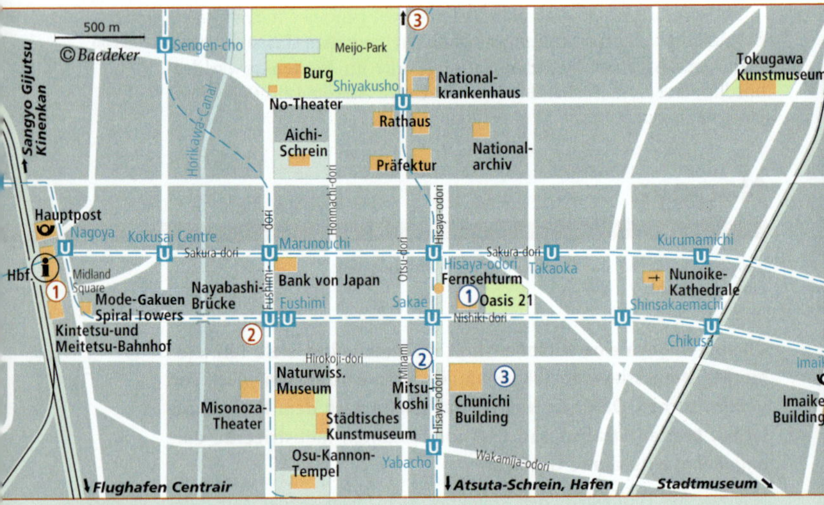


**Essen**
① Kaguraya
② Yabaton
③ Gary's

**Übernachten**
① Marriott Nagoya Associa
② Nagoya Kanko Hotel
③ Puchi Ryokan Ichifuji

*Über dem 2002 eröffneten Oasis-21-Komplex strahlt der Fernsehturm.*

Turm und das gedrehte, 170 m hohe Universitäts-Hochhaus Mode-Gakuen Spiral Towers von Nikken Sekkei auf.

**Burg**

Vom Bahnhof fährt die U-Bahn (Higashiyama-Linie bis Haltestelle Shiyakusho) zur Burg, deren 48 m hoher Hauptturm 1959 rekonstruiert wurde. Seinen Giebel schmückt ein Paar vergoldeter Delfine (Shachi); innen ein **Museum** mit Kunstschätzen des im Zweiten Weltkrieg zerstörten Palasts, darunter bemalte Wandschirme und Schiebetüren sowie Deckengemälde vorwiegend aus der Kano-Schule. Aus der Gründungszeit sind drei Ecktürme, das zweite Tor und Mauern erhalten. Östlich vom Hauptturm liegt der Ninomaru-Garten mit dem gleichnamigen Teehaus.

Öffnungszeiten:
tgl. 9.00–16.30 Uhr, 500 ¥

**Fernsehturm**

An der breiten Nord-Süd-Allee Hisaya-dori erhebt sich der 180 m hohe Fernsehturm (1954) von Naito Tachu, **der älteste Fernsehturm Japans** und Vorbild u. a. für den Tokyo Tower. Von seiner Aussichtsplattform genießt man einen ausgezeichneten Rundblick. Wenige Schritte nach Süden zu erreicht man wieder die Haltestelle Sakae der Untergrundbahn.

**Oasis 21**

Unweit des Fernsehturms liegt auf der anderen Straßenseite der futuristisch anmutende Oasis-21-Komplex des Architekten Kasai Hideki: Park, Shoppingzentrum und Station der Stadtbusse in einem. Die 2002 eingeweihte Anlage erinnert an ein Raumschiff; das Glasdach bedeckt ein flacher, durchscheinender See.

★★ **Tokugawa-Kunstmuseum**

Rund 3 km östlich der Burg erreicht man das Tokugawa-Kunstmuseum (Tokugawa bijutsukan; Bushaltestelle Tokugawaen Shin-Deki. Öffnungszeiten: Di. bis So. 10.00–17.00 Uhr, 1200 ¥, www.tokugawa-art-museum.jp) mit Ausstellungsstücken aus dem Nachlass der in Nagoya ansässigen Tokugawa, darunter Gemälde, Porzellan, Waffen und Dokumente, vor allem 43 Teile der **Bildrolle** »Genji-monogatari-emaki« von Fujiwara Takayoshi (die Originale werden nur selten ausgestellt; ein Raum erläutert das Werk aber anhand eines Faksimiles) sowie die Bildrolle »Saigyo-monogatari-emaki« (Darstellungen aus dem Leben des Priesters Saigyo, 1118–1190).

! *Baedeker* TIPP

**»Nichts ist unmöglich«**

Bei rechtzeitiger Anmeldung ist es möglich, die Toyota-Werke im Ort Toyota zu besichtigen (von Nagoya Tsurumai-Linie bis Toyota-shi, dann Bus bis Toyota Honsha Mae). Die zweistündigen Führungen starten um 11.00 Uhr in der Toyota Kaikan, die auch ohne Anmeldung besichtigt werden kann (Automodelle). Informationen und Anmeldung unter www.toyota.co.jp/en/about_toyota/facility/toyota_kaikan.

Östlich außerhalb des Stadtzentrums (Higashiyama-U-Bahn-Linie) liegt auf dem Hügel Kakuozan der 1904 erbaute **Nittaiji-Tempel**, der eine vergoldete Buddha-Statue (im Jahre 1900 vom König von Siam geschenkt) enthält.

Der **Higashiyama-Park** (Higashiyama-koen; gleichnamige Haltestelle der Untergrundbahn, vom Bahnhof 15 Min.) ist ein 82 ha großes Freizeitgelände mit Zoo, Botanischem Garten, Sternwarte u. a. sowie einer 10 m hohen hölzernen Kannon-Statue. Nördlich erstreckt sich die großzügige Anlage **Heiwa-koen** (»Friedenspark«), ein Friedhof mit dem Grab des Oda Nobunaga (1534–1582).

**Shirakawa-Park**

Südöstlich vom Hauptbahnhof liegt der Shirakawa-Park mit dem Wissenschaftsmuseum (Physik, Chemie, Technik; Planetarium) und dem Städtischen Kunstmuseum.

★ **Osu-Kannon-Tempel**

Gleich südlich des Shirakawa-Parks (Haltestelle Osu-Kannon) erreicht man den Osu-Kannon-Tempel (auch Hoshoin), an der Stelle eines 1612 gegründeten Heiligtums neu errichtet, mit einer bedeutenden Bibliothek, die u. a. die älteste erhaltene Abschrift des Geschichtswerkes »Kojiki« (712) enthält. Beim Tempel beginnt ein buntes Einkaufsviertel (►S. 412).

**Toyota Commemorative Museum of Industry and Technology**

Wer es nicht bis zum Toyota-Werk schafft, sollte dem Toyota Commemorative Museum of Industry and Technology (Sangyo Gijutsu Kinenkan, www.tcmit.org) nördlich des Bahnhofs einen Besuch abstatten (Meitetsu-Linie bis Sako oder Higashiyama-U-Bahn bis Kameyama, dann Bus bis Sangyo Gijutsu Kinenkan). Es ist in einem alten Fabrikgebäude vom Anfang des 20. Jahrhunderts untergebracht und befasst sich mit der Industriegeschichte der Stadt. Hier sind u. a.

Roboter zu sehen, die in der Autoindustrie eingesetzt wurden (Öffnungszeiten: Di. bis So. 9.30–17.00 Uhr, 500 ¥).In der Nähe bietet der ehemalige Industriekomplex Noritake Garden Ähnliches zur Porzellanherstellung in Nagoya (tgl. 10.00–17.00 Uhr, 500 ¥).

★ Atsuta-Schrein

Im Süden der Stadt (Meitetsu-Bahnlinie, Haltestelle Jingu-mae) liegt der Atsuta-Schrein, neben dem Ise-Schrein (► Ise-Shima-Nationalpark) das bedeutendste Shinto-Heiligtum in Japan. In ihm wurde **eines der drei Reichsinsignien**, das »Gras mähende Schwert« (Kusanagi-no-tsurugi), aufbewahrt, das heute wahrscheinlich verschollen ist. Der Legende nach stammt es ursprünglich vom Sturmgott Susanoo. Als der sagenumwobene Held Yamato-takeru zur Eroberung der Ostprovinzen auszog, wurde ihm die legendäre Waffe von der Oberpriesterin der Ise-Schreine, Yamato-hime, übergeben. Als seine Fein-

## NAGOYA ERLEBEN

### AUSKUNFT

***Touristinformationen***
im *Bahnhof*, Tel. 0 52/5 41 43 01
tgl. 9.00–19.00 Uhr
Nahe dem *Fernsehturm* in Sakae, im Oasis 21 (Untergeschoss)
Tel. 0 52/9 63 52 52
tgl. 10.00–20.00 Uhr
Bezirk *Naka-ku*, Nordausgang des U-Bahnhofs Kanayama
Tel. 0 52/3 23 01 61
tgl. 9.00–20.00 Uhr
beim *Hafen*, neben dem U-Bahnhof Nagoya-ko, Minato-ku
Tel. 0 52/6 54 70 00
Di. bis So. 9.00–17.00 Uhr (21.Juli bis 31.August bis 20.00 Uhr)
Nagoya International Center Building, 3rd Floor, 1-47-1 Nagono, Nakamura-ku, in der Sakura-dori, eine Station vom Bahnhof nach Osten
Tel. 0 52/5 81 01 00
Di.–So. 9.00–19.00 Uhr (2. So. im Febr. und Aug. geschlossen)

*Im Internet:* www.ncvb.or.jp/kankou_e
www.city.nagoya.jp/global/en
www.aichi-kanko.jp/english
(zur Präfektur Aichi)

### VERKEHR

*Flugzeug:* Fast alle innerjapanischen Flüge und alle internationalen Flüge (insbesondere nach Asien) starten vom neuen Flughafen *Central Japan International Airport* südlich der Stadt (Centrair, www.centrair.jp, Tel. 05 69/ 38 11 95, u. a. Flüge nach Frankfurt und Helsinki). Anschluss zur Stadt durch Meitetsu-Züge (½ Std.), Busse vom Sakae Bus Terminal (50 Min.).
Vom alten *Flughafen Nagoya Kuko*, nordöstlich der Stadt (Bus vom Bahnhof 30 Min.) verkehrt JAL noch zu verschiedenen japanischen Städten im Süden und Norden.

**! Baedeker TIPP**

**Ein Bad vor dem Flug**

Wer vor dem Flug noch entspannen möchte, kann die Badelandschaft Fu-no-Yu (ausgewiesen als »General relaxation«, tgl. 8.00–22.00 Uhr; 1000 ¥) im 4. Stockwerk (Skytown) des Flughafens aufsuchen und dabei eine großartige Aussicht genießen.

*Bahn:* Shinkansen von Tokyo (Hauptbahnhof) 103 Minuten, von Kyoto 36 Minuten, Abfahrt alle 10 Minuten; Nagoya ist ferner Station der JR-Tokaido-, Chuo- und Kansai-Hauptlinie.
*Bus:* Von Tokyo JR- und Meitetsu-Buslinie über den Tomei-Expressway (6 Std.); von Kyoto und Osaka über den Meishin-Expressway (2¾ Std. bzw. 3½ Std.).

## NAHVERKEHR

Nagoya verfügt über ein effizientes ***U-Bahnnetz***. Für Touristen nützlich sind die Higashiyama-Linie und die Sakura-dori-Linie, die vom Bahnhof über das Zentrum in den Osten bzw. Südosten der Stadt führen, und die Meijo-Ringlinie, die einen Kreis um das Zentrum schließt und dabei bei der Burg und beim Atsuta-Schrein hält; in Kanayama zweigt die Meiko-Linie zum Hafen ab. Zum Osu-Kannon südlich des Zentrums kommt man mit der Tsurumai-Linie. Ein Fahrschein kostet ab 200 ¥, Tagespass für Bus und Bahn 850 ¥.

Von den ***Bussen*** ist der so genannte Key-Route-Bus, der vom Bahnhof über die Burg zum Tokugawa-Museum fährt, von Nutzen (200 ¥). Richtung Mie (u. a. Ise-Schrein) und Kansai verkehren die ***Züge*** der Kintetsu-Bahn, Richtung Gifu (u. a. Inuyama) und Aichi jene der Meitetsu-Bahn (Privatbahnen). Ihre Hauptbahnhöfe liegen neben dem JR-Bahnhof.

Weitere Infos unter www.kotsu.city.nagoya.jp/english

## VERANSTALTUNGEN

Bogenschießen (Sammeln Glück bringender Pfeile; Mitte Jan.), beim Atsuta-Schrein; Fruchtbarkeitsfest (Prozession mit Phallussymbolen; Mitte März), beim Tagata-Schrein südlich von Inuyama; Atsuta-matsuri (mit Kampfsport-Wettbewerben, No-Aufführung und Feuerwerk; Anfang Juni), beim Atsuta-Schrein; Minato-matsuri (Hafenfest mit Umzügen und Feuerwerk; Mitte Juli); Nagoya-matsuri (Umzug mit mittelalterlichen Kostümen, Feuerwerk u. a.; Mitte Okt.).

Gute Tipps zu Matsuri, Restaurants und mehr finden sich im vierteljährlich erscheinenden Magazin ***Avenues*** (http://www.centraljapan.jp).

## SHOPPING

Das Haupteinkaufsviertel ist ***Sakae***. Hier sind auch alle großen Kaufhäuser und Buchläden mit englischsprachigem Sortiment, darunter Maruzen, angesiedelt. Relativ neu ist der hiesige ***Oasis 21-Komplex***, der auch Geschäfte beherbergt, u. a. einen Pokemon-Laden, falls man noch ein Souvenir für die ganz Kleinen sucht ...
Vom Bahnhof führt ein unterirdisches Labyrinth von ***Ladenpassagen*** in Richtung Zentrum. Hier findet man nahezu alles, was man braucht: Drogerieartikel, Kleidung, Fotozubehör, Tee, Backwaren und so fort. Im Bahnhof selbst sind die Kaufhäuser Takashimaya und Tokyu Hands untergebracht.
Eine Einkaufsgegend der etwas anderen Art ist das ***Viertel um den Osu-Kannon-Tempel***. Hier gibt es keine schicken Geschäfte, sondern kleine Kramläden, die alles Mögliche, von Secondhand-Kimonos bis zu Reiskeksen, verkaufen. Am 18. und 28. jeden Monats findet hier ein ***Antiquitätenmarkt*** statt.

## ESSEN

### ▶ Erschwinglich

① *Kaguraya*
Higashi-ku, Higashi-zakura 1-10-6
Tel. 052 / 971 62 03
www.kaguraya-sasuke.com (nur jap.)
Tgl. 11.30 – 14.30 und 18.00 – 22.30, So. schon ab 17.00 Uhr.
Klassische Kaiseki-Cuisine in einem schönen, aber nicht übermäßig schicken Restaurant, in das man auch ohne Reservierung einfach eintreten kann. Ausgiebige Getränkekarte mit einer besonders großen Auswahl an Shochu und Sake.

### ▶ Preiswert

② *Yabaton*
3-6-1 Naka-ku, im La Chic (neben Mitsukoshi), 7. Stock
Tel. 0 52/2 69 70 70
tgl. 11.00–23.00 Uhr
Serviert eine Spezialität von Nagoya: Misokatsu, Schweineschnitzel in rotem Miso (Letzteres lässt das Fleisch weniger fettig schmecken). Das Markenzeichen des Lokals ist ein Schwein mit Sumo-Schürze. Es ziert auch Teller, Becher u. Ä., die als Souvenir erstanden werden können. Mit Warteschlangen ist zu rechnen. Man kann das Essen auch zum Mitnehmen bestellen (Japaner essen allerdings nicht auf der Straße oder gar im Gehen).

## AUSGEHEN

Das Nachtleben von Nagoya spielt sich in erster Linie im *Sakae* ab. Eine altbewährte Adresse ist ③ *Gary's* (Untergeschoss des Koasa Building, 4-2-10 Sakae, Tel. 0 52/2 63 47 10, Mo., Mi. bis Sa. 19.00–4.00 Uhr, So bis 2.00 Uhr), wo eine ausländische Band allabendlich mit Motown, Soul und Rhythmn & Blues für Stimmung sorgt (auch Tanz).

## ÜBERNACHTEN

### ▶ Luxus

① *Marriott Nagoya Associa*
1-1-4 Meieki, Nakamura-ku
Tel. 0 52/5 84 11 11
www.associa.com/english/nma
Eines der, wenn nicht das Tophotel der Stadt, im Nordturm des JR-Bahnhofs. Die Zimmer bieten den üblichen Komfort und dazu eine tolle Aussicht auf die Stadt (bis zur Burg). Gute Restaurants mit westlicher oder japanischer Küche, darunter das empfehlenswerte Ka-un. Rezeption im 15. Stock.

*Baedeker-Empfehlung*

### ▶ Komfortabel

② *Nagoya Kanko Hotel*
1-19-30 Nishiki, Naka-ku
Tel. 0 52/2 31 77 11
www.nagoyakankohotel.co.jp
Angenehmes Hotel mit für Japan relativ großen Zimmern. Entspannte Atmosphäre, freundliche, hilfsbereite Angestellte. Von hier ist es nicht weit zur 1981 rekonstruierten alten Nayabashi-Brücke über den Horikawa, einem romantischen Fleckchen in der Millionenstadt.

### ▶ Günstig

③ *Puchi (Petit) Ryokan Ichifuji*
Kita-ku, Saikobashi-dori 1-7
Tel. 0 52/9 14 28 67, Fax 9 81 68 36
www.jin.ne.jp/ichifuji
U-Bahnhof Heian-dori (Meijo-Linie), 5 Min. zu Fuß von Ausgang 2.
Gemütliche Unterkunft japanischen Stils, geführt von einer jungen Frau. Im kleinen Restaurant gibt es neben japanischer Küche auch chinesische Dim Sum. Zwar etwas abgelegen im Norden der Stadt, aber gute Verkehrsanbindung.

de das hohe, trockene Gras angezündet hatten, um ihn zu töten, rettete er sich, indem er es mit dem Schwert abmähte. Als er die Waffe an einen Maulbeerbaum gehängt hatte, wurde sie von der Prinzessin Miyazu-hime entwendet. Der helle Glanz der Klinge setzte eine Zeder in Brand. Aus diesem Geschehen leitet die Volksetymologie den Namen des Ortes ab (Atsuta = Brennendes Feld). Im Nordteil des bewaldeten Schreingeländes befindet sich der **Hauptschrein Hongu**, der von einer Einfriedung umzogen und damit unzugänglich ist. Im Osten steht das **Schatzhaus** mit zahlreichen beachtenswerten Kunstschätzen, darunter alte und moderne Gemälde, Keramik, Schmuckgegenstände, Theatermasken und vieles andere (Öffnungszeiten: tgl. außer letzen Mi. im Monat 9.00–16.30 Uhr, 300 ¥).

**Hafen** Im Süden der Stadt erstreckt sich das Hafengebiet (Endstation der Meiko-Untergrundbahnlinie; vom Bahnhof Nagoya 30 Min.) mit einer Wasserfläche von etwa 25 000 ha. Von der Aussichtsplattform des Maritime Museum bietet sich ein weiter Meeresblick. Im Jahr 1984 wurde das 63 m hohe Port Building eröffnet; nahebei das **Forschungsschiff »Fuji«** mit Ausstellungsstücken zur Antarktisforschung. Über die Port Bridge erreicht man das Aquarium der Stadt.

## Umgebung von Nagoya

**Gifu** Mit der Meitetsu-Privatbahn erreicht man das 30 km nördlich gelegene Gifu (412 000 Einw.), Hauptstadt der gleichnamigen Präfektur, überragt von dem Berg Inaba. Bekannt sind die hier hergestellten Papierschirme, Lampions, Fächer u. a. Am Ufer des Flusses Nagara erstreckt sich der 1888 angelegte Gifu-Park mit einem Aquarium.

Inaba ► Auf den Inaba führt eine Seilbahn; auf dem Gipfel die wiederhergestellte Burg (Museum). Interessant ist der Blick auf die kahlen Bergflanken, von denen große Mengen von Gestein zur Landaufschüttung an der Küste abgetragen werden (Yamakiri = Bergschneiden).

Fischfang per Kormoran ► Eine besondere Attraktion ist der Kormoran-Fischfang (Ukai) auf dem Fluss Nagara. Vom 1. Juni bis 30. September laufen allabendlich (außer bei Vollmond und nach schweren Regenfällen) Fischer- und Zuschauerboote aus. Das Licht der am Bug der Boote befestigten Feuerkörbe lockt die Ayu, eine Salmonidenart, an. Der Meister (Usho) lenkt mit Hilfe einer Leine die abgerichteten Kormorane, die durch einen um den Hals gelegten Ring am Verschlucken der Beute gehindert werden. Jeder Vogel erbeutet bis zu 50 Fische. Diese Fangmethode ist uralt und wurde vermutlich aus China übernommen. Auf den Booten können die gegrillten Ayu probiert werden.

★ **Inuyama** Östlich von Gifu, zu erreichen mit der Meitetsu-Privatbahn, liegt die kleine Burgstadt Inuyama mit historischen Häusern und Morgenmarkt. Die kleine Burg, auf einem Hügel von weither sichtbar, wurde 1537 gebaut, nie zerstört und gehört damit zu den ältesten erhaltenen Burgen des Landes (tgl. 9.00 – 17.00, 500 ¥). Auch in Inuyama

wird Kormoranfischen betrieben. Eine besondere Attraktion im Süden der Kleinstadt istdas **Freilichtmuseum Meijimura** (Meitetsu-Buslinie ab Nagoya, 1 Std.) mit etwa 40 aus verschiedenen Landesteilen stammenden Originalgebäuden der Meiji-Zeit, u. a. der Empfangshalle des Imperial-Hotels in Tokyo von Frank Lloyd Wright (tgl. 9.30 bis 17.00, Dez. – Feb. nur bis 16.00 Uhr; 1600 ¥).
Beachtung verdient der **Affenpark** (Nihon Monkey Park) von Inuyama; er umfasst einen Botanischen Garten, einen Zoo, eine Sammlung von Volkskunst und eine Affen-Forschungsstation (tgl. 9.30–17.00 Uhr, 20. Juli bis Ende Aug. bis 18.00, Dez. – Feb. bis 16.30 Uhr, 1500 ¥).

*Der Fischfang mit abgerichteten Kormoranen ist ein viel bestauntes Spektakel.*

★ **Kiso**

Die Meitetsu-Privatbahn führt weiter nach Imawatari, Ausgangspunkt für Stromschnellenfahrten auf dem hier besonders reizvollen Fluss Kiso, dem **»japanischen Rhein«** (Fahrtdauer bis Inuyama ca. 1 Std.; Meitetsu-Hiromi-Bahnlinie ab Bahnhof Shin-Nagoya nach Imawatari, 1 Std.).

★★ **Tsumago und Magome**

Ein herrlicher Ausflug führt ins Kiso-Tal zu den ehemaligen Poststationen Tsumago und Magome am Nakasendo, einem alten Handelsweg durch die Berge von Kyoto nach Edo (Tokyo). Die malerischen kleinen Ortschaften wurden erfolgreich in ihren einstigen Zustand zurückversetzt: Die sonst meist oberirdisch verlaufenden hässlichen Stromleitungen wurden versteckt, motorisierter Verkehr aus dem Ort verbannt und die alten Häuser liebevoll restauriert. Nachdem man Magome besichtigt hat, kann man auf dem alten Handelsweg durch Wälder und an Wasserfällen vorbei nach Tsumago wandern (8 km). Mit der Chuo-Linie von Nagoya bis Nakatsugawa (50 Min.), von dort Bus bis Magome (30 Min.).

**Seto**

Östlich von Nagoya liegt die Keramikerstadt Seto (129 000 Einw.; Meitetsu-Privatbahnlinie von Nagoya-Sakae, 30 Min.). Schon um 1200 wurde hier die erste, noch unglasierte Ware hergestellt. Die alte, Ko-Seto genannte Keramik des Meisters Kato Toshiro (13. Jh.) ist heute hoch geschätzt. Im Fukagawa-Schrein befinden sich zwei Koma-inu-Darstellungen (mythische Hund-Löwe-Wesen), angeblich von Toshiro; der Kama-Schrein im Norden der Stadt ist Kato Tamikichi gewidmet, der 1807 die Porzellanherstellung nach den Verfahren von Arita in Seto einführte. Der Suehiko-Schrein wurde für Toshiro errichtet, dessen Porzellan-Denkmal im Seto-Park steht.

**Mikawa-Bucht** Südöstlich von Nagoya liegt die Mikawa-Bucht, Teil des gleichnamigen Quasi-Nationalparks. Günstiger Ausgangspunkt ist Gamagori (JR-Linie ab Nagoya, 40 Min), ein hübscher Badeort. Die Bahnlinie führt weiter über Toyohashi auf die Halbinsel Atsumi, den südlichsten Teil des Parks, mit ihrer reizvollen Küstenlandschaft. Von Toyohashi gelangt man mit dem Bus über Mikawa-Tahara zum Kap Irako mit dem gleichnamigen Schrein und einer Grotte. Es gibt eine Fährverbindung nach Toba (►Ise-Shima-Nationalpark).

# ★★ Nara

H 7 • h 3

**Hauptinsel:** Honshu
**Einwohnerzahl:** 367 000
**Präfektur:** Nara

奈良

**Die berühmte Stadt strahlt trotz der Scharen von Touristen eine friedvolle, beschauliche Atmosphäre aus. Neben dem Großen Buddha birgt sie zahlreiche weitere sehenswerte Heiligtümer – wer wenig Zeit hat, sollte sich zwei oder drei Highlights herauspicken, anstatt von Tempel zu Tempel zu hetzen.**

**Wiege der japanischen Kultur** Die berühmte Stadt Nara liegt im mittleren Teil der Hauptinsel Honshu, südlich des Biwa-Sees. Die heutige Hauptstadt der gleichnamigen Präfektur ist umgeben von Hügeln, Wäldern und weiten Feldern; südlich dehnt sich das Nara-Becken aus. Wegen ihres außergewöhnlichen Reichtums an kulturellen Sehenswürdigkeiten wird die Stadt jährlich von mehr als einer Million Touristen besucht. Die alten Bauwerke von Nara liegen in einer schönen Landschaft, auf die sich vom **Mikasayama-Hügel** ein besonders lohnender Ausblick bietet.

**! Baedeker TIPP**

**Souvenirs aus Nara**

Zu den wichtigsten Erzeugnissen des Kunsthandwerks gehören geschnitzte Holzpuppen (Nara-ningyo), Lackwaren (Nara-shikki), Fächer (Nara-uchiwa) und Keramik (Akahada-yaki).

**Geschichte** Seit der legendären Reichsgründung durch Jimmu-tenno im Yamato-Becken (Nara-Becken) war nach dem Tode des jeweiligen Herrschers die Hauptstadt verlegt worden. Unter der Herrschaft der **Kaiserin Gemmyo-tenno** (661–721) wurde 710 erstmals eine permanente Hauptstadt gegründet: Heijokyo, das heutige Nara. Nach dem Vorbild der damaligen chinesischen Metropole Chang-an (heute Xian) wurde die Stadt, westlich des heutigen Zentrums, auf schachbrettartigem Grundriss angelegt. Die südlich des Kaiserpalastes sich ausdehnende Stadt war durch eine breite Straße in Ost- und Westteil gegliedert, ihre Ausdehnung betrug 4,8 km von Norden nach Süden und 4,3 km von Osten nach Westen. Die Bedeutung von Nara, das sich schnell zum politischen und kulturellen Zentrum des Landes

## *Nara Orientierung*

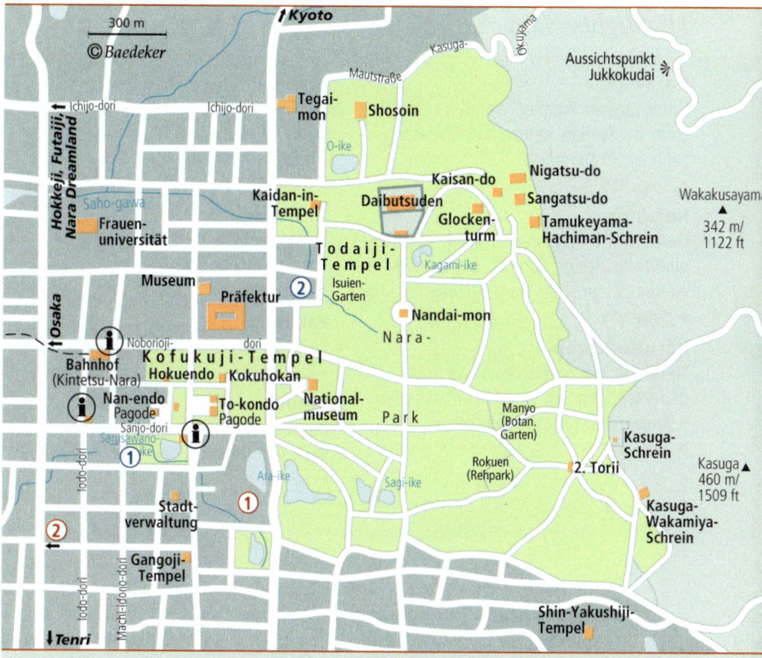


**Essen**
① Jyu Jyu
② Soba Dokoro Yoshikawa

**Übernachten**
① Nara Hotel
② Guesthouse Nara Komachi

entwickelte, zeigt sich auch in der Einwohnerzahl, die damals bereits etwa 200 000 betrug. 74 Jahre lang blieb Nara Regierungssitz, und daher wird diese Epoche als Nara-Zeit bezeichnet. Unter staatlicher Führung erfolgte die Übernahme des Buddhismus sowie eine starke Anlehnung an die Kunst der T'ang-Zeit. Offizielle Gesandtschaften reisten nach China, und von dort kamen Mönche nach Japan, um hier zu lehren, so der von Shomu-tenno 753 eingeladene **Ganjin** (► Berühmte Persönlichkeiten). In der Folge gewannen buddhistische Sekten an Einfluss, und auch der Konfuzianismus wurde, wenngleich in geringerem Maß, übernommen.

Unter Gemmyo-tenno entstanden in Nara literarische Werke, die bis heute insbesondere für Historiker von großer Bedeutung sind. Im Jahr 712 wurde das **»Kojiki«** verfasst, das erste erhaltene Werk mit historischem (wenngleich mit Legenden durchsetztem) Inhalt, 713 das »Fudoki«, die von der Kaiserin in Auftrag gegebene und in chinesischer Schrift geschriebene erste Topografie Japans, und im Jahr 720 ◄ Literatur

## *Highlights Nara*

**Nara-Park**
Unter uralten Bäumen wandelt man in einer friedvollen Atmosphäre zwischen zahmen Sikahirschen.
► Seite 419

**Kofukuji**
Den Schutztempel der Fujiwara schmückt eine fünfstöckige Pagode, ein bemerkenswertes Zeugnis der Nara-Architektur.
► Seite 419

**Kasuga-Schrein**
Tausende von Steinlaternen säumen den Weg zum Schrein, der mit schönen Schnitzereien gestaltet wurde.
► Seite 422

**Todaiji**
Der Tempel enthält den eindrucksvollen Großen Buddha aus Bronze, die größte antike Buddha-Statue Japans.
► Seite 424

**Toshodaiji**
Er ist das bedeutendste Beispiel der Tempyo-Architektur.
► Seite 429

**Yakushiji**
Er birgt eine berühmte Yakushi-Trinitas.
► Seite 430

**Horyuji**
Die ältesten erhaltenen Holzgebäude der Welt verwahren bedeutende Kunstwerke.
► Seite 431

die nach dem Vorbild chinesischer Geschichtsschreibung abgefasste **Landeschronik »Nihonshoki«**. Auch das »Manyoshu«, die älteste überlieferte Gedichtsammlung Japans mit 4173 Gedichten, entstand in jener Zeit.

Tempelbauten ►

Ihren Höhepunkt erreichte die Nara-Zeit unter der Herrschaft von **Shomu-tenno** (701–756), der den Guss des Daibutsu, einer bronzenen Buddha-Statue von 16 m Höhe, in Auftrag gab. Die Verbreitung des Buddhismus wurde durch ein kaiserliches Edikt gefördert, das den Bau von Provinztempeln (Kokubunji) vorsah. Für die Anfertigung von Kopien buddhistischer Schriften wurde ein der Regierung unterstelltes Amt (Shakyoshi) eingerichtet. Der Einfluss Chinas führte zum Bau großer Tempelanlagen; die Plastik und Malerei folgte weitgehend den Stilformen und Techniken Chinas, das seinerseits Elemente aus dem indischen Kulturbereich aufgenommen hatte. Waren die Skulpturen der Suiko-Periode (552–645) noch von strenger Starre gewesen, so zeigten die nun entstehenden Bildwerke weichere Formen. Besonders die der späten Nara-Zeit zuzuordnende Tempyo-Periode weist solche Einflüsse auf.

Im Jahre784 ließ **Kammu-tenno** (737–806) schließlich die Residenz von Nara nach Nagaoka verlegen, um die Politik dem starken Einfluss der buddhistischen Priesterschaft zu entziehen. Nara verlor seine politische Bedeutung, blieb aber bis in die Gegenwart die bedeutendste Kulturstätte Japans. 2010 feierte die Stadt ihr 1300-jähriges Jubiläum, anlässlich dessen auch das Stadtmaskottchen Sento-kun entworfen wurde.

## ✶✶ Nara-Park

Vom Bahnhof Kintetsu-Nara (hier im 3. und 4. Stockwerk eine sehenswerte Ausstellung mit Gegenständen von der Jomon- bis zur Nara-Zeit) gelangt man durch die Geschäftsstraße Noborioji-dori bzw. die südlich parallel verlaufende Sanjo-dori zum Nara-Park, der mit 525 ha Fläche der größte seiner Art in Japan ist. Auf dem von riesigen alten Bäumen bestandenen Areal befinden sich zahlreiche historische Bauwerke; eine weitere Attraktion sind die vielen zahmen Sikahirsche, die hier leben. Rechts vom Eingang der Sarusawa-Teich (360 m Umfang), in dem sich die fünfstöckige Pagode des Kofukuji-Tempels spiegelt. Am Nordwestufer der Uneme-Schrein.

✶✶ **Kofukuji-Tempel**

Vom östlichen Ufer des Teiches führt ein Weg in nördlicher Richtung zum Kofukuji-Tempel (Bushaltestelle Kencho-mae, 10 Min. vom Bahnhof), einem der Sieben Großen Tempel von Nara und **Teil des Weltkulturerbes**. Das im Jahre 669 von Kagami-no-Himehiko, der Gemahlin des Fujiwara-no-Kamatari, gegründete Heiligtum war Schutztempel dieser Familie und Haupttempel der Hosso-Sekte. Ursprünglich in Kyoto unter dem Namen Yamashina-dera errichtet, wurde der Tempel 678 nach Umasaka (südlich von Nara) verlegt, mit der Gründung der Hauptstadt 710 durch Fubito, einen Sohn des Kamatari, an seinen jetzigen Standort verbracht und in »Kofukuji« umbenannt. Mit der Macht der Fujiwara wuchs auch die Bedeutung des Tempels, der in seiner Blütezeit 175 Gebäude umfasste. Die meisten von ihnen wurden jedoch während der Kämpfe zwischen den Minamoto und den Taira im 12. Jahrhundert zerstört.

◂ Nan-endo

Vom ehemaligen Standort des großen Südtores erblickt man die erhaltenen Gebäude. Zu ihnen gehört die achteckige Halle Nan-endo, 813 von Fujiwara Fuyutsugu erbaut und 1741 erneuert. Ihr bedeutendster Kunstschatz ist die 1188 von Kokei, dem Vater des Unkei, geschaffene Statue der Fukukenjaku-Kannon, die nur einmal im Jahr,

## NARA ERLEBEN

### AUSKUNFT

***Touristinformationen***
im ***Bahnhof Kintetsu***, 1st floor
Tel. 07 42/24 48 58
tgl. 9.00–17.00 Uhr
tgl. 9.00–17.00 Uhr
im ***Stadtzentrum***, Sanjo-dori,
23-4 Kami-sanjo-cho
Tel. 07 42/22 39 00
tgl. 9.00–21.00 Uhr
beim Sarusawa-Teich unweit des
***Kofukuji-Tempels***
Tel. 07 42/26 19 91
tgl. 9.00–17.00 Uhr
***Im Internet:***
www.narashikanko.jp/english
www.pref.nara.jp/nara_e

### VERKEHR

***Bahn:*** Von Kyoto Kintetsu-Privatbahnlinie (40 Min.) oder JR-Nara-Linie (45 Min.); von Osaka JR-Kansai-Linie (45 Min., ab Tennoji 30 Min.) o. Kintetsu-Linie ab Namba (30 Min.).

Sikahirsch im Nara-Park

*Nahverkehr:* Vom Hauptbahnhof verkehren zahlreiche Buslinien zu den wichtigsten Sehenswürdigkeiten in der Stadt und der Umgebung.

## VERANSTALTUNGEN

Wakakusa-yama-yaki (Grasfeuerfest; Mitte Jan.), auf dem Hügel Wakakusa; Setsubun (mit Laternenfest; Anfang Febr.), beim Kasuga-Schrein; Oni-oi-shiki (Vertreibung der Dämonen; Anfang Febr.), beim Kofukuji-Tempel; Omizu-tori (mit Fackelbeleuchtung und Schöpfen heiligen Wassers; Anfang März), beim Todaiji-Tempel; Kasuga-Fest (Bugaku; Mitte März), beim Kasuga-Schrein; Hanae-shiki (Blumenopfer zum Geburtstag Buddhas; Anfang April), beim Yakushiji-Tempel; Shomu-ten-no-sai (Prozession; Anfang Mai), beim Todaiji-Tempel; Takigi-no (nächtliche No-Aufführungen; Mitte Mai), auf der No-Bühne des Kofukuji-Tempels; Laternenfest (Mitte Aug.), beim Kasuga-Schrein; On-matsuri (Prozession mit historischen Kostümen; Mitte Dez.), beim Kasuga-Schrein.

## ESSEN

### ► Erschwinglich

① ***Jyu Jyu***
27-1 Mochidono-cho,
Nara- shi 630-8222
Tel. 07 42 / 27 61 21
tgl. außer Mo. 17.00 – 23.00 Uhr
In einer stimmungsvollen Seitenstraße nahe dem Sarusawa-Teich liegt dieses vegetarische Restaurant (aber auch Fischgerichte) mit Bar. Die Zutaten sind ausnahmslos aus organischem Anbau und immer frisch, die Speisekarte umfasst eine saisonale Auswahl an japanischen, asiatischen und westlich inspirierten Gerichten.

### *Baedeker-Empfehlung*

### ► Preiswert

② ***Soba Dokoro Yoshikawa***
Suimon-cho 50, Nara-shi
Tel. 07 42/22 04 48
Mi. bis So. ca. 11.00–14.00 Uhr
(bis die Soba alle sind)
Bekannt für seine hausgemachten Soba-Nudeln. Sogar das Geschirr haben die Besitzer dieses stimmungsvollen Lokals selbst getöpfert. Nur Mittagessen.

## ÜBERNACHTEN

### ► Luxus

① ***Nara Hotel***
1096 Takahata-cho,
Nara-shi, Nara-ken, 630-8301
Tel. 07 42/26 33 00
yoyaku@narahotel.co.jp
Nostalgisches, 1909 gegründetes Hotel. Die 132 Zimmer verteilen sich auf das Hauptgebäude (Honkan) und den Neubau (Shinkan). Am Südostrand des Nara-Parks beim hübschen Sarusawa-Teich.

### ► Preiswert

② ***Guesthouse Nara Komachi***
41-2 Surugamachi,
Nara-shi 630-8357
Tel. 07 42 / 87 05 56
Im Februar 2010 neu eröffnetes Hotel schräg gegenüber vom JR-Bahnhof mit westlichen und japanischen Zimmern, auch Schlafsaalbetten. Preiswert, sauber; freundliche, enthusiastische und englischsprechende Besitzerin!

am 17. Oktober, gezeigt wird; beachtenswert ferner die Statuen der vier Himmelswächter sowie diejenigen der Patriarchen der Hosso-Sekte. Vor der Halle eine Bronzelaterne aus dem 9. Jahrhundert, deren Inschrift von Kobo-daishi (► Koya-san, S. 330) stammen soll. Südwestlich von hier steht die dreistöckige Pagode, ein anmutiges Bauwerk der Fujiwara-Zeit.

◄ Hoku-endo

Nördlich der Nan-endo steht die Nördliche Halle Hoku-endo, gleichfalls auf achteckigem Grundriss. Sie wurde ursprünglich im Auftrag des Kaisers Gensho im Jahr 721 zum Gedenken an Fujiwara no Fuhito, den Gründer des Kofukuji, errichtet und 1208 erneuert. Die Holzstatue des Miroku-bosatsu schuf wohl Unkei im Jahr 1212.

◄ Chu-kondo, To-kondo

Eine der Hauptsehenswürdigkeiten des Kofukuji-Tempels ist die ursprünglich 710 gebaute Östliche Goldene Halle (To-kondo), die nach mehrfacher Zerstörung 1415 originalgetreu rekonstruiert wurde, umgeben von Statuen des Nikko- und Gakko-bosatsu (vermutlich 8. Jh.) und weiteren Plastiken. Die Halle Chu-kondo (Zentrale Goldene Halle), gegründet 714, mit einer sehenswerten hölzernen Shakyamuni-Statue, wird noch bis 2015 restauriert.

◄ Pagode

Südlich gegenüber erhebt sich die fünfstöckige Pagode, im Jahr 730 von Komyo, der Gemahlin des Shomu-tenno, erbaut, fünfmal abgebrannt und 1426 im alten Stil neu errichtet. Sie ist mit 50 m Höhe die **zweithöchste Pagode Japans** und bildet ein bemerkenswertes Zeugnis der Nara-Architektur. Im Inneren stehen Statuen des Amida-nyorai, Shakyamuni, Yakushi-nyorai und Miroku-bosatsu.

◄ Schatzhaus Kokuho-kan

Nordöstlich der Halle To-kondo sind im 1959 erbauten Schatzhaus Kokuho-kan einige der bedeutendsten Kunstschätze des Tempels zusammengebracht worden, darunter einen bronzenen Buddhakopf (7. Jh.), eine hölzerne Figurengruppe der Juni-shinsho (»zwölf Himmelsgeneräle«; Heian-Zeit), zwei Nio-Standbilder (Kongo, Misshaku), eine Ashura-Statue in Trockenlacktechnik (frühe Nara-Zeit) sowie die zwei Wächterfiguren Kongo-rikishi (Öffnungszeiten: tgl. 9.00–17.00 Uhr, 500 ¥).

*** National-museum**

Auf dem vom Kofukuji nach Osten führenden Weg gelangt man zum Nationalmuseum. Es zeigt bedeutende Kunstwerke, vor allem aus der Nara-Zeit. Von den hier magazinierten Gegenständen wird eine wechselnde Auswahl ausgestellt (www.narahaku.go.jp, Öffnungszeiten: Di.–So. 9.30–17.00, April–Okt. Fr. bis 19.00 Uhr, 500 ¥).

**Manyo-Garten Rehpark Rokuen**

Südöstlich des Museums (von der Noborioji-dori rechts, dann links, Bushaltestelle Kasuga-taisha-Omote-sando) läuft man auf einem von Zypressen und Zedern gesäumten Weg am Manyo-Garten (links) und dem Rehpark Rokuen (rechts) vorbei zum Kasuga-Schrein. In Ersterem eine kleine Bühne für Gagaku- und Bugaku-Aufführungen. Die hier zu sehenden Pflanzen kommen alle in der Gedichtsammlung Manyoshu vor – daher der Name. Die im Rehpark lebenden Tiere gelten als Götterboten, denn nach der Legende luden die Fujiwara, die Bauherren des Schreins, die Gottheit Takemikazuchi-no-

*Japans zweithöchste Pagode steht im Nara-Park*

mikoto nach Nara ein, und diese hielt auf dem Rücken eines Rehs Einzug in die Stadt.

Der Weg zum **Kasuga-Schrein** durchquert das zweite Torii (Ni-no torii) und setzt sich zwischen zwei Reihen von insgesamt 3000 Steinlaternen fort, die zweimal jährlich am Mandoro-Fest entzündet werden. Es folgt das Südtor, ein einstöckiger Bau von 1179, in dessen Korridoren kunstvolle Laternen hängen; dahinter die Kulthalle Heiden (1650) und links von dieser die Festhalle Naoraiden aus der gleichen Zeit. Eine Steintreppe führt zum Mittleren Tor (Chumon), dessen nach beiden Seiten verlaufende überdachte Korridore die Hauptgebäude des Kasuga-Schreins umfassen.
Der Kasuga-Schrein, ebenfalls zum Weltkulturerbe gehörend, wurde von Fujiwara Nagate (714–771) gegründet. Er besteht aus vier einzelnen Gebäuden und ist den Gottheiten Takemikazuchi und Futsunushi sowie den Ahnengöttern der Fujiwara, Amenokoyane und seiner Gemahlin Hime-okami, geweiht. Die Gebäude sind ein typisches Beispiel für den **Baustil Kasuga-zukuri** und unterscheiden sich von älteren, naturbelassenen Holzbauten durch roten Anstrich der Balkenkonstruktion und weißen Verputz sowie durch die geschwungene Dachlinie. Bis zum Jahr 1863 wurden die Gebäude in regelmäßigem Turnus alle zwanzig Jahre abgetragen und in der alten Form neu errichtet (wie die Ise-Schreine; ► Ise-Shima-Nationalpark); seither beschränkt sich diese Erneuerung auf die Dächer.
An der linken Seite steht die Umzugshalle Utsushi-dono, wo während der Erneuerungsarbeiten an den Schreingebäuden die Götterbilder untergebracht wurden. Der von hier zum Hauptschrein Nejiri-roka führende gedeckte Gang, ein Werk des berühmten Hidari Jingoro (vermutlich 1594–1634), ist mit ausgezeichneten Schnitzereien geschmückt. Nördlich der Umzugshalle steht der **Baum Yadorigi**, auf dessen Stamm sechs andere Arten aufgepfropft sind.

**★ Kasuga-Wakamiya-Schrein**

Ein weiterer zwischen Steinlaternen verlaufender Weg führt vom Kasuga-Schrein nach Süden zum Kasuga-Wakamiya-Schrein, der dem Gott Ameno-oshikumo, Sohn des Amenokoyane, geweiht ist und wohl 1135 gegründet wurde. Die heutigen Gebäude wurden 1863, gleichfalls im Stil Kasuga-zukuri, errichtet. Im Südbau des lang gestreckten Schreins befindet sich die Heilige Tanzhalle Kaguraden (1613), wo die **»Kagura« genannten Ritualtänze** zu Ehren von Amaterasu, der Ahnengottheit des Kaiserhauses, aufgeführt werden. Das im Dezember stattfindende Schreinfest »On-matsuri« gilt als größtes Fest der Stadt und wird von weither besucht. Ein prachtvoller Festzug mit historischen Gewändern zieht von hier durch die Stadt. Das Schatzhaus (Homotsuden) des Schreins beherbergt wertvolle Kunstschätze. Auch dieser Schrein ist Weltkulturerbe.

Öffnungszeiten: tgl. 9.00–17.00 Uhr, Einlass bis 16.00 Uhr, 420 ¥

**Kasuga**

Östlich des Nara-Parks erhebt sich der 460 m hohe Berg Kasuga, als Sitz der Götter verehrt. Die seine Flanken bedeckenden Wälder sind seit uralter Zeit unberührt und bieten vor allem im Herbst ein schönes Bild.

**Wakakusa**

Ein weiterer lohnender Aussichtspunkt ist der weiter nördlich gelegene grasbewachsene Hügel Wakakusa (342 m), wo im Januar das Fest Yama-yaki abgehalten wird.

**** Shin-Yakushiji-Tempel**

Öffnungszeiten: tgl. 9.00–17.00 Uhr, 600 ¥

Etwa 600 m südlich des Kasuga-Schreins befindet sich der Shin-Yakushiji-Tempel, den die Kaiserin Komyo im Jahre 747 gründete, um von den Göttern die Heilung ihres Gemahls Shomu von einem Augenleiden zu erbitten. Der Tempel, ein klassisches Werk der späten Nara-Zeit, verdankt seinen Namen dem Heilenden Buddha (Yakushi), welchem das Heiligtum geweiht ist. Im Inneren die aus einem einzigen Block geschnitzte hölzerne Statue der Yakushi-nyorai, daneben eine Statue der Elfköpfigen Kannon. Beide sind umgeben von zwölf tönernen Wächtergottheiten (Juni-shinsho); alle diese Plastiken sind Meisterwerke der späten Nara-Zeit. Die Haupthalle Hondo ist der einzige aus der Nara-Zeit erhaltene Teil des Tempels; alle anderen Gebäude wurden schon früh zerstört.

**Tamukeyama-Hachiman-Schrein**

Im Nordteil des Nara-Parks steht am Fuß des Wakakusa der Tamukeyama-Hachiman-Schrein (749 gegründet), der dem Kriegsgott Hachiman geweiht ist. Ursprünglich wohl neben dem Heijo-Palast westlich der Stadt erbaut, wurde er 1251 an seinen jetzigen Standort gebracht; die heutigen Gebäude wurden 1691 von dem Priester Kokei errichtet. Die mittlere Halle ist Kaiser Ojin (postum als Hachiman verehrt) geweiht, die linke seiner Gemahlin Hime-mikoto und die rechte seinen Eltern Jingu-tenno und Chuai. Im Süden das Schatzhaus Hozo.

◄ Azekura-zukuri

Interessant ist die »Azekura-zukuri« genannte Bautechnik, bei welcher Holzbalken von dreieckigem Querschnitt ohne Nägel zusammengefügt werden. Bei hoher Luftfeuchtigkeit dehnt sich das Holz aus und verhindert den Luftzutritt in den Innenraum, während bei Trockenheit das Holz etwas schwindet und ausreichend Frischluft eindringen lässt. So entsteht ein relativ **stabiles Raumklima**, dem der hervorragende Erhaltungszustand der zum Teil über tausend Jahre alten Kunstschätze zu verdanken ist.

## ★★ Todaiji-Tempel

**Haupttheiligtum der Kegon-Schule**

In dem westlich an den Schrein anstoßenden Gelände steht der Todaiji-Tempel (Großer Osttempel), einer der Sieben Großen Tempel von Nara. Er ist das Hauptheiligtum der buddhistischen Kegon-Schule. Zentraler Glaubensinhalt der 736 vom Priester Roben in Japan eingeführten buddhistischen Schule, einer der ältesten Japans, ist die Möglichkeit jedes Menschen, zur Erleuchtung zu gelangen. Verehrt wird der Rushana-Buddha (Vairoçana), der Ur-Buddha.

**Geschichte**

Im Jahr 741 befahl Kaiser Shomu, eifriger Vertreter des Buddhismus, in jeder Provinz einen Tempel zum Schutz des Staates bauen zu lassen (Kokubunji-Tempel). Zentrum dieser Staatstempel wurde der Todaiji-Tempel in der Hauptstadt Nara. Nachdem schon 743 erste Gussversuche (auf dem Gelände des Shigaraki-Palastes südlich vom Biwa-See) fehlgeschlagen waren, wurde 745 in Nara erneut mit dem Guss der Statue des Daibutsu (Großer Buddha) begonnen.

Im Jahr 752 fand die offizielle Einweihung, **die Augenöffnungszeremonie**, statt. Zur prunkvollsten Feier des Jahrhunderts waren 10 000 Priester und Gläubige aus ganz Asien, sogar aus Indien (!) gekommen. Unter den Teilnehmern waren der abgedankte Kaiser Shomu mit seiner Gemahlin und seiner Tochter, der Kaiserin Koken, sowie der gesamte Hofstaat. 855 wurde bei einem schweren Erdbeben der Kopf der Buddha-Statue abgerissen (Wiederherstellung 861). Im Jahre 1180 zerstörte Taira Shigehira im Gempei-Krieg, in dem viele Tempel und Klöster auf der Seite der gegnerischen Minamato stan-

### *Todaiji-Tempel* *Orientierung*

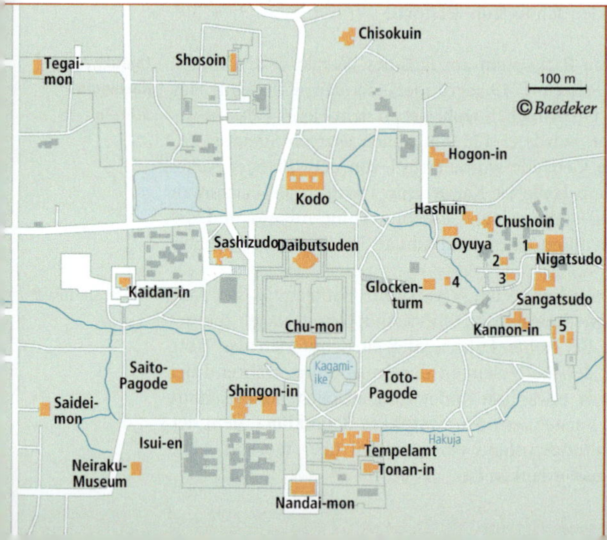


1 Wakasai
2 Kaisando
3 Sammaido
4 Nembutsudo
5 Tamukayama Hachimangu-Schrein

den, die Große Buddha-Halle (Daibutsuden), wobei Kopf und rechte Hand der Statue dem Feuer zum Opfer fielen. Auf Veranlassung von Abt Chogen wurde die Statue rekonstruiert und die Fertigstellung (1195) mit einer Zeremonie in Anwesenheit von Kaiser Gotoba und Shogun Minamoto Yoritomo gefeiert. Bei einem Aufstand des Matsunaga Hisahide brannte die Buddha-Halle 1567 nieder. Die erneut beschädigte Statue wurde 1692, die Halle 1709 wieder hergestellt.

**Tempelbezirk**

Den Eingang zum Tempelbezirk bildet das Große Südtor Nandaimon, ein von 18 Säulen getragener Bau. Ursprünglich gegen Ende der Nara-Zeit errichtet und 962 durch einen Taifun zerstört, wurde er 1199 neu erbaut. Das Gebäude zeigt den aus Südchina stammenden wuchtigen Baustil Tenjiku-yo. In den äußeren Seitennischen stehen zwei muskulöse Nio-Statuen (Wächterfiguren) von gut 8 m Höhe, die den Meistern Unkei und Kaikei zugeschrieben werden. In den rückwärtigen Nischen zwei auf einem Steinsockel stehende Komainu (hunde- oder löwenähnliche Tiere), angeblich 1196 von dem Chinesen Chinnakei geschaffen und ein typisches Beispiel der chinesischen Sung-Kultur.

**✶✶ Halle des Großen Buddha (Daibutsuden)**

An dem Teich Kagami-ike (am Shomu-sai-Fest Bugaku-Aufführungen) vorbei gelangt man zur Halle des Großen Buddha (Daibutsuden). Obgleich diese nach mehrfacher Zerstörung nur in verkleinertem Maßstab (rund zwei Drittel der ursprünglichen Größe) neu errichtet wurde, ist sie mit 57 m Länge, 50,50 m Breite und 48,70 m Höhe noch immer eines der größten Holzbauwerke der Erde. Auch sie zeigt den Baustil Tenjiku-yo. An den Enden des Dachfirstes befinden sich »Shibi« genannte Talismane, die vor Feuer schützen sollen. Die Halle ist Teil des Weltkulturerbes (Öffnungszeiten: April bis Sept. 7.30–17.30, Okt. bis 17.00, Nov. bis Febr. 8.00–16.30, März bis 17.00, 500 ¥).

◄ Großer Buddha

Im Inneren der Halle steht der Große Buddha (Daibutsu), eine Bronzeplastik des Ur-Buddha, deren ursprüngliche Form nach einem Entwurf des Koreaners Kuninaka-no-Kimimaro entstand. Das Bronzepodest (Umfang 20,70 m) hat die Form einer Lotosblüte mit 56 Blättern. Die Sitzstatue selbst ist mit 14,98 m Höhe die **größte antike Buddha-Statue Japans**. Für den Guss wurden 437 t Bronze, 130 kg Gold und 7 t Wachs verwendet. Die erhobene rechte Hand zeigt die Mudra »Semui-no-in« (Friedensverheißung), die linke die Mudra »Yogan-no-in« (Erfüllung der Wünsche). Die vergoldete hölzerne Aura mit Darstellungen der 16 Buddha-Inkarnationen wurde im 17. Jahrhundert angefügt. Aus der gleichen Zeit stammen die beiden vor dem Buddha stehenden Figuren Nyoirin-Kannon (Erfüller aller Wünsche, rechts) und Kokuzo-bosatsu (Gottheit der Weisheit und des Glücks, links). Im rückwärtigen Teil der Halle die Standbilder von zwei der vier Himmelswächter: links Komokuten, der Herrscher über den Westen mit Pinsel und Sutrenrolle; rechts Tamonten mit einer Pagode in der Hand. Neben Komokuten das Modell des ursprün-

*Die Herstellung des Großen Buddha war seinerzeit eine technische Meisterleistung.*

glichen Tempelbaues; vor Tamonten eine massive Holzsäule mit einem rechteckigen Durchbruch in Bodenhöhe. Nach dem Volksglauben stehen Kinder, die durch diese Öffnung kriechen können, unter dem besonderen Schutz Buddhas. Rechts vor der Buddha-Halle befindet sich ein hölzernes Sitzbild des Binzuru, welches Krankheiten heilen soll, wenn man es mit der einen und den erkrankten Körperteil mit der anderen Hand berührt. Ein Meisterwerk der späten Nara-Zeit (Tempyo-Periode) ist die vor der Halle stehende achteckige Bronzelaterne, deren Äußeres mit vollendeten Reliefs geschmückt ist.

✶ **Kaidan-in-Tempel**

Etwa 300 m westlich der Halle erreicht man den Kaidan-in-Tempel, der nach seiner Gründung (754) mehrmals durch Feuer zerstört und in seiner heutigen Form um 1730 neu errichtet wurde. In der Mitte des Innenraumes die Statuen von Shakyamuni und Taho-nyorai, in den Ecken die Standbilder der vier Himmelswächter in voller Rüstung. »Kaidan« ist ursprünglich die Bezeichnung der Terrasse für die Priesterweihe; zum Bau wurde Erde verwendet, die der chinesische Priester Ganjin mitgebracht hatte. Er soll hier fünfhundert Mönche zu Priestern geweiht haben.

Östlich der Buddha-Halle steht ein alter Glockenturm, dessen Glocke 749 gegossen und 989 bei einem Taifun stark beschädigt wurde (Neuguss 1239). Mit 3,90 m Höhe und 2,80 m Durchmesser ist sie die zweitgrößte Glocke Japans.

★ Glockenturm

Noch weiter östlich liegt auf einer Erhebung die Halle des Zweiten Monats (Nigatsu-do), 752 von dem Priester Jitchu, einem Schüler von Roben (689–773, erster Abt des Todaiji), erbaut und nach einem Brand 1669 wieder aufgebaut. Sie verdankt ihren Namen der Wasserschöpfzeremonie »Omizu-tori«, die früher in den zweiten Monat des Mondkalenders fiel (heute zwischen 1. und 14. März).

Halle des Zweiten Monats

Südlich anschließend die Halle des Dritten Monats (Sangatsu-do), das 733 von Roben errichtete älteste noch bestehende Gebäude im Tempelbezirk (Eintritt 500 ¥). Die Bethalle Raido wurde um 1200 (Kamakura-Zeit) angefügt; beide Bauten lassen sich anhand der Dachkonstruktion unterscheiden. Der Name der Halle leitet sich von der im dritten Mondmonat abgehaltenen Lesung der hier aufbewahrten Hokke-Sutra ab. In der Mitte des Innenraumes steht die 3,60 m hohe Fukukensaku-Kannon, eine dem Abt Roben zugeschriebene Trockenlackstatue, deren Krone mit 20 000 Perlen und Edelsteinen geschmückt ist. Sie wird flankiert von tönernen Figuren des Nikko-bosatsu und Gakko-bosatsu (Nara-Zeit). Seitwärts stehen die Standbilder von Bonten und Taishakuten, gleichfalls in Trockenlacktechnik. Vor der Bonten-Statue die hölzerne Statue des Fudomyoo, vor Taishakuten die des Jizo-bosatsu. In den vier Raumecken stehen die Himmelswächter (Trockenlack). Hinter der Fukukensaku-Kannon befindet sich hinter verschlossener Tür das »geheime Bildnis« des Shukongo-jin, das nur am 16. Dezember zu sehen ist.

★★ Halle des Dritten Monats

Westlich vom Südtor zum Bezirk des Todaiji-Tempels erstreckt sich der Isuien-Garten; links vom Eingang das kleine **Neiraku-Museum** mit altem chinesischem und koreanischem Kunstgewerbe. Der Garten selbst ist in zwei Bereiche aufgeteilt. In seinem vorderen Teil stehen die Teehäuser Seishuan und Sanshutei sowie der Warteraum Teishuken. Der hintere Teil des Gartens wurde 1899 von einem reichen Händler aus Nara angelegt und bedient sich der Shakkei -Technik (Technik der »Geborgten Landschaft«). Das entfernt sichtbare Dach des Großen Südtors (Nandaimon) sowie die umliegenden Berge Wakakusa, Kasuga und Mikasa werden bewusst in das Konzept eingebunden, um eine größere Tiefenwirkung zu erzielen. Die Trittsteine sind alte Mahlsteine zur Herstellung von Stofffarben.

Isuien-Garten

Öffnungszeiten: tgl. außer Di. 9.30–16.30 Uhr, 650 ¥

## Nordwestliche Umgebung von Nara

Nordwestlich der Stadt befindet sich der bei Ausgrabungen freigelegte Heijo-kyuden-Kaiserpalast (Bus vom Hauptbahnhof Nara, 15 Min., oder vom Bahnhof Yamato-Saidaiji, 5 Min.). Auf einer Flä-

Heijo-kyuden-Kaiserpalast

che von 107 ha errichtet, bildete er das politische und kulturelle Zentrum der alten Hauptstadt Heijokyo. Als im Jahre 784 der Regierungssitz nach Nagaoka verlegt wurde, verfiel die Anlage, sodass heute nur noch die Fundamente zu sehen sind. Erkennbar ist der Grundriss der Zeremonienhalle Daigokuden. Südlich von ihr befanden sich zwölf weitere Gebäude, darunter die Versammlungshalle Choshuden; der gesamte Komplex war von einer Galerie mit mehreren Toren umgeben. Bei den **Grabungsarbeiten** wurden Gräben, Brunnen und Pflasterungen freigelegt; die Funde sind in der so genannten Materialhalle (Shiryokan) ausgestellt.

**★ Hokkeiji-Tempel**

Etwa 800 m östlich des Palastes steht der von der Kaiserin Komyo im 8. Jh. als Nonnenkloster gegründete Hokkeji-Tempel, dessen Haupthalle 1601 erneuert wurde. Sehenswert ist die angeblich von einem indischen Künstler geschaffene Holzstatue der Elfköpfigen Kannon.

**Kairyuoji-Tempel**

Nahebei steht der Kairyuoji-Tempel, ebenfalls eine Gründung der Kaiserin. Erhalten sind nur die westliche Haupthalle, die Sutrenbibliothek (beide im 12. Jh. teils erneuert) und die fünfstöckige Pagode.

**★ Akishino-Tempel**

Öffnungszeiten:
tgl. 9.30–16.30 Uhr,
500 ¥

Nordwestlich vom Bahnhof Yamato-Saidaiji liegt der Akishino-Tempel, um 780 gegründet und 1135 größtenteils niedergebrannt. Verschont blieb lediglich die Vortragshalle (Kodo), die später zur Haupthalle (Hondo) umgestaltet wurde. Die bekannteste der 25 Statuen in der Haupthalle ist die Trockenlackfigur der Gigeiten, Göttin der Musik und des Tanzes. Ihr Kopf stammt aus dem 8. Jh., der Körper wird dem Bildhauer Unkei (13. Jh.) zugeschrieben.

**★★ Saidaiji-Tempel**

Nur wenige Schritte westlich des Bahnhofs befindet sich ein weiterer der Sieben Großen Tempel von Nara, der 765 auf Geheiß von Shotoku-tenno (in ihrer ersten Amtszeit von 749–758 Kaiserin Koken genannt) errichtete Saidaiji-Tempel (»Großer Westtempel«). Er ist das Hauptheiligtum der Shingon-Ritsu-Sekte. Die Gebäude sind meist neueren Datums. Die Haupthalle Hondo, nördlich von den Ruinen der Ost-Pagode, stammt von 1752. In ihr befindet sich eine Holzstatue des Shakyamuni, ein Werk des **Priesters Eizon** (1201–1290), sowie eine Statue des Monju-bosatsu von 1302. Südwestlich der Haupthalle ist die Halle Aizendo mit Sitzstatuen des Aisen-myoo (1247) und des Priesters Eizon (Kamakura-Zeit) zu sehen.
Nahe dem Osttor ereicht man die Halle Shiodo mit einer Anzahl von Statuen der späten Nara-Zeit (Tempyo-Periode), darunter die vier Himmelswächter (diejenige des Tamonten aus Holz, die anderen aus Bronze); die Dämonenfiguren zu Füßen der Statuen stammen aus der Zeit der Tempelgründung. Im 12. Jahrhundert entstand die hölzerne Statue der Elfköpfigen Kannon.
Östlich der Haupthalle befindet sich das Tempelschatzhaus Shuhokan mit Skulpturen, Gemälden und Kalligrafien. Im Tempelbesitz ferner zwölf Bildrollen mit Darstellungen der Wächter (Juni-shinsho) auf

Seide (Öffnungszeiten: tgl. 8.30–16.30 Uhr, Eintritt Hondo 400 ¥, Aizendo 300 ¥, Shiodo 300 ¥). Nordöstlich des Tempels befindet sich das Grab des Kaisers Seimu, ein typisches Hügelgrab der Kofun-Zeit.

**Yamato-bunka-kan-Museum**

Das Yamato-bunka-kan-Museum zeigt seine Schätze des asiatischen Raumes (Plastiken, Gemälde, Keramik, Lackwaren u. a.) in frisch renovierten Räumen.

## Südwestliche Umgebung von Nara

**Weltkulturerbe in grünen Reisfeldern**

Die Gegend südwestlich von Nara ist heute eine stille Agrarlandschaft. Im 8. Jahrhundert war hier ein geistiges Zentrum der Region, wovon noch einige Tempel zeugen; Toshodaiji und Yakushiji sind Teil des Weltkulturerbes. Sie bilden einen reizvollen Kontrast zu den grünen Reisfeldern und bäuerlichen Anwesen. Die Zufahrt erfolgt von Nara (Bahnhof Kintetsu-Nara) mit der Nara-Linie der Kintetsu-Privatbahn bis Yamato-Saidaiji, dann mit der Kashihara-Linie bis Nishinokyo. Unweit westlich des Bahnhofs Amagatsuji (eine Station vor Nishinokyo) liegt in einem See das Grab des Kaisers Suinin, ein Tumulus mit schlüssellochförmigem Grundriss. Auch dieses Grab entstand in der Kofun-Zeit.

**✶✶ Toshodaiji-Tempel**

Öffnungszeiten: tgl. 8.30–17.00 Uhr, 600 ¥

600 m südlich des Bahnhofs Amagatsuji (bzw. nördlich des Bahnhofs Nishinokyo) steht der 759 von Ganjin gegründete Toshodaiji-Tempel, oberster von rund 30 Tempeln der Ritsu-Schule. Aus der Gründungszeit stammen nur noch die Haupthalle und die Vortragshalle; die übrigen Gebäude sind neueren Datums.

Durch das Große Südtor Nandaimon (Rekonstruktion 1960) gelangt man zur Haupthalle Kondo, die mit einer Grundfläche von 15 x 29 m als größtes und bedeutendstes Beispiel der Tempyo-Architektur gilt. Von klassischer Schönheit ist die **Säulengalerie**. In der Halle eine 3,30 m hohe Sitzstatue des Rushana-butsu (Trockenlacktechnik), von den chinesischen Schülern des Ganjin, T'an Ching und Szu T'o, entworfen. Ihre prachtvolle Aura war ursprünglich mit 1000 kleinen Buddha-Figuren geschmückt, von denen 864 erhalten sind. Links daneben eine Tausendhändige Kannon (Trockenlack, 5,50 m hoch), rechts eine Statue des Yakushi-nyorai, gleichfalls in Trockenlacktechnik und den Ganjin-Schülern Szu T'o und Ju Pao zugeschrieben.

### ? WUSSTEN SIE SCHON ...?

- Der Name des Tempels leitet sich von »Shodai« her, übersetzt etwa »Tempel für einen Gastpriester«. Dies bezieht sich darauf, dass Ganjin, damals größte Autorität des Buddhismus, nach Japan eingeladen wurde, um hier zu lehren.

Ferner zwei 1,70 m hohe Holzstatuen (Bonten und Taishakuten) des Meisters Chun Fa-li sowie ein hölzernes Sitzbild des Dainichi-nyorai (3,70 m hoch) aus der frühen Heian-Zeit.

◄ Vortragshalle Kodo

Hinter der Haupthalle steht die Vortragshalle Kodo, ursprünglich Versammlungshalle des Kaiserpalastes Heijo-kyuden. Sie wurde bereits bei der Tempelgründung hierher versetzt und ist der **einzige noch erhaltene Teil der Palastanlage**. Bedeutendste Skulptur dieser Halle ist eine 2,40 m hohe Miroku-bosatsu-Statue; ferner sehenswert die aus einem Zypressenholzblock geschnitzten Statuen von Jikokuten und Zochoten.

Priesterwohnungen ►

Rechts der Vortragshalle birgt ein lang gestreckter Bau die Priesterwohnungen Higashimuro (Norden) und den Sakralraum Raido (Süden). Davor ein Trommelturm (Koro oder Shariden), wo am 19. Mai das **Fest Uchiwa-maki** stattfindet. Dabei werden geweihte herzförmige Fächer verteilt, die vor Unglück schützen sollen.

Bibliothek und Schatzkammer ►

Östlich der Priesterwohnungen befinden sich zwei in Azekura-zukuri-Technik errichtete Gebäude: die Sutren-Bibliothek Kyozo (Süden) und die Schatzkammer Hozo (Norden). Das neue Schatzhaus Shinhozo (1970) enthält Gemälde und Skulpturfragmente.

**✶✶ Yakushiji-Tempel**

Öffnungszeiten: tgl. 8.00–17.00 Uhr, 800 ¥

Von der in südlicher Richtung folgenden Bahnstation (Bahnhof Nishinokyo) oder vom Toshodaiji zu Fuß (750 m) erreicht man den Yakushiji-Tempel, den 680 unter Kaiser Temmu gegründeten heutigen Haupttempel der Hosso-Sekte (zusammen mit dem Kofukuji).

Während der Bauzeit, die sich bis 698 hinzog, verstarb Kaiser Temmu, dessen Gemahlin 687 den Thron bestieg. Nach der Verlegung des Regierungssitzes nach Nara wurde der Tempel im Jahre 718 von Asuka an seinen jetzigen Standort verbracht. Er wurde mehrfach beschädigt, besonders schwer im Bürgerkrieg von 1528. Von der ursprünglichen Anlage des zu den Sieben Großen Tempeln von Nara zählenden Heiligtums ist nur die Ostpagode erhalten geblieben; alle anderen Gebäude entstanden in oder nach der Kamakura-Zeit.

Haupthalle Kondo ►

Die Haupthalle Kondo, 1600 erneuert und 1976 auf den alten Fundamenten gänzlich neu errichtet, enthält die berühmte **Yakushi-Trinitas**. Ihre Zentralfigur ist der 2,60 m hohe Yakushi-nyorai (Medizin-Buddha): Anstatt die übliche Medizindose in der Hand zu halten, sitzt die Zentralfigur Yakushi-nyorai auf einer Medizinkiste, auf der griechische , persische, indische und chinesische Elemente auszumachen sind; zu beiden Seiten die Standfiguren des Nikko-bosatsu und des Gakko-bosatsu. Durch den Brand von 1528 wurden die ursprünglich vergoldeten Statuen geschwärzt; nur die Auren sind noch vergoldet. Alle drei Statuen stammen aus dem Jahr 697, ebenso die Yakushi-Trinitas in der hinter der Haupthalle liegenden Vortragshalle Kodo.

Schräg gegenüber erhebt sich die dreistöckige **Ostpagode** (37,90 m hoch), vermutlich im Jahr 698 erbaut. Durch kunstvoll eingefügte kleine Zwischendächer erscheint sie sechsstöckig. Kunstvoll ist auch der metallene Dachschmuck (Sorin). Hinter der Pagode schließt sich die Osthalle Toin-do (1285) an. Sie

## ? WUSSTEN SIE SCHON ...?

- Der Bau des Tempels wurde im Jahr 680 von Kaiser Temmu geplant, um darin für die Genesung seiner schwerkranken Frau, Jito, zu beten. Der eigentliche Bau entstand dann nach seinem Tod unter Leitung der Kaiserin.

birgt die 1,90 m hohe bronzene Sho-Kannon (Kudara-Kannon, um 600), Geschenk des Königs von Paekche (Korea). Auf der anderen Seite der Pagode kommt man zur Halle Bussokudo mit einem Stein, auf dem sich der **Fußabdruck Buddhas** (Bussoku-seki) befinden soll.

## Südliches Nara-Becken

Das südlich der Stadt sich ausdehnende Nara-Becken, auch Yamato-Becken genannt, wird von den Zuflüssen des Yamato durchzogen, der die Ebene nach Westen verlässt und im Süden von Osaka ins Meer mündet. In diesem Gebiet setzt sich die Reihe der bedeutenden Tempelanlagen aus japanischer Frühzeit fort.

**Hokkiji-Tempel**

Von Nara (Bahnhof Kintetsu-Nara) geht es mit der Bahn nach Kintetsu-Koriyama (15 Min.) und von dort mit dem Bus (20 Min.) zum Hokkiji-Tempel. Seine Gründung 638 geht auf den Priester Fukuryo zurück, der damit den letzten Willen von Shotoku-taishi (574–622) erfüllte. Hier soll sich der Palast des Jomei-tenno (Okamoto no miya) befunden haben, weshalb der Tempel auch Okamoto-Tempel genannt wird. Das einzig erhaltene Bauwerk aus der Gründungszeit ist die dreistöckige Pagode, die älteste ihrer Art in Japan.

**Horinji-Tempel**

Zu Fuß sind es 15 Minuten zum südwestlich gelegenen Horinji-Tempel, 821 von einem Sohn des Shotoku-taishi erbaut. Beherrschende Figur in der Haupthalle Kondo ist die Sitzstatue des Yakushi-nyorai in dem an chinesischen und koreanischen Vorbildern orientierten Stil Tori-busshi. Daneben die aus der späten Heian-Zeit stammenden Skulpturen der Kichijo-ten, Sho-Kannon und Bishamonten.

**✶✶ Horyuji-Tempel**

Öffnungszeiten: 22. Febr. bis 3. Nov. 8.00–17.00, sonst bis 16.30 Uhr, 1000 ¥

Etwa 1 km weiter südwestlich liegt **die älteste vollständig erhaltene Tempelanlage Japans**, der Horyuji-Tempel, ein glänzender Bau der Asuka-Zeit (552–645), mit meisterhaften Kunstwerken aus allen Kulturepochen. Auch der Horyuji zählt zum Weltkulturerbe.
Yomei-tenno, der erste buddhistische Kaiser Japans, wurde 586 von einer schweren Krankheit befallen. Er gab den Auftrag, eine Statue des Heilenden Buddha (Yakushi-nyorai) anzufertigen, starb aber vor deren Vollendung. Um seinen Wunsch zu erfüllen, ließ Shotoku-taishi, der Sohn des Kaisers, 607 den Horyuji-Tempel errichten, der als einer der Sieben Großen Tempel von Nara das Zentrum des Buddhismus im Lande wurde, von dem aus die neue Lehre in alle Teile Japans getragen wurde. Zu jener Zeit führte die Verbindungsstraße vom Kaiserhof zur Küste hier vorbei.
Die gesamte Anlage dieses Haupttempels der Shotoku-Schule umfasst 45 Bauten, die zwischen der Asuka- und der Momoyama-Zeit entstanden sind. 17 davon sind als **»Bedeutender Nationalschatz«** klassifiziert. Der Tempel ist in die Komplexe To-in (auch Higashi-no-in, Ostteil) mit 14 Gebäuden sowie Sai-in (auch Nishi-no-in, Westteil) mit 31 Gebäuden gegliedert.

Mittleres Tor ► Den Haupteingang sowohl zum Sai-in als auch zum gesamten Tempelbezirk bildet das Große Südtor Nandaimon, ein mehrmals (zuletzt in der Muromachi-Zeit, 1438) erneuerter Bau. Von hier gelangt man, am Tempelbüro vorbei, zum Mittleren Tor Chumon aus dem Gründungsjahr. Das Tor, zu dessen beiden Seiten überdachte Korridore (Kairo) verlaufen, unterscheidet sich von anderen Torbauten durch seine von Säulen getragene Konstruktion. Zu beiden Seiten des von Säulen geteilten Eingangs zwei Wächterfiguren (Nio), die rechte in Rot als Symbol des Lichtes, die linke in Schwarz als Symbol der Finsternis. Beide entstanden 711 und wurden 1964 vollständig restauriert.

Innerer Tempelhof ► Die vom Mittleren Tor ausgehenden Korridore umziehen den inneren Tempelhof. In diesem steht rechts die Haupthalle Kondo, ein zweistöckiger Holzbau von 9,10 x 7,30 m Grundfläche und 17,80 m Höhe, entstanden in der Asuka-Zeit und angeblich das älteste erhaltene Holzgebäude der Welt. Die Innenwände der Halle trugen **berühmte Fresken**, die in Stil und Ausführung jenen in den Höhlen von Ajanta (Indien) vergleichbar waren; sie wurden 1949 durch Feuer zerstört (Fotos der Fresken in der Großen Schatzkammer). In der Halle stehen mehrere Statuen aus dem 7. Jahrhundert; die bekannteste ist die **bronzene Shaka-Trinitas**, die 623 von Tori-busshi gegossen wurde. Auf der Rückseite der Hauptfigur Shakyamuni liest man über die Herkunft der Statue: Nachdem Shotoku Taishi und seine Frau kurz nacheinander verstorben waren, ließ Kaiserin Suiko 623 diese Figur in der Größe von Shotoku Taishi anfertigen, um damit seine Wiedergeburt im Paradies zu gewährleisten. Rechts der Trinitas steht eine Statue des Yakushi-nyorai (607), links eine Bronzestatue des Amida-nyorai (1232) sowie die Holzstatuen der Göttin Kichijo-ten und des Kriegsgottes Bishamonten, beide von 1078. Aus der späten Asuka-Periode stammen die Holzstatuen der vier Himmelswächter, die ältesten erhaltenen Darstellungen dieser Art.

Pagode ► Die im linken Teil des Tempelhofes stehende fünfstöckige Pagode aus dem Gründungsjahr des Tempels ist 32 m hoch; an den Ecken der Dächer sind Talismane gegen Feuergefahr angebracht, im unteren Teil ist ein Zwischendach (Mokoshi) eingefügt. Im Erdgeschoss sind vier in Ton gearbeitete Szenen aus dem Leben Buddhas dargestellt: an der Ostseite »Gespräch zwischen Yumia und Monju«, an der Südseite »Das Paradies des Miroku«, an der Südseite »Einäscherung Buddhas« und an der Nordseite »Eingang Buddhas ins Nirwana«.

Vortragshalle Daikodo ► An der Nordseite des Tempelhofs befindet sich die Vortragshalle Daikodo, deren ursprünglicher Bau 925 durch Blitzschlag zerstört und die 990 erneuert wurde. Sie bewahrt eine vergoldete Yakushi-Trinitas aus Holz (an den Seiten der Hauptfigur stehen Nikko-bosatsu und Sakko-bosatsu), ferner die Skulpturen der vier Himmelswächter.

Sutrahalle Kyozo ► Westlich der Vortragshalle steht die Sutrahalle Kyozo aus der Tempyo-Periode mit einer Holzstatue des koreanischen Priesters Kanroku, der 607 nach Nara kam und Astronomie und Geografie nach Japan gebracht haben soll.

## *Horyuji-Tempel* Orientierung

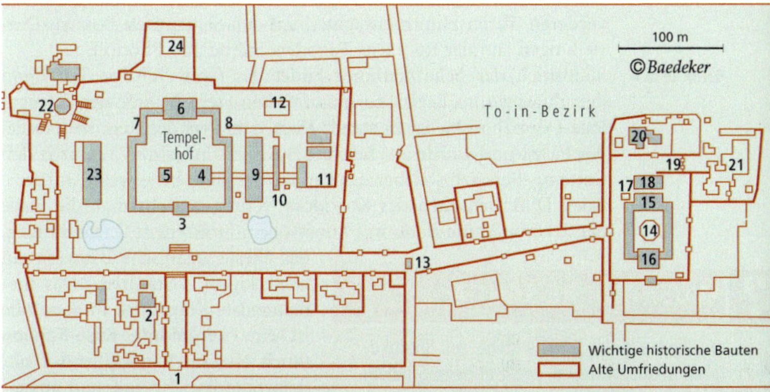


1 Nandaimon (Südtor)
2 Tempelverwaltung
3 Chumon (Mittleres Tor)
4 Kondo (Haupthalle)
5 Fünfstöckige Pagode
6 Daikodo (Vortragshalle)
7 Kyozo (Sutrahalle)
8 Shoro (Glockenturm)
9 Shoryoin
10 Tsumamuro
11 Kofuzo (Schatzhalle)
12 Daihozoin (Schatzkammer)
13 Todaimon (Osttor)
14 Yume-dono
15 E-den (Gemäldehalle) und Shariden (Reliquienhalle)
16 Raido
17 Shodo (Glockenturm)
18 Dempodo
19 Kitamuroin Karamon (Tor)
20 Kitamuroin Hondo
21 Chuguji-Tempel
22 Saiendo
23 Sangyoin
24 Kami-no-mido

◄ Shoryoin

Vor der den Hof östlich begrenzenden Galerie steht die der Seele des Shotoku-taishi geweihte Halle Shoryoin, das 1121 erneuerte ehemalige Priesterquartier. Sie birgt eine Statue des Shotoku-taishi, die den fünfundvierzigjährigen Regenten im Prunkgewand der T'ang-Zeit zeigt. Ihm zur Seite Skulpturen von Würdenträgern, u. a. des Priesters Eji.

◄ Schatzhaus

Jenseits des anschließenden Gebäudes Tsumamuro erreicht man das kleine Schatzhaus Kofuzo mit einigen buddhistischen Plastiken. Zwischen Tsumamuro und Kofuzo hindurch gelangt man zum Daihozoin, der Galerie der Tempelschätze, 1998 in altem Stil errichtet. Sie zeigt hervorragende Kunstwerke aus mehreren Stilepochen. Besonders zu erwähnen sind die **aus Korea stammende Kudara-Kannon** (in der eigens für sie errichteten Halle Kudura-Kannon-do), deren weiche Linien einen starken Kontrast zu den starren japanischen Plastiken jener Zeit bilden; eine **Neunköpfige Kannon** aus Holz und die Yumetagai-Kannon, die böse Träume in gute verwandelt (beide Plastiken aus der Hakuho-Zeit). Im Südbau befinden sich Stücke aus der Haupthalle, u. a. der 2,40 m hohe **Miniaturschrein Tamamushi-no-zushi der Kaiserin Suiko**. Seinen Namen verdankt er einer »Tamamushi« genannten Insektenart (Chrysochroa elegans), mit deren vielfarbigen Flügeln Teile des Schreins ursprünglich beklebt waren (heute nur noch an einer winzigen Stelle sichtbar). Der mit durchbrochenen Bronzebeschlägen verzierte Schrein zeigt an allen Seiten auf schwarzem Grund Malereien buddhistischen Inhalts (auf den vorderen Türen Himmelswächter, auf den Seitentüren Bosatsu-Darstellungen, auf der Rückseite Pagoden, Sterne und Phönix).

Bezirk To-in ► Südöstlich der Schatzkammer bildet das Große Osttor Todaimon den Zugang zum Bezirk To-in, an dessen Stelle bis 622 der Ikaruga-Palast des Shotoku-taishi stand. Nach dem Tod des Regenten verfiel der Palast und wurde auf Befehl des Kaisers im Jahre 739 durch den Osttempel ersetzt, welcher der Familie des Shotoku geweiht wurde. Nach Durchschreiten des Korridors (Kairo) erreicht man die Halle der Träume Yume-dono mit kunstvollem bronzenem Dachschmuck, das älteste japanische Bauwerk auf achteckigem Grundriss. Das bedeutendste Kunstwerk in der Halle ist eine **vergoldete Kuse-Kannon** (auch Nyoirin-Kannon) aus Holz, dem Shotoku ähnelnd und angeblich von ihm selbst geschaffen (zweifelsfrei nur der Schule des Tori-busshi zuzuordnen). Die Statue ist nur vom 11. April bis 5. Mai und vom 22. Oktober bis 3. November zu sehen. Sehenswert sind ferner eine Statue des Priesters Gyoshin Sozu (Trockenlack; Tempyo-Periode) und eine Tonfigur des Priesters Dosen (Heian-Zeit).

## ? WUSSTEN SIE SCHON ...?

- Wo die Halle der Träume steht, soll Shotoku-taishi meditiert haben, sooft er beim Studium der Sutren auf schwer verständliche Stellen gestoßen war. Dann erschien ihm – so die Legende – ein von Osten kommender Weiser, um ihm die Stelle auszulegen.

Gemäldehalle ► An der Nordseite der Umfriedung liegt die Gemäldehalle E-den mit Bildern aus dem Leben des Shotoku; rechts schließt sich die Halle Shariden (»Halle der Asche Buddhas«) an. Wie diese stammt auch der links sichtbare Glockenturm aus der Kamakura-Zeit.

Gebetshalle ► Nördlich jenseits der Gemäldehalle gelangt man zur Gebetshalle Dempodo, die früher Residenz der Kaiserinmutter Tachibana war und 739 in den Besitz des Tempels überging. Die in der Halle befindlichen Skulpturen entstammen der späten Nara-Zeit; in der Mitte eine Amida-Trinitas in Trockenlacktechnik, zu beiden Seiten zwei weitere Amida-Gruppen aus Holz; ferner Holzplastiken der Heian-Zeit.

Chuguji-Tempel ► Den nordöstlichen Teil des To-in-Bezirks bildet der Chuguji-Tempel, ein Nonnenkonvent, dem ursprünglich Mitglieder der kaiserlichen Familie vorstanden. Sehenswert ist hier eine 1,80 m hohe ausdrucksstarke Nyoirin-Kannon aus Holz, die von Shotoku stammen soll. Außerdem ist die Tenjukoku-Mandara zu sehen, ein Fragment der ältesten bekannten Stickerei Japans (7. Jh.). Das ursprünglich 4,80 m lange Kunstwerk wurde von der Witwe des Shotoku und ihren Hofdamen angefertigt und zeigt Szenen aus dem Leben während der Asuka-Zeit.

**Tenri** 10 km südlich von Nara liegt die Stadt Tenri (68 000 Einw.), Zentrum der 1838 gegründeten Tenri-kyo-Schule und Standort eines Volkskunstmuseums. Der Isonokami-Schrein 1,5 km östlich des Bahnhofs ist **einer der ältesten Schreine Japans** (vermutlich aus dem 3. Jh. n.

Chr.). Hier wird das Nanatsusaya-no-Tachi aufbewahrt, ein siebenschneidiges Schwert, das der koreanische Kronprinz dem Yamato-König im 4. Jahrhundert geschenkt hatte (nicht zugänglich).

**Miwa Omiya-Schrein**

Von Nara aus fährt die JR Manyo Mahoraba Linie in 25 Minuten nach Miwa, Ausgangspunkt für den Omiya-Schrein (auch Miwa Myojin) am Fuß des 467 m hohen Berges Miwa. Der Schrein ist der Gottheit Omonoushi geweiht und und hat keine Haupthalle, denn der Berg Miwa selbst gilt als Heiligtum. Mit dem nördlich gelegenen Isonokami-Schrein ist er durch eine alte Straße verbunden, die an frühzeitlichen Grabhügeln und alten Siedlungen vorbeiführt.

**Hase-dera-Tempel**

Ein fünfzehnminütiger Spaziergang vom Bahnof Hasedera der Kintetsu-Privatbahn (Osaka-Linie) führt zum Hase-dera-Tempel. Dieser im Jahr 686 gegründete Tempel ist das Zentrum der Buzan-Schule (Shingon-Buddhismus). In der von Kaiser Shomu gegründeten und 1650 erneuerten Haupthalle steht eine 8 m hohe Holzstatue der Elfköpfigen Kannon. Dem Tempel vorgelagert sind eine **No-Bühne** und das Tempelschatz-Museum. Das Tempelgebiet ist ein beliebtes Ausflugsziel, besonders während der Blüte der Kirschen (April/Mai) und der Pfingstrosen (Anfang April bis Anfang Mai).

**★★ Muroji-Tempel**

Öffnungszeiten: tgl. 8.00–17.00, Winter 8.30–16.00 Uhr, 500 ¥

Die Osaka-Linie der Kintetsu-Privatbahn hält auch am Bahnhof Muro-guchi-Ono; rund 8 km südlich von diesem (20 Minuten mit dem Bus) liegt der Muroji-Tempel der Shingon-Sekte, 681 erbaut und 824 von Kobo-daishi erneuert. Zu der schönen Anlage gehört eine Pagode von 16,20 m Höhe. Der Tempel soll besonders für Frauen erbaut worden sein, da diesen der Zutritt zum heiligen Berg Koya-san lange Zeit verwehrt war. Daher wurde der Muroji auch als »Koya-san der Frauen« bekannt. In der Haupthalle Kondo befinden sich eine hölzerne Juichimen-Kannon sowie Sitzstatuen der Nyoirin-Kannon und des Shaka-nyorai, alle drei aus der frühen Heian-Zeit.

**Tanzan-Schrein**

Die Stadt Sakurai (JR oder Kintetsu-Privatbahn-Bahnhof) ist Ausgangspunkt einer Buslinie in den Südteil des Nara-Beckens. In 30 Minuten gelangt man zum Tanzan-Schrein am Fuß des Berges Tonomine. Im Jahre 701 von dem Priester Joe, dem ältesten Sohn des Fujiwara no Kamatari, gegründet, wurde er mehrmals (zuletzt 850) erneuert. Bis zur Meiji-Zeit, als eine Politik der Trennung von Buddhismus und Shintoismus verfolgt wurde, existierten hier ein Tempel und Schrein nebeneinander. Nahe dem Eingang zum Schrein steht daher eine dreizehnstöckige Pagode, wohl die einzige ihrer Art in Japan. Der Schrein selbst (auch »Nikko-Schrein von Kansai« genannt) ist im Inneren von betonter Schlichtheit.

**Kashihara**

Westlich von Sakurai liegt die Stadt Kashihara (124 000 Einw.; Sakurai-Bahnlinie bis Bahnhof Unebi) am Fuß des 199 m hohen Berges Unebi, wo der legendäre Jimmu-tenno seinen Palast errichtet haben soll und sich auch sein Grab befindet. Nahebei befindet sich der ihm und seiner Gemahlin Himetatara-Isuzu-hime geweihte Kashihara-Schrein, der 1889 unter Verwendung von Holzteilen des Kaiserpalastes von Kyoto erbaut wurde. Dahinter ist das Grabmal der Kaiserin zu sehen.

✶ Asuka-Geschichtspark ► Nordöstlich nahe dem Schrein das Archäologische Museum (Yamato-rekishikan) mit Funden aus dem Nara-Becken, u. a. der späten Steinzeit zuzuordnen. Hier ist der Asuka-Geschichtspark (Weltkulturerbe) zu bewundern: Riesige steinerne Kaisergräber und Fundamente von Palästen erinnern an die Gründungszeit des erblichen japanischen Kaisertums im 4. Jahrhundert.

Vom unweit südlich des Geschichtsparks gelegenen Bahnhof Kashihara-jingu (Yoshino-Linie der Kintetsu-Privatbahn) gelangt man mit

*Ein steiler Weg führt zum Muroji-Tempel hinauf.*

dem Bus (20 Min.) zum Tachibana-Tempel der Tendai-Sekte. Er wurde am mutmaßlichen Geburtsort des Shotoku-taishi errichtet; von der einst großen Anlage blieb nur die 1864 erneuerte Haupthalle (Kondo) erhalten. Sie enthält eine hölzerne Skulptur des Shotoku aus der Muromachi-Zeit.

◄ Tachibana-Tempel

Unweit nördlich ist der (auch in 15 Minuten mit dem Bus von Sakurai zu erreichende) Asuka-Tempel oder Gangoji-Tempel zu bewundern. Im Jahre 588 wurde er als erster buddhistischer Tempel in Japan errichtet, erhielt den Namen des nach Heijokyo verlegten Hokoji-Klosters und wurde später als Gangoji-Tempel bekannt. Der Asuka- oder Gangoji-Tempel gilt als **Gründungszelle des japanischen Buddhismus** und als Zentrum der aus China neu eingeführten Kultur – der Asuka-Kultur. Außerdem birgt der Tempel eine Bronzestatue des Shakyamuni, die 606 von Tori-busshi geschaffen wurde. Seit 1998 gehört der Gangoji zum Weltkulturerbe in Japan.

◄ Asuka-Tempel

**Okadera-Tempel**

Von Kashihara-jingu besteht eine weitere Busverbindung zum rund 1 km östlich des Tachibana gelegenen Okadera-Tempel (alter Name Ryugaiji). Dieser war ursprünglich der Palast des Kaisers Tenchi und wurde 663 der Hosso-Sekte übereignet. Im Inneren eine heianzeitliche Tonfigur der Nyoirin-Kannon sowie eine sitzende Holzskulptur des Priesters Gien († 728) aus der Nara-Zeit.

**Hügelgräber**

Südlich des Okadera wurden bei Ausgrabungen zwei Hügelgräber freigelegt (Bus von Kashihara-jingu, 15 Min.). Das Grab Ishibutai, vermutlich das des Soga-no-Umako, entstand im 7. Jahrhundert; südwestlich von hier das Grab Takamatsuzuka (7. Jh.), in welchem chinesisch und koreanisch beeinflusste Beigaben gefunden wurden. Deren Nachbildungen sind im nahen Museum Asuka-shiryokan ausgestellt. Vom Bahnhof Asuka kann man mit der Kintetsu-Privatbahnlinie nach Nara zurückkehren (30 km).

# Niigata

K 6

**Hauptinsel:** Honshu **Präfektur:** Niigata
**Einwohnerzahl:** 803 000

新潟

**Niigata, die Hauptstadt der gleichnamigen Präfektur, ist der bedeutendste Hafen an der Westküste von Honshu und das Sprungbrett zur Insel Sado sowie zum asiatischen Festland.**

**Hafenstadt am Japanischen Meer**

Das Stadtgebiet wird von dem Fluss Shinano durchzogen, der hier in das Japanische Meer mündet. Gegen das Meer ist die von Kanälen durchzogene Stadt durch sandige Hügel abgeschirmt. Nach der Öffnung Japans zum Ausland erlangte Niigata große Bedeutung für den Handel mit Sibirien.

## NIIGATA ERLEBEN

### AUSKUNFT

*Touristinformation*
im Bahnhof, Tel. 0 25/2 41 79 14
tgl. 9.00–18.00 Uhr
www.city.niigata.niigata.jp
www.pref.niigata.lg.jp/en (Präfektur)

### VERKEHR

*Flugzeug:* Von Tokyo (Haneda Airport; 50 Min.); von Osaka (1 Std.).

*Bahn:* Von Tokyo JR-Joetsu-Shinkansen-Linie (ca. 2 Std.); von Osaka JR-Tokaido-Linie bis Tokyo, dann Joetsu-Shinkansen (4¾ Std.).

### VERANSTALTUNG

Niigata-Festival (7. – 9. Aug.; dreitägiges Stadtfest mit 30 000 Tänzern in bunten Sommerkimonos und zweistündigem Großfeuerwerk).

## Sehenswertes in Niigata

**Aquarium** Nordwestlich des Bahnhofs zeigt das in Küstennähe liegende Aquarium (Marinepia Nihonkai) Fauna aus dem Japanischen Meer. Auch eine Delfinshow wird geboten.

**Hakusan-Park** Am linken Ufer des Shinano liegt der Hakusan-Park mit dem gleichnamigen Schrein (Bus vom Bahnhof, 15 Min.).

**Niigata-yuen** Besonders im Frühling (April/Mai) ist der Blumengarten Niigata-yuen sehenswert (nahe dem Bahnhof Terao an der JR-Echigo-Linie; auch Bus vom Bahnhof Niigata, 25 Min.). Er bietet auch einen schönen Blick auf das Japanische Meer. Ein weiterer lohnender Aussichtspunkt ist der Hügel Hiyoriyama.

**Museum der nördlichen Kulturen** Das Haus der Familie Ito, einst eine der reichsten Familien in Japan, ist heute Museum (Hoppobunka-Hakubutsukan). Die 65 gut erhaltenen Räume der Ende des 19. Jahrhunderts erbauten Residenz zeigen anschaulich den Lebensstil einer reichen Familie (Öffnungszeiten: 9.00 – 17.00, Dez. – März 9.00 bis 16.30 Uhr, 800 ¥).

**Kulturzentrum** Südwestlich außerhalb der Stadt (Busverbindung, 30 Min.) zeigt das Kultur- und Veranstaltungszentrum Niigata Furusato Mura eine permanente Ausstellung (mit audiovisuellen Medien) über Kultur und Geschichte der Präfektur; hier werden auch traditionelle Produkte der Gegend wie Sake verkauft.

**Shirone** Die Stadt Shirone (35 000 Einw.; Privatbahnlinie ab Niigata) südlich von Niigata wird vor allem anlässlich des **Drachenfestes »Takoage«** besucht, das jährlich Anfang Juni stattfindet. Es ist dies ein aufregender Wettkampf mit riesigen Papierdrachen (bis 7 m Seitenlänge), wobei die beiderseits des Flusses postierten Parteien versuchen, den gegnerischen Drachen zum Absturz zu bringen.

# ★★ Nikko

K 6 • m 1

**Hauptinsel:** Honshu **Präfektur:** Tochigi
**Einwohnerzahl:** 94 000

**Die im östlichen Honshu am Rande des gleichnamigen Nationalparks gelegene Stadt Nikko ist bekannt wegen der prunkvollen Mausoleen. Ein geflügeltes Wort der Japaner lautet: »Sage nie ›kekko‹ (prächtig), ehe du Nikko gesehen hast.«**

日光

**Geschichte**

Ende des 8. Jahrhunderts gründete der buddhistische Mönch Shodo Shonin den ersten Tempel auf dem Nikko-zan. In der Folge entwickelte sich Nikko zu einem heiligen Ort des Buddhismus und Shintoismus. Shogun **Tokugawa Ieyasu** verfügte, man möge ihm hier nach seinem Tod einen Schrein errichten. So entstand der Toshogu-Schrein, den Ieyasus Enkel Tokugawa Jemitsu nach gerade 20 Jahren weit prunkvoller als zuvor erneuern ließ.

**Edo Wonderland**

Edo Wonderland ist der Versuch, die große Edo-Periode mit den Mitteln des Themenparks lebendig werden zu lassen: Geboten werden in der Nachbildung eines Dorfes jener Zeit u. a. klassische Theaterstücke und Vorführungen von Kampfsportarten und Akrobatik, zwischen den Besuchern wandeln Ninjas, Geishas und Samurai (kostenloser Shuttlebus ab JR-Bahnhof Nikko; 20. März – Nov. 9.00 bis 17.00, Dez. – 19. März 9.30 – 16.00 Uhr, Tagespass 4500 ¥).

*Die berühmte Affen-Trias im Toshogu-Schrein von Nikko*

## Tempel- und Schreingelände

✶ **Shinkyo-Brücke**

Der Fluss Daiya trennt die östliche Altstadt von der am westlichen Ufer gelegenen Neustadt (Nishi-machi oder Iri-machi), wo sich die berühmten Sehenswürdigkeiten befinden.
Von den nahe beieinander liegenden Bahnhöfen der JR und der privaten Tobu-Linie gelangt man zu Fuß in 15 Minuten zu der rot la-

## NIKKO ERLEBEN

### AUSKUNFT

***Touristinformation***
im Tobu-Bahnhof, Tel. 02 88/53 45 11
tgl. 8.30–17.00 Uhr
im Kyodo Center, 591 Goko-machi, Hauptstraße Richtung Schreinbezirk
Tel. 02 88/53 37 95
tgl. 9.00–17.00 Uhr
www.nikko-jp.org/english
www.city.nikko.lg.jp/kankou/shaji/english/main.htm

### VERKEHR

*Bahn:* Von Tokyo (Bahnhof Ueno) JR-Tohoku-Shinkansen-Linie bis Utsunomiya (45 Min.), dann JR-Nikko Linie (45 Min.); von Tokyo (Bahnhof Asakusa) Tobu-Privatbahnlinie bis Tobu-Nikko (u.U. Umsteigen in Shimo-Imaichi; 1¾ Std.).
*Bus:* Mehrere Linien in den Nikko-Nationalpark.

### VERANSTALTUNGEN

Yayoi-matsuri (Überführung der Tragschreine zum Takino-o-Schrein und Hongu-Schrein; Mitte April), vom Futarasan-Schrein aus; Ennen-no-mai (Tanz aus der Kamakura-Zeit; Mitte Mai), im Rinnoji-Tempel; Frühjahrsfest (mit Tragschreinen, Parade in alten Rüstungen und Bogenschießen; Mitte Mai), beim Toshogu-Schrein; Tohai-matsuri (nächtlicher Pilgerzug zum Inneren Schrein des Futarasan auf dem Berg Nantai; Anf. August), vom Chuzenji-See aus.

### SAMMELTICKET

Es gibt ein Sammelticket (1000 ¥) für einen Großteil des Toshogu, des Rinnoji und des Futarasan-Schreins – in jedem Fall günstiger, als wenn man jeweils Einzeltickets kauft. Einige Bereiche (z. B. die schlafende Katze des Toshogu) kosten allerdings extra.

### ÜBERNACHTEN

**▸ Komfortabel**

***Nikko Kanaya Hotel***
1300 Kami-Hatsuishi-machi, Nikko, Tochigi-ken, 321-1401
Tel. 02 88/54 00 01
www.kanayahotel.co.jp
Historisches Hotel, bestehend aus vier Gebäuden, das älteste aus der Meiji-Zeit, das jüngste aus den 1950er-Jahren. Auf einem Hügel westlich der Hauptstraße vom Bahnhof zum Schreinkomplex. Preise je nach Zimmerkategorie und Saison ab 12 000 ¥ bis über 40 000 ¥ pro Doppelzimmer.

***Nikko Senhime Monogatari***
6-48 Yasukawa-cho, Nikko, Tochigi-ken 321-1432
Tel. 0288 / 54 10 10
www.senhime.co.jp/en
Modernes Ryokan-Hotel mit großem Onsen-Bad (rund um die Uhr geöffnet!) beim Toshogu-Schrein. Die 44 überwiegend japanischen Zimmer haben einen schönen Ausblick auf den Otani-Fluss. Mehrere Restaurants und eine Karaoke-Bar.

ckierten Heiligen Brücke Shinkyo (auch Mihashi), die den Daiya überspannt und auf der man zu dem von Zedern bestandenen Tempel- und Schreingelände gelangt. Die **Alleen** entlang der zum Schreingelände führenden Straßen wurden von 1625 bis 1651 von Matsudaira Masatsuna gepflanzt, der – weniger wohlhabend als andere zum Bau des Schreins beisteuernde Daimyo – damit seinen Beitrag zur Errichtung des Mausoleums für Tokugawa Ieyasu, den Begründer des Shogunats, leistete. Etwa 13 000 dieser Bäume sind noch zu sehen. Die 28 m lange und 7,20 m breite heilige Brücke, eine Rekonstruktion des 1902 durch eine Flut zerstörten Originals von 1636, bezeichnet die Stelle, an der nach der Legende der Priester Shodo (735–817) den Fluss auf dem Rücken zweier riesiger Schlangen überschritt. Früher dem Shogun und seinem Gefolge vorbehalten, kann die aufwändig restaurierte Brücke heute gegen Zahlung von 500 ¥ betreten werden.

**Hongu-Schrein**

Über die daneben gelegene neue Brücke erreicht man den 784 von Shodo gegründeten Hongu-Schrein (auch Futarasan-Hongu), eines der ältesten Heiligtümer von Nikko. Allerdings wurden die heute sichtbaren Gebäude erst im späten 17. Jahrhundert neu errichtet, desgleichen auch der hinter dem Schrein stehende Shihonryuji-Tempel, in dessen Haupthalle eine Statue der Tausendhändigen Kannon sowie die Standbilder von Godaison, den fünf großen Lichtkönigen, und dem Tempelgründer Shodo (Letzteres angeblich ein Selbstbildnis) zu sehen sind.

◂ Shihonryuji-Tempel

## *Nikko* *Orientierung*

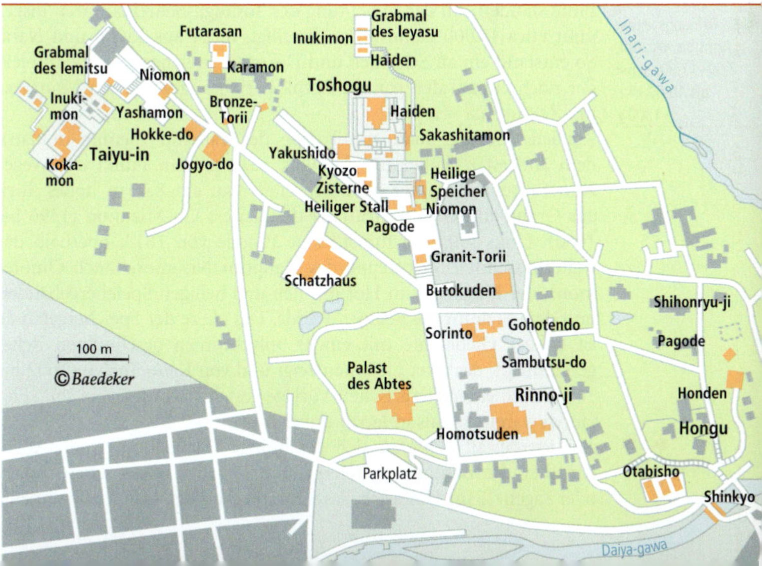

*Grimmig dreinblickende Wächterfiguren schützen die Tempel.*

Folgt man dem von der Brücke nach links weiterführenden Weg, so gelangt man zur Pilgerstraße Omotesando, die auf den Toshogu-Schrein zuführt. An ihr liegt zunächst der **Rinnoji-Tempel** der Tendai-Sekte, der vermutlich im Jahre 848 von dem Priester Ennin (794–864, postum Jikaku-daishi) nach dem Vorbild eines auf dem heiligen Berg Hiei befindlichen Tempels erbaut worden ist. In der Haupthalle Sambutsu-do (Halle der drei Buddhas; 1648) die 8 m hohen vergoldeten Statuen von Amida-nyorai, der Tausendhändigen Kannon und der Bato-Kannon (diese mit einem Pferdekopf an der Stirn, Symbol für die Schutzgottheit der Tiere), ferner die Porträts der Tempeläbte Tenkai (1536 bis 1643, postum Jigen-daishi) und Ryogen (912–985, postum Gansan-daishi). Zum Tempel gehört ein Schatzhaus (Homotsuden) und ein Garten (Shoyoen) aus der Edo-Zeit (Öffnungszeiten: tgl. 8.00 bis 17.00 Uhr, Nov. bis März bis 16.00 Uhr, Eintritt Sanbutsudo 400 ¥, Schatzhaus und Garten 300 ¥).

★★ **Toshogu-Schrein**

Öffnungszeiten: April bis Okt. tgl. 8.00–17.00, sonst bis 16.00 Uhr, 1300 ¥

Die Pilgerstraße führt weiter zum Toshogu-Schrein, **dem bedeutendsten Heiligtum von Nikko**. Die 22 Gebäude der Anlage entstanden zu einer Zeit, da Architektur und Kunsthandwerk in höchster Blüte standen. An der Errichtung des Toshogu-Schreins waren insgesamt etwa 15 000 Handwerker beteiligt, meist aus Kyoto und Nara. So entstand ein an Schmuck und Dekor überreicher Bautenkomplex, der noch einmal den ganzen Prunk der vorangegangenen Momoyama-Zeit in sich vereinte.

Zunächst gelangt man zur Treppe der Tausend (Sennin-ishidan), dem äußersten früher für das Volk zugänglichen Punkt des Weges zum Schrein. Dahinter durchschreitet man ein 8,40 m hohes Torii aus Granit mit einer Schrifttafel des Kaisers Go-Mizunoo (1596 bis 1680). Links folgt die fünfstöckige Pagode von 1818; oberhalb der weiterführenden Steintreppe das Haupttor Nio-mon (auch Omote-mon), der Eingang zum Hof mit den drei heiligen Speichergebäuden und dem Stall für die heiligen Pferde. Das obere der Speichergebäude ist an der Giebelseite mit einem polychromen geschnitzten Relief geschmückt, das zwei Elefanten zeigt und von Kano Tan'yu (1602 bis 1674) nach einer literarischen Vorlage gestaltet worden sein soll (Elefanten waren damals in Japan unbekannt).

★★ Affengruppe ►

Am Pferdestall befinden sich geschnitzte Darstellungen von Affen, darunter die berühmte Dreiergruppe (»nichts Böses sehen, hören oder sagen«). Im Hof auch das Granitbecken des heiligen Brunnens;

Südlich des Schreins stehen die zum Rinnoji-Tempel gehörenden Hallen Hokke-do und Jogyo-do, auch Futatsu-do (Zwillingshallen) genannt. Die 848 nach dem Vorbild eines Gebäudes auf dem Berg Hiei errichteten Hallen beherbergen zahlreiche buddhistische Statuen aus dem Toshogu-Schrein, die dort im Zuge der Shinto-Renaissance der Meiji-Zeit entfernt wurden. Südlich von hier, am Hügel Daikoku, die gleichfalls zum Rinno-ji gehörende Halle Jigen-do, dem Vertrauten des Ieyasu und Oberpriester von Nikko, Tenkai (1536–1643), gewidmet. Auf dem Weg dorthin passiert man die Amida-Halle (links) sowie die Sutren-Halle (rechts) und einen Glockenturm; hinter der von einer Mauer umgebenen Kulthalle die Grabstätte des Tenkai.

**Hokke-do Jogyo-do**

Unweit westlich liegt der Taiyuin, das Mausoleum von Iemitsu, dem dritten Tokugawa-Shogun. Obgleich dieses Mausoleum nur 16 Jahre nach dem Toshogu-Schrein erbaut wurde, zeichnet sich hier bereits die Hinwendung zum schlichteren Stil der Edo-Zeit ab. Die Farbgebung beschränkt sich auf Schwarz und Gold.

**✶✶ Taiyuin**

Durch das erste Tor Nio-mon erreicht man das zweite Tor Nitemmon, einen zweistöckigen Bau mit Statuen der buddhistischen Götter Komokuten und Jikokuten (Außennischen) sowie des Wind- und des Donnergottes (Innennischen).

Im mittleren Hof ein Glockenturm und ein Trommelturm. Der Weg führt durch das dritte Tor Yasha-mon (auch Botam-mon, »Päonientor«) mit Darstellungen von vier buddhistischen Gottheiten, und das vierte Tor Kara-mon (chinesisches Tor) zum Innenhof. Hier stehen die Kulthalle und die durch den Verbindungsgang Ai-no-ma mit ihr verbundene Haupthalle Honden, in welcher sich eine Sitzstatue des Iemitsu befindet. Am Zugang zum innersten Hof steht das im Stil der Ming-Zeit erbaute Tor Koka-mon, gefolgt vom Tor Inuki-mon, hinter dem die innere Kulthalle und erhöht das bronzene Grabmal des Iemitsu zu finden sind (Öffnungszeiten: April bis Okt tgl. 8.00 bis 17.00, sonst bis 16.00 Uhr, 550 ¥). Südöstlich des Mausoleums steht das Schatzhaus der Schreine mit zahlreichen Kunstwerken aus den einzelnen Heiligtümern (Öffnungszeiten wie Taiyuin, 500 ¥).

◄ Schatzhaus

## ✶ Nikko-Nationalpark

Westlich der Stadt dehnt sich der 1407 km² große Nikko-Nationalpark aus. Mit mächtigen Bergen, uralten Wäldern, weiten Moorflächen, Seen und Wasserfällen gehört er zu den schönsten und meistbesuchten Regionen des Landes. Die Kaiserliche Villa Tamozawa mit Garten (Bus ab Bahnhof Nikko, ca. 15 Min.) ist heute ein Museum. Ursprünglich 1899 für den Taisho-tenno erbaut, diente sie Villa während des Zweiten Weltkriegs auch als Unterschlupf für Kaiser Hirohito (Öffnungszeiten: April – Okt. 9.00 – 17.00 Nov.–März nur bis 16.00 Uhr, 500 ¥).

◄ Kaiserliche Villa Tamozawa

Eine statttliche Anzahl von Wasserfällen kann man nördlich und nordwestlich von Nikko bewundern. Zu Fuß sind es 1½ Stunden zum 75 m hohen Kirifuri-no-Wasserfall (im Sommer auch Bus); hier oben gibt es schöne Spazierwege und gutes Milcheis. Weiter nördlich breitet sich an den Hängen des Berges Maruyama ein Wintersportgebiet mit mehreren Liften aus.

★ **Chuzenji-See**

Eine Buslinie führt in das weiter westlich gelegene Gebiet des Nationalparks. Über Umagaeshi erreicht man den Chuzenji-See, an dessen östlichem Ufer, bei Chuzenji-onsen (ab Bahnhof Nikko 50 Min.), der **Kegon-Wasserfall** 100 m in die Tiefe stürzt (Lift zum Fuß des Wasserfalls). Der von dem 2484 m hohen Berg Nantai überragte See (Bootsrundfahrten) ist ein beliebtes Ferienziel; zur Zeit der herbstlichen Laubfärbung ist besonders das Südufer mit den Orten Teragasaki und Matsugasaki reizvoll. Am Ostufer steht der Chuzenji-Tempel (auch Tachiki-Kannon); im Inneren eine Tausendhändige Kannon von dem Priester Shodo.

*Der Kegon-Wasserfall im Nikko-Nationalpark ist eine der großen Naturschönheiten Japans.*

Der Aufstieg auf den erloschenen **Vulkan Nantai** (Anfang Mai bis Mitte Oktober) beginnt beim Mittleren Schrein (Chugushi), der zum Futarasan-Schrein gehört und dessen Kulthalle (Haiden) und Haupthalle (Honden) sehenswert sind. Die Region des Kraters (400 m Durchmesser) ist in etwa 4 Stunden zu erreichen; für den Anstieg wird eine kleine Gebühr erhoben. In Gipfelnähe steht der Innerste Schrein (Okumiya).

Die Buslinie folgt von Chuzenji-onsen dem Nordufer des Sees nach **Jigokuchaya**; nahebei der Ryuzu-Wasserfall.

Über die Senjogahara-Hochebene mit ihrer reichen alpinen Flora erreicht man das am **Yunoko-See** gelegene Nikko-Yumoto-onsen, das als Sommerurlaubsort und Wintersportgebiet viel besucht wird.

Über den Konsei-Pass (2024 m) gelangt man zu der Moorebene **Ozegahara** mit dem Ozenuma-See im äußersten Westen des Nationalparks.

Am Fuß der Nasu-Vulkane liegt das **Kurgebiet Nasu-onsenkyo** mit den Badeorten Nasu-Yumoto, Kita, Benten, Omaru, Sandogoya, Takao und Itamuro. In das Vulkangebiet führt die Nasu Plateau Toll Road; in Kakkodaira beginnt die relativ leichte Anstiegsroute (Seilbahn bis Tenguhana) auf den Chausu (auch Nasu; 1917 m). Von dessen Gipfel gelangt man auch zum 1903 m hohen Asahi.

**Nasu-Vulkane**

# Noto-Halbinsel

J 6

**Hauptinsel:** Honshu **Präfektur:** Ishikawa

能登 半島

**Der Reiz der Noto-Halbinsel liegt in ihrer zerklüfteten, wildromantischen Küste und in ihrer Ursprünglichkeit. Hier lassen sich noch Spuren des traditionellen Japan entdecken. Weite Teile der Küstenlandschaft bilden den Noto-Halbinsel-Quasi-Nationalpark.**

Die Halbinsel Noto schiebt sich an der Nordküste von Zentral-Honshu weit in die Japanische See vor. Ihren Westteil bildet ein grünes Bergland mit zerklüfteter Küste und rauem Klima, während der Ostteil mit seinen zahlreichen Buchten geschützter ist.

## Sehenswertes auf Noto

Im Südosten der Halbinsel liegt nahe der Toyama-Bucht die Stadt **Takaoka** (180 000 Einw.). Vom Sakurababa-Park zieht eine zweihundertjährige Kirschbaumallee zum Takaoka-Park mit den spärlichen Resten der Burg.

Die Stadt **Hakui** (25 000 Einw.), seit je geschätzt für seine Seidenstoffe, liegt an der Chirihama genannten Küstenlinie im Westen der Halbinsel. Nördlich der Stadt befindet sich in Meeresnähe der Keta-Schrein mit schöner Haupthalle; nahebei der Myojoji-Tempel der Nichiren-Sekte, sehenswert besonders die Gründerhalle Kaisando, die Kulthalle Kigando und die fünfstöckige Pagode. Beide Heiligtümer sind vom Bahnhof Hakui mit dem Bus erreichbar (ca. 20 Min.).

## NOTO ERLEBEN

### VERKEHR

*Bahn:* Von Nagoya über Takaoka (3 ½ Std.) nach Himi (weitere 30 Min.). Von Osaka über Kanazawa (2 ½ Std.) nach Wakura Onsen (1 Std.) und per Noto-Privatbahn weiter nach Anamizu (30 Min.). Nördlich von Anamizu gibt es keine Bahnlinie mehr.
*Bus:* Von Kanazawa nach Wajima (2 Std.), von Anamizu nach Wajima (30 Min).

## ? WUSSTEN SIE SCHON ...?

- ... dass Hakui auf Noto die häufigsten UFO-Sichtungen Japans vermeldet? Im Museum Cosmo Isle geht es aber v.a. um Raumfahrtgerät der USA und der UdSSR – und auch ein wenig um UFOs.

*Bizarre Felsgebilde an der Küste der Noto-Halbinsel*

**Noto-Kongo** Der 8 km lange, weißsandige Strand Chirihama (Chirihama Beach Driveway) wird im Norden von der 15 km langen Küstenlandschaft Noto-Kongo mit ihren malerischen Felsformationen abgelöst (Bus von Hakui).

**Nanao** Die JR-Nanao-Linie verbindet Hakui mit der lebhaften Hafen- und Handelsstadt Nanao (61 000 Einw.). Aus dem Marinestützpunkt der Edo-Zeit entwickelte sich eine bedeutende Werft.

**Wakura-onsen** 5 km nordwestlich von Nanao, an dem in die Bucht ragenden Kap Benten, liegt das bekannte Thermalbad Wakura-onsen (Quellen bis 90 °C); lohnend sind Ausflüge in die buchtenreiche Umgebung.

**Wajima** Die Stadt Wajima (33 000 Einw.) an der Nordküste (Bus von Kanazawa oder Anamizu), ein altes Zentrum der Lackwarenherstellung, ist Ausgangspunkt für Schiffsexkursionen zur Insel Hekurajima. Besuchenswert ist der Morgenmarkt und das Lackwarenzentrum Wajima Shikki Kaikan mit Ausstellung und Verkauf.

Hekurajima ▶ Die ca. 50 km vor der Küste liegende Insel Hekurajima (Schiffsverbindung, 2 Std.) wird im Sommer von zahlreichen Fischern aus Wajima aufgesucht, die dort Muscheln und Meerestang sammeln. Diese Tätigkeit wird vielfach von Taucherinnen (Ama) ausgeübt.

**★ Sosogi-Küste** Busverbindungen bestehen von Wajima zur sich nordöstlich erstreckenden Sosogi-Küste (auch Oku-Noto-Kongo) mit ihren malerischen Felsformationen. Unterwegs sieht man winzige Reisterrassen, die sich die Hänge hochziehen, die »Senmaida« (Tausend Reisfelder).

Maschinen können hier nicht eingesetzt werden. Hier liegt das Anwesen Tokikunike, mit insgesamt 624 m² **einer der größten japanischen Bauernhöfe**, unterteilt in zwei Gehöfte: Kami und Shimo Tokikunike. Errichtet wurde es in der frühen Edo-Zeit von den Nachkommen des Taira Tokikuni, der von Minamoto Yoritomo hierher verbannt worden war.

◄ Anwesen Tokikunike

# ★ Oga-Halbinsel

K 5

**Hauptinsel:** Honshu **Präfektur:** Akita

**Die Steilküste der Oga-Halbinsel, die von der hier häufig recht stürmischen See tief erodiert ist, zeigt schroffe Riffe und Klippen, Grotten, Bögen und andere malerische Felsbildungen. Vielerorts entlang der Küste werden frische Meeresfrüchte verkauft; die Felsvorsprünge bieten vorteilhafte Angelplätze.**

男鹿 半島

**Felsige Halbinsel**

Die Halbinsel an der Nordwestküste Honshus, etwa 40 km nordwestlich von Akita, war früher das gebirgige Südende einer Nehrung, die sich nordöstlich bis fast nach Noshiro zog. Die ehemals dahinter liegende Lagune Hachirogata wurde zur Landgewinnung trocken gelegt und bietet jetzt den freundlichen Anblick grünender, von Kanälen durchzogener Reisfelder. Die schmalste Stelle der nahezu dreieckigen

## OGA ERLEBEN

### AUSKUNFT

*Touisteninformaion*
in Oga, 1-1 Shinhama-cho, Funakawaminato
Tel. 01 85/24 47 00
tgl. 8.30–17.00 Uhr

### VERKEHR

*Bahn:* Von Tokyo (Bahnhof Ueno) JR-Akita-Shinkansen- und JR-Oga-Linie (5 Std.).
*Bus:* (z.T. nur im Sommer): Von Oga nach Oga-onsen (1 Std.).
*Schiff:* Ausflugsboote von Oga (Aquarium) nach Monzen (50 Min.; nur Mai bis Oktober).

### VERANSTALTUNG

Der interessanteste Brauch auf Oga ist das am 31. Dez. in allen Orten stattfindende *Namahage*, wobei »hage« für entfernen und »nama« für die leichten Verbrennungen steht, die durch das Kauern am (als Heizung dienenden) Kohlenbecken an Händen und Füßen entstehen können. Junge Männer in struppigen Strohumhängen und mit Dämonenfratzen klopfen an jede Tür. Der Hausherr empfängt sie in traditioneller Feiertagstracht; nachdem sie sich vor dem Hausaltar verneigt haben, beginnen sie bedrohlich zu rumoren und brummen: »Sind hier etwa Faulpelze zuhaus?« Erst wenn man sie mit Reiskuchen und Sake besänftigt hat, ziehen sie weiter.

Halbinsel, unweit westlich des Kampu-Hügels (355 m), misst etwa 10 km; die steile Westküste vom nördlichen Kap Nyudo bis zum südlichen Kap Shioze über 25 km. Die höchsten Gipfel sind der Honzan (716 m), der Kenashi (673 m) und der Shinzan (571 m).
Eine schöne Panoramastraße führt in vielen Windungen entlang der Oga-nishi-kaigan genannten **Corniche**; man kann sie aber auch aus Mietbooten vom Meer her besichtigen.

## Sehenswertes auf Oga

**Oga** Von Akita kommend, erreicht man zunächst die an der Südküste der Halbinsel gelegene Stadt Oga (34 000 Einw.). Unweit der Fischerort Funakawa in einer hübschen Bucht (Bootsverleih).

**Monzen** Schon an der malerischen Westküste liegt Monzen, während der Saison (Mai bis Oktober) Ausgangspunkt der Schiffsfahrten bis nach Toga unweit des nördlichen Kaps Nyudo (1¼ Std.; auch Rundfahrten möglich). In einer halben Stunde erreicht man von Monzen zu Fuß den Akagami-Goshado-Schrein, wobei 999 Stufen zu bewältigen sind. Die **Legende** berichtet, dass die Stufen von Dämonen stammen, die Macht über die hübschen Mädchen des Ortes gewinnen würden, wenn sie bis zum Morgengrauen eine Treppe mit tausend Stufen gebaut hätten. Die bösen Geister konnten jedoch die Letzte nicht mehr vollenden.

**Toga-Bucht** Von Monzen aus starten auch die Busfahrten entlang der Panoramastraße nach Norden. Einen lohnenden Zwischenaufenthalt bietet die Station Oga Suizokukan in der schönen Toga-Bucht (Aquarium). Günstiges Standquartier im Norden ist das Thermalbad Oga-onsen. Am Kap Nyudo erhebt sich ein Leuchtturm.

# ✶ Okayama

G 7 • f 3

**Hauptinsel:** Honshu **Präfektur:** Okayama
**Einwohnerzahl:** 686 000

岡山

**Die größte Attraktion der Stadt ist der Koraku-en, neben denen von Kanazawa und Mito einer der drei berühmtesten Landschaftsgärten Japans.**

**Handels- und Industriezentrum** Die Stadt Okayama liegt im Westen von Honshu zu beiden Seiten des Flusses Asahi, der an der Kojima-Bucht in die Inlandsee mündet. Im Norden von den Ausläufern der Chugoku-Berge begrenzt, ist sie Ausgangspunkt für Exkursionen in das schöne Umland. Neben Maschinenbau, Textil- und chemischer Industrie spielt vor allem die traditionelle Keramikmanufaktur (Bizen-yaki) eine große Rolle.

## Sehenswertes in Okayama

★★ **Koraku-en**

Etwa 1,5 km östlich des Bahnhofs (Busverbindung) liegt der Park Koraku-en. 1687 von Ikeda Tsunamasa, dem Burgherrn der Stadt, in Auftrag gegeben und 1700 vollendet, ist er das typische **Beispiel eines Wandelgartens in der Tradition des Kobori Enshu** (1579–1647). Auf dem 13,3 ha großen Terrain befinden sich Teepavillons, Teiche, Wasserfälle sowie Kiefern, Ahorn-, Kirsch- und Pflaumenbäume (Öffnungszeiten: April – Sept. tgl. 7.30–17.45, Okt. – März 8.00 bis 6.45 Uhr, 350 ¥).

**Burg**

Die Kulisse des Gartens bildet die jenseits des Flusses (Tsukimi-Brücke) stehende Burg, die wegen ihres schwarzen Anstrichs auch U-jo (Krähenburg) genannt wird. Von den im 16. Jahrhundert errichteten Gebäuden sind nur zwei Außentürme erhalten, der Rest wurde nach Zerstörung im Zweiten Weltkrieg 1966 rekonstruiert.

Der **Higashiyama-Park** (auch Kairaku-en), 3,5 km südöstlich des Bahnhofs, bietet einen lohnenden Blick auf die Stadt und die südwestlich gelegene Kojima-Bucht.

## Umgebung von Okayama

Mit der JR-Kibi-Linie gelangt man zu dem 8,5 km westlich gelegenen Ort **Kibitsu** mit dem vermutlich im 4. Jahrhundert gegründeten und dem legendären Prinzen Kibitsuhiko geweihten Kibitsu-Schrein. Die heutigen Gebäude entstanden im Jahre 1425 und zeigen den für die Kibi-Region charakteristischen Baustil Kibitsu-zukuri.

Eine Buslinie führt von Okayama in südlicher Richtung über einen 1558 m langen Deich, welcher die Mündung der Kojima-Bucht gegen das Meer abriegelt, nach **Uno**, dem Hafen der unweit westlich gelegenen Stadt Tamano. Von hier bestehen Schiffsverbindungen nach Takamatsu auf der Insel Shikoku (mit pittoresken Ausblicken auf bewal-

*Koraku-en* *Orientierung*

dete Mini-Inseln in der Inlandsee) sowie zur Insel Shodoshima. Seit 1988 stellt zwischen Tamano (Honshu) und Sakaide (Shikoku) die Hängebrücke Seto-Ohashi (»große Inlandsee-Brücke«) eine Bahn- und Straßenverbindung her.

**Shibukawa** 8 km westlich von Uno liegt der weißsandige Strand Shibukawa (Bus, 25 Min.), einer der schönsten an der Inlandsee. Neben zahlreichen Freizeiteinrichtungen gibt es hier ein Meeresmuseum mit Aquarium.

**Washuzan** ►Kurashiki, Umgebung

**Saidaiji** Saidaiji, 14 km östlich von Okayama (JR-Ako-Linie, 20 Min.), ist bekannt durch den 777 gegründeten Saidaiji-Tempel der Shingon-Schule, wo im Februar das **Fest Eyo-matsuri (auch Hadaka-matsuri, »Fest der Nackten«)** stattfindet. Ca. 9000 nur mit einem Lendenschurz bekleidete Männer versuchen dabei, einen der zwei von einem Priester um MItternacht aus einem Tempelfenster in die Menge geworfenen Glücksstäbe zu erobern.

**Bizen-Töpferzentrum** Um den Bahnhof Imbe (JR-Ako-Linie, 35 Min. von Okayama) befinden sich unzählige Töpferwerkstätten, die die traditionsreichen, unglasierten Bizen-Topfwaren herstellen (► Kunst und Kultur, S. 73). Ein Museum in Bahnhofsnähe zeigt alte und moderne Stücke.

## OKAYAMA ERLEBEN

### AUSKUNFT

***Touristinformation***
im Bahnhof, Tel. 0 86/2 22 29 12
tgl. 9.00–18.00 Uhr
im Okayama International Center, 2-2-1 Hokan-cho, nahe dem Westausgang des Bahnhofs
Tel. 0 86/2 56 29 14
Mo. – Sa. 9.00–17.00 Uhr
www.optic.or.jp

### VERKEHR

*Flugzeug:* Von Tokyo (Haneda Airport; 1¼ Std.).
*Bahn:* Von Tokyo (Hauptbahnhof) JR-Shinkansen-Linie über Osaka (Bahnhof Shin-Osaka; 3½ Std.); von Takamatsu (Shikoku) JR-Marine-Liner (1 Std.).

*Einer der drei berühmten Landschaftsgärten Japans: der Koraku-en*

# ★★ Okinawa

D 11

**Hauptinsel:** Okinawa
**Fläche:** 2 267 km² (gesamt)
**Präfektur:** Okinawa

**Okinawa ist Japans südlichste Präfektur. Subtropische Vegetation, Korallenriffe und die eigenständige Kultur machen die Inseln zu einem exotischen Reiseziel – nicht nur für Europäer, sondern auch für Japaner.**

沖縄

**Drei große Inselgruppen**

Okinawa liegt rund 500 km südlich der Hauptinsel Kyushu in einem Inselbogen, welcher den Pazifik vom Ostchinesischen Meer trennt. Die Präfektur Okinawa umfasst neben der gleichnamigen größten Insel noch etwa 100 kleinere Eilande (weniger als die Hälfte davon bewohnt) mit einer Gesamtfläche von 2267,48 km². Neben der Gruppe der Okinawa-Inseln sind dies die weitab östlich gelegenen Daito-Inseln sowie südlich die Miyako- und die Yaeyama-Inseln. Mit dem aus der T'ang-Zeit stammenden Namen **Ryukyu** bezeichnet man die Gruppen Okinawa, Miyako und Yaeyama. Die meisten Inseln dieser Kette sind vulkanischen Ursprungs und von Korallenriffen umgeben, die je nach Größe und Zusammensetzung unterschiedliche Meeresfärbungen bewirken und mit ihrem reichen Bestand an tropischen Fischen ideale Tauchreviere bieten. In verschiedenen Teilen der Inselwelt wurden Natur- und Nationalparks angelegt; zahlreiche Freizeiteinrichtungen und Sportanlagen ziehen Touristen von den japanischen Hauptinseln an.
Hauptwirtschaftszweige sind Fischerei, Landwirtschaft, Petrochemie und Tourismus; das traditionsreiche Kunsthandwerk bringt z. B. den Batikstoff Bingata, das aus Pflanzenfasern gefertigte und für Kimonos verwendete Gewebe Bashofu und Korallenschmuck hervor.

### ? WUSSTEN SIE SCHON ...?

- ... dass die Einwohner Okinawas die höchste Lebenserwartung der Welt haben? Man führt dies u. a. auf die gesunde traditionelle Küche und die entspannte Lebenseinstellung der Insulaner zurück. Für Kama Chinen schien dies zuzutreffen: Sie starb am 5. Mai 2010 kurz vor ihrem 115. Geburtstag – bis dahin der nachweislich älteste Mensch auf Erden.

**Geschichte**

Über die Herkunft der Inselbewohner gibt es heute verschiedene Theorien. Vieles spricht dafür, dass Einwanderer aus dem südostasiatischen oder pazifischen Raum die Inseln als Erste besiedelten; Keramikfunde deuten auf eine Verbindung mit dem japanischen Hauptland in der Jomon-Zeit hin, und auch auf sprachlichem Gebiet lassen sich gewisse Ähnlichkeiten feststellen. In der ersten Hälfte des 20. Jahrhunderts wanderten viele Einwohner Okinawas aufgrund der schlechten wirtschaftlichen Lage aus, vor allem nach Hawaii, Brasilien, Peru, Argentinien und auf die Philippinen, und bis heute ist Okinawa eine der ärmsten Präfekturen Japans.

! *Baedeker* TIPP

**Unterwasserparadies**
Okinawa istTaucherparadies, neben der Hauptinsel vor allem die nahen Kerama-Inseln mit dem Wrack eines US-Zerstörer aus dem Zweiten Weltkrieg und die Insel Ishigaki, eines der besten Tauchreviere Japans. Neben vielen Korallen sind hier Mantas die große Attraktion. Die Touristinformation gibt Auskunft über Tauchschulen mit Englisch sprechendem Personal.

In den letzten Monaten des Zweiten Weltkriegs wurden die Inseln nach heftigen Kämpfen von US-Truppen erobert, die anschließend große Militärbasen anlegten. Trotz der im Mai 1972 erfolgten Rückgabe der Inseln an Japan sind noch immer US-Verbände hier stationiert. Um eine Reduzierung der Truppenstärke und eine Verlegung von US-Stützpunkten wird zwischen den beteiligten (Präfektur-) Regierungen noch gerungen.

## Okinawa

Die Hauptinsel Okinawa ist mit 1185 km² die größte der Ryukyu-Gruppe. Im Norden wird sie von Höhenzügen geprägt (Yonahadake, 498 m), während sich im flacheren Süden die Siedlungen konzentrieren. Um die Städte Naha und Okinawa leben rund 80% der Bewohner der Inselgruppe.

**Naha** Die Präfekturhauptstadt Naha (313 000 Einw.) liegt im Südwesten von Okinawa an der Mündung des Flusses Kokuba. Im Zweiten Weltkrieg völlig zerstört, wurde die Stadt modern wieder aufgebaut. Die 1,6 km lange Straße **Kokusai-dori** mit Läden, Kaufhäusern, dem Daiichi Makishi Public Market und Restaurants ist das touristische Zentrum der Stadt.

Naminoue-Schrein ► Zwischen den Häfen Naha und Tomari steht beim einzigen Badestrand von Naha der Naminoue-Schrein, den drei Ahnengöttern des japanischen Kaiserhauses geweiht.

Gokokuji ► Unweit südöstlich von hier der Gokokuji-Tempel der Shingon-Sekte mit einem Denkmal für den aus Pressburg gebürtigen Bernard Jean Bettelheim, der 1846 als erster protestantischer Missionar nach Japan kam und während seines Aufenthaltes in Naha das Neue Testament ins Japanische übersetzte.

Shintoshin ► Im Stadtttteil Shintoshin zeigt das **Okinawa Prefectural Museum** Geschichte, Kunst und Kultur der Inselgruppe.

Tsuboya ► Im Viertel Tsuboya, südöstlich der Kokusai-dori, erreichbar über die Heiwa-dori, liegen die noch heute in Betrieb befindlichen alten Töpfereien von Naha. Auch ein Töpferei-Museum gibt es dort.

**★ Festung und Palast Shuri** Östlich, etwa 6 km außerhalb des Stadtgebiets, liegt die Festung Shuri, von 1429 bis 1879 Herrschersitz der Ryukyu-Dynastie, in den 1990er-Jahren rekonstruiert, nachdem sie im Zweiten Weltkrieg zerstört worden war und seit 2000 Weltkulturerbe. Vom Informationszentrum mit Shop und Café gelangt man zunächst zum Shurei-nomon aus dem 16. Jahrhundert, eine Rekonstruktion von 1958 und vor dem Wiederaufbau der Burg das **Wahrzeichen von Naha**. Auf dem Weg zum Palast passiert man den Sonohyan-Utaki, einen Schrein in Form eines (geschlossenen) steinernen Tores, an dem für eine gute Reise gebetet wurde, sowie eine Reihe weiterer Tore. Vom Vorhof nach dem rot gestrichenen Tor Kofukumon (ab hier Eintrittsgebühr!) führt ein Pfad zur Aussichtswarte Iri-no-Azana, von der aus man die ganze Stadt überblickt. Zurück beim Vorhof bildet das Tor Hoshinmon den Eingang zum Schlossplatz Una. Dieses Tor öffnen kostümierte Wachen jeden Morgen in einer kleinen Zeremonie. Der mittlere Eingang war dem König und hohen Beamten vorbehalten. Vom Schlossplatz aus sieht man linker und rechter Hand Gebäude, die den Regierungsgeschäften und für Veranstaltungen dienten. Geradeaus steht der eigentliche Palast, Seiden, ein Holzbau mit originellen Stilmerkmalen wie den Drachensäulen (Monorail-Station Shuri Eki; Öffnungszeiten tgl. ab 9.00, Schließung je nach Jahreszeit zwischen 18.00 und 20.00 Uhr; Eintritt zum inneren Palastbereich ab Kofukumon 800 ¥, http://oki-park.jp/shurijo-park).

◄ Tama-udon

In der Umgebung finden sich noch andere historische Bauten, darunter das Tama-udun, die Begräbnisstätte der Sho-Dynastie, der 1502 gegründete und 1968 wieder aufgebaute Benzaitendo-Tempel und Teile des von 1492 stammenden Enkakuji-Tempels.

◄ Kinjo-cho

Vom Shureimon gelangt man südwärts über eine alte steile Kopfsteingasse zum malerischen Kinjo-cho-Viertel, das noch einen Hauch des alten Ryukyu verströmt.

*Beim Tauchgang im kristallklaren Wasser vor Okinawa erlebt man den Artenreichtum tropischer Fische.*

# OKINAWA ERLEBEN

## AUSKUNFT

*Touristinformation*
Flughafen von Naha
Tel. 0 98/8 57 68 84
tgl. 9.00–21.00 Uhr

www.ocvb.or.jp
www.naha-navi.or.jp
www.pref.okinawa.jp/english
(zur Präfektur)

## ANREISE

*Flugzeug:* Von Tokyo (Haneda Airport: 3 Std.), von Kagoshima (1¼ Std.), von Osaka (2 ½ Std.); von Fukuoka (1½ Std.) nach Naha, von dort Anschlussflüge.

Willkommen auf Okinawa

## INSELVERKEHR

Die einstigen Eisenbahnlinien auf der Insel Okinawa wurden alle im Zweiten Weltkrieg zerstört und danach nicht wiederhergestellt. Daher ist man hier auf Busse angewiesen – es sei denn, man mietet ein Auto am Flughafen von Naha oder im Zentrum der Stadt (zum Autofahren in Japan ►S. 112, 163). In Naha verkehrt eine Monorail, Yui-Rail genannt, vom Flughafen über das Zentrum der Stadt bis nach Shuri (Fahrschein ab 200 ¥).

## VERANSTALTUNGEN

Juri-uma (Prozession mit Tänzen; Mitte Januar), in Naha-Tsuji; Haryusen (Bootsrennen, Bitten um guten Fischfang; Anfang Mai), in Tomari, Naha und Itoman; Eisa (Tanzfest der Männer, August), in Okinawa; Tauziehen mit riesigen Seilen in Itoman (September) und Naha (Oktober).

## ESSEN

Die Küche Okinawas unterscheidet sich von der im übrigen Japan. Ein Hauptnahrungsmittel ist Schweinefleisch, wobei jeder Körperteil Verwendung findet, von den Füßen bis zu den Ohren. Beliebte Zutaten sind auch Gluten (nama-fu), Seetang und die bittere Melonenart Goya.

## ÜBERNACHTEN

### ► Luxus

*JAL Private Resort Okuma Okinawa*
913 Aza-okuma, Kunigami-son,
Okinawa 905
Tel. 09 80/41 22 22, Fax 41 22 34
www.jalokuma.co.jp
Schöne Ferienanlage im Norden der Hauptinsel (ca. 100 km von Naha). Verschieden gestaltete »Villen« und »Cottages« in weitläufiger Grünanlage, weißer Privatstrand. Mehrere Restaurants, darunter Grillrestaurant am Meer, Cocktail- und Karaokebar.

### ► Günstig

*Travellers Inn Yukuru*
Maejima 1-1-9
Tel. 098 / 863 / 4006
www.yukuru.jp
Freundliche, neben der Monorail-Station Miebashi zentral gelegene Familien-Pension mit kleinen Privatzimmern (auch Einzelzimmer) und Mehrbettzimmern. Mikrowelle, Wasserkocher, Computer und W-LAN.

**Weitere Umgebung von Naha**

12 km südlich von Naha liegt der Hafen **Itoman**, ein Zentrum der Hochseefischerei und Austragungsort des Bootsrennens Haryusen. Südlich und südöstlich schließt sich der 30,8 km² große **Okinawa-Schlachtfeld-Nationalpark** mit zahlreichen Mahnmalen für Kriegsopfer an, u. a. der Himeyuri Tower, der an die über 200 Schulmädchen erinnert, die hier als »Sanitäterinnen« zwischen den Fronten regelrecht verheizt wurden – nur 14 überlebten. Hastig gegrabene Stollen in einem Hügel im Süden Nahas fungierten wochenlang als Marinehauptquartier (Kyu-Kaigun Shirei Bugo).
Etwa 8 km östlich von Itoman kommt man zur rund 5 km lange und auf 850 m für Besucher erschlossenen Tropfsteinhöhle **Gyokusen-do**; darüber der Themenpark Okinawa World.

◀ Urasoe

Rund 7 km nordöstlich von Naha liegt auf einem Berg die Ruine der Burg Urasoe. 10 km weiter nordöstlich, nahe der Pazifikküste, die Burgruine Nakagusuku mit großteils erhaltener Ummauerung aus dem 15. Jh.; der umgebende Park bietet einen lohnenden Blick auf den Pazifik und das Ostchinesische Meer. Zu Fuß sind es 10 Minuten zum nördlich gelegenen **Nakamura-Haus**, ein 200 Jahre altes Bauerngehöft, das ohne Nägeln aus Holz zusammengebaut ist.

✶ ◀ Nakagusuku

✶ **Okinawa-Meerespark**

Der mittlere und nördliche Teil der Westküste zwischen dem Nagahama-Strand und der Bucht von Nago sowie zwischen Nakijin und dem Kap Hedo, der Nordspitze der Insel, bildet den 67 km² großen Okinawa-Küsten-Quasi-Nationalpark mit vielfältigen **Wassersportmöglichkeiten** (Glasbodenboote; Schnorcheln u. a.). Einen Teil des Schutzgebietes nimmt der Okinawa-Meerespark ein (Okinawa Kaichu Koen); am Kap Fusena ein Unterwasser-Observatorium, wo Korallenfische in ihrem natürlichen Lebensraum zu sehen sind.

**Nago**

Die Stadt Nago (60 000 Einw.; Bus von Naha, 2 Std.) an der gleichnamigen Bucht ist Ausgangspunkt für Fahrten in den nördlichen Teil von Okinawa sowie auf die Halbinsel Motobu im Westen. Unweit der Stadtmitte liegt die Ruine der Burg, umgeben von Kirschbäumen (Blüte Januar/Februar). Von hier hat man einen schönen Blick auf die Kunigami-Berge (Nordosten) und die Halbinsel.

**Motobu**

Die Halbinsel Motobu erstreckt sich etwa 8 km weit in das Ostchinesische Meer. Von Juli 1975 bis Januar 1976 fand hier die Internationale Meeresausstellung »Expo ’75« statt; im heutigen **Ocean Expo Park** findet sich mit dem Churaumi Aquarium eines der größten Aquarien weltweit, in dem sich sogar Walhaie tummeln (Öffnungszeiten: tgl. ab 8.30 Uhr).

✶ **Nakijin**

Nahe der Nordküste steht die Ruine der Burg von Nakijin (von Nago bis Oyadomari Bus, dann 15 Min. Fußweg), im 14. Jahrhundert Residenz des Königs Hokuzan. Erhalten blieben Wälle und Grundmauern. Ein schöner Blick auf das Ostchinesische Meer und die vorgelagerten Inseln lohnt den kurzen Aufstieg.

*Küstenlandschaft im Miyako-Archipel*

## Miyako-Inseln

**Miyako** Die größte des aus acht Inseln bestehenden Archipels ist Miyako ($176\,km^2$; 55 000 Bew.; Flugverbindung ab Naha 45 Min.), von Korallenriffen umgeben und weitgehend von Zuckerrohrfeldern bedeckt.

**Hirara** Das Wirtschafts- und Verwaltungszentrum Hirara liegt an der Westküste. Südlich vom Rathaus steht ein Denkmal, das Kaiser Wilhelm I. zum Dank für die Rettung deutscher Schiffbrüchiger im Jahr 1873 gestiftet hat. Wegen dieser Verbindung gibt es in Ueno an der Südküste einen **deutschen Themenpark**. Im Norden der Stadt Hirara steht der Kopfsteuerstein (Nintozeiseki), mit dem im 17.–19. Jh. die Steuern für die Inselbewohner bemessen wurden: Steuerpflichtig war, wer mindestens so groß wie der Stein (1,40 m) war.

Maehama Beach ▶ An der Westflanke der höchsten Erhebung der Insel, des Hügels Nobaru (109 m), ist ein Botanischer Garten angelegt.Der schönste Badestrand von Miyako, Maehama Beach, liegt im Südwesten der Insel.

## Yaeyama-Inseln

Zu dieser Gruppe gehören u. a. Ishigaki, Iriomote, Taketomi und Yonaguni, ferner 15 kleinere Eilande.

Die Insel Ishigaki (Flugverbindung ab Naha, 50 Min.) besitzt weiße Strände und üppige Vegetation (Palmen, Zuckerrohr). Der Inselhauptort ist Ishigaki (41 000 Einw.); sehenswert der 1819 erbaute Samurai-Wohnsitz **Miyara-dunchi** mit seinem Landschaftsgarten. Der Berg Omoto, nördlich von hier, ist mit 524 m der höchste der Präfektur Okinawa. **Ishigaki**

Besonders reizvoll ist die Kabira-Bucht mit zahlreichen kleinen Inseln und verträumten Sandstränden. Hier werden die begehrten schwarzen Perlen gezüchtet. ◄ Kabira-Bucht

Die 289 km² große Insel Iriomote liegt südwestlich gegenüber von Ishigaki (40 Min. mit Schnellboot). Etwa ein Drittel der Inselfläche bildet zusammen mit den kleinen Eilanden Kohama, Taketomi, Kurojima, Aragusuku und der Nakanokami-Gruppe den Iriomote-Nationalpark. Die Region zeichnet sich durch lange Korallenriffe mit **vielfältiger Meeresfauna** und durch unwegsame Urwälder mit zahlreichen Wildtieren aus (u. a. Iriomote-Wildkatze). Schönster Badestrand ist Haimida am gleichnamigen Kap im Süden der Insel. ★★ **Iriomote**

Von Funaura an der Nordküste fährt ein Ausflugsboot zum Felsen Gunkan-Iwa. Von dort führt ein Wanderweg in ca. 30-40 Min. zu den vom Urauchi gebildeten Wasserfällen Mariudo und Kanpira.. **Funaura**

Die Insel Taketomi (Schnellboot von Ishigaki, 10 Min.) ist bekannt durch den **»Sternensand«**, der aus den Kalkskeletten maritimer Kleinlebewesen besteht. Der Ort Taketomi ist denkmalgeschützt und gibt einen guten Eindruck von der Struktur eines traditionellen Dorfs auf den Ryukyu-Inseln. **Taketomi**

# Osaka

H 7 • h 3

**Hauptinsel:** Honshu
**Einwohnerzahl:** 2,5 Mio.
**Präfektur:** Osaka

**Osaka ist eine alte Kaufmannsstadt, deren Bewohner betriebsamer und bodenständiger erscheinen als andernorts. Statt überwältigender Sehenswürdigkeiten sind hier profanere Vergnügungen angesagt: shoppen und ausgehen.** 大阪

Osaka, die Hauptstadt der gleichnamigen Präfektur, liegt im westlichen Zentral-Honshu, wo der Fluss Yodo in die weite, sich zum Pazifik öffnende Osaka-Bucht mündet. Die Bucht wird im Südosten von der Kii-Halbinsel begrenzt und im Westen durch die Insel Awaji von der Inlandsee getrennt. Die Stadt bildet das Industrie-, Handels- und Verwaltungszentrum Westjapans und ist ein wichtiger Teil des sich bis Kobe erstreckenden Industriegebietes Hanshin. **Drittgrößte Stadt Japans**

Die Stadt liegt im Mündungsdelta des Yodo, dessen verzweigte Wasserläufe sie mit einem Netz von Kanälen durchziehen. Diese Tatsache hat der Stadt mit ihren über tausend Brücken den Beinamen **»Venedig des Ostens»** eingetragen und bot auch günstige Voraussetzungen für die Entwicklung des Handels. Obgleich Osaka nach dem Zweiten Weltkrieg handelspolitisch von Tokyo überflügelt wurde, spielt es noch immer eine große Rolle – auch international. Es gilt bis heute die Maxime: In Osaka werden die Yen verdient, über die Tokyo wirtschaftspolitisch entscheidet, um sie in Kyoto wieder mit Niveau ausgeben zu können.

**Geschichte** Der Ursprung Osakas reicht bis in die mythologische Frühzeit des japanischen Reiches. Der sagenumwobene Kaiser Jinmu soll nach seiner legendären Odyssee von Kyushu durch die Inlandsee an der Mündung des Yodo gelandet sein und den Ort Naniwa (»schnelle Wellen«) genannt haben. Sicher ist, dass der Ort seiner günstigen Lage wegen sehr früh besiedelt wurde; im 4. Jahrhundert könnte Kaiser Nintoku in der Gegend eine befestigte Residenz gehabt haben. Auch Herrscher des 7. bis 8. Jahrhunderts residierten hier und unterhielten über den Hafen Naniwa politische und wirtschaftliche Beziehungen mit Korea, das damals die Blütezeit seines frühen Reiches hatte.

Im 16. Jahrhundert versah **Toyotomi Hideyoshi** die Burg mit neuen, starken Befestigungswerken und zwang Kaufleute aus Kyoto und dem südlich von Osaka gelegenen Handelsplatz Sakai, ihren Wohnsitz im Bereich seiner Herrschaft zu nehmen. Während der blutigen Fehden um das Shogunat wurde die Burg im Sommer 1615 von Toyotomi Hideyoshi gehalten. Die Belagerung von Osaka durch die Truppen seines Rivalen **Tokugawa Ieyasu**, kommandiert von dessen Sohn Hidetada, ist eine der berühmten Episoden aus den Kämpfen um die Vorherrschaft im mittelalterlichen Japan.

Die Tokugawa-Shogune hatten ihre Residenz zwar in Edo, ließen Osaka aber von einem Jodai genannten Gouverneur verwalten und schützten und förderten die Schicht der immer mächtiger werdenden Kaufleute, die ihrerseits als Mäzene vieler berühmter Künstler auftraten, die in jener Zeit in der reichen Hafenstadt viele hervorragende Werke schufen. In ihren Darstellungen zeigt sich aber oft schon Kritik am Verfall der traditionellen Sitten und Werte, den der Niedergang der verarmenden Samurai hervorrief. Handel und Gewerbe jedoch blühten weiter; während der Meiji-Zeit hatte Osaka bereits fast eine halbe Million Einwohner, und zu Beginn des Zweiten Weltkriegs war die Bevölkerungszahl der Hafenstadt auf etwa 3,25 Mio. gestiegen. 1970 fand die **Weltausstellung EXPO '70** in Osaka statt; die damals geschaffenen Anlagen bilden heute einen Park.

## ? WUSSTEN SIE SCHON ...?

- ...dass Instantnudelsuppen in Osaka erfunden wurden? Ando Momofuku (s. S. 106) hatte die Idee und ersann später auch die Cup Noodles (»Heiße Tasse«).

# *Osaka* Orientierung

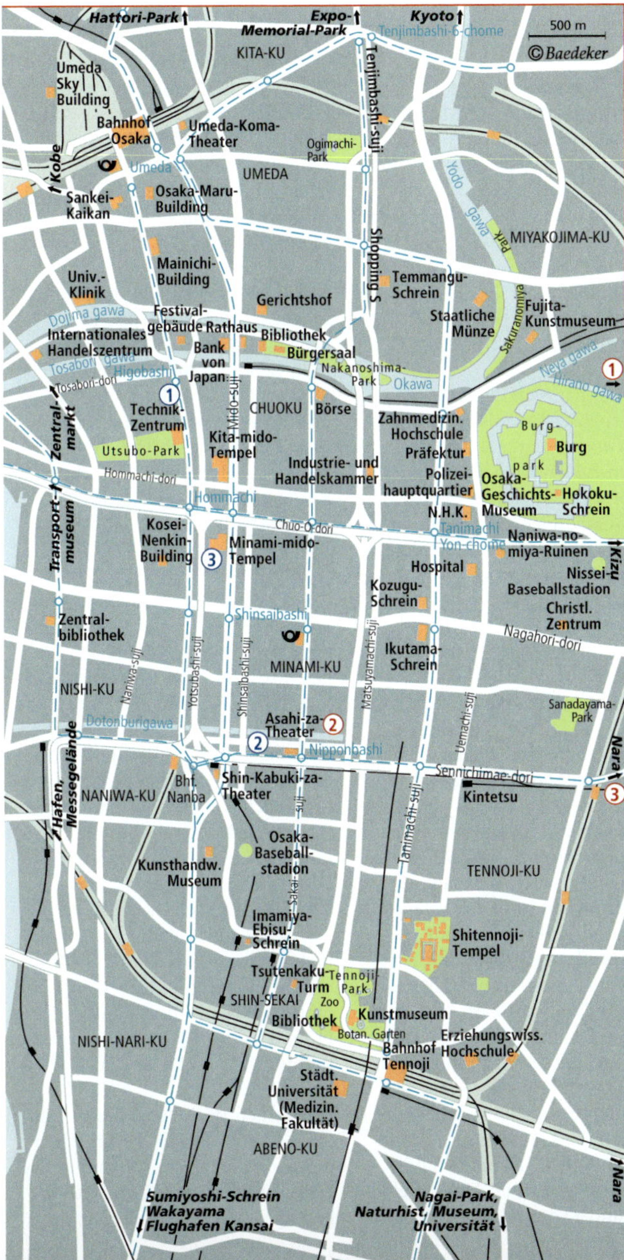


**Essen**

1. Hajime
2. Kani Doraku
3. Green Earth

**Übernachten**

1. New Otani
2. Yamatoya Honten
3. Hiro's Guesthouse

# OSAKA ERLEBEN

## AUSKUNFT

***Touristinformation***
JR-Bahnhof Osaka in Umeda, Midosuji-Ausgang/Südseite
Tel. 06/63 45 21 89, tgl. 8.00 – 20.00
JR-Bahnhof Shin-Osaka, 3. Stock
Tel. 06/63 05 33 11, tgl. 9.00 – 18.00
Nankai-Bahnhof Nanba
Tel. 06 / 66 31 91 00, tgl. 9.00 – 20.00
JR-Bahnhof Tennoji
Tel. 06/67 74 30 77
tgl. 9.00–18.00

Hier sollte man sich den zweisprachigen (englisch/japanisch) *Osaka Tourist Guide* besorgen, der alle wichtigen Informationen für einen Osaka-Besuch enthält, sowie den detaillierten Stadtplan *Osaka City Map*.

*Im Internet:*www.octb.jp
www.osaka-info.jp
www.kippo.or.jp (Region Kansai)

## ANREISE

*Flugzeug:* Von Fukuoka (1 Std.); von Sapporo (2 Std.); von Kagoshima (1 ¼ Std.); von Naha (Okinawa; 2 Std.); ferner Linienflüge aus dem Ausland.
Osaka besitzt zwei Flughäfen: den *Osaka Airport* (Itami) im Nordwesten und den südwestlich der Stadt auf einer künstlichen Insel gelegenen neueren und größeren *Kansai International Airport*, (www.kansai-airport.or.jp). Ersteren erreicht man per Bus ab Bahnhof Osaka oder Shin-Osaka (ca. 25 Min.); Letzteren am einfachsten mit der Nankai-Bahn ab Namba (35–45 Min.); mit dem JR-Haruka-Express ab Shin-Osaka oder Tennoji (45 bzw. 30 Min.)
*Bahn:* Von Tokyo (Hauptbahnhof) JR-Tokaido-Shinkansen-Linie über Nagoya und Kyoto nach Shin-Osaka (2½ Std.); von Fukuoka (Hakata) JR-San'yo-Shinkansen-Linie über Hiroshima und Okayama (2 ½ Std.). Parallel verlaufen die JR-Tokaido-Hauptlinie und die JR-San'yo-Hauptlinie (erheblich längere Fahrzeiten). Ins Stadtzentrum von Shin-Osaka mit Midosuji-Subway.

*Schiff:* Fährverbindung durch die Inlandsee über Kobe, Sakaide, Takamatsu, Imabari und Matsuyama nach Beppu (Kansai Steamship Co.; 15 Std.); Luftkissenboot über Kobe und Sakaide nach Takamatsu (3¼ Std.); ferner ab Hafen Osaka-Minami nach Hiroshima, Tokushima, Kochi (Shikoku) und Hyuga (Kyushu).

## NAHVERKEHR

Osaka verfügt über ein ausgedehntes *U-Bahnnetz* von neun Linien sowie die nützliche *Ringbahn* (Loop Line) der JR (für JR-Pass-Inhaber kostenlos). Daneben verkehren private Regionalbahnen, wie die Nankai-Linie, die Hankyu-Linie (u. a. nach Takarazuka und Kyoto), die Hanshin-Linie (u. a. nach Kobe), die Keihan-Linie (u. a. nach Kyoto) und die Kintetsu-Linie (u. a. nach Nagoya, Nara, Ise). Die U-Bahnen verkehren von ca. 5.00 Uhr bis Mitternacht. Eine Tageskarte für U-Bahn, Stadtbusse und die Tram-Linie kostet 850 ¥, mit ihr gibt es z. T. auch Rabatt auf Eintrittspreise (z. B. zur Burg). Jeden Fr. und jeden 20. des Monats gibt es stattdessen den No-My-Car-Day-Pass für 600 ¥.
Wer keinen JR-Railpass besitzt und in der gesamten Region herumreisen möchte, kann sich am Bahnhof nach dem *Surutto Kansai Thru Pass* erkundigen, der die Benutzung der

U-Bahnen, Privatbahnen und Busse in Osaka, Kobe und Kyoto für 2 (3800 ¥) bzw. 3 Tage (5000 ¥) erlaubt und überdies Ermäßigungen für verschiedene Attraktionen gewährt. Infos unter www.surutto.com.

## VERANSTALTUNGEN

Toka-Ebisu (erster Schreinbesuch des Jahres und Umzug mit in Sänften getragenen Frauen; Anfang Januar), beim Imamiya-Ebisu-Schrein; Doya-doya (Schreinbesuch mit Kampfspiel der um gute Ernte bittenden Männer; Mitte Jan.), im Shitennoji-Tempel. Shoryo-e (Gedenkfeier für Tempelgründer Shotoku-taishi, mit Bugaku- und Gagaku-Aufführungen; Mitte April), im Shitennoji-Tempel; Otaue-matsuri (Reissetz-Zeremonie; Mitte Juni), beim Sumiyoshi-Schrein; Tenjin-matsuri (Prozession auf dem Fluss mit geschmückten Booten, Feuerwerk; Mitte/Ende Juli), beim Tenmangu-Schrein; Sumiyoshi-matsuri (Prozession mit Tragschreinen zum Fluss Yamato, abends Fischmarkt; Ende Juli/Anfang Aug.), beim Sumiyoshi-Schrein; Takigi No (abendliche No-Aufführungen; 11./12. Aug.), beim Ikutama-Schrein; Midosuji-Parade (2. So. im Okt.), Midosuji-dori; Shinno-sai (Fest zu Ehren von Sukunahikona-no-mikoto, dem Gott der Heilkunst, auf das Jahr 1822 zurückgehend; Mitte/Ende Nov.), im Sukunahikona-Schrein.

Seit das fast legendäre englischsprachige Veranstaltungsmagazin Kansai Time Out 2009 eingegangen ist, übernehmen die Gratis-Anzeigenblätter ***Kansai Flea Market*** (www.kfm.to) und ***Kansai Scene*** (www.kansaiscene.com) und insbesondere deren Internetseiten die Informationsfunktion für die zahlreichen in der Region ansässigen westlichen Ausländer.

## SHOPPING

In der alten Handelsstadt wird Shopping ganz groß geschrieben: Jedes Viertel verfügt über ausgedehnte Einkaufszonen. Gleich südlich und östlich des JR-Bahnhofs Osaka erstreckt sich das ***Labyrinth unterirdischer Passagen*** um die Bahnhöfe Umeda, Hanshin-Umeda, Hankyu-Umeda und Higashi-Umeda. Hier befinden sich auch die großen Kaufhäuser Hanshin, Hankyu und Daimaru. Eine große Auswahl an ***Büchern*** in englischer Sprache, darunter viele Übersetzungen japanischer Werke, bietet in dieser Ecke Kinokuniya, im 2. Stock des Bahnhofs Hankyu-Umeda.
Östlich von hier verläuft die ***längste Einkaufsstraße Japans***, die Tenjinbashi-suji-shotengai, über 2,6 km von Nord nach Süd.

*Große Teile des Zentrums sind mit Einkaufspassagen untertunnelt.*

Im Süden der Stadt ist die Gegend um den Bahnhof Nanba ein beliebtes Einkaufszentrum. Vom unweit des U-Bahnhofs gelegenen Kaufhaus Takashimaya führt die ***überdachte Ladenstraße*** Ebisubashisuji nordwärts zum Ufer des Dotonbori, wo sich nicht nur Läden, sondern auch viele Abendlokale versammeln. Auch um den Bahnhof Nanba erstrecken sich unterirdische Passagen wie Nanba Walk (östlich), Nan Nan Town (südlich) und Nanba City (etwas weiter südlich). Neu ist ***Nanba Parks***, ein Komplex mit Boutiquen und Restaurants sowie viel Grün auf dem Dach. Zwischen Umeda und Nanba liegt die ***Shinsaibashisuji***, eine beliebte, überdachte Einkaufsmeile, wo die Einwohner der Stadt alles finden, was sie für das tägliche Leben brauchen (U-Bahnhof Shinsaibashi).
***»Osakas Küche«***, wo nicht nur die Küchenchefs der Restaurants einkaufen, ist der Markt Kuromon Ichiba beim U-Bahnhof Nipponbashi.

## AUSGEHEN

Die Nächte in Osaka kann man sich in ***Dotonbori*** um die Ohren schlagen, wo viele Bars und Clubs geöffnet sind, bis die erste U-Bahn fährt.
Klassisches japanisches Puppentheater bietet das ***Nationale Bunraku-Theater*** (Tel. 06/62 12 25 31, www.ntj.jac.go.jp, U-Bhf. Nipponbashi, Ausgang Nr. 7). Kabuki-Theater erlebt man u. a. im ***Shochikuza-Theater*** in Nanba (Tel. 06 / 62 14 22 11) und im Shin-Kabukiza beim Bahnhof Uehonmachi (Tel. 06 / 77 30 21 21).

## ESSEN

### ► Fein und Teuer

① ***Hajime***
1-9-11, Edobori, Nishi-ku, Osaka
Tel: 06 / 64 47 66 88,
www.hajime-artistes.com
Das Restaurant des Kochs Yoneda Hajime ist seit 2009 weithin bekannt geworden durch die Verleihung von drei Michelin-Sternen. Für die sonst ganz und gar französische Küche kommen auch die unzähligen, typisch japanischen Gemüsesorten zum Einsatz.

### ► Erschwinglich

② ***Kani Doraku***
Dotonbori 1-6-18
Tel. 06/62 11 89 75
tgl. 11.00–23.00 Uhr
Hier dreht sich alles um Krabben. Nahe der Ebisubashi-Brücke, U-Bahnhof Namba Ausgang 14. Zu erkennen an der Riesenkrabbe über dem Eingang. Mittags ab 2000 ¥, abends 5000 ¥.

*Baedeker-Empfehlung*

### ► Preiswert

③ ***Green Earth***
1F Kyuho Building,
4-2-2 Kitakyuhoji-cho, Chuo-ku
Tel. 06/62 51 12 45
Mo. bis Sa. 11.30–17.00 Uhr
Nahe U-Bahnhof Hommachi.
Selbst für Fleischesser ist dieses vegetarische Lokal eine empfehlenswerte Adresse. Von Tofu-Burgern über vegetarische Lasagne bis zu Spinat-Pasta gibt es ein wechselndes Angebot an schmackhaften Mittagsgerichten in freundlicher Atmosphäre.

## ÜBERNACHTEN

### ► Luxus

① ***New Otani***
4-1 Shiromi 1-chome, Chuo-ku,
Osaka 540-8578
Tel. 06/69 41 11 11, Fax 69 41 97 69
www.osaka.newotani.co.jp/english
Von einem Park umgebenes Hotel mit

herrlichem Blick auf die Burg Osaka. Zahlreiche Restaurants und Bars, viele Sporteinrichtungen; beste Möglichkeiten zum Bummeln in der Einkaufspassage.

### ► Komfortabel

② ***Yamatoya Honten***
2-17-4 Shimanouchi, Osaka-shi
Osaka-fu 542-0082
Tel. 06/62 11 35 87, Fax 62 12 15 53
www.yamatoyahonten.co.jp/english
Günstige Lage nahe U-Bahnhof Nipponbashi. Modernes Ryokan-Hotel, also wie ein westliches Hotel, aber mit Zimmern im japanischen Stil (mit Bad). Sauber und freundlich. Üppiges japanisches Frühstück.

### ► Günstig

③ ***Hiros Guesthouse***
4-9-7 Momodani, Ikuno-ku, Osaka
Tel. 06 / 78 97 66 08
http://guesthouse-osaka.info
Neues, sehr freundliches Gästehaus in der großen und quirligen Korea Town von Osaka. So lässt sich ein ganz typischer Aspekt von Osaka erleben, wo traditionell die meisten Japaner koreanischer Abstammung leben. Es gibt sowohl Schlafsaalbetten als auch Tatamizimmer.

## Sehenswertes in Osaka

**Yodogawa-ku**

In dem nördlich des breiten Flussarms Shin-Yodo sich erstreckenden Bezirk Yodogawa-ku liegt der Bahnhof Shin-Osaka, Station der Shinkansen-Linie und Ausgangspunkt der San'yo- und Kagoshima-Hauptlinie nach Fukuoka (Hakata). Mit der Untergrundbahn (Midosuji-Linie) gelangt man von hier in südlicher Richtung zur Station Umeda, unmittelbar beim Hauptbahnhof.

**Umeda**

Umeda, **Teil des Stadtbezirks Kita-ku**, ist Verkehrsmittelpunkt, Handels- und Vergnügungszentrum der Stadt. Im engeren Bezirk von Umeda und im Bahnhof von Osaka, der mit dem Hankyu-Bahnhof und mit Dutzenden von Zugängen zu Metrostationen und Kaufhäusern kombiniert ist, sind täglich über zwei Millionen Menschen unterwegs. Auf der Nordseite des Bahnhofs Osaka / Umeda steigt 173 m hoch das Umeda-Sky-Building auf, zwei gläserne Türme mit einer Aussichtsplattform (Floating Garden Observatory) an der Spitze. Im 35. Stock ist das deutsche Generalkonsulat untergebracht.

◄ Umeda-Sky-Building

Nahe beim Bahnhof stößt man auf das unterirdische Umeda-Chika-Einkaufszentrum, zahlreiche Restaurants und Theater. Weitere kilometerlange unterirdische Einkaufspassagen mit Verbindungen vom Hauptbahnhof zu den großen Kaufhäusern Hankyu und Hanshin lassen mit künstlichen Bächen, Wasserfontänen, farbigen Lichtspielen und Ruhezonen vergessen, dass zehn Meter weiter oben die heiße Sonne scheint. Östlich des Umeda-Labyrinths schließt sich der Shopping-Komplex Navio / Hep Five an, dessen rotes Riesenrad auf dem Dach schon von weitem zu sehen ist. In diesem modernen Labyrinth des Konsums überkommt manchen die Furcht, nie wieder nach oben finden zu können.

◄ Unterirdische Einkaufszentren

**Midosuji-dori**

Oberirdisch verbindet die zwei Kilometer lange Midosuji-dori die Geschäfts- und Amüsierviertel von Umeda im Nordbezirk mit denen von Nanba im Südviertel der Stadt. Die Midosuji ist die **Prachtstraße von Osaka**: sechs Fahrspuren breit, auf den breiten Fußwegen mit Ginkgo-Bäumen gesäumt, und dahinter die modernen Riesenkaufhäuser, die Glaspaläste der Banken und die eleganten Läden. In den Seitenstraßen warten überdachte Marktflächen, in denen es so gut wie alles zu kaufen gibt.

**Nakanoshima**

Den südlichsten Teil von Kita-ku bildet die Flussinsel Nakanoshima (U-Bahn-Station Kitahama), das eigentliche Stadtzentrum, mit Hochhäusern, Verwaltungsbüros, Hotels und Teilen der Universität. Die Ostspitze der Insel bedeckt der Nakanoshima-Park, der 1891 als erster Park der Stadt eröffnet wurde und in dem sich das hervorragende Museum für Orientalische Keramik befindet. Besonders beeindruckend ist dort die Sammlung koreanischer Seladon-Keramik (Öffnungszeiten: Di. – So. 9.30 – 17.00 Uhr, 500 ¥).

✶ Museum für Orientalische Keramik ►

**Tenmangu-Schrein**

Östlich der Midosuji-dori und noch nördlich des Flussarms steht der 949 zu Ehren von Sugawara Michizane gegründete Tenmangu-Schrein (U-Bahn-Station Minami-morimachi), dessen gegenwärtige Bauten eine Rekonstruktion von 1901 sind. Weithin bekannt ist das große Schreinfest Tenjin-matsuri (Juli).

*Die Burg von Osaka vor der Skyline der modernen City*

Burg
Öffnungszeiten: tgl. 9.00–17.00 Uhr, 600 ¥

Noch weiter südöstlich ragt die von einem Parkgelände umgebene Burg auf (von der U-Bahn-Station Tanimachi-Yon-chome 15 Min. zu Fuß). Das ursprüngliche Bauwerk wurde 1586 von Toyotomi Hideyoshi nach dreijähriger Bauzeit vollendet und war damals die größte Burganlage des Landes. Die heutigen Bauten sind eine Rekonstruktion von 1931 in Stahlbeton, 1997 aufwändig restauriert. In dem 42 m hohen fünfstöckigen Hauptturm, der auf einem Steinsockel von 14 m Höhe steht, befinden sich Ausstellungen zur Geschichte von Burg und Stadt; vom obersten Stockwerk lohnende Rundsicht.

! *Baedeker* TIPP

**Technik brandneu**

Zwischen den Stationen Ebisucho und Nipponbashi lockt die 2 km lange Denden-town-Einkaufsstraße mit 300 Läden für Unterhaltungselektronik, Kameras etc. (auch tax free shops).

Minato-ku

Von hier führt die Chuo-Linie der U-Bahn nach Westen in den Bezirk Minato-ku. Nahe beim Bahnhof Bentencho (auch Osaka-Ringbahn) das **Transportmuseum** (Land-, Luft- und Seeverkehr; Fahr- und Flugzeugmodelle).

Hafen

Die Chuo-Linie der U-Bahn endet beim Hafen (Station Osaka-ko) mit dem Gelände der Handelsmesse. Ursprünglich befanden sich die Hafenanlagen in der Mündung des Flussarmes Ajikawa, der den Bezirk im Norden begrenzt. Wegen zunehmender Verlandung wurden sie verlegt und erstrecken sich heute bis in die weiter südlich gelegenen Bezirke Taisho-ku und Suminoe-ku.

★ ◄ Aquarium

Nordwestlich des U-Bahnhofs wurde 1990 das große Aquarium eröffnet (www.kaiyukan.com). Es umfasst ein 9 m tiefes Hauptbecken und dreizehn kleinere Behälter; Themenschwerpunkt ist die Fauna des Pazifischen Ozeans (Öffnungszeiten: tgl. 10.00–20.00 Uhr, 2000 ¥). Von hier Kreuzfahrten mit der »Santa Maria«. Unweit davon befinden sich das Suntory-Museum mit einem IMAX-Theater und der Tempozan-Komplex mit einer Unzahl von Geschäften und Restaurants. Auf der vorgelagerten **künstlichen Insel Sakishima** (von Osakako OTS-Linie) ist das World Trade Center entstanden. Der 256 m hohe Cosmo-Tower bietet vom 55. Stock eine Rundumsicht über die Bucht von Osaka. Gegenüber liegt das architektonisch interessante **ATC** (Asia & Pacific Trade Center) mit Läden und Restaurants. Nahebei das Marinemuseum mit der Nachbildung eines Handelsschiffes aus dem 17. Jahrhundert.

◄ Cosmo-Tower

Dotonbori

Im südlichen Teil der Innenstadt im Bezirk Minami-ku ist die Dotonbori-Gegend (am gleichnamigen Fluss) als Vergnügungsviertel bekannt. Der südliche Abschnitt der Shinsai-dori bildet das lebhafteste Geschäftszentrum; die Straße Ebisubashi-suji säumen eine stattliche Zahl kleinerer Geschäfte und Restaurants.

◄ Nanba und Hozenji Yokocho

In dieser Gegend um den U-Bahnhof Nanba ist noch ein Hauch des alten Osaka zu spüren, vor allem in der Hozenji Yokocho, der Gasse im alten Theaterviertel mit dem kleinen Tempel Hozenji, der eine von Moos bedeckten Fudo-Statue bewahrt. Gläubige kommen her, um sie mit Wasser zu begießen und so um Glück zu bitten. Zu beiden Seiten dieser schmalen, kurzen Gasse drängen sich Kneipen, Bars und kleine Imbisslokale.

Kozugu-Schrein ► Unweit östlich der Straße Tanimachi-suji erreicht man den Kozugu-Schrein, dem Kaiser Nintoku gewidmet, der in Osaka residierte. Die Originalbauten wurden im Zweiten Weltkrieg zerstört; die Halle ist ein Neubau von 1961. Im umgebenden Parkareal ist eine historische Steinlaterne zu sehen; schöner Blick auf die Stadt. 200 m entfernt befindet sich das Grab des berühmten Dramatikers Chikamatsu Monzaemon (1653–1724).

**Tennoji-Park** Südlich des Bezirks Minami-ku liegt Tennoji-ku mit dem Tennoji-Park (U-Bahn-Station Shitennoji-mae; Tanimachi-Linie). In ihm befinden sich das Städtische Kunstmuseum, der große Zoo, der Botanische Garten und mehrere Sportanlagen. Der Hügel Chausuyama, ein prähistorischer Tumulus, war bei der Belagerung von Osaka Standort des Lagers von Tokugawa Ieyasu.

**✶ Shitennoji** Nordöstlich der Shitennoji-Tempel (auch Tennoji-Tempel). Er wurde 593 von Prinz Shotoku Taishi, dem Verfasser des ersten konfuzianischen Gesetzbuches und Förderer des Buddhismus in Japan, gegründet und ist damit älter als der Horyuji in ►Nara. Durch das westliche Tor Saijumon betritt man das rekonstruierte Tempelgeviert mit der

*Hell erleuchtet: das Einkaufsviertel beim Bahnhof Nanba*

fünfstöckigen Pagode, der Haupthalle Kondo und der Vortragshalle Kodo. Östlich von hier das Schatzhaus mit dem Schwert des Shotoku-taishi und einer Abschrift der Hokkekyo-Sutra aus der späten Heian-Zeit. Am Westeingang steht ein steinernes Torii von 1294, das älteste seiner Art in Japan (Öffnungszeiten: April bis Sept. tgl. 8.30–16.30 Uhr, sonst bis 16.00 Uhr, 300 ¥).

*Große Teile des Shitennoji sind nach alten Plänen neu errichtet worden.*

Jenseits der Schnellstraße, die den Tennoji-Park im Westen begrenzt, steht im Bezirk Naniwa-ku der 103 m hohe **Aussichtsturm Tsutenkaku** (»der Turm, der zum Himmel führt«). Um ihn herum erstreckt sich die Shin-Sekai, ein etwas zwielichtiges Viertel mit Spielhallen, Billiglokalen und Bars.

**Sumiyoshi-ku**

Vom nahen Bahnhof Daikoku-cho gelangt man mit der JR-Nankai-Hauptlinie in den südlichen Bezirk Sumiyoshi-ku (Bahnhof Sumiyoshi-koen), der früher zum Hafen gehörte, wovon noch der Leuchtturmsockel am Ostufer des Jusangenbori-Kanals zeugt.

**Sumiyoshi-Park**

Östlich vom Bahnhof liegt der Sumiyoshi-Park, einer der beliebtesten Parks der Stadt, mit mächtigen Kiefern und Kampferbäumen. Östlich folgt der **Sumiyoshi-Schrein** (Nankai-Bahn, Station Sumiyoshi-Taisha), der im Jahre 202 in Kobe gegründet und später an seinen jetzigen Standort verbracht wurde. Er ist den vier Schutzgöttern der Seeleute geweiht; der Zugang wird von zahlreichen Steinlaternen flankiert, die von Gläubigen gestiftet wurden. Die rot und weiß bemalten, mit Zypressenrinde gedeckten Gebäude, 1810 erneuert, zeigen den rein shintoistischen Sumiyoshi-Stil mit vorspringendem Satteldach und gekreuzten Giebelbalken.

**Universal Studios Japan**

Zum einzigen Themenpark der Universal Studios außerhalb der USA fährt vom Bahnhof Umeda die JR Osaka Loop oder die JR Yumesaki Line in etwas mehr als 10 Minuten – und fühlt sich in wie Orlando, denn die meisten Attraktionen sind von dort »kopiert«.

## Umgebung von Osaka

**Saikai**

Rund 10 km südlich des Stadtzentrums liegt die Stadt Saikai (834 000 Einw.; Bahn von Nanba bis Bahnhof Mikunigaoka; Koya-Linie). Hier befindet sich das 21 ha Fläche bedeckende Grab des Kaisers Nintoku

! **Baedeker TIPP**

**Rasante Mädchenoper**

Zu empfehlen ist in Takarazuka (25 km nördlich von Osaka) das berühmte Revue-Theater mit drei Stunden farbenfroher Action, Tanz und Musik. Das Besondere an diesem 1914 gegründeten Theater mit Musikschule: Alle Rollen werden ausschließlich von Frauen gespielt. Näheres unter http://kageki.hankyu.co.jp/english. Karten kosten 3500–10000 ¥, telefonische Reservierungen am besten über die Hotelrezeption.

(»Daisen-ryo«), ein **typischer Kofun-Grabhügel** mit dem schlüssellochförmigen Grundriss (3. bis 7. Jh.). Der eigentliche Grabhügel ist der hintere, kreisförmige Teil; das dicht bewaldete Hügelgrab ist rings von einem Wassergraben umgeben. Vom Dach des Rathauses hat man einen guten Blick auf die Grabanlage.

In die nördlich von Osaka gelegene Satellitenstadt **Senri** kann man mit der U-Bahn fahren (Midosuji-Linie, Station Senri-chuo). Von der Haltestelle fährt ein Bus zum Expo-Memorial-Park (264 ha), dem Gelände der Weltausstellung von 1970. Er umfasst ein Ethnologisches Nationalmuseum (u. a. mit japanischer Volkskunst), einen japanischen Garten, den Vergnügungspark »Expo-Land« und noch vieles mehr.

Expo-Memorial-Park ►

**Toyonaka**

Die Hankyu-Takarazuka-Linie erreicht von Osaka in 20 Minuten die nördlich landeinwärts gelegene Stadt Toyonaka (389 000 Einw.). Im Hattori-Ryokuchi-Park lohnt sich ein Besuch des Freilichtmuseums Nihon Minka Shuraku Hakubutsukan, das alte Bauernhäuser aus Zentraljapan zeigt (Öffnungszeiten: Di. – So. 9.30–17.00 Uhr, 500 ¥).

**★ Iwashimizu-Hachiman-Schrein**

32 km nördlich der Stadt (vom Bahnhof Yodoyabashi Keikan-Linie bis Yawatacho) steht auf dem Hügel Otokoyama der Iwashimizu-Hachiman-Schrein (Seilbahn vom Bahnhof). Die prunkvolle Haupthalle (Honden) ist dem als Kriegsgott Hachiman verehrten Kaiser Ojin geweiht; zum Schreinfest (Mitte September) werden Kostüme der Heian-Zeit getragen.

# Otaru

L 3

**Hauptinsel:** Hokkaido  **Präfektur:** Hokkaido
**Einwohnerzahl:** 138 000

小樽

**Obgleich sie erst Mitte des 19. Jahrhunderts gegründet wurde, gehört die Stadt zu den älteren Ansiedlungen auf Hokkaido. Wegen ihrer günstigen Lage war sie schon vor dem Zweiten Weltkrieg ein wichtiger Hafen für den Russlandhandel und den Heringsfang.**

**Schön gelegen**

Otaru liegt im Westen Hokkaidos an der sich gegen Norden zum Japanischen Meer öffnenden Ishikari-Bucht. Mit der weitläufigen

Küstenlandschaft und den Hügelketten im Süden besitzt die Stadt eine reizvolle Umgebung. Der Ortsname geht auf eine Bezeichnung der Ainu zurück: »Ota oru« bedeutet »Fluss am Sandstrand«.

## Sehenswertes in Otaru

**Otaru-Museum**

Nordwestlich vom Bahnhof (Busverbindung) befindet sich das Otaru-Museum, ein 1906 nach englischem Vorbild errichteter Backsteinbau, mit Exponaten zur Geschichte und bildenden Kunst. Es liegt in der Nähe des romantischen, von Gaslaternen gesäumten Kanals.

**Otari-Aquarium**

Rund 5 km weiter bietet ein Vergnügungspark eines der größten Aquarien Japans mit über 5000 Tieren,das Otaru-Aquarium (Bus vom Bahnhof, 25 Min.; März – Nov. tgl. 9.00 – 17.00 Uhr, 1300 ¥).

**Temiya-Park**

Im Küstenbereich, 2 km nordöstlich der Stadt, befindet sich der Temiya-Park mit der archäologisch interessanten gleichnamigen Grotte, die eine bisher nicht entzifferte Felsinschrift von 2 m Höhe und 4,50 m Breite enthält (am Höhleneingang eine Kopie).

## Umgebung von Otaru

**Shakotan**

Westlich der Stadt wird die Ishikari-Bucht von der Halbinsel Shakotan begrenzt, deren Küstenbereich den Niseko-Shakotan-Otaru-kaigan-Quasi-Nationalpark bildet. Von den im äußersten Norden liegenden Kaps Kamui und Shakotan bieten sich großartige Ausblicke auf das Japanische Meer. Die steilen, von der Brandung erodierten Klippen fallen am **Kap Nomanai** an der Nordwestküste 250 m tief zum Meer ab.

◄ Ranshima

Besonders schön ist der Strand von Ranshima; 1,5 km südöstlich des Bahnhofs befindet sich der Steinkreis von Oshoro (Durchmesser 28 m), eine prähistorische Anlage, deren Zweck noch unbekannt ist.

◄ Fugoppe-Höhle

Westlich vom Bahnhof, in Yoichimachi, liegt die 1950 entdeckte Fugoppe-Höhle, deren Wände eine schätzungsweise 1500 Jahre alte Bilderinschrift tragen.

## OTARU ERLEBEN

### ANREISE

*Bahn:* Von Sapporo (30 Min.) bzw. Hakodate (4 Std.) JR-Hakodate-Hauptlinie.

### VERANSTALTUNGEN

Skiwettbewerbe (Ende Februar), auf dem Tenguyama-Skigelände; Ushio-matsuri (Umzüge mit Volkstänzen; gegen Ende Juli), im Otaru-Park.

### SHOPPING

Otaru ist bekannt für seine Glaskunst. Eines der bekanntesten Studios ist *Kitaichi Glass* von 1901, mit einem tollen Café (südöstlich des Kanalviertels, 10 Min. vom Bahnhof Minami-Otaru, Öffnungszeiten: tgl. 9.00–18.00 Uhr).

# Rikuchu-kaigan-Nationalpark

L 5

**Hauptinsel:** Honshu
**Fläche:** 123 km²

**Präfekturen:** Iwate und Miyagi

陸中海岸国立公園

**Der über 180 km lange Küstenabschnitt des Rikuchu-kaigan-Nationalparks an der Ostküste des nördlichen Honshu zeigt abwechslungsreiche Landschaftsbilder mit Klippen, Felsterrassen und kleinen Buchten. Es gibt viele Sturmvögel und Möwen; die Vegetation besteht vorwiegend aus Rhododendron.**

## Sehenswertes im Rikuchu-kaigan-Nationalpark

**Miyako** Den günstigsten Ausgangspunkt für einen Besuch des Parks bildet die Stadt Miyako, von wo **Busrundfahrten** zu den schönsten Plätzen des Parks durchgeführt werden.

**Jodogahama** Unweit nördlich der Stadt liegt der Strand Jodogahama, mit dunklen Kiefern und weißem Sand einer der schönsten des Gebietes. Weitere reizvolle Strände findet man weiter nördlich bei Taro, Omoto und Kurosaki. Bei Kitayamazaki erreicht die Steilküste eine Höhe von 300 m (Bootsrundfahrten von Jodogahama und Kitayamazaki).

*Wilde Küstenlandschaft im Nationalpark*

## RIKUCHU-KAIGAN-NATIONALPARK ERLEBEN

**ANREISE**

*Bahn:* Von Tokyo JR-Tohoku-Shinkansen-Linie nach Ichinoseki (2 Std.) oder Morioka (2½ Std.); von Ichinoseki JR-Ofunato-Linie nach Kesennuma (1½ Std.), von Morioka JR-Yamada-Linie nach Miyako (1½ Std.).

*Bus:* Mehrere Linien innerhalb des Nationalparks.

*Schiff:* Rundfahrten von Miyako.

Die Küsten im Südteil des Parks sind flacher und von kiefernbewachsenen Dünen gesäumt. In diesem Abschnitt bildet der Kieselstrand von Goishi-kaigan einen landschaftlichen Glanzpunkt. **Goishi-kaigan**

Bei Kesennuma erstreckt sich die Karakuwa-Halbinsel in den Pazifik. An ihrer Spitze befindet sich das **Tsunami-Museum**, welches mit Filmvorführungen, schwankendem Boden und Windsimulation die Gewalt von Seebeben demonstriert. **Karakuwa**

Der Karakuwa-Halbinsel ist die kleine Insel Oshima mit Badestränden vorgelagert. Die sie umgebenden Gewässer sind zum Meerespark erklärt worden; mit dem **Glasbodenboot** kann man eine Rundfahrt unternehmen. **Oshima**

# Rishiri-Rebun-Sarobetsu-Nationalpark

L 2

**Hauptinsel:** Hokkaido
**Fläche:** 340 km²
**Präfektur:** Hokkaido

利尻礼文国立公園

**Der am weitesten nördlich gelegene Nationalpark Japans schützt ein an Gebirgspflanzen und Vogelarten reiches Gebiet. Er umfasst die an der Nordspitze von Hokkaido gelegene Sarobetsu-Ebene sowie die ihr vorgelagerten Inseln Rishiri und Rebun.**

## Sehenswertes im Rishiri-Rebun-Sarobetsu-Park

Das Gebiet des Nationalparks ist von Wakkanai aus zu erreichen. Die Hafenstadt (40 000 Einw.) an der Soya-Bucht ist dank der warmen Tsushima-Meeresströmung ganzjährig eisfrei. Von einem Aussichtsturm im Wakkanai-Park bietet sich ein schöner Panoramablick über das Meer mit den Inseln Rishiri und Rebun bis hin zur rusischen Halbinsel Sachalin. **Wakkanai**

## RISHIRI-REBUN-SAROBETSU-N.P. ERLEBEN

**ANREISE**

*Flugzeug:* Von Sapporo (Okadama Airport) nach Wakkanai (1 Std.)
*Bahn:* Von Asahikawa JR-Soya-Hauptlinie über Toyotomi nach Wakkanai (3 ½ Std.).

*Bus:* Von Toyotomi und Wakkanai zur Sarobetsu-Ebene; Rundfahrt auf Rishiri
*Schiff:* Von Wakkanai nach Rishiri und Rebun (jeweils ca. 1¾ Std.).

**Toyotomi** Südlich von hier liegen Toyotomi und der kleine Badeort Toyotomi-onsen. Vom Bahnhof Toyotomi gelangt man mit dem Bus in die weite, fruchtbare Sarobetsu-Ebene, wo sich der beachtenswerte Garten **Sarobetsu Gensei Kaen** befindet, ein Feuchtgebiet mit subarktischer Wildflora (Azaleen, Iris u. a.). Beste Besuchszeit ist im Juni und Juli.

**Rishiri** Gegenüber der Sarobetsu-Ebene liegt die annähernd kreisrunde Insel Rishiri (183 km²), beherrscht von dem 1721 m hohen gleichnamigen Vulkankegel. Zwischen dem Waldgürtel, der den Vulkan umgibt, und der Küste verläuft eine Straße, welche die vier Inselorte Oshidomari, Oniwaki, Senboshi und Kutsugata miteinander verbindet. Lohnend ist eine **Rundfahrt mit dem Bus** (ca. 2 Std.) oder mit dem Leihfahrrad. Der Himenuma-See bietet gute Angelmöglichkeiten; lohnende Spaziergänge führen zum Misaki-Park und Kutsugata-Misaki-Park. Eine Ersteigung des Rishiri erfordert je nach Route 9–11 Stunden (Hin- und Rückweg).

**Rebun** 10 km nordwestlich liegt die Insel Rebun (82 km²), auch **»Blumeninsel«** genannt, denn von Juni bis August stehen über dreihundert Pflanzenarten in Blüte. Von ihr hat man einen schönen Blick auf den Kegel des Rishiri. Besonders schön sind die felsigen Kaps Sukoton und Gorota sowie die Aussichtsplattform Momoiwa im Süden.

# Sado

K 5–6

**Hauptinsel:** Honshu
**Fläche:** 857 km²
**Präfektur:** Niigata

佐渡

**Sado hatte lange keine nennenswerten Kontakte zum Hauptland. Noch heute zeugen Landschaftsnamen, Brauchtum und Kultur von dieser bis ins 13. Jahrhundert anhaltenden Eigenständigkeit.**

Die vor der Küste des östlichen Zentral-Honshu im Japanischen Meer liegende Insel Sado ist mit einer Fläche von 857 km² nächst den vier Hauptinseln und Okinawa das größte Eiland Japans. Zwei parallel zur West- bzw. Ostküste verlaufende Bergketten schließen die zentrale Kuninaka-Ebene ein. Der größte Teil der Insel gehört heute zum Sado-Yahiko-Quasi-Nationalpark. Durch die warme Tsushima-Meeresströmung ist Sado klimatisch begünstigt. Die Inselbewohner leben hauptsächlich von Landwirtschaft und Fischfang. Die Pflanzenwelt im Süden der Insel besteht vorwiegend aus Kamelien und Bambushainen.

**! Baedeker TIPP**

**Trommelwirbel**

Sado ist die Heimat der international bekannten Taiko-Trommlergruppe Kodo. Jährlich im August veranstalten sie auf Sado das dreitägige Weltmusikfestival Earth Celebration mit Trommelkonzerten, Workshops und einem bunten Markt. Einen Auftritt der starken Trommler sollte man sich nicht entgehen lassen! (www.kodo.or.jp/ec.)

## Sehenswertes auf Sado

**Ryotsu**

Inselhauptstadt und Anlegestelle der Schiffe von Honshu ist Ryotsu (21 000 Einw.), von wo Buslinien in alle Inselgegenden führen. Im näheren Umkreis der Stadt bieten sich die Erholungsorte Sumiyoshi-onsen (Bus, 15 Min.) und Shiizaki-onsen (Bus, 10 Min.) für einen entspannten Aufenthalt an. Unweit südlich liegt die mit dem Meer verbundene Kamo-Lagune, im Norden und Westen vom Kimpoku (1173 m) überragt.

**Kuninaka-Ebene**

◄ Izumi

In der Kuninaka-Ebene mit ihren ausgedehnten Reisfeldern kann man eine Reihe kultureller Sehenswürdigkeiten entdecken. Dazu gehört, 10 km südwestlich von Ryotsu, Izumi mit dem einstigen Wohnsitz des Kaisers Juntoku, dem Kuroki-gosho.

◄ Niibo

Unweit davon kommt man in das Dorf Niibo; der hiesige Komponji-Tempel war erster Aufenthaltsort von **Nichiren** während seines Exils. Zum südwestlich auf einem Hügel gelegene Myosho-ji-Tempel, dem Ort seines zweiten Wohnsitzes, pilgern heute die Mitglieder der buddhistischen Nichiren-Schule.

**Aikawa**

Die Stadt Aikawa (10 000 Einw.; Bus von Ryotsu, 1¼ Std.) an der Westküste erreichte mit der Entdeckung ergiebiger **Goldvorkommen** im frühen 17. Jahrhundert große Bedeutung und hatte zeitweise annähernd 200 000 Einwohner (ganz Sado heute: 66 000). Der aus den Gruben stammende rote Ton wird für die typischen Töpferwaren (Mumyoi-yaki) verwendet.

## SADO ERLEBEN

### ANREISE

*Schiff:* Von Niigata nach Ryotsu (1 Std.); von Naoetsu nach Ogi (2 ½ Std.).

### REISEZEIT

Am besten geeignet ist die Zeit von April bis Oktober , da im Winterhalbjahr die Überfahrt wegen der Stürme unbequem werden kann.

Ehemalige Goldminen ►

Vom Chomyoji-Tempel in der Stadt führt der Weg weiter zu den einstigen Goldminen. In ihnen ist ein interessantes **Museum zur Goldgewinnung** und -verarbeitung untergebracht (Öffnungszeiten: April bis Okt. tgl. 8.00–17.00 Uhr, sonst 8.30–16.30 Uhr, 700 ¥). Das nahe gelegene Aikawa-Volksmuseum (Aikawa Kyodo Hakubutsukan) zeigt Exponate zur Geschichte der Goldminen, das Holzschnittmuseum (Sado Hangamura Bijutsukan) präsentiert in wechselnden Ausstellungen zeitgenössische Druckgrafik.
Bis zum Kap Hajikizaki an der Nordspitze von Sado erstreckt sich eine malerische Steilküste. Schönster Küstenabschnitt der Insel ist die Senkaku-Bucht nördlich von Aikawa.

**Ogi**

Reizvoll zeigt sich die Hafenstadt Ogi im äußersten Süden der Insel mit dem vermutlich im Jahr 808 von dem Priester Kukai gegründeten Rengebuji-Tempel. Im Mai fahren Fischerinnen in tonnenförmigen Holzbooten zum Sammeln von Seegras aus, das dann am Strand getrocknet wird; beim Taraibune-Matsuri im Juni wird in den Tonnen um die Wette gerudert. Touristen werden in diesen **Fassbooten** (Taraibune) von den Frauen im Hafen herumgeschippert. Das Marinemuseum (Kaiun Shiryokan) enthält nautisches Gerät der Region. Ein lohnender Bootsausflug führt von Ogi in ca. 40 Min. zum Kap Sawazaki (mit Leuchtturm)..

# ★ Saikai-Nationalpark

E 8 • b 4–5

**Hauptinsel:** Kyushu **Präfektur:** Nagasaki
**Fläche:** 243 km²

西海国立公園

**Landschaftliche Schönheit und historische Sehenswürdigkeiten machen den Nationalpark zu einem reizvollen Ziel auf Kyushu. Die Pflanzenwelt ist subtropisch; die stark zerklüfteten Küsten werden von hübschen Stränden unterbrochen. In Teilen des Meeres wird Perlenzucht betrieben.**

**Ausdehnung**

Der Saikai-Nationalpark im äußersten Nordwesten Kyushus. umfasst neben einem kleinen Küstenstrich von Kyushu Teile der Insel Hirado, die Kujukushima-Inseln (wörtlich »Neunundneunzig Inseln«) und einige Eilande des Goto-Archipels (wörtlich »Fünf Inseln«).

## Sehenswertes im Saikai-Nationalpark

**Kujukushima-Inseln**

Unmittelbar vor der Nordwestküste von Kyushu verteilen sich dicht gedrängt im Meeresarm vor der Insel Hirado die Kujukushima-Inseln. Von Saikai Pearl Sea Resort (Bus von Sasebo, 25 Min.) laufen Rundfahrtschiffe aus. Die insgesamt 208 Eilande sind dicht mit subtropischer Vegetation bedeckt.

Die 171 km² große, hügelige Insel Hirado, nur 600 m von der Küste Kyushus entfernt und durch eine Straßenbrücke mit dieser verbunden, spielte im 16. Jahrhundert eine bedeutende Rolle, als sich Japan erstmals dem Auslandshandel öffnete. Als gegen Ende des 16. Jahrhunderts erste Christenverfolgungen einsetzten, suchten viele Gläubige hier Zuflucht und erbauten Gotteshäuser, die äußerlich Tempeln glichen. ◄ Hirado

Die im äußersten Nordosten gelegene Inselhauptstadt Hirado (38 000 Einw.) war **der erste japanische Hafen für den Handel mit dem Ausland**. Holländer und Engländer errichteten Faktoreien. Mit dem Ausbau des günstiger gelegenen Hafens von ► Nagasaki verlor Hirado seine handelspolitische Bedeutung. Eine Besichtigung der Stadt lässt sich bequem zu Fuß durchführen. Auf der Anhöhe hinter dem Ort kommt man zu einigen Gedenkstätten, u. a. für den englischen Lotsen William Adams (= Miura Anjin), der im April 1600 in Japan strandete, im Auftrag von Tokugawa Ieyasu Schiffe für die japanische Flotte baute und Mittelsmann zwischen der Regierung und den ausländischen Faktoreien in Hirado war. Adams erhielt als erster Europäer die Samurai-Würde und war Vorbild für den Navigator Blackthorne in James Clavells Roman »Shogun«. Von hier etwa 200 m entfernt liegen die Reste des Oranda-Shokan-Ato, der holländischen Niederlassung. Westlich der Anlegestelle steht das Matsuura-Museum (Matsuura-shiryo-hakubutsu-kan) mit Gegenständen aus dem Besitz dieses Fürstenhauses. Südwestlich auf einem Hügel die neugotische Kirche des Heiligen Franz Xaver (1931 errichtet). Auf dem Hügel Kameoka im Südosten steht die Burg (ursprünglich 18. Jh., moderne Rekonstruktion) mit Blick auf das Meer und die Brücke zum Festland. Nahebei das Kokusai-Kulturzentrum, ein moderner Bau in Schiffsform. ◄ Hirado

**? WUSSTEN SIE SCHON ...?**

- Hirado ist der Geburtsort von Koxinga (Zheng Chenggong, 1624–1664), einem legendären Piratengeneral, der in Japan, China und Taiwan als Held verehrt wird.

**Goto-Inseln**

Das westlichste Teilgebiet des Nationalparks bilden die Goto-Inseln, rund 50 km von der Küste Kyushus entfernt (Schiffslinien von Sasebo und Nagasaki). Die Gruppe besteht aus den fünf großen Inseln Fukue, Naru, Wakamatsu, Nakadori und Uku sowie etwa 150 kleineren Eilanden.

## ► SAIKAI-NATIONALPARK ERLEBEN

### ANREISE

*Nach Hirado*: Bus vom Sasebo Bus Center (1 ½ Std.).
*Nach Sasebo*: Bahn oder Direktbusse von Nagasaki und Fukuoka.

*Nach Fukue* (Goto-Inseln): Schiff von Nagasaki (1 ½ Std.).

Fukue ► Die 327 km² große Insel Fukue ist ein wichtiges Gebiet für Viehzucht, Landwirtschaft und Fischerei. Die Küsten bieten hübsche Badestrände; am Kap Osezaki im Südwesten eindrucksvolle Klippen. Auf der Insel gibt es eine Burgruine und alte Samurai-Häuser.

# Sakata

K 5

**Hauptinsel:** Honshu
**Präfektur:** Yamagata
**Einwohnerzahl:** 115 000

酒田

**Die an der Westküste des nördlichen Honshu an der Mündung des Mogami gelegene Stadt Sakata besitzt einen der bedeutendsten Häfen am Japanischen Meer.**

**Wirtschaft** Schon in der Edo-Zeit war Sakata ein Umschlagplatz für den in der Shonai-Ebene angebauten Reis, weshalb hier 1672 der erste große Reisspeicher des Landes gebaut wurde. Die Industrialisierung brachte der Stadt einen erheblichen Aufschwung; heute überwiegt die chemische Industrie. Ferner spielt der Anbau der »Benibana« genannten goldgelb blühenden Blumen, die zum Färben von Seide verwendet werden, eine beachtliche Rolle. Durch den Reishandel gelangten die Kaufmannsfamilien **Honma** und Abumiya zu geradezu märchenhaftem Reichtum und ausgedehntem Grundbesitz. Ein Volkslied sagt, es sei unmöglich, so reich wie ein Honma zu werden – man könne nur wünschen, die Wohlhabenheit eines Daimyo zu erlangen.

! *Baedeker* TIPP

**Inspirierend**

Beim Anblick der Küste von Sakata dichtete der große Lyriker Matsuo Basho (1644–1694): »Den glühenden Sonnenball / schwemmt er den Meereswellen zu – / der Mogami-Fluss.« Seine Erlebnisse auf der 150 Tage dauernden Wanderung durch Nordjapan finden sich in dem wunderschönen, mit zahlreichen Erläuterungen versehenen Band »Auf schmalen Pfaden durchs Hinterland«.

## Sehenswertes in Sakata

**Kunstmuseum** 500 m westlich vom Bahnhof (Fußweg, 5 Min.) befindet sich in einem ehemals der Kaufmannsfamilie Honma gehörenden Haus das Honma-Kunstmuseum mit Schwertern, Bildern, Plastiken und Porzellan aus dem Familienbesitz. Zum Museum gehört der kunstvoll gestaltete Garten Tsurumai-en (Öffnungszeiten: tgl. 9.00–16.30 Uhr, 700 ¥).

**✶ Hiyoriyama-Park** Im Westen nahe dem Hafen liegt auf einer kleinen Anhöhe der Hiyoriyama-Park mit einem alten hölzernen Leuchtturm; von hier öffnet sich ein weiter Blick auf die Mündung des Flusses Mogami und das

Kaikoji ► Japanische Meer. Nahebei steht der Kaikoji-Tempel, in welchem die Mumien der Mönche **Chukai-shonin und Enmyokai-shonin** aufbewahrt werden.

Der Bedeutung des Reisanbaus für die Region trägt das Shonai Mai Rekishi Shiryokan Rechnung, untergebracht in einem der alten Reisspeicher von 1893, die noch heute genutzt werden.

**Sankyo-Lagerhäuser**

## Umgebung von Sakata

**Chokai-Quasi-Nationalpark**

Nördlich der Stadt liegt der Chokai-Quasi-Nationalpark (von Sakata JR-Uetsu-Hauptlinie bis Fukura, 30 Min.). In seinem Ostteil erhebt sich der 2230 m hohe Berg Chokai (nach dem alten Provinznamen auch Dewa-Fuji), Hauptgipfel der parallel zur Küste verlaufenden Chokai-Vulkankette. In Kuromori und Matsuyama, Vororten von Sakata, wird regelmäßig öffentlich **Freiluft-Kabuki** (Kuromori, im Februar) bzw. **No** (Matsuyama, dreimal jährlich) aufgeführt.

### SAKATA ERLEBEN

**ANREISE**

*Flugzeug:* Von Tokyo (Haneda) nach Shonai (1 Std); Flughafenbus 40 Min.
*Bahn:* Von Tokyo über Niigata bis Sakata (4 ½ Std.); von Yamagata über Shinjo bis Sakata (2 Std.).

**Tsuruoka**

Südlich von Sakata (JR-Uetsu-Hauptlinie, 30 Min.) erreicht man die alte Burgstadt Tsuruoka (141 000 Einw.), einst Sitz der Fürstenfamilie Sakai und bis heute wichtiger Handelsplatz für Reis. Im 2 km südwestlich des Bahnhofs gelegenen Tsuruoka-Park (Bus, 10 Min.) sind die Reste der Burg zu sehen, ferner der den Sakai gewidmete Shonai-Schrein (Kirschblüte im April). Nahebei zeigt das Chido-Freilichtmuseum historische Bauten der Stadt, darunter die ehemalige Residenz der Sakai. Der Tsuruoka-Temmangu-Schrein, 2 km vom Bahnhof, ist alljährlich im Mai Schauplatz des Bakemono-Festes, eines heiteren Umzugs, bei dem man sich bis zur Unkenntlichkeit verkleidet und Alkohol an Passanten ausschenkt.

◄ Chido-Freilichtmuseum

### ? WUSSTEN SIE SCHON ...?

- ... dass Chukai-shonin und Enmyokai-Shonin zu den wenigen Beispielen »selbst-mumifizierter« buddhistischer Heiliger gehören? Die beiden Priester hielten vor ihrem Tod eine strenge Diät ein und verzichteten schließlich ganz auf Flüssigkeit. Später wurden ihre Leichen durch Trocknen an der Luft oder gar Räuchern endgültig mumifiziert.

Nordwestlich von Tsuruoka (Bus, 30 Min.) erstreckt sich an der Bergflanke des Takadate der weitläufige Gebäudekomplex des für seine fünfstöckige Pagode bekannten **Zenpoji-Tempels**, der zum großen Teil aus der Heian-Zeit stammt.

An der Küste (Privatbahnlinie von Tsuruoka, 30 Min.; Bus, 40 Min.) liegt der geschätzte kleine Badeort **Yunohama-onsen**. Ein weiteres kleines Thermalbad, **Atsumi-onsen**, erreicht man südlich der Stadt mit dem Bus (1 Std.); sehr malerisch gibt sich dort der in der Nähe des Kumano-Schreins abgehaltene Morgenmarkt.

# Sapporo

L 3

**Hauptinsel:** Hokkaido
**Einwohnerzahl:** 1,88 Mio.
**Präfektur:** Hokkaido

札幌

**Sapporo, die Hauptstadt der nördlichsten japanischen Hauptinsel Hokkaido, ist eine junge, auf dem Reißbrett angelegte Stadt, weshalb historische Sehenswürdigkeiten hier dünn gesät sind. Dafür ist sie bekannt für ihr Bier, ihr spektakuläres Schneeskulpturenfest und erholsame Grünanlagen.**

**Heimat der Ainu**

Das Stadtgebiet erstreckt sich im Becken des Flusses Toyohira, das den südlichen Teil der Ishikari-Ebene bildet. Obwohl Sapporo noch etwas südlicher als Florenz liegt, sind die Winter kalt und schneereich. Bis ins 19. Jahrhundert war das Gebiet ausschließlich von den proto-japanischen Ainu besiedelt, aus deren Sprache sich auch der Stadtname herleitet: »Sato poro petsu« bedeutet »langes trockenes Flussbett«. Um die Mitte des 19. Jahrhunderts kamen japanische Siedler auf die Insel Hokkaido und 1871 beschloss die Meiji-Regierung, das bis dahin in Hakodate amtierende, für die Kolonisierung zuständige Kommissariat (Kaitakushi) nach Sapporo zu verlegen und der Bau der Stadt nach US-Städtebauprinzipien voranzutreiben. 1886 wurde Sapporo Präfekturhauptstadt, 1970 erreichte die Einwohnerzahl die Millionengrenze. Seit der Austragung der 11. Olympischen Winterspiele in Sapporo 1972 ist München Partnerstadt.

**? WUSSTEN SIE SCHON ...?**

- ... dass japanische Eiscreme erstmals 1923 in Sapporo hergestellt wurde?

## Sehenswertes in Sapporo

**Universität**

Nordwestlich vom Hauptbahnhof erstreckt sich das große Gelände der Hokkaido-Universität (12 Fakultäten), die aus der 1875 von Tokyo hierher verlegten Landwirtschaftsschule hervorgegangen ist. Auf dem Campus der Agrarwissenschaftlichen Fakultät steht die Porträtbüste des Amerikaners William Smith Clark (1826–1886), der die Landwirtschaftsschule begründete und sich mit »Boys, be ambitious« von seinen Studenten verabschiedete.

**Botanischer Garten**

Auf dem Gelände des Botanischen Gartens südwestlich vom Bahnhof (Öffnungszeiten: 29. April bis Sept. 9.00–16.30, Okt. bis 3. Nov. bis 15.00 Uhr, 400 ¥; ¥, im Winter nur Gewächshäuser) ist auch das **Ainu-Museum** (Batchelor-Museum), ein 1891 nach englischem Muster errichteter Bau, in dem die gesamte proto-japanischen Ainu-Kultur dargestellt wird. Daneben zeigt das Universitätsmuseum seine archäologischen, völkerkundlichen und zoologischen Sammlungen.

## *Sapporo* Orientierung

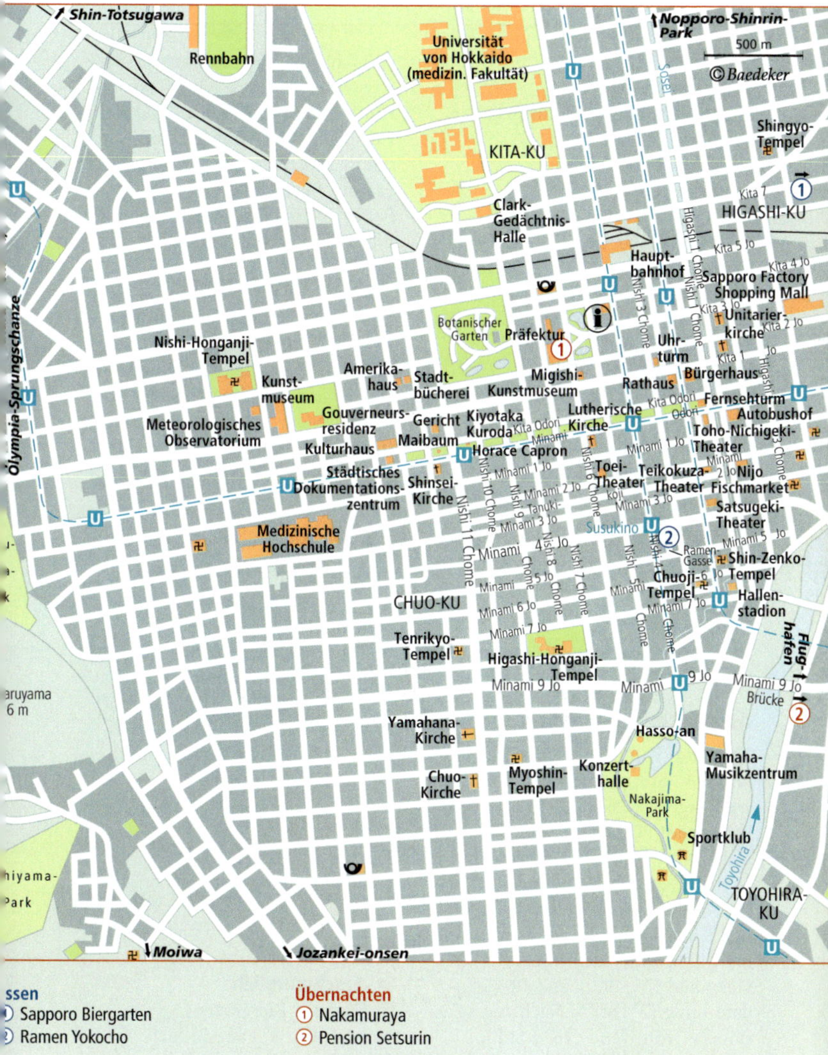


**ssen**

1 Sapporo Biergarten
2 Ramen Yokocho

**Übernachten**

1 Nakamuraya
2 Pension Setsurin

**Uhrturm**

Nahe dem Eingang zum Botanischen Garten steht der Backsteinbau der ehemaligen Präfektur (1888). 500 m östlich erreicht man eines der **Wahrzeichen der Stadt**, den 1878 errichteten Uhrturm, das einzige erhaltene Gebäude russischen Stils in Sapporo, heute Bibliothek und Ausstellungsraum zur Kolonisationsgeschichte Hokkaidos.

# SAPPORO ERLEBEN

## AUSKUNFT

***Touristinformation***
Flughafen Chitose, JR-Infoschalter
Tel. 01 23 / 45 70 01,
tgl. 8.30 – 21.00 Uhr
Sapporo JR-Bahnhof
Tel. 011 / 213 50 88,
tgl. 8.00 – 20.00 Uhr
Sapporo International Communication Plaza, Sapporo MN Building, 3rd Floor, Nord 1, West 3, Chuo-ku
Tel. 0 11/2 11 36 78
Mo. – Sa. 9.00–17.30 Uhr,
tgl. 9.00–17.30 Uhr

***Sapporo Tourist Association***
betreibt das »Cuckoo's Window« im Rathaus, 2nd Floor, Nord 1, West 2, Chuo-ku
Tel. 0 11/2 51 21 41
Mo. bis Fr. 8.45–17.15 Uhr

***Im Internet***
www.city.sapporo.jp/city/english
www.welcome.city.sapporo.jp/english

## ANREISE

*Flugzeug:* Von Tokyo (Haneda Airport; 1½ Std.); von Osaka (1¾ Std.); von Nagoya (1½ Std.), Zug in die Innenstadt 30 Min.
*Bahn:* Von Tokyo JR-Tohoku-Shinkansen-Linie bis Hachinohe (3 ¾ Std.), dann JR-Tohoku-Linie durch den 36 km langen Seikan-Tunnel 240 m unter dem Meer bis Hakodate (3 ½ Std.) und JR-Hakodate-Linie (3¾ Std.); Nachtzug »Cassiopeia« von Ueno (16 ½ Std.).

## NAHVERKEHR

In Sapporo verkehren drei *U-Bahnlinien*: Namboku, Tozai und Toho –, die alle den Bahnhof Odori im Zentrum der Stadt südlich des JR-Bahnhofs anfahren. Fahrkarten ab 200 ¥ für die kürzeste Strecke, Tagespass 800 ¥. Südwestlich davon verkehrt eine ***Straßenbahn*** (Shiden) – Fahrpreis 170 ¥. Nützlich für Touristen ist außerdem der ***City Bus*** Kan 88/ Factory Bus, der an der Sapporo Factory Shopping Mall vorbei zum Biermuseum fährt (200 ¥).

## VERANSTALTUNGEN

Yuki-matsuri (Schneefest, mit zahlreichen Schneeplastiken; Anfang Februar); Hokkaido-Schreinfest (Prozession mit Tragschreinen und Prunkwagen; Mitte Juni); Sommerfest (jahrmarktähnliches Volksfest mit Bon-Tänzen und Feuerwerk; 21. Juli bis 20. Aug.).

## SHOPPING

Eine bekannte Einkaufsgegend ist die überdachte ***Tanukikoji*** (zwischen Süd 2 und 3 bzw. West 1 und 7) mit vielen Fachgeschäften und Bekleidungsläden. Von ihrem östlichen Ende erreicht man den ***Nijo-Fischmarkt***. Weitere Shoppingzentren liegen um den Bahnhof Sapporo, teilweise unterirdisch.

## AUSGEHEN

Das Ausgehviertel der Stadt ist ***Susukino***, südöstlich der O-dori.

## ESSEN

### ► Erschwinglich

① ***Sapporo Biergarten***
Nord 7, Ost 9, Higashi-ku
Tel. 0 11/7 42 15 31
tgl. 11.30–22.00 Uhr
Hier wird in stimmungsvoller Atmosphäre das Bier der Sapporo-Brauerei ausgeschenkt, dazu die Spezialität der Stadt: Dschinghis Khan (Jingisukan), gebratenes Lammfleisch.

► **Preiswert**
② ***Ramen Yokocho***
Süd 5, West 3, Chuo-ku
Sechzehn Nudellokale in der »Ramen-Gasse«, die alle das Eine servieren: Sapporo Ramen in allen möglichen Variationen!

**ÜBERNACHTEN**

► **Komfortabel**
① ***Nakamuraya***
Kita 3, Nishi 7, Chuo-ku,
Sapporo, Hokkaido 060-0003
Tel. 0 11/2 41 21 11
Fax 2 41 21 18
www.nakamura-ya.com
Modernes Ryokan-Hotel in günstiger Lage nahe dem Botanischen Garten der Universität. Einwandfreier Service, ruhig, gutes Essen. Zimmer mit Bad, außerdem öffentliches Bad für alle Gäste.

► **Günstig**
② ***Pension Setsurin***
Misono 7-3, Toyohira-ku,
Sapporo, Hokkaido 062-0008
Tel. 0 11/8 22 71 23, Fax 8 22 66 35
www.tabi-hokkaido.co.jp/p.setsurin/english
Mit der Toho-Linie 10 Min. vom Bahnhof bis zur Station Toyohira-koen (Ausgang 3).
Freundliche, gemütliche und saubere Pension mit Tatami-Zimmern und Gemeinschaftsbädern.

**O-dori**

500 m südlich des Hauptbahnhofs wird die Stadt von dem in west-östlicher Richtung verlaufenden, blumengeschmückten Boulevard O-dori durchzogen, auf welchem Anfang Februar das bekannte **Schneefest** stattfindet. Am östlichen Ende steht der 147 m hohe Fernsehturm, von dessen Aussichtsplattform (90 m) sich ein lohnender Blick auf die Ishikari-Ebene bietet.

**Tanuki-koji**

500 m südlich verläuft parallel zur O-dori die Einkaufsstraße Tanuki-koji, auch »Sapporo-Ginza« genannt. Eine große Zahl von Bars, Restaurants u. a. findet man im südöstlich angrenzenden Vergnügungsviertel Susukino.

**Sapporo Factory**

Südöstlich des Bahnhofs ist die ehemalige Sapporo-Brauerei (1876 gegründet) zur Sapporo Factory Shopping Mall umfunktioniert worden. Von hier fährt der Factory Bus (City Bus Kan 88) weiter zum Sapporo Biru-en, einem Komplex aus Bierhalle (s. S. 484 u.) und Biermuseum in einem weiteren alten Gebäude der Sapporo-Brauerei.

**Nakajima-Park**

Vom Bahnhof führt die Namboku-U-Bahnlinie über Susukino zum Nakajima-Park, der im Osten vom Fluss Toyohira begrenzt wird. Er umfasst u. a. einen Landschaftsgarten, das als Teil des Kohoan-Tempels (Präfektur Shiga) von Kobori Enshu erbaute und 1918 hierher gebrachte Teehaus Hasso-an sowie eine Konzerthalle.

**✶ Maruyama-Park**

Am Fuß der Hügel, die westlich der Stadt ansteigen, liegt der Maruyama-Park (Bus vom Bahnhof, 20 Min.) mit Sportstätten und einem Zoologischen Garten. In seinem Nordteil steht der 1869 ge-

*Was man aus Eis und Schnee alles machen kann, erlebt man beim Schneefest.*

gründete Hokkaido-Schrein (heutige Gebäude von 1964), besonders reizvoll zur Zeit der Kirschblüte (Anfang Mai). Westlich des Parks, am Berg Okurayama, die Olympia-Sprungschanze und ein Wintersportmuseum mit Skisprungsimulator und Erinnerungsstücken an die Olympischen Spiele. Am 226 m hohen Maruyama-Hügel zieht sich der unter Naturschutz stehende urwüchsige Maruyama-Wald mit seinem artenreichen Baumbestand hin.

Wintersportmuseum ►

**Moiwa**

Weit im Südwesten des Stadtgebietes (Bus vom Bahnhof, 25 Min.) erhebt sich der Berg Moiwa (530 m), zu dessen aussichtsreichem Gipfel eine Seilbahn hinauffährt. Vom Gipfel verläuft über die Südflanke (Skigelände, mehrere Lifte) eine gebührenpflichtige Panoramastraße talwärts.

## Umgebung von Sapporo

**Jozankei-onsen**

Im Bergland südwestlich der Stadt liegt Jozankei-onsen (Bus, 1 ¼ Std.), neben Noboribetsu der bekannteste Thermalbadeort auf Hokkaido. Von Sapporo verläuft die Nakayama-Toge-Bergstraße hierher und weiter zum Toya-See im ►Shikotsu-Toya-Nationalpark.

**Teine-Olympia-gelände**

15 km westlich von Sapporo erreicht man ein ausgezeichnetes Wintersportgelände mit Anlagen der Winter-Olympiade von 1972 (Bahn, 10 Min.). Das Teine-Olympia-Gelände am Fuß des 1024 m hohen gleichnamigen Berges bietet u. a 14 Lifte, Golfplatz, Schwimmbad.

11 km nordöstlich von Sapporo (Bus/50 Min. bzw. Bahn/15 Min. bis Shinrin-Koen, dann 20 Min. Fußweg) liegt der Nopporo-Shinrin-Park mit dem 1971 anlässlich der Hundertjahrfeier der Kolonisation Hokkaidos errichteten Gedächtnisturm (Hyakunen Kinen-to; 100 m) sowie dem weitläufigen Freilichtmuseum Hokkaido Kaitaku Kinen-kan, in dem historische Gebäude aus Hokkaidos hundertjähriger Geschichte restauriert sind. Ausstellungen und Vorführungen (auch zum Mitmachen) bringen das Siedlerleben näher. Transport im Museumsgelände per Pferdewagen bzw. im Winter auf Langlaufskiern (Öffnungszeiten: Di. – So. 9.30–16.30 Uhr, 830 ¥).

**Nopporo-Shinrin-Park**

◄ Freilichtmuseum

# Satsunan-Inseln

D–F 9–11

**Hauptinsel:** Kyushu **Präfektur:** Kagoshima

**Die Satsunan-Gruppe bildet den nördlichen Teil des Nansei-Inselbogens, der sich von der Südspitze Kyushus bis vor Taiwan erstreckt. Die schöne, subtropische Landschaft mit romantischen Küsten und tief blauem Meer zieht viele Besucher an.**

薩南諸島

## Sehenswertes auf den Satsunan-Inseln

Tanegashima ($448\ km^2$), die nördlichste der Satsunan-Inseln, ist durch die Osumi-Meerenge von Kyushu getrennt. 1543 landeten hier portugiesische Seeleute, die die ersten Feuerwaffen nach Japan brachten. Inselfürst Tanega Tokitaka ließ diese nach dem Inselnamen als »Tanega-bo« bezeichneten Waffen nachbauen. Auf Tanegashima befindet sich das **japanische Raumfahrtzentrum**, von wo im Februar 1981 die erste japanische Trägerrakete einen Satelliten ins All schoss.

**Tanegashima**

Die Fährschiffe von Kagoshima legen im Hafen von Nishi-no-Omote (17 000 Einw.) an der Nordwestküste an. Mit dem Bus gelangt man durch das Innere der relativ flachen Insel zum Kap Kadokura im äußersten Süden (1 Std.). Hier steht der Misaki-Schrein mit einem Denkmal für die portugiesischen Seeleute. Eindrucksvoll ist die durch Brandung erodierte, felsige Küste von Kumano.

**Nishi-no-Omote**

►Kirishima-Yaku-Nationalpark

**Yakushima**

Rund 500 km südlich von Kyushu liegen die Amami-Inseln mit einer Gesamtfläche von $1237\ km^2$ und 162 000 Bewohnern.
Die nördlichste und größte der Amami-Inseln ist Amami-Oshima ($709\ km^2$), Drehscheibe für den interinsularen Verkehr. An der Nordwestküste liegt der Hafen Naze. Die reiche subtropische Wildflora wechselt mit Zuckerrohr-, Bananen- und Ananaskulturen. Den weißen Stränden sind Korallenriffe vorgelagert. Große Tradition hat

**Amami-Inseln**

◄ Amami-Oshima

### SATSUNAN-INSELN

**ANREISE**

*Flugzeug:* Von Kagoshima nach Tanegashima (35 Min.), Amami-Oshima (50 Min.) und Yoron-to (1¾ Std.).
*Schiff:* Von Kagoshima nach Nishino-Omote (Tanegashima; 3 ½ Std.), Miyanoura (Yakushima; 2Std.), Naze (Amami-Oshima; 9 Std.) und Yoron-to (20 Std.); von Naha (Okinawa) nach Yoron-to (5 Std.).

die Herstellung der Oshima-tsumugi-Seidenstoffe. Der Amami-Park östlich von Naze stellt die Umwelt und Lebenswelt der Amami-Inseln vor. Außerdem gibt es hier ein kleines Kunstmuseum.
Auf **Tokunoshima** finden als Touristenattraktion viel besuchte Stierkämpfe statt; das fröhliche Tanzfest Hachigatsu-odori wird auch auf der südlichen Nachbarinsel Okinoerabushima gefeiert. Beide Inseln besitzen **über hundert Tropfsteinhöhlen**; die Höhle Shoryu-do auf Okinoerabushima gehört zu den größten ihrer Art in Asien. Sehenswert sind auch die Klippen von Inno-jo-buta und der Strand von Sumiyoshi.

Yoron-to ► Yoron-to, die südlichste der Satsunan-Inseln, ist von Korallenriffen mit einer vielfältigen Meeresfauna umgeben, die gute Tauchsportmöglichkeiten bieten. Die Inselbewohner leben fast ausschließlich vom Tourismus. Das geeignetste Verkehrsmittel ist das Fahrrad (Verleih). Von der Tachibana-Bucht an der Nordküste führt eine Straße zum Botanischen Garten Yunnu im Inselinneren; vom erhöht gelegenen Kotobira-Schrein lohnender Rundblick. Südöstlich die 40 m hohe Klippe Yukino-misaki. Die nach Osten weiterführende Straße berührt das **Minzoku-mura**, eine alte Siedlung mit aus Stroh und Lehm erbauten Hütten und zahlreichen Kursangeboten. Die Küstenstraße erreicht den Strand von **Yurinohama**, wo Rundfahrten in Glasbodenbooten ihren Ausgangspunkt haben (ca. 1 Std.). Vorgelagert sind zahlreiche Bänke aus »Sternensand«, der aus den Skeletten maritimer Kleinlebewesen besteht.

# ✶ Sendai

L 5

**Hauptinsel:** Honshu **Präfektur:** Miyagi
**Einwohnerzahl:** 1 Mio.

仙台

**Die einstige Burgstadt Sendai liegt im Norden der japanischen Hauptinsel Honshu, 10 km von der Pazifikküste entfernt, zwischen bewaldeten Hügeln.**

**»Stadt der Wälder«** Als Hauptstadt der Präfektur Miyagi sowie politisches, kulturelles und wirtschaftliches Zentrum des Tohoku-Distriktes hat Sendai erhebliche Bedeutung. Die wichtigsten Wirtschaftszweige sind Nahrungsmittel-, Holzwaren- und Elektroindustrie sowie Metallverarbeitung. Traditionelle Erzeugnisse sind Lackwaren und Holzpuppen.

## Sehenswertes in Sendai

**Aoba-Hügel**

Westlich vom Bahnhof (Bus, 20 Min.) liegt der Aoba-Hügel, an dessen Fuß noch Wälle, die letzten Reste der Burg, ein rekonstruierter Turm und ein Reiterstandbild des zu Lebzeiten mächtigen Fürsten Date Masamune zu sehen sind. Gegenstände aus dem Besitz der Date sind im Museum nördlich der Burgruinen ausgestellt.

◄ Sendai Shi Hakubutsukan

**Gokoku-Schrein**

Weiter südwärts gelangt man, an einer Bronzestatue des Masamune vorbei, zum Gokoku-Schrein, von wo sich ein weiter Blick über Stadt und Meer bietet.

**Zuihoden**

Südwestlich vom Stadtzentrum liegt in einer Schlinge des Flusses Hirose das Mausoleum des Date Masamune (Zuihoden; neuzeitliche Wiederherstellung im Stil der Momoyama-Zeit; Öffnungszeiten: tgl. 9.00–16.30, Dez./Jan. bis 16.00 Uhr, 550 ¥).

**Osaki-Hachimangu-Schrein**

4 km nordwestlich vom Bahnhof (Bus, 15 Min.) befindet sich der schwarz gelackte Osaki-Hachimangu-Schrein (1607), ein schönes Architekturbeispiel der Momoyama-Zeit. Die reich geschmückte Haupthalle ähnelt derjenigen des Zuiganji-Tempels in Matsushima.

**Rinnoji-Tempel**

Der dem Date-Clan gewidmete Rinnoji-Tempel (Bus vom Bahnhof, 15 Min.) mit dreistöckiger Pagode ist ein Bauwerk der Meiji-Zeit und bekannt durch seinen Schwertliliengarten (Öffnungszeiten: tgl. 8.00–17.00 Uhr, 300 ¥).

**Tsutsujigaoka-Park**

1,5 km östlich vom Hauptbahnhof liegt der Tsutsujigaoka-Park, vor allem zur Blüte der alten Kirschbäume viel besucht.

## SENDAI ERLEBEN

### AUSKUNFT

***Touristinformation***
im JR-Bahnhof, 2. Stock
Tel. 0 22/2 22 40 69
tgl. 8.30–20.00 Uhr
www.city.sendai.jp
www.kankoubussan.shiogama.miyagi.jp (für Shiogama)

***International Center***, Aobayama, Aoba-ku, westlich des Bahnhofs, Richtung Tohoku-Universität und Burg, über die Ohashi-Brücke
Tel. 0 22/2 65 24 71
tgl. 9.00–20.00 Uhr

### ANREISE

*Flugzeug:* Von Osaka (1¼ Std., Flughafenbahn 30 Min.).
*Bahn:* Von Tokyo JR-Tohoku-Shinkansen-Linie (2 Std.).

### VERANSTALTUNGEN

Dondo-matsuri (Verbrennen der Neujahrsdekorationen; Mitte Jan.), im Osaki-Hachimangu-Schrein; Schreinfest (Prozession mit mittelalterlichen Rüstungen; Ende Mai), beim Aoba-Schrein; sehr bekannt: Tanabata (Sternenfest, mit 700-jähriger Tradition; Anfang Aug.).

## Umgebung von Sendai

**Shiogama** Die JR-Senseki-Bahnlinie führt in nordöstlicher Richtung nach Shiogama (59 000 Einw.; auch Ausflugsschiff von Matsushima), einem lebhaften Fischerhafen **mit großem Fischmarkt** in der südwestlichen Matsushima-Bucht. Der den Schutzgöttern der Seeleute und der werdenden Mütter geweihte Shiogama-Schrein liegt 700 m nordwestlich des Bahnhofs Hon-Shiogama auf einer bewaldeten Anhöhe. Zu seinen Schätzen gehört eine 1187 von Izumi Saburo gestiftete eiserne Laterne.

! *Baedeker* TIPP

**Samurai im Sattel**

In Shiogama wird Mitte Juli das Yabusame-Fest gefeiert, ein Reiterspiel aus den 13. Jahrhundert mit Bogenschießen und großem Volksfest. Mitte August findet das farbenfrohe Hafenfest statt.

**Naruko-onsen** Von Sendai gelangt man mit der Rikuu-Tosen-Bahnlinie in 1½ Stunden zu dem nordöstlich gelegenen Badeort Naruko-onsen (Thermalquellen, 60–100 °C). Hier wird alljährlich Anfang September das Kokeshi-Festival gefeiert; Kokeshi sind gedrechselte Holzpuppen, zu sehen auch im hiesigen Kokeshi-Museum (Nihon kokeshi-kan).

**Akiu-onsen** Westlich von Sendai erreicht man per Bus (50 Min.) den Erholungsort Akiu-onsen, wo Thermalquellen von 55 °C sprudeln. Von hier lohnt ein Ausflug am Natori flussaufwärts zu dem 14 km entfernten, 55 m hohen Wasserfall Akiu-Otaki (Bus von Akiu-onsen, 30 Min.), in dessen Nähe sich die romantische Rairaikyo-Schlucht befindet.

**Matsushima** ►dort

# ★ Shikotsu-Toya-Nationalpark

L 3

**Hauptinsel:** Hokkaido **Präfektur:** Hokkaido
**Fläche:** 993 km²

支笏洞爺国立公園

**Der Shikotsu-Toya-Nationalpark im westlichen Hokkaido umfasst mit seinen drei voneinander getrennten Teilgebieten eine äußerst reizvolle Vulkanlandschaft mit Kraterseen und Thermalquellen. Die bestgeeigneten Ausgangsorte sind ►Sapporo und Tomakomai.**

## Sehenswertes im Shikotsu-Toya-Nationalpark

**Jozankei-onsen** Vor den Toren von Sapporo beginnt der flächenmäßig größte Teil des Nationalparks. Mit dem Bus (1 ¼ Std.) erreicht man zunächst das Thermalbad Jozankei-onsen (Kochsalzquellen) am Fluss Toyohira, das sich nach der Eröffnung der von Sapporo kommenden Verbindungsstraße (1871) rasch zu einem lebhaften Kurort entwickelte. Anziehungspunkte in der Umgebung sind der Wasserfall Shiraito-no-taki, die Brücke Nishikibashi und der Fels Futami-Iwa.

**Kutchan**

Westlich von Jozankei-onsen liegen im nordwestlichen Teilgebiet des Nationalparks der 1893 m hohe erloschene **Vulkan Yotei** und an seinem Nordfuß die Stadt Kutchan (von Sapporo JR-Hakodate-Linie, 2 Std.). Mit dem Bus geht es von hier zum Hangetsu-See, Ausgangspunkt der etwa vierstündigen Wanderung zum Gipfel (Alternativroute von der nächstfolgenden Bahnstation Hirafu). Die drei Gipfelkrater des Yotei werden »Vater-Kessel«, »Mutter-Kessel« und »Kleiner Kessel« genannt; der Rundweg um den Hauptkrater ist 2 km lang.

**✶ Toya-See**

Südlich von Jozankei-onsen führt die Straße über den 836 m hohen Nakayama-Pass (schöne Aussicht) weiter zum kristallklaren Toya-See (Bus, 1½ Std.), der rings von Bergen umgeben ist. In der Mitte des fast kreisrunden, 183 m tiefen Gewässers, das selbst in strengen Wintern nicht zufriert, liegt die dicht bewaldete Insel Nakanoshima (auch Oshima), umgeben von den weitaus kleineren Inselchen Kannon, Manju und Benten. Am Südwestufer befindet sich der beliebte Badeort **Toyako-onsen** (Quellen bis 60 °C; Bus ab Sapporo, 2¾ Std.), von wo Ausflugsschiffe über den See und zur Insel Nakanoshima fahren (ca. 50 Min. ohne Inselaufenthalt).

**Showa-Shinzan**

Südlich erheben sich die Berge Usu und Showa-Shinzan. Ausgangspunkt für eine Besteigung ist Sobetsu am Südufer des Toya-Sees.
Mit dem Bus erreicht man in 5 Minuten den Fuß des aktiven Vulkans Showa-Shinzan (398 m), der erst 1944/1945 entstand und noch aktiv ist. Bei der Bushaltestelle dokumentiert eine Ausstellung in allen Details die Entwicklung des Vulkans (Aufstieg zum Gipfel 1 Std.).

**Usu**

Von dieser genannten Bushaltestelle fährt eine 1365 m lange Seilbahn zum Ostfuß des gleichfalls aktiven Usu, der bei einem großen Ausbruch 1910 an der Nordflanke den Hügel Meiji-Shinzan (»Neuer Berg der Meiji-Zeit«) bildete und 1944/1945 östlich davon den Showa-Shinzan (»Neuer Berg der Showa-Zeit«). Der 725 m hohe Große Usu (Osten) und der Kleine Usu (Westen) umrahmen mit den Höhenzügen Byobuyama den See Ginnuma.

**Noboribetsu**

Die JR-Muroran-Hauptlinie führt in östlicher Richtung nach Noboribetsu; unweit nördlich von hier das Thermalbad Noboribetsu-onsen (»11 Quellen«; Bus von Noboribetsu 15 Min; auch Direktbusse von Sapporo in 1 ¾ Std.). Das von herrlichen Wäldern umgebene Noboribetsu-onsen ist das größte Thermalbad von Hokkaido; das Daiichi-Takimoto-kan ist eine Badeanlage – die älteste des Ortes –, deren 40 Becken von rund zehn verschiedenen Quellen (45–93 °C) gespeist werden.

**Jigokudani** Die heißen Quellen entspringen in dem 400 m vom Ort entfernten Jigokudani (»Höllental«) mit seinen vulkanischen Gesteinsformationen. Von hier führt ein kurzer Anstieg zu dem in einem alten Kraterbecken gelegenen, brodelnden Oyunuma-See, der bereits an der Oberfläche 40 bis 50 Grad heiß ist. Spazierwege führen durchs Marschland und zu einem heißen Fußbad im Fluss. Daneben steigt der 366 m hohe Hiyoriyama auf, über dem eine Säule aus Schwefeldämpfen steht.

**Kuma Bokujo** Östlich von Noboribetsu-onsen erhebt sich der Berg Kuma (549 m; Seilbahn). Hier leben auf der so genannten Bärenweide rund 120 Braunbären, allerdings zirkusartig dargeboten (Eintritt 2520 ¥!). Am Ostfuß des Berges in schöner Lage der Kuttara-See (im Sommer Bus von Noboribetsu-onsen, 25 Min.).

**Shiraoi** Die JR-Muroran-Hauptlinie erreicht dann das küstennahe Dorf Shiraoi am Porotoko-See. 700 m südwestlich liegt eine **Ainu-Siedlung**, Poroto Kotan, die 1965 angelegt wurde, um die alten Traditionen dieses Volkes zu erhalten. Trotz der Vermarktung für den Tourismus lohnt der Besuch dieser Siedlung. Einen Einblick in die frühere Lebensweise der Ainu gibt das dazugehörige Museum.

Von Tomakomai (JR-Muroran-Hauptlinie) führt eine Straße ins Landesinnere zum malerischen **Shikotsu-See** (auch Bus vom Flughafen Chitose, 40 Min.), in dem auch das Gebiet von Jozankei-onsen (s. zuvor) umfassenden Teil des Nationalparks. Der 363 m tiefe See, der niemals zufriert, wird im Süden bzw. Norden von den beiden tätigen Vulkanen Tarumae (1024 m) und Eniwa (1320 m) begrenzt.

Tarumae ► Der Tarumae ist seit dem späten 17. Jahrhundert mehrmals ausgebrochen, besonders heftig im Jahre 1909. Der Aufstieg von Morappu, am Südufer des Sees, zum Gipfel-Krater erfordert etwa 45 Minuten (Bus bis zur 7. Bergstation, nur im Sommer).

Eniwa ► Der Eniwa ist von Shikotsu-Kohan über Poropinai in 3 Stunden zu ersteigen; der Blick vom Gipfel reicht bis Sapporo. 1972 waren die Berghänge Teil des Olympia-Geländes.

## SHIKOTSU-TOYA-NATIONALPARK ERLEBEN

### AUSKUNFT

www.laketoya.com
www.jyozankei.com
www.noboribetsu-spa.jp

### ANREISE

*Bahn:* Von Sapporo JR-Chitose- und Muroran-Linie zum Bahnhof Toya (1¾ Std.), ab dort Bus Nach Toya-ko (5 Min.).

*Bus:* Mehrere Linien in den Nationalpark, u. a. ab Sapporo nach Noboribetsu (1 ¾ Std.), ab Flughafen Chitose nach Shikotsu-Kohan (40 Min.)

# Shimonoseki

F 8 • c 4

**Hauptinsel:** Honshu
**Präfektur:** Yamaguchi
**Einwohnerzahl:** 280 000

**Der bedeutende Hochseefischereihafen Shimonoseki liegt an der äußersten Westspitze der japanischen Hauptinsel Honshu. Von der gegenüber liegenden Insel Kyushu ist die Stadt durch die an der schmalsten Stelle nur 700 m breite Kanmon-Meerenge getrennt.**

下関

**Geschichte**

Historisch von großer Bedeutung ist die Schlacht von Dannoura (1185), die in den küstennahen Gewässern geschlagen wurde und in welcher die Taira (auch Heike) gegen die Minamoto (auch Genji) unterlagen. Vor Beginn der Meiji-Ära war Shimonoseki Hauptstützpunkt der gegen die Öffnungspolitik des Shogunats opponierenden Choshu. Unter der Devise »Ehret den Tenno, verjagt die Barbaren« beschossen diese 1863 die vor der Stadt liegenden ausländischen Schiffe. Daraufhin griffen amerikanische, französische, britische und niederländische Flottenverbände im August 1864 die Stadt an und eroberten sie innerhalb von drei Tagen. 1895 wurde in Shimonoseki der Friedensvertrag zwischen Japan und China unterzeichnet.

## SHIMONOSEKI

**AUSKUNFT**

www.city.shimonoseki.yamaguchi.jp

**ANREISE**

*Flugzeug:* Von Tokyo (Haneda Airport) bis Kitakyushu (2 Std.).
*Bahn:* Von Tokyo (Hauptbahnhof) JR-Sanyo-Shinkansen-Linie über Osaka (Bahnhof Shin-Osaka) und Hiroshima (5 Std.); von Fukuoka (Hakata) über Kitakyushu (Bahnhof Kokura; 45 Min.).

**VERANSTALTUNGEN**

Großes Feuerwerk an der Kanmon-Straße (13. August).

## Sehenswertes in Shimonoseki

**Kameyama-Hachimangu-Schrein**

Knapp 2,5 km östlich des Bahnhofs Shin-Shimonoseki (Bus, 10 Min.) liegt auf einem Hügel der Kameyama-Hachimangu-Schrein. Geweiht ist er den legendären Kaisern Chuai, Ojin und Nintoku sowie der Kaiserin Jingu, die von hier im 3. Jahrhundert nach Korea gezogen sein soll. Vom Schrein hat man einen schönen Blick auf die Meerenge; dahinter steht das Haus, in dem 1895 der japanisch-chinesische Friedensvertrag unterzeichnet wurde. Gleich südlich des Schreins liegen der Hafen und südöstlich davon das große Aquarium Kaikyokan.

**Akama-jingu-Schrein**

Der dem Kindkaiser Antoku (1178–1185) gewidmete Akama-jingu-Schrein auf dem Benishiyama enthält die Gräber des Antoku, der bei der Seeschlacht von Dannoura ertrank, und von sieben Mitgliedern der Familie Taira, einer der ersten Adelsfamilien der Heike-Dynastie.

**Dannoura** Der etwa 1 km lange Küstenstreifen Dannoura liegt noch weiter östlich von hier (Busverbindung). Die Erinnerung an die Seeschlacht von 1185 wird in vielen Erzählungen lebendig erhalten; der Volksglaube, dass sich die getöteten Heike in Meerestiere verwandelt hätten, spiegelt sich in den Bezeichnungen »Koheike« für eine hier vorkommende Fischart und »Heike-gani« für die kleinen Krabben.

**Kanmon-Tunnel** Beim Bahnhof Dannoura beginnen der Kanmon-Eisenbahn- und Straßentunnel sowie die Kanmon-Brücke, die die Verbindung nach Kyushu herstellen; der 3461 m lange Kanmon-Straßentunnel verläuft auf einer Strecke von 780 m max. 56 m unter der Meeresoberfläche und enthält **auch einen Fußgänger- und Radfahrertunnel**. Am Bahnhof befindet sich auch die Talstation der auf den Hinoyama führenden Seilbahn. Von der Anhöhe lohnender Blick auf die Meerenge und die gegenüberliegende Stadt Kitakyushu.

**Chofu** Ungefähr 5 km östlich vom Stadtzentrum liegt Chofu, einst von Samurais bewohnt; einige alte Straßen sind erhalten. Sehenswert ist der im 14. Jahrhundert gegründete **Kozanji-Tempel** mit einer Haupthalle von 1325; die übrigen Gebäude sind neueren Datums.

# ★ Shiretoko-Nationalpark

N 2

**Hauptinsel:** Hokkaido **Präfektur:** Hokkaido
**Fläche:** 386 km²

知床国立公園

**Der zum UNESCO-Welterbe erklärte Nationalpark gilt als letzte Wildnis Japans. Die Ainu gaben der Gegend den Namen Shiretoko – »Ende des Landes«.**

**Vulkanische Halbinsel** Die Halbinsel Shiretoko, deren größter Teil zum gleichnamigen Nationalpark gehört, schiebt sich als schmaler Keil von rund 65 km Länge an der Ostküste von Hokkaido in das Ochotskische Meer. Die urwüchsige Landschaft ist geprägt von den ruhenden Vulkanen Rausu (1661 m), Shiretoko (1254 m) und Io (1563 m). Der Südteil der Halbinsel ist über gute Verkehrswege zugänglich; der geeignetste Ausgangspunkt ist das Seebad Utoro an der Nordwestküste.

## Sehenswertes im Shiretoko-Nationalpark

**Utoro Shiretoko-goko** Vom Bahnhof Shari (JR-Semmo-Hauptlinie) gelangt man mit dem Bus an der Küste entlang nach Utoro (50 Min.) und weiter zu den von Wanderwegen umzogenen fünf Seen Shiretoko-goko. Weiter nördlich von hier liegt der eindrucksvolle Wasserfall Kamuiwakka. Eine Straße verbindet Utoro mit Rausu an der Südostküste der Halbinsel. Unterwegs zweigt nach dem Pass Shiretoko-toge ein Weg zum

## SHIRETOKO-NATIONALPARK ERLEBEN

**ANREISE**

***Bahn:*** Von Kushiro bzw. Abashiri JR-Senmo-Hauptlinie nach Shiretoko-Shari (2 ¼ Std. bzw. ¾ Std.).
***Bus:*** Von Kushiro nach Rausu (3 ½ Std.), von Memanbetsu-Flughafen über Shiretoko-Shari nach Utoro 2 ¼ Std., von Utoro nach Rausu (1 Std.; nur Juni – Okt.)
***Schiff:*** Fährlinie von Tokyo nach Kushiro (30 Std.)

**REISEZEIT**

Mai bis Oktober.

6 km Umfang messenden Rausu-See ab, den man nach einer Wanderung von ca. 1½ Stunden erreicht hat. ◄ Rausu-See

**Rausu**

Von Utoro fahren Ausflugsschiffe zur Spitze der Halbinsel am Kap Shiretoko (Juni – Sept. ca. 3 Std.). Die Küste besteht großenteils aus bis zu 200 m hohen, steilen Klippen. Im Nationalpark leben u. a. Braunbären, Füchse, Seehunde, Wale, Seeadler und ca. 250 weitere Vogelarten. Schöne Wanderungen erschließen die felsigen Berge und den Kamuiwakka-Warmwasserfall: Der Weg führt durch das badewannenwarme Flussbett bergauf zu einem warmen Onsen-Becken am Fuß eines kleinen Wasserfalls.

# Shizuoka

K 7 • I 3

**Hauptinsel:** Honshu
**Einwohnerzahl:** 711 000
**Präfektur:** Shizuoka

静岡

**Die Präfekturhauptstadt Shizuoka liegt an der Südküste der japanischen Hauptinsel Honshu, etwa auf halber Strecke zwischen Tokyo und Nagoya. Sie ist der wichtigste Umschlagplatz des Landes für grünen Tee (fast 50% der Gesamtproduktion).**

## Sehenswertes in Shizuoka

**Burggelände Sunpu Park**

Im nördlichen Teil der sind von der 1945 völlig zerstörten Burg nur noch Graben und Mauerreste, der rekonstruierte Südostturm und das Osttor zu sehen. Eine Statue ehrt den Tokugawa Ieyasu.

**Sengen-Schrein**

Am Nordrand der Stadt, 2 km vom Bahnhof entfernt, erhebt sich der für seine Kirschblüte (Anfang April) bekannte Hügel Shizuhata-yama; an seinem Südfuß der im 17. Jahrhundert gegründete Sengen-Schrein (heutige Gebäude aus dem 19. Jh.). Die Deckengemälde stammen von Meistern der Kano-Schule. Von der Rückseite des Schreins gelangt man über eine Treppe zu einem Park mit lohnendem Blick.

**Rinzai-ji-Tempel** Nahe beim Sengen-Schrein liegt in einem schönen Garten der Rinzai-ji-Tempel der gleichnamigen Schule, im frühen 16. Jahrhundert als Schutztempel des Imagawa-Clans gegründet, der damals die Provinz Suruga beherrschte. Zu den Tempelschätzen zählen eine aus der Kasuga-Schule stammende Amida-Statue sowie Zeichnungen von Kano Tan'yu (1602–1674). Sehenswert ist ferner ein im ursprünglichen Stil erhaltenes Studierzimmer des Tokugawa Ieyasu.

**Toro** Die Ausgrabungsstätte von Toro liegt 2,5 km südlich vom Bahnhof (Bus, 20 Min.). Nachdem 1943 durch Zufall die ersten Funde zutage getreten waren, wurde hier auf einer Fläche von 16,5 ha eine **Siedlung der späten Yayoi-Zeit** (ca. 2.–3. Jh.) freigelegt. Das größte der insgesamt 12 auf ovalem Grundriss erbauten und ursprünglich mit Stroh gedeckten Häuser misst 12 m Länge und 11 m Breite. Auf Pfählen errichtete Nebengebäude dienten vermutlich als Speicher; die Feldanlagen deuten auf Reisanbau hin. Hausrat und Schmuck jener Zeit sind im Museum ausgestellt.

## Umgebung von Shizuoka

**Kunozan** 10 km südöstlich erreicht man den steil zur Suruga-Bucht abfallenden Berg Kunozan (Bus bis Kunozanshita, 35 Min.) in einem Gebiet besonders milden Klimas. Der Berg war die letzte Ruhestätte des To-

*Fast die Hälfte allen Grünen Tees in Japan kommt aus der Region Shizuoka.*

## SHIZUOKA ERLEBEN

**AUSKUNFT**

***Touristinformation***
im JR-Bahnhof
Tel. 0 54/2 52 42 47
tgl. 8.30–18.00 Uhr

www.city.shizuoka.jp/english
www.shizuoka-guide.com (Präfektur)
www.shizuoka-cvb.or.jp

**ANREISE**

***Bahn:*** Von Tokyo (Hauptbahnhof) JR-Tokaido-Shinkansen-Linie (1 Std.); von Nagoya JR-Tokaido-Shinkansen-Linie (1¼ Std.).

**VERANSTALTUNGEN**

Shizuoka-matsuri (Umzug mit historischen Kostümen; Anfang April), beim Sengen-Schrein.

kugawa Ieyasu, bis dessen sterbliche Überreste nach Nikko überführt wurden. Sein Sohn Hidetada gründete 1617 auf dem Berggipfel den Toshogu-Schrein, ein Gebäude im Gongen-zukuri-Stil. Im Schrein werden Gegenstände aus dem Nachlass des Ieyasu aufbewahrt, u. a. Rüstungen und Schwerter.

★ ◄ Toshogu-Schrein

Etwas unterhalb des Schreins befindet sich die Station einer Seilbahn zum Plateau Nihon-daira mit weiten Teeplantagen. Der Rundblick reicht über die Suruga-Bucht, den Fuji (Nordosten), den Kunozan und die Pazifikküste. Der sich im Osten an einem langen Sandstrand hinziehende **Föhrenhain** Miho-no-matsubara ist in Dichtung und Malerei verewigt. Von Shizuoka ist das Plateau mit einer Buslinie auch direkt zu erreichen.

★ **Nihon-daira**

# Shodoshima

H 7 • g 3

**Präfektur:** Kagawa
**Inselfläche:** 155 km²
**Einwohnerzahl:** 32 000

**Shodoshima ist nach Awajishima die zweitgrößte Insel der Inlandsee. Der südliche Teil ist von Olivenkulturen bedeckt; in den Schluchten des Nordens werden seit langer Zeit Bausteine gebrochen, die u. a. zum Bau der Burg von Osaka (1586) verwendet wurden.**

小豆島

## Sehenswertes auf Shodoshima

Die von Okayama (Honshu) und Takamatsu (Shikoku) auslaufenden Schiffe legen im Hafen von Tonosho an, das auch Startpunkt der Busrundfahrten über die Insel (4 bzw. 7 Std.) ist. Östlich des Hafenbeckens liegt auf einer Anhöhe der aussichtsreiche Pfauengarten.

**Tonosho**

**Kankakei** Im Zentrum der Insel lohnt die Schlucht Kankakei (»Kaltes Nebeltal«; Bus von Tonosho) einen Besuch. Das 8 km lange und 2 km breite Tal wird von einer Hügelkette mit bizarr erodierten Felsen flankiert; an den Hängen ziehen sich dichte Wälder mit Ahorn, Föhren und Azaleen hinan, die im November leuchtende Herbstfarben zeigen. Von der Talsohle führt eine Seilbahn zu dem **Aussichtspunkt Shibocho** hinauf, wo sich ein weiter Blick auf den als besonders reizvoll geltenden Teil der Inlandsee bietet.

## SHODOSHIMA ERLEBEN

### ANREISE

*Schiff:* Von Okayama nach Tonosho (1¼ Std.; Tragflügelboot 40 Min.); von Himeji nach Fukuda ((1½ Std.); von Takamatsu nach Tonosho (30 bis 60 Min.).

Eine organisierte **Inselrundfahrt** (Führung in japanischer Sprache) berührt u. a. die Futagoura-Bucht, den Strand von Myonan, den Silberstrand, den Steinbruch, aus dem das Baumaterial der Osaka-Burg stammt, den Affenpark Choshikei, die Kankakei-Schlucht, den Friedenspark und die an Ausblicken reiche Kankakei-Straße.

# ★ Takamatsu

H 7 • g 3

**Hauptinsel:** Shikoku **Präfektur:** Kagawa
**Einwohnerzahl:** 422 000

高松

**Takamatsu, die zweitgrößte Stadt Shikokus und Hauptstadt der Präfektur Kagawa, wartet mit einem schönen Landschaftsgarten auf. Weite Teile der umliegenden Küste gehören zum ► Inlandsee-Nationalpark.**

## Sehenswertes in Takamatsu

**Tamamo-Park** Im Norden der Stadt befinden sich das Hafenbecken und der Hauptbahnhof (JR-Yosan-Hauptlinie). 300 m östlich der Tamamo-Park mit den Resten der 1587 von Ikoma Chikamasa erbauten Burg (Takamatsu-jo), einer der ganz wenigen Wasserburgen in Japan. Im Park sind außerdem der 1917 errichtete Hiunkaku-Pavillon und das Museum Chinretsukan mit Schätzen der Familie Matsudaira zu sehen. Es bietet sich auch ein reizvoller Blick auf die Inlandsee.

**★★ Ritsurin-Park** Vom Hauptbahnhof fährt ein Bus zum Ritsurin-Park (10 Min.), der früher zur Sommervilla der Matsudaira gehörte. Der 75 ha große Landschaftsgarten bezieht nach dem Prinzip der »Geborgten Landschaft« den nahen Berg Shiun in das Gesamtbild mit ein, das im Übrigen von Teichen, Hügeln, Teepavillons, Felsgruppen und bizarren

Bäumen bestimmt wird. Im Park befindet sich auch das Volkskunstmuseum Sanuki Mingeikan (Öffnungszeiten Park: tgl. mind. 7.00 bis 17.00 Uhr, im Sommer länger, 400 ¥; pref.kagawa.jp/ritsurin).

*Ritsurin-Park* Orientierung

## Umgebung von Takamatsu

Rund 4 km vor der Küste liegt die mit einem Fährschiff erreichbare **Insel Megishima** (auch Onigashima), von deren Höhenzügen sich ein reizvoller Blick auf die Inlandsee bietet.

6 km östlich von Takamatsu (Bus- und Straßenbahnverbindung) liegt die einstige **Insel Yashima**, heute durch eine Landzunge mit Shikoku verbunden. Im Süden der Hochebene steht auf dem Hügel Nanrei der Yashimaji-Tempel, der zahlreiche Zeugnisse aus der Zeit der Kämpfe zwischen den Häusern Minamoto und Taira enthält.

Im **Freilichtmuseum** Shikoku-mura (vom Bahnhof Yashima 10 Min. zu Fuß), das an den Ausläufern des Berges Nanrei gelegen ist, wurden alte Bauwerke aus ganz Shikoku zusammengetragen, darunter eine Kabuki-Bühne, auf der manchmal auch gespielt wird (Öffnungszeiten: April bis Okt. tgl. 8.30–18.00, Nov. bis März bis 17.30 Uhr, 800 ¥).

★ **Shidoji**

Weiter östlich erreicht man den Shidoji-Tempel der Shingon-Sekte (von Takamatsu Kotoku-Bahnlinie, 25 Min.), der im späten 7. Jahrhundert gegründet wurde und zu den 88 Pilgertempeln von Shikoku zählt. Er enthält eine Holzstatue und ein Bild der Elfköpfigen Kannon sowie das Shidodera-engi-zue, eine Serie von kolorierten Zeichnungen zur Tempelgeschichte.

**Sanuki-Tsuda**

Es folgt der Ort Sanuki-Tsuda; hier führt ein hübscher Spazierweg an dem 4 km langen weißen Strand (Tsuda-no-Matsubara) entlang. 3 km nordwestlich vom Bahnhof steht der 524 erbaute Chofukuji-Tempel mit einer 14 m hohen hölzernen Statue des Yakushi-nyorai aus der frühen Fujiwara-Zeit.

**Shiramine** Westlich von Takamatsu steht auf dem 357 m hohen Shiramine das Mausoleum des Kaisers Sutoku (1119–1164).

**Marugame** Die hier der Küste folgende JR-Yosan-Hauptlinie führt weiter nach Sakaide (58 000 Einw.), wo ie 1988 eröffnete **Seto-Ohashi-Brücke** die Inlandsee überquert. Weiter westlich liegt Marugame (112 000 Einw.). 1 km südlich die Reste der 1597 erbauten Burg (dreistöckiger Hauptturm und zwei Tore). Die Stadt ist bekannt für die Herstellung von Rundfächern (uchiwa). Mehrere Fährlinien fahren über die Inlandsee nach Honshu.

**Zentsuji** Südlich von Marugame zweigt die JR-Dosan-Hauptlinie in südöstlicher Richtung nach Zentsuji ab (40 Min.), dem **Geburtsort des Kobo-daishi** (auch Kukai genannt, 774–835), der die buddhistische Shingon-Schule gründete. Auf ihn geht auch die Errichtung des 1,2 km westlich gelegenen Zentsuji-Tempels auf dem Gelände seines Geburtshauses zurück (Haupttempel der Shingon-Schule; viele heutige Gebäude 17. Jh.). In der Jogyodo-Halle ein Buddha-Bildnis; im

## TAKAMATSU ERLEBEN

*Prinzip der »Geborgten Landschaft«: der Ritsurin-Park*

### AUSKUNFT

***Touristinformation***
neben dem Bahnhof
Tel. 0 87/8 51 20 09
tgl. 9.00–18.00 Uhr

www.city.takamatsu.kagawa.jp/english
www.town.kotohira.kagawa.jp/english
(zu Kotohira)

### ANREISE

*Flugzeug:* Von Tokyo (Haneda Airport; 1¼ Std., Flughafenbus 35 Min.).
*Bahn:* Von Tokyo (Hauptbahnhof) JR-Tokaido-Shinkansen-Linie über Okayama (3½ Std.); von Okayama JR-Marine-Liner (1 Std.).
*Schiff:* Von Uno (1 Std.); von Kobe (Sannomiya; 3 ½ Std.).

### VERANSTALTUNGEN

Okaya-matsuri (Anfang Mai), im Tamura-Schrein; Großes Schreinfest (Anfang August; alle zwei Jahre), im Sumiyoshi-Schrein; Takamatsu-matsuri (Sommerfest; Mitte August).

Westen des Tempelbezirks eine fünfstöckige Pagode von 45,60 m Höhe (1882 erneuert) und die im 14. Jahrhundert entstandene Haupthalle Kondo mit einer Holzstatue des Yakushi-nyorai.

**Kotohira** ✶ ✶

◄ Konpira-Schrein

Weiter südlich folgt Kotohira (von Takamatsu JR-Dosan-Linie, Kotohira-Privatbahnlinie und Bus, 1 Std.). 2 km westlich des Bahnhofs, auf halber Höhe des 521 m hohen Berges Zozusan, der Konpira-Schrein (auch Kotohiragu), eines der bedeutendsten Pilgerziele für alle Seefahrer und Reisenden in Japan. Zu diesem Heiligtum der Gottheit Omononushi-no-mikoto führt eine am Großen Tor O-mon beginnende **Treppe von 1300 Stufen** hinan. Zunächst gelangt man zur einstigen Abtresidenz Shoin (1659), deren Türen und Wände mit Werken des Landschaftsmalers Maruyama Okyo (1733–1795) geschmückt sind. Links folgt die Teehalle Chadokoro, dann die Halle der Morgensonne Asahi-no-yashiro mit Schnitzereien aus dem frühen 19. Jahrhundert. Über eine weitere Treppe (785 Stufen) gelangt man zum Hauptschrein (Hondo) mit der Musikhalle (für kultische Tänze), die 1878 im Stil Taisha-zukuri neu errichtet wurde, nachdem man während der Meiji-Reform Teile der alten synkretistischen Schreinanlage abgetragen hatte. Unweit des Hauptschreins steht die Votivhalle (Ema-do; zahlreiche Opferbilder). Eine dritte Treppe (583 Stufen) verbindet den Hauptschrein mit dem Inneren Schrein Okusha inmitten eines Gehölzes aus Zedern und Kampferbäumen mit einer **fantastischen Aussicht** auf das Umland. Die Felswand vor dem Gebäude zeigt den langnasigen Berggeist Tengu. Die Jahresfeste des Schreins finden Anfang Januar und vom 9.–11. Oktober statt. Dabei wird Kemari – ein rund 1400 Jahre altes chinesisches Ballspiel – gespielt. Ein kleiner Ball muss von einem Spieler zum anderen geworfen werden; Ziel ist, dass er so lange wie möglich in der Luft bleibt.

### ? WUSSTEN SIE SCHON ...?

- ... dass der Bonsai ursprünglich aus Takamatsu kommt? In der Edo-Zeit (1603 – 1868) sollen die Einheimischen begonnen haben, kleinwüchsige Kiefern an der Küste auszugraben und in Töpfe zu pflanzen. Heute gehören Bonsai zu den typischen Produkten der Region.

Im Park Kotohira-koen steht das im Jahr 1836 errichtete Theater Kanamaruza, die älteste noch bespielte Kabuki-Bühne des Landes.

**Kan-onji**

Der Ort Kan-onji, westlich von hier, ist von Takamatsu über Marugame mit der JR-Seisan-Buslinie zu erreichen (knapp 60 km). An der Küste, 1,5 km nördlich des Bahnhofs, der Kotohiki-Park mit seinem reichen Zedernbestand. Am Fuß des Berges Kotohiki steht der Kan-onji-Tempel (Pilgerziel) mit einer Buddha-Statue und bedeutenden Bildrollen. Vom Kotohiki-Hügel hat man einen guten Überblick über ein an der Küste angelegtes Grabensystem, das im 17. Jahrhundert entstanden ist und das Bild einer Münze mit rechteckigem Zentralloch und vier Schriftzeichen darstellt.

**Ichinomiya-Tempel Honenjio-Tempel**

5 km südlich des Zentrums von Takamatsu (Privatbahnlinie, 20 Min.) befindet sich der 701–703 erbaute Ichinomiya-Tempel; nahebei der Honenji-Tempel (Familienheiligtum der Matsudaira) mit einer 4 m langen Plastik des liegenden Buddha.

**Awa-Ikeda**

Der südwestlich von Takamatsu gelegene Verkehrsknotenpunkt Awa-Ikeda (JR-Dosan-Hauptlinie, 1 Std., oder Bus, 1½ Std.) ist als Ausgangspunkt für den Tsurugi-Quasi-Nationalpark geeignet.

**Tsurugi-Quasi-Nationalpark** ✶

Iyadani-Schlucht ►

Eine rund 50 km lange Straße folgt von Ori aus dem Iya, einem Nebenfluss des Yoshino, durch die Iyadani-Schlucht aufwärts nach Sugeoi. Die besonders im Herbst reizvolle Landschaft soll im 12. Jahrhundert den von den Minamoto verfolgten Taira Zuflucht geboten haben. Früher gab es hier zahlreiche **Seilbrücken aus Pflanzenfasern**; eines der wenigen erhaltenen Beispiele ist die Iya-no-Kazurabashi-Brücke (45 m lang, 14 m hoch, 1,40 m breit) bei Zentoku.

✶ Oboke-Schlucht, Koboke-Schlucht ►

In ihrer Nähe beginnt eine Verbindungsstraße zur Oboke-Schlucht (Bus von Awa-Ikeda, 40 Min.) und zur Koboke-Schlucht, die das größte Schluchtensystem auf Shikoku bilden. Das wildromantische Gelände kann von Oboke aus mit dem Boot durchfahren werden (30 Min.). Durch die Schluchten führen auch Wanderwege.

# ✶✶ Takayama

J 6 • k 1

**Hauptinsel:** Honshu
**Einwohnerzahl:** 95 000
**Präfektur:** Gifu

高山

**Die reizvolle Kleinstadt Takayama ist nicht nur ein guter Ausgangspunkt für die Erkundung der Japanischen Alpen, sondern auch selbst ein lohnendes Reiseziel: Antik-Läden, alte Warenhäuser – wegen der früheren Straßenfrontsteuer weit in die Hinterhöfe ragend –, Volkskunstmuseen und -läden erinnern an das alte Japan.**

**Alte Handelsstadt**

Takayama liegt im Zentrum der japanischen Hauptinsel Honshu, westlich der zum ►Chubu-Sangaku-Nationalpark gehörenden Hida-Berge. Viele der alten Häuser zeigen die Kunstfertigkeit der hiesigen Zimmerleute, die im Mittelalter als Meister ihres Faches galten. Auch die in Takayama gefertigte Keramik (Shibukusa-yaki) und die Lackwaren (Shunkei-nuri) sind traditionsreich.

## Sehenswertes in Takayama

✶ **Kokubunji-Tempel**

Unweit östlich vom Bahnhof steht mit dem Kokubunji-Tempel der älteste Tempel der Stadt. In seiner 1615 errichteten Haupthalle ein Sitzbild des heilenden Buddha (Yakushi-nyorai) und eine Kannon-Statue; im Vorhof eine dreistöckige Pagode (1807).

Weiter in nordöstlicher Richtung gelangt man zum Lackmuseum (Shunkei Kaikan), das über tausend Beispiele der örtlichen Lackkunst seit dem 17. Jahrhundert zeigt (Öffnungszeiten: April – Okt. 8.00 – 17.30, Nov. – März 9.00 – 17.00 Uhr, 300 ¥). **Lackmuseum**

Weiter östlich, jenseits des Miyagawa, steht das in traditioneller Bauweise um 1880 für eine Kaufmannsfamilie gebaute Haus Kusakabemingeikan (Öffnungszeiten: März bis Nov. tgl. 8.30 – 16.30 Uhr, 500 ¥). Ähnlich: das Yoshijima-Haus einige Meter weiter (März bis Nov. 9.00 – 16.30, Dez. – Feb. 9.00 – 16.00 Uhr, 500 ¥). **✶ Kusakabe-mingeikan**

In der modernen Yatai-Kaikan-Halle Nordostrand der Stadt werden das Jahr über einige der kunstvollen Prunkwagen des Festes Takayama-matsuri ausgestellt. Ebenfalls auf dem Gelände befindet sich ein begehbares Modell des Toshogu-Schreins in ► Nikko im Maßstab 1:10 – das Original wurde zum Großteil von Handwerkern aus Takayama errichtet (Öffnungszeiten: März – Nov. 8.30 – 17.00, Dez. bis Feb. 9.00 – 16.30 Uhr, Kombiticket 820 ¥). **Yatai-Kaikan**

Der Löwentanz ist fester Bestandteil vieler regionaler Feste. In der Löwentanzhalle (Shishi Kaikan) südlich der Yatai-Kaikan-Halle, sind ca. 800 Löwenmasken ausgestellt und mit Videos ergänzt. **Löwentanzhalle**

## TAKAYAMA ERLEBEN

### AUSKUNFT

***Touristinformation***
vor dem JR-Bahnhof
Tel. 05 77/32 53 28
tgl. 8.30–18.30 Uhr,
Nov. bis März bis 17.00 Uhr
www.hida.jp (auch auf Deutsch)

### ANREISE

*Bahn:* Von Nagoya JR-Takayama-Linie über Gifu (2 ¼ Std.); von Toyama JR-Takayama-Linie (1½ Std.).

### VERANSTALTUNG

Das ✶✶ *Takayama-Matsuri*, eines der berühmtesten Feste in Japan, findet zweimal im Jahr statt. Sowohl beim Frühlingsfest Sanno-Matsuri (14./15. April) als auch beim Herbstfest Hachiman-Matsuri (9./ 10. Oktober) werden prächtige historische Festwagen durch die Altstadt gezogen. Auf einigen der Wagen sind kunstvolle Marionetten aufmontiert.

### ÜBERNACHTEN

**► Komfortabel**

***Rickshaw Inn***
54 Suehiro-cho, Takayama-shi,
Gifu-ken 506-0016
Tel. 05 77/32 28 90, Fax 32 24 69
www.rickshawinn.com/e
Kleine, gemütliche Zimmer. Auch Familienzimmer mit Bad und Kochnische. Einladende Lounge. Münzwaschmaschine und -trockner. Frühstück auf Wunsch, sonst keine Mahlzeiten, aber Küche für Selbstversorger. Personal spricht Englisch. In Spaziernähe zum Bahnhof und zu den Sehenswürdigkeiten.

★ **San-machi-suji**

Das Zentrum der Altstadt ist das Viertel San-machi-suji mit drei von alten Holzhäusern, Sakebrauereien und Ladengeschäften gesäumten Parallelsträßchen.

**Volkskunstmuseum**

In diesem Stadtbereich liegt auch das Volkskunstmuseum (Hirata Kinen-kan), untergebracht in einem stattlichen einstigen Kaufmannshaus und mit Sammlung zur Wohnkultur.

★ **Takayama Jin'ya**

Auf der anderen Seite des Miyagawa liegt der Takayama-Jin'ya, einst das Anwesen der Fürstenfamilie Kanamori und später Sitz der der Provinzverwaltung. Er ist **das einzige erhaltene Verwaltungsgebäude aus der Edo-Zeit** (Öffnungszeiten: tgl. 8.45 – 17.00, Aug. bis 18.00, Nov. – Feb. nur bis 16.30 Uhr, 420 ¥).

★ **Morgenmärkte**

Vor dem Takayama Jin'ya wird täglich ein traditionsreicher Morgenmarkt abgehalten. Größer ist der ebenfalls tägliche Miyagawa-Morgenmarkt am Ufer des Miyagawa-Flusses (April – Okt. 6.00 Uhr bis mittags, Nov. – März 7.00 Uhr bis mittags.

**Freilichtmuseum**

Südwestlich vom Bahnhof gelangt man zum Freilichtmuseum Hida-no-sato (Bus, 10 Min.), wo alte Bauernhäuser besichtigt werden können. Hier werden auch traditionelle Handwerkskünste vorgeführt (Öffnungszeiten: tgl. 8.30–17.00 Uhr, 700 ¥).

*Das alte Dorf Shirakawago schmiegt sich in eine idyllische Umgebung.*

## Umgebung von Takayama

**★★ Shirakawago Gokayama**

Dank seiner über 100 spitzgiebeligen Bauernhäuser ist das nordwestlich liegende Dorf Shirakawago (Expressbus von Takayama, 1 Std) **Weltkulturerbe**. Von den steilen Dächern (Gassho-Zukuri-Stil) kann der meterhohe Schnee im Winter gut abrutschen. Die meisten der historischen Gebäude sind noch bewohnt, einige wie das Wada-Haus und das Nagase-Haus zu besichtigen (beide tgl. 9.00 – 17.00 Uhr, 300 ¥). 40 Minuten sind es von Shirakawago zum beschaulichen Gokayama, ebenfalls Welterbe. Die Gassho-Häuser dort sind über mehrere Ortsteile verstreut, in einigen zeigen Museen die Bauweise und den Alltag in den Dörfern.

> ! *Baedeker* TIPP
>
> **Mit Familienanschluss**
>
> In Shirakawa kann man in einem der historischen Häuser bei einer japanischen Familie übernachten. Das Abendessen nimmt man gemeinsam am **irori**, der offenen Feuerstelle, ein. Reservierungen auf Englisch über die Touristeninformation Tel. 057 69/617 16, information@shirakawa-go.gr.jp, www.shirakawa-go.gr.jp.

# Tokushima

H 7 • g 3

**Hauptinsel:** Shikoku **Präfektur:** Tokushima
**Einwohnerzahl:** 260 000

徳島

**Die Präfektuhauptstadt Tokushima an der Ostküste der Hauptinsel Shikoku ist bekannt für die hier hergestellten Baumwollstoffe und Holzwaren sowie das ausgelassene Awa-odori-Tanzfest.**

## Sehenswertes in Tokushima

**Tokushima-Park**

In der Stadtmitte, ungefähr 400 m östlich vom Bahnhof, erhebt sich der großenteils bewaldete Hügel Shiroyama, dessen größten Teil der Tokushima-Park einnimmt. Im Parkgelände sind die Reste der 1586 erbauten Burg zu sehen, dazu gehört ein kleines Burgmuseum.

**Bizan-Park**

600 m südwestlich vom Bahnhof, am Osthang des Hügels Otaki (Bizan), erinnert im Bizan-Park ein kleines Museum (Moraes-kan) an den portugiesischen Marineoffizier Wenceslao de Moraes, der hier seit 1893 lebte und ein 16bändiges Werk über Japan verfasste. Eine Seilbahn führt auf den 279 m hohen Hügel zu einem schönen Rundblick auf das Yoshino-Delta, die Inlandsee und das Bergland.

## Umgebung von Tokushima

**88-Tempel-Pilgerweg**

Tokushima ist Ausgangspunkt für den 88-Tempel-Pilgerweg, der den Spuren des Heiligen Kobo Daishi, des aus Shikoku stammenden

Gründers der buddhistischen Shingon-Schule, rund um die Insel Shikoku führt. Schon in der Umgebung der Stadt kann man die ersten Tempel der Route auf schön ausgebauten Wegen ansteuern: eine gute Gelegenheit, um eine ein- oder mehrtägige Wanderung auf dem alten Pilgerweg zu unternehmen. Der erste der 88 Tempel ist der **Ryozenji** im Vorort Naruto. 500 m nördlich davon erinnert das »Deutsche Haus« (doitsu-kan) an das freizügige deutsche Kriegsgefangenenlager Bando aus dem Ersten Weltkrieg (s. S. 280). In der Umgebung von Naruto gibt es außerdem eine Aussichtsplattform auf der hiesigen Seite der Naruto-Ohashi, von der aus die beeindruckenden Strudel der Naruto-Meerenge gut zu sehen sind (s. S. 205).

**Jorokuji-Tempel**

Südwestlich von Tokushima stehen etliche alte Tempel, darunter rund 9 km vom Bahnhof (Bus, 30 Min.) der Jorokuji-Tempel der Soto-Schule, im 8. Jahrhundert gegründet, der in der Kannondo-Halle eine hölzerne Sho-Kannon bewahrt, wohl vom Priester Gyoki (670 bis 749) geschaffen.

**✶ Nyorinji-Tempel**

Noch 6 km weiter südlich (Bus von Tokushima, 30 Min., dann Fußweg, 30 Min.), am Hang des 730 m hohen Nakatsumine, erreicht man den Nyoirinji-Tempel, Haupttempel der Hoju-Shingon-Schule, mit einem hölzernen Standbild der Nyoirin-Kannon. Das Heiligtum umgibt einWald mit mehreren Wasserfällen.

**Tatsueji-Tempel**

Der Tatsueji-Tempel (Mugi-Bahnlinie bis Tatsue), die Nr. 19 der 88 Pilgertempel von Shikoku, enthält ein schönes Buddha-Gemälde.

**✶ Kakurinji-Tempel**

13 km südwestlich von Tatsue steht ein weiterer Pilgertempel, der Kakurinji, inmitten eines alten Zedernhaines. Im Inneren eine hölzerne Statue des Jizo-Bosatsu.

## TOKUSHIMA ERLEBEN

### AUSKUNFT

*TOPIA*
beim Bahnhof
6th Floor Clement Plaza,
1-61 Terashima-honcho-nishi
Tel. 0 88/6 56 33 03
tgl. 10.00–18.00 Uhr
www.pref.tokushima.jp

### ANREISE

*Flugzeug:* Von Tokyo (Haneda Airport; 1¼ Std.).
*Bahn:* Von Takamatsu JR-Kotoku-Hauptlinie (1 Std.).
*Bus:* Vom Flughafen Tokushima zur Stadtmitte (25 Min.); von Osaka (Nanba) Expressbus (2¼ Std.)
*Schiff:* Von Wakayama Nanka-Fähre (2 Std.)

### VERANSTALTUNGEN

Tokushima-Fest (Anfang April); Awa-ningyo-joruri (Puppentheater; Anfang Juni und Mitte Aug.); Awa-odori (historisches Tanzfest; 12.–15. Aug.).

**Anan**

Die von Tokushima in südlicher Richtung der Küste folgende JR-Mugi-Linie erreicht nach 25 km (30 Min.) den Fischerhafen Anan (auch Bus, 1 Std.), der romantisch an der Tachibana-Bucht liegt.

**Yahoko-Schrein**

Westlich vom Bahnhof (4,5 km; Bus, 10 Min.) der Yahoko-Schrein mit zwei Holzstatuen shintoistischer Gottheiten, vermutlich aus der Fujiwara-Zeit.

*** Kap Muroto**

Von Anan bis zu dem etwa 90 km weiter südwestlich gelegenen Kap Muroto erstreckt sich der Muroto-Anan-Küsten-Quasi-Nationalpark (►Kochi, Umgebung).

**Anabuki**

Die von Tokushima nach Westen dem Fluss Yoshino aufwärts folgende JR-Tokushima-Hauptlinie führt nach Anabuki (40 Min.); nordöstlich von hier sind zahlreiche durch Erosion entstandene, 12–18 m hohe Erdpyramiden zu sehen (Bus, 15 Min.).

**Tsurugi-Quasi-Nationalpark**

Von Anabuki ist auch das östliche Teilgebiet des Tsurugi-Quasi-Nationalparks (► Takamatsu, Umgebung) zu erreichen. Eine Buslinie (2½ Std.) folgt dem Lauf des am Berg Tsurugi entspringenden Flusses Anabuki durch die romantische Tsurugikyo-Schlucht aufwärts (besonders lohnend im Herbst) bis Misogibashi, dem Ausgangspunkt für die Ersteigung des 1955 m hohen Tsurugi.

# ** Tokyo

K 7 • m 2

**Hauptinsel:** Honshu
**Präfektur:** Tokyo

**Einwohnerzahl:** 8,41 Mio. (Stadtgebiet); 12,37 Mio. (Präfektur)

東京

**Tokyo ist sicher keine schöne Stadt – die wilde Bebauung, das fehlende Grün, das Gedränge, der Lärm –, aber sie ist der unbestrittene politische, wirtschaftliche und kulturelle Mittelpunkt Japans. Hier lassen sich neue gesellschaftliche Phänomene studieren und die japanischen Modetrends von morgen beobachten. Hier gibt es nichts, was es nicht gäbe, und vieles, was es sonst nirgends gibt.**

**Mega-City**

Japans Hauptstadt Tokyo (eingedeutscht Tokio), durchfließen die Flüsse Sumida, Arakawa und Tama und münden in die sich zum Pazifik öffnende Tokyo-Bucht. Mit den beiden südlich gelegenen Städten Kawasaki und Yokohama bildet Tokyo den industriellen **Ballungsraum Keihin**. Neben Mexico City und Shanghai zählt Tokyo – im Großraum, der die Präfekturen Chiba, Kanagawa und Saitama einschließt, leben über 34 Mio. Menschen – zu den nach Ausdehnung und Einwohnerzahl größten Ballungsräumen der Erde.
Das Stadtzentrum bilden vor allem Büro- und Geschäftsviertel, während die Wohngebiete zunehmend an die Peripherie verlagern. Die

*Aus dem Lichtermeer von Japans Hauptstadt ragt der Tokyo Tower heraus.*

Industrie (Elektrogeräte, elektronische und optische Industrie, Feinmechanik, Textilien, Druckgewerbe) ist größtenteils im Küstenbereich angesiedelt. Der Großraum von Tokyo besteht aus 23 Bezirken, 26 Städten, 5 Gemeinden und 8 Dörfern; von diesen liegen einige auf den Izu- und Ogasawara-Inseln.

**Geschichte** Die ersten Spuren menschlicher Besiedlung sind 5000 Jahre alte Muschelhaufen (Omori), die im Südwesten des heutigen Stadtgebietes (Shinagawa-ku) entdeckt wurden. Im 3. vorchristlichen Jahrhundert begann der Ackerbau, und für das 8. Jahrhundert n. Chr. sind erste dörfliche Ansiedlungen am Unterlauf des Tama nachweisbar. Der **alte Stadtname Edo** bezeichnete ursprünglich ein Fischerdorf, das 1457 in das Licht der Geschichte trat, als Ota Dokan am Standort des heutigen Kaiserpalastes eine Burg errichtete. Vorübergehend im Besitz der Uesugi, wurde Edo 1524 Sitz der Odawara-Hojo und ging 1590 als Teil des Lehens Kanto in die Hände von Tokugawa Ieyasu über. Die Stadt war dann Verwaltungssitz dieses Lehens, bis sie sich nach der Ernennung des Ieyasu zum Shogun (1603) zum politischen Zentrum des Landes entwickelte. Um die politische Willfährigkeit der Daimyo (Feudalfürsten) zu gewährleisten, verfügte der Shogun, dass deren Familien in Edo wohnen und die Daimyo selbst turnusmäßig anreisen und eine Zeitlang dort leben mussten. Obwohl die

## *Highlights Tokyo*

**Shoppen**
Ob hipp oder vornehm, Kaufhaus oder Trödelmarkt, in Tokyo kann man shoppen bis zum Umfallen!
▸ Seite 516

**Mori Tower**
Vom Mori Tower verschafft man sich den ersten Überblick über die Stadt.
▸ Seite 529

**Meiji-Schrein**
Rund um den Meiji-Schrein entspannt man unter Bäumen und Büschen.
▸ Seite 531

**Omotesando**
In Harajuku flaniert man auf dem »Champs Élysées von Tokyo«, beobachtet die Jugendszene und shoppt Mode.
▸ Seite 531

**Tokyo Metropolitan Government Office**
Vom modernen Wahrzeichen der Stadt im Viertel Shinjuku genießt man einen grandiosen Panoramablick.
▸ Seite 537/538

**Ginza**
Am Sonntag wird die Ginza zur Fußgängerzone und verlockt zum Bummeln.
▸ Seite 540

**Tsukiji-Fischmarkt**
Das Treiben auf dem Tsukiji-Fischmarkt verfolgt man am besten frühenmorgens zur Thunfischauktion.
▸ Seite 540

**Ueno-Park**
Gleich mehrere interessante Museen im Ueno-Park warten auf Besucher.
▸ Seite 542

**Asakusa-Kannon-Tempel**
Um den Asakusa-Kannon-Tempel herum spürt man noch einen Hauch des alten Edo.
▸ Seite 546

**Edo-Tokyo-Museum**
Es beeindruckt schon von weitem durch seine Architektur, und die Qualität der Ausstellung steht dem nicht nach.
▸ Seite 547

Stadt 1657 durch einen Großbrand zu 60% zerstört wurde, galt sie im 18. Jahrhundert mit rund 1,2 Mio. Einwohnern als größte Stadt der Welt.

◂ Aus Edo wird Tokyo

Der fünfzehnte Tokugawa-Shogun, Yoshinobu, musste die Macht an Kaiser Meiji abtreten. Dieser verlegte 1868 seine Residenz von Kyoto nach Edo, das in Tokyo (= östliche Hauptstadt) umbenannt wurde. Schwere Schäden richtete das Erdbeben von 1923 an, und durch die Bombenangriffe im Zweiten Weltkrieg wurden etwa 800 000 Häuser zerstört; doch bald setzte der Wiederaufbau ein und mit ihm die Entwicklung Tokyos zur Weltstadt. In der tektonisch labilen Region werden auch gegenwärtig häufig Erdstöße registriert und die Einwohner der Stadt zittern vor dem erwarteten nächsten großen Beben. Erdbebensichere Hochhäuser wurden aus dem Boden gestampft und 1964 die Olympischen Spiele, die ersten in Asien, in der Stadt abgehalten. Trotz der Rezession seit Ende der 1980er-Jahre wurden ehrgeizige Bauvorhaben verwirklicht und in der Bucht von Tokyo modernste Viertel auf Neuland geschaffen.

## *Tokyo* Übersicht

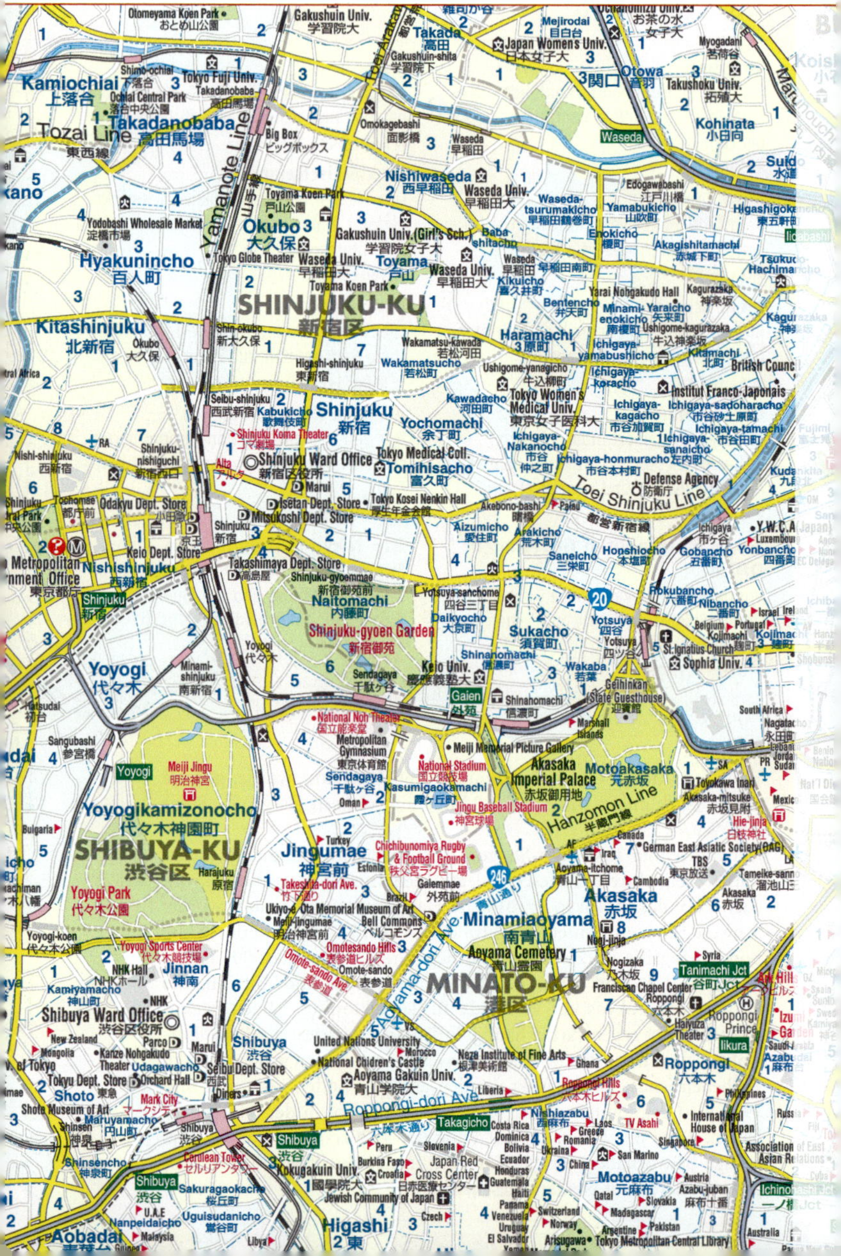

BUNKYO-KU
文京区
Koishikawa
小石川
Nishikata
西片
Yayoi
弥生
The Univ. of Tokyo
東京大
Uenokoen
上野公園
Ueno Zoological Garden
Toshogu Shrine
Ueno Koen Park
上野公園
Shinobazu-no-ike Pond
Ueno
上野
Ueno Gakuen Coll.
Taito Ward Office
台東区役所
Matsugaya
松が谷
Ginza Line
銀座線
Chuo Univ.
中央大
Kasuga
春日
Bunkyo Ward Office
文京区役所
Kodokan Judo Hall
Hongo
本郷
Kyu-Iwasaki-tei Gardens
旧岩崎邸庭園
Ameya-yokocho
Keiseiueno
Inaricho
稲荷町
Higashiueno
Motoasakusa
元浅草
Tawaramachi
Kotobuki
Korakuen
後楽園
Korakuen Garden
Tokyo Dome(Big Egg)
東京ドーム
La Qua
Tokyo Dome City
Yushima Tenjin
湯島天神
Okachimachi
御徒町
Shin-okachimachi
新御徒町
Toei Oedo Line
都営大江戸線
Naka-okachimachi
仲御徒町
Matsuzakaya Dept. Store
Yushima
湯島
Juntendo Univ.
順天堂大
Taito
台東
Kojima
小島
Misuji
三筋
Kuramae
蔵前
Koraku
後楽
Chuo Line
中央線
Suidobashi
水道橋
Kanda Myojin
神田明神
Suehirocho
末広町
Torigoe
鳥越
Japan Youth Hostels Association
Athenee Francais
Yushima Seido
Kinki Nippon Tourist
Iidabashi
飯田橋
Lutheran Church
Misakicho
Nishikanda
Surugadaicho
Ochanomizu
御茶ノ水
Y.W.C.A (Tokyo)
Sotokanda
外神田
Akihabara
秋葉原
Kanda-Izumicho
神田和泉町
Asakusabashi
浅草橋
Yanagibashi
柳橋
Kanda-Surugadai
Nicolai Cathedral
Shin-ochanomizu
新御茶ノ水
Kandagawa River
Higashi-kanda
東神田
Iwamotocho
岩本町
Bakurocho
馬喰町
Ryogoku-bashi Br.
Ryogoku
両国
Fujimi
富士見
Yasukuni-jinja
靖国神社
Kanda-Jimbocho
Jimbocho
神保町
Kudanshita
九段下
Ogawa-machi
小川町
Awajicho
淡路町
Y.M.C.A
Takebashi Jct
竹橋Jct
Kanda-Nishikicho
Kanda
神田
Bakuro-yokoyama
馬喰横山
Higashi-nihombashi
東日本橋
Ryogoku Jct
両国Jct
Nippon Budokan Hall
日本武道館
Chiyoda Ward Office
千代田区役所
Science Museum
Kitanomaru Park
Uchikanda
内神田
M.O. Tourist
Kodemmacho
小伝馬町
Sanbancho
三番町
National Museum of Modern Art
近代美術館
Takebashi
竹橋
Otemachi
大手町
Imperial Palace East Garden
皇居東御苑
Shin-nihombashi
新日本橋
Mitsukoshi-mae
三越前
Ningyocho
人形町
Hamacho
浜町
Nihonbashi hamacho
日本橋浜町
United Kingdom
Ichibancho
一番町
CHIYODA-KU
千代田区
Bank of Japan
日本銀行
Mitsukoshi Dept. Store
Edobashi Jct
江戸橋Jct
Suitengu
Suitengumae
水天宮前
Hanzomon
半蔵門
Chiyoda
千代田
Takashimaya Dept. Store
高島屋
Nihombashi
日本橋
Tokyo City Air Terminal
Nat'l Theater
国立劇場
Kokyo(Imperial Palace)
皇居
Kokyogaien
皇居外苑
Daimaru Dept. Store
Tokyo
東京
Kayabacho
茅場町
Hakozaki Jct
箱崎Jct
Supreme Court
Kasumigaseki
Nijubashi-mae
二重橋前
Marunouchi
丸の内
Bridgestone Museum of Art
Saga
佐賀
National Diet Library
Sakuradamon
桜田門
Tokyo International Forum
東京国際フォーラム
Kyobashi
京橋
Hatchobori
八丁堀
Fukuzumi
福住
Nat'l Diet Blg.
国会議事堂
Takaracho
宝町
Shinkawa
新川
Kasumigaseki
霞ケ関
Hibiyakoen
日比谷公園
Ginza
銀座
Yurakucho
有楽町
Yurakucho Mullion
有楽町マリオン
Matsuya Dept. Store
松屋
Shintomi
新富
Irifune
入船
Minato
湊
Eitai
永代
Keiyo Line
京葉線
Toranomon
虎ノ門
Uchisaiwaicho
内幸町
Mosaic
Mitsukoshi Dept. Store
Shintomicho
Chuo Ward Office
中央区役所
River City 21
リバーシティ21
Tsukuda
佃
Matsuzakaya Dept. Store
Higashi-ginza
東銀座
Kabuki-za Theater
歌舞伎座
Tsukiji
築地
Akashicho
明石町
U.S.A
Shimbashi
新橋
Shimbashi Enbujo Theater
Nippon Travel Agency
Hankyu Express International
Tsukiji Honganji
Nat'l Cancer Center
がんセンター
Tokyo Univ. of Marine Science and Technology
東京海洋大
Atago-jinja
Atago
愛宕
Nishi-shimbashi
西新橋
Kamiyacho
神谷町
Broadcast Museum
Caretta Shiodome
カレッタ汐留
Tsukijishijo
築地市場
Tsukishima
月島
Shiodome
汐留
Jikei Univ. Sch. of Medicine
Onarimon
御成門
Higashi-shimbashi
東新橋
Hamarikyu-teien
浜離宮庭園
Hama Rikyu Garden
浜離宮
Central Wholesale Market
中央卸売市場
Kachidoki-bashi Br.
Kachidoki
勝どき
Toei Oedo Line
都営大江戸線
Tokyo Tower
東京タワー
Shibakoen
芝公園
Minato Ward Office
港区役所
Zojoji
増上寺
Mielparque Hall
Daimon
大門
Hamamatsucho
浜松町
Shiba Rikyu Garden
旧芝離宮恩賜庭園
Triton Square
トリトンスクエア
Tokyo Metropolitan
首都大学東京
Akabanebashi
赤羽橋
Shiba Park
American Center
Min. of Foreign Affairs
Takeshiba
竹芝
Toyomicho
豊海町
Harumi Grand
Inter-continental
CHUO-KU
Mariners Court
Toyosu Koen Park
豊洲公園
Shibakoen
芝公園

## Subway and Railway in Tōkyō

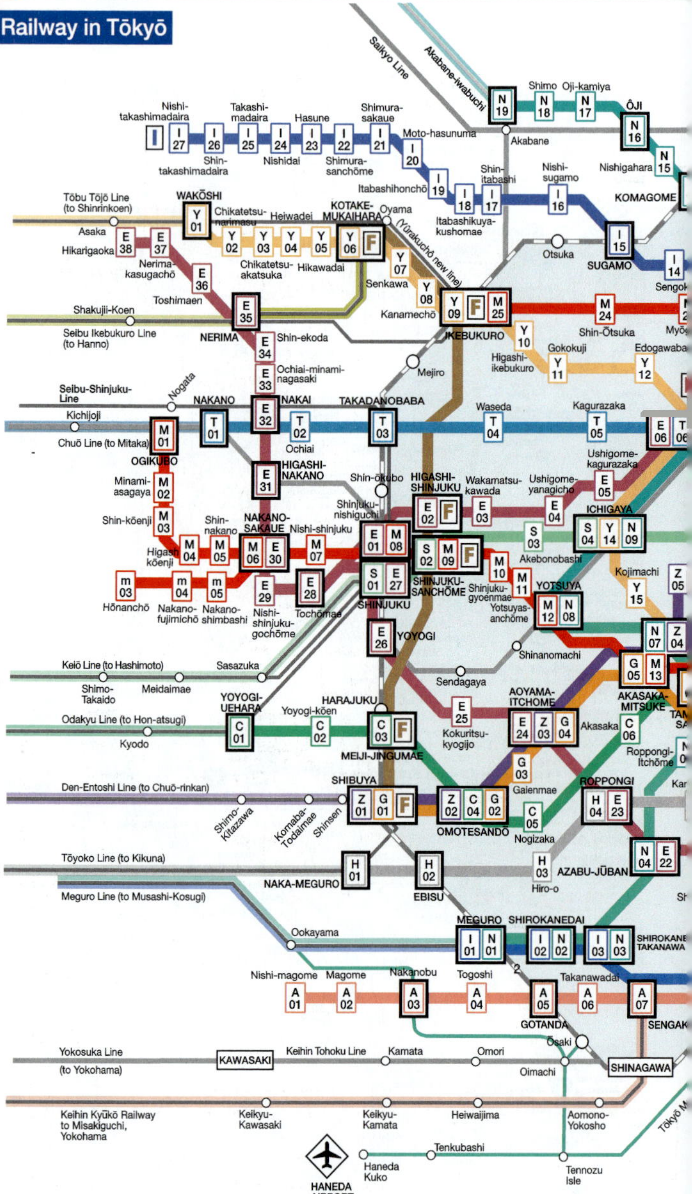

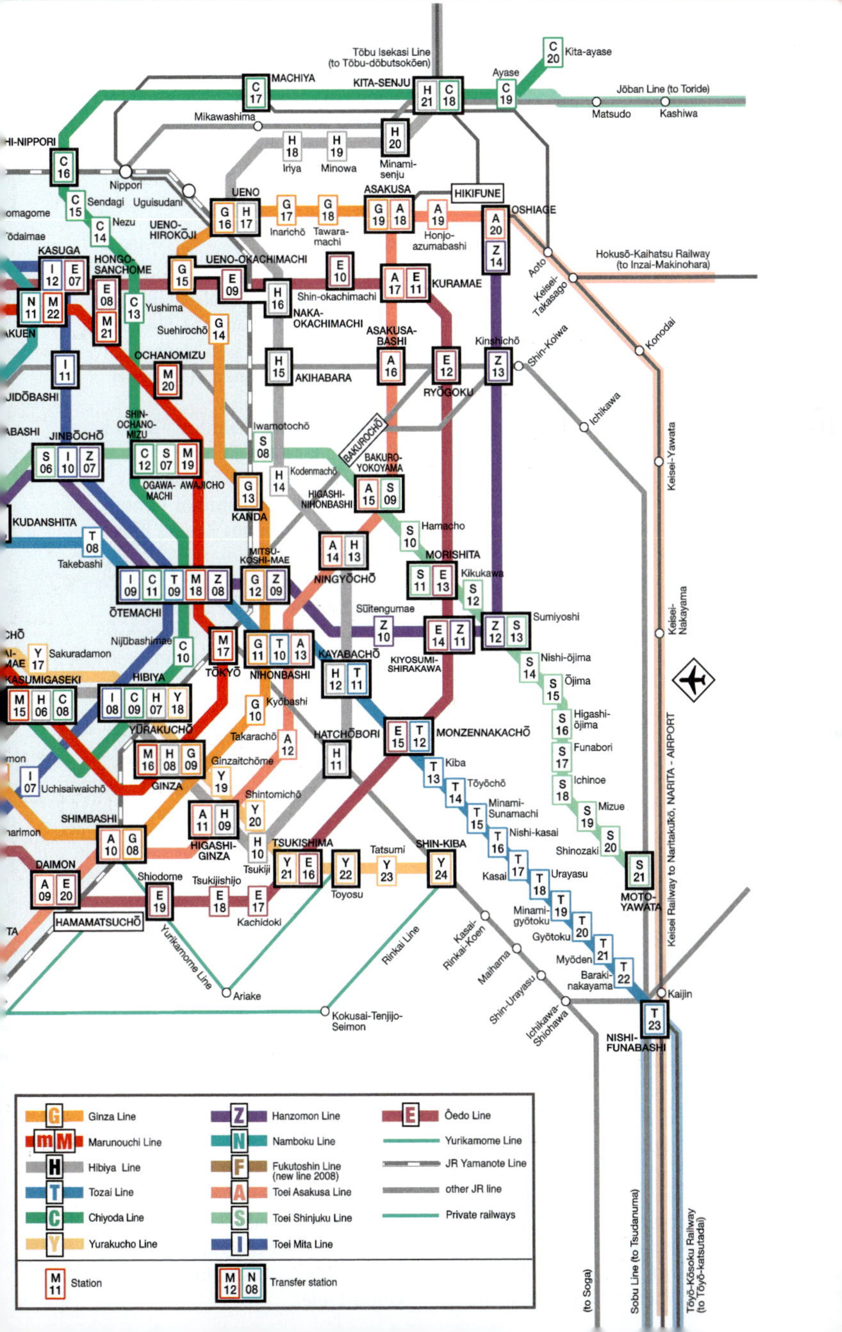
Tōbu Isekasi Line
(to Tōbu-dōbutsokōen)
Kita-ayase
MACHIYA
KITA-SENJU
Ayase
Jōban Line (to Toride)
Matsudo
Kashiwa
Mikawashima
Iriya
Minowa
Minami-senju
Nippori
Sendagi
Uguisudani
Nezu
UENO-HIROKŌJI
UENO
Inarichō
Tawara-machi
ASAKUSA
HIKIFUNE
Honjo-azumabashi
OSHIAGE
Hokusō-Kaihatsu Railway
(to Inzai-Makinohara)
Aoto
Keisei-Takasago
KASUGA
HONGO-SANCHOME
UENO-OKACHIMACHI
Shin-okachimachi
NAKA-OKACHIMACHI
KURAMAE
Yushima
Suehirochō
ASAKUSA-BASHI
Kinshichō
Shin-Koiwa
Konodai
OCHANOMIZU
AKIHABARA
RYŌGOKU
JIDŌBASHI
Ichikawa
SHIN-OCHANO-MIZU
Iwamotochō
BAKUROCHŌ
BAKURO-YOKOYAMA
JINBŌCHŌ
Kodenmachō
HIGASHI-NIHONBASHI
Keisei-Yawata
OGAWA-MACHI
AWAJICHO
KANDA
KUDANSHITA
Hamacho
Takebashi
MITSU-KOSHI-MAE
MORISHITA
NINGYŌCHŌ
Kikukawa
ŌTEMACHI
Sūitengumae
Sumiyoshi
Keisei-Nakayama
Nijūbashimae
Sakuradamon
KASUMIGASEKI
HIBIYA
TŌKYŌ
NIHONBASHI
KAYABACHŌ
KIYOSUMI-SHIRAKAWA
Nishi-ōjima
Ōjima
Higashi-ōjima
Kyōbashi
HATCHŌBORI
MONZENNAKACHŌ
Funabori
YŪRAKUCHŌ
Takarachō
Ginzaitchōme
Kiba
Ichinoe
Tōyōchō
GINZA
Uchisaiwaichō
Shintomichō
Minami-Sunamachi
Mizue
SHIMBASHI
HIGASHI-GINZA
Nishi-kasai
Shinozaki
TSUKISHIMA
Tatsumi
SHIN-KIBA
Tsukiji
DAIMON
Shiodome
Tsukijishijo
Kasai
Urayasu
MOTO-YAWATA
Toyosu
Minami-gyōtoku
Kachidoki
Gyōtoku
HAMAMATSUCHŌ
Yurikamome Line
Rinkai Line
Kasai-Rinkai-Koen
Maihama
Myōden
Baraki-nakayama
Kaijin
Ariake
Shin-Urayasu
Ichikawa-Shiohawa
Kokusai-Tenjijo-Seimon
NISHI-FUNABASHI
Keisei Railway to Naritakukō, NARITA - AIRPORT
Ginza Line
Marunouchi Line
Hibiya Line
Tozai Line
Chiyoda Line
Yurakucho Line
Hanzomon Line
Namboku Line
Fukutoshin Line
(new line 2008)
Toei Asakusa Line
Toei Shinjuku Line
Toei Mita Line
Ôedo Line
Yurikamome Line
JR Yamanote Line
other JR line
Private railways
Station
Transfer station
(to Soga)
Sobu Line (to Tsudanuma)
Tōyō-Kōsoku Railway
(to Tōyō-katsutadai)

# TOKYO ERLEBEN

## AUSKUNFT

***Information der JNTO***
im Bezirk Chiyoda-ku,
2-10-1 Yurakucho, Tokyo Kotsu Kaikan Building, 10th Floor
(nahe dem JR-Bahnhof Yurakucho)
Tel. 03/32 01 33 31
tgl. 9.00–17.00 Uhr

***Touristinformationen***
Tokyo Metropolitan Government Building Nr. 1, Erdgeschoss,
2-8-1 Nishi-Shinjuku, Shinjuku-ku
Tel. 03/53 21 30 77
tgl. 9.30–18.30 Uhr
im Bahnhof Keisei-Ueno,
1-60 Ueno-koen, Taito-ku
Tel. 03/38 36 34 71
tgl. 9.30–18.30 Uhr

am *Flughafen Haneda*,
Terminal 1, Erdgeschoss
Tel. 03/57 57 93 45
tgl. 9.00–22.00 Uhr

am *Flughafen Narita*, Ankunftshalle,
Terminal 1 Tel. 04 76/30 33 83
Terminal 2 Tel. 04 76/34 58 77
jeweils tgl. 8.00–20.00 Uhr
Kostenlose Stadtpläne und Hotelbuchungen.

***Tourismus-Beauftragter der Stadt Tokyo in Deutschland***
www.yes-tokyo.de
Über die Seite können kostenlos Stadtführer und Stadtpläne auf Deutsch angefordert werden. Außerdem werden kostenlose Stadtführungen für Individualtouristen durch freiwillige Fremdenführer vermittelt.

***Im Internet***
www.tourism.metro.tokyo.jp/german/
(offizielle Homepage der Stadt Tokyo)
www.sunnypages.jp
Gutes Internetportal mit Restaurant, Ausgeh- und Sightseeingtipps; zahlreiche Discountcoupons zum Herunterladen (auf Englisch).

## ANREISE

*Flugzeug:* Der Internationale Flughafen Narita (etwa 60 km nordöstlich) wird von internationalen Linien angeflogen; innerjapanische Flüge sowie Flüge von Taiwan und Hawaii nutzen den Flughafen Haneda (südlicher Stadtrand).
*Bahn:* Der Hauptbahnhof Tokyo ist Knotenpunkt der Shinkansen-Linien; Bahnlinien aus dem Norden des Landes über den Bahnhof Ueno; aus dem Westen des Landes über den Bahnhof Shinjuku. Während der Rushhour sollte man diese Knotenpunkte möglichst meiden.
*Schiff:* Die meisten Passagierschiffe legen im Hafen von Yokohama (30 km südlich) an.
***Autobahnen*** verbinden Tokyo mit Nagoya (Tomei-Expressway), dem Yamanaka-See (Chuo-Expressway), Aomori (Tohoku Expressway) und Niigata (Kan'etsu Expressway).

## NAHVERKEHR

Das öffentliche Nahverkehrsnetz Tokyos ist sehr ausgedehnt und entsprechend unübersichtlich, zumal es in der Hand verschiedener Gesellschaften liegt. Eine Nutzung der Stadtbusse ist für Touristen nicht notwendig. Die S- und U-Bahnen verkehren von ca. 5.00 Uhr bis etwa um Mitternacht.

***U-Bahn***
Die 12 U-Bahnlinien (acht werden von Tokyo Metro, vier von Toei betrieben) sind farblich und mit einem Buchstaben gekennzeichnet (z. B. A für Asakusa-Linie, G für Ginza-Linie).

Sehr nützlich ist die *JR-Yamanote-Ringbahn*, die einen großen Kreis um die Innenstadt schließt und dabei alle wichtigen Verkehrsknotenpunkte passiert. Zur Rushhour sind die Züge der Yamanote-Linie und einige U-Bahnen, wie die Ginza-Linie oder die Marunouchi-Linie, sehr überfüllt. Im Norden der Stadt verkehrt die einzige noch verbliebene Straßenbahn der Stadt, die Toei-Arakawa-Linie (ab Waseda).
Der *Fahrpreis* richtet sich nach der Entfernung. Wer unsicher ist, kauft einfach den billigsten Fahrschein und zahlt am Zielort beim Schalterbeamten an der Sperre die Differenz. Ab ca. fünf Fahrten lohnt sich ein Tagespass für 1000 ¥ (Ichinichi-josha-ken), gültig für Metro- und Toei-Linien; Tagespass für alle Toei-Linien (auch Bus und Straßenbahn) 700 ¥, für Metro-Linien 710 ¥. Das Tokyo Free Ticket (Tokyo furi kippu) für 1580 ¥ gewährt einen Tag lang beliebig viele Fahrten in beiden U-Bahnnetzen, Stadtbussen und den JR-Linien innerhalb der Stadt. JR-Passinhaber können die JR-Linien im Stadtgebiet nutzen (nur den Railpass vorzeigen).
*Informationsschalter* zur U-Bahn gibt es in den Stationen Ginza, Shinjuku, Otemachi und Nihombashi.
Im Internet: www.tokyometro.jp/global/en (Tokyo Metro), www.kotsu.metro.tokyo.jp/english (Toei).

***Flughafentransfer***

Den internationalen *Flughafen Narita* (www.narita-airport.jp) östlich der Stadt erreicht man am schnellsten mit dem JR-Narita Express (NEX) über den Bahnhof Tokyo (55 Min.), auch Züge ab Shinjuku (1¼ Std.). Die private Keisei-Linie fährt über Nippori von/nach Ueno (Keisei Skyliner, 1 Std.). Beide Gesellschaften bieten auch langsamere und entsprechend billigere Verbindungen. Daneben gibt es Busse von den großen Hotels.
Zum kleineren *Flughafen Haneda* (Tel. 03/57 57 81 11, www.tokyo-airport-bldg.co.jp/english) im Südwesten der Stadt (fast ausschließlich Inlandflüge) verkehrt die private Keikyu-Linie in einer knappen Viertelstunde ab Shinagawa oder die Tokyo Monorail ab Hamamatsucho (20 Min). Zwischen beiden Flughäfen bestehen Zug- und Busverbindungen (ca. 1¼ Std.).

## VERANSTALTUNGEN

*Januar:* Dezome-shiki (Feuerwehrparade mit akrobatischen Darbietungen; Anfang Jan.), Odaiba.
*Februar:* Setsubun (Frühlingsfest; Anfang Febr.), u. a. in den Tempeln Asakusa-Kannon, Zojoji und Gokokuji; »Tokyo Marathon« ab Rathaus Shinjuku bis Odaiba Big Sight (www.tokyo42195.org).
*April:* Frühjahrsfest (mit alten Tänzen, No-Aufführungen und Bogenschießen; April/Mai), im Meiji-Schrein.
*Mai:* Kanda-sai (Umzug mit zwei großen Tragschreinen; Mitte Mai, in Jahren mit ungerader Zahl), beim Kanda-Myojin-Schrein; Sanja-matsuri (Umzug mit zahlreichen Tragschreinen, Geisha-Prozession; Mitte Mai), beim Asakusa-Schrein; Sumo-Wettkämpfe (Jan., Mai und Sept.), in der Ryogoku-Kokugikan-Sumo-Halle.
*Juni:* Sanno-matsuri (Umzug mit Tragschreinen, Kinderprozession; Mitte Juni), beim Hie-Schrein und beim Asakusa-Kannon-Tempel.
*Juli:* Hanabi Taikai (großes Feuerwerk am Sumidagawa, seit 1773, Ende Juli).
*September:* Kakunori (Holzarbeiterfest mit Balanceakten auf schwimmenden Balken; Sept. bis Okt.), am Fluss Sumida.

*Oktober:* Tokyo Festival (Stadtfest mit Umzügen und Veranstaltungen; Anfang Okt.); Herbstfest (Okt./Nov.), beim Meiji-Schrein.
*November:* Shichi-go-san (Schreinbesuch der Sieben-, Fünf- und Dreijährigen, Mitte Nov.), u. a. im Meiji-, Hie- und Kanda-Myojin-Schrein.
*Dezember:* Gishi-sai (Gedenkfest für die Siebenundvierzig Ronin; Mitte Dez.), im Sengakuji-Tempel; Hegoitaichi (Stände verkaufen Hagoita, traditionelle japanische Federballschläger; 17.–19. Dez.), beim Asakusa-Kannon-Tempel.

Eine ausgezeichnete Informationsquelle zu Konzerten, Ausstellungen, Festen und anderen Veranstaltungen ist die kostenlose, englischsprachige Zeitschrift ***Metropolis***, die auch interessante Artikel zu aktuellen Themen, Restaurantkritiken und Kleinanzeigen enthält. Sie erscheint jeden Freitag und liegt in Touristinformationen, Buchläden und zahlreichen Lokalen aus (oder http://metropolis.co.jp).
Karten für Konzerte und andere Veranstaltungen bekommt man über ***Ticket Pia***, die z. B. in den Kaufhäusern Isetan und Keio in Shinjuku, im 109 Building in Shibuya und im Sony Building in Ginza vertreten sind.

## SHOPPING

### *Einkaufszentren*

Die größten Einkaufszentren sind die vornehme *Ginza* (Bezirk Chuo-ku), die hippe *Omotesando* (Harajuku) und die Ladenstraßen um die ***Bahnhöfe Shinjuku und Shibuya***.. Um den Bahnhof Daikanyama (nordwestlich von Ebisu) findet man zahlreiche kleine Boutiquen, z. T. in Wohnhäusern in Seitenstraßen . Akihabara ist auf Elektronik spezialisiert (► Baedeker Tipp S. 542), Kappabashi auf Haushaltswaren (► Baedeker Tipp S. 545), Jinbocho auf Buchantiquariate. Die ***Ameyoko-Ladenstraße*** in Ueno ist ein preiswertes Pflaster, wo Einheimische ihre täglichen Einkäufe erledigen. Eine riesige Auswahl an Lebensmitteln bietet jedes große Kaufhaus (meist im Untergeschoss).

### *Flohmärkte*

Antiquitätenmarkt beim Togo-Schrein (nahe Bahnhöfe Harajuku und Meijijingu-mae; 1. So. im Monat, 5.00 – 15.00 Uhr; nicht bei Regen).
Antiquitätenmarkt beim Nogi-Schrein (nahe Bahnstation Nogizaka, 2. So. im Monat außer Nov.; nicht bei Regen).
Antiquitätenmarkt beim International Forum (Ausgang D5, Bahnhof Yurakucho, jeden 1. und 3. So. im Monat, 9.00 – 16.00 Uhr).
Ein Markt mit über 400 Jahre alter Tradition ist der Setagaya Boro-ichi (5 Min. zu Fuß von der Bahnstation Setagaya der Tokyu-Setagaya-Bahnlinie; 15./16. Dez. sowie 15./16. Jan.).
Jeden Samstag von 9.00 bis 14.00 Uhr findet der Flohmarkt der Heilsarmee statt (2-21-2 Wada, Suginami-ku, 15 Minuten Fußweg vom Bahnhof Nakano-fujimicho).
Weitere Flohmärkte werden meist am Wochenende in unregelmäßigen Abständen abgehaltent. Einer der größten ist der Flohmarkt im Yoyogi-Park. Informationen erteilt die Recycling-Gesellschaft Tokyo, Tel. 03 / 34 12 68 57, www.frma.jp (auf Japanisch).

### *Kurofune Antiques*

7-7-4, Roppongi, Minato-ku
Tel. 03/34 79-15 52
www.kurofuneantiques.com
tgl. außer So. 10.00–18.00 Uhr
Edle Antiquitäten, die ihren Preis wert sind.

***Ohya-Shobo***
1-1, Kanda-Jinbocho, Chiyoda-ku
Tel. 03/32 91-00 62
www.ohya-shobo.com
Mo. – Sa. 10.00–18.00 Uhr
Großes Angebot an alten illustrierten japanischen Büchern, Karten, Kunstdrucken, Grafiken und Fotografien.

***Kinokuniya***
Takashimaya Times Square Bldg. Annex, 5-24-2 Sendagaya, Shibuya-ku
Tel. 03 / 53 61 3301
www.kinokuniya.co.jp
So. – Fr. 10.00 – 20.00, Sa. bis 20.30
Sechsstöckige Buchhandlung, im obersten Stockwerk gibt es fremdsprachige Bücher (auch auf Deutsch), gute Auswahl an Japanbüchern.

***Tower Records***
1-22-14 Jinnan, Shibuya-ku
Tel. 03/34 96 36 61
tgl. 10.00–23.00 Uhr
Eines der weltweit größten Musikkaufhäuser mit riesigem Angebot japanischer und internationaler Musik sowie reichlich Gelegenheit zum Reinhören. Im obersten Stockwerk auch ausländische Bücher, Zeitschriften und Zeitungen.

***Yodobashi Camera***
1-11-1, Nishi Shinjuku, Shinjuku-ku
Tel. 03/33 46-10 10
tgl. 9.30–22.00 Uhr
Überwältigendes Angebot an allen Arten von Kameras, auch preisgünstige Apparate, Elektroartikel und Elektronisches. Filiale in Akihabara. Eine ähnliche Auswahl bieten Laox (www.laox.co.jp, Akihabara) und Bic-Camera (www.biccamera.co.jp, Filialen in Shinjuku und Akihabara).

***Oriental Bazaar***
5-9-13, Jingumae, Shibuya-ku
Tel. 03/34 00 39 33
tgl. außer Do. 10.00–19.00 Uhr
Das Geschäft, das auch am Internationalen Flughafen Narita eine Zweigstelle hat (Terminal 1, 4th floor), bietet auf mehreren Stockwerken eine große Auswahl an Kunst und Antiquitäten, moderner und traditioneller japanischer Kleidung, Porzellan, Keramik, Lackwaren, Wandschirmen, Lampen, Haushalts- und Geschenkartikeln.

***Takumi Craft Shop***
8-4-2, Ginza, Chuo-ku
Tel. 03/35 71 20 17
Angeboten werden u. a. japanisches Spielzeug, Küchenutensilien und Textilien sowie Kleinmöbel.

***Muji Yurakucho***
3-8-3 Marunouchi, Chiyoda-ku
Tel. 03/52 08 82 41
tgl. 10.00–21.00 Uhr
Muji-Läden verkaufen alles Mögliche von Büromaterial über Einrichtungsgegenstände und Lebensmittel bis zu Möbeln und Kleidung. Die Kette zeichnet sich durch sehr schlichtes, funktionales Design und klare Farben wie Dunkelblau, Braun, Schwarz und Weiß aus. Filialen in ganz Japan.

***Franc Franc***
Southern Terrace, 2-2-1 Yoyogi, Shibuya-ku ,Tel. 03 / 53 33 77 01
tgl. 11.00 – 22.00 Uhr
Haushaltswaren in poppigem japanischem Design zu erschwinglichen Preisen. Filialen auf der Ginza und in Ikebukuro.

***Itoya***
2-7-15 Ginza, Chuo-ku
Tel. 03/35 61 83 11
Mo. – Fr. 10.00 – 21.00, Sa. / So. bis 20.00 Uhr
Berühmtes Schreibwarengeschäft mit edlem japanischen Papier, Schreibgerät und vielem mehr.

***Uniqlo***
5-7-7 Ginza, Chuo-ku
Tel. 03 / 35 69 67 81
tgl. 11.00 – 21.00 Uhr
Die japanische Erfolgsmarke verkauft Kleidungs-Basics von Socken über T-Shirts und Pullis bis hin zu Jacken und Sportbekleidung. Gute Qualität in allen erdenklichen Farben zu günstigen Preisen.

***KIDDY LAND***
6-1-9 Jingu-mae, Shibuya-ku
Tel. 03 / 34 09 34 31
tgl. 9.00 – 21.00 Uhr
Der bekannteste Spielzeugladen Japans wurde bereits 1946 eröffnet. Im Angebot sind japanische und internationale Spielsachen.

***Hobby Center Kato***
1-24-10 Nishi-Ochiai, Shinjuku-ku (Bhf. Ochiai Minami-Nagasaki; zu erkennen am roten Eisenbahnwaggon vor dem Geschäft)
Tel. 03 / 39 54 21 71
tgl. 10.00 – 19.00 Uhr
Im Stammgeschäft in Tokyo des renommierten Modelleisenbahnherstellers werden sowohl die Modelle des japanischen Shinkansen als auch Modelle amerikanischer und europäischer Loks und Waggons verkauft.

***Mikimoto Ginza 2***
2-4-12 Ginza, Chuo-ku
Tel. 03 / 35 62 31 30
tgl. 11.00 – 19.00 Uhr
Das 2006 eröffnete Gebäude des japanischen Stararchitekten Ito Toyo ist wegen der modernen Architektur und der raffinierten Beleuchtung vor allem abends einen Besuch wert. Außer Perlen gibt es auch Kosmetik, Mode und Accessoires. Das Mikimoto-Stammhaus befindet sich gleich um die Ecke: 4-5-5 Ginza, Chuo-ku.

## ESSEN

### ► Fein und Teuer

① ***Mominoki House (Plan S. 530)***
2-18-5 Jingumae, Shibuya-ku
Tel. 03 / 34 05 91 44
(U-Bhfe. Harajuku, Meijijingu-mae)
tgl. 12.00 – 22.30 Uhr
www2.odn.ne.jp/mominoki_house
Bereits 1976 eröffnete das Mominoki House als eines der ersten organischen Restaurants in Tokyo. Die Küche ist überwiegend traditionell japanisch und makrobiotisch.

② ***Tableaux (Plan S. 526/527)***
B1F Sunrose Daikanyama Building, Sarugakucho 11-6, Shibuya-ku
U-Bahnhof Daikanyama
Tel. 03/54 89 22 01
tgl. 17.00–1.00 Uhr
Kalifornische Küche in elegantem Rahmen zu entsprechenden Preisen. Nach dem Essen kann man nebenan in der Bar eine Zigarre rauchen und Live-Musik hören.

③ ***Kappo Toyoda (Plan S. 526/527)***
1-12-3 Nihonbashi-muromachi, Chuo-ku, U-Bahnhof Mitsukoshi-mae
Tel. 03/32 41 10 25
Mo. – Sa. 11.30–14.30, 17.00–22.00
Das Familienunternehmen führt seine Tradition bis auf die Edo-Zeit zurück. Entsprechend wird hier die traditionelle japanische Küche kultiviert. Der Chef bezieht die Zutaten direkt vom Tsukiji-Großmarkt.

④ ***Ninja (Plan S. 526/527)***
Akasaka Tokyu Plaza,
2-14-3 Nagata-cho, Chiyoda-ku
Tel. 03/51 57 39 36
Mo. – Sa. 17.00–2.00,
So. und Feiertage bis 23.00 Uhr
Originelles Themenrestaurant: Die Gäste werden von einem Ninja durch schwarze Gänge und Falltüren zu einem der Separées geführt. Dorthin

kommt im Laufe des Abends auch ein Ninja, der Zauberkünste vorführt (Trinkgeld von ca. 1000 ¥ wird erwartet). Gebotenwird moderne japanische Küche. Reservierung erforderlich. Nachteil: Der Aufenthalt ist auf 2 Std. begrenzt.

⑤ ***Kyubei (Plan S. 526/527)***
7-6 Ginza 8-chome, Chuo-ku
Tel. 03/35 71 65 23
Mo. bis Sa. 11.30–14.00
und 17.00–22.00 Uhr
Sehr elegantes (und entsprechend kostspieliges) Sushi-Restaurant in Ginza mit 70-jähriger Tradition.

⑥ ***Kakiden (Plan S. 536)***
Yasuyo Building, 8th Floor,
3-37-11 Shinjuku, Shinjuku-ku
Tel. 03/33 52-51 21
tgl. 11.00–21.00 Uhr
Im Rahmen einer Teezeremonie werden in diesem zur Kette der Relais et Châteaux zählenden Restaurant kulinarische Speisen der Kaiseki-Küche (►Essen und Trinken, S. 121) in erhabenen Arrangements serviert.

**► Erschwinglich**

⑦ ***Shinjuku Tsunahachi Honten (Plan S. 536)***
3-31-8 Shinjuku, Shinjuku-ku
Tel. 03/33 52 10 12
tgl. ab 11.00, letzte Bestellung 22.00
Hauptlokal einer sehr erfolgreichen Restaurantkette, die auf Tempura spezialisiert ist.

⑧ ***Moti (Plan S. 526/527)***
6-2-35 Roppongi, 3rd Floor, Roppongi Hama Building, Minato-ku
Tel. 03/34 79-19 39
Mo. – Sa. 11.30–22.00,
So. ab 12.00 Uhr
Eine Tokyoter Institution für einfache indische Gerichte mit vielen Zweigstellen in der Stadt.

⑨ ***Tsukiji Edogin Honten (Plan S. 526/527)***
4-5-1 Tsukiji, Chuo-ku
Tel. 03/35 43 44 01
tgl. 11.30–21.30 Uhr
Die Riesenportionen frische Sushi locken zahlreiche Gäste an. An der Theke kann man den Sushi-Meistern bei der Arbeit zusehen.

**! *Baedeker* TIPP**

**Speisen an Bord**

Ein Vergnügen mit jahrhundertelanger Tradition ist ein Essen in einem Yakatabune, einem schmalen, überdachten Boot für 20–100 Personen, das gemächlich über das Wasser gleitet. Es gibt verschiedene Anbieter, einige akzeptieren nicht nur Gruppen, sondern auch Paare (nach »noriai yakatabune« fragen), z. B. Funasei (www.funasei.com/fsei_english.htm, Tel. 03/54 79 27 31 – nur Japanisch, Hotelrezeption um Reservierung bitten), und Harumiya (Tel. 03/36 44 13 44). Beide verlangen ca. 10 000 ¥ für eine 2½-stündige Kreuzfahrt durch die Bucht von Tokyo inkl. Essen.

⑩ ***Cicada (Plan S. 526/527)***
5-2-40 Minami-Azabu, Minato-ku
U-Bahnhof Hiroo, Ausgang 3
Tel. 03/54 47 55 22
www.tyharborbrewing.co.jp
Di. – Sa. 12.00–15.00
und 18.00–2.00,
So. und Mo. 18.00–22.30 Uhr
Spanische Küche mit marokkanischem Einschlag. Große Fenster mit Blick auf das Straßengeschehen. Internationales Publikum.

⑪ ***Gonpachi (Plan S. 526/527)***
1-13-11 Nishi-Azabu, Minato-ku
Tel. 03/57 71 01 70
tgl. 11.30–2.00 Uhr

Hier gibt es traditionelle japanische Küche (u. a. Soba, Yakitori und Sushi). Hervorragend und frisch. Beliebt bei Ausländern und Japanern gleichermaßen.

⑫ ***Sizzler (Plan S. 536)***
Mitsui Building, Nishi-Shinjuku 2-1-1, Shinjuku-ku
Tel. 03 / 33 42 58 14
tgl. ab 11.00, letzte Bestellung 22.00 Uhr
US-Kette, vor allem wegen des stets frischen und äußerst reichhaltigen Salat- und Nachtischbuffets bei Expats und Japanern beliebt. Auch sehr gute Steaks und Hamburger.

### ► Preiswert

⑭ ***Tonkatsu Maisen (Plan S. 530)***
4-8-5 Jingumae, Shibuya-ku
Tel. 03/34 70 00 71
tgl. 11.00–22.00 Uhr
Nähe U-Bahnhof Omotesando. Bekanntes und beliebtes Tonkatsu-Restaurant. Schlichte Einrichtung, gemischtes Publikum.

⑮ ***Il Castello (Plan S. 536)***
1-34-14 Takadano-baba, Shinjuku-ku
Tel. 03/32 08-04 32
tgl. außer So. 11.30–14.00, 18.00–22.30 Uhr (letzte Bestellung)
Das Lokal gehört wegen seiner preiswerten italienischen Gerichte zu den beliebten Treffs von Studenten und jungen Angestellten.

***Yakitori-Stände***
Unter den Bahngleisen südlich von Yuraku-cho (oder U-Bahnhof Hibiya Ausgang A1) befinden sich eine Reihe kleiner, stimmungsvoller Yakitori-Lokale, z. T. nur Stände mit Stühlen im Freien, wo viele japanische Angestellte einen Imbiss einnehmen.

## *Baedeker-Empfehlung*

⑬ ***Yatai-Mura (Plan S. 536)***
2-20-25 Hyakunincho, Shinjuku-ku (U-Bahnhöfe Shin-Okubo oder Okubo)
Tel. 03 / 53 86 33 90
tgl. 11.30 – 14.30, 17.00 – 4.00 Uhr
Das Yatai-Mura ahmt einen asiatischen Nightmarket nach. In einem überdachten Hof kann man von den umliegenden Essenständen bestellen: thailändisch, chinesisch, vietnamesisch, indisch, malaysisch und mexikanisch, alles frisch zubereitet. Bezahlt wird alles zusammen, einschließlich Getränke, beim Rausgehen an der Kasse.

## AUSGEHEN

Die beliebtesten Vergnügungsviertel sind ***Roppongi***, wo sich vor allem die ausländischen Bewohner der Stadt gern amüsieren – von der Roppongi-Kreuzung wird man geradezu ins Nachtleben hineingestoßen –, und ***Kabuki-cho***, im Bezirk Shinjuku, wo es etwas derber zugeht. Hier befindet sich auch die »Golden Gai« (goldene Gasse), in der sich kleine Kneipen und Bars aneinander reihen.
Klassische japanische Unterhaltung wie Kabuki, No und Bunraku findet im ***Nationaltheater*** (Kokuritsu Gekijo, 4-1 Hayabusa-cho, Plan S. 526 / 527) und im ***No-Nationaltheater*** (Kokuritsu Nogakudo, 4-18-1 Sendagaya, Plan S. 530) statt. Spielpläne und Tickets: http://ticket.ntj.jac.go.jp/top_e.htm oder Tel. 03 /32 30 30 00 oder am Ticketoffice des jeweiligen Theaters. Für Oper, Ballett, westliches Schauspiel und modernen Tanz ist das ***Neue Nationaltheater*** (Shinkokuritsu Gekijo) eine gute Adresse (Honcho 1-1-1, Shibuya-ku, Tel. 03/53 51 30 11, www.nntt.jac.go.jp, U-Bahnhof Hatsudai, Keio New Line). Im ***Bunkamura-Kulturzentrum*** in Shibuya

finden Konzerte, Theateraufführungen und Ausstellungen statt; es gibt auch ein Kunstmuseum, ein Kino, Restaurants und Boutiquen (2-24-1 Dogenzaka, Tel. 03 / 34 77 91 11, www.bunkamura.co.jp).
*Klassische Konzerte* werden außerdem in der Tokyo Bunka Kaikan im Ueno-Park (Ueno-koen 5-45, Tel. 03/ 38 28 21 11), in der Suntory Hall (Akasaka 1-13-1, Tel. 03/35 84 99 99, www.suntory.com/culture-sports/ suntoryhall) und in der Konzerthalle des Opera City-Komplexes (3-20-2 Nishi-Shinjuku, Tel. 03/ 53 53 07 88, www.operacity.jp/en) veranstaltet.
Wer ein *Baseballspiel* sehen möchte, geht am besten in den Tokyo Dome, Heimat der Yomiuri Giants (1-3-61 Koraku, Tel. 03 / 58 00 99 99, www.tokyo-dome.co.jp). Für *Sumo*-Turniere s. Special S. 148.

***Blues Alley Japan***
Hotel Wing International Meguro, Untergeschoss B1, 1-3-14, Meguro-ku
Tel. 03/54 96-43 81
tgl. ab ca. 18.00 Uhr
Schicke Restaurant-Bar mit mediterraner Küche und Live-Jazz (Tickets ab 4000 ¥).

***Blue Note Tokyo***
6-3-16 Raika Building, Minami-Aoyama, Minato-ku
Tel. 03/54 85 00 88
tgl. 17.30– 1.00 Uhr (Live Acts um 19.00 und 21.30 Uhr)
Die wichtigste Bühne für Live-Jazz und eine Institution der Stadt.

***Maduro***
6-10-3 Roppongi, Minato-ku
Im Grand Hyatt Hotel (4. Stock) im Roppongi Hills-Komplex
Tel. 03/43 33 88 88
www.grandhyatttokyo.com
tgl. 18.00–2.00, Fr./Sa. bis 3.00 Uhr
Elegante, gediegene Bar mit bequemen Ledersesseln und gedämpftem Licht. Ab 20.00 Uhr (So. ab 20.30 Uhr) Cover Charge von 2100 ¥.

***What the Dickens***
Roob 6 Building, 4th Floor, 1-13-3 Ebisu-Nishi, Shibuya-ku
U-Bahnhof Ebisu
Tel. 03/37 80 20 99
Di. – Sa. ab 17.00, So. ab 15.00 Uhr
Gemütlicher Pub im englischen Stil mit viel Holz. Beliebt bei in Tokyo lebenden Ausländern. Oft Live-Musik (u. a. Rock, Pop, Folk).

***Azabu Juban Onsen***
1-5-22 Azabu Juban, Minato-ku
U-Bahnhof Roppongi
Tel. 03/34 04 26 10
tgl. außer Di. 11.00–21.00 Uhr
Eintritt 1260 ¥
Ein Onsen in Tokyo? Das gibt es, und dieses ist nicht das Einzige! Nach dem Bad im bräunlichen Quellwasser, das angenehme 26 °C kalt ist, kann man hier So. ab 15.00 Uhr bei einem Bierchen auch japanische Schlager (enka) hören.

### ► Karaoke

Wenn man in Japan ist, gehört es eigentlich dazu, einmal das außerordentlich beliebte Karaoke auszuprobieren. Es gibt immer auch englische Lieder zur Auswahl. Meist mietet man einen privaten Karaoke-Raum in einem Karaoke-Zentrum (sodass es niemand peinlich werden muss), etwa bei:

***Pasela***
5-16-3 Roppongi
Bhf. Roppongi (Ausgang 3)
Tel. (mobil): 01 20/91 10 86
Mo. – Do. 17.00–8.00, Fr. – So. 14.00–10.00 Uhr
20 Karaoke-Räume im 4.–10. Stock-

werk. 10 000 ausländische Musiktitel zur Auswahl. Ab 18.00 Uhr je 30 Min. 500 – 600 ¥, tagsüber nur die Hälfte.

## ÜBERNACHTEN

### ► Luxus

① ***Dai-ichi Hotel Tokyo (Plan S. 526/527)***
1-2-6 Shimbashi, Minato-ku, Tokyo 105-8621
Tel. 03/35 01-44 11
www.daiichihotel-tokyo.com/english
15 Min. vom City Air Terminal von Tokio, im Herzen des Tokioter Regierungs- und Finanzdistrikts, unweit des Einkaufsviertels Ginza gelegen. Das zu den Leading Hotels of the World zählende Haus verbindet die japanische Tradition herzlicher Gastlichkeit mit europäischer Eleganz. Das Hotel verfügt über 12 hervorragende Restaurants, in denen man zwischen japanischer, französischer bzw. europäischer sowie chinesischer Küche wählen kann. Ein Fitness Center mit Swimmingpool ist vorhanden. Direkter Zugang zur Untergrundbahn.

② ***Ritz Carlton (Plan S. 526/527)***
Tokyo Midtown, 9-7-1 Akasaka, Minato-ku, Tokyo 107-6245
Tel. 03 / 34 23 80 00, www.ritzcarlton.com/en/Properties/Tokyo
Das Ritz Carlton Hotel belegt die Stockwerke 45 bis 53 im derzeit höchsten Gebäude Tokyos, dem 248 m hohen Tokyo Midtown Tower. Das 248-Zimmer-Luxushotel bietet außer Fitnessanlagen, einem Spa, mehreren gehobenen Restaurants auch ein 200 Jahre altes Teehaus, die teuerste Suite Japans ($ 20 000 pro Nacht) sowie einen Babysitterservice. Der Stil ist eine gelungene Mischung klassisch europäischer Elemente mit modernem Gegenwartsdesign. Die Kunstwerke in der Lobby stammen von dem amerikanischen Künstler Sam Francis.

③ ***Imperial(Plan S. 526/527)***
1-1-1, Uchisaiwai-cho, Chiyoda-ku 100, Tokyo 100-8558
Tel. 03/35 04-11 11, Fax 35 81-91 46
www.imperialhotel.co.jp
Das sowohl von Staatsoberhäuptern und Mitgliedern von Königshäusern als auch von Managern bevorzugte Haus der Spitzenklasse liegt unweit aller wichtigen Punkte der Stadt. Die Küche der 13 Restaurants (darunter das weltberühmte *Les Saisons*) mit französischen, japanischen und chinesischen Spezialitäten ist preisgekrönt. Die Old Imperial Bar ist mit Erinnerungsstücken an den Architekten des Hotels, Frank Lloyd Wright, ausgestattet.

④ ***Shinagawa Prince Hotel (Plan S. 526/527)***
4-10-30 Takanawa, Minato-ku, Tokyo 108-8611
Tel. 03/34 40 11 11
www.princehotelsjapan.com/shinagawaprincehotel
Insgesamt 3680 Zimmer in einem modernen Hotelkomplex. Am schönsten sind die rot gestrichenen Typ-D-Doppelzimmer im 32-stöckigen Executive Tower, dort auch ein Imax-Kino und eine Bowlingbahn. Auch günstigere Zimmer.

⑤ ***Park Hyatt Hotel (Plan S. 536)***
3-7-1-2 Nishi Shinjuku, Shinjuku-ku
Tel. 03/53 22 12 34
www.tokyo.park.hyatt.com
Im Shinjuku Park Tower. Das Hotel beginnt ab dem 41. Stock. Schöner Bambusgarten in der Lobby. Im 52. Stock befindet sich die New York Bar, bekannt aus dem preisgekrönten Film *»Lost in Translation«* – seitdem pilgert so mancher Filmfan hierher. Natürlich alles vom Feinsten!

⑥ ***Claska Hotel (Plan S. 526/527)***
1-3-18 Chuocho, Meguro-ku,
Tokyo 152-0001
Tel. 03 / 37 19 81 21
http://www.claska.com/en/
Das luxuriöse Boutique-Hotel verfügt über neun individuell eingerichtete Zimmer, einen Buchladen, eine Coffee-Lounge, eienn Hundesalon und einen Eventspace für Ausstellungen, Modenschauen und Konzerte.

⑦ ***Keio Plaza Hotel (Plan S. 536)***
2-2-1 Nishi-Shinjuku, Shinjuku-ku,
Tokyo 160-8330
Tel. 03 / 33 44 01 11
www.keioplaza.com
Das Keio-Plaza Hotel liegt im Herzen von Shinjuku. Viele der Zimmer bieten einen spektakulären Ausblick auf das Tokyoter Rathaus, bei schönem Wetter ist sogar ein Blick auf den Fuji-san möglich. Vom Dachterrassen-Pool im 7. Stock hat man die Skyline Shinjukus gut im Blick.

**► Komfortabel**

⑧ ***Shibuya Tobu Hotel (Plan S. 526/527)***
3-1 Utagawamachi, Shibuya-ku,
Tokyo 150-0042
Tel. 03/34 76 01 11
www.tobuhotel.co.jp/shibuya/rsv.html
7 Min. zu Fuß vom Bahnhof Shibuya. Bei Internetbuchung billiger. Am schönsten sind die Twin Rooms. Mit Sushi- und Tempura-Lokal.

⑨ ***Ryokan Asakusa Shigetsu (Plan S. 546)***
1-31-11 Asakusa, Taito-ku,
Tokyo 110-0032
Tel. 03/38 43 23 45
www.shigetsu.com/e
Gemütliches Ryokan mitten in Asakusa, von den japanischen Bädern aus Zypressenholz im 6. Stock blickt man auf die Pagode des Sensoji-Tempels. Japanische und westliche Zimmer, letztere kleiner und weniger schön, aber billiger. Japanisches Restaurant.

## *Baedeker-Empfehlung*

⑩ ***Suigetsu Hotel Ohgaisou (Plan S. 544)***
3-3-21 Ikenohata, Taito-ku,
Tokyo 110-0008
Tel. 03/38 22 46 11
Tel. innerhalb Japans (gebührenfrei)
01 20/26 62 66
www.ohgai.co.jp
Direkt am Ueno-Park. Stimmungsvolles Hotel im japanischen Stil mit westlichen und japanischen Zimmern (Letztere teurer). Mit einem schönen alten Haus, in dem einst der große Schriftsteller Mori Ogai wohnte, und japanischem Garten. Öffentliches Marmorbad für Männer, aus Zypressenholz für Frauen.

⑪ ***Sawanoya Ryokan (Plan S. 544)***
2-3-11 Yanaka, Taito-ku,
Tokyo 110-0001
Tel. 03/38 22 22 51
www.tctv.ne.jp/members/sawanoya
10 Zimmer ohne Bad (aber mit Waschbecken), 2 mit Bad. Zwei Gemeinschaftsbäder. Gemütliches, von einer Familie geführtes Ryokan in der Gegend um den Ueno-Park. Sauber und billig. Mit Münzwaschmaschine und -trockner. Tee, Kaffee, Internet gratis. Vorführung von Löwentanz und Teezeremonie. Beliebt bei ausländischen Touristen – reservieren!

**► Günstig**

⑫ ***Sakura Hotel (Plan S. 526/527)***
2-21-4 Kanda-Jimbocho, Chiyoda-ku,
Tokyo 101-0051
Tel. 03/32 61 39 39
www.sakura-hotel.co.jp
Einfach, aber sauber und günstig gelegen: U-Bahnhof Jimbocho, Aus-

gang A 6. Kleine EZ, DZ, Twins (mit Etagenbett) und Gemeinschaftszimmer mit Etagenbetten (auch für Familien geeignet). Das Personal spricht Englisch. Mit Internet-Café. Vermietet auch für längere Aufenthalte.

⑬ ***Capsule Inn Akihabara (Plan S. 544)***
6-9 Akihabara, Taito-ku,
Tokyo 110-0006
Tel. 03 / 32 51 08 41,
www.capsuleinn.com
Wer gerne einmal eine Nacht in einem Kapselhotel verbringen möchte, kann dies nach einem abendlichen Einkaufsbummel im Elektronikviertel Akihabara tun. Die Schlafkapseln sind 1 m x 1 m x 2 m groß und mit Klimaanlage, Fernseher, Radio und Wecker ausgestattet. Für Männer Gemeinschaftsbad, für Frauen Duschen. Check-in ab 17.00 Uhr.

⑭ ***Yadoya Guesthouse (Plan S. 536)***
Büro: Appartment 204, Prosper Nakano Building 2-28-1 Nakano, Nakano-ku, Tokyo 164-0001
Tel. 03 / 38 68 27 72 (Mo. – Fr. 10.00 – 18.00 Uhr)
www.cheap-accommodation-tokyo.com
Sehr kleine Zimmer (auch Schlafsaal) an mehreren Standorten am Stadtrand von Tokyo mit guter Verkehrsanbindung. Sehr sauber, Gemeinschaftsbad, Gemeinschaftsküche und Internet.

## Chiyoda: Rund um den Kaiserpalast

Im Stadtbezirk Chiyoda-ku befinden sich der Kaiserpalast und die wichtigsten öffentlichen und privaten Verwaltungszentren, ferner der Hauptbahnhof, von dem u. a. die Züge der Tokaido-Shinkansen-Linien ausgehen.

**Tokyo International Forum**

Im sich westlich des Hauptbahnhofs erstreckenden Viertel Marunouchi liegen mehrere Banken, Kaufhäuser, die Hauptpost u. a. Südlich vom Bahnhof befindet sich das Tokyo International Forum, ein 1997 eröffnetes, architektonisch interessantes Konferenz- und Ausstellungszentrum mit einer Reihe von Cafés und Restaurants, entworfen von Rafael Vinoly. Unweit westlich sieht man das Kaiserliche Theater (Teikoku-Theater). Im 9. Stock des Theatergebäudes befindet sich das Idemitsu-Kunstmuseum (u. a. chinesische und japanische Keramik; Di. – Do., Sa. / So. 10.00 – 17.00, Fr. bis 19.00 Uhr, 1000 ¥).

**Kaiserpalast**

Nahe der Industrie- und Handelskammer erreicht man über einen Wassergraben den Vorplatz (Kokyo Gaien) vor dem Kaiserpalast. Vom hier sieht man die »Doppelbrücke« Nijubashi, die zum inneren Bereich der von mächtigen Mauern umgebenen Palastanlage führt. Für die Öffentlichkeit ist der Palast **im Allgemeinen nicht zugänglich**. Nur am 2. Januar (Neujahr) und am 23. Dezember (Geburtstag des Kaisers) kann der Palastgarten betreten werden; sonst ist die Genehmigung durch das Kaiserliche Haushaltsamt erforderlich (Anmeldung entweder im Internet, http://sankan.kunaicho.go.jp/english, bis zu vier Tage vorher, oder telefonisch bis zu einem Tag vorher, Tel. 03/32 13 11 11; die Erlaubnis muss beim Tour Office des Kaiserlichen Haushaltsamtes abgeholt werden: 1-1 Chiyoda-ku, Tokyo 100-8111. Führungen: Mo. bis Fr. 10.00 und 13.30 Uhr, 21. Juli bis 31. Aug. nur 10.00 Uhr).

Der Kaiserpalast wurde nach den im Zweiten Weltkrieg angerichteten Zerstörungen in der alten Form, aber unter Verwendung von Stahlbeton neu erbaut. Frei zugänglich ist der Ostteil des Gartens, der Higashi-Gyo-en, mit einigen alten Bauten (Nov. bis Febr. Di. bis So. 9.00–15.30, März bis Okt. bis 16.00 Uhr). Im Norden des Higashi-Gyo-en steht an der Straße das Nationalmuseum für Moderne Kunst mit Exponaten ab der Meiji-Zeit (oft sehr gute Sonderausstellungen; Di. – Do., Sa. / So.10.00 – 17, Fr. bis 20.00 Uhr, 420 ¥); etwas weiter nördlich dann das Wissenschaftsmuseum (Technik und Naturwissenschaften; Atomenergie, Raumfahrt) – vor allem für Kinder ein Spaß, weil es viel auszuprobieren gibt (tgl. 9.30 – 16.50 Uhr, 600 ¥).

◄ Higashi-Gyo-en

◄ Nationalmuseum für Moderne Kunst

◄ Wissenschaftsmuseum

**Yasukuni-Schrein**

Nordwestlich außerhalb der Parkanlage, jenseits des sie umgebenden Wassergrabens, liegt auf dem Hügel Kudan der Yasukuni-Schrein von 1869. Er ist den japanischen Kriegstoten gewidmet, einschließlich einiger von den Amerikanern verurteilter Kriegsverbrecher, weshalb die Besuche japanischer Ministerpräsidenten in diesem Schrein regelmäßig für Proteste im asiatischen Ausland sorgen. Am Weg zum Schrein steht das Bronzestandbild von Omura Masujiro (1825 bis 1869), einem Staatsmann der frühen Meiji-Zeit. Auf dem Schreingelände präsentiert das Kriegsmuseum (Yushukan) ein ausführliches (auch auf Englisch!), wenn auch einseitiges Bild japanischer neuerer Geschichte. Das Museum ist auch in Japan selbst umstritten (tgl. 9.00 – 17.00 Uhr, 800 ¥).

◄ Kriegsmuseum

*Hinter der »Doppelbrücke« erkennt man den Kaiserpalast.*

## *Tokyo Chiyoda-ku*

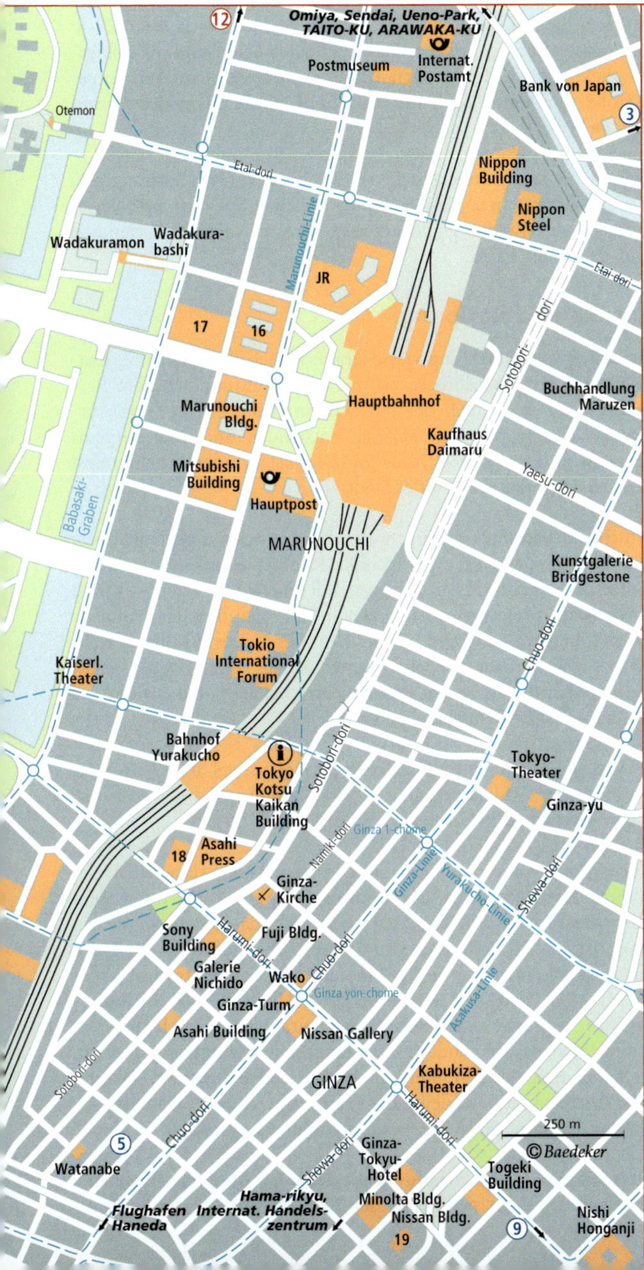


**Essen**

② Tableaux
③ Kappo Toyoda
④ Ninja
⑧ Moti
⑨ Tsukiji Edogin Honten
⑩ Cicada
⑪ Gonpachi
⑤ Kyubei

**Übernachten**

① Dai-ichi Hotel Tokyo
② Ritz Carlton
③ Imperial
④ Shinagawa Prince Hotel
⑥ Claska Hotel
⑧ Shibuya Tobu Hotel
⑫ Sakura Hotel

1 Residenz des Premierministers
2 Toranomon Building
3 Kasumigaseki Building
4 Raumordnungsbehörde
5 Post- und Fernmeldeministerium
6 Oberster Gerichtshof
7 Ministerium für Landwirtschaft, Forsten und Fischerei
8 Familiengericht
9 Handels- und Industrieministerium
10 Distriktgericht
11 Hibiya-Konzerthalle
12 Nissei-Theater
13 Takarazuka-Theater
14 Yurakuza-Theater
15 Hibiya-Theater
16 Shin-Marunouchi-Building
17 Tokyo Kaijo Building
18 Nichigeki-Theater
19 Shimbashi-Embujo-Theater

**Hibiya-Park** Südlich des Kaiserpalastes liegt der Hibiya-Park, 1903 als erster Park westlichen Stils in Japan eröffnet. In ihm befinden sich die 1929 in gotisierenden Formen erbaute Halle Hibiya-kokaido und die Hibiya-Bibliothek. Östlich des Großen Brunnens gelangt man zum Imperial-Hotel und unter der Bahn-Hauptlinie hindurch in den Ginza-Bezirk (►S. 540).

**Regierungsviertel** Westlich von hier erstreckt sich das Regierungsviertel Kasumigaseki mit vielen Ministerien. Das 1936 im westlichen Stil errichtete Parlamentsgebäude (Kokkai-gijido) erweist sich als klobiger Granitbau mit 65 m hohem Turm.

## Akasaka und Roppongi

**Hie-Schrein** Südwestlich vom Regierungsviertel erstreckt sich das vornehme Akasaka mit einigen Luxushotels, vielen Botschaften und schicken Restaurants. Hier steht auch der Hie-Schrein (auch Sanno-sama), ursprünglich bereits vor der Edo-Zeit entstanden und dem Berggott Oyamakui-no-kami geweiht. Das Mitte Juni stattfindende Schreinfest gehört zu den bekanntesten der Stadt.

**Akasaka-Palast** Westlich des Bahnhofs Nagatacho, vorbei am bekannten Hotel New Otani, liegt in einem Park der Akasaka-Palast (Geihinkan), der heute das staatliche Gästehaus beherbergt. Der Bau wurde 1899–1909 in erdbebensicherer Technik erstellt; zuvor hatte sich hier der Wohnsitz der Kii-Tokugawa befunden, in welchem der Kaiser residierte, während der Kaiserpalast wieder errichtet wurde. Der Akasaka-Palast zeigt Bauformen, wie sie im Frankreich des späten 18. Jahrhunderts zu finden sind. Er idt nicht zugänglich.

**Roppongi-Viertel** An Akasaka schließt im Osten das Roppongi-Viertel an, Wohnquartier zahlreicher Ausländer und Sitz vieler diplomatischer Vertretungen sowie Vergnügungsviertel.

**Roppongi Hills** An der Ecke der Roppongi-dori und TV Asahi-dori, südwestlich des Bahnhofs Roppongi, ragt der Komplex Roppongi Hills mit dem runden **Mori Tower** auf, von dessen 52. Stock man einen grandiosen Panoramablick auf Tokyo hat. Im 53. Stock befindet sich das **Mori-Kunstmuseum**, eines der besten Museen für Gegenwartskunst in Japan (Mi. – Mo. 10.00 – 22.00, Di. bis 17.00 Uhr, um 1500 ¥). Außerdem findet man hier eine Reihe von Restaurants und Geschäften, ferner verschiedene Grünanlagen, darunter ein Dachgarten und ein Garten mit einer bunten Skulptur des Künstlers Murakami Takeshi. Durch den Komplex werden auch englischsprachige Führungen angeboten (Tel. 03/64 06 66 77, www.roppongihills. com).

**Midtown-Komplex** Folgt man der Gaien-Higashi-Straße von der Roppongi-Kreuzung nach Norden, erhebt sich rechts der 2007 eröffnete Midtown-Komplex mit dem 248 m hohen **Midtown-Tower**, dem momentan höchsten Gebäude der Stadt. Hier zeigt das wiedereröffnete **Suntory-Kunstmuseum** altjapanische Kunst und Kunstgewerbe (Mi. – Sa. 10.00 – 20.00, So. und Mo. bis 18.00 Uhr). Noch ein Stück weiter nördlich kommt man zum **National Art Center Tokyo** (Wechselausstellungen). Das Gebäude mit der wellenförmigen Fassade stammt vom japanischen Architekten Kurokawa Kisho und ist mit 14 000 m² Ausstellungsfläche eines der größten Museen in Japan (Sa. – Mo. und Mi. / Do. 10.00 – 18.00, Fr. bis 20.00 Uhr, www.nact.jp/english).

*Der Eindruck täuscht: nicht der Eiffelturm, sondern der Tokyo Tower.*

Der **Tokyo Tower** nahebei ist eine 333 m hohe Stahlskelettkonstruktion von 1958, die dem Eiffelturm in Paris ähnelt. In 150 und 250 m Höhe gibt es jeweils eine Aussichtsplattform (Öffnungszeiten: tgl. 9.00–22.00 Uhr, Eintritt Aussichtsplattform 820 ¥). Am Fuß des Sendeturms warten noch ein Wachsfigurenkabinett, ein 3D-Museum sowie das Museum der Guiness-Weltrekorde.

## Shibuya und Harajuku

Mit der Yamanote-Linie erreicht man den westlichen Bezirk Shibuya. Das Denkmal des treuen Hundes Hachiko auf dem Vorplatz ist ein beliebter Treffpunkt der Jugend. Er begleitete sein Herrchen jeden Morgen zur U-Bahnstation und empfing ihn dort wieder am Abend. Als sein Besitzer starb, kam Hachiko elf Jahre lang – bis zu seinem eigenen Tod – täglich hierher. Die rührende Geschichte wurde 2009 mit Richard Gere in der Hauptrolle verfilmt (»Hachiko – Eine wunderbare Freundschaft«).

## *Meiji-Schrein* Orientierung

**Essen**

① Mominoki House

⑭ Tonkatsu Maisen

**Meiji-Schrein**
Innerer Garten ►

Eine Station weiter nördlich liegt der Innere Garten des Meiji-Schreins (72,4 ha; Bahnhof Harajuku). Bäume und Büsche sind großenteils Spenden aus allen Landesteilen. Von den hier abgehaltenen Feiern und Festen sind der Geburtstag des Kaisers Meiji (Anfang November) und die Aufführungen höfischer Tänze und Musik (Mai bzw. November) besonders erwähnenswert. Im Südteil des Parks ein Teich und der **Irisgarten** (Lieblingsblume des Meiji-tenno).

Das Zentrum des Parkareals bildet der Meiji-Schrein, dem Kaiser Meiji und seiner Gemahlin gewidmet (www.meijijingu.or.jp/english). Er ist **eines der bedeutendsten Pilgerziele in Japan** und wurde schon bald nach dem Tode des Monarchen 1912 begonnen (Fertigstellung 1920). Die schlichten Gebäude wurden 1945 weitgehend zerstört, aber 1958 nach dem alten Vorbild erneuert. Die an den Zugängen stehenden Torii wurden aus Zypressenholz vom Berg Ari auf Taiwan erbaut. Nahe beim Nordteich das Schatzhaus des Schreins mit Gegenständen aus dem Besitz des Kaisers.

✶✶ ◄ Meiji-Schrein

**Japanisches Schwertermuseum**

Mit der Odakyu-Linie bis Sangubashi oder mit der Keio-Linie bis Hatsudai erreicht man das Japanische Schwertermuseum (Token Hakubutsukan), eine Sammlung von 120 Klingen, unter denen drei als Nationalschatz klassifiziert sind.

**Yoyogi-Sportzentrum**

Südlich grenzt an den Inneren Garten das Yoyogi-Sportzentrum an, für die Sommerspiele von 1964 von Tange Kenzo entworfen. Hier steht die Bronzebüste des Flugpioniers Tokugawa Yoshitoshi (1884 bis 1963); der von ihm benutzte Doppeldecker befindet sich im Transportmuseum (zwischen den Stationen Ochanomizu und Akihabara).

**Harajuku**

Die Metro-Station Meiji-jingu-mae ist der beste Ort, die Jugendszene zu beobachten. Exklusive Modegeschäfte und skurrile Happenings beleben den **Omotesando-Boulevard**, etwas hochtrabend »Champs Élysées von Tokyo« genannt. Eindrucksvoll ist besonders die Glasfassade des Prada-Gebäudes und der neue Komplex **Omote Sando Hills**. Nördlich, parallel zur Omote-Sando, zwischen Meiji-dori und Harajuku JR-Bahnhof, verläuft die Takeshita-dori, besonders am Wochenende Einkaufs- und Flaniermeile für ausgeflippte junge Tokyoter.

**Ota-Ukiyoe-Museum**

Unweit östlich des Bahnhofs Harajuku erreicht man das Ota-Ukiyoe-Museum mit einer umfangreichen Sammlung farbiger Holzdrucke (www.ukiyoe-ota-muse.jp, Öffnungszeiten: Di. bis So. 10.30–17.30 Uhr, vom 27. bis Monatsende geschlossen, wechselnder Eintritt).

## Shinjuku

Nördlich von Harajuku (nordwestlich des Zentrums) schließt das urbane Subzentrum Shinjuku an. Hier befand sich während der Edo-Zeit eine Poststation an der historischen Koshu-Straße.

**Shinjuku-Bahnhof**

Der Bahnhof Shinjuku ist einer der verkehrsreichsten der Welt: 3,6 Mio. Menschen betreten ihn täglich, um eine der zwölf Bahnlininen zu benutzen, die auf fünf unterirdischen Ebenen verkehren! An seiner Ostseite reihen sich mehrere Warenhäuser und Einkaufspassagen aneinander; nordöstlich des Bahnhofs erreicht man das **Vergnügungsviertel Kabuki-cho** mit zahlreichen Bars, Soaplands, Pachinko- und Karaokeläden.

*Hier geht's rein: ein typisches izakaya in Tokyo.*

# KAMPAI – PROST!

**Japanische Kneipen heißen jzakaya – wörtlich übersetzt bedeutet dies ein »Haus, in dem es Alkohol gibt«, doch in den wenigsten ist das Angebot auf Alkohol beschränkt. Also: Durchaus mal hingehen!**

Zwar gibt es unter den jzakaya auch reine Trinkstuben (nomiya), oft kleine Einpersonen-Betriebe, die weder Platz noch Zeit für große Kochkünste haben und sich stattdessen auf eine gute Auswahl an Sake und Bier konzentrieren. Die meisten sind aber gleichzeitig richtige Restaurants – oft auch der beste Ort, um **authentische japanische »Hausmannskost«** zu probieren. Ähnlich ländlichen britischen Pubs spielt vielfach die Küche sogar eine größere Rolle als der Alkohol, und Gäste kommen von weither, um die Spezialitäten zu kosten.

Tokyo nimmt in der japanischen Kneipengeografie naturgemäß eine Sonderstellung ein: Fast jede Region Japans ist durch ein jzakaya vertreten, die die jeweiligen lokalen Sake-Sorten (jizake) vorrätig haben und entsprechende Speisen anbieten. Oft genug sind die Gäste Einheimische, die in Tokyo arbeiten, sich aber nach ihrer Heimat in der Provinz und vor allem dem heimischen Geschmack sehnen. Gleichzeitig verfügt Tokyo mit seiner hemdsärmeligen shitamachi (Unterstadt-) Kultur über einige der ältesten und urigsten Kneipen des Landes. Und selbstverständlich ist die Hauptstadt auch der Trendsetter für neues Design in schicken Kneipen, die ein junges, zahlungskräftiges Publikum anziehen.

## Die Karte

### Getränke

Auch im jzakaya wird gerne Bier (biru) getrunken, das entweder vom Fass (nama) oder in Flaschen für die ganze Runde bestellt wird und das man sich dann stets gegenseitig nachgießt. Sake bestellt man in 180 ml-Einheiten (go) und wird kalt oder warm genossen. Es gibt ihn eher herb (karaguchi) oder mild (amaguchi), als Neuling verlässt man sich am besten

auf die Empfehlung der Bedienung. Eine interessante alkoholische Alternative sind die Mixgetränke (-sawa und -hai) mit Sake bzw. dem japanischen Tresterschnaps shochu. Remon-sawa z. B. besteht aus Zitronensaft, Sake und Wasser. Außerdem gibt es immer auch alkoholfreie Getränke und oft Cocktails oder Whiskys, aber selten Wein (und von dem sollte man dann auch besser Abstand nehmen).

### Speisen

Die Gerichte im jzakaya sind meistens recht kleine Portionen, die noch dazu für die gesamte Tischrunde bestellt werden. Für eine volle Mahlzeit bestellt man pro Person in etwa zwei bis drei Gerichte. Reis und Nudeln spielen keine große Rolle, solche Sattmacher werden üblicherweise erst am Schluss serviert. Der Schwerpunkt liegt auf Fischgerichten wie Sushi und Sashimi sowie Salaten, kleinen frittierten Happen und Fingerfood wie Frühlingsrollen oder Fleischspießchen. Einige typische jzakaya-Gerichte sind:

**edamame** – mit der Schale gekochte und gesalzene grüne Sojabohnen (sie springen beim Daraufbeißen leicht aus der Schale)
**kimchi** – koreanischer scharfer eingelegter Kohlsalat
**tsukemono** – sauer eingelegtes Gemüse
**agedashi-dofu** – frittierter Tofu in Brühe
**hiya-yakko** – kalter Seidentofu
**natto** – vergorene Sojabohnen mit intensivem, käseähnlichen Geschmack (schleimig)
**gyoza** – chinesische, mit Hackfleisch gefüllte Teigtaschen
**kara-age** – frittierte Fleisch- oder Huhn-Stückchen
**renkon-chips** – frittierte Lotuswurzelscheiben
**ochazuke** – mit einer Gewürzmischung garnierter weißer Reis, der mit Tee übergossen wird.

Daneben bieten die meisten Izakya auch westliches Fast-Food an wie kleine Pizzen, Pommes Frites und Eiscreme.
Ein Abend im Izakaya mit zwei bis drei Getränken und ebenso vielen Gerichten kommt etwa auf 3000 bis 4000 ¥ pro Person.

### Für Einstieger: jzakaya-Ketten

Viele jzakaya gehören zu großen Ketten und sind daher mit etwas Übung schnell **am Logo zu erkennen**. Diese Restaurants haben immer eine bebilderte, üppige Speisekarte und sind groß genug, um neben einem größeren Gastraum auch Séparées (sowohl westliche Tische als auch japanische Tatami-Räume) für unterschiedliche Gruppengrößen anzubieten. Die japanischen Räume betritt man ohne Schuhe. Gerade am Wochenende kann es dort wegen zahlreicher Betriebsfeiern recht laut zugehen. Zu den bekanntesten Ketten gehören:

和民 **Watami**

Große Auswahl an Speisen und Alkohol. Relativ urige Einrichtung (zur gleichen Firmengruppe gehörend: Za Watami und Watami-tei).

天狗 **Tengu**

Vor allem typisch japanische Speisen, auch Sashimi und Sukiyaki.

魚民 **Uotami**

Spezialität hier sind Sushi und Fischgerichte.

えん **En**

Sehr stilvoll japanisch eingerichteter jzakaya mit guten Tofugerichten; vor allem in Tokyo vertreten.

笑笑 **Warawara**

Sehr reichhaltige Karte, Schwerpunkt auf Frittiertem und Spießchen.

### jzakaya für Fortgeschrittene

Bei diesen vier Adressen handelt es sich um privat betriebene jzakaya – wer in einem Ketten-jzakaya geübt hat, kann sich einmal hier versuchen:

ぬる燗 **Nurukan**

3-4-4 Asakusa, Taito-ku
Tel. 03 / 38 76 14 21, 17.30 – 2.00.

*In der Mitte wird gegrillt.*

Unmittelbar hinter dem Kannon-Tempel von Asakusa an der Kototoi-dori. Relativ unscheinbarer Eingang mit einer weißen Papierlaterne. Kleine familiäre Kneipe mit sehr großer Auswahl an Sake, japanischen Schnäpsen (auch Awamori aus Okinawa) und Bieren. Auch kleine Gerichte. Preiswert.

### 茶茶花 Chachahana

1-1-1 Kabukicho, Shinjuku-ku
Tel. 03 / 52 92 29 33, 17.00 – 23.00.
Am Fußweg »Golden-Gai«, mit Trittsteinen. Hippes Designer-Lokal mit von minimalistischen Thekensitzen bis zu Séparées mit Tatami. Sehr gute japanische Küche, oft mit ungewöhnlichen Gemüsen oder Speisen wie nama-fu (Gluten). Am Wochenende oft lange Wartezeiten.

### みますや Mimasuya

2-15 Kanda Tsukasamachi, Chiyoda-ku
Tel. 03 / 32 94 54 33, 11.30 – 13.00 und 17.00 – 23.00.
Haus aus den 1920er-Jahren mit Holzfassade, zwei Blocks südwestlich der Kreuzung Yasukuni-dori / Sotobori-dori. Urige Kneipe mit über 100-jähriger Tradition, vermutlich der älteste jzakaya in Tokyo. Deftiges Essen, wie z. B. in Miso gekochter Fisch. Abends oft voll.

### 七代目寅 Nanadaime Tora

4-4-8 Jingu-mae, Shibuya-ku
Tel. 03 / 54 74 59 59, 11.00 – 13.30 und 17.00 – 23.00.
Schräg hinter Omotesando Hills, gegenüber von Royal Host. Kleine holzgetäfelte Kneipe im Keller mit einigen kleinen Séparées. In der Mitte des Hauptraums eine offene Feuerstelle (irori), an der auf Holzkohlen Fisch und Gemüse gegrillt werden.

**! *Baedeker* TIPP**

**Immer mit der Ruhe**

Den Abend im jzakaya langsam angehen lassen: Es ist nicht unüblich, immer wieder Getränke und auch Gerichte nachzubestellen.

## *Shinjuku* Orientierung

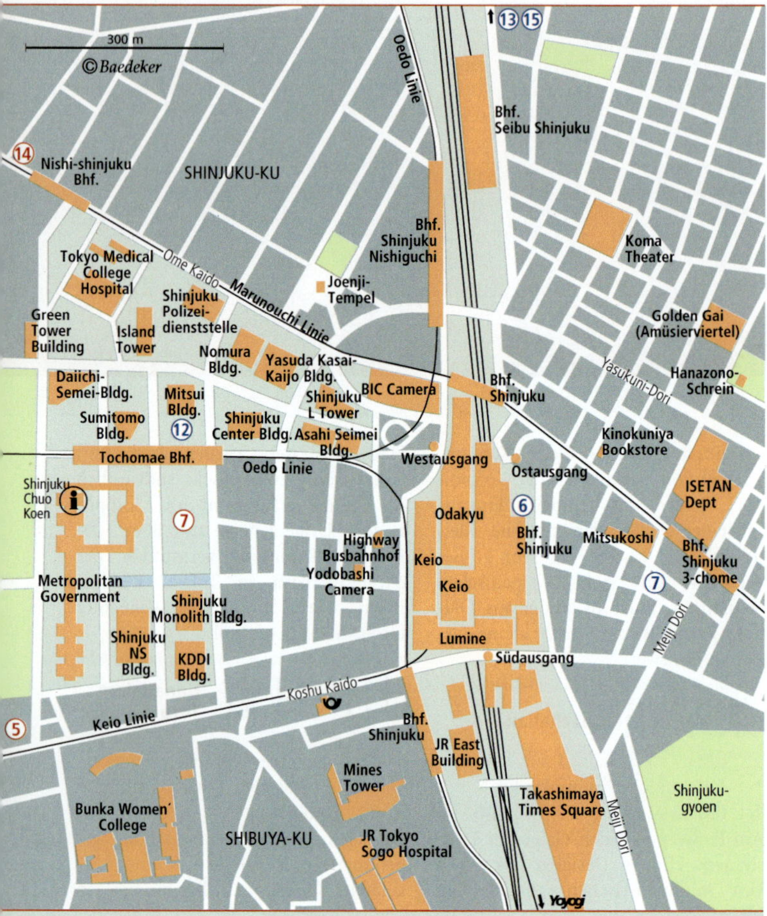


**Essen**
⑥ Kakiden
⑦ Tsunahachi Honten
⑫ Sizzler
⑬ Yatai Mura
⑮ Il Castello

**Übernachten**
⑤ Park Hyatt Hotel
⑦ Keio Plaza
⑭ Yadoga Guesthouse

Hochhaus-architektur ►

Den Anblick dieses Stadtbezirkes prägt eine Reihe moderner Hochhäuser auf der Westseite des Bahnhofs, so u. a. das Shinjuku Mitsui Building (212 m hoch), das Shinjuku Sumitomo Building (200 m) mit Aussichtsplattform im 51. Stockwerk, das Shinjuku Center Building (223 m) und das KDD Building (164 m). Erst 2008 wurde der 204 m hohe Turm des Mode Gakuen Cocoon Towers (»Zigarre«) fertiggestellt.

Das überragende modernste Wahrzeichen Tokyos ist allerdings das 1991 errichtete **neue Rathaus** von Tange Kenzo mit seinen 246 m hohen Doppeltürmen. Kein Grund zur Sorge: Die frei zugängliche **Sky-Lobby** im 45. Stockwerk schwingt bei einem möglichen Erdbeben gefahrlos bis zu 6 m aus (Kostenlose englischsprachige Führungen ab Informationszentrum, Anmeldung Mo. bis Fr. 10.00–14.30 Uhr).

✶✶
**Tokyo Metropolitan Government Building**
▶ 3 D S. 532 / 533

Unweit südöstlich vom Shinjuku-Bahnhof erstreckt sich der Park Shinjuku Gyoen. Das einst kaiserliche, nach dem Zweiten Weltkrieg verstaatlichte Parkgelände von 58,5 ha liedert sich in einen Teil nach klassisch japanischem Muster und einen nach französischen bzw. englischen Vorbildern; in einem Gewächshaus werden u. a. viele tropische Pflanzen gezeigt.

✶
**Shinjuku Gyoen**

Öffnungszeiten:
Di. bis So.
9.00–16.00 Uhr,
200 ¥

## Der Norden Tokyos

An der Yurakucho-Linie der U-Bahn (Haltestelle Gokokuji) steht im Bezirk Bunkyo-ku der Gokokuji-Tempel, Zentrum der zur Shingon-Sekte gehörenden Buzan-Schule und einer der größten Tempel der Stadt. Der hinter dem Tempel liegende Hügel ist seit 1873 **Mausoleum der kaiserlichen Familie**; die Steinlaternen auf dem Areal sind Kopien der besten Stücke aus Kyoto und Nara. Im Inneren eine vermutlich aus Indien stammende Kannon-Statue aus Bernstein. Der Tempelschatz umfasst u. a. eine Mandala-Darstellung der Kamakura-Zeit. Auf dem Zoshigaya-Friedhof östlich des Tempelgebäudes ist der Schriftsteller Lafcadio Hearn (1850–1904) bestattet.

**Gokokuji-Tempel**

Rund 800 m südlich vom Gokokuji-Tempel steht die nach Plänen des bekannten japanischen Architekten Tange Kenzo erbaute römisch-katholische Marienkathedrale. Die Glocken in dem 62 m hohen Glockenturm sind eine Spende aus Deutschland.

**Marienkathedrale**

Gut 1 km nordwestlich vom Gokokuji-Tempel erreicht man im Viertel Ikebukuro Sunshine City mit dem 240 m hohen Sunshine City 60 Building, von 1975 bis 1985 das höchste Gebäude Ostasiens. Der Expresslift bis zur Plattform im 60. Stock braucht nur 35 Sekunden.

**Sunshine City**

Etwas weiter westlich beim Bahnhof Ikebukuro liegt etwas versteckt die Jiyu Gakuen Myonichikan-Schule (»Freie Schule Haus der Zukunft«, 2-31-3 Nishi-Ikebukuro). Gebäude und Einrichtung hat 1921 **Frank Lloyd Wright** entworfen. Die vier Gebäude der ehemaligen progressiven Mädchenschule sind weitgehend im Originalzustand erhalten (Öffnungszeiten: Di.– So. 10.00 – 16.00 Uhr, 600 ¥).

✶
**Jiyu Gakuen Myonichikan-Schule**

Vom Bahnhof Ueno führt die JR-Keihin-Tohoku-Linie nach Oji im Bezirk Kita-ku. In Bahnhofsnähe liegt das interessante Papiermuseum (Papierherstellung und -produkte, www.papermuseum.jp/english.htm, Öffnungszeiten: Di. bis So. 10.00–17.00 Uhr, 300 ¥).

**Papiermuseum**

# TOKYO METROPOLITAN GOVERNMENT BUILDING

★★ **13 000 Angestellte strömen jeden Werktag in die Türme des Rathauses von Tokyo in West-Shinjuku, wo im Zuge des Rathausbaus Ende der 1980er-Jahre die größte Hochhauskonzentration Japans entstand. Architekt Tange Kenzo soll sich bei seinem Entwurf von der Pariser Kathedrale Notre-Dame inspiriert haben lassen. Ob man seinem Entwurf nun etwas abgewinnen kann oder nicht: Die Aussicht vom 45. Stock begeistert nicht nur Freunde moderner Hochhausarchitektur.**

Öffnungszeiten:
Aussichtsplattform Nord:
tgl. außer 2. und 4. Mo. 9.30–23.00 Uhr.
Aussichtsplattform Süd:
tgl. außer 1. und 3. Di. 9.30–17.30, Sa., So., Feiertage 9.30–19.30 Uhr (wenn Nord-Plattform geschlossen, bis 23.00 Uhr).
Eintritt frei. Letzter Einlass eine halbe Stunde vor Schließung. Mo. bis Fr. ehrenamtliche Führungen auf Englisch durch den Komplex, ab der Rezeption der Touristeninformation im Erdgeschoss von Hauptgebäude Nr. 1.Tel. 03/53 20-78 90
www.metro.tokyo.jp/ENGLISH/TMG

**Einige Fakten**
Erbaut 1988–1991 nach Entwürfen von Tange Kenzo auf einer Grundfläche von 27 500 m². Die Kosten sollen so hoch gewesen sein, dass Spötter das Rathaus »Tax Tower« tauften. Der Standort des neuen Rathauses war mit Bedacht gewählt: Die Stadtregierung sollte sich auch räumlich von der Landesregierung im Stadtteil Marunouchi absetzen und die bis dahin unterentwickelte Gegend West-Shinjuku aufgewertet werden – ein Plan, der aufging.

**Der Architekt**
»Der Gedanke, Architekt zu werden, kam mir erstmals, als ich in den 1930er-Jahren in einer japanischen Zeitschrift Entwürfe von Le Corbusier sah.« sagt Tange Kenzo (1913–2005) von sich selber. Der bekannteste Architekt Japans und weltweit gefragte Lehrmeister kombinierte bereits früh avantgardistische Strömungen mit der traditionellen Baukunst seines Landes. Seine Arbeit verstand er als eine Vereinigung von Technik und Menschlichkeit. Das Tokyoter Rathaus zeichnet sich wie alle seine Bauten durch klare strukturale Ordnung aus. Das geometrische Muster aus Granit ist angeblich von Fenstern in traditionellen japanischen Häusern inspiriert, gleichzeitig soll die Fassade an einen Computerchip erinnern.

**① Hauptgebäude Nr. 1 (Main Building No. 1)**
In diesem Gebäude befinden sich die Büros des Bürgermeisters von Tokyo.
Höhe: 243 m
Stockwerke: 48 sowie 3 Untergeschosse.
Ab dem 33. Stock teilt sich der Bau in zwei Türme. Im 45. Stockwerk bzw. in 202 m Höhe befinden sich zwei Aussichtsplattformen, Nord und Süd, von denen man an klaren Tagen bis zum Fuji blicken kann. Ein Fahrstuhl fährt in nur 55 Sekunden hinauf.

**② Hauptgebäude Nr. 2 (Main Building No. 2)**
Der abgestufte, asymmetrische Bau mit weiteren Büros ist über die so genannte Fureai Mall mit Hauptgebäude Nr. 1 verbunden.
Höhe: 163 m
Stockwerke: 34 sowie 3 Untergeschosse.

**③ Ratssaal (Assembly Building)**
Hier sind die 127 Abgeordneten des Stadtparlaments, die für 4 Jahre gewählt werden, und ihr Personal untergebracht.
Höhe: 41 m
Stockwerke: 7 sowie ein Untergeschoss.

**④ Bürgerplatz (Tomin Hiroba)**
Größe: 5000 m²
Für diesen Platz soll der Petersplatz in Rom Pate gestanden haben. Er ist symmetrisch angelegt, von mehrstöckigen Portiken umgeben und liegt tiefer als die ihn umgebenden Gebäude. Die Freifläche wird für Veranstaltungen genutzt und bietet bis zu 6000 Menschen Platz.

**⑤ Sicherheit**
Seismografen, Antennen, Windmesser und ein Helipad sind einige der Sicherheitsvorkehrungen für den Fall einer Katastrophe.

## Ginza und Nihonbashi

**★★ Ginza**

Östlich vom Hauptbahnhof erstreckt sich der Stadtbezirk Chuo-ku, dessen bekanntester Teil die Ginza ist. Der Name leitet sich von der Münzstätte her, die Tokugawa Ieyasu im Jahre 1612 von Shizuoka hierher verlegte (»gin« = Silber; »za« = Ort). Sie stellt das bekannteste **Einkaufszentrum der Stadt** dar und besitzt darüber hinaus eine große Zahl von Restaurants, Bars und Vergnügungsstätten. An Sonn- und Feiertagen ist die Ginza ab 12.00 Uhr Fußgängern vorbehalten; die Geschäfte sind auch an diesen Tagen geöffnet. Das Zentrum der Ginza ist die Kreuzung Chuo-dori und Harumi-dori mit dem halbrunden Wako-Gebäude mit Glockenturm von 1932, einem der Wahrzeichen der Ginza. Die Uhr spielt die Big Ben-Melodie. Vom Café im ersten Stock des Mitsukoshi-Kaufhauses bietet sich ein teurer, aber aufregender Blick auf die pulsierende Straßenkreuzung. Günstiger ist das Doutor-Café schräg gegenüber.

**★★ Tsukiji Fischmarkt**

Weiter südlich erreicht man am Fluss den Tsukiji-Großmarkt (U-Bahnhof Tsukiji-Shijo, Toei-Oedo-Linie), wo rund 90% des gesamten Fischbedarfs der Millionenstadt umgeschlagen werden (lohnender Besuch Mo. bis Sa. zwischen 5.00 und 8.00 Uhr morgens; robustes Schuhwerk ratsam). Für die sehenswerte **Thunfisch-Auktion** ganz nach hinten durch die Markthallen durchgehen. Da der 1935 gegründete Fischmarkt aus allen Nähten platzt, wurde seine Verlegung bis 2012 beschlossen, wogegen es jedoch zahlreiche Proteste gibt.

**? WUSSTEN SIE SCHON ...?**

- ... dass ein Drittel aller Fischprodukte, die Japaner konsumieren, auf dem Tsukiji-Markt umgeschlagen wird?

**Hama-rikyu**

Gegenüber dem Großmarkt liegt der an drei Seiten von Wasser umgebene Garten Hama-rikyu, wo sich früher eine Sommervilla der Tokugawa befand. Hier legen die Ausflugsschiffe aus Asakusa an (tgl. 9.00 – 17.00 Uhr, 300 ¥; ►Baedeker Tipp, S. 547).

**Tsukishima**

Wer nach dem Besuch des Fischmarkts genug rohen Fisch gesehen hat, kann östlich weiter nach Tsukishima fahren (eine Station von Tsukiji-Shijo), wo sich eine ganze Straße der Spezialität der Tokyoter Shitamachi (Altstadt) verschrieben hat: Monjayaki, einer Art Okonomiyaki, nur etwas saftiger. Die Insel wurde übrigens interessanterweise 1892 aus dem Meer abgetrotztem Land geschaffen. Von dem großen Erdbeben 1923 und Luftangriffen im Zweiten Weltkrieg verschont, ist hier noch ein Hauch vergangener Zeiten zu spüren.

**An der Chuo-dori**

Nördlich des Ginza-Viertels liegt an der Straße Chuo-dori das **Bridgestone-Kunstmuseum** (westliche und japanische Malerei des

*Sonntags sind Fußgänger die Herren auf den Kreuzungen der Ginza.*

19. und 20. Jahrhunderts). Der Straße weiter folgend, erreicht man die Brücke Nihonbashi (1603 erbaut, 1911 letztmals erneuert), die früher als Mittelpunkt der Stadt angesehen wurde und Bezugspunkt für alle Entfernungsmessungen des Landes war. Heute ist sie von einer mehrspurigen Stadtautobahn überbaut. Jenseits der Brücke steht das **traditionsreiche Kaufhaus Mitsukoshi**, das auf ein Textilgeschäft aus dem 17. Jahrhundert zurückgeht.

## Ochanomizu

Mit der Bahn oder der U-Bahn erreicht man vom Hauptbahnhof aus die Station Ochanomizu im Nordosten.

**Yushima Seido**

Nördlich des Kanals liegt die Halle Yushima Seido, ursprünglich 1690 erbaut und dem chinesischen Philosophen Konfuzius geweiht. Sie wurde mehrfach nach Bränden erneuert; die gegenwärtigen Gebäude entstanden 1935. In der Halle ein Bronzestandbild des Konfuzius; in der früher dem Schrein angegliederten Schule erhielten mehrere Staatsmänner ihre konfuzianische Bildung. Westlich liegt die Medizinische Universität.

**Kanda-Myojin-Schrein**

Nördlich der Halle erreicht man den Kanda-Myojin-Schrein (heutige Bauten von 1934), wo das lebhafte Fest Kanda-matsuri gefeiert wird (Mitte Mai).

**Kanda-Buchviertel**

Südlich des Kanals das Viertel Surugadai auf dem gleichnamigen Hügel. An dessen östlichem Ende steht die orthodoxe Nikolai-Kathedrale (1884; 1929 restauriert). Schräg gegenüber befindet sich die berühmte Meiji-Universität. 500 m weiter südlich gelangt man zur Kreuzung Yasukuni-dori und 300 m östlich an der Station Jimbocho zum Kanda-Buchviertel mit unzähligen Buchantiquariaten.

*** Koishikawa Korakuen**

Eine Station nördlich von hier (Suidobashi) erreicht man den Garten Koishikawa Korakuen, der 1626 von Tokugawa Yorifusa angelegt wurde und gehört zu den bedeutendsten Landschaftsgärten der Stadt. Auf der Teichinsel ein kleiner Tempel, der der Glücksgöttin Benten geweiht ist. Die Brücke wird wegen ihres Spiegelbildes, welches den Bogen zu einem vollen Kreis ergänzt, auch **»Vollmondbrücke«** genannt. Die herbstliche Laubfärbung ist hier besonders schön (Öffnungszeiten 9.00 – 17.00 Uhr, 300 ¥).

## Ueno

Aus dem zentralen Stadtbezirk Chiyoda-ku gelangt man mit der Bahn oder Untergrundbahn nach Norden in den Bezirk Taito-ku (Bahnhof und Haltestelle Ueno). Der Bahnhof Ueno ist Ausgangspunkt der in den nördlichen Teil von Honshu verkehrenden Bahnlinien.

> **! Baedeker TIPP**
>
> **Multimedia am Abend**
>
> Westlich vor der Station Akihabara lockt das riesige Elektronik-Viertel mit den neuesten Angeboten aus der Welt der Unterhaltungselektronik und der Kameras. Besonders nach Eintritt der Dunkelheit lohnt sich ein Besuch wegen der bunten, flimmernden Lichtreklamen. Alles über hiesige Dutyfree-Läden, Öffnungszeiten und Anfahrtswege findet sich auf der Website www.akiba.or.jp/english.

**** Ueno-Park**

Unmittelbar westlich erstreckt sich der große Ueno-Park (84 ha). Das Gelände gehörte ursprünglich einem Daimyo, wurde im 17. Jahrhundert vom Shogunat übernommen und 1878 der Allgemeinheit zugänglich gemacht.
Der Haupteingang befindet sich am Südostrand des Parkgeländes, nahe dem Bahnhof der Keisei-Privatbahnlinie (Richtung Narita). Über eine breite Treppe erreicht man den Kirschbaumhügel (Sakuragaoka), wo ein Standbild des Saigo Takamori (1827–1877) und das Denkmal für die Shogitai (in den Restaurationskämpfen gefallene Anhänger des Shogunats) stehen. Den Südteil des Parks nimmt der Teich Shinobazu (2 km Umfang; Bootsverleih) ein, in welchem auf einer Landzunge der Benten-Tempel steht. Der Teich ist bekannt für seine Lotosblüte im August. An den Nordwestteil des Teiches grenzt das Aquarium (auch Amphibien und Reptilien), von wo eine Einschienenbahn zum **Zoo** – dem ältesten Japans – führt. Östlich der dortigen Haltestelle der Toshogu-Schrein, 1627 zum Gedenken an Tokugawa Ieyasu erbaut. Die reich verzierten Gebäude wurden 1651 erneuert. Den Zugang säumen

Toshogu-Schrein ►

über 250 Steinlaternen, Stiftungen der Daimyo. Der im Stil Gongen-zukuri errichtete Hauptschrein ist durch das Tor Kara-mon zugänglich; dahinter eine fünfstöckige Pagode sowie ein Glockenturm.

◀ Museen

Im Südosten grenzt das **Shitamachi-Museum** an den Shinobazu-Teich an; gezeigt werden nachgebaute Häuser der Edo-Zeit und eine anschauliche Ausstellung zum Alltag im alten Tokyo (Öffnungszeiten: Di. – So. 9.30 – 16.30 Uhr, 300 ¥). Nördlich des Zoos erreicht man das **städtische Kunstmuseum** (Wechselausstellungen). Dann passiert man das Horyuji-Schatzhaus (Horyuji Homotsukan) mit Waffen, Möbeln u. a.; dahinter ein hübscher Garten mit drei alten Pavillons. Westlich jenseits die Staatliche Kunsthochschule.

★ ◀ Nationalmuseum

Die Gebäude im Norden des Parks beherbergen das Nationalmuseum, das größte Museum des Landes. Empfehlenswert ist ein Rundgang durch die »Höhepunkte der japanischen Kunst« im ersten Stock der Hauptgalerie (Honkan). Ebenfalls zum Museum gehören die Galerie für fernöstliche Kunst (Toyokan) mit Kulturdenkmälern aus Korea, China, Südostasien, Indien und Ägypten sowie zwei weitere Gebäude (Heiseikan und Hyokeikan) für Sonderausstellungen und das Horyuji-Schatzhaus (Horyuji Homotsukan). Dort werden Kunstgegenstände der kaiserlichen Familie, die ursprünglich aus dem Horyuji-Tempel in Nara stammen, ausgestellt (Öffnungszeiten: Di. – So. 9.30 – 17.00, April – Dez. Sa./So. bis 18.00 Uhr, 600 ¥).

Schräg gegenüber dem Nationalmuseum befindet sich das beachtenswerte **Nationalmuseum der Naturwissenschaften** mit Ex-

*Ein Augenschmaus: Kirschblüte im Ueno-Park*

## *Ueno-Park* Orientierung

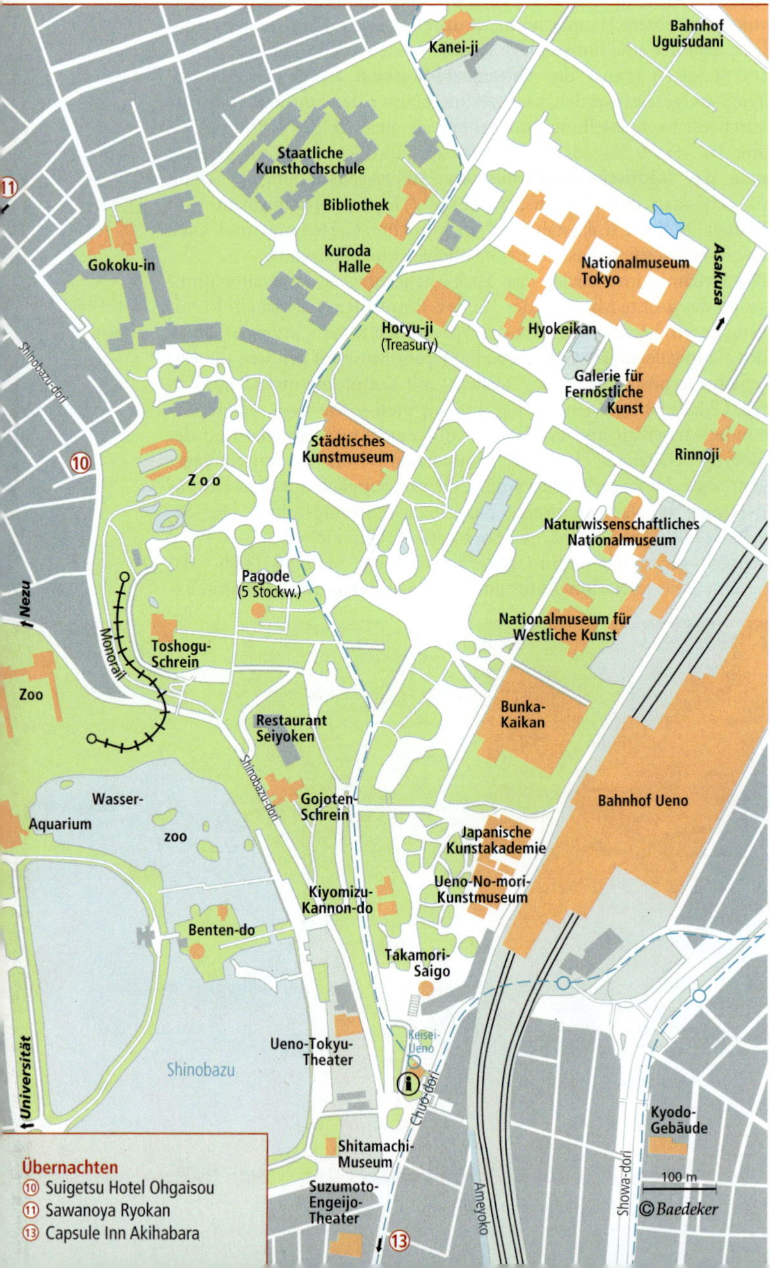

ponaten zu Zoologie, Botanik, Geografie, Chemie, Astronomie, Meteorologie und Ozeanografie (www.kahaku.go.jp, Di. – Do., Sa. und So. 9.00 – 17.00, Fr. 9.00 bis 20.00 Uhr, 600 ¥).). Davor steht die Statue des Bakteriologen Noguchi Hideyo (1876–1928; Porträt auf dem 1000-Yen-Schein).

**! Baedeker TIPP**

**Spiegelei aus Plastik**

Östlich vom Ueno-Bahnhof erreicht man auf der Asakusa-dori nach einem Kilometer in Nishi-Asakusa die Straße der Haushaltswaren »Kappabashi«. Als beliebtes Souvenir können hier z. B. täuschend echte Spiegeleier, Sushi oder leckere Eisbecher erworben werden, natürlich aus Plastik zur Werbung in Restaurants (U-Bahnhof Tawaramachi, Ginza-Linie, Ausgang Nr. 3).

★ ◄ Nationalmuseum für Westliche Kunst

Das Nationalmuseum für Westliche Kunst (Stahlbetonbau nach Plänen von Le Corbusier, 1959) beherbergt die Sammlung westlicher Plastik und Malerei, welche von dem Industriellen Matsukata Kojiro angelegt worden ist und Werke von Cézanne, Degas, Monet, Rodin und anderen umfasst (www.nmwa.go.jp, Öffnungszeiten: Di. bis So. 9.30–17.00, Fr. bis 20.00 Uhr, Eintritt 420 ¥, 2. und 4. Sa. im Monat Eintritt frei).

Südlich gegenüber liegt die städtische Festhalle (Bunka Kaikan, 1961), wo Konzerte, Theaterstücke und Konferenzen veranstaltet werden. Benachbart ist die Kunstakademie.

**Yushima-Tenjin-Schrein**

Am Kiyomizu-Tempel vorbei gelangt man wieder zum Haupteingang und südlich durch das Einkaufs- und Amüsierviertel Ameyoko – nach dem Krieg war hier der Schwarzmarkt – zum Yushima-Tenjin-Schrein, einer Gründung des 14. Jahrhunderts. Umgeben ist er von einer kleinen Parkanlage mit Pflaumenbäumen (Blüte im Februar). Vor den Aufnahmeprüfungen für die Uni im Februar/März kommen zahlreiche Schüler hierher, um Tenjin, den Gott der Gelehrsamkeit (der vergöttlichte Gelehrte Sugawara Michizane, 845 bis 903), auf Votivtafeln (jap. ema) um Erfolg zu bitten.

*Votivtafeln am Yushima-Tenjin-Schrein*

Nach Norden weitergehend (links des Campus der berühmten Universität Tokyo) erreicht man den **Nezu-Schrein** (auch U-Bahn von der Haltestelle Yushima). Die Gründung erfolgte angeblich um die Zeitenwende; die heutigen Gebäude stammen von 1706. Im Schreingelände blühen gegen Ende April mehrere tausend Azaleenbüsche. Sehenswert ist auch der endlos scheinende Tunnel shintoistischer Torii.

## *Asakusa* Orientierung

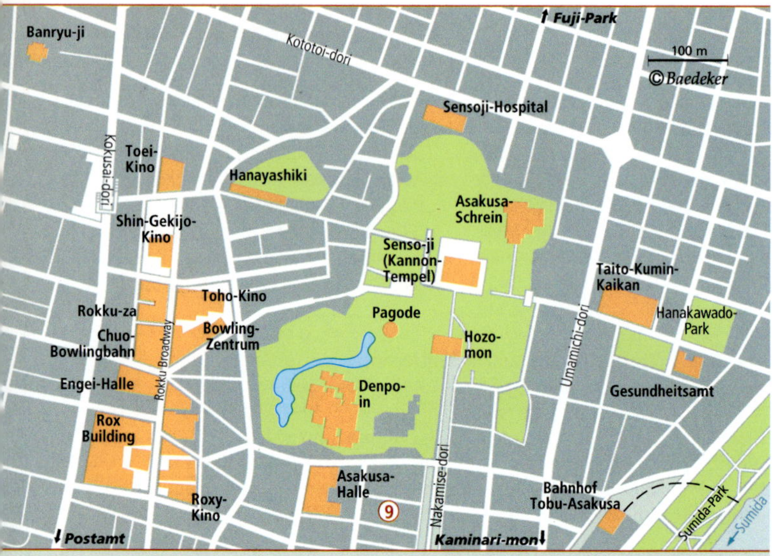


**Übernachten**
⑨ Ryokan Asakusa Shigetsu

# Asakusa

Östlich von Ueno liegt Asakusa, eine Kernzelle der Edokko, der alteingesessenen Bewohner der Stadt. Es ist mit seinen zahlreichen Kinos, Theatern und Restaurants ein viel besuchtes Vergnügungszentrum. Vor hundert Jahren befand sich hier das berühmt-berüchtigte Yoshiwara-Viertel (Rotlicht-Bezirk). Den touristischen Mittelpunkt bildet der Asakusa-Kannon-Tempel. Am Ufer des Sumidaflusses befindet sich die Anlegestelle für die zum Hama-rikyu-Garten fahrenden Linienboote.

**★★ Asakusa-Kannon-Tempel**

Östlich vom Bahnhof Ueno (U-Bahn bis Haltestelle Asakusa) steht der Asakusa-Kannon-Tempel (Sensoji-Tempel), Zentrum der buddhistischen Sho-Kannon-Sekte. Vom Tor Kaminari-mon mit seiner 4 m hohen und 670 kg schweren Laterne führt die von Andenkenläden gesäumte Straße Nakamise zum Tempelbezirk.
Der Tempel wurde angeblich von zwei Fischern gegründet, die in ihren Netzen eine Kannon-Statuette gefunden hatten. Die große Kannon-Halle von 1651 wurde nach Kriegszerstörung 1958 in Stahlbeton nach dem alten Muster erneuert. Hinter dem Tempel liegt der Asakusa-Schrein aus dem 17. Jahrhundert, in dem u. a. die beiden Fischer verehrt werden.

Jenseits der Azumabashi-Brücke ist die goldene Flamme über dem Verwaltungsgebäude der **Asahi-Brauerei** zu erkennen – ein Bauwerk von Philippe Starck mit einem Restaurant, in dem zu japanischen und westlichen Speisen natürlich Asahi-Bier ausgeschenkt wird. Also eine willkommene Unterbrechung des Stadtrundgangs!

! *Baedeker* TIPP

**Flussfahrt auf dem Sumidagawa**

Von Asakusa kann man eine Bootsfahrt bis nach Odaiba unternehmen: Die Boote legen von der Azumabashi-Brücke (nahe U-Bahnhof Asakusa) ab und halten am Hama-rikyu-Garten (ca. eine halbe Stunde Fahrt). Wer will, kann weiterfahren bis zum Hinode-Pier und dort in ein Boot nach Odaiba umsteigen. Auf dem letzten Abschnitt hat man eine gute Sicht auf die Rainbow Bridge. Eine Reservierung ist nicht nötig. Näheres unter www.suijobus.co.jp/english.

Von der Haltestelle Asakusa führt die U-Bahn (Toei-Asakusa-Linie) nach Süden. Östlich der Haltestelle Asakusabashi bzw. nördlich des Bahnhofs Ryogoku steht die **Kokugikan-Sumo-Halle**, Zentrum des Sumo-Ringkampfes (13 000 Plätze; Kampfsportveranstaltungen im Januar, Mai und September); angeschlossen ist ein kleines Sumo-Museum (Mo. – Fr. 10.00 – 16.30 Uhr, Eintritt frei). Nahebei lohnt das Edo-Tokyo-Museum dank seiner Multimedia-Shows und den Dioramen zur Geschichte des alten Tokyo (Di. – So. 9.30–17.30, Sa. bis 19.30 Uhr, 600 ¥).

* ◄ Edo-Tokyo-Museum

## Meguro

**Nationalpark**

Südwestlich des Zentrums liegt der ruhige, freundliche Bezirk Meguro. In der Nähe des Bahnhofs Meguro erstreckt sich der Nationalpark für Naturgeschichtliche Studien (Kokuritsu Shizen Kyoiku-en) mit eindrucksvoller Vegetation (Di. – So. 9.00 – 16.30, Mai – Aug. bis 17.00 Uhr, 300 ¥.

**Sengakuji-Tempel**

Südöstlich des Parks (U-Bahn Toei-Asakusa-Linie) liegt der Sengakuji-Tempel (gleichnamige Haltestelle). Er ist weithin berühmt als Begräbnisplatz der **Siebenundvierzig Ronin**, die im Hof bestattet sind und noch heute als Inbegriff größter Loyalität verehrt werden (► Berühmte Persönlichkeiten). Im Tempelmuseum Erinnerungsstücke und die hölzernen Bildnisse der Ronin.

**Teien-Kunstmuseum**

Südlich des Parks (Eingang Meguro-dori) zeigt das Teien-Kunstmuseum in einem Bau von 1933 wechselnde Ausstellungen (www.teien-art-museum.ne.jp, Öffnungszeiten: tgl. außer 2. und 4. Mi. im Monat, 10.00–18.00 Uhr, Eintritt je nach Ausstellung).

**Tokyo Metropolitan Museum of Photography**

Zwischen dem Nationalpark und dem Bahnhof Ebisu weiter nördlich befindet sich der Ebisu Garden Place-Komplex mit einladenden Cafés und dem sehenswerten Tokyo Metropolitan Museum of Photography (Tokyo-to Shashin Bijutsu-kan, Öffnungszeiten: Di. bis So. 10.00–18.00, Do., Fr. bis 20.00 Uhr, Eintritt je nach Ausstellung).

*Grabsteine der Siebenundvierzig Ronin im Hof des Sengakuji-Tempels*

**Meguro-Fudo** Südwestlich des Nationalparks (jenseits des Kanals) steht der Tempel Meguro-Fudo (Ryusenji) der Tendai-Sekte. Der nach Zerstörungen des Zweiten Weltkriegs wiederaufgebaute Tempel ist dem Feuergott Fudo geweiht; an der Decke der Haupthalle das Gemälde eines Drachens von Kawabata Ryushi (1885–1966). Im Tempelbezirk befindet sich der **Fudo-Wasserfall**, wo im Winter asketische Gläubige baden.

## Odaiba

Auf einer künstlich aufgeschütteten Insel liegt das futuristisch anmutende Viertel Odaiba. Man erreicht diesen Stadtteil von Shimbashi aus mit dem fahrerlosen Yurikamome-Zug auf leisen Gummirädern über die kühn geschwungene **Regenbogen-Brücke** bis zur Station Odaiba-Kaihinkoen. Die 2 km lange Brücke kann auch zu Fuß überquert werden; vor allem für Fotografen ist dies allemal lohnend. Auch mit einem Ausflugsboot von Asakusa oder mit der Fähre von der Station Hinode ist der Besuch möglich. Dieser Bezirk bietet modernste Einkaufsmöglichkeiten in der Palette Town, des Weiteren ein Internationales Ausstellungszentrum (Tokyo Big Sight), mehrere Themenparks und das Spielecenter Joypolis.

**Maritimmuseum** Ein 2 km langer Spaziergang an der Küste am Strand vorbei und durch den Odaiba-Park oder die Fahrt bis zur Station Fune-no-Kagakukan führt zum Maritimmuseum (Fune-no-Kagakukan, Bahnhof Fune-no-Kagakukan), das eine sehenswerte Ausstellung rund um das Thema Schifffahrt zeigt (Öffnungszeiten: tgl. 10.00–17.00, Sa., So. und im Sommer bis 18.00 Uhr, 700 ¥).

**Oedo Onsen Monogatari** Hinter dem Maritimmuseum (Bahnhof Telecom Center) lädt das Bad Oedo Onsen Monogatari zum Entspannen ein. Das heiße Wasser wird aus 1400 m Tiefe heraufgepumpt. Die großzügige Anlage umfasst neben zahlreichen Außen- und Innenbecken auch die Reproduktion einer edozeitlichen Straße mit Vergnügungsbuden wie Wahrsagen und Messerwerfen. Für das leibliche Wohl wird in sechs Restaurants gesorgt (tgl. 11.00 – 9.00 Uhr, 2900 ¥; ab 18.00 Uhr 2000 ¥, incl. Yukata).

## Umgebung von Tokyo

**Ghibli-Museum**

Öffnungszeiten: tgl. außer Di. 10.00–18.00 Uhr, 1000 ¥

Freunden des Zeichentrickfilms sei das neue Ghibli-Museum im Inokashira-Park im Westen der Stadt (JR-Chuo-Linie ab Shinjuku bis Mitaka) empfohlen. Hier erfährt man auf spielerische Weise einiges über die Filmproduktionen dieses berühmten Studios von Miyazaki Hayao, das u. a. den preisgekrönten Film **»Chihiros Reise ins Zauberland«** hervorgebracht hat. Eine Reservierung ist unbedingt erforderlich (in Japan über das Loppi Reservierungssystem der Lawson Convinience Stores; in Deutschland über JTB Deutschland Tel. 069 / 29 98 78 23. www.ghibli-museum.jp).

**Tokyo Disneyland**

Rund 10 km östlich von Tokyo (Bus vom Hauptbahnhof, Bahnhof Ueno und vom Flughafen Narita) wurde 1983 der riesige Freizeitpark Tokyo Disneyland, der erste seiner Art außerhalb der USA, eröffnet (www.tokyodisneyresort.co.jp). Konzipiert wurde er nach dem bewährten Schema mit einer Hauptstraße (»World Bazaar«, im Stil der Jahrhundertwende), an die sich Themenbereiche anschließen wie »Adventureland« und »Fantasyland«. Im 2001 eröffneten **Tokyo Disney Sea** gruppieren sich die Attraktionen lose um das Thema Meer (Öffnungszeiten: tgl. 9.00 – 22.00 Uhr, Tagespass Tokyo Disneyland oder Tokyo Disney Sea 5800 ¥).

**Narita**

Ausländischen Touristen ist Narita meist nur als Standort des internationalen Flughafens von Tokyo bekannt, dabei pilgern alljährlich über sieben Millionen Gläubige zum hiesigen Shinshoji-Tempel.

◄ Shinshoji-Tempel

Vom Bahnhof der JR gelangt man durch das bunte Einkaufsviertel Omotesando nach Norden zu dem rund 1 km entfernten Naritasan-Shinshoji-Tempel, gegründet 940. Die 20 ha große Tempelanlage umfasst u. a. das Tor Niomon, die Halle der Drei Heiligen, die Buddha-Halle und die Haupthalle Hondo, die 1963–1968 in traditionellem Stil erbaut wurde, ferner einen Glockenturm und eine dreistöckige Pagode. Besonders zu Neujahr und zum Setsubun-Fest (Anfang Februar) wird der Tempel von zahlreichen Gläubigen besucht.

◄ Naritasan-Park

An den Tempelbezirk schließt sich der 16,5 ha große Naritasan-Park an, der besonders in der Zeit der Kirsch- und Pflaumenblüte einen reizvollen Anblick bietet. Im Park zeigt ein Kalligrafie-Museum Kalligrafien seit der Edo-Zeit.

◄ Sogo-Reido

Vom JR-Bahnhof verkehren Busse (20 Min.) zum Heiligtum Sogo-Reido, der Gedenkstätte für **Kiuchi Sogoro** (auch Sakura Sogo, 1612 bis 1653). Unter Missachtung des Verbots, sich direkt an den Shogun zu wenden, überbrachte Sogo dem Tokugawa Ietsuna eine Petition der unter Missernte und hohen Steuern leidenden Bauern. Obgleich

*Messezentrum Makuhari bei Chiba*

seine Mission erfolgreich war, wurden er und seine fünfköpfige Familie zum Tode verurteilt und hingerichtet. Szenen aus dem Leben des Sogo zeigt die Gedenkhalle Sogo Goichidai-Kinenkan.

Shibayama ▶ Südlich vom Flughafen liegt der altertümliche Ort Shibayama. Hier wurden einige alte Grabstätten freigelegt; die dort gefundenen Haniwa (Tonfiguren) sind im örtlichen Museum ausgestellt.

Historisches Nationalmuseum ▶ In Sakura, südwestlich von Narita (Bahn 15 Min., dann Bus, 15 Min.), lohnt das am Standort der einstigen Sakura-Burg errichtete Historische Nationalmuseum (Kokuritsu Rekishi Minzoku Hakubutsukan) einen Besuch.

**Halbinsel Boso** Südlich von Narita ragt die Halbinsel Boso in den Pazifik vor. Wegen der ausgedehnten Landwirtschaft nennt man sie auch **»die Küche von Tokyo«**. Die Küsten im südlichen Teil der Halbinsel bilden den Minami-Boso-Quasi-Nationalpark.

Chiba ▶ Günstigster Ausgangspunkt für eine Küstenfahrt ist Chiba im Westen der Halbinsel an der Tokyo-Bucht (von Narita JR-Narita- bzw. Kashima-Hauptlinie, 30 Min.), von wo die JR-Uchibo-Linie der Küste nach Süden folgt. Chiba besitzt eine vor etlichen Jahrzehnten auf alten Fundamenten neu erbaute Burg (darin das Städtische Volkskundemuseum). Interessant ist auch die prähistorische Fundstelle im Ort Kasori (Kasori Kaizuka). Neben zwei runden Muschelhügeln aus der Jomon-Zeit gibt es dort auch ein kleines Museum.

Otsubo ▶ Vom Bahnhof Sanukimachi erreicht man den 120 m hohen Hügel Otsubo mit einer 56 m hohen, innen begehbaren Kannon-Statue.

Kano ▶ Vom Bahnhof außerdem eine Busverbindung (30 Min.) zum Berg Kano (352 m) mit 42 m hohem Aussichtsturm, der einen Blick auf die Bucht, die Fuji-Hakone-Region und die Berge von Nikko bietet; nahebei der angeblich von Shotoku-taishi gegrundete Jin'yaji-Tempel (im 16. bis 18. Jh. erneuert).

In Kanaya (auch Fährverbindung von Yokosuka, Halbinsel Miura) befindet sich die Talstation einer auf den 329 m hohen **Berg Nokogiri** führenden Seilbahn; im Gipfelbereich ein alter Tempel, Felshöhlen und etwa 1300 buddhistische Steinskulpturen. ◄ Kanaya

Bei Tateyama erreicht die Uchibo-Linie ihren südlichsten Punkt. Vom Bahnhof führt eine Buslinie (45 Min.) nach Shirahama am Südzipfel der Halbinsel; vom nahen Kap Nojima hat man einen reizvollen Blick auf die Küstenlinie. ◄ Tateyama

Mit der JR-Sotobo-Linie erreicht man Awa-Amatsu. Hier erhebt sich der 383 m hohe **Berg Kiyosumi** (Bus, 25 Min.) mit dem vermutlich 771 gegründeten gleichnamigen Tempel, in dem der Sektengründer Nichiren sein Noviziat verbrachte. Die Haupthalle stammt aus der späten Edo-Zeit. An der Küste erstreckt sich die zauberhafte Meereslandschaft Ubara Risokyo mit dem Unterwasserobservatorium Katsu-ura Marine Park. Die Sotobo-Linie führt weiter nach Nordosten und zurück nach Chiba (1¼ Std.). ◄ Awa-Amatsu ◄ Ubara Risokyo

**Tsukuba Science City**

Rund 60 km nordöstlich der japanischen Metropole liegt am Fuße des Berges Tsukuba (876 m) die »Wissenschaftsstadt« Tsukuba Science City (Tsukuba Express ab Akihabara, 45 Min.), das modernste und eines der größten Wissenschaftszentren der Erde.

Auf einem etwa 2700 ha großen Gelände in freier Landschaft wächst seit den 1970er-Jahren eine von dem Architekten Maki Fumihiko entworfene Retortenstadt mit futuristischen Hochbauten, einem zentralen Achsenbereich und weiträumigen Fußgängerzonen. Hier sind heute bereits rund 40% aller nationalen japanischen Forschungsinstitute sowie zwei Universitäten untergebracht; Wohnbereiche, Einkaufszentren, Schulen, Freizeiteinrichtungen und Unterhaltungsstätten stehen zur Verfügung. Zur technisch-wissenschaftlichen Ausstattung dieser »Denkfabrik« gehören neben hochmodernen Laboratorien ein siebenstöckiges Stahlbetongebäude mit Erdbebensimulator, eine mehr als 6 km lange Straßenverkehrsteststrecke sowie ein 380 m langer Tunnel für Versuche zur Lärmminderung, Belüftung und Beleuchtung und anderen Umweltaspekten.

Vom Bahnhof Tsukuba sind es 15 Min. mit dem Bus zum Berg Tsukuba. Sowohl auf dem Hauptgipfel, Nyotai (»weiblicher Berg«) genannt, als auch auf dem Nebengipfel Nantai (»männlicher Berg«; 870 m) befinden sich Schreine; auf dem Nantai auch eine Wetterstation und eine drehbare Aussichtskanzel (Blick über die Kanto-Ebene auf den Fuji). Auf beide Gipfel fahren **Seilbahnen**; der Abstieg zu Fuß ist mühsam, aber lohnend wegen der bizarren Felsformen. ◄ Tsukuba

**Makabe**

Nördlich der Station Tsukuba liegt an der Kanto-Bahn Makabe mit dem 1Denshoji-Tempel, gegründet 1268 von dem aus Makabe stammenden Zen-Meister Hosshin nach seiner Rückkehr aus China. Jetzt gehört der Tempel der Soto-Sekte und enthält Statuen der berühmten Siebenundvierzig Ronin von Ako (► Berühmte Persönlichkeiten). Die Kirschblüte im Tempelgarten dauert bis Mitte April.

# Tottori

H 7 • g 2

**Hauptinsel:** Honshu **Präfektur:** Tottori
**Einwohnerzahl:** 197 000

鳥取

**Tottori, die Hauptstadt der gleichnamigen Präfektur, liegt an der Küste des westlichen Honshu. Touristen dient das Provinzstädtchen als Ausgangsbasis für den Besuch des nahen Küsten-Nationalparks.**

## Sehenswertes in Tottori

**Kyushu-Park** Die Reste der im 16. Jahrhundert errichteten Burg befinden sich im erhöht gelegenen Kyushu-Park 1,7 km nordöstlich vom Bahnhof. Die Burg Tottori wurde 1581 von den Truppen Toyotomi Hideyoshis 200 Tage lang unerbittlich belagert.

**Kannon-in** Noch etwas weiter in dieser Richtung erreicht man den schönen Garten Kannon-in mit dem gleichnamigen Tempel sowie den benachbarten, dem Tokugawa Ieyasu gewidmeten Ouchidani-Schrein aus dem Jahr 1650. Interessant sind das Yamabiko-Museum (zur Geschichte und Kultur der Stadt) und der Friedhof der ehemaligen Fürstenfamilie Ikeda (südwestlich des Bahnhofs).

## San-in-kaigan-Nationalpark

**Ausgedehnte Dünenlandschaft** Nördlich der Stadt ergießt sich der Fluss Sendai in das Japanische Meer. Sein Mündungsgebiet ist bekannt durch eine ausgedehnte Dünenlandschaft (Bus, 20 Min., Haltestelle Sakyu Kaikan). Ihr östlicher Teil gehört zum San-in-kaigan-Nationalpark, der sich von hier nahezu 80 km weit nach Osten erstreckt; dort blühen ab Ende Oktober die Rakkyo-Felder (Schalottenart) in dunklem Lila und man kann sogar Kamele für Dünenritte mieten. Zu den Hauptanziehungspunkten gehören die Kasumi-Küste, der Strand von Uradome und der Badeort Kinosaki. Von Tottori aus folgt die JR-San-in-Hauptlinie dieser unter Naturschutz stehenden Küste.

## TOTTORI ERLEBEN

### AUSKUNFT

***Touristinformation***
im Bahnhof
(hält nur japanischsprachiges Material bereit)
www.torican.jp/en
www.pref.tottori.lg.jp (zur Präfektur)

### ANREISE

*Flugzeug:* Von Tokyo (Haneda Airport; 1¼ Std.); von Osaka (45 Min.).
*Bahn:* Von Okayama mit JR (1¾ Std.).

Ausgezeichnete Badestrände findet man bei Uradome, Tajiri und Ajiro; den kleinen Buchten sind Klippen und Inseln mit Grotten vorgelagert. **Badestrände**

Etwas landeinwärts folgt der von Bergen umgebene Badeort Hamasaka-onsen (Bus vom Bahnhof Hamasaka, 25 Min.), im Sommer lohnendes Wandergelände, im Winter Skigebiet. **Hamasaka-onsen**

Als besonders reizvoll gilt die Umgebung von Kasumi. 1,5 km südlich des Bahnhofs steht der Daijoji-Tempel der Shingon-Schule (Gründung wohl im 8. Jh.; die Malereien auf den Schiebetüren stammen von Maruyama Okyo (1753–1795). Lohnende Schiffsrundfahrten (März bis November) erschließen die Küstenregion. **Kasumi**

Schöne Ausblicke auf die Parklandschaft bietet das in einer Hügelkette gelegene Kinosaki-onsen mit sieben öffentlichen Bädern. Nahe beim Onsenji-Tempel führt eine Seilbahn auf den Berg Daishi (ausgezeichneter Blick auf die Maruyama-Mündung). **Kinosaki-onsen**

# ★★ Towada-Hachimantai-Nationalpark

L 5

**Hauptinsel:** Honshu
**Fläche:** 854 km²
**Präfektur:** Akita, Aomori und Iwate

十和田八幡平国立公園

**Die Natur des im äußersten Norden der japanischen Hauptinsel Honshu gelegenen Nationalparks ist noch weitgehend unberührt; die Landschaft wird von herrlichen Wäldern, klaren Seen und Vulkankegeln geprägt.**

Der Towada-Hachimantai-Nationalpark ist in zwei getrennte Teilgebiete gegliedert. Der Nordteil umfasst die Region des Towada-Sees, der Südteil das Hachimantai-Plateau mit den Bergen Iwate, Nyuto und Koma-gatake. **Ausdehnung**

## Sehenswertes im Towada-Hachimantai-Nationalpark

Südlich der Küstenstadt ►Aomori erheben sich die Hakkoda-Berge. Eine JR-Buslinie fährt in drei Stunden von Aomori über Sukuya-onsen und Tsuta-onsen zum Towada-See. **Hakkoda-Berge**

Sukaya-onsen ist für das »1000 Personen Bad« in Japan bekannt. Bis zu 1000 Personen (Männer und Frauen) sollen hier gleichzeitig in dem gut 40 Grad warmen, leicht schwefelhaltigen Wasser baden kön- ★

◄ Sukaya-onsen Odake

### *Towada-See* Orientierung

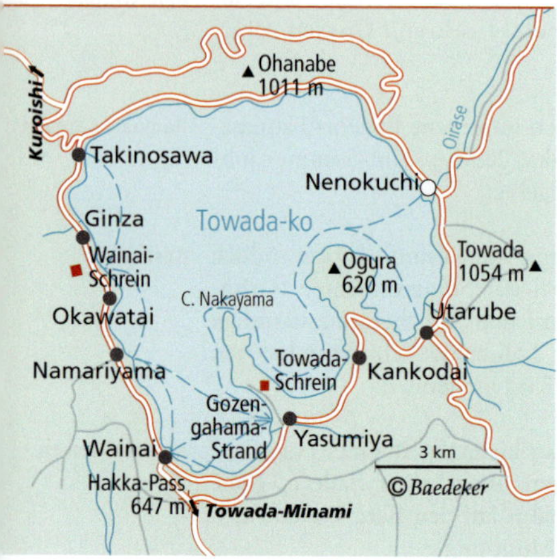


nen. Von Sukayu-onsen wandert man in die Hakkoda-Berge. Das Massiv besteht aus acht erloschenen Vulkanen, deren höchster der Odake (auch Sukayu; 1585 m) ist.

Die Buslinie führt weiterhin durch das malerische **Tal des Oirase**, der zwischen begrünten Felsen dahinströmt. Besonders reizvoll ist der 14 km lange Abschnitt zwischen Yakeyama und dem am Ostufer des Towada-Sees gelegenen Ort Nenokuchi.

**✶✶ Towada-See** Inmitten urwüchsiger Wälder liegt der 334 m tiefe Kratersee Towada-ko (59,1 km²), der rings von einer Uferstraße umzogen wird. Von seinem Südostufer ragen **zwei Halbinseln** herein, welche die drei Becken Higashi-no-umi (»Östlicher See«), Naka-no-umi (»Mittlerer See«) und Nishi-no-umi (»Westlicher See«) voneinander trennen.

**Towada** Bei Nenokuchi mündet der Fluss Oirase. Mit dem Bus (20 Min.) erreicht man den 1054 m hohen Berg Towada (großartiger Blick auf den See); die Abstiegsroute führt nach Utarube am Higashi-no-umi. Hier lohnt ein Abstecher auf die Landzunge mit dem Berg Ogura (620 m; Aussicht).

**Yasumiya** Die Uferstraße erreicht nun den Hauptort der Seeregion, Yasumiya (auch Bootslinie von Nenokuchi, 1½ Std.). 15 Minuten zu Fuß sind es von hier nach Norden zu der in Japan recht bekannten Figurengruppe der **»Grazien vom See«** des Bildhauers Takamura Kotaro. Eine der beiden nackten Figuren soll seine Frau darstellen, die unter Schizophrenie litt und sehr jung verstarb. Am Gozengahama-Strand vorbei gelangt man zum nordwestlich auf der Halbinsel gelegenen Towada-Schrein.

**Wainai** Nun führt die Uferstraße am Nishi-no-umi entlang zu dem für seine Forellenzucht bekannten Ort Wainai (auch Oide genannt). Die Forellenzucht im Towada-See gelang erst während der Meiji-Zeit im späten 19. Jh., heute ist die Forelle eine der regionalen Spezialitäten.

**Südliches Gebiet** Das südliche Teilgebiet des Nationalparks ist u. a. von Hachimantai oder Morioka zugänglich. Seine Vulkanberge und weit verstreuten Erholungsorte sind bei Bergsteigern und Wintersportlern sehr beliebt. Die vielen heißen Quellen haben die Entstehung von Thermalbädern begünstigt.

**Hachimantai-Plateau**

Von Hachimantai führt eine Straße (teils gebührenpflichtig) quer durch das den Nordteil der Region einnehmende Hachimantai-Plateau nach Koma an der JR-Tohoku-Hauptlinie. Diese berührt nach und nach liegen die von dem 1366 m hohen Vulkan Yakeyama überragten Badeorte Tamagawa-onsen (Thermalquelle, 98 °C), Goshogake-onsen (Dampfbäder) und Fukenoyu-onsen sowie das Appikogen-Skigebiet.

**Iwate**

Von Morioka, östlich außerhalb des Parks gelegen, gelangt man mit der JR-Tohoku-Hauptlinie nach Takizawa und von hier mit dem Bus in 40 Minuten weiter nach Yanagisawa, das am Ostfuß des Vulkans Iwate (2038 m) liegt, der wegen seiner an Japans symbolberg erinnernden konischen Form auch Iwate-Fuji genannt wird. Die Ersteigung des in Higashi-Iwate (Ostteil) und Nishi-Iwate (Westteil) gegliederten Massivs lohnt wegen der artenreichen Bergflora und des schönen Blickes vom Gipfel aus. Eine Abstiegsvariante führt über die Südwestflanke nach Amihari-onsen.

## TOWADA-HACHIMANTAI-N.P. ERLEBEN

### AUSKUNFT

***Towada-See***
Visitor Center in Yasumiya
Tel. 01 76/75 24 25
tgl. 8.00–17.00 Uhr

***Hachimantai***
Touristinformationen in Kazuno
Kazuno Kanko Furusatokan Antler
Tel. 01 86/23 20 19
tgl. 9.00–17.30 Uhr

### ANREISE

*Bahn:* Zum Towada-See: Von Tokyo JR-Tohoku-Shinkansen bis Hachinohe (3 Std.), dann weiter mit Bus (2¼ Std.).
Zum Tazawa-See und nach Hachimantai: Akita-Shinkansen bis Tazawako (3 Std.), dann weiter mit dem Bus Richtung Hachimantai.
*Bus:* Mehrere Linien, u. a. von Aomori, Towada-Minami, Hachimantai, Misawa und Odate, fahren in die beiden Teilgebiete des Nationalparks.

### ÜBERNACHTEN

#### ▸ Komfortabel

***Towada Hotel***
Towadako Nishikohan, Kosaka-cho, 018-5511 Akita-ken
Tel. 01 76/75 11 22, Fax 75 13 13
Schönes Hotel aus den 1930er-Jahren mit Blick auf den See. Zimmer in japanischem und westlichem Stil.

*Landschaft im Oirase-Tal*

**Koma** Die von Morioka nach Westen verlaufende JR-Tazawako- bzw. Akita-Shinkansen-Linie führt nahe am Tazawa-See vorbei. Vom Bahnhof Tazawako verkehrt ein Bus (Juli bis Oktober) zur 8. Station der Aufstiegsroute auf den 1637 m hohen Vulkan Komagatake. Von hier ist in einstündigem Aufstieg der Gipfel zu erreichen, von dem sich ein schöner Blick auf den außerhalb des Nationalparks gelegenen Tazawa-See, einen der tiefsten des Landes (►Morioka, Umgebung), bietet.

✶ Tazawa-See ►

# Tsuruga

J 7 • j 2

**Hauptinsel:** Honshu **Präfektur:** Fukui
**Einwohnerzahl:** 68 000

敦賀

**Die Hafenstadt Tsuruga im westlichen Zentral-Honshu, nördlich des Biwa-Sees, liegt an der tief in das Land einschneidenden Tsuruga-Bucht und war wegen dieser günstigen Gegebenheit schon früh ein wichtiges Tor nach Korea.**

## Sehenswertes in Tsuruga

**Kanegasaki-Schrein** Unweit nördlich vom Bahnhof steht zwischen mehreren tausend Kirschbäumen der Kanegasaki-Schrein, den beiden Söhnen des Kaisers Godaigo geweiht.

**Kehi-Schrein** 1,5 km nördlich erreicht man den Kehi-Schrein. Das Holz, aus dem die Säulen des Torii gefertigt sind, wurde angeblich im 17. Jahrhundert von der Insel Sado hierher geschwemmt.

**Jogu-Schrein** Der 9 km nordwestlich des Bahnhofs befindliche Jogu-Schrein besitzt eine alte Glocke, die Hideyoshi von seinem Korea-Feldzug mitgebracht haben soll. Der Stein Omi-ishi ist dafür bekannt, dass er bei Berührung Geräusche hervorbringt.

**Matsubara-Park** An der Tsuruga-Bucht, 5,8 km westlich, liegt der Matsubara-Park – der Kontrast zwischen den dunkelgrünen Föhren und dem weißen Sandstrand ist bezaubernd. Im Park ist Takeda Kounsai (1803–1865) begraben, der hier mit seinen Anhängern wegen seines Widerstands gegen die Öffnungspolitik der Tokugawa hingerichtet wurde.

## Wakasawan-Quasi-Nationalpark

**Mikata** Westlich der Stadt erstreckt sich jenseits einer die Tsuruga-Bucht begrenzenden Landzunge der Wakasawan-Quasi-Nationalpark (JR-Obama-Linie nach Mikata). Zwischen Mikataund der Küste verteilen sich die Fünf Mikata-Seen (Mikata-goko), die durch Wasserläufe miteinander verbunden sind. Eine reizvolle Straße führt auf den

## TSURUGA ERLEBEN

### ANREISE

*Bahn:* Von Tokyo (Hauptbahnhof) JR-Tokaido-Shinkansen-Linie bis Maibara (2½ Std.), dann JR-Hokuriku-Hauptlinie (30 Min.); von Osaka JR-Kosei- und Hokuriku-Linie (1¾ Std.).

### VERANSTALTUNGEN

Ebisu-daikoku Tsunahiki (Volksfest; Mitte Januar); Sounomairi (Prozession; Mitte Juli), beim Kehi-Schrein; Kehi-no-Nagamatsuri (Prozession; Anfang September), beim Kehi-Schrein.

395 m hohen Berg Baijo (Bus, 35 Min.); auf dem Gipfel steht der Uwase-Schrein mit gutem Blick auf die Seen.

**Obama**

Seit den letzten Präsidentschaftswahlen in den USA ist der kleine Ort Obama (32 000 Einw.) an der Wakasa-Bucht weltbekannt. Hier werden seit dem 17. Jahrhundert die bekannten Lackwaren Wakasa-nuri hergestellt: Mehrere Lagen unterschiedlich farbigen Lacks werden übereinander auf eine unebene Oberfläche (z. B. einer Schachtel) aufgetragen und die Dellen in der Lackschicht dann mit Goldfolie aufgefüllt. Wird der Gegenstand dann eben geschliffen, entsteht eine marmorierte Fläche. Zur malerischen Sotomo-Küste (Felsen, Grotten, Wasserfälle) verkehren Ausflugsboote. Am westlichen Ende der Wakasa-Bucht erstreckt sich die landschaftliche besonders beeindruckende Küstenlandschaft ►Ama-no-hashidate.

◄ Sotomo-Küste

# Tsuwano

F 7 • d 3

**Hauptinsel:** Honshu
**Einwohnerzahl** 8000
**Präfektur:** Shimane

**Im westlichsten Honshu, etwa 60 km nordöstlich von Yamaguchi, liegt das idyllische ehemalige Burgstädtchen Tsuwano. Aus früherer Zeit sind noch zahlreiche Gebäude, darunter Bürger- und Samurai-Häuser, erhalten.**

津和野

## Sehenswertes in Tsuwano

**Samurai-Häuser**

Im Zentrum (Tonomachi) liegen die alten, von Kanälen gesäumten Samurai-Residenzen.

**Maria-Gedächtnis-Kirche**

Hinter dem Bahnhof steht auf einem Hügel die von Kirschbäumen umgebene Maria-Gedächtnis-Kirche, dem Andenken an 153 christliche Märtyrer gewidmet, die von Nagasaki nach Tsuwano verbannt wurden, wo einige von ihnen gefoltert und umgebracht wurden.

## TSUWANO

**ANREISE**

*Bahn:* Von Yamaguchi JR-Yamaguchi-Linie (1¼ Std.).

Nahe beim Bahnhof befindet sich der **Yomeiji-Tempel** mit dem Grab des Novellisten und Mediziners Mori Ogai (► Berühmte Persönlichkeiten) und dem Mausoleum der Familie Kamei.

Südlich vom Bahnhof erreicht man das **Historische Museum** (Yoro-kan), im Gebäude der ehemaligen fürstlichen Hochschule, mit einer Waffensammlung u. a. Daneben liegt das **Volkskunstmuseum** (Kyodo-kan) mit Exponaten zur Ortsgeschichte und Gegenständen aus dem Besitz der Fürstenfamilien. Gegenüber dem Bahnhof befindet sich das **Tsuwano-Industriemuseum** (u. a. traditionelle Papierproduktion und Brautechnik).

**Inari-Schrein** Westlich der Stadt erhebt sich der aussichtsreiche Hügel Shiroyama mit dem prunkvollen Inari-Schrein. Eine Seilbahn führt hinauf zu den in einem Park gelegenen Resten der Burg.

# Unzen-Amakusa-Nationalpark

F 8 • c 5

**Hauptinsel:** Kyushu
**Fläche:** 282 km²

**Präfekturen:** Nagasaki, Kumamoto und Kagoshima

雲仙天草国立公園

**Die Hauptattraktion des Nationalparks im äußersten Westen Kyushus ist das Unzen-Massiv, wo man zwischen übel riechenden »Höllen« herumspaziert. Vor allem im Frühjahr zur Azaleenblüte und im Herbst zur Zeit der Laubfärbung ist es ein beliebtes Touristenziel.**

Der Unzen-Amakusa-Nationalpark umfasst das Zentrum der Shimabara-Halbinsel und die Gruppe der Amakusa-Inseln vor der Küste bei Kumamoto. Umrahmt wird das Gebiet von der Ariake-See, der Chijiwa-Bucht und der Yatsushiro-Bucht.

## Sehenswertes im Unzen-Amakusa-Nationalpark

✶ **Unzen-Massiv** Den Mittelpunkt der Shimabara-Halbinsel bildet das Unzen-Massiv. Der vulkanische Ursprung des Bergstockes zeigt sich noch immer in Geysiren, Fumarolen und brodelnden Schlammteichen.

**Unzen-onsen** Von Obama an der Westküste der Halbinsel führt eine Straße in das Unzen-Massiv und weiter nach Shimabara. Am Südfuß des Berges Myoken liegt der viel besuchte Badeort Unzen-onsen (727 m

*Die fünf Brücken von Amakusa aus der Vogelperspektive* →

ü. d. M.; Thermalquellen bis 95 °C). Nahe beim Ort sind die Fumarolen Unzen-jigoku zu sehen; 1 km nordöstlich befindet sich der älteste Golfplatz Japans.

★ **Myoken** ★ Fugen ► Vom 1100 m hohen Nita-Pass (Bus, 30 Min.)fährt eine Seilbahn auf den 1334 m hohen Myoken. Ein Fußweg (1 Std.) verbindet diesen mit dem 1360 m hohen Vulkan Fugen. Beim Ausbruch 1991 starben 43 Menschen. Von den Gipfeln hat man einen großartigen Blick auf die Ariake-See (Norden), den Aso (Osten) sowie die Kirishima-Berge (Südosten) und die Amakusa-Inseln (Süden).

**Shimabara** In der Mitte der Ostküste liegt die alte Burgstadt Shimabara (50 000 Einw.). Die 1618 bis 1624 erbaute Burg, 400 m westlich des Bahnhofs, wurde 1964 rekonstruiert und beherbergt ein Museum zur Geschichte des Christentums in Japan. Hinter der Burg liegt das Seibo-Museum mit Werken des Künstlers Kitamura Seibo, von dem u. a. die Statue im Friedenspark von Nagasaki stammt. Westlich von hier ein alter Straßenzug mit **Samurai-Häusern**. Vor dem Hafen liegen die Tsukumojima-Inseln, die im Jahre 1792 bei einem Ausbruch des Vulkans Mayuyama, westlich der Stadt, entstanden sind.

**Harajo** Die Shimabara-Privatbahn erreicht in südlicher Richtung weiter an der Küste entlang nach 28 km den Bahnhof Harajo. 500 m östlich erblickt man die Ruine der Burg Hara, wo 1637 die Christen den Truppen des Tokugawa-Shogunats den letzten Widerstand leisteten. Die Belagerung endete mit dem Tod von annähernd 20 000 Christen.

**Amakusa-Inseln** Südlich der Shimabara-Halbinsel, jenseits der Hayasaki-Meerenge, liegen die Amakusa-Inseln. Eine lohnende Route führt von Misumi (Kyushu) über die fünf Brücken Amakusa Gokyo, die eine Straßenverbindung von der östlichsten Insel Oyanoshima über Kamishima bis zur westlichsten Insel Shimoshima herstellen. Rund 120 kleinere Inseln sind in dieser Gegend im Meer verstreut.

Shimoshima ►

Hondo ► Die Stadt Hondo, an der Ostküste von Shimoshima, ist das Verwaltungszentrum der Amakusa-Inseln. Wo einst die Burg stand, erstreckt sich heute der Park Sennin-Zuka (Christengedenkpark) mit einem Mahnmal für die Opfer des Aufstandes von 1637 und einem Museum. Bekannt ist die Statue der Kannon mit dem Jesuskind (die

## UNZEN-AMAKUSA-NATIONALPARK ERLEBEN

### ANREISE

*Bahn:* Von Nagasaki JR-Nagasaki-Hauptlinie bis Isahaya (25 Min.), dann Shimabara-Privatbahnlinie über Shimabara und an der Ostküste der Halbinsel nach Kazusa (2¼ Std.).

*Bus:* Von Isahaya über Obama nach Unzen; von Kumamoto nach Hondo (Amakusa; 2½ Std.).

*Schiff:* Von Misumi (Halbinsel Uto) nach Shimabara (1 Std.).

im Allgemeinen als weiblich dargestellte Kannon wurde stellvertretend für die Madonna verehrt). Weitere Anziehungspunkte sind der Meitokuji-Tempel, die Brücke Gionbashi und das Aquarium.

◄ Tomioka Shimoda

Über den Hafen Oniike im Nordosten der Insel erreicht man Tomioka, in dessen Nähe malerische Küstenstriche liegen, und danach das Seebad Shimoda (mehrere Thermalquellen).

# Uwajima

G 8 • e 4

**Hauptinsel:** Shikoku
**Präfektur:** Ehime
**Einwohnerzahl:** 89 000

宇和島

**Die Hafenstadt Uwajima an der Westküste Shikokus liegt in einer außerordentlich reizvollen, abwechslungsreichen Küstenlandschaft. In dem milden Klima gedeihen u. a. Zitrusfrüchte; das Meer bietet reiche Fischgründe und gute Bedingungen für die Perlenzucht, für die Uwajima weltweit bekannt ist.**

## Sehenswertes in Uwajima

**Burg**

700 m südwestlich des Bahnhofs (Bus, 5 Min.) steht auf einem 80 m hohen Hügel der Hauptturm der einstigen Burg. Bekannt ist die Stadt auch für ihren Taga Jinja, der einen riesigen Holzphallus birgt. Auf dem Gelände des Schreins befindet sich auch ein Fruchtbarkeitsmuseum (Dekoboko Shindo).

**Tensha-en**

Der hübsche Landschaftsgarten Tensha-en, 2 km südwestlich vom Bahnhof, wurde im 19. Jahrhundert für die Sommerresidenz der Familie Date angelegt. In Gotenmachi, unweit von hier, steht auch das **Date-Museum** (Date-hakubutsukan) mit Waffen, Rollbildern u. a. aus dem Besitz der Familie Date.

Im **Perlencenter** (Uwajima Shinshu Kaikan, 2 km nördlich des Bahnhofs) können sich Besucher über die Perlenherstellung informieren, selbst Schmuck herstellen und natürlich auch Perlen kaufen (Öffnungszeiten: 8.00 – 20.00 Uhr, Eintritt frei).

## Umgebung von Uwajima

Knapp 30 km nördlich (Bus 1 Std.) liegt die Hafenstadt **Yawatahama** (41 000 Einw.), von wo Fährschiffe

! *Baedeker* TIPP

**Stier-Sumo**

In dem 1 km nördlich des Bahnhofs von Uwajima gelegenen Stierkampf-Stadion werden fünfmal jährlich die »Togyu« genannten Stierkämpfe (Tier gegen Tier) veranstaltet, deren Regeln jenen für Sumo-Ringkämpfe ähneln. Diese Tradition geht auf die zweite Hälfte des 17. Jahrhunderts zurück. Damals bekam Uwajima als Dank für die Rettung eines holländischen Schiffes zwei Stiere geschenkt.

## UWAJIMA

**ANREISE**

*Bahn:* Von Matsuyama JR-Yosan-Linie (1¾ Std.).

**VERANSTALTUNGEN**

Uwajima Festival (mit Feuerwerk und Umzug; 23./24. Juli), beim Warei-Schrein; Yatsushida-dori (Umzug mit großen Tierfiguren; Ende Oktober), beim Uwatsushiko-Schrein; Stierkämpfe (2. Jan., 1. So. im April, 24. Juli, 14. August, 4. So. im Okt.).

zur Ostküste von Kyushu verkehren (Häfen Beppu und Usuki). Typisch für das Umland sind die **Mandarinenkulturen** und die in Terrassen angelegten Felder.

6 km weiter nördlich ragt der 820 m hohe **Kinzan** auf; im Gipfelbereich (herrliche Aussicht) der Kinzan-Shussekiji-Tempel.

Westlich schiebt sich die schmale, 52 km lange Halbinsel Sadamisaki ins Meer vor und trennt die Inlandsee vom Bungo-Kanal. Zwischen dem Kap Sada (Fährverbindung von Yawatahama, 1½ Std.) und dem gegenüberliegenden Kap Jizo (Kyushu) liegt die nur 15 km breite Hoyo-Meerenge. Die buchtenreiche Küste der Halbinsel bietet lohnende Ausblicke auf die Inlandsee mit ihrer bunten Inselwelt.

**Ozu** 15 km nordöstlich von Yawatahama erreicht man die alte Burgstadt Ozu (50 000 Einw.); die Reste der Burg liegen 1,5 km südwestlich vom Bahnhof. Sehenswert ist der abendliche Fischfang mit abgerichteten Kormoranen auf dem Fluss Hiji (Juni – Sept. 19.00 Uhr).

# Wakayama

H 7 • h 3

**Hauptinsel:** Honshu
**Präfektur:** Wakayama
**Einwohnerzahl:** 383 000

和歌山

**Die alte Burgstadt an der Westküste der Kii-Halbinsel, gegenüber von Shikoku, war schon früh ein Tor zum Inneren des Landes. Das nahe Küstengebiet von Wakanoura ist ein beliebtes Reiseziel.**

## Sehenswertes in Wakayama und Umgebung

**Burg** In der Stadtmitte steht die 1585 von Toyotomi Hideyoshi erbaute Burg. Der dreistöckige Hauptturm wurde nach Kriegszerstörung erneuert; an seiner Nordseite erstreckt sich der **Garten Momiji-dani Teien**, einer der wenigen aus der Edo-Zeit erhaltenen. Der **Garten Bandokoro Teien** am südlich gelegenen Kap Saikazaki bietet einen herrlichen Ausblick auf das Meer.

**★ Kimiidera-Tempel** Unweit südlich erreicht man das bekannte **Seebad Wakanoura** (Bus, 25 Min.) mit seiner reizvollen Küstenlandschaft und gutem Blick auf die Insel Awaji. In der Nähe steht der im Jahre 770 von dem chinesischen Priester Iko gegründete Kimiidera-Tempel, Zentrum der Guse-Kannon-Sekte und einer der Pilgertempel der Westprovinzen. Sehenswert sind insbesondere das Haupttor, der Glockenturm und die Pagode sowie eine hölzerne Statue der Elfköpfigen Kannon.

**Negoroji-Tempel**

Nördlich bzw. nordöstlich von Wakayama (JR-Hanwa-Linie) lohnen einige Tempel. Der Negoroji-Tempel (8 km östlich vom Bahnhof Kii) wurde 1126 von Kakuban, einem abtrünnigen Schüler Kobo Daishis (s. S. 330: Kongobuji-Tempel auf dem Koya-san), gegründet, der die Shingon-Lehre wieder zu ihren Ursprüngen zurückführen wollte. Wer zuvor die Tempel am Koya-san besucht hat, wird von der Ähnlichkeit überrascht sein.

Nächste Station an der Bahnlinie ist Izumi-Hashimoto. Unweit von hier der **Mizuma-Kannon-Tempel** der Tendai-Sekte (4 km) und der **Ko-onji-Tempel** (auch Kozumi-Kannon; 4,8 km), in dessen Halle (Kannon-do) zahlreiche buddhistische Skulpturen stehen.

### WAKAYAMA

**AUSKUNFT**

www.city.wakayama.wakayama.jp/english (zur Stadt)
www.pref.wakayama.lg.jp/english (zur Präfektur)

**ANREISE**

*Bahn:* Von Osaka (Bahnhof Tennoji) JR-Hanwa-Linie (45 Min.); vom Bahnhof Namba Nankai-Privatbahnlinie bis Wakayama-shi (1 Std.).

**Ushitaki**

14 km südlich erhebt sich der von Ahornwäldern bedeckte Berg Ushitaki. Hier gibt es ahlreiche Wasserfälle.

# Yaba-Hita-Hikosan-Quasi-Nationalpark

F 8 • c–d 4

**Hauptinsel:** Kyushu
**Fläche:** 852 km²
**Präfekturen:** Fukuoka und Oita

耶馬日田彦山国定公園

**Der Yaba-Hita-Hikosan-Quasi-Nationalpark liegt im nordöstlichen Teil der japanischen Hauptinsel Kyushu. Hohe Bergketten, Wasserfälle, tiefe Schluchten und dichte Wälder prägen das Landschaftsbild.**

## Sehenswertes im Yaba-Hita-Hikosan-Nationalpark

✶ **Hikosan-Schrein**

An der Grenze zwischen den Präfekturen Fukuoka und Oita erhebt sich der 1200 m hohe Hikosan (Bus vom Bahnhof Hikosan, 20 Min.). Auf einem der fünf Gipfel steht der Hikosan-Schrein; die

Buslinie führt bis zum Torii am Rand des weitläufigen Areals. Der in einem dichten Zedernwald gelegene Schrein wurde im 7. Jahrhundert von dem Priester En-no-Ozuno gegründet. Er war eines der ersten Zentren des Shinto auf Kyushu und gelangte mit dem Verschmelzen von Shintoismus und Buddhismus als Stützpunkt der asketischen Shugendo-Sekte zu größter Bedeutung. Im späten 16. Jahrhundert sollen hier mehrere tausend Mönche gelebt haben; die Äbte stammten nicht selten aus der Kaiserfamilie. Mit der Renaissance des reinen Shinto in der Meiji-Zeit verlor der Schrein seinen Einfluss, ist aber noch heute ein klassisches Beispiel für die Bergheiligtümer des Shugendo.

! *Baedeker* TIPP

**Ausflug nach Onda**

Von Hita fährt ein Bus (1 Std.) zu dem Töpferort Onda in romantischer Landschaft nahe der Präfekturgrenze. Hier wird vorwiegend derbere Haushaltskeramik hergestellt (Töpfermarkt Anfang Oktober). Für den Besuch des Keramik-Museums (Togei-kan) meldet man sich in einer der Töpferwerkstätten an.

An der Südwestgrenze des Nationalparks liegt im Hita-Becken die Stadt Hita (85 000 Einw.), ein beliebter Sommerurlaubsort. Auf dem durch die Stadt fließenden Fluss Mikuma wird von Mai bis Oktober mit abgerichteten Kormoranen gefischt.

**Koishiwara** 25 km von Onda entfernt liegt Koishiwara (auch Bus von Fukuoka, 2½ Std.; umsteigen in Haki), gleichfalls mit zahlreichen Töpferwerkstätten (Markt im April/Mai und Anfang Oktober).

**Tsuetate-onsen** Südlich von Hita (Bus, 1 Std.) liegt im malerischen Tal des Flusses Tsuetate Tsuetate-onsen mit mehreren Thermalquellen (bis 98 °C). Von hier führt eine Straße nach Uchinomaki im ►Aso-Nationalpark.

**Yamakuni** Von Hita fährt man nach Nordosten durch einen besonders reizvollen Teil des Quasi-Nationalparks (Bus). Bei Yamakuni erreicht man den gleichnamigen Fluss, dessen Lauf man abwärts folgt. Bei Kakizaka mündet der von Südosten kommende Yamautsuri ein.

Shin-Yabakei-Schlucht ► Der Yamautsuri durchströmt die Shin-Yabakei-Schlucht, in welche hier eine Straße abzweigt. Der schönste Teil der Schlucht beginnt bei Fumonjibashi (8 km). In Hitome-Hakkei befindet sich ein Aussichtspunkt mit besonders eindrucksvollem Blick; 3 km weiter folgt Utsukushidani, besonders reizvoll im Herbst.

## YABA-HITA-HIKOSAN-QUASI-N.P. ERLEBEN

### ANREISE

*Bahn:* Von Kitakyushu (Bahnhof Kokura) Hita-Hikosan-Linie bis Bahnhof Hikosan (1¾ Std.); von Fukuoka (Bahnhof Hakata) JR-Kyudai-Hauptlinie nach Hita (1¼ Std.).
*Bus:* Von Nakatsu bis Shin-Yabakei (1¼ Std.).

Von Kakizaka nach Nordosten folgt die Hauptstrecke der Schlucht Yabakei-kyo mit eindrucksvollen steilen Felsen, Nebenschluchten und üppiger Vegetation. Die Straße führt durch den Tunnel Ao-no-Domon, den der Priester Zenkai nach **dreißigjähriger Arbeit** im Jahre 1764 vollendet haben soll. ✶ Yabakei-kyo

# Yamagata

L 5

**Hauptinsel:** Honshu **Präfektur:** Yamagata
**Einwohnerzahl:** 256 000

**Yamagata, Hauptstadt der gleichnamigen Präfektur im nordöstlichen Honshu, ist einer der bekanntesten Wintersportorte Japans. Das wichtigste Skigelände liegt südwestlich am Berg Zao.**

山形

## Sehenswertes in Yamagata

Im Kajo-Park (nördlich vom Bahnhof, 10 Min. Fußweg) stehen die Reste der von Shiba Kaneyori im 15. Jahrhundert erbauten Burg sowie das Präfekturmuseum (Yamagata-kenritsu hakubutsukan). Kajo-Park

Ein Bus (10 Min.) verkehrt zum Senshoji-Tempel der Jodo-Sekte; hier das Grabmal von Komahime, einer Nebenfrau des Toyotomi Hidetsugu, der wegen Hochverrat zum Tode verurteilt wurde. Senshoji-Tempel

Zu den schönsten Gärten der Region Tohoku gehört der Garten des nahe gelegenen Kozenji-Tempels. Kozenji-Tempel

2 km nordöstlich des Bahnhofs liegt der Chitose-Park; in ihm der Yakushido-Tempel (8. Jh.). Einen schönen Blick auf die Stadt und die Yamagata-Ebene hat man von dem dicht bewaldeten Chitose-Hügel (4 km östlich des Bahnhofs). An seinem Fuß steht der Banshoji-Tempel, vermutlich aus dem 7./8. Jahrhundert. ✶ Chitose-Park

## Zao-Quasi-Nationalpark

Östlich vor der Stadt erstreckt sich der gut 400 km² große Zao-Quasi-Nationalpark. Das vulkanische Zao-Massiv besteht aus den drei Gipfeln Kumano (1841 m), Goshiki (1674 m) und Katta (1759 m) und bildet das bedeutendste Wintersportgebiet der Gegend (Busse fahren von Yamagata in ca. 1 Std. hinauf). Die dick verschneiten Bäume sind im Land als »Schneemonster von Zao« bekannt.

! *Baedeker* TIPP

**Die Kunst des Ausklangs**

Der Film »Nokan – Die Kunst des Ausklangs« von Regisseur Yojiro Takita wurde in der Präfektur Yamagata gedreht und zeigt das ländliche Leben in Norden Japans.

**Zao-Echo-Linie** (Nov. bis April geschlossen) ► Von Kaminoyama (südlich von Yamagata; Bahnverbindung) durchzieht die 26 km lange gebührenpflichtige Straße »Zao-Echo-Linie« über den Kattadake nach Togatta-onsen in der Präfektur Miyagi das Gebiet (zwischen Katta und Togatta Busverbindung). Auf den Kattadake führt von der Bushaltestelle Kattadake eine Seilbahn. Vom Gipfel aus kann man zum kobaltblauen Okama-Kratersee wandern.

**Zao-onsen** Der größte Erholungs- und Skiort im Zao-Massiv ist Zao-onsen (Bus von Yamagata, 45 Min.). Im großen Frei-Thermalbad kann man nach dem Wandern oder Skifahren wunderbar entspannen (Zao Onsen Dai-rotenburo, Öffnungszeiten: 6.00 Uhr – Sonnenuntergang).

**Jizosan** Zwischen dem 1735 m hohen Jizosan (SeilbahnZao Ropeway ab Zao Onsen) und dem 1703 m hohen Sanpokojinyama liegt der Landschaftsgarten Zao Shizen Shokubutsu-en (Blütezeit von Juni bis Sept.); daneben eine Statue des Jizo (Schutzgottheit der Reisenden), 1775 zum **Schutz der Bergsteiger** aufgestellt.

## YAMAGATA ERLEBEN

### AUSKUNFT

*Touristinformation*
im Kajo Central-Komplex, beim Westausgang des Bahnhofs Yamagata.
Tel. 0 23/6 47 23 33
tgl. 10.00–18.00 Uhr
am Flughafen (Higashine)
Tel. 02 37/47 31 11
tgl. 8.30–19.00 Uhr
www.yamagatakanko.com/english

### ANREISE

*Flugzeug:* Von Tokyo (Haneda Airport; 1 Std.); von Osaka (Itami Airport, 1¼ Std.).
*Bahn:* Von Tokyo JR-Yamagata-Shinkansen (2½ Std.); von Sendai JR-Senzan-Linie (1¼ Std.).

### VERANSTALTUNG

Hanagasa-matsuri (10 000 Tänzer mit Blumenhüten – hanagasa – ziehen durch die Straßen; 5. – 7. August).

### SAKE

In der Präfektur Yamagata gibt es 56 Sake-Brauereien, die meisten davon mit langer Familientradition. Viele davon sind zu besichtigen.

### ÜBERNACHTEN

► **Luxus**

*Meigetsuso*
5-50 Hayama, Kaminoyama, Yamagata-ken 999-3242
Tel. 0 23/6 72 03 30, Fax 6 72 69 05
www.meigetsuso.co.jp
15 Min. Bahnfahrt von Yamagata bis Kaminoyama Onsen. Ryokan als Mischung aus japanischen und westlichen Stilen. Unbedingt zu Vollmond (jap. *meigetsu*) hier absteigen, dann gibt es ein »Mondscheinkonzert«.

► **Komfortabel**

*Pension Apple*
bei Zao Onsen, 1968-58 Aza-Omori, Ogura, Kaminoyama, Yamagata-ken 999-3112, Tel. 023 / 679 23 29
http://www.apple-bgl.com (japanisch)
Rustikale Lodge mit wunderschönem großen Blumengarten und Weinkeller. Weitere Pensionen in der Umgebung (Zao Pension Village).

**Kaminoyama-onsen**

Kaminoyama-onsen, einer der drei schönsten Onsen-Orte im Tohoku-Distrikt, erreicht man von Yamagata vom JR-Bahnhof Kaminoyama (20 Min.). Von April bis September ist das Tragen eines Yukatas (Baumwollkimono) auch außerhalb der Hotels und Ryokans ausdrücklich erwünscht. Sehenswert ist das nahe dem Bahnhof gelegene **Museum Kaisendo** mit Waffen und Lackwaren. Der Tsukioka-Park, mit der Ruine einer Burg, ist für seine Kirschblüte bekannt.

**Yonezawa**

Die JR-Ou-Hauptlinie führt weiter zum Textilort Yonezawa (93 000 Einw.). Vom Bahnhof fährt ein Bus zum Matsugasaki-Park, wo sich einst die Burg der mächtigen Sippe Uesugi befand. Heute steht hier der Uesugi-Schrein, dem Uesugi Harunori (1756–1822) gewidmet, welcher die **Seidenmanufaktur** der Stadt begründete. Die Grabstätte der Uesugi ist gleichfalls mit dem Bus zu erreichen (15 Min.).

**Yamadera**

Nördlich von Yamagata (Bahn, 25 Min.; Bus, 40 Min.) liegt Yamadera mit dem gleichnamigen Tempel (auch Risshakuji-Tempel), dem größten Heiligtum der Tendai-Sekte in Nordjapan. Die vermutlich um 860 von dem Priester Ennin gegründete Anlage liegt weit verstreut an einem Berghang. Eine tausendstufige Treppe führt zum Okunoin, dem Haupttheiligtum auf dem Gipfel. In dem Tuffstein des Berges befinden sich viele Grotten; in einer von diesen soll der Tempelgründer gestorben sein.

**Tendo**

14 km nördlich von Yamagata liegt die Stadt Tendo (63 000 Einw.; JR-Ou-Hauptlinie, 25 Min.), einst Burgstadt der Familie Tendo, später Wohnsitz der Nachkommen von Oda Nobunaga. Im Maizuru-Park die Burgruine und der dem Oda Nobunaga gewidmete Kenkun-Schrein. Tendo ist bekannt als Herstellungsort des japanischen Brettspiels Shogi. Nahebei lohnt das Thermalbad Tendo-onsen mit einem Volkskunstmuseum (Tendo-mingeikan) einen Besuch.

# Yamaguchi

F 7 • d 3

**Hauptinsel:** Honshu **Präfektur:** Yamaguchi
**Einwohnerzahl:** 187 000

**Von dem einstigen Glanz Yamaguchis, Hauptstadt der westlichsten Präfektur auf Honshu, zeugen nur noch wenige Bauwerke. Doch dieses ehemalige »Kyoto des Westens« birgt eine der schönsten Pagoden des Landes.**

山口

**Kyoto des Westens**

Seit dem 14. Jahrhundert entwickelte sich hier unter der Schirmherrschaft der Familie Ouchi ein reiches Kunstschaffen, das während der Onin-Kriege (1467–1477) durch Zuzug vieler Künstler, u. a. des Malers Sesshu (1420–1506), zusätzliche Impulse erhielt.

## Sehenswertes in Yamaguchi

Der aussichtsreiche **Kameyama-Park**, auf einem Hügel 1,5 km nordwestlich vom Bahnhof, ist zur Zeit der Kirsch- und Azaleenblüte sowie der herbstlichen Laubfärbung besonders schön. Im Park sieht man die Bronzestatuen von Mitgliedern der Familie Mori, die sich um die Meiji-Reform verdient gemacht hatten.

Der **Daidoji-Tempel** liegt 2,5 km nordöstlich vom Bahnhof. Er war einst Wirkungsstätte von Francisco de Javier (Franz Xaver) und enthält ein 6 m hohes Granitkreuz sowie eine Büste des Missionars (1926). An dessen Aufenthalt in Yamaguchi 1551 erinnert auch die Xaver-Gedächtniskirche (1,5 km nordwestlich des Bahnhofs), ein Neubau von 1991, nachdem das ursprüngliche Gebäude von 1952 niedergebrannt war.

## YAMAGUCHI

### AUSKUNFT

***Touristinformation***
im Bahnhof Yamaguchi (2F)
Tel. 083 / 933 00 89
http://yamaguchi-city.jp/language/english.html; tgl. 9.00 – 17.00 Uhr

### ANREISE

*Flugzeug:* Von Tokyo (Haneda Airport) bis Ube (1½ Std.), dann Bus (40 Min.).
*Bahn:* Von Tokyo (Hauptbahnhof) JR-Sanyo-Shinkansen-Linie bis Shin-Yamaguchi (4½ Std.), dann JR-Yamaguchi-Linie (20 Min.) bis Bahnhof Yamaguchi.

**✶✶ Rurikoji-Tempel**

3 km nördlich des Bahnhofs steht der Rurikoji-Tempel mit seiner berühmten fünfstöckigen Pagode von 1442. Noch weiter nördlich liegt der Zen-Tempel Joeiji mit einem Garten, den der Künstler Sesshu gestaltete.

**Dampfzug**

Zwischen den Bahnhöfen Shin-Yamaguchi und Tsuwano verkehrt von März bis November ein historischer Dampfzug, die SL Yamaguchi-go.

## Umgebung von Yamaguchi

**Yuda-onsen**

Südlich der Stadt (Bus, 12 Min.) erreicht man den bekannten Badeort Yuda-onsen (Thermalquellen, 30–70 °C) in reizvoller Umgebung.

**Chomonkyo-Schlucht**

Nördlich von Yamaguchi durchströmt der Fluss Abu die Chomonkyo-Schlucht (rund 20 km von der Stadt). Zwischen dem Bahnhof Chomonkyo und dem Ort Uzugahara bilden Wasserfälle, Grotten und dichte Waldungen eine romantische Szenerie.

**Akiyoshi-do**

Eine Buslinie (1 Std.) führt nach Nordwesten zu dem 30 km entfernten Akiyoshi-Plateau-Quasi-Nationalpark (►Hagi, Umgebung)

← *Ganz im Grün versteckt liegt der Rurikoji-Tempel.*

# Yokohama

K 7 • m 2

**Hauptinsel:** Honshu **Präfektur:** Kanagawa
**Einwohnerzahl:** 3,59 Mio.

横浜

**Yokohama ist nicht nur die zweitgrößte Stadt Japans, sondern besitzt auch den bedeutendsten Hafen des Landes. Da die Stadt sich am Ende der Meiji-Zeit als eine der ersten dem Westen öffnete und sich in der Folge viele Ausländer hier ansiedelten, herrscht eine internationale Atmosphäre.**

**Bedeutende Industrie- und Handelsstadt**

Yokohama liegt im östlichen Zentral-Honshu, unweit südlich von Tokyo, mit dem zusammen es den industriellen Ballungsraum Keihin (Tokyo–Kawasaki–Yokohama) bildet. Yokohama ist Hauptstadt der Präfektur Kanagawa und für Schiffsreisende das wichtigste Tor nach Japan. Die bedeutende Industrie umfasst Werften, Maschinen- und Automobilbau, Petrochemie u. a.

Yokohama ist noch relativ jung. Als die Schwarzen Schiffe des Kommodore Perry in die Bucht von Tokyo eingedrungen waren und er im Vertrag von Kanagawa (1854) die Öffnung Japans zum westlichen Ausland durchgesetzt hatte, entwickelte sich das kleine Fischerdorf

*Das alte Hafenviertel wurde in die Hochhaus- und Vergnügungsmeile »Minato Mirai 21« umgewandelt.*

innerhalb kürzester Zeit zu einem lebhaften Hafen und Handelszentrum. Im Jahre 1859 ließen sich die ersten Ausländer hier nieder, unter anderen der erste Generalkonsul der Vereinigten Staaten von Amerika in Japan, Townsend Harris. Schon im Jahr 1889 war die Einwohnerzahl der Stadt auf über 120 000 angewachsen. Bei dem katastrophalen Erdbeben von 1923 und im Zweiten Weltkrieg wurden weite Teile der Stadt zerstört.

## Sehenswertes in Yokohama

Südöstlich vom Hauptbahnhof liegt in Zentrumsnähe der Bahnhof Sakuragicho, von wo aus die wichtigsten Sehenswürdigkeiten der Stadt zu erreichen sind. Von hier führte die erste Bahnlinie Japans im Jahr 1872 über 29 km nach Shinbashi in Tokyo.

**Iseyama-Schrein**

Nordwestlich vom Bahnhof Sakuragicho (10 Min. Fußweg) steht der 1870 erbaute Iseyama-Schrein, zur Gruppe der Ise-Schreine gehörend und dem Schutzgott der Stadt geweiht. Er besitzt ein 10 m hohes Torii aus Zypressenholz. Nördlich schließt sich der wegen seiner Kirschblüte (Mitte April) bekannte **Kamon-yama-Park** an.

**Nogeyama-Park**

Südwestlich des Iseyama-Schreins (ca. 7 Min. Fußweg) liegt an einem Hang der aussichtsreiche Nogeyama-Park mit Zoo und Schwimmbad. Von hier in südöstlicher Richtung erreicht man die Einkaufsstraße Isezaki-cho, die ins Zentrum von Naka-ku führt.

> ! *Baedeker* TIPP
>
> **Rote Laternen ...**
>
> Vom Bahnhof Sakuragicho führt der Weg westlich durch das alte Noge-Viertel. Rote Laternen laden zu Nudeln oder Yakitori-Spießen ein.

**Landmark Tower**

Vom Ostausgang des Bahnhofs Sakuragicho trägt ein rollendes Fußgängerband den Besucher zum Landmark Tower, dem gegenwärtig mit 296 m höchsten Wolkenkratzer in Japan. Von der Aussichtsplattform »Sky Garden« im 69. Stock genießt man eine atemberaubende Sicht über die Bucht von Tokyo bis hin zum Fuji-san (Öffnungszeiten Sky Garden: tgl. 10.00 – 21.00, Sa. sowie Juli und Aug. bis 22.00 Uhr, 1000 ¥).

**Minato Mirai 21**

◄ Museen

Der Landmark Tower steht im futuristischen Viertel Minato Mirai 21, einem, auf Neuland geschaffenen Bezirk aus Wolkenkratzern, die Hotels, Apartments, Büros und den Vergnügungspark Cosmo World beherbergen. Zwei Museen ergänzen das Angebot: das **Yokohama Kunstmuseum** (Yokohama Bijutsukan) mit Kunst des 20. Jahrhunderts und das **Mitsubishi Minato Mirai-Industriemuseum**, das sich anschaulich mit technischen Errungenschaften befasst (u. a. mit einem Hubschrauberflugsimulator). Östlich des Towers befindet sich der Nippon-maru Memorial Park mit dem außer Dienst gestellten Segelschulschiff »Nippon-maru« und einem **Meeresmuseum**.

## Yokohama Orientierung

**Akarenga** Von hier gelangt man über eine Promenade zu zwei alten Lagerhäusern aus rotemBackstein, den Akarenga. Sie enthalten eine gelungene Mischung aus schönen Geschäften und gemütlichen Lokalen.

Yokohama Triennale ► Hier und in der **Shinko-Pier-Ausstellungshalle** in der Nähe findet die Yokohama Triennale statt, eine internationale Ausstellung zur Gegenwartskunst (die nächste 2011). Gegenüber den Akarenga-Backsteinhäusern zeigt das Auswanderermuseum Yokohama anhand von Dokumenten und zahlreichen Ausstellungsstücken das Leben der über eine Million Japaner, die im 19. Jahrhundert nach Süd- und Mittelamerika emigrierten (Öffnungszeiten: Di. – So. 10.00 – 18.00 Uhr, Eintritt frei).

Auswanderer-museum ►

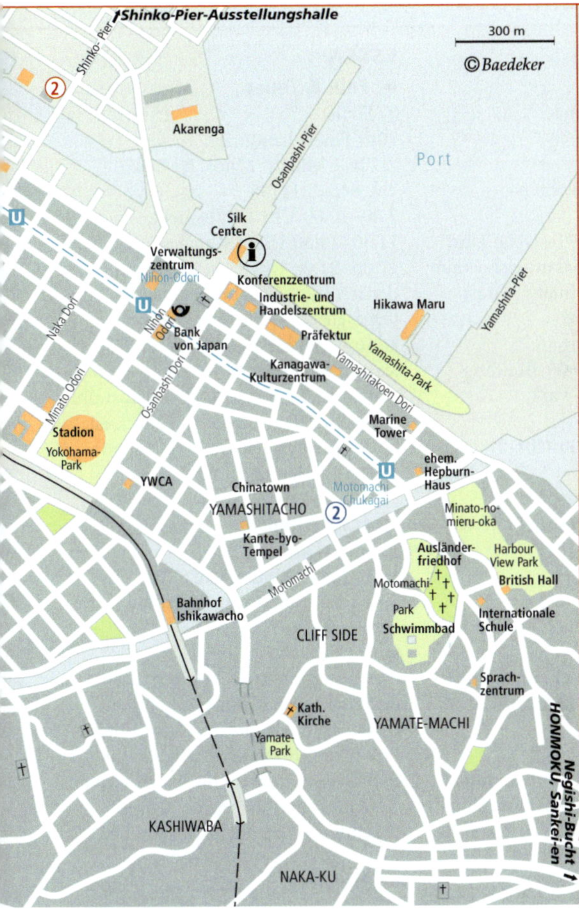


**Essen**
① Sirius
② Sangokushi
③ Shin Yokohama Ramen Museum

**Übernachten**
① Pan Pacific Yokohama
② Navios Yokohama

**Hafen**

Vom Yokohama-Park (Bahnhof Kannai) nach Norden erreicht man den Hafen (mehrmals täglich Rundfahrten). Beim Osanbashi-Pier steht das neunstöckige Silk Center, das u.a. das Seidenmuseum beherbergt (Di.–So. 9.00–16.30 Uhr, 500 ¥). Am rechts anschließenden Hafenbecken erstreckt sich der Yamashita-Park (Schiffsverbindung von der Anlegestelle östlich des Bahnhofs Yokohama, 15 Min.; Blick auf den Hafen); im Hafen ankert die »Hikawa Maru«, heute Museum und Aquarium.

◄ Marine Tower

Südwestlich steht der 108 m hohe Marine Tower; der 360°-Panoramablick auf die Stadt ist abends besonders reizvoll (Öffnungszeiten: tgl. 10.00–22.30, 750 ¥).

# YOKOHAMA ERLEBEN

## AUSKUNFT

***Touristinformation***
im Bahnhof Yokohama
Tel. 0 45/4 41 73 00
tgl. 9.00–19.00 Uhr
im Bahnhof Shin-Yokohama
Tel. 0 45/4 73 28 95
tgl. 10.00–13.00, 14.00 – 18.00 Uhr
nahe dem Bahnhof Sakuragicho (auf der Seite Richtung Minato Mirai)
Tel. 0 45/2 11 01 11
tgl. 9.00–19.00 Uhr
im Sangyo Boeki Center Building nahe dem Yamashita-Park,
Tel. 0 45/6 41 47 59
Mo. bis Fr. 9.00–17.00 Uhr

Zur Präfektur Kanagawa:
im Silk Center, Tel. 0 45/6 81 00 07
tgl. 9.00 – 17.45 Uhr

***Im Internet***
www.welcome.city.yokohama.jp/eng (Stadt Yokohama)
www.kanagawa-kankou.or.jp (Präfektur Kanagawa und Yokohama)

## ANREISE

*Bahn:* Von Tokyo (Hauptbahnhof) JR-Linien (30 Min.); vom Bhf. Shinbashi über Bhf. Shinawa JR-Tokaido-Linie (20 Min.), vom Bhf. Shibuya Toyoko-Privatbahn (40 Min.).
*Bus:* Von Narita (Tokyo International Airport; 1½ Std.).

## VERANSTALTUNGEN

Chinesisches Neujahr mit bunten Straßenumzügen und Feuerwerk (Mitte Februar) in Chinatown; Jahrestag der Hafenöffnung (2. Juni); Großfeuerwerk (Mitte Juli), im Yamashita-Park, Naka-ku; Yokohama Honmoku Jazz Festival (August) mit japanischen und internationalen Jazz-Größen.

## ESSEN

### ▸ Fein & Teuer

① ***Sirius***
70th Floor, Landmark Tower
2-2-1-3 Minato Mirai, Nishi-ku
Tel. 045-2211155
7.00–10.00 Uhr (Frühstück),
11.30–14.30 Uhr (Mittagessen),
17.00–21.00 Uhr (Abendessen),
danach bis 1.00 Uhr Cocktailbar.
Ganz gleich, wann man hierher kommt: erstklassiges Essen und Service mit fantastischer Aussicht! Das Mittagsbuffet mit einer Riesenauswahl an Speisen für jeden Geschmack ist besonders empfehlenswert. Abends Cover Charge und Live-Musik.

### ▸ Erschwinglich

② ***Sangokushi***
1F Rapport Motomachi,
106-3 Yamashita-cho, Naka-ku
Tel. 01 20 /70 08 88
tgl. 11.00 – 22.30 Uhr
Exzellentes chinesisches Restaurant mit einer großen Auswahl authentischer Gerichte aus unterschiedlichen Provinzen. Besonders beliebt: Haifischflossen-Dinner mit bis zu zwölf Gerichten und die vielen Gyoza-Varianten (chinesische Teigtaschen).

### ▸ Preiswert

③ ***Shin Yokohama Ramen Museum***
2-14-21 Shinyokohama, Kohoku-kuYokohama 222-0033
Tel. 045 / 471 05 03
www.raumen.co.jp/ramen
tgl. 11.00 – 22.00 Uhr, Eintritt 300 ¥
In der Nähe des JR-Bahnhofs Shin-Yokohama
Mehr als ein Dutzend Ramen-Restaurant sind hier auf zwei Untergeschossetagen in mehreren rekonstruierten Tokyoter Straßen der 1950er versammelt. Damals wurden

Ramen in Tokyo populär. Eine kleine Ausstellung informiert zur Geschichte der chinesischen Nudel in Japan.

## AUSGEHEN

Yokohama gilt als Wiege des japanischen Jazz. Im Motion Blue Yokohama kann man sich davon überzeugen: zweimal am Abend Live-Jazz (in den Akarenga-Speicherhäusern, Tel. 045 / 226 19 19, www.motionblue.co.jp).

## ÜBERNACHTEN

### ► Luxus

① ***Pan Pacific Yokohama***
2-3-7 Minatomirai, Nishi-ku,
Yokohama, Kanagawa, 220-8543
Tel. 0 45/6 82 22 22, Fax 6 82 22 23
www.yokohama.panpacific.com
Modernes Luxushotel mit 480 Zimmern und jedem erdenklichen Komfort, einschließlich Saunas, Pool, Spa und Schönheitssalon. Gemütliche Bar, Tolle Aussichten auf die Bucht. Nahe dem Museum of Modern Art.

### ► Komfortabel

② ***Navios Yokohama, International Seamen's Club & Inn***
Shinko 2 chome 1-1, Naka-ku,
Yokohama-shi,
Kanagawa-ken, 231-0001
Tel. 0 45/6 33 60 00, Fax 6 33 60 01
www.navios-yokohama.com
Moderner Ziegelbau in Minato Mirai. Preisgünstige Zimmer (auch im japanischen Stil für bis zu 6 Personen) im eher teuren Yokohama. Auch rollstuhlgerechte Zimmer. Große Bar und Karaoke. Münzwaschautomaten.

**Chinatown**

500 m westlich von hier liegt **Japans einzige Chinatown** (Chuka-gai) mit vielen guten chinesischen Restaurants und Läden. Die Chinesen kamen bereits Mitte des 19. Jh.s mit der Öffnung des ersten Hafens als Übersetzer nach Yokohama. Mitten im Viertel steht der Kantebyo-Tempel, Kanwu geweiht, dem Gott der guten Geschäfte.

**Ausländeeviertel Yamate-machi ★**

◄ Ausländerfriedhof

Südlich jenseits des Flusses Nakamura verläuft die Einkaufsstraße Motomachi; hier beginnt das Ausländerviertel Yamate-machi (auch Bluff genannt). Auf dem Ausländerfriedhof Yokohama sind Menschen aus über 40 Ländern begraben, eine Ausstellung informiert über die erste ausländische Community in Yokohama (Öffnungszeiten: Friedhof, März – Dez. an Wochenenden, Ausstellung Di. – So. 10.00 – 17.00 Uhr, www.yfgc-japan.com). Mehrere der historischen Wohnhäuser sind renoviert und zugänglich gemacht worden, z.B. Berrick Hall (Architekt J. H. Morgan) und Ehrismann Residence (Architekt: Antonin Raymond).

**Sankei-en**

Im Garten Sankei-en an der südöstlichen Peripherie (Bus vom Ostausgang des Bahnhofs 35 Min., dann 10 Min. zu Fuß) versammeln sich mehrere historische Bauwerke aus anderen Landesteilen, so die 500 Jahre alte dreistöckige Pagode des Tomyoji-Tempels in Kamo (Kyoto), das Rinshun-kaku (ehemalige Villa der auf der Kii-Halbinsel ansässigen Tokugawa-Linie; 1649), der Teepavillon Choshu-kaku des Tokugawa Iemitsu, der Bauernhof Yanohara-ke (18. Jh.), der Tempel Tenzuiji Juto Sayado (vom Daitoku-ji in Kyoto; 1592) u. a. Im

◄ Hasseiden

Südteil des Parks sind im Gebäude Hasseiden die Statuen der – aus japanischer Sicht – **acht Weisen der Welt** aufgestellt: Shakyamuni, Konfuzius, Sokrates, Christus, Shotoku-taishi, Kobo-daishi, Shinran und Nichiren (Öffnungszeiten: tgl. 9.00–17.00 Uhr, 500 ¥).

**Yokohama-Bay-Bridge** Eine 860 m lange, architektonisch kunstvolle Brücke über die Bucht von Yokohama in Richtung Tokyo zieht seit 1989 viele Besucher an. Vom Daikoku-Pier führt eine 320 m lange Fußgängerbrücke (Sky Walk) über einen Wasserarm zum Aussichtsturm, von wo sich ein guter Blick auf die kühne Konstruktion und das Meer bietet.

**Gumyo-ji-Tempel** Vom Hautpbahnhof gelangt man mit der Keihin-Kyuko-Privatbahnlinie oder Untergrundbahn nach Südwesten zum Gumyo-ji-Tempel der Shingon-Sekte, dem ältesten der Stadt. Im Inneren eine aus dem 9. Jahrhundert stammende Holzstatue der Elfköpfigen Kannon.

# ★★ Yoshino-Kumano-Nationalpark

h–j 3–4

**Hauptinsel:** Honshu
**Fläche:** 597 km²
**Präfekturen:** Nara, Mie und Wakayama

吉野熊野国立公園

**Den Yoshino-Kumano-Nationalpark auf der Halbinsel Kii, die sich im westlichen Zentral-Honshu in den Pazifik vorschiebt, prägen die Berge der Yoshino-Region sowie die tiefen Schluchten der Kumano-Region. Die Yoshino-Berge, die Schreine und Tempel der Region sowie das Hunderte von Kilometern umfassende Wegenetz alter Pilgerrouten gehören seit 2004 zum UNESCO-Weltkulturerbe.**

## Sehenswertes im Yoshino-Kumano-Nationalpark

**Yoshino-Berge** Den isoliert liegenden nordwestlichsten Teil des Nationalparks bilden die Yoshino-Berge (Hana-eshiki), die sich über dem gleichnamigen Ort erheben. Die Bergregion ist als Kirschblütenort weithin bekannt; in vier ausgedehnten Hainen wachsen etwa **100 000 Kirschbäume**, die je nach Höhenlage von Anfang bis Ende April in Blüte stehen. Angeblich hat der Priester En-no-Ozunu im 7. Jahrhundert die Bäume gepflanzt und der Berggottheit Zao-Gongen geweiht. Mitte April wird das Kirschblütenfest Hanao-eshiki gefeiert.

**★ Kimpusenji-Tempel** Vom unteren Kirschbaumhain führt ein Weg bergan zum Kimpusenji-Tempel, dessen ursprüngliche Gebäude 1348 einem Brand zum Opfer fielen (Erneuerung im 15. Jh.). Die Haupthalle (Zaodo) ist mit 34 m Höhe eines der höchsten Holzgebäude Japans. Die beiden Deva-Statuen am Eingang werden den Künstlern Unkei und Tankei (12./13. Jh.) zugeschrieben.

## YOSHINO-KUMANO-NATIONALPARK ERLEBEN

### ANREISE

*Bahn:* Von Osaka (Bahnhof Abenobashi) Kintetsu-Privatbahnlinie nach Yoshino (1¼ Std.); von Wakayama (Bahnhof Wakayama-shi) JR-Wakayama-Linie nach Yoshinoguchi (1¾ Std.), dann Kintetsu-Yoshino-Privatbahnlinie nach Yoshino (25 Min.).

**Chikurin-in-Tempel**

Weiter nach Süden gelangt man zum Chikurin-in-Tempel, dessen Garten von Teemeister Sen-no-Rikyu (1522–1591) angelegt wurde. Heute ist hier ein traditioneller Ryokan mit sehr guter Kaiseki-Küche untergebracht.

**✶ Yoshino-Mikumari-Schrein**

Weiter steht an einer Weggabelung der Yoshino-Mikumari-Schrein (ursprünglich 9. Jahrhundert), der im frühen 17. Jahrhundert von Toyotomi Hideyori umgebaut worden ist.

**Kokeshimizu-Tempel**

Am Kimpu-Schrein vorbei erreicht man den Hain der »Inneren tausend Bäume«, in dem sich der Kokeshimizu-Schrein befindet. Er war die einstige Einsiedelei des vom Krieger zum Priester gewordenen Saigyo (1118–1190).

Der weitaus größere Teil des Nationalparks umfasst die südöstlich des Yoshino gelegenen Omine-Berge mit den Gipfeln Sanjo, Misen, Odaigahara und Shaka sowie die Doro-Schlucht.

**Sanjo**

Der bestgeeignete Ausgangsort für eine Ersteigung des Berges Sanjo (1720 m, ca. 3½ Std.) ist **Dorogawa** (Kintetsu-Privatbahnlinie bis Shimoichiguchi, dann Bus, 2 Std.). Auf dem Gipfel stehen mehrere Tempel, darunter zwei, die der Gottheit Zao-Gongen und dem Asketen und Begründer des Shugendo, En-no Ozunu, geweiht sind. Von Anfang Mai bis Ende September werden auch Übernachtungsmöglichkeiten im Tempel angeboten. Eine knapp achtstündige Abstiegsvariante führt nach Yoshino.

**Odaigahara**

Weiter südöstlich erhebt sich im Grenzgebiet der Präfekturen Nara und Mie der 1695 m hohe Odaigahara, zu dessen Gipfel eine gebührenpflichtige Straße von 16 km Länge führt (Bus von Yamato-Kamiichi über den Obamine-Pass, 2½ Std.). Auf dem Gipfelplateau befinden sich ein Tempel, eine Wetterstation und einige Berghütten. Der im Gipfelbereich entspringende Fluss Kitayama durchströmt weiter südlich die Doro-Schlucht.

**Osugidani-Schlucht**

In der Osugidani-Schlucht, zwischen Dainichigura und Dokura-no-taki, befinden sich **mehrere Wasserfälle**; am bekanntesten ist der Senhiro-no-taki.

**Shingu**

Die im Süden des Nationalparks gelegene Kumano-Region ist am besten von den an der JR-Kisei-Hauptlinie gelegenen Orten Shingu und Katsuura zu erreichen.
Bei Shingu mündet der Fluss Kumano in den Pazifik. Lohnend ist hier eine Fahrt an der Küste Shichirimihama entlang nach Kumano. Nordwestlich von Shingu liegt ein überaus reizvolles Gebiet mit Schluchten, Wildwassern und reichem Pflanzenwuchs. Auf dem Kumano verkehren Boote hierher.

**✶ Doro-Schlucht**

Der Oberlauf des Kitayama, der sich bei Miyai mit dem Totsu zum Kumano vereint, durchströmt die 3 km lange, romantische Doro-Schlucht. Besonders schön ist das 1,2 km lange Stück zwischen Tamaoki-guchi und Tado. Besucher können sich in traditionellen Holzbooten (mit Außenbootmotor) an bizarren Felsformationen vorbeischippern lassen.

**✶ Kumano Sanzan**

Ziel der meisten Pilger und Touristen sind die **»Drei großen Schreine von Kuman«** (Kumano Sanzan). Am **Kumano-Hongu-Schrein** (Bus von Miyai nach Hongu 30 Min., Schreinfest Mitte April) laufen die Pilgerwege sternförmig zusammen. Er ist seit dem 11. Jahrhundert Pilgerziel und befand sich bis 1889 noch 500 m entfernt am Ufer des Kumano. In Shingu (15 Min. Fußweg vom JR-Bahnhof Shingu) befindet sich der **Kumano-Hayatama-Schrein** mit einem heiligen Baum und einem heiligen Fels sowie einem kleinen Museum mit religiöser Kunst (Schreinfest Mitte Oktober). In Nachi wurde ursprünglich der 133 m hohe Nachi-Wasserfall in der Nähe des **Kumano-Nachi-Schreins** verehrt. Die heutigen Schreinbauten stammen aus dem Jahr 1853 (20 Min. mit dem Bus vom JR-Bahnhof Nachi).

> ! *Baedeker* TIPP
>
> **Auf alten Pilgerpfaden**
>
> Die Pilgerroute »Nakahechi« führt durch unberührte Natur an zahlreichen kleinen Schreinen vorbei. Besonders schön ist das Teilstück zwischen Takijiri-Oji und Hongu (40 km). Entlang der gesamten Strecke verkehrt auch ein Bus, ab JR-Bahnhof Kii-Tanabe 40 Min. bis Takijiri, dort gibt es auch ein Informationszentrum zu den Pilgerrouten.

**✶ Seigantoji-Tempel**

Nahe dem Kumano-Nachi-Schrein, am Beginn der zum Wasserfall hinabführenden Treppe, steht der im 7. Jahrhundert erbaute Seigantoji-Tempel der Tendai-Schule. Er ist der Nyoirin-Kannon geweiht und bildet den Ausgangspunkt der Wallfahrten zu den 33 Kannon-Tempeln der Westprovinzen.

**Yukawa-onsen**

Die JR-Kisei-Hauptlinie folgt weiter der Küste. Südlich von Katsuura, außerhalb des Parkareals, erreicht man den Badeort Yukawa-onsen (Thermalquellen, 30–42 °C) an einer tiefen, ruhigen Bucht.

← *Einst als heilig verehrt: der Nachi-Wasserfall*

# GLOSSAR

**Awamori** Reis-Tresterschnaps aus Okinawa
**Banzai** Jubelruf, etwa »Hurra«, »Hoch« (wörtlich: »10 000 Jahre«)
**Bento** Schachtel mit Proviant für Arbeit, Schule, Reise etc., gibt es in großer Auswahl in Bahnhöfen zu kaufen
**Byobu** Wandschirm
**Bunraku** traditionelles japanisches Puppenspiel
**Bushido** »Weg des Kriegers«, Ehren- und Verhaltenskodex der Samurai
**Chado, sado, cha-no-yu** Teezeremonie
**Daimyo** Feudalfürst
**Edo** alter Name für Tokyo
**Fusuma** Schiebewand
**Gai(-koku-)jin** Ausländer
**Gusuku** Festungsanlage auf Okinawa
**Hanami** »Blume-sehen«; der Brauch, sich gemeinsam die Blütenpracht anzuschauen, vor allem die der Kirschbäume im Frühling
**Haniwa** Tonfiguren (Tiere, Menschen, Häuser)
**Hondo** Haupthalle im Tempel
**Izakaya** traditionelle japanische Kneipe
**-ji** buddhistischer Tempel
**-jinja, -jingu** Shinto-Schrein
**Jomon** Schnurmuster-Keramik
**Kaiseki-Küche** feine traditionelle Küche; ursprünglich eine leichte Mahlzeit im Tempel oder bei der Teezeremonie
**Kakemono** Rollbild, vertikal
**Kami** Gott, shintoistische Gottheit
**Kampai** Prost!
**-kawa, -gawa** Fluss
**-ken** Präfektur
**Koban** Polizeiposten
**Kodo** Predigthalle im Tempel
**Kofun** Hügelgrab
**Konbini** »Convenience Store«: 24 Stunden geöffneter kleiner Supermarkt
**Makimono** Rollbild, horizontal
**Mandara** extrem abstrahiertes symbolisches Kultbild (Mandala)
**Matsuri** Volksfest
**Mikoshi** Tragschrein
**Miso** Würzpaste aus Sojabohnen
**Miso-shiro** klare Brühe mit Miso-Paste und Einlage
**-mon** Tor
**Mudra** symbolhafte Handhaltung bei Buddha-Figuren
**Netsuke** Halteknäufe für Utensilienbeutel
**Nise-e** Porträtmalerei
**Nishiki-e** Farbholzschnitt
**No** traditionelles japanisches Maskentheater
**Nuri-mono** (auch shikki) Lackwaren

**Obi** Kimonogürtel der Frauen
**O-miyage** Reisemitbringsel
**Onsen** heiße Quelle, Thermalbadeort
**Otaku** Fan (besonders von Manga und Anime)
**Rotenburo** Thermalbad im Freien
**Ryokan** traditionelle, gehobene japanische Unterkunft
**-san** Herr/Frau/Fräulein, wird an den Namen angehängt, z. B. Meier-san
**-shima** (in Eigennamen auch -jima oder -to) Insel
**Shochu** Schnaps aus Reis oder Kartoffeln
**Shogun** Militärherrscher im alten Japan
**Shoji** Schiebewand, bespannt mit japanischem Papier
**Shugendo** synkretistische religiöse Praktik, Bergasketentum
**Shukubo** Herberge in einem buddhistischen Tempel
**Suiboku** Tuschmalerei
**Sumi-e** Tuschmalerei
**-tera, -dera** buddhistischer Tempel
**Tokonoma** Ziernische für das Rollbild
**Torii** Eingangstor der Shinto-Schreine
**Uchiwa** Rundfächer
**Ukiyo-e** Farbholzschnitt
**Yaki-mono** Keramik

# JAPANISCHES PANTHEON

**Aizen Myoo** Gott der Leidenschaft
**Amaterasu-omikami** Sonnengöttin; Stammmutter des Kaiserhauses
**Amida** Buddha des Lichtes; Herrscher des »Westlichen Paradieses«
**Bato** pferdeköpfige Kannon-Darstellung
**Benten, Benzaiten** Liebes- und Glücksgöttin
**Binzuru** iner der sechzehn Buddha-Jünger; Helfer bei Krankheiten
**Bishamon** einer der vier Himmelskönige; Gott des Reichtums und Glücks
**Bonten** japanischer Name des Gottes Brahma; Tempelwächter (Dewa)
**Bosatsu** Bodhisattwa; Erleuchteter vor dem Eintritt ins Nirwana, Helfergestalt
**Buddha** altindisch »der Erwachte«, »der Erleuchtete«; Ehrentitel des Shakyamuni, des Begründers des Buddhismus
**Butsu** japanischer Name Buddhas
**Daibutsu** Großer Buddha
**Daikoku** Gott des Reisbaus und des Reichtums
**Dainichi Nyorai** Licht-Buddha; in der bildenden Kunst meist Teil einer Trinitas
**Dosojin** Wegegottheit (oft als Paar dargestellt)
**Ebisu** Glücksgott; Beschützer der Arbeiter und Fischer
**Emma-O** Herrscher der Unterwelt
**Fudo** Lichtgott
**Fugen** buddhistische Helfergestalt

**Fujin** Windgott (gemeinsam mit dem Donnergott Raijin dargestellt)
**Fukurokuju** Gott des Glücks und der Weisheit
**Gakko-bosatsu** Mondgottheit
**Gochi Nyorai** Fünf Buddhas der Weisheit und Kontemplation
**Gongen** irdische Manifestation Buddhas
**Hachiman** Sippengott der Minamoto; als Kriegsgott verehrt
**Hotei** Glücksgott
**Inari** Reisgottheit
**Izanagi und Izanami** Ur-Götterpaar; Schöpfer des Landes
**Jizo-bosatsu** Schutzgott der Reisenden, Schwangeren und Kinder
**Jurojin** Glücksgott
**Kannon (Kwannon)** Bodhisattwa der Barmherzigkeit; meist weiblich dargestellt
**Kappa** Wassergeister
**Kompira** von Seeleuten und Reisenden verehrte Berggottheit
**Miroku-bosatsu** Maitreya; Bodhisattwa, künftiger Buddha
**Myoo** Lichtgott (z. B. Fudo)
**Ninigi-no-mikoto** Nachkomme der Amaterasu-omikami; legendärer Reichsgründer
**Nio** Himmelskönige; Wächterfiguren (Indra und Brahma)
**Nyoirin-Kannon** Gottheit / Bodhisattwa Kannon als Wunsch-Erfüllerin
**Nyorai** »Erleuchteter«, Ehrentitel Buddhas
**Oni** Dämonen der Unterwelt
**Raijin** Donnergott (gemeinsam mit dem Windgott Fujin dargestellt)
**Rakan** Jünger Buddhas
**Shaka-nyorai** Buddhas irdische Existenz
**Shakyamuni** Buddha
**Shichi-fukushin** Sieben Glücksgötter
**Shitenno** Vier Himmelskönige
**Shoden** Gott der Weisheit
**Susanoo** Mond-, Meer- und Sturmgott; Bruder der Sonnengöttin Amaterasu
**Tenjin** Gott der Gelehrsamkeit
**Ujigami** Sippengötter
**Yakushi-nyorai** Heilender Buddha; Herrscher des »Östlichen Paradieses«

# REGISTER

# VERZEICHNIS DER KARTEN & GRAFISCHEN DARSTELLUNGEN

# BILDNACHWEIS

Amberg: 13
Baedeker-Archiv: 155
Bilderberg / Grames: 84, 287
Bilderberg / Horacek: 363
Bilderberg / Steiner: 96
DuMont-Bildarchiv: 147, 181 unten, 182 unten rechts, 190, 192, 226, 229, 259, 327, 415, 422, 439, 448, 450, 568
F1 Online/ml-foto: 50
F1 Online/PBY: 6, 177 Mitte, 224, 555
F1 Online/Prisma: 9, 12/13, 276, 301
fotolia.com/Craig Hanson: 14
fotolia.com/Radu Radzvan: 354
Getty-images/Neil Emmerson: 11
Getty-images/Chris Rennie: 313
Getty-images/DAJ: 185 Mitte, 436, 457
Getty-images/Jean Kugler: 265 unten links
Getty-images/Katsuhiro Yamanashi/ Sebun Photo: 186 /187
Getty-images/Seiji Tajima/Sebun Photo: 322
Getty-images/Takashi Sato/Sebun Photo: 291
Hackenberg: 254, 267, 460
IFA: 3, 395, 540, 541
IFA/Aberham: 164/165
IFA/Jon Arnold Images: 233
istock.com/Mura: 308
Janicke: 2, 89, 182 oben, 182 unten links, 185 oben, 185 unten, 333, 351, 393, hintere Umschlagklappe
Japanische Fremdenverkehrszentrale (JNTO): 7, 8, 15 unten, 16 oben, 16 unten, 17, 87, 93, 113, 116, 119 unten, 128, 148, 157, 165, 177 oben, 178 oben links, 178 unten, 181 oben links, 181 oben rechts, 197, 198, 207, 258, 268, 458, 496, 545, 548, 550
Kirchgessner: 15 Mitte, 121, 143, 211, 348, 364
Kyoto Tourist Board: 72
Lahr: 345
laif/Bock: 539 oben rechts
laif/Boening/Zenit: 356
laif/Hemispheres: 508
laif/Holland Hoogte: 398
laif/Reporters: 445 oben links
laif/Wolf: 80, 539 unten links
Look/Dressler, Hauke: 3 unten, 18, 538
Look/Wothe, Konrad: 25
Mauritius: 16 Mitte, 55, 167 unten, 355, 369, 339
Nahm: 70
www.Photocase.de: 119 oben
picture-alliance/akg-images: 103, 444
picture-alliance/akg-images/Werner Forman: 36, 67
picture-alliance/dpa: 23, 33, 35, 49, 59, 79, 100, 108/109, 248, 265 oben rechts, 279, 330, 359, 486, 559, U 2
picture-alliance/dpa-Report: 99
picture-alliance/Godong: 12 / 13
picture-alliance/Bildagentur Huber: 217, 275, 342, 543, U 4
picture-alliance/KPA/Hackenberg: 20, 171, 266, 317
picture-alliance/KPA/HIP/The British Museum: 77
Hartmut Pohling/Japan-Photo-Archiv: 3 oben, 5, 10, 15 oben, 27, 38, 44, 53, 54, 64, 73, 76, 83, 91, 109, 125, 144, 166, 167 Mitte, 175, 177 unten, 203, 212, 213, 239, 244, 261, 264, 265 oben links, 265 unten rechts, 283, 294, 299, 337, 370, 371 oben links, 371 oben rechts, 372, 374, 377, 379, 382/383, 390, 404, 409, 420, 442, 445 oben rechts, 445 unten links, 445 unten rechts, 446, 454, 470, 471, 500, 504, 539 oben links, 539 unten rechts, 541, 570, 578
Schapowalow/Atlantide: 159, 371 unten
Schapowalow/Heaton: 426
Scherm: 110
Schneider: 62, 105, 154, 167 oben, 178 oben rechts, 195, 353, 465, 527
Schulze: 74, 187
Steffens: 474
Thoma / Ducke: 533, 534
Tokyo Metro Co., Ltd.: 512/513
Zefa: 1, 57, 468, 527

Titelbild: Steven Vidler / Eurasia Press / Corbis

# IMPRESSUM

**Ausstattung:**
223 Abbildungen, 50 Karten und grafische Darstellungen, eine große Reisekarte
**Text:**
Isa Ducke, Dr. Walter Giesen, Prof. Dr. Wolfgang Hassenpflug, Karin Khan, Peter M. Nahm, Winfried Schneider, Natascha Thoma, Jessika Zollickhofer
**Überarbeitung:**
Natascha Thoma, Isa Ducke
**Bearbeitung:**
Baedeker-Redaktion (Franziska Kiene, Rainer Eisenschmid)
**Kartografie:**
Franz Huber, München; MAIRDUMONT / Falk Verlag, Ostfildern (Reisekarte)
**3D-Illustrationen:**
jangled nerves, Stuttgart
**Gestalterisches Konzept:**
independent Medien-Design, München (Kathrin Schemel)
**Sprachführer** in Zusammenarbeit mit Ernst Klett Sprachen GmbH, Stuttgart, Redaktion PONS Wörterbücher
**Chefredaktion:** Rainer Eisenschmid, Baedeker Ostfildern
11. Auflage 2011
**Urheberschaft:**
Karl Baedeker Verlag, Ostfildern
**Nutzungsrecht**
MAIRDUMONT GmbH & Co KG; Ostfildern

**Anzeigenvermarktung**:
MAIRDUMONT MEDIA
Tel. 0049 711 4502 333
Fax 0049 711 4502 1012
media@mairdumont.com
http://media.mairdumont.com
Printed in China
Gedruckt auf 100% chlorfrei gebleichtem Papier

# BAEDEKER VERLAGSPROGRAMM

- Ägypten
- Algarve
- Allgäu
- Amsterdam
- Andalusien
- Argentinien
- Athen
- Australien
- Australien • Osten
- Bali
- Baltikum
- Barcelona
- Bayerischer Wald
- Belgien
- Berlin • Potsdam
- Bodensee
- Brasilien
- Bretagne
- Brüssel
- Budapest
- Bulgarien
- Burgund
- Chicago • Große Seen
- China
- Costa Blanca
- Costa Brava
- Dänemark
- Deutsche Nordseeküste
- Deutschland
- Deutschland • Osten
- Djerba • Südtunesien
- Dominik. Republik
- Dresden
- Dubai • VAE
- Elba
- Elsass • Vogesen
- Finnland
- Florenz
- Florida
- Franken
- Frankfurt am Main
- Frankreich
- Fuerteventura
- Gardasee
- Golf von Neapel
- Gomera
- Gran Canaria
- Griechenland
- Griechische Inseln
- Großbritannien
- Hamburg
- Harz
- Hongkong • Macao
- Indien
- Irland
- Island
- Israel
- Istanbul
- Istrien • Kvarner Bucht
- Italien
- Italien • Norden
- Italien • Süden
- Italienische Adria
- Italienische Riviera
- Japan
- Jordanien
- Kalifornien
- Kanada • Osten
- Kanada • Westen
- Kanalinseln
- Kapstadt • Garden Route
- Kenia
- Köln
- Kopenhagen
- Korfu • Ionische Inseln
- Korsika
- Kos
- Kreta
- Kroatische Adriaküste • Dalmatien
- Kuba
- La Palma
- Lanzarote
- Leipzig • Halle
- Lissabon
- Loire
- London
- Madeira
- Madrid
- Malediven
- Mallorca
- Malta • Gozo • Comino
- Marokko
- Mecklenburg-Vorpommern
- Menorca
- Mexiko
- Moskau
- München
- Namibia

- Neuseeland
- New York
- Niederlande
- Norwegen
- Oberbayern
- Oberital. Seen • Lombardei • Mailand
- Österreich
- Paris
- Peking
- Piemont
- Polen
- Polnische Ostseeküste • Danzig • Masuren
- Portugal
- Prag
- Provence • Côte d'Azur
- Rhodos
- Rom
- Rügen • Hiddensee
- Ruhrgebiet
- Rumänien
- Russland (Europäischer Teil)
- Sachsen
- Salzburger Land
- St. Petersburg
- Sardinien
- Schottland
- Schwäbische Alb
- Schwarzwald
- Schweden
- Schweiz
- Sizilien
- Skandinavien
- Slowenien
- Spanien
- Spanien • Norden • Jakobsweg
- Sri Lanka
- Stuttgart
- Südafrika
- Südengland
- Südtirol
- Sylt
- Teneriffa
- Tessin
- Thailand
- Thüringen
- Toskana
- Tschechien
- Tunesien
- Türkei
- Türkische Mittelmeerküste
- Umbrien
- Ungarn
- USA
- USA • Nordosten
- USA • Nordwesten
- USA • Südwesten
- Usedom
- Venedig
- Vietnam
- Weimar
- Wien
- Zypern

## BAEDEKER ENGLISH

- Andalusia
- Austria
- Bali
- Barcelona
- Berlin
- Brazil
- Budapest
- Cape Town • Garden Route
- China
- Cologne
- Dresden
- Dubai
- Egypt
- Florence
- Florida
- France
- Gran Canaria
- Greece
- Iceland
- India
- Ireland
- Italy
- Japan
- London
- Mexico
- Morocco
- New York
- Norway
- Paris
- Portugal
- Prague
- Rome
- South Africa
- Spain
- Thailand
- Tuscany
- Venice
- Vienna
- Vietnam

# LIEBE LESERINNEN, LIEBE LESER,

**ein herzliches Dankeschön, dass Sie sich für einen Baedeker Allianz Reiseführer entschieden haben. Er wird Sie zuverlässig auf Ihrer Reise begleiten und Sie nicht im Stich lassen.**
**Natürlich beschreibt er die wichtigen Sehenswürdigkeiten, aber er empfiehlt auch die stimmungsvollsten Onsen, dazu Hotels für den großen und kleinen Geldbeutel, gibt Tipps für Restaurants, Shopping und für vieles mehr, was eine Reise zum Erlebnis macht. Dafür haben unsere Autorinnen Natascha Thoma, Isa Ducke und Jessika Zollickhofer Sorge getragen. Sie sind für Sie regelmäßig nach Japan gereist und haben all ihre Erkenntnisse in diesen Reiseführer gepackt.**

Trotzdem: Die Erfahrung zeigt, dass Fehler und Änderungen nach Drucklegung, für die der Verlag keine Haftung übernehmen kann, nicht ausgeschlossen werden können. Für Kritik, Berichtigungen und Verbesserungsvorschläge sind wir Ihnen außerordentlich dankbar. Schreiben Sie uns, mailen Sie uns oder rufen Sie an:


▶ **Verlag Karl Baedeker GmbH**
Redaktion
Postfach 3162
D-73751 Ostfildern
Tel. (0711) 4502-262, Fax -343
E-Mail: info@baedeker.com


Besuchen Sie uns auch im Internet unter www. baedeker.com. Hier finden Sie jeden Monat den aktuellen Reisetipp der Redaktion und das gesamte Verlagsprogramm. Hier können Sie auch lesen, wer Karl Baedeker war und wie er seinen ersten Reiseführer geschrieben hat. Mit seinen über 180 Jahren ist der Karl Baedeker Verlag der älteste Reiseführer-Verlag der Welt.

**www.baedeker.com**

## ZU GEWINNEN: STADTREISE NACH LONDON

**Unter allen Einsendungen verlost der Verlag am Jahresende – unter Ausschluss des Rechtswegs – eine Städtekurzreise für zwei Personen nach London.**
**Freuen Sie sich auf ein spannendes Wochenende in London. Natürlich ist ein Baedeker Allianz Reiseführer**

# WIE DER TEE NACH JAPAN KAM

**Als die Holländer 1610 erstmals eine Ladung grünen Tees aus Japan mit nach Europa brachten, genoss man das anregende Getränk schon seit 900 Jahren im Reich der aufgehenden Sonne.**

Bereits im 8. Jh. wurden die ersten zu Ziegeln gepressten Teeblätter (dancha) aus China importiert. Abgeraspelt und mit Gewürzen wie Salz und Chilli aufgekocht, war der Tee damals **eher Medizin als Genussmittel**. Als der buddhistische Mönch **Eisai** im 12. Jh. von einem Studienaufenthalt aus China zurückkehrte, hatte er neben philosophischen Lehren auch Teesamen im Gepäck, die er probeweise auf Kyushu im Süden Japans anpflanzte. Eisai brachte auch die damals im China der Sung-Dynastie moderne Art mit, den Tee zu trinken: Fein gemahlene Grünteeblätter wurden mit heißem Wasser aufgeschäumt. Das bittere Getränk galt nach wie vor als Aufputschmittel – die Mönche nutzen es als Wachmacher während der tagelangen Sitzmeditation. Heute weiß man, dass Grüntee mehr Koffein enthält als Kaffee und Schwarztee. Kein Wunder also, dass Eisai selbst dem Shogun Minamoto no Sanetomo grünen Tee als wirksames Medikament gegen

den Kater nach übermäßigem Sake-Genuss empfohlen haben soll.

Zunächst war der Teegenuss ein **Privileg der gesellschaftlichen Elite** – nur der Hofadel, die Kriegerfürsten und Mönche konnten sich das teure Getränk leisten. Beliebt waren bei Adeligen und Samurais aufwändige Tee-Wettbewerbe, bei denen nach detaillierten Regeln Grünteesorten anhand des Geschmacks erraten und verglichen werden mussten – dem Sieger winkten wertvolle Preise wie Goldbrokat und Damaststoffe. Als Ge-

茶 **Kleine Teekunde**

*Cha ist das japanische Wort für Tee. Auf den folgenden Seiten werden japanische Teesorten vorgestellt und ihre Zubereitung erklärt.*

genbewegung zu solch kostspieligen Freizeitvergnügen entwickelte sich **in den Zen-Klöstern** eine schlichtere Form des Teekonsums. Der Teemeister des Shoguns Ashikaga Yoshimasa, Murata Shuko, soll im 15. Jh. der erste gewesen sein, der eine formelle, Zen-inspirierte Teezeremonie in einem eigens dafür bestimmten schlichten Teeraum abhielt. Dieses **Teezimmer im Ginkaku-ji**, dem Silbernen Pavillon in Kyoto, gibt es noch heute. In ihrer bis heute üblichen Form wurden die Regeln der Teezeremonie im 16. Jh. ausgeprägt, maßgeblich von **Sen no Rikyu**, Spross einer koreanischstämmigen Kaufmannsfamilie, der Oda Nobunaga und Toyotomi Hideyoshi als Teemeister diente. Uneinigkeiten unter den Nachfolgern über das genaue Ritual Sen no Rikyus führten zu Aufspaltungen in unterschiedliche Tee-Schulen. Die größte davon ist die **Urasenke-Schule**, die sich heute in 16. Generation in direkter Familienlinie von Sen no Rikyu herleitet.

Bis ins 18. Jh. wurde in Japan matcha getrunken, der teure pulverisierte Grüntee, der vor allem für die Teezeremonie benutzt wird, oder aber ein grober, gerösteter bräunlicher Tee, der auch für das Volk erschwinglich war. Erst um 1740 entwickelte Nagatani Soen, ein Teeproduzent aus Uji, ein neues Verfahren, das dem Tee seine leuchtend grüne Farbe erhielt: Für diesen neuen Tee, den sencha, wurden die Teeblätter erst kurz gedämpft, dann zu Nadeln gerollt und getrocknet. Heute ist der sencha die beliebteste Teesorte in Japan.

抹茶

## matcha – der klassische Grüne

*Der sehr fein gemahlene grüne Tee, der seit dem 12. Jh. bei der Teezubereitung und der Teezeremonie verwendet wird, heißt matcha (wörtlich: »gemahlener Tee«). Im Unterschied zu anderen Teesorten wird er nicht aufgegossen, sondern das Grünteepulver wird mit warmem Wasser aufgeschlagen. Für die Zubereitung nimmt man 2 g (etwa 1 ½ gehäufte Bambus-Teelöffel, entspricht einer Messerspitze) pro Teeschale und gießt diese mit 70 bis 80 Grad heißem Wasser auf. Der Tee wird dann mit einem kleinen Bambusbesen (chasen) schaumig geschlagen. Idealerweise ist die Bewegung vertikal, und der Teebesen schabt nicht über den Gefäßboden. Der aufgeschäumte Tee wird sofort in kleinen Schlucken getrunken.*

*In Teeanbaugebieten wie Uji und Shizuoka verkauft jeder Teeladen auch* ***Grüntee-Softeis****. Wer etwas Ausgefalleneres probieren möchte, sollte sich am Matcha-Sundae von Häagen-Dazs versuchen: zartschmelzendes Grüntee-Eis mit warmer Azuki-Bohnensoße und kleinen weichen Reisklößchen, abgerundet mit einem Sahnehäubchen.*

# TEEANBAU IN JAPAN HEUTE

**Schwarz- und Grüntee werden aus der gleichen Pflanze hergestellt, dem Teestrauch Camellia Sinensis – die Unterscheidung ergibt sich erst aus der Weiterverarbeitung der Teeblätter.**

Nach der Ernte beginnen die gepflückten Blätter mit dem Sauerstoff der Luft zu reagieren – die Fermentierung kommt in Gang. Zur Herstellung von **Schwarztee** wird die Fermentierung gezielt gesteuert, um den Gerbstoffgehalt zu verringern und den Anteil des freien Koffeins zu erhöhen. **Grüner Tee** dagegen ist nicht fermentiert,

## 煎茶 sencha – Grüntee für den Alltag

*Der Name sencha (»Koch-Tee«) erinnert daran, dass der Tee früher aufgekocht wurde. Heute bezeichnet sencha 80 % der japanischen Teeproduktion. Im Gegensatz zu matcha wird er nicht als Pulver verkauft, sondern in nadelartig gerollten Blättern. Besonders beliebt ist im Frühling der shin-cha, der etwa ab April frisch geerntete Tee (entsprechend dem First Flush). Sencha wird mit etwa 70 bis 80 Grad heißem Wasser in einem kleinen Teekännchen (mit Siebeinsatz) aufgegossen. Pro Teetasse nimmt man etwa 2 g Tee und lässt ihn maximal 2 Minuten ziehen. Die Blätter können danach noch mehrmals in gleicher Weise aufgegossen werden. Der aufgegossene Tee ist leuchtend grün und hat ein Aroma von frischem Frühlingsgras.*

denn der Fermentierungsprozess wird durch starkes Erhitzen gleich nach der Ernte gestoppt. In Japan wird heute fast ausschließlich die ältere Sorte der beiden bekannten Teestrauch-Varietäten angepflanzt, Camellia Sinensis var. Sinensis. Die nördlichsten Teepflanzen wachsen in Niigata am Japanischen Meer, auch im subtropischen Okinawa werden kleinere Mengen produziert. In der Provinz Shizuoka an den Hängen des Berges Fuji wird mit knapp 40 000 t fast die Hälfte der jährlichen Teeproduktion angebaut. Dagegen kann sich die Region Ureshino auf Kyushu, wo der Zen-Mönch Eisai mit den aus China mitgebrachten Pflanzen experimentiert haben soll, der längsten Tee-Tradition rühmen, und die Gegend um Kagoshima ist nach Shizuoka das zweitgrößte Anbaugebiet. Weniger, aber dafür qualitativ sehr hochwertiger Tee findet sich in der Gegend von Uji südlich von Kyoto. Myoe, ein Schüler Eisais, soll die ersten Sträucher bei Kyoto gepäppelt haben. Während der Edo-Zeit (1603 – 1868) wurden die Teegärten von Uji von den Shogunen protegiert und dort wird auch heute noch der meiste matcha produziert. Tee wird **stets von Hand** und je nach Region bis zu vier Mal gepflückt (mancherorts sogar noch zusätzlich Herbst- und Winter-Ernten). Die erste Ernte beginnt auf Okinawa schon im März, in Shizuoka etwa Ende April.

## Tee ist nicht gleich Tee

Ähnlich wie beim Kaffee entfaltet sich das Aroma am besten in Pflanzen, die langsam im Schatten wachsen und gedeihen dürfen. Bei der Ernte wird dann sorgfältig darauf geachtet, junge und kleine Blätter getrennt von großen oder älteren Blättern und von Zweigen und Stielen zu pflücken. Anschließend werden die Teeblätter sortiert:

番茶 **bancha – der Familientee** *Bancha ist die preiswertere Alltagsvariante des sencha. Der Name verweist auf die japanischen Kardinalzahlen (»ni-ban«: der Zweite, »san-ban«: der Dritte) und bezeichnet einen Tee aus mindestens der zweiten, eher der dritten Lese im Spätsommer. Der korrekte Name wäre also eigentlich san-bancha. Im Gegensatz zum shin-cha, der ersten Lese, geraten hierbei auch große Blätter und Stengel mit in die Ernte; auch Bruch oder qualitativ nicht ausreichender Ausschuss aus früheren Lesen wird mit in den bancha gemischt. Man braucht etwa 3 g pro Tasse. Bancha wird mit fast kochendem Wasser aufgegossen und zieht nur etwa 30 Sekunden. In der Tasse ist er eher blassgelb als grün, er ist erdiger im Geschmack und enthält im Gegensatz zu anderen Grüntees relativ wenig Koffein – ein richtiger Familientee also.*

*Tee aus Dose und Flasche im Konbini*

In die besten und teuersten Teesorten kommen nur Blätter, die perfekt gerollt und getrocknet sind, gut aussehen und die richtige Farbe haben. Minderwertige Blätter, Stiele und Blattbruch werden zu anderen Teesorten weiterverarbeitet und z. T. mit geröstetem Weizen oder Reis vermischt. Diese Sorten haben vielleicht ein weniger feines Aroma, sind aber wegen des kräftigeren Geschmacks als Alltagsgetränk und Durstlöscher beliebt; sie werden warm oder kalt getrunken. Es gibt sie umsonst im Restaurant, zuhause aus der Kanne oder in unzähligen Varianten im Supermarkt, Konbini und in den omnipräsenten Dosenautomaten.

## 玉露 gyokuro – der edle Tautropfen

*Für diese qualitativ hochwertigste Teesorte werden die Teebüsche vor der Ernte für einige Wochen vor der Sonne geschützt. Der gyokuro hat nichts von der erfrischenden Herbe des sencha, sondern schmeckt blumig-mild oder je nach Sorte auch würzig. Der Name gyokuro (»Perlentau«) geht auf den Tokyoter Teeproduzenten Yamamoto Kahei zurück, der 1835 den frisch geernteten Tee, dessen feine Blätter sich leicht einrollten, mit Tautropfen verglichen haben soll. In Japan kostet er ab ca. 3000 ¥ pro 100 g. Für die Zubereitung von gyokuro-Tee sollte man Tassen und Teekännchen mit kochendem Wasser anwärmen, das Wasser zum Aufgießen aber auf etwa 50 Grad herunterkühlen. In den Siebeinsatz der angewärmten Teekanne kommen pro 70 ml-Tasse 10 g Tee. Der Tee sollte etwa 2 Minuten ziehen, die Teeblätter können danach noch etwa zweimal verwendet werden.*

# DER WEG DES TEES

*Meister Sen Soshitsu bei der Arbeit*

**Die klassische Teezeremonie (jap. »Weg des Tees« – sado – oder einfach »das Teewasser«, cha no yu) gehörte bis vor einigen Jahren, ähnlich wie die Tanzschule in Europa, zur Grundausbildung besonders von Frauen. Heute gilt »der Tee« eher als vornehmes Hobby älterer Damen, aber fast alle Japanerinnen und Japaner beherrschen die wichtigsten Grundregeln.**

Zu einer **klassischen mehrstündigen Teezeremonie** (cha-ji) im Teehaus wird man **persönlich eingeladen**: Solche Teeparties finden im kleinen Kreis statt und sind sehr exklusiv – Kimono und eine eigene Gäste-Grundausstattung (weiße Socken, Fächer, Servietten, Tücher und ein kleines Messerchen) sind Pflicht. Zwar etwas weniger intim, aber trotzdem recht formell und auch eine Gelegenheit zum Anknüpfen von (auch geschäftlichen) Kontakten, sind die **größeren Tee-Veran-**

ほうじ茶 **hojicha – erfrischend an heißen Tagen** *Sencha – insbesondere bancha oder andere minderwertige Teesorten– wird in Japan gern durch Rösten aromatisiert. Der geröstete Tee heißt hojicha und ist koffeinarm und magenschonend. Er soll mundreinigend wirken und wird deshalb auch oft zum Essen gereicht, z. B. bei Frühstücksbuffets oder in Autobahnraststätten. Am besten bereitet man hojicha in einer größeren Keramik-Teekanne zu. Pro Tasse etwa 3 g Tee mit fast kochendem Wasser aufgießen und etwa 30 Sekunden ziehen lassen. Hojicha hat dann eine warme hellbraune Farbe und einen getoasteten, fast schon karamellisierten Geschmack. Im schwül-heißen japanischen Sommer wird er auch gern kalt getrunken.*

## *Teezeremonie erleben*

### GANZ FORMELL

**Taiho-an in Uji**

1-5 Uji Togawa, Uji-shi 611-0021,
Tel. 0774/23 33 34
tgl. 10.00 – 16.00 Uhr

Nach dem Besuch der Phönixhalle in Uji kann man im Teehaus der Stadtverwaltung »Taiho-an« gleich um die Ecke an einer traditionellen Teezeremonie in einem Tatami-Zimmer teilnehmen. Gesetzte Damen im Kimono servieren den »dünnen Tee« (usucha) formvollendet zu traditionellen Süßigkeiten. Sowohl das Ikebana-Blumengesteck und die Hängerolle in der Tokonoma-Schmucknische als auch das Teegeschirr sind, wie es sich gehört, jahreszeitlich abgestimmt. Teezeremonie mit wagashi-Süßigkeit 500 ¥, keine Voranmeldung nötig.

### ZUM MITMACHEN

**Fukujuen Workshop in Uji**

10 Uji Yamada, Uji City, Kyoto-fu,
Tel. 0774/ 20 11 00

Diese Einrichtung des Teeproduzenten Fukujuen am Stammsitz in Uji bietet Besuchern die Möglichkeit, in unterschiedlichen Mitmach-Programmen selbst grünen Tee herzustellen: Man kann aus frisch gedämpften Teeblättern mit der Hand sencha rollen, den trockenen Grüntee in einer Handmühle zu feinpulvrigem matcha reiben oder Grüntee-Blätter sanft zu bekömmlichem hojicha rösten. Natürlich gibt es auch klassische Teezeremonie-Vorführungen und eine große Auswahl an Tee zu kaufen.

### DESIGNERTEE

**Cha-Ginza in Tokyo**

auf der Luxusshoppingmeile Ginza
5-5-6 Ginza, Chuo-ku, Tokyo. Tel. 03/ 35 71 12 11, Di. – So. 11.00 – 19.00 Uhr.

Der schmale Laden im Zentrum des Edel-Einkaufsviertels Ginza gehört zum seit über 80 Jahren bestehenden Familiengeschäft Uogashi. Die typisch japanische Kombination aus Tradi-

玄米茶 **genmaicha – der Tee für schlechte Zeiten** *Genmaicha ist grüner Tee, dem etwa 50 % geröstete Naturreiskörner (genmai) beigemischt sind. Der Legende nach sollen einem ungelenken Diener während der »Zeit der Streitenden Reiche« einige geröstete Reiskörner aus dem Ärmelaufschlag des Kimonos (ein damals üblicher Ort, um einen Snack aufzubewahren) in den frisch zubereiteten Grüntee seines Meisters gefallen sein. Für diesen Frevel bezahlte er mit dem Leben, doch der vermeintlich ungenießbare Tee stellte sich als äußerst schmackhaft heraus. Tatsächlich ist der genmaicha jedoch in den 1920ern in Kyoto entstanden. Die Auswirkungen der Weltwirtschaftskrise hatten auch Japan erreicht, und durch Strecken des teuren Grüntees war der Tee auch für die Bevölkerung wieder erschwinglich. Auch genmaicha (etwa 3 g pro Tasse) gießt man mit fast kochendem Wasser auf und lässt ihn etwa 30 Sekunden ziehen. Je nach Mischung ist der Tee hellgelb bis grün und hat einen leicht nussigen bis süßlichen Geschmack.*

*Minimalistisch, aber traditionell: Teeraum bei Cha-Ginza in Tokyo*

tion und Moderne wird hier zum äußersten getrieben: Im obersten Stockwerk wird unter einem Glasdach in einem sehr minimalistischen, unverputzten Raum ohne viel Pomp und dennoch zeremoniell matcha mit wagashi serviert. Außer usucha gibt es hier auch koicha, die dickflüssige Variante, bei der mehrere Teilnehmer nacheinander aus einer Schale trinken (matcha und wagashi 500 ¥.) Ein Stockwerk tiefer sind in einer postmodernen Version des uralten Teehauses schlichte Sitzbänke an der Wand aufgereiht. Hier gibt es hochwertigen sencha, auf Wunsch auch als »Ocha-presso« in einer Espressomaschine zubereitet. Im angeschlossenen Laden kann der Tee natürlich auch erworben werden Die meisten Sorten kommen aus Shizuoka, der matcha aus Uji. Für das Auge sind die von Designern wie Nadamoto Tadahito speziell für den Laden entworfenen Verpackungen des sencha.

## AUF SECHS ETAGEN

**Fukujuen in Kyoto**

Shijo / Tominokoji, Sagyo-ku
Kyoto 600-8005
Tel. 075 / 221 29 20
www.fukujuen-kyotohonten.com

Im Zentrum Kyotos betreibt der Teeproduzent Fukujuen aus der Teeregion Uji ein mehrstöckiges »Tee-Haus«: Die Läden im Erdgeschoss und im Untergeschoss verkaufen japanische Tees in allen Variationen, auch matcha und Teebeutel-Grüntee, es werden sogar Tees nach Kundenwünschen gemischt. Die anderen Stockwerke widmen sich dem Tee als Erlebnis und dem Teekonsum vor Ort. Im Café gibt es neben den hauseigenen Tees u. a. Grünteegebäck und hojicha-Mousse, während sich Matchaholics im Restaurant im zweiten Stock durch die französisch-japanische Fusion-Küche probieren können: In jedem Gang wird auch matcha-Pulver oder anderer grüner Tee

**staltungen** (cha-kai), die von den Tee-Schulen organisiert werden. Teezeremonien bei Schrein- oder Tempelfesten sind eine weitere Gelegenheit, als Außenstehender den harmonischen Bewegungen bekannter Teemeister zuzusehen.

Interessierte Japanbesucher (und auch immer mehr Japaner) lernen die Teezeremonie **am einfachsten in speziellen Cafés und Workshops** kennen, in denen eine vereinfachte Form praktiziert wird. Meist wird nur »dünner Tee« (usucha) serviert, und man hält die Regeln für Gäste ein, so gut man eben kann. Wichtiger als ängstlich auf korrektes Verhalten bedacht zu sein ist es, sich die philosophische Grundhaltung des »Tee-Wegs« vor Augen zu halten: gegenseitiger Respekt ohne Beachtung äußerer Hierarchien, Bescheidenheit und Dankbarkeit, Höflichkeit und Gastfreundschaft, heitere Ruhe, Wertschätzung der Natur.

## Teeschale statt Fettnäpfchen

**So geht es richtig:** Bevor der Tee serviert wird, wird ein wagashi, eine Süßigkeit, gereicht. Dieses sollte man sofort aufessen oder ggf. stehen lassen, aber es nicht erst zum Tee oder anschließend essen, denn zur Teezeremonie gehört gerade, dass der bittere Tee den Abschluss bildet. Wenn dann die Teeschale serviert wird, verbeugt man sich leicht vor den links und rechts sitzenden Gästen mit den Worten »o-saki ni« (»vor Ihnen« bzw. »ich fange schon mal an«) und »go-issho ni« (»Lassen Sie uns gemeinsam trinken«). Nun stellt man die Teeschale mit der rechten Hand auf die Finger der linken Hand, hebt sie mit beiden Händen etwas an, mit einer gleichzeitigen Verneigung vor der Gastgeberin bzw. dem Gastgeber. Die Dankesworte »itadakimasu« heißen eigentlich »Ich bekomme«. Jede Teeschale hat eine (nicht unbedingt erkennbare) Schauseite.

### Spickzettel Teezermonie

- *wagashi ganz aufessen*
- *Verbeugungen, wortlos oder mit »o-saki ni« und »go-issho ni« Schale hochheben, verbeugen (optional: »itadakimasu«)*
- *zwei Vierteldrehungen im Uhrzeigersinn*
- *trinken in drei Zügen*
- *Schale betrachten*
- *zwei Vierteldrehungen gegen den Uhrzeigersinn*

*Bitte sofort aufessen: das zum Tee gereichte wagashi*

*Sei dir bewusst, dass die Teezeremonie nichts weiter ist als das: Wasser kochen, Tee zubereiten, Tee trinken.*

*Sen no Rikyu*

verwendet. Im dritten Stock befinden sich ein japanisches Teezimmer und ein moderner Teeraum mit Tischen und Stühlen. Hier kann man an einer vereinfachten Teezeremonie teilnehmen. Die freundlichen Angestellten zeigen gerne, wie der matcha richtig zubereitet und getrunken wird und erklären die Bedeutung der Objekte.

### IM KIMONO

**Tondaya in Kyoto**

Omiya-dori ichijo-agaru, Kamigyo-ku
Tel. 075 / 432 67 01
www.tondaya.co.jp.

In diesem traditionellen Kyotoer Stadthaus können Gäste nicht nur eine Teezeremonie erleben, sondern haben auch die Gelegenheit, sich dafür (unter Anleitung) in einen Kimono zu kleiden.

### ZEITGEMÄSS UND TOURISTENFREUNDLICH

**Kanbayashi in Uji**

Renge 2-27, Uji-shi, Tel. 0774 / 21 26 36,
tgl. 9.00 – 18.00 Uhr

Die drei roten Punkte, einst das Familienwappen, sind heute das Firmenlogo der Familie Kanbayashi, die seit 500 Jahren

---

Beim Servieren ist diese dem Gast zugewandt; die Bescheidenheit gebietet aber, diese Ehre nicht anzunehmen, sondern die Schale zweimal je eine Vierteldrehung im Uhrzeigersinn zu drehen – die Schauseite zeigt dann zum Gastgeber. Das eigentliche Trinken geschieht, ohne die Schale abzustellen, in bis zu drei einzelnen, schlürfenden Zügen bis zur Neige. Dabei kann man sich getrost auf den Tee konzentrieren; es ist aber auch nicht unhöflich, zwischen den Schlucken zu sprechen. Ist die Schale leer, betrachtet man sie noch etwas, bevor man die Schauseite wieder in zwei Vierteldrehungen zurückdreht und die Schale zurück auf den Tisch oder auf die Matten stellt, und zwar eher etwas nach vorne in die Nähe des Gastgebers.

## Edle Stoffe, schiefe Schalen

Tee – das Wort ruft bei Japanern Assoziationen zu edlen Kimonos, alten Rollbildern, Blumengestecken und feinem Essen hervor. Denn zum Weg des Tees gehört **eine ganze Bandbreite kultivierter Interessen**. Mancher Tee-Afficionado begeistert sich eigentlich eher für schöne Keramik und Kalligrafie oder sucht nur eine Gelegenheit, die ererbten Familienkimonos auszuführen. Oft sind die für die Teezeremonie benutzen Teeschalen grob geformt, unregelmäßig glasiert

Grüntee in Uji produziert. Früher waren sie die Lieferanten der Tokugawa-Shogune, heute hält der sechzehnte Kanbayashi die Familientradition weiter aufrecht. Über dem Teegeschäft ist ein kleiner Ausstellungsraum mit historischen Schriftstücken, alten Teedosen und Fotografien zu besichtigen. Im zweiten Stock können Besucher unter Anleitung des enthusiastischen Familienoberhaupts Kanbayashi Sanyu Grüntee selbst zu matcha vermahlen und anschließend mit dem Bambus-Teebesen aufschlagen. Keine formelle Teezeremonie, aber eine Anleitung zur Freude am japanischen Tee und zum Selbermachen zu Hause. Matcha-Zubereitung und Süßigkeit 840 ¥.

*Im Teehaus Fukujuen in Kyoto können Touristen einer Teezeremonie beiwohnen.*

*Tee ist ein Elixier für die Gesundheit und ein Wundermittel zur Lebensverlängerung.* *Eisai*

## *Teezeremonie erleben Teezubehör*

### EDLES

**Seisho-en in Tokyo**
1-5-1 Nishi-Shinjuku, Shinjuku-ku, Tokyo 160-0023, Tel. 03 / 33 42 60 07,
tgl. 10.00 – 19.00 Uhr.
Seit über 80 Jahren verkauft der Familienbetrieb inzwischen in dritter Generation unterschiedliche Tees aus ganz Japan in Spitzenqualität (u. a. gyokuro und matcha). Einen großen Teil des Sortiments machen heute aber Zubehör-Artikel für die Teezeremonie aus: Von traditionellen Teeschalen aus Keramik zu teils moderaten Preisen (ab etwa 10 000 ¥, nach oben ist die Skala offen... ) über moderne Teeschalen aus Glas bis hin zu Teedosen, Teebesen, Tüchern, Kesseln, Rollbildern und Ikebana-Vasen gibt es eine solide Auswahl. Wer zu einer formellen Teezeremonie eingeladen ist, bekommt hier auch die kleinen Messerchen zum Zerteilen der wagashi-Süßigkeit und die Papierservietten, welche die Gäste selbst mitbringen. Einen Teebesen (chasen) gibt es ab etwa 1000 ¥.

### SÜSSES

**Aono in Tokyo**
7-11-9 Akasaka, Minato-ku, Tokyo,
Tel. 03 / 35 85 00 02
Mo. – Fr. 9.00 – 19.00, Sa. 9.00 – 18.00 Uhr
Familienunternehmen mit über 100-jähriger Tradition. Saisonal unterschiedliche wagashi. Die Spezialität sind die daifuku, kleine Knödel aus klebrigem mochi-Teig, die mit cremigem anko gefüllt sind. Kleine Teestube zum Sofortverzehr.

---

und wirken wie von Kinderhand gemacht. Manche haben die Form von Müslischüsseln; eine Variante namens raku ist zylindrisch und ohne Töpferscheibe geformt. Die teuersten sind jahrhundertealt und werden mit einem Vermerk, wann, wo und vor allem von wem sie benutzt wurden, aufbewahrt. Zur **Ausstattung eines Teezimmers** gehören außerdem auch ein Bild (bzw. ein kalligrafisches Zitat) oder ein Blumengesteck in der Schmucknische (tokonoma). Beides soll einen möglichst subtilen Bezug zur Jahreszeit herstellen. Auch die Süßigkeit wagashi, die vor dem Tee serviert wird, wird passend zur Jahreszeit ausgesucht. Üblicherweise gibt es namagashi (»rohe Süßigkeiten«), meist aus gestampftem Klebreis (mochi), der ihnen eine (angenehm) zähe Konsistenz verleiht. Auch süße rote Paste aus Azuki-Bohnen (anko) wird gern verwendet. Seltener gibt es trockene zuckrige Plätzchen (higashi). Übrigens haben die meisten der kunstvollen wagashi keine gar so lange Tradition: Früher wurden zum Tee einfach Nüsse oder Trockenobst serviert.

## Grüntee ist gesund!

Manche Publikationen bescheinigen dem grünen Tee fast schon magische Kräfte: Er soll schlank und schön machen, die Konzentration fördern, Krebs vorbeugen und Multiple-Sklerose-Patienten Erleichterung verschaffen. Nachgewiesen sind ca. **130 Inhaltsstoffe**, darunter Vitamin C, Koffein, Tannin und Fluoride. Anders als beim Kaffee wird die anregende Wirkung des Koffeins durch das Tannin verzögert – grüner Tee wirkt nicht kurzfristig aufputschend, sondern eher über einen längeren Zeitraum anregend. Die Karies vorbeugende Wirkung der Fluoride wird ebenfalls durch das Tannin unterstützt; außerdem sollen sie der Osteoporose entgegenwirken. Das Tannin soll Blutdruck und Blutzucker senken, den Magen- und Darmtrakt beruhigen und das Immunsystem stärken. Ein weiterer Bestandteil des grünen Tees, die Flavonoide, werden an medizinischen Instituten weltweit erforscht. Sie machen gut 30 % des Trockengewichts von grünem Tee aus und verleihen der Teepflanze ihre grüne Farbe, gleichzeitig schützen sie sie vor schädlichen Umwelteinflüssen, indem sie freie Radikale neutralisieren. Besonders dem Flavonoid Epigallocatechin-3-Gallat (EGCG) wird eine stark antioxidative Wirkung bestätigt. Dies versucht man sich in der Krebsforschung, aber auch bei der Heilung von Alzheimer, Parkinson, Multipler Sklerose und der Erbkrankheit Chorea Huntington zunutze zu machen.

**IMPRESSUM**
Beilage zum Baedeker Allianz Reiseführer »Japan«
Text: Natascha Thoma und Isa Ducke; Bilder: Kusiewicz, Tracey / Stockfood (Titelbild), Thoma / Ducke (alle übrigen)
Urheberschaft: Karl Baedeker Verlag, Ostfildern; Nutzungsrecht: MairDumont GmbH & Co KG; Ostfildern

Printed in China. Gedruckt auf 100 % chlorfrei gebleichtem Papier

Baedeker SPECIAL GUID

DAS PLUS ZUM BAEDEKER JAPAN

# Der Weg des Tees

→ Wie der Tee nach Japan kam

→ Tipps und Adressen für Teezeremonien und Teezubehör

→ Kleine Teekunde: die wichtigsten Sorten

ISBN 978-3-8297-1243-9

9 783829 712439

€ 25,95 [D]
€ 26,70 [A]